camping.info
DIE SCHÖNSTEN CAMPINGPLÄTZE
DIE MEISTEN BEWERTUNGEN
DIE GRÖSSTE GEMEINSCHAFT
Von Campern für Camper
WIR SIND CAMPEN.

INHALTSVERZEICHNIS

LIEBER CAMPINGFREUND,

wir freuen uns sehr, dass du dich für unseren einzigartigen camping.info Campingführer entschieden hast und ich möchte die Gelegenheit nutzen, dir zu erklären, warum unser Campingführer für uns eine wahre Herzensangelegenheit ist und was ihn so besonders macht.

Von Campern für Camper

Das Konzept unseres Campingführers besteht seit jeher darin, die Angaben über einen Campingplatz – sei es die Lage, Ausstattung, Preis und vieles mehr – direkt von den Betreibern zu erheben und diese Daten mit tausenden Gästebewertungen unserer User zu kombinieren. Somit kommen die Fakten vom Platz und die Bewertung vom Camper selbst. Durch die Bewertungen der Camper ist unser Campingführer wahrscheinlich der ehrlichste und für dich informativste auf dem Markt.

Warum unser Campingführer der richtige für dich ist

Unsere Gästebewertungen machen unseren Campingführer zu einem lebendigen Ratgeber, der dich bestmöglich bei der Auswahl eines passenden Urlaubsziels unterstützt. Selbstverständlich achten wir tagtäglich darauf, dass unsere Bewertungen von echten Gästen stammen. Wir wissen, dass dir dein Urlaub sehr wichtig ist, und mithilfe unserer Gästebewertungen gelingt es uns, dir einen authentischen Eindruck von den Campingplätzen zu vermitteln.

Welche Plätze kommen in den Campingführer?

Jeder Camper ist anders und hat dementsprechend unterschiedliche Anforderungen an einen Campingplatz. Aus diesem Grund ist es uns besonders wichtig, eine große Vielfalt an einzigartigen Plätzen anzubieten. Daher haben wir sowohl große Camping-Resorts wie auch Mini-Campingplätze abgedruckt. Solltest du auf deinen Reisen Plätze entdecken, die es in diesem Jahr nicht in unseren Campingführer geschafft haben, dann hilf diesen mit einer Bewertung auf unserer Webseite www.camping.info. Jede Bewertung von dir erhöht die Wahrscheinlichkeit, dass der Campingplatz im nächsten Jahr auch in unserem Buch erscheint.

Ich wünsche dir viel Spaß bei der Urlaubsplanung mit unserem Campingführer und einen erlebnisreichen und erholsamen Campingurlaub.

Maximilian Möhrle
Geschäftsführer camping.info

VON CAMPERN FÜR CAMPER

Mit einem Team, bestehend aus leidenschaftlichen Campern und mit mehrjähriger Erfahrung in der Campingbranche, entwickeln wir all unsere Produkte, um dich bei der Planung des perfekten Campingurlaubs bestmöglich zu unterstützen. Dafür stellen wir dir nicht nur eine Auswahl von über 23.100 Campingplätzen aus 44 europäischen Ländern zur Verfügung und versorgen dich mit wertvollen Details, sondern sorgen auch mit über 250.000 Gästebewertungen dafür, dass du dir ein realistisches Bild vom Platz machen kannst. Mehr als 210.000 Camper gehören bereits zur camping.info-Gemeinschaft, werde auch du ein Teil von uns!

DAS CAMPINGFÜHRER-TEAM

Johanna, Content

Henry, Projektmanagement & IT

Carina, Content

Max, Projektmanagement

Oda, Werksstudentin Content

Martin, Sales

Dominik, Datapublishing

BEWERTUNGEN
DAS HERZSTÜCK UNSERES CAMPINGFÜHRERS

Wir vertrauen auf die Meinung unserer Gemeinschaft, daher erstellen wir unsere Campingführer jährlich auf der Basis der abgegebenen Bewertungen auf camping.info. Das macht unseren Campingführer zu einem Produkt, das von Campern für Camper erstellt wurde und somit einzigartig ist.

AUF EINEN BLICK:

4,25

Durchschnittsbewertung der Campingplätze in diesem Campingführer.

48.010

Camperbewertungen, die in diese Ausgabe geflossen sind.

Was sagen Bewertungen aus?

Die Bewertungen bei camping.info stammen ausschließlich von Gästen. Dabei geben die Camper sowohl einen allgemeinen Gesamteindruck als auch eine Bewertung in Kategorien wie Lage, Ruhe, Sanitär, Sauberkeit, Freundlichkeit, Infrastruktur, Verpflegung, Freizeit oder Preis-Leistungs-Verhältnis ab.

5,0 = Luxus-Campingplatz?

Ein Gesamteindruck von 4,9 bedeutet nicht automatisch, dass es sich um einen absoluten Luxuscampingplatz handelt. Auch kleine Naturcampingplätze ohne ausgefallene Infrastruktur können mit Freundlichkeit, Sauberkeit oder einer besonderen Lage begeistern. Andersrum kann ein Luxus-Campingplatz mit jeglichem Komfort durch fehlende Sauberkeit oder Unfreundlichkeit enttäuschen.

Achte auf die Anzahl

Nicht nur der Bewertungsdurchschnitt des Campingplatzes spielt eine Rolle, sondern auch die Anzahl der abgegebenen Bewertungen. Denn je mehr Camper diesen bewertet haben, desto objektiver ist das Ergebnis. Die Anzahl haben wir jeweils neben der Bewertung abgedruckt.

Mehr Infos online

Noch ausführlichere Informationen findest du in den detaillierten Bewertungstexten der Gäste auf camping.info. Dazu findest du in jedem Eintrag einen Link (z. B. www.camping.info/19127), der dich auf die Detailseite des jeweiligen Platzes führt. Unter allen abgegebenen Bewertungen verlosen wir monatlich 3 x 100 €.

WELCHE PLÄTZE HABEN WIR ABGEDRUCKT?

Wir versuchen grundsätzlich alle Campingplätze aufzunehmen. Es gibt keine Mindestanforderungen hinsichtlich der Größe oder Ausstattung; was für uns zählt, sind die Bewertungen. Je häufiger und besser ein Platz bewertet wurde, desto wahrscheinlicher ist es, dass er in unserem Campingführer zu finden ist. In der Regel nehmen wir nur Campingplätze auf, deren Bewertungsdurchschnitt bei 3,0 oder besser liegt.

AUF EINEN BLICK:

- Durchschnittsbewertung von mind. 3,0
- aktuelle Daten
- In weniger dicht besiedelten Regionen auch Plätze ohne Bewertung

- schlecht bewertete Plätze
- alte oder mangelhafte Daten
- Plätze, die keine Bewertungen akzeptieren

Ist dein Lieblingsplatz nicht dabei?

Sollte dein Lieblingsplatz nicht dabei sein, weil er zu wenig Bewertungen bekommen hat, kannst du dafür sorgen, dass es im nächsten Jahr anders ist: Animiere den Campingplatz bei deinem nächsten Besuch, seine Gäste auf uns hinzuweisen und eine Bewertung abzugeben – so klappt es bestimmt in der nächsten Ausgabe.

WERDE AUCH DU TEIL DER CAMPING.INFO-GEMEINSCHAFT

Wir freuen uns sehr, wenn auch du die von dir besuchten Campingplätze bei uns bewertest. So einfach geht's:

© Adobe Stock/Mirko

WARUM DU UNSEREN BEWERTUNGEN VERTRAUEN KANNST

Du hast sicher gemerkt, dass uns Bewertungen sehr wichtig sind. Daher investieren wir viel Zeit und Mühe dafür, dass nur echte Gästebewertungen abgegeben werden. Wie wir das sicherstellen, erfährst du hier.

WIE WIR DABEI VORGEHEN:

✕ Keine anonymen Bewertungen
Nur registrierte Nutzer können Bewertungen abgeben. So kann der Betreiber im Zweifelsfall kontrollieren, ob der Bewerter bei ihm zu Gast war.

✕ Keine Bevorzugung von Campingplätzen
Ob Werbepartner oder nicht: Kein Betreiber kann Bewertungen grundlos entfernen. Diese werden nur gelöscht, wenn es sich um einen Richtlinienverstoß oder um illegalen Inhalt handelt.

✕ Keine Bewertungen von Eigentümern, Mitarbeitern oder beauftragten Personen
Sollte dies doch vorkommen, werden die Betreiber abgemahnt und bei Wiederholung aus unserem Verzeichnis gelöscht.

WAS WIR FÜR GUTE QUALITÄT TUN:

✓ Transparenz
Redaktionelle Eingriffe werden sowohl mit dem Gast als auch mit dem Betreiber besprochen.

✓ Inhaltliche Kontrollen
Unsere jahrelange Erfahrung und einige technische Mittel helfen uns, Missbrauch aufzudecken. Zum Glück kommt dies nur selten vor.

✓ Hinweise durch User
Wir gehen regelmäßig Hinweisen von engagierten Nutzern nach, die uns auf unstimmige Bewertungen aufmerksam machen. Sollte auch dir etwas auffallen, sag uns gerne Bescheid.

1. Campingplatz auf camping.info suchen.

2. Bewertung abgeben & optional noch Bilder/Videos hochladen.

3. Anderen Campern bei der Auswahl des Campingplatzes helfen.

DER CAMPING.INFO AWARD

Gewinner des camping.info Awards 2021: Manfred Sürken und Gunnar Lange vom Campingpark Kühlungsborn

Seit 2012 vergeben wir jedes Jahr den camping.info Award an die 100 bestbewerteten Campingplätze Europas. Bei uns gibt es keine Jury, denn auch hier zählen ausschließlich die Bewertungen. Dabei erfolgt eine Gewichtung nach Aktualität der Bewertungen, deren Anzahl und nach der Vertrauenswürdigkeit des Bewerters. Je mehr Bewertungen ein Camper abgegeben hat und je nützlicher seine Bewertungen für andere User sind, desto vertrauenswürdiger wird er von uns eingestuft. Uns ist Transparenz äußerst wichtig, daher sind alle Faktoren sowie die Formel öffentlich einsehbar. Mehr Informationen dazu bekommst du unter camping.info/award.

Auch Geheimtipps unter den Preisträgern

In den Top 100 findest du europaweit nicht nur bekannte Betriebe, sondern auch einige Geheimtipps. Andererseits kann der Award keine Vollständigkeit bieten: Es gibt viele Plätze, die es ebenfalls wert wären, eine solche Auszeichnung zu erhalten, aber nur knapp nicht in die Top 100 gerutscht sind. Denn die Werte liegen oft eng beisammen.

Award-Gewinner in dieser Ausgabe

Alle Campingplätze, die mit dem camping.info Award ausgezeichnet wurden, sind mit einem entsprechenden Logo versehen, sodass du direkt auf einem Blick siehst, wer es unter die Top 100 geschafft hat. Auf camping.info/award findest du ab Januar 2021 auch die Preisträger aus dem Jahr 2021, die bei Redaktionsschluss des Campingführers leider noch nicht feststanden.

37 PREISTRÄGER RUND UM DIE ALPEN

Im Jahr 2021 gab es rund um die Alpen 37 Campingplätze, die mit dem camping.info Award ausgezeichnet wurden. Wir stellen dir hier die Top 5 etwas genauer vor:

S. 100

Grubhof, Salzburg, Platz 2

Der Grubhof liegt eingebettet in die herrliche Bergwelt der Berchtesgadener Alpen und der Loferer Steinberge. Top bewertet in den Kategorien „Freundlichkeit" & „Sauberkeit".

S. 226

Camp MondSeeLand, Oberösterreich, Platz 4

Idyllisch gelegener Campingplatz mitten in der Natur. Bekannt für seinen „natürlichen" Erholungswert und sehr familienfreundlich.

S. 350

Camping Hüttenberg, Ostschweiz, Platz 6

Moderner Campingplatz in der Nähe vom Bodensee mit herrlichem Blick auf den Rhein. Perfekt für Familien und aktive Campingurlauber.

S. 442

Luxury Camping Schlosshof Resort, Trentino, Platz 7

Familiär geführtes Resort bei Meran im schönen Südtirol. Tradition & moderne Werte prägen diesen Campingplatz.

S. 176

Campingpark Murinsel, Steiermark, Platz 8

Komfortcamping in der Steiermark mit Ruhe und Erholung und einer hohen Wertung in der Kategorie Freundlichkeit.

DU HAST NOCH NICHT GENUG?

ENTDECKE NOCH MEHR CAMPING.INFO

Du kannst nicht genug von Camping bekommen? Camping ist zu kurz für "zweimal oder dreimal" im Jahr? Das können wir verstehen - UND - dafür haben wir die Lösung! Schau dich mal um - gerade in der digitalen Campingwelt haben wir noch mehr in Petto!

Der camping.info Newsletter

Egal ob TOP-Campingplätze, der nächste Messebesuch oder die schönsten Campergeschichten und Erfahrungsberichte: Wir halten dich auf dem Laufenden und stellen dir in unserem Newsletter interessante Camping-Themen vor. Und übrigens - ab und zu gibt's hier auch mal nen kompletten Campingurlaub zu gewinnen! Ein kostenfreies Abo lohnt sich.

Stöbern, Lesen, Planen: Das Magazin

Glamping, Wintercamping, Camping-Geschenkideen, Camping-Rezepte, Reiserouten oder Tipps und Tricks rund ums Thema Camping gibt es in unserem Online-Magazin. Egal ob Neucamper oder Profi - hier findest du genau die Themen, die dich interessieren.
camping.info/magazin

camping.info FANCLUB

Der camping.info FANCLUB bietet dir gemeinsam mit starken Partnern tolle Angebote und Vergünstigungen, Gewinnspiele, Camper-Veranstaltungen und die wohl größte Camping-Gemeinschaft im deutschsprachigen Raum. Unter dem Motto „WIR SIND CAMPEN." bringen wir im Club Campingfreunde zusammen. Sei dabei - natürlich kostenlos und unverbindlich.

Das meiste Camping in einer App

Der Campingführer für die Hosentasche - na klar! Mit einer Auswahl von über 23.000 Campingplätzen in ganz Europa findest du in der App immer den richtigen Campingplatz für deinen Urlaub. Ausführliche Beschreibungen der Ausstattung, Umgebung und Freizeitmöglichkeiten, Fotos und echte Camper-Bewertungen geben dir die optimale Entscheidungshilfe für die "Qual der Campingplatzwahl". Ob mit dem Wohnwagen, Wohnmobil, Zelt oder im Bungalow - in der App inkl. Offline-Kartenmaterial findest du deine Plätze in ganz Europa mit Verfügbarkeiten, die du sogar sofort buchen kannst.

Download on the App Store

GET IT ON Google Play

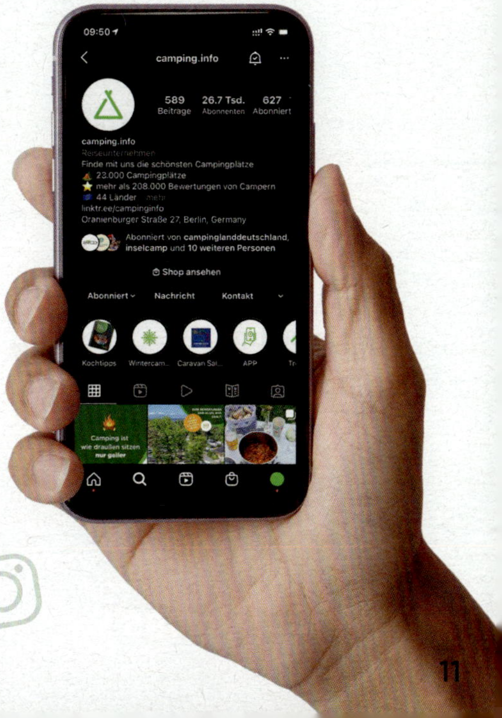

Camping das ganze Jahr - folge uns auf Social Media

Camping ist zu schön für "nur Urlaub", oder? Ein „Herz" auf Instagram und ein „Like" auf Facebook können hier wahre Wunder bewirken. Wofür genau? Gegen Campingweh. Für mehr Camping im Alltag. Schau mal vorbei und lass dich inspirieren!

GREEN CAMPING – WARUM CAMPING DER UMWELT GUT TUT

Camping bedeutet nicht nur Freiheit, Unabhängigkeit und Naturverbundenheit, sondern stellt darüber hinaus eine der umweltfreundlichsten und nachhaltigsten Urlaubsformen dar. Wer im Sommer eine Nacht im Wohnmobil auf einem Stellplatz verbringt, verbraucht z. B. nur 1,5 kg CO2-Äquivalente, während eine Hotelübernachtung mit 17,2 kg zu Buche schlägt. Wir zeigen dir, wie grün Camping wirklich ist und wie du deinen Urlaub noch nachhaltiger gestalten kannst.

URLAUBSFORMEN IM VERGLEICH

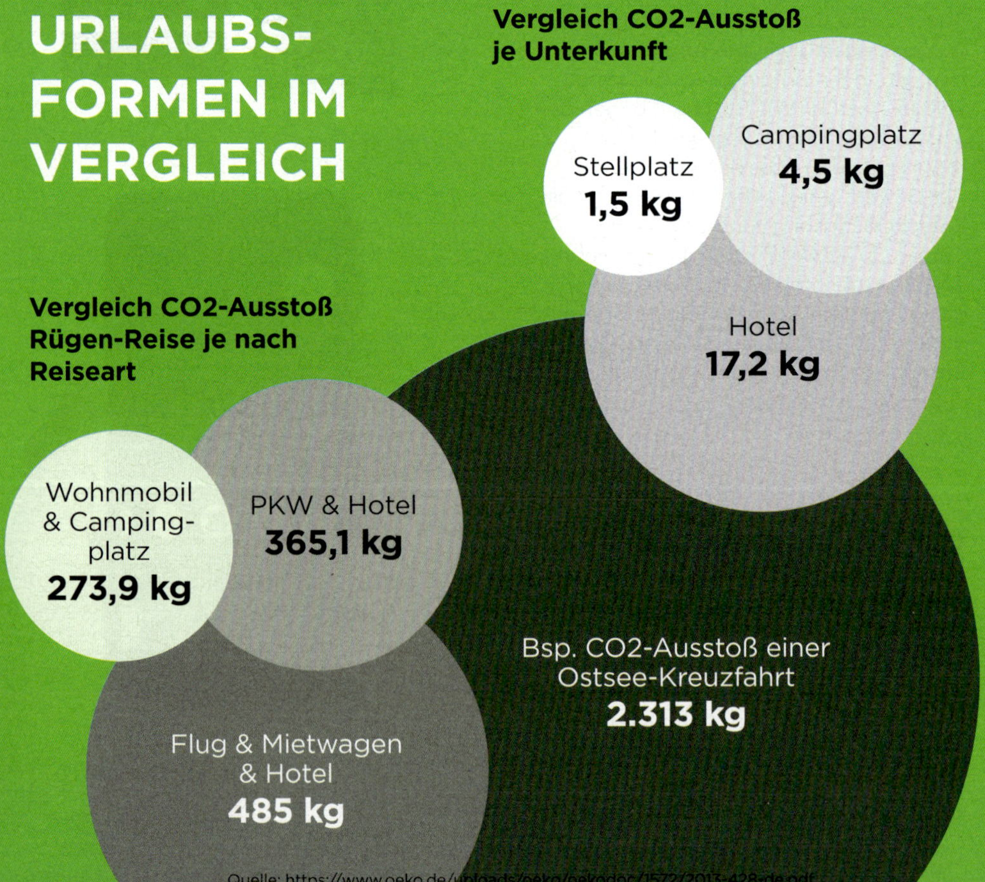

Quelle: https://www.oeko.de/uploads/oeko/oekodoc/1572/2013-428-de.pdf

© Adobe Stock/igishevamaria

5 TIPPS FÜR EINEN UMWELTFREUNDLICHEN CAMPINGURLAUB

1 Kurze statt lange Strecken

Statt in die Ferne zu schweifen vielleicht einfach mal die Natur in der näheren Umgebung erkunden. Wer in der Heimat campt, spart nicht nur Spritkosten, sondern tut auch der Umwelt etwas Gutes.

2 Fahrrad statt Auto

Ab auf die Fiets! Wer seinen PKW oder Wohnmobil auf dem Campingplatz lässt und stattdessen aufs Rad steigt, verbraucht kaum CO2 und hat den Frühsport gleich hinter sich.

3 Müll vermeiden

Beim Campen lässt es sich nicht immer vermeiden, Müll zu produzieren. Wenn du jedoch darauf achtest, so wenig Verpackungsmaterial, Einweg-Geschirr oder Plastikflaschen wie möglich zu benutzen, freut sich nicht nur die Umwelt, sondern bestimmt auch dein Geldbeutel.

4 Achtsam mit Ressourcen umgehen

Aufgrund von Duschmarken achten wir oft ganz automatisch darauf, nicht zu viel Wasser zu verbrauchen. Wenn wir auch außerhalb der Dusche darauf achten, nicht zu viel Wasser oder zu viel Strom für die Klimaanlage zu verwenden, sparen wir CO2 und campen grüner.

5 Nachhaltige Campingplätze ansteuern

Campingplätze mit besonders nachhaltigen Konzepten und einem Fokus auf den Umweltschutz sind in unserem Campingführer mit dem ECOCAMPING-Logo ausgezeichnet. Dazu gehören z. B. nachhaltige Konzepte zur Abfalltrennung, Angebote regionaler Produkte oder der Einsatz von wasser- und energiesparender Technik. Unser Partner ECOCAMPING unterstützt die Betreiber beim Erreichen der Ziele und bietet Vor-Ort-Checks, umfassende Analysen sowie Workshops. Und du kannst dir sicher sein, besonders nachhaltig zu campen, wenn du einen Platz mit der ECOCAMPING-Auszeichnung ansteuerst.

> **i** Weitere Informationen über unseren Partner ECOCAMPING findest du unter: www.ecocamping.de

MAKE CAMPING GREEN AGAIN

GEBRAUCHSANWEISUNG

Wer liest schon Gebrauchsanweisungen? Wir haben unseren Campingführer so gestaltet, dass du sofort mit der Urlaubsplanung beginnen kannst. Es gibt fast keine Piktogramme oder Abkürzungen. Eigentlich sollte alles selbsterklärend sein. Um sicherzugehen, findest du hier die wichtigsten Punkte auf einen Blick:

Liste aller Icons, Piktogramme und Abkürzungen:

- Markernummer (Nummer auf der Karte)
- Geokoordinaten (im Format Latitude | Longitude)
- 4.5 Bewertunganzeige
- FKK FKK
- camping.info Award Gewinner
- Auf www.camping.info online buchbar (Stand 10/2021)
- Ecocamping
- ✓ steht für „ja“ oder „vorhanden“
- × steht für „nein“ oder „nicht vorhanden“
- ✱ steht für „auch Wintercamping möglich“
- Direkter Zugriff auf weiter Platzinfos

HS: Hauptsaison **NS:** Nebensaison

am P.: am Platz

nat. Gewässer: natürliches Gewässer

k. A.: keine Angabe

teilw.: teilweise, nicht am ganzen Platz

Vergleichspreis: Preis für zwei Personen + Standard-Stellplatz + Strom + Taxe für eine Nacht

Stellplätze vor Schranke: Wohnmobilstellplätze vor der Schranke bzw. außerhalb des Campingplatzes (z. B. für nächtliche Ankünfte)

Vergleichspreis

€€€ Der Vergleichspreis soll als grobe Richtlinie dienen, um das Preisniveau einschätzen zu können. Es handelt sich dabei um den Preis für zwei Personen + Standard-Stellplatz + Strom + Taxe für eine Nacht, jeweils für die Haupt- und die Nebensaison. Der tatsächliche Preis hängt von weiteren Faktoren, wie z. B. der Kategorie des Stellplatzes, von einmaligen Anschlussgebühren, Duschmünzen etc. ab. Zudem können sich die Preise für das kommende Jahr ändern. Denn manche Betreiber wussten bereits den Preis für 2022, einige beziehen sich noch auf 2021. Wer sichergehen möchte, schaut sich am besten die jeweilige Preisliste des Campingplatzes an.

Karten & Lage der Campingplätze

Wir haben alle Länder in zahlreiche Karten-Regionen aufgeteilt. Achte bitte darauf, dass die Karten verschiedene Maßstäbe haben. Um die Darstellung der Karte zu optimieren, haben wir uns bei der Aufteilung in einzelne Kartenabschnitte nicht immer an offizielle Regionen-Grenzen gehalten. Wir haben alle Campingplätze direkt auf den Karten eingezeichnet. Die Nummern auf der Karte und der daneben stehenden Tabelle führen dich zu den detaillierten Infos des jeweiligen Campingplatzes. Dort findest du auch genaue Infos zur Lage sowie eine GPS-Angabe. Beachte bitte, dass diese Angaben vom Platzbetreiber stammen. Wir haben diese auf Plausibilität hin überprüft, trotzdem können wir keine Gewähr für die Korrektheit der Information übernehmen.

Öffnungszeiten

Manche Plätze machen die Öffnung bzw. Schließung z. B. auch vom Wetter oder von bestimmten Feiertagen (insbesondere Ostern) abhängig. Falls du besonders früh oder spät unterwegs bist, frag am besten vorher beim Campingplatz nach.

ANZEIGE von Campingplätzen

Die Einträge in unserem Campingführer sind für die Plätze kostenlos. Dadurch kann jeder Platz eingetragen werden – auch wenn er noch so klein ist. Campingplätze, die sich gerne umfassender darstellen, konnten eine Erweiterung auf eine volle Seite oder eine Doppelseite buchen.

MIT WENIGEN KLICKS ZUM PERFEKTEN CAMPINGURLAUB

Aussuchen, online Verfügbarkeit prüfen und bequem buchen. So leicht kommst du zu deinem Campingurlaub mit der Online-Buchung bei vielen Campingplätzen auf camping.info. Sichere dir den besten Platz - nie war Campingurlaub einfacher.

camping.info

IMPRESSUM UND KLEINGEDRUCKTES

Herausgeber
Camping.info GmbH
Oranienburger Straße 27, D 10117 Berlin
www.camping.info | office@camping.info
Tel. +49 (0) 30 994 048 620
Fax +49 (0) 30 994 048 629

Geschäftsführung
Maximilian Möhrle

Redaktion, Datenverwaltung und Korrektur
Henry Hesse, Carina Hofmeister, Johanna Risse

Anzeigenverwaltung
vertrieb@camping.info

Datapublishing
co-operation design and system

Titelbild
Camping Natterer See, Seite 56

Bilder
camping.info, Roland Bamberger, Campingplatzbetreiber, nationale und regionale Tourismusorganisationen, istockphoto.com, shutterstock

Kartografie
mapz.com – Map Data: OpenStreetMap ODbL

Druck und Herstellung
Gutenberg-Werbering Gesellschaft m.b.H., Linz

Haftungsausschluss
Unsere Redaktion hat sich bemüht, alle Daten mit großer Sorgfalt zu recherchieren und zu verarbeiten. Die Daten stammen im Wesentlichen direkt von den Campingplatzbetreibern, die Daten zu den Bewertungen von tausenden Campinggästen. Jedoch können wir nicht ausschließen, dass Daten fehlerhaft oder nicht mehr aktuell sind.

Wir können für die Daten daher keine Gewähr übernehmen. Eine Haftung aufgrund von Fehlern oder Lücken in den Informationen wird ausgeschlossen. Der Inhalt von Anzeigen liegt außerhalb der Verantwortung der Redaktion.

6. Ausgabe / November 2021
ISBN: 978-3-9820880-0-6

CAMPING IN ÖSTERREICH

REGIONEN

Das Land der Berge ist mit seinen zahlreichen Tourismusregionen für viele Camper ein beliebtes Urlaubsland. Sowohl die Seen im nördlichen und südlichen Alpenvorland als auch die Gebirgszüge der Ostalpen locken jährlich Millionen Besucher. Im Jahr 2020 erfreute sich Österreich mit 6 Millionen Campingübernachtungen weiterhin hoher Beliebtheit. Das liegt auch an der rekordverdächtigen Qualität der Campinganlagen. Mit einer durchschnittlichen Gästebewertung von 4,17 Sternen auf camping.info gehören die Campingplätze in Österreich zu den besten Europas, auch das Preis-Leistungs-Verhältnis ist im Europa-Vergleich sehr gut. Zwei Drittel des österreichischen Staatsgebiets liegen in den Alpen. Längere Steigungen, Höhenstraßen und Pässe sind also keine Seltenheit, das Straßennetz ist aber hervorragend ausgebaut. Trotzdem sollten Gespannfahrer Routen abseits der Hauptverkehrswege in den Bergen genauer planen. In den Ferienzeiten sind Reservierungen hilfreich, jedoch sind manche Campingplätze in Wintersportgebieten auch in der kalten Jahreszeit sehr gut gebucht.

Länderinformationen:

- Hauptstadt: Wien
- Einwohner: 8,9 Millionen
- Währung: Euro
- gesprochene Sprachen: Deutsch,
- teilweise Kroatisch, Slowenisch und Ungarisch
- Österreich auf camping.info: www.camping.info/österreich

Reise-Informationen:

PKW, Wohnmobil bis 3,5t	50	100	100	130
Mit leichtem Anhänger (bis 750 kg)*	50	100	100	100
Gespann mit schwerem Anhänger (Klasse B)*	50	80	100	100
Wohnmobil über 3,5 t	50	70	80	80

* Hierbei gibt es Unterschiede, je nach Führerscheinklasse.

Lichtpflicht am Tag: nein (außer Motorräder)

Im Auto/Wohnmobil mitzuführen: Warndreieck, eine Warnweste (muss bei Verlassen des Fahrzeuges bei Panne oder Unfall getragen werden), Verbandszeug.

Mautsystem und Straßengebühren: Vignetten-System für Fahrzeuge bis 3,5 t; ab 3,5 t fahrleistungsabhängige Maut (GO-Box benötigt); Sondermaut an mehreren Tunneln und Alpenstraßen.

Weitere Hinweise: auf Autobahn und Schnellstraßen gilt die Rettungsgasse; Winterreifenpflicht bei winterlichen Fahrverhältnissen vom 1.11. bis 15.04.; für Fahrzeuge über 3,5 t gilt im selben Zeitraum allgemeine Winterreifenpflicht sowie Mitführpflicht von Schneeketten für mind. zwei Antriebsräder, Spikes sind erlaubt; Promillegrenze: 0,1 Promille für Fahranfänger, ansonsten 0,5.

Einreise: Österreich ist Mitglied des Schengen-Raums; Grenzkontrollen können trotzdem vorkommen. Mitzuführen ist ein Reisepass; für EWR-Bürger ist auch ein Personalausweis ausreichend, Kinder benötigen ein eigenes Ausweisdokument.

Haustiere: EU-Heimtierausweis mit Kennzeichnung des Tieres (durch Mikrochip oder Tätowierung) nötig, gültige Tollwutimpfung muss eingetragen sein; Regelungen bzgl. Leinen- und Maulkorbpflicht variieren je nach Bundesland und Gemeinde, daher sollte stets beides mitgeführt werden. In öffentlichen Verkehrsmitteln ist beides Pflicht.

Notrufnummern:

- internationale Notrufnummer: 112
- Feuerwehr: 122
- Polizei: 133
- Rettung: 144

ÖSTERREICH

❶ Vorarlberg

	Platz	Seite	Bewertung		Öffnungszeiten	
1	Camping Hochlitten	24	4.5	◯	ganzjährig	✻
2	Camping Mexico am Bodensee	24	4.2	◯	saisonal	
3	Campingplatz Salzmann Rohrspitz	24	3.6	◯	saisonal	
4	Campingplatz Bezau	25	3.4	◯	ganzjährig	✻
5	Campingplatz Jochum in Kleinwalsertal	25	4.6	◯	k. A.	
6	Alpencamping Haller, Riezlern, Kleinwalsertal	25	4.2	◯	saisonal	✻
7	Camping Zwerwald	25	3.6	◯	saisonal	✻
8	Camping Vorderboden	26	4.8	◯	saisonal	👍
9	Waldcamping Feldkirch	26	4.3	◯	saisonal	
10	Alpencamping Nenzing	26	4.3	◯	ganzjährig	✻
11	Panorama Camping Sonnenberg	27	4.8	◯	saisonal	
12	Heidi´s Camping	28	3.2	◯	ganzjährig	✻
13	Walch's Camping & Landhaus	29	4.6	◯	saisonal	✻ ϟ
14	Waldcamping Batmund	28	4.5	◯	saisonal	✻
15	Camping Zeinissee	28	4.6	◯	saisonal	

✻ Wintercamping FKK Textilfrei (ganz/teilweise) Ecocamping 👍 Award ϟ Onlinebuchung

Bregenzerwald © Vorarlberg Tourismus/Popp, Hackner

Zwischen Bodensee und majestätischen Bergen

Vorarlberg, im lokalen Dialekt auch Ländle genannt, ist das westlichste Bundesland Österreichs. Das Ländle ist vom Osten her nur über wenige hohe Passstraßen sowie durch den Arlbergtunnel zu erreichen. Nicht zuletzt deshalb hat sich Vorarlberg viele Eigenheiten und Besonderheiten erhalten. Das kleine Bundesland nimmt sowohl landschaftlich als auch touristisch eine wichtige Position ein. Sehenswürdigkeiten finden Camper insbesondere in den Altstädten von Feldkirch, Bludenz und Bregenz, außerdem stellen der Bregenzerwald und das Montafon zwei überaus interessante Reiseziele dar.

VOM BREGENZERWALD ÜBER BREGENZ BIS NACH FELDKIRCH

Beim Begriff Bregenzerwald handelt es sich nicht nur um ein riesiges und wunderschön bewaldetes Naturgebiet im nordöstlichen Teil Vorarlbergs, sondern ebenfalls um eine beeindruckende Bergregion. Die Berge im Bregenzerwald reichen teilweise bis über 2.000 Meter und bieten hervorragende Sportmöglichkeiten sowie eine Infrastruktur auf höchstem Niveau. Die Marktgemeinde Bezau ist ein beliebtes Urlaubsziel, wohl auch aufgrund seiner sonnenreichen und windgeschützten Lage. Von hier aus fährt die historische Museumsbahn, das sogenannte „Wälderbähnle", mehrmals pro Woche bis nach Schwarzenberg. Der Ort ist darüber hinaus für seine Bergbahnen, eine beleuchtete Naturrodelbahn und traumhafte Wanderrouten bekannt. Die Stadt Bregenz punktet durch seine Nähe zum Bodensee und ein überdurchschnittliches Kulturangebot, das zum Beispiel die Bregenzer Festspiele umfasst. Der Martinsturm ist als Wahrzeichen der Stadt ebenfalls einen Besuch wert. Weiter südlich gehören Dornbirn, Lustenau, Rankweil und Feldkirch zu den bekanntesten Städten der Region, wobei vor allem Feldkirch viele Besucher lockt. Ein Grund dafür ist der mittelalterliche Stadtkern, wo beispielsweise das Rathaus aus dem 15. Jahrhundert, der Dom St. Nikolaus und das Churer Tor besichtigt werden können. In Feldkirch befindet sich zudem die größte und besterhaltene Burg Vorarlbergs, die Schattenburg.

VON BLUDENZ ÜBER DAS MONTAFON INS KLOSTERTAL

Die Stadt Bludenz ist von einer mächtigen Bergkulisse umgeben - sie wird umrahmt von den Lechtaler Alpen, dem Rätikon und der Verwallgruppe. Es gibt nur wenige Städte in den Alpen, die einen solchen urbanen und historischen Charme ausstrahlen und doch von nordalpinem Charakter geprägt sind. Von Bludenz aus sind das Klostertal, das Montafon, das Brandnertal, das Große Walsertal und der Walgau binnen kürzester Zeit zu erreichen. Rund 8 km nordwestlich von Bludenz liegt mit Nenzing ein weiterer bei Campern sehr beliebter Ort. Der Naturpark „Nenzinger Himmel" verzaubert seine Besucher durch die beeindruckende Alpenflora und eine Vielzahl an Wandermöglichkeiten. Eines der bekanntesten Alpentäler ist das Montafon, das mit sechs verschiedenen Skigebieten und 226 Pistenkilometern auch viele Wintercamper beeindruckt. Im Sommer zählt die Silvretta-Hochalpenstraße zu den beliebtesten Gebirgsstraßen der österreichischen Alpen. Auf einer Höhe von 2.032 Metern befindet sich der imposante Silvretta-Stausee, der auch umwandert werden kann. Auch das Klostertal ist bei Sommer- wie Winter-Urlaubern beliebt. Es beginnt in der Alpenstadt Bludenz und erstreckt sich rund 40 Kilometer nach Osten bis zum Arlberg und zur Landesgrenze zu Tirol.

Bregenz mit neuem Hafen
© Vorarlberg Tourismus/Andreas Uher, www.mediart.at

Langlauf am Bödele © Vorarlberg Tourismus/Dietmar Walser

TIPP DER REDAKTION

Camping Zeinissee

Galtür | Nr. 15 | Seite 28

Laut Gästen ideal geeignet zum:

- Wandern
- Entspannen
- Angeln

4.6

Karte auf Seite 20

	1 Camping Hochlitten	2 Camping Mexico am Bodensee	3 Campingplatz Salzmann Rohrspitz
	Hochlitten 238 6943 Riefensberg +43 55138291 47.5093 | 9.97875	Hechtweg 4 6900 Bregenz +43 6607039430 47.50408 | 9.71353 400m ü.M.	Rohr 1 6972 Fußach +43 5578 75708 28 47.49743 | 9.63226 395m ü.M.
Infos			
Öffnungszeiten	ganzjährig	30.05. - 28.09.	01.04. - 15.10.
Vergleichspreis	HS: 27,90 € | NS: 27,90 €	HS: 40,50 € | NS: 38,50 €	HS: 37,00 € | NS: 37,00 €
Link	**Mehr Infos & Anfrage:** www.camping.info/22151	**Mehr Infos & Anfrage:** www.camping.info/25082	**Mehr Infos & Anfrage:** www.camping.info/25083
Ausstattung			
Freizeit	Baden im See 30km Pool/Hallenbad 8km Spielplatz am Platz ✓	Baden im See 200m Pool/Hallenbad 2km Spielplatz 1km	Baden im See am Platz ✓ Pool & Hallenbad ✗ Spielplatz am Platz ✓
Campingplatz	Hunde willkommen ✓ Skilift/Loipe ✓/8km WLAN (gegen Gebühr) ✓	Hunde willkommen ✓ Skilift & Loipe ✗ WLAN (begrenzt gratis) ✓	Hunde willkommen ✓ Skilift & Loipe ✗ WLAN ✓
Versorgung	Lebensmittel 2km Brötchen am Platz ✓ Restaurant & Imbiss ✓ Ver-/Entsorgung Womo ✓ in den Ort 2km	Lebensmittel 900m Brötchen am Platz ✓ Imbiss ✓ Ver-/Entsorgung Womo ✓ in den Ort 3km	Lebensmittel ✗ Brötchen am Platz ✓ Restaurant & Imbiss ✓ Ver-/Entsorgung Womo ✓ in den Ort 3km
Anzahl der Plätze	Gesamt/Touristen 80/20 Mietunterkünfte ✓ Stellplätze vor Schranke ✗	Gesamt/Touristen 36/25 Mietunterkünfte ✗ Stellplätze vor Schranke ✗	Gesamt/Touristen 169/36 Mietunterkünfte ✗ Stellplätze vor Schranke ✗

	Camping Hochlitten	Camping Mexico am Bodensee	Campingplatz Salzmann Rohrspitz
Gesamt	4.5 SEHR GUT, 13 Bewertungen	4.2 SEHR GUT, 13 Bewertungen	3.6 GUT, 9 Bewertungen
Lage	4.5	4.3	4.5
Ruhe	4.9	4.2	2.4
Sanitäranlagen	4.8	4.1	4.0
Sauberkeit Ø	4.8	4.4	4.0
Freundlichkeit	4.8	4.6	4.1
Stellplatz	3.8	4.1	3.0
Verpflegung	4.0	3.5	3.7
Freizeit	4.1	4.0	3.9
Preis-Leistung	4.4	4.0	3.9
Mietunterkünfte	4.3	-	-
Geeignet für			
Kinder b. 6 J.	4.6	4.1	3.2
Kinder b. 12 J.	4.5	4.4	3.8
Kinder b. 18 J.	4.2	4.4	3.3
Paare	4.8	4.7	3.7
Senioren	4.7	4.7	3.8
Gäste mit Zelt	4.6	4.7	3.0
Gäste mit Hund	4.8	3.8	5.0
Empfohlene Aktivitäten	Wandern Ski Mountainbiking	Schwimmen Radfahren Entspannen	Radfahren Schwimmen Kayak/Kanu
		Österreichisches Umweltzeichen - GreenCampings.at	Österreichisches Umweltzeichen - GreenCampings.at

4 Campingplatz Bezau

❄

Ach 206
6870 Bezau
+43 5514 2964

47.38047 | 9.88852
651m ü.M.

ganzjährig

HS: 24,50 € | NS: 24,50 €

Mehr Infos & Anfrage:
www.camping.info/19401

Baden im Fluss	100m
Pool/Hallenbad	100m/2km
Spielplatz	1km
Hunde willkommen	✓
Skilift/Loipe	3km/500m
WLAN	✓
Lebensmittel	500m
Brötchen am Platz	×
Restaurant/Imbiss	500/100m
Ver-/Entsorgung Womo	×
in den Ort	1km
Gesamt/Touristen	45/30
Mietunterkünfte	×
Stellplätze vor Schranke	×

3.4 GUT
8 Bewertungen

Lage	3.8
Ruhe	3.9
Sanitäranlagen	3.5
Sauberkeit Ø	3.0
Freundlichkeit	2.6
Stellplatz	3.4
Verpflegung	3.5
Freizeit	3.9
Preis-Leistung	3.8
Mietunterkünfte	-

Geeignet für

Kinder b. 6 J.	2.8
Kinder b. 12 J.	2.8
Kinder b. 18 J.	3.0
Paare	4.4
Senioren	4.8
Gäste mit Zelt	3.3
Gäste mit Hund	4.3

Empfohlene Aktivitäten

- Wandern
- Radfahren
- Mountainbiking

5 Campingplatz Jochum in Kleinwalsertal

Walserstr. 10
6991 Riezlern
+43 551 757 92

47.36251 | 10.19411

keine Angabe

keine Angabe

Mehr Infos & Anfrage:
www.camping.info/23214

Baden in nat. Gewässer	k. A.
Pool & Hallenbad	×
Spielplatz	keine Angabe
Hunde	×
Skilift & Loipe	keine Angabe
WLAN	keine Angabe
Lebensmittel	k.A.
Brötchen	keine Angabe
Restaurant & Imbiss	×
Ver-/Entsorgung Womo	×
in den Ort	keine Angabe
Gesamt	keine Angabe
Mietunterkünfte	×
Stellplätze vor Schranke	×

4.6 SEHR GUT
8 Bewertungen

Lage	4.5
Ruhe	4.6
Sanitäranlagen	5.0
Sauberkeit Ø	5.0
Freundlichkeit	5.0
Stellplatz	4.0
Verpflegung	3.5
Freizeit	4.7
Preis-Leistung	4.8
Mietunterkünfte	-

Geeignet für

Kinder b. 6 J.	2.3
Kinder b. 12 J.	2.3
Kinder b. 18 J.	3.0
Paare	4.7
Senioren	4.6
Gäste mit Zelt	1.7
Hunde n. erlaubt	-

Empfohlene Aktivitäten

- Wandern
- Mountainbiking
- Klettern

6 Alpencamping Haller, Riezlern, Kleinwalsertal

❄

Köpfleweg 10a
6991 Riezlern
+43 5517 5343

47.35642 | 10.18732
1100m ü.M.

21.05. - 07.11.
15.12. - 11.04.

HS: 45,10 € | NS: 45,10 €

Mehr Infos & Anfrage:
www.camping.info/19098

Baden im See	10km
Pool/Hallenbad	500m/10km
Spielplatz am Platz	✓
Hunde willkommen	✓
Skilift/Loipe	✓/3km
WLAN	✓
Lebensmittel	200m
Brötchen am Platz	×
Restaurant/Imbiss	✓/200m
Ver-/Entsorgung Womo	✓
in den Ort	100m
Gesamt/Touristen	43/35
Mietunterkünfte	×
Stellplätze vor Schranke	×

4.2 SEHR GUT
20 Bewertungen

Lage	4.8
Ruhe	4.5
Sanitäranlagen	3.9
Sauberkeit Ø	4.8
Freundlichkeit	4.8
Stellplatz	3.4
Verpflegung	2.8
Freizeit	4.3
Preis-Leistung	4.0
Mietunterkünfte	-

Geeignet für

Kinder b. 6 J.	3.8
Kinder b. 12 J.	4.1
Kinder b. 18 J.	4.2
Paare	4.4
Senioren	4.3
Gäste mit Zelt	3.8
Gäste mit Hund	4.4

Empfohlene Aktivitäten

- Wandern
- Ski
- Mountainbiking

keine WOMOs über 8 m; keine Gruppen über 10 Personen

7 Camping Zwerwald

❄

Zwerwaldstr. 32
87567 Riezlern

47.35007 | 10.17923

13.05. - 31.10.
10.12. - 23.04.

keine Angabe

Mehr Infos & Anfrage:
www.camping.info/25416

Baden in nat. Gewässer	k. A.
Pool & Hallenbad	×
Spielplatz am Platz	✓
Hunde erlaubt	✓
Skilift & Loipe	keine Angabe
WLAN	×
Lebensmittel	✓
Brötchen am Platz	✓
Restaurant & Imbiss	×
Ver-/Entsorgung Womo	✓
in den Ort	keine Angabe
Gesamt	keine Angabe
Mietunterkünfte	×
Stellplätze vor Schranke	×

3.6 GUT
8 Bewertungen

Lage	4.9
Ruhe	4.6
Sanitäranlagen	3.1
Sauberkeit Ø	4.2
Freundlichkeit	4.0
Stellplatz	3.7
Verpflegung	2.8
Freizeit	4.4
Preis-Leistung	3.7
Mietunterkünfte	-

Geeignet für

Kinder b. 6 J.	4.2
Kinder b. 12 J.	4.3
Kinder b. 18 J.	4.2
Paare	4.5
Senioren	4.5
Gäste mit Zelt	4.8
Gäste mit Hund	4.0

Empfohlene Aktivitäten

- Wandern
- Mountainbiking
- Klettern

Karte auf Seite 20

	8 Camping Vorderboden	9 Waldcamping Feldkirch	10 Alpencamping Nenzing
	Vorderboden 1 6993 Mittelberg 0043 5517 6138 47.31214 | 10.13372 1250m ü.M.	Stadionstraße 9 6800 Feldkirch +43 5522 7600 13190 47.25842 | 9.58297	Garfrenga 1 6710 Nenzing +43 5525 62491 47.18244 | 9.68228
Infos			
Öffnungszeiten	21.05. - 17.10.	01.04. - 31.10.	ganzjährig
Vergleichspreis	HS: 44,30 €	HS: 38,20 € | NS: 11,70 €	HS: 43,40 € | NS: 29,30 €
Link	**Mehr Infos & Anfrage:** www.camping.info/27067	**Mehr Infos & Anfrage:** www.camping.info/19402	**Mehr Infos & Anfrage:** www.camping.info/22289
Ausstattung			
Freizeit	Baden in nat. Gewässer k. A. Pool/Hallenbad 6km Spielplatz am Platz ✓	Baden im See 3km Pool/Hallenbad ✓/7km Spielplatz am Platz ✓	Baden im See am Platz ✓ Pool & Hallenbad ✓ Spielplatz am Platz ✓
Campingplatz	Hunde erlaubt ✓ Skilift & Loipe keine Angabe WLAN ✓	Hunde willkommen ✓ Skilift 10km WLAN ✓	Hunde willkommen ✓ Skilift/Loipe 2km/✓ WLAN ✓
Versorgung	Lebensmittel ✓ Brötchen am Platz ✓ Imbiss ✓ Ver-/Entsorgung Womo ✓ in den Ort 1km	Lebensmittel 800m Brötchen am Platz nur HS Restaurant/Imbiss 1km Ver-/Entsorgung Womo ✓ in den Ort 500m	Lebensmittel ✓ Brötchen am Platz ✓ Restaurant & Imbiss ✓ Ver-/Entsorgung Womo ✓ in den Ort 1km
Anzahl der Plätze	Touristenplätze 80 Mietunterkünfte ✗ Stellplätze vor Schranke ✗	Gesamt/Touristen 128/64 Mietunterkünfte ✗ Stellplätze vor Schranke ✗	Touristenplätze 155 Mietunterkünfte ✓ Stellplätze vor Schranke ✗

	Camping Vorderboden	Waldcamping Feldkirch	Alpencamping Nenzing
Gesamt	4.8 SEHR GUT, 134 Bewertungen	4.3 SEHR GUT, 24 Bewertungen	4.3 SEHR GUT, 265 Bewertungen
Lage	4.9	4.4	4.5
Ruhe	4.7	4.2	4.3
Sanitäranlagen	4.7	3.8	4.7
Sauberkeit Ø	4.8	4.8	4.7
Freundlichkeit	4.9	4.6	4.3
Stellplatz	4.5	4.2	4.2
Verpflegung	4.4	3.4	4.3
Freizeit	4.7	4.5	4.1
Preis-Leistung	4.4	4.3	3.8
Mietunterkünfte	-	-	4.3
Geeignet für			
Kinder b. 6 J.	4.2	3.9	4.0
Kinder b. 12 J.	4.3	4.4	4.1
Kinder b. 18 J.	4.1	4.0	3.9
Paare	4.9	4.5	4.6
Senioren	4.8	4.6	4.6
Gäste mit Zelt	4.7	4.4	3.9
Gäste mit Hund	4.6	4.4	4.4
Empfohlene Aktivitäten	Wandern Mountainbiking Entspannen	Schwimmen Radfahren Wandern	Wandern Wellness Entspannen

AWARD 2021 (Camping Vorderboden)

11 Panorama Camping Sonnenberg

Hinteroferst 12
6714 Nüziders
+43 69910792813
www.camping-sonnenberg.com
info@camping-sonnenberg.com

14.05. - 25.09.

HS: 42,00 € | NS: 31,40 €

Mehr Infos & Anfrage:
www.camping.info/19403

Baden im See	15km
Pool/Hallenbad	3km
Spielplatz am Platz	✓
Hunde willkommen	✓
Skilift & Loipe	✗
WLAN	✓
Lebensmittel	1km
Brötchen am Platz	✓
Restaurant/Imbiss	300m/1km
Ver-/Entsorgung Womo	✓
in den Ort	500m
Touristenplätze	116
Mietunterkünfte	✓
Stellplätze vor Schranke	✗

47.16993 | 9.80742
580m ü.M.

Camping in den Bergen mit beeindruckendem Panorama.

Lage & Stellplatz

In sonniger, ruhiger Stadt- und Waldnähe mit beeindruckendem Blick auf die 3.000 m hohe Gebirgskulisse liegt das Panorama Camping Sonnenberg im Mittelpunkt von fünf Tälern. Die Stellplätze sind gepflegt, parzelliert, großzügig und komfortabel. Freies WLAN ist vorhanden.

Verpflegung

Jeden Morgen gibt es frische Brötchen und im Campingkiosk bekommt man frische Eier, regionale Schnäpse und gekühlte Getränke. Das nächste Restaurant ist 300 m und der nächste Supermarkt ca. 1 km entfernt.

Sanitär

Das komfortable Sanitärgebäude mit Fußbodenheizung beeindruckt durch Geräumigkeit, Eleganz und Sauberkeit. Zur Ausstattung gehören 10 Duschen, 15 Toiletten, ein Babywickelraum, eine Behinderten- bzw. Familiendusche, drei Waschmaschinen, ein Trockner, ein Trockenraum sowie ein Spül- und Kosmetikraum.

Freizeit

Am Platz gibt es einen Kinderspielplatz, Tischtennis, Musikabende und Alphornblasen. Die Alpenregion ist zudem ein riesiges Wander- und Radfahr-Paradies für Jung und Alt, ein Eldorado für Mountainbiker und viele andere Sportarten. Gästekarte inklusive: freie Fahrt mit Bus u. Zug, Freibäder, etc.

Wöchentliches Alphornblasen.

Ideales Wander- u. Tourengebiet.

4.8 SEHR GUT
142 Bewertungen

Lage	4.7
Ruhe	4.7
Sanitäranlagen	4.9
Sauberkeit Ø	5.0
Freundlichkeit	5.0
Stellplatz	4.7
Verpflegung	3.7
Freizeit	4.5
Preis-Leistung	4.7
Mietunterkünfte	4.7

Geeignet für

4.9	Senioren
4.8	Paare
4.7	Gäste mit Zelt
4.5	Gäste mit Hund
4.4	Kinder b. 6 J.
4.2	Kinder b. 12 J.
3.7	Kinder b. 18 J.

Empfohlene Aktivitäten

Wandern · Mountainbiking · Entspannen · Radfahren

Mehr Infos

Pro Stellplatz ist nur ein Hund erlaubt. Keine Gruppen.

Karte auf Seite 20

	12	14	15
	Heidi´s Camping	**Waldcamping Batmund**	**Camping Zeinissee**
	Boden 5 6707 Bürserberg +43 5552 65307	Silvretta-Bundesstraße 65c 6791 St.Gallenkirch +43 5557 21893	Zeinisjoch 122a 6563 Galtür +43 5443 8562
	47.14219 | 9.77874 900m ü.M.	47.02998 | 9.95699	46.97794 | 10.12698 1820m ü.M.
Infos			
Öffnungszeiten	ganzjährig	20.05. - 30.10. 04.12. - 30.04.	02.06. - 03.10.
Vergleichspreis	HS: 27,40 € | NS: 24,40 €	HS: 26,20 € | NS: 21,20 €	HS: 35,60 € | NS: 33,60 €
Link	**Mehr Infos & Anfrage:** www.camping.info/22117	**Mehr Infos & Anfrage:** www.camping.info/23823	**Mehr Infos & Anfrage:** www.camping.info/22211
Ausstattung			
Freizeit	Baden im Fluss 4km Pool/Hallenbad 3/4km Spielplatz keine Angabe	Baden in nat. Gewässer ✗ Pool/Hallenbad 900m/20km Spielplatz am Platz ✓	Baden in nat. Gewässer ✗ Pool/Hallenbad 8km Spielplatz 8km
Campingplatz	Hunde willkommen ✓ Skilift/Loipe 300m/4km WLAN (gegen Gebühr) ✓	Hunde willkommen ✓ Skilift/Loipe 800m/1km WLAN (gegen Gebühr) ✓	Hunde willkommen ✓ Skilift & Loipe ✗ WLAN ✓
Versorgung	Lebensmittel 100m Brötchen am Platz ✗ Restaurant/Imbiss 300/100m Ver-/Entsorgung Womo ✗ in den Ort 2km	Lebensmittel 1km Brötchen am Platz nur HS Restaurant/Imbiss 400m Ver-/Entsorgung Womo ✗ in den Ort 1km	Lebensmittel 6km Brötchen am Platz ✓ Restaurant & Imbiss ✓ Ver-/Entsorgung Womo ✓ in den Ort 6km
Anzahl der Plätze	Gesamt/Touristen 30/20 Mietunterkünfte ✓ Stellplätze vor Schranke ✗	Gesamt/Touristen 40/10 Mietunterkünfte ✗ Stellplätze vor Schranke ✗	Gesamt/Touristen 29/5 Mietunterkünfte ✓ Stellplätze vor Schranke ✓

	Heidi´s Camping	Waldcamping Batmund	Camping Zeinissee
Bewertung	3.2 GUT (8 Bewertungen)	4.5 SEHR GUT (17 Bewertungen)	4.6 SEHR GUT (37 Bewertungen)
Lage	3.7	4.2	4.9
Ruhe	3.1	4.5	4.8
Sanitäranlagen	3.1	4.2	3.9
Sauberkeit Ø	3.8	4.9	4.7
Freundlichkeit	3.5	4.8	4.7
Stellplatz	3.0	3.9	4.2
Verpflegung	2.2	2.9	4.2
Freizeit	3.9	4.2	4.6
Preis-Leistung	3.3	4.5	4.3
Mietunterkünfte	-	-	4.4
Geeignet für			
Kinder b. 6 J.	3.5	3.1	2.5
Kinder b. 12 J.	3.5	3.7	3.4
Kinder b. 18 J.	3.0	3.9	4.1
Paare	3.8	4.7	4.9
Senioren	3.0	4.7	4.4
Gäste mit Zelt	4.0	4.5	4.3
Gäste mit Hund	4.0	4.5	4.9
Empfohlene Aktivitäten	Wandern Mountainbiking Klettern	Wandern Radfahren Mountainbiking	Wandern Entspannen Angeln
		keine WOMOs über 8m	Womo bis max. 7,50 Reserv. ab 3 Nächten. Plätze am See mind. 1 Woche.

13 Walch's Camping & Landhaus

Arlbergstraße 93
6751 Innerbraz
+43 5552 28102 0
www.campingplatz-arlberg.at
info@landhauswalch.at

01.01. - 24.04.
25.05. - 16.10.
HS: 45,80 € | NS: 40,80 €
Mehr Infos & online buchen:
www.camping.info/22281

Baden in nat. Gewässer	k. A.
Pool/Hallenbad	1/7km
Spielplatz am Platz	✓
Hunde willkommen	✓
Skilift/Loipe	7km/✓
WLAN (gegen Gebühr)	✓
Lebensmittel	700m
Brötchen am Platz	✓
Restaurant/Imbiss	700/500m
Ver-/Entsorgung Womo	✓
in den Ort	500m
Gesamt/Touristen	93/30
Mietunterkünfte	✓
Stellplätze vor Schranke	✗

Sommerliches Campen im Grünen.

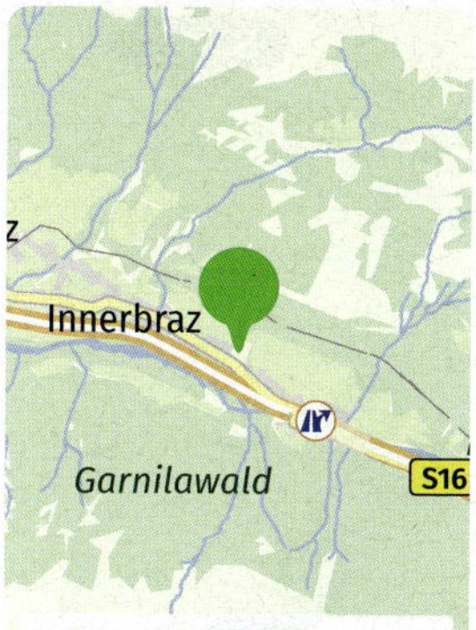

1 km
47.1421 | 9.92739
704m ü.M.

Lage & Stellplatz

Im Süden Vorarlbergs, umgeben von den Bergketten der Lechtaler Alpen und des Verwalls, liegt Walch's Camping & Landhaus. Die Stellplätze sind 10 x 8 m groß, auf Gras-Kiesboden und mit Stromanschlüssen (16 A) ausgestattet. In nur 45 Minuten erreicht man den Bodensee oder den Gletscher der Silvretta.

Verpflegung

Einen täglichen Brötchenservice und die Möglichkeit zum ausgiebigen Frühstücken gibt es direkt am Platz. Nur 700 m entfernt findet man einen Lebensmittelladen für größere Einkäufe. Ausgezeichnete Restaurants, die ausschließlich mit heimischen Produkten arbeiten, befinden sich im Ort.

Sanitär

Der als Top-Camping prämierte Platz verfügt über ausreichend Damen- und Herrentoiletten, Einzelwaschkabinen, ein Behinderten-WC, eine Babybadewanne, einen Spülbereich und eine Hundedusche. Ein weiteres Highlight ist die 220 m² Wellnessanlage mit Ruheraum, Infrarotkabine, Solarium und drei Saunas.

Freizeit

Vor Ort sorgen ein 5.000 m² großer Erlebnisspielplatz, eine Grillstation sowie ein Kleinfußball- und Volleyballfeld für Spaß. Mit der Bludenz-Klostertal Brandnertal Gästekarte sind viele Leistungen ermäßigt oder GRATIS, wie die Freibäder in der Region oder Bus & Bergbahnen in ganz Vorarlberg.

Ausgezeichneter Sanitärbereich.

Wellness und Entspannung.

4.6 SEHR GUT
26 Bewertungen

Lage	4.3
Ruhe	4.3
Sanitäranlagen	5.0
Sauberkeit Ø	5.0
Freundlichkeit	4.6
Stellplatz	4.7
Verpflegung	3.7
Freizeit	4.5
Preis-Leistung	4.1
Mietunterkünfte	4.5

Geeignet für

4.5	Paare
4.5	Senioren
4.0	Kinder b. 12 J.
3.8	Kinder b. 18 J.
4.1	Gäste mit Hund
3.9	Kinder b. 6 J.
3.8	Gäste mit Zelt

Empfohlene Aktivitäten

Wandern
Mountainbiking
Ski
Radfahren

Mehr Infos

Reservierungen während der Wintermonate und Juli & August erforderlich.

ÖSTERREICH

❷ Tiroler Oberland und Außerfern

FREIZEITTIPPS

- **A** Vilsalpsee, Tannheim
- **B** Erlebnispark Hög, Serfaus
- **C** Renkfälle und Anton-Renk-Hütte, Ried
- **D** Rosengartenschlucht mit Alpin Coaster, Imst
- **E** Tiroler Zugspitzbahn, Obermoos
- **F** AQUA DOME – Tirol Therme Längenfeld, Längenfeld

	Platz	Seite	Bewertung	Öffnungszeiten	
1	Comfortcamp Grän Tannheimertal	35	4.7	saisonal	❄
2	Camping Alpenwelt	34	4.5	saisonal	❄
3	Camping Sennalpe und Seespitz	34	3.8	ganzjährig	❄
4	Camping Heiterwangersee	34	-	ganzjährig	❄
5	Zugspitz Resort	37	4.6	ganzjährig	❄
6	Camping Lärchenhof	36	-	ganzjährig	❄
7	Lechtal Camping Vorderhornbach Tirol	36	4.9	ganzjährig	❄
8	Lechtal-Camping Rudi	36	4.5	ganzjährig	❄
9	Camping Rossbach	38	-	ganzjährig	❄
10	aktivCamping Imst	38	4.7	saisonal	
11	CampingPark Imst-West	38	4.5	ganzjährig	❄
12	Mountain Camp Pitztal	40	3.9	ganzjährig	❄
13	Camping Riffler	40	4.7	saisonal	❄
14	Camping Ötztal Arena ****	40	4.8	saisonal	❄
15	Aktiv Camping Prutz / Tirol	39	4.5	ganzjährig	❄
16	Camping Ötztal Längenfeld	42	4.8	ganzjährig	❄ 👍
17	Camping Dreiländereck Blockhütten & Apartments	41	4.4	saisonal	❄
18	Camping Kaunertal	44	4.0	saisonal	
19	Ötztaler Naturcamping	44	4.8	saisonal	❄
20	Camping Sölden	45	4.8	saisonal	❄ 👍
21	Camping Via Claudiasee	44	3.4	saisonal	❄

❄ Wintercamping FKK Textilfrei (ganz/teilweise) Ecocamping 👍 Award Onlinebuchung

Zwei Regionen mit vielen Optionen

Als Tiroler Oberland bezeichnet man den westlichen Teil des Bundeslandes Tirol. Das Oberland umfasst das Gebiet westlich von Innsbruck, ausgenommen ist davon allerdings das Außerfern im Nordwesten des Landes. Obwohl es sich um ein vom Tiroler Oberland abgegrenztes Gebiet handelt, werden die beiden Regionen in diesem Campingführer zusammengefasst. Sowohl im Sommer als auch im Winter findet man hier die passenden Urlaubsaktivitäten. Egal ob Skifahren, Langlaufen, Thermenbesuche, Wandern, Radfahren oder Kulturhighlights – im Tiroler Oberland und Außerfern finden Camper zu jeder Jahreszeit attraktive Freizeitmöglichkeiten.

Plansee Reutte © Tirol Werbung/Bernhard Aichner

RUND UM DIE TIROLER ZUGSPITZ ARENA, LECHTAL UND TANNHEIMER TAL

Die Tiroler Zugspitz Arena liegt – wie könnte es anders sein – zu Füßen der Zugspitze im nordwestlichen Teil Tirols. Das beeindruckende Massiv der Zugspitze teilt sich Tirol mit dem benachbarten Bayern, wo touristisch vor allem das nahe gelegene Schloss Neuschwanstein lockt. Der Zugspitzgletscher ist der nördlichste Gletscher der Alpen und garantiert Schneesicherheit von Ende Oktober bis Anfang Mai. Am schnellsten ist das Skigebiet auf dem Zugspitzgletscher vom Ort Ehrwald aus zu erreichen. Am nordwestlichen Rand des Zugspitzgebiets befindet sich der Plansee, der nicht nur zu den größten Seen Tirols zählt, sondern auch von einer eindrucksvollen Bergwelt umrahmt wird. Ganz in der Nähe liegt die Burgenwelt Ehrenberg, die als eine der ältesten und bedeutendsten Festungsanlagen Mitteleuropas spannende Einblicke in vergangene Zeiten gewährt. Eines der ursprünglichsten Täler Tirols ist das Lechtal. Der Lech ist ein weitgehend naturbelassener Fluss und über die Landesgrenzen hinaus bei Naturliebhabern und Wassersportlern gleichermaßen beliebt. Unweit des Lechtals befindet sich eines der schönsten Hochtäler Europas – das Tannheimer Tal. Das romantische und weite Tal im Nordwesten Tirols be-

Winter in St. Anton © TVB St. Anton am Arlberg/Josef Mallaun

Ötztal Alm © Tirol Werbung

eindruckt seine Gäste mit einer einmaligen landschaftlichen Kulisse, zahlreichen Naturseen und der zum Teil seltenen Flora und Fauna.

OBERINNTAL, ÖTZTAL UND PITZTAL

Das Oberinntal ist ein klimatisch begünstigtes Gebiet, das im Frühling durch den ausgedehnten Obstbau ein wahres Blütenmeer offenbart. Eine der bekanntesten Städte der Region ist Landeck. Das gut erhaltene Schloss Landeck ragt als Wahrzeichen der Stadt hoch über dem Inn. Rund 12 km südlich von Landeck liegt der Ort Prutz, der durch seine zentrale Lage und vielen Freizeitmöglichkeiten bei Touristen beliebt ist. Als wahrer Magnet für Camper präsentiert sich auch das Ötztal. Vorbei am bekannten Stuibenfall verläuft es bis tief hinein in die Gipfel- und Gletscherregionen rund um Sölden und Obergurgl. Bestens präparierte Pisten gepaart mit modernsten Liftanlagen lassen keine Wünsche offen. Ergänzt wird das umfassende Winterangebot durch 185 km Langlaufloipen und eine Vielzahl von urigen Hütten. Der Weltcup-Ort Sölden ist aufgrund seiner vielen Restaurants, Bars und Discos auch für sein Nachtleben bekannt. Alternativ dazu steht in der Gemeinde Längenfeld das topmoderne Thermenresort „Aqua Dome" mit 12 Innen- und Außenbecken bereit. Parallel zum Ötztal verläuft das Pitztal, das Skifahrern, Snowboardern und Langläufern ebenfalls pures Wintervergnügen auf höchstem Niveau bietet. Am Pitztaler Gletscher wartet zudem Österreichs höchstgelegenes Café auf 3.440 Metern.

TIPP DER REDAKTION

Ötztaler Naturcamping

Längenfeld | Nr. 19 | Seite 44

Laut Gästen ideal geeignet zum:

- Wandern
- Mountainbiking
- Radfahren

4.6

Karte auf Seite 30

	2 Camping Alpenwelt	3 Camping Sennalpe und Seespitz	4 Camping Heiterwangersee
	❄ Kienzerle 3 6675 Tannheim +43 5675 4307 0 47.50809 | 10.4947 1110m ü.M.	❄ Gemeindegut Agrargemeinschaft Breitenwang 6600 Breitenwang / Reutte +43 5672 78115 47.48718 | 10.84036 980m ü.M.	❄ Fischer am See 1 6611 Heiterwang +43 5674 5116 47.45558 | 10.75924
Infos			
Öffnungszeiten	14.12. - 22.04. 06.05. - 04.11.	ganzjährig	ganzjährig
Vergleichspreis	HS: 31,90 € | NS: 26,90 €	HS: 33,00 € | NS: 33,00 €	HS: 37,00 € | NS: 37,00 €
Link	**Mehr Infos & Anfrage:** www.camping.info/19348	**Mehr Infos & Anfrage:** www.camping.info/19339	**Mehr Infos & Anfrage:** www.camping.info/26816
Ausstattung			
Freizeit	Baden im See 5km Pool/Hallenbad 5/25km Spielplatz 1km	Baden im See am Platz ✓ Pool/Hallenbad 4km Spielplatz am Platz ✓	Baden im See am Platz ✓ Pool & Hallenbad ✗ Spielplatz am Platz ✓
Campingplatz	Hunde willkommen ✓ Skilift/Loipe 1km/500m WLAN (begrenzt gratis) ✓	Hunde willkommen ✓ Skilift/Loipe 10km/✓ WLAN ✓	Hunde willkommen ✓ Skilift 5km WLAN ✓
Versorgung	Lebensmittel 1km Brötchen am Platz ✓ Restaurant/Imbiss 1km Ver-/Entsorgung Womo ✓ in den Ort 1km	Lebensmittel ✓ Brötchen am Platz ✓ Restaurant & Imbiss ✓ Ver-/Entsorgung Womo ✓ in den Ort 4km	Lebensmittel 1km Brötchen am Platz ✓ Restaurant & Imbiss ✓ Ver-/Entsorgung Womo ✓ in den Ort 1km
Anzahl der Plätze	Touristenplätze 65 Mietunterkünfte ✓ Stellplätze vor Schranke ✗	Gesamt/Touristen 400/250 Mietunterkünfte ✓ Stellplätze vor Schranke ✗	Gesamt/Touristen 60/30 Mietunterkünfte ✓ Stellplätze vor Schranke ✗

	Camping Alpenwelt	Camping Sennalpe und Seespitz	Camping Heiterwangersee
Gesamt	4.5 SEHR GUT, 39 Bewertungen	3.8 GUT, 29 Bewertungen	- JETZT BEWERTEN!
Lage	4.6	4.6	
Ruhe	4.4	4.0	
Sanitäranlagen	4.6	3.7	
Sauberkeit Ø	4.7	4.3	
Freundlichkeit	4.8	3.8	
Stellplatz	4.2	3.5	
Verpflegung	3.9	3.0	
Freizeit	4.3	4.2	
Preis-Leistung	4.5	3.7	
Mietunterkünfte	4.1	3.0	
Geeignet für			
Kinder b. 6 J.	3.9	3.8	
Kinder b. 12 J.	3.9	3.8	
Kinder b. 18 J.	3.6	3.5	
Paare	4.6	4.3	
Senioren	4.6	3.9	
Gäste mit Zelt	4.2	4.0	
Gäste mit Hund	4.7	4.0	

	Camping Alpenwelt	Camping Sennalpe und Seespitz
Empfohlene Aktivitäten	Wandern Radfahren Mountainbiking	Schwimmen Wandern Tauchen

Camping Heiterwangersee: Für diese Auswertung liegen leider noch nicht genügend Bewertungen vor.

Sei einer der Ersten, der diesen Campingplatz bewertet. Unter den Bewertern werden regelmäßig Gewinne verlost!

Mehr Infos dazu findest du in unserem allgemeinen Intro.

Camping Alpenwelt: keine WOMOs ab 9 m; Anreise im Winter bis 18 Uhr empfohlen

1 Comfortcamp Grän Tannheimertal

❄

Engetalstraße 13
6673 Grän
+43 5675 6570
www.comfortcamp.eu
info@comfortcamp.at

01.01. - 18.04.
16.05. - 01.11.
HS: 48,00 € | NS: 48,00 €
Mehr Infos & Anfrage:
www.camping.info/19459

Baden im See	2km
Pool/Hallenbad	2km/✓
Spielplatz am Platz	✓
Hunde erlaubt	✓
Skilift/Loipe	700m/✓
WLAN	✓
Lebensmittel	✓
Brötchen am Platz	✓
Restaurant & Imbiss	✓
Ver-/Entsorgung Womo	✓
in den Ort	800m
Gesamt/Touristen	190/160
Mietunterkünfte	✓
Stellplätze vor Schranke	✗

47.51129 | 10.55469

Herzlich Willkommen in Grän!

Lage & Stellplatz

Eingebettet in die schöne Bergwelt des Tannheimertales liegt der Campingplatz auf 1.150 m. Direkter Einstieg zu Rad-, Wanderweg, Loipe & kostenloser Skibus. Verschiedene Stellplatzkategorien 80-100 m². Alle Plätze mit Strom-, TV-, Abwasser. Wassersäulen im Sommer, teilweise Festgas im Winter.

Verpflegung

Im Restaurant „Zum AchtalWirt" direkt am Platz wird täglich außer montags Gutes von Schnitzel, Kaiserschmarrn, Kässpatzen und Pizza serviert. Alles auch zum Mitnehmen. Im Minimarkt werden von Montag bis Freitag von 8 bis 10 Uhr frische Brötchen vom Bäcker angeboten. Ein Supermarkt ist 2 km entfernt.

Sanitär

Drei moderne, top-ausgestattete Sanitärgebäude, Einzelwaschkabinen, ein barrierefreies Familienbad inkl. Babywanne, mietbare Privatbadezimmer. Panoramahallenbad. Wellnessbereich mit Sauna, Dampfbad und Ruheraum sowie Trockenräume mit Schuhheizung, Geschirrspülen, Skistall. Kinder- und Jugendraum.

Freizeit

TOP Infrastruktur im ganzen Tannheimertal: Sommerbergbahn, Wanderbus, Strandbad Haldensee, Loipen und Skibus inklusive! Radwege, ausgezeichnete Wanderwege Sommer/Winter; Naturseen, Naturschutzgebiet Vilsalpsee, BikeStrecken, Tanni-Kinderclub, Boulderhalle, ausgezeichnetes Loipennetz, Spielplätze.

Bunter Herbst im Tannheimertal.

Panoramahallenbad mit Ruhezone.

4.7 SEHR GUT
221 Bewertungen

Lage	4.7
Ruhe	4.6
Sanitäranlagen	4.8
Sauberkeit Ø	4.8
Freundlichkeit	4.3
Stellplatz	4.5
Verpflegung	4.3
Freizeit	4.5
Preis-Leistung	4.3
Mietunterkünfte	4.2

Geeignet für

- 4.7 Paare
- 4.7 Senioren
- 4.5 Gäste mit Hund
- 4.3 Kinder b. 12 J.
- 4.1 Kinder b. 6 J.
- 4.0 Kinder b. 18 J.
- 3.7 Gäste mit Zelt

Empfohlene Aktivitäten

Wandern | Radfahren | Entspannen | Schwimmen

Mehr Infos

ⓘ Hundefreie Bereiche, keine WOMOs über 9 m, Angebote auf www.comfortcamp.eu

Karte auf Seite 30

	6	7	8
	Camping Lärchenhof	**Lechtal Camping Vorderhornbach Tirol**	**Lechtal-Camping Rudi**
	❄	❄	❄
	Gries 16 6631 Lermoos +43 5673 2197	Vorderhornbach 113 6645 Vorderhornbach 0043-676-4308480	Luxnach 122 6651 Häselgehr +43 5634 6425
	47.40703 | 10.86919	47.36724 | 10.54502 990m ü.M.	47.31541 | 10.49859 1004m ü.M.
Infos			
Öffnungszeiten	ganzjährig	ganzjährig	ganzjährig
Vergleichspreis	HS: 27,10 € | NS: 25,20 €	HS: 32,90 € | NS: 27,90 €	HS: 26,00 € | NS: 26,00 €
Link	**Mehr Infos & Anfrage:** www.camping.info/26817	**Mehr Infos & Anfrage:** www.camping.info/26687	**Mehr Infos & Anfrage:** www.camping.info/19385
Ausstattung			
Freizeit	Baden in nat. Gewässer k. A. Pool/Hallenbad 200m/1km Spielplatz 1km	Baden in nat. Gewässer ✗ Pool/Hallenbad ✓/15km Spielplatz am Platz ✓	Baden in nat. Gewässer k. A. Pool/Hallenbad 400m/19km Spielplatz 500m
Campingplatz	Hunde willkommen ✓ Skilift/Loipe 1km/50m WLAN ✓	Hunde erlaubt nur NS Skilift/Loipe 2km/✓ WLAN ✓	Hunde erlaubt ✓ Skilift/Loipe 6km/100m WLAN ✓
Versorgung	Lebensmittel ✓ Brötchen am Platz ✓ Restaurant 200m Ver-/Entsorgung Womo ✓ in den Ort 800m	Lebensmittel 2km Brötchen am Platz nur HS Restaurant & Imbiss ✓ Ver-/Entsorgung Womo ✓ in den Ort 400m	Lebensmittel 5km Brötchen am Platz ✓ Restaurant/Imbiss 500m Ver-/Entsorgung Womo ✓ in den Ort 700m
Anzahl der Plätze	Touristenplätze 45 Mietunterkünfte ✓ Stellplätze vor Schranke ✗	Touristenplätze 40 Mietunterkünfte ✓ Stellplätze vor Schranke ✓	Gesamt/Touristen 50/40 Mietunterkünfte ✓ Stellplätze vor Schranke ✗

6 – Camping Lärchenhof

- **JETZT BEWERTEN!**

Für diese Auswertung liegen leider noch nicht genügend Bewertungen vor.

Sei einer der Ersten, der diesen Campingplatz bewertet. Unter den Bewertern werden regelmäßig Gewinne verlost!

Mehr Infos dazu findest du in unserem allgemeinen Intro.

7 – Lechtal Camping Vorderhornbach Tirol

4.9 **SEHR GUT** 34 Bewertungen

Lage	4.7
Ruhe	4.9
Sanitäranlagen	4.8
Sauberkeit Ø	4.9
Freundlichkeit	4.9
Stellplatz	4.6
Verpflegung	4.4
Freizeit	4.5
Preis-Leistung	4.8
Mietunterkünfte	4.8

Geeignet für

Kinder b. 6 J.	4.8
Kinder b. 12 J.	4.8
Kinder b. 18 J.	4.4
Paare	4.9
Senioren	4.9
Gäste mit Zelt	4.8
Gäste mit Hund	3.1

Empfohlene Aktivitäten

- Wandern
- Mountainbiking
- Kayak/Kanu

Wintercamping wieder ab 25.12. - Hunde in der Hochsaison nicht erlaubt.

8 – Lechtal-Camping Rudi

4.5 **SEHR GUT** 4 Bewertungen

Lage	4.7
Ruhe	5.0
Sanitäranlagen	4.7
Sauberkeit Ø	4.8
Freundlichkeit	5.0
Stellplatz	4.3
Verpflegung	3.0
Freizeit	4.7
Preis-Leistung	4.3
Mietunterkünfte	-

Geeignet für

Kinder b. 6 J.	3.5
Kinder b. 12 J.	4.0
Kinder b. 18 J.	4.5
Paare	5.0
Senioren	4.5
Gäste mit Zelt	4.5
Gäste mit Hund	5.0

Empfohlene Aktivitäten

- Radfahren
- Wandern
- Kayak/Kanu

5 Zugspitz Resort

*

Obermoos 1
6632 Ehrwald
+43 5673 2309
www.zugspitz-camping.at
welcome@zugspitz-resort.at

15.12. - 24.04.
13.05. - 02.12.
HS: 90,80 € | NS: 77,80 €
Mehr Infos & Anfrage:
www.camping.info/19388

Baden im See	5km
Pool & Hallenbad	✓
Spielplatz am Platz	✓
Hunde willkommen	✓
Skilift/Loipe	✓/500m
WLAN	✓
Lebensmittel	✓
Brötchen am Platz	✓
Restaurant & Imbiss	✓
Ver-/Entsorgung Womo	✓
in den Ort	4km
Touristenplätze	170
Mietunterkünfte	✓
Stellplätze vor Schranke	✗

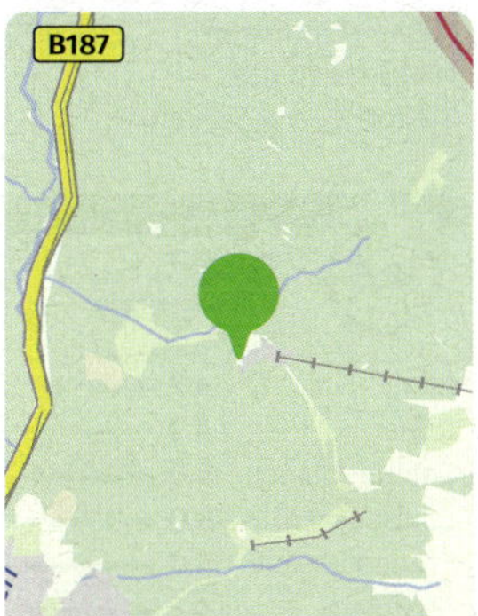

1 km
47.42635 | 10.93924
1250m ü.M.

Komfortcamping direkt an der Talstation der Tiroler Zugspitzbahn.

Lage & Stellplatz

Das 5-Sterne-Campingresort bietet 30 Standard-, 87 Comfort- und 15 Zeltplätze mitten im Grünen, direkt an der Talstation der Tiroler Zugspitzbahn. Die Standard-Stellplätze bieten alle einen Stromanschluss, Comfortplätze zusätzlich noch einen Wasser-, Abwasser- und SAT-Anschluss.

Verpflegung

Frühstück, ein Nachmittagssnack und Abendessen können gerne in Form der Verwöhn-Halbpension im Restaurant des Resorts dazugebucht werden. Für jene, die sich lieber selbst versorgen möchten, findet sich ein neuer, großer Shop für alle Artikel des täglichen Bedarfs im Eingangsbereich des Resorts.

Sanitär

Ein modern eingerichtetes Badehaus verfügt über 15 private Baderäume mit Dusche und WC bzw. Bad und WC sowie eine bestens ausgestattete Küche mit Geschirrspülern, Kühlschränken und gemütlichem Esstisch. Zudem stehen im angegliederten Haupthaus des Resorts 20 weitere private Baderäume zur Verfügung.

Freizeit

Neben den Komfortleistungen am Platz stehen alle Annehmlichkeiten des angegliederten 4-Sterne-Hotels zur Verfügung: Saunalandschaft, Hallenbad, betreuter Kinderclub, Fahrradverleih, vielseitiges Aktivprogramm, 1.500 m² XXXL Spiele- und Wasserwelten, Kart-Bahn, Boulderwand, Kino u. v. m.

Kinder-Wasserwelten.

Moderner Baderaum mit Bad/WC.

4.6 SEHR GUT
45 Bewertungen

Lage	4.8
Ruhe	4.4
Sanitäranlagen	4.7
Sauberkeit Ø	4.8
Freundlichkeit	4.6
Stellplatz	4.6
Verpflegung	4.2
Freizeit	4.7
Preis-Leistung	4.3
Mietunterkünfte	4.8

Geeignet für

Kinder b. 6 J.	4.8
Kinder b. 12 J.	4.8
Senioren	4.8
Paare	4.7
Gäste mit Hund	4.6
Kinder b. 18 J.	4.4
Gäste mit Zelt	3.9

Empfohlene Aktivitäten

Wandern
Wellness
Mountainbiking
Schwimmen

Mehr Infos

Preise gelten inkl. Wellnessbereich, Kinderbetreuung, Aktivprogramm etc.

Karte auf Seite 30

	9 Camping Rossbach	10 aktivCamping Imst	11 CampingPark Imst-West
	❄ Roßbach 325 6465 Nassereith +43 5265 5154 47.3106 | 10.85486	Schwimmbadweg 10 6460 Imst +43 5412 21355 47.23988 | 10.74527 800m ü.M.	❄ Langgasse 62 6460 Imst +43 5412 66293 47.22881 | 10.74328
Infos			
Öffnungszeiten	ganzjährig	12.04. - 13.10.	ganzjährig
Vergleichspreis	HS: 21,50 € | NS: 20,50 €	HS: 28,50 € | NS: 24,50 €	HS: 27,00 € | NS: 23,00 €
Link	**Mehr Infos & Anfrage:** www.camping.info/26820	**Mehr Infos & Anfrage:** www.camping.info/26769	**Mehr Infos & Anfrage:** www.camping.info/26822
Ausstattung			
Freizeit	Baden in nat. Gewässer k. A. Pool am Platz ✓ Spielplatz am Platz ✓	Baden im See 2km Pool/Hallenbad 30m/1km Spielplatz am Platz ✓	Baden in nat. Gewässer k. A. Pool/Hallenbad 1/2km Spielplatz am Platz ✓
Campingplatz	Hunde erlaubt ✓ Skilift/Loipe 500/100m WLAN ✓	Hunde willkommen ✓ Skilift/Loipe 3km WLAN ✓	Hunde erlaubt ✓ Skilift/Loipe 3/1km WLAN ✓
Versorgung	Lebensmittel 1km Brötchen keine Angabe Restaurant & Imbiss ✓ Ver-/Entsorgung Womo ✗ in den Ort 2km	Lebensmittel 1km Brötchen am Platz ✓ Restaurant/Imbiss 300/500m Ver-/Entsorgung Womo ✓ in den Ort 1km	Lebensmittel 100m Brötchen am Platz ✓ Restaurant/Imbiss 200m Ver-/Entsorgung Womo ✓ in den Ort 800m
Anzahl der Plätze	Gesamt/Touristen 88/80 Mietunterkünfte ✓ Stellplätze vor Schranke ✗	Gesamt/Touristen 64/45 Mietunterkünfte ✗ Stellplätze vor Schranke ✗	Gesamt/Touristen 76/71 Mietunterkünfte ✗ Stellplätze vor Schranke ✗

Camping Rossbach

- JETZT BEWERTEN!

Für diese Auswertung liegen leider noch nicht genügend Bewertungen vor.

Sei einer der Ersten, der diesen Campingplatz bewertet. Unter den Bewertern werden regelmäßig Gewinne verlost!

Mehr Infos dazu findest du in unserem allgemeinen Intro.

aktivCamping Imst

4.7 SEHR GUT
3 Bewertungen

Lage	4.7
Ruhe	4.3
Sanitäranlagen	4.3
Sauberkeit Ø	4.7
Freundlichkeit	5.0
Stellplatz	5.0
Verpflegung	-
Freizeit	5.0
Preis-Leistung	5.0
Mietunterkünfte	-

Geeignet für

Kinder b. 6 J.	4.0
Kinder b. 12 J.	5.0
Kinder b. 18 J.	5.0
Paare	5.0
Senioren	3.0
Gäste mit Zelt	5.0
Gäste mit Hund	-

Empfohlene Aktivitäten

- Wandern
- Schwimmen
- Klettern

keine Gruppen in der HS

CampingPark Imst-West

4.5 SEHR GUT
4 Bewertungen

Lage	4.2
Ruhe	4.2
Sanitäranlagen	5.0
Sauberkeit Ø	5.0
Freundlichkeit	5.0
Stellplatz	4.8
Verpflegung	3.3
Freizeit	4.3
Preis-Leistung	4.5
Mietunterkünfte	-

Geeignet für

Kinder b. 6 J.	4.5
Kinder b. 12 J.	-
Kinder b. 18 J.	-
Paare	4.8
Senioren	4.7
Gäste mit Zelt	5.0
Gäste mit Hund	4.0

Empfohlene Aktivitäten

- Wandern
- Entspannen
- Spazieren

15 Aktiv Camping Prutz / Tirol

❄

Pontlatzstrasse 22
6522 Prutz
+43 5472 2648
www.aktiv-camping.at
info@aktiv-camping.at

ganzjährig

HS: 39,00 € | NS: 24,60 €

Mehr Infos & Anfrage:
www.camping.info/19294

Baden im Fluss am Platz	✓
Pool/Hallenbad	800m/7km
Spielplatz am Platz	✓
Hunde willkommen	✓
Skilift/Loipe	1/7km
WLAN (gegen Gebühr)	✓
Lebensmittel	✓
Brötchen am Platz	✓
Restaurant & Imbiss	✓
Ver-/Entsorgung Womo	✓
in den Ort	300m
Gesamt/Touristen	130/120
Mietunterkünfte	✗
Stellplätze vor Schranke	✓

1 km
47.07998 | 10.65947
866m ü.M.

Das moderne Hauptgebäude.

Lage & Stellplatz

Die wunderbare Lage am Fuße des Kaunertaler Gletschers in der Familienregion Serfaus-Fiss-Ladis verleiht dem Campingplatz seine einzigartige Atmosphäre. Im Herzen des Tiroler Oberlands werden Stellplätze von Standard (mit Strom & Wasser) bis Luxus (mit Strom, Wasser, Abwasser & Kabel-TV) angeboten.

Sanitär

Die moderne und sehr gepflegte Sanitäranlage ist mit 12 Einzelwaschkabinen, 24 Waschbecken und 18 Toiletten großzügig ausgestattet. Darüber hinaus stehen ein Baby- bzw. Kinderbad sowie eine barrierefreie Dusche und Toilette zur Verfügung. Eine separate Hundedusche rundet das umfangreiche Angebot ab.

Verpflegung

Das platzeigene Campingstüberl versorgt seine Gäste mit leckeren Imbissen und Getränken. Ein kleiner, aber gut sortierter Shop sowie ein täglicher Brötchen- und Zeitungsservice sind ebenfalls vorhanden. Im 300 m entfernten Ortskern stehen drei Supermärkte für größere Lebensmitteleinkäufe bereit.

Freizeit

Vor Ort sorgen etliche Freizeitmöglichkeiten wie eine natürliche Kletterwand, eine eigene Heilquelle („Sauerbrunnquelle"), ein Kinderanimationsprogramm u. v. m. für Unterhaltung. Die imposanten Wander-, Berg- und Radtouren (z. B. „Via Claudia") bieten sich zudem bestens für einen Aktivurlaub an.

Camping direkt am Inn.

Platzteil „Sauerbrunn".

4.5 SEHR GUT
89 Bewertungen

Lage	4.3
Ruhe	3.6
Sanitäranlagen	4.7
Sauberkeit Ø	4.8
Freundlichkeit	4.7
Stellplatz	4.2
Verpflegung	3.9
Freizeit	4.7
Preis-Leistung	4.4
Mietunterkünfte	-

Geeignet für

- 4.7 Gäste mit Hund
- 4.6 Paare
- 4.6 Senioren
- 4.6 Gäste mit Zelt
- 4.5 Kinder b. 12 J.
- 4.3 Kinder b. 6 J.
- 4.3 Kinder b. 18 J.

Empfohlene Aktivitäten

Wandern · Mountainbiking · Klettern · Radfahren

Mehr Infos

Karte auf Seite 30

	12 Mountain Camp Pitztal	13 Camping Riffler	14 Camping Ötztal Arena ****
	❄ Niederhof 206 6474 Jerzens +43 5414 87571 47.14307 | 10.74621	❄ Bruggfeldstraße 2 6500 Landeck +43 660 6500880 47.14259 | 10.56144 860m ü.M.	❄ Mühlweg 32 6441 Umhausen +43 5255 5390 47.13522 | 10.93196 1050m ü.M.
Infos			
Öffnungszeiten	ganzjährig	01.06. - 30.09. 01.11. - 30.04.	01.05. - 10.10. 15.12. - 30.04.
Vergleichspreis	HS: 31,50 € | NS: 28,50 €	HS: 33,70 € | NS: 31,90 €	HS: 33,00 € | NS: 31,00 €
Link	**Mehr Infos & Anfrage:** www.camping.info/19326	**Mehr Infos & Anfrage:** www.camping.info/19456	**Mehr Infos & Anfrage:** www.camping.info/19352
Ausstattung			
Freizeit	Baden im Teich am Platz ✓ Pool 2km Spielplatz am Platz ✓	Baden im Teich 1km Pool/Hallenbad 500m Spielplatz 500m	Baden im See 200m Pool/Hallenbad 200m/6km Spielplatz am Platz ✓
Campingplatz	Hunde willkommen ✓ Skilift/Loipe 6km/✓ WLAN ✓	Hunde willkommen ✓ Skilift/Loipe 1km WLAN ✓	Hunde willkommen ✓ Skilift/Loipe 6km/✓ WLAN (gegen Gebühr) ✓
Versorgung	Lebensmittel ✗ Brötchen am Platz nur HS Restaurant & Imbiss ✓ Ver-/Entsorgung Womo ✓ in den Ort 2km	Lebensmittel 10m Brötchen am Platz ✗ Restaurant/Imbiss 20m Ver-/Entsorgung Womo ✓ in den Ort 500m	Lebensmittel 200m Brötchen am Platz ✓ Restaurant & Imbiss ✓ Ver-/Entsorgung Womo ✓ in den Ort 200m
Anzahl der Plätze	Touristenplätze 38 Mietunterkünfte ✓ Stellplätze vor Schranke ✓	Touristenplätze 40 Mietunterkünfte ✗ Stellplätze vor Schranke ✗	Gesamt/Touristen 100/90 Mietunterkünfte ✓ Stellplätze vor Schranke ✗

	Mountain Camp Pitztal	Camping Riffler	Camping Ötztal Arena
Gesamt	3.9 GUT, 7 Bewertungen	4.7 SEHR GUT, 20 Bewertungen	4.8 SEHR GUT, 41 Bewertungen
Lage	4.3	4.3	4.8
Ruhe	3.9	3.9	4.7
Sanitäranlagen	3.3	4.2	4.7
Sauberkeit Ø	3.8	4.8	4.8
Freundlichkeit	4.4	4.9	4.8
Stellplatz	3.7	4.5	4.5
Verpflegung	4.2	4.2	4.5
Freizeit	4.0	4.4	4.7
Preis-Leistung	3.7	4.3	4.6
Mietunterkünfte	3.0	-	4.8
Geeignet für			
Kinder b. 6 J.	4.0	3.8	4.6
Kinder b. 12 J.	4.4	4.2	4.6
Kinder b. 18 J.	4.2	4.5	4.7
Paare	4.4	4.9	4.9
Senioren	4.0	4.8	4.7
Gäste mit Zelt	4.0	5.0	4.8
Gäste mit Hund	4.6	4.7	4.6
Empfohlene Aktivitäten	Wandern Motorrad Mountainbiking	Wandern Radfahren Kayak/Kanu	Wandern Klettern Mountainbiking

ⓘ weitere NS: 01.09. - 30.09. (5-10% Nachlass) Winter: 01.11. - 30.04.

17 Camping Dreiländereck Blockhütten & Apartments

*

Ried 37
6531 Ried
+43 5472 6025
www.tirolcamping.at
info@tirolcamping.at

01.01. - 31.10.
01.12. - 31.12.
HS: 43,00 € | NS: 35,00 €

Mehr Infos & Anfrage:
www.camping.info/19477

Baden im See	300m
Pool/Hallenbad	1/10km
Spielplatz am Platz	✓
Hunde willkommen	✓
Skilift/Loipe	250m/1km
WLAN (begrenzt gratis)	✓
Lebensmittel	✓
Brötchen am Platz	✓
Restaurant/Imbiss	100m
Ver-/Entsorgung Womo	✓
in den Ort	250m
Touristenplätze	80
Mietunterkünfte	✓
Stellplätze vor Schranke	✗

47.05567 | 10.65742
876m ü.M.

Ansicht Campinggebäude und Platz.

Lage & Stellplatz

Camping Dreiländereck ist eingebettet in das idyllische Feriendorf Ried, umgeben von einer traumhaften Berglandschaft. Eine sonnige und zentrale Lage sowie schöne Stellplätze auf gepflegtem Wiesengelände mit einigen schattenspendenden Bäumen bieten genügend Raum für Erholung und Ruhe.

Sanitär

Die sauberen Komfort-Sanitäranlagen umfassen beheizte Einzelwaschkabinen und Familienduschräume mit Wickeltisch und Babybadewanne. Ein Wäsche- und Bügelraum mit Wasch- und Trockenmaschinen sowie eine chemische WC-Entsorgung sind ebenfalls vorhanden.

Verpflegung

Im platzeigenen Gastlokal werden neben einem umfangreichen „Campingfrühstück" auch warme und kalte Getränke angeboten. Ein kleiner Kiosk (inkl. Brötchenservice) befindet sich an der Rezeption. Im Umkreis von 250 m sind ein Supermarkt, ein Restaurant, eine Bar und ein Bistro zu finden.

Freizeit

Direkt vom Platz aus können Wander- und Radtouren sowie Trailtouren gestartet werden. Innerhalb von 250 m befinden sich ein Badesee mit Spielplatz, eine Raftingstation, ein Fußball- und Volleyballplatz sowie die Talstation vom Ski- und Wandergebiet Fendels. Nächster Camping zu Serfaus Fiss Ladis.

Blockhütte „Bergzauber".

Der Badesee Ried.

4.4 SEHR GUT
97 Bewertungen

Lage	4.6
Ruhe	4.5
Sanitäranlagen	4.3
Sauberkeit Ø	4.5
Freundlichkeit	4.8
Stellplatz	4.1
Verpflegung	3.9
Freizeit	4.5
Preis-Leistung	4.4
Mietunterkünfte	4.7

Geeignet für

4.7 Paare

4.6	Senioren
4.2	Kinder b. 18 J.
4.0	Gäste mit Zelt
4.2	Kinder b. 12 J.
4.1	Gäste mit Hund
3.9	Kinder b. 6 J.

Empfohlene Aktivitäten

Wandern
Ski
Mountainbiking
Radfahren

Mehr Infos

Große Camper oder Wohnwagen, zusätzliche Anhänger od. KFZ bitte anmelden.

16 Camping Ötztal Längenfeld

Unterlängenfeld 220
6444 Längenfeld
+43 5253 5348
www.camping-oetztal.com
info@camping-oetztal.com

ganzjährig

HS: 47,90 € | NS: 34,90 €

Mehr Infos & Anfrage:
www.camping.info/19386

Baden im See	10km
Pool/Hallenbad	150/250m
Spielplatz am Platz	✓
Hunde willkommen	✓
Skilift/Loipe	4km/✓
WLAN	✓
Lebensmittel	✓
Brötchen am Platz	✓
Restaurant & Imbiss	✓
Ver-/Entsorgung Womo	✓
in den Ort	300m
Gesamt/Touristen	200/170
Mietunterkünfte	✓
Stellplätze vor Schranke	×

Campsite Award 2020 Winner

Campsite Award 2020 Winner

Campsite Award 2020 2. place

Campsite Award 2020 2. place

Camping Ötztal Längenfeld – idyllisch und ruhig am Waldrand gelegen.

Lage & Stellplatz

Unvergleichlich ruhig und romantisch liegt Camping Ötztal Längenfeld. Mitten im Herzen des Ötztals, auf 1.180 m Seehöhe und eingerahmt von Bäumen, Bergen, kristallklarem Wasser und gesunder Luft offenbart sich eine Welt voller Freizeitmöglichkeiten. In das Ortszentrum von Längenfeld sind es ca. 500 m und auch die Therme „Aqua Dome Längenfeld“ ist nur 250 m vom Platz entfernt. Auf 30.000 m² Gesamtfläche laden 160 Stellplätze (70 bis 100 m²) zum Verweilen ein. Alle Stellplätze sind mit Strom, SAT-TV und Internetanschluss sowie großteils mit Gas-, Wasser- und Abwasseranschluss ausgestattet.

Sanitär

Im Sanitärhaus Bergquell befinden sich moderne und barrierefreie sanitäre Anlagen in 5-Sterne-Qualität, welche im Jahr 2018 erneuert wurden und zu den schönsten und luxuriösesten Sanitäranlagen Europas zählen. Neben den neuen Luxuskabinen mit Waschbecken und Regendusche, stehen ausreichend Einzel-Duschen, Toiletten und Einzelwaschkabinen sowie Kinderwaschräume, ein Kosmetikraum und ein Babybad zur Verfügung. Darüber hinaus stehen private Sanitärkabinen, ein Geschirrspülraum, Waschmaschinen und Wäschetrockner sowie ein Trockenraum mit Schuhtrockner und ein Tierpflegeraum zur Benutzung bereit.

Panoramablick Ötztal.

Restaurant „Infang“.

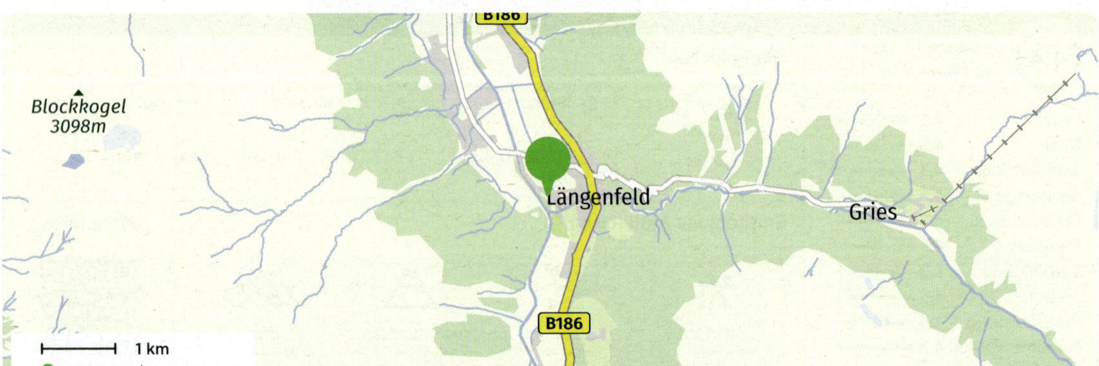

1 km
47.07318 | 10.96246
1162m ü.M.

Jugendgruppen können in der HS nicht aufgenommen werden.

AWARD 2021

Ferien-, Kur- und Dauercamper sind herzlich willkommen.

Verpflegung

Modern und einzigartig präsentiert sich das äußerst beliebte Restaurant „Infang“ direkt am Campingplatz. Das mehrfach ausgezeichnete Restaurant überzeugt mit internationalen Köstlichkeiten, ausgezeichneten Pizzen, gemütlicher Atmosphäre und einer umfangreichen Weinkarte. In den Sommermonaten können die Gerichte auf der großzügigen Sonnenterrasse genossen werden. Natürlich gibt es einen Großteil der Gerichte auch zum Mitnehmen. Im Kiosk können täglich frisches Brot und Gebäck, Getränke, Eis und Campingzubehör erworben werden. Der nächste große Supermarkt befindet sich nur 600 m entfernt.

Freizeit

Umrahmt von 250 Dreitausendern gilt das Ötztal als Paradies für Wanderer, Bergsteiger, Biker, Langläufer und Skifahrer. Auf dem Campingplatz und in direkter Nähe findet man u. a. ein Indoor-Spieleparadies, eine Krabbelstube, zwei Kinderspielplätze, einen Fitnessraum, 3 Tennisplätze, 2 Beachvolleyballfelder, einen Fußballplatz, einen Street Soccer Platz, ein kostenloses Freischwimmbad und einen Wellnessbereich. Die einzigartige Therme Aqua Dome ist nur 2 Gehminuten vom Platz entfernt und auch die international bekannten Skiorte Sölden und Gurgl sind in nur 10 Minuten erreichbar (Gratis-Skibus).

5.0

Luxuscamping inmitten der Natur. Dieser Platz ist für uns eine absolute Wohlfühloase. Er bietet alle luxuriösen Annehmlichkeiten und trotzdem kann man die Natur und Freiheit unmittelbar genießen. Seine günstige Lage zur Therme macht ihn für uns umso attraktiver. Als Hundebesitzer schätzen wir die Möglichkeit, sofort auf mehrere Spazierwege und in die Natur zu gelangen. Fahrradtouren durch das Ötztal und ein schöner Spazierweg in den Ort sind weitere Pluspunkte.

Dirk & Ute L.

2018 haben sich Dirk und Uta einen Kastenwagen zugelegt, mit dem sie, wann immer es geht, mit ihren zwei Labradorhunden in der Natur auf Campingplätzen unterwegs sind. Sie waren im September 2021 uf dem Platz.

AquaDome TirolTherme Längenfeld.

Moderne 5-Sterne-Sanitäranlagen.

4.8 **SEHR GUT**
846 Bewertungen

Lage	4.7
Ruhe	4.6
Sanitäranlagen	4.9
Sauberkeit Ø	4.9
Freundlichkeit	4.9
Stellplatz	4.5
Verpflegung	4.3
Freizeit	4.7
Preis-Leistung	4.5
Mietunterkünfte	4.6

Geeignet für

4.8 Paare

4.8	Senioren
4.6	Gäste mit Hund
4.5	Kinder b. 18 J.
4.6	Kinder b. 12 J.
4.5	Kinder b. 6 J.
4.5	Gäste mit Zelt

Empfohlene Aktivitäten

Wandern
Mountainbiking
Radfahren
Klettern

Mehr Infos

Karte auf Seite 30

	18	19	21
	Camping Kaunertal	**Ötztaler Naturcamping**	**Camping Via Claudiasee**
		❄	❄
	Platz 30 6524 Kaunertal +43 5475316	Huben 241 6444 Längenfeld +43 5253 5855	Rauth 714 6542 Pfunds +43 664 4012 740
	47.05271 | 10.74968 1270m ü.M.	47.03715 | 10.97583 1200m ü.M.	46.95404 | 10.51307 980m ü.M.
Infos			
Öffnungszeiten	01.05. - 30.09.	01.06. - 07.10. 21.10. - 04.05.	01.05. - 31.10. 01.12. - 30.04.
Vergleichspreis	HS: 29,80 € | NS: 29,80 €	HS: 40,00 € | NS: 33,00 €	HS: 25,00 € | NS: 19,00 €
Link	**Mehr Infos & Anfrage:** www.camping.info/24649	**Mehr Infos & Anfrage:** www.camping.info/19473	**Mehr Infos & Anfrage:** www.camping.info/22214
Ausstattung			
Freizeit	Baden im See 11km Pool/Hallenbad 10/3km Spielplatz am Platz ✓	Baden im See 10km Pool/Hallenbad / 4km Spielplatz am Platz ✓	Baden im See am Platz ✓ Pool/Hallenbad 200m/2km Spielplatz am Platz ✓
Campingplatz	Hunde willkommen ✓ Skilift & Loipe ✗ WLAN ✓	Hunde willkommen ✓ Skilift/Loipe 9km/✓ WLAN ✓	Hunde willkommen ✓ Skilift/Loipe 12km/200m WLAN ✓
Versorgung	Lebensmittel 3km Brötchen am Platz ✓ Restaurant am P. ✓ Ver-/Entsorgung Womo ✓ in den Ort 3km	Lebensmittel 300m Brötchen am Platz ✓ Restaurant/Imbiss 200m/✓ Ver-/Entsorgung Womo ✓ in den Ort 200m	Lebensmittel ✓ Brötchen am Platz ✓ Restaurant/Imbiss 200m/✓ Ver-/Entsorgung Womo ✓ in den Ort 2km
Anzahl der Plätze	Gesamt/Touristen 60/50 Mietunterkünfte ✗ Stellplätze vor Schranke ✗	Touristenplätze 140 Mietunterkünfte ✓ Stellplätze vor Schranke ✓	Gesamt/Touristen 120/60 Mietunterkünfte ✗ Stellplätze vor Schranke ✓
	4.0 SEHR GUT 4 Bewertungen	**4.8** SEHR GUT 65 Bewertungen	**3.4** GUT 14 Bewertungen
Lage	4.2	4.7	4.0
Ruhe	4.8	4.8	3.4
Sanitäranlagen	2.5	4.6	2.9
Sauberkeit Ø	4.5	5.0	4.1
Freundlichkeit	5.0	4.9	4.5
Stellplatz	3.5	4.5	3.4
Verpflegung	5.0	4.2	2.9
Freizeit	5.0	4.6	4.1
Preis-Leistung	3.8	4.5	3.5
Mietunterkünfte	-	4.6	-
Geeignet für			
Kinder b. 6 J.	4.3	4.3	3.8
Kinder b. 12 J.	4.0	4.7	3.9
Kinder b. 18 J.	3.0	4.3	3.7
Paare	5.0	4.8	3.8
Senioren	5.0	4.7	3.7
Gäste mit Zelt	5.0	4.7	3.9
Gäste mit Hund	5.0	4.7	4.0
Empfohlene Aktivitäten	Wandern Mountainbiking Klettern	Wandern Mountainbiking Radfahren	Wandern Mountainbiking Radfahren
	keine WOMOs über 8m; keine Jugendgruppen		

20 Camping Sölden

Wohlfahrtstraße 22
6450 Sölden
+43 (0)5254 2627
www.camping-soelden.com
info@camping-soelden.com

01.01. - 24.04.
09.06. - 31.12.
HS: 53,00 € | NS: 34,00 €
Mehr Infos & Anfrage:
www.camping.info/19387

Baden im See	21km
Pool/Hallenbad	15km/700m
Spielplatz am Platz	✓
Hunde willkommen	✓
Skilift/Loipe	200/300m
WLAN	✓
Lebensmittel	200m
Brötchen am Platz	×
Restaurant/Imbiss	50/100m
Ver-/Entsorgung Womo im Ort	✓
Touristenplätze	94
Mietunterkünfte	×
Stellplätze vor Schranke	×

46.95761 | 11.01178
1368m ü.M.

Wintercamping in sonniger Premiumlage - nur 200 m von der Gondelbahn!

Lage & Stellplatz

Der auf 1.400 m Höhe terrassierte Platz verfügt auf ca. 1,30 ha Fläche über 94 Stellplätze, davon 19 Komfort- und 6 Premium-Stellplätze. Alle Plätze sind mit Strom, Abwasser, Kabel-TV und WLAN ausgestattet. Die Komfort- und Premium-Plätze bieten zusätzlich einen winterfesten Wasseranschluss.

Sanitär

Mehrfach ausgezeichnete Sanitäranlagen, Wasch- & Wickelraum für Babys, videoüberwachter sowie zutrittssicherer Bike- und Skiraum, Trockenraum mit Waschmaschinen und Trocknern, Aufenthalts- und Medienraum, vollautomatische CamperClean Toilettenreinigung sowie eine Hundedusche stehen zur Verfügung.

Verpflegung

Zwei Restaurants, welche von Tiroler Küche, über Pizza und Pasta bis zur modernen Küche keine Wünsche offen lassen, befinden sich direkt neben dem Campingplatz. Eine Bushaltestelle (50 m), eine Bäckerei (80 m), ein Supermarkt (200 m) sowie Sportgeschäfte aller Art (200 m) sind ebenfalls angrenzend.

Freizeit

Durch die nur 200 m von der Gondelbahn entfernte Lage ist Camping Sölden das ideale Basislager für Sommer- und Wintersportler jeglicher Art! Zusätzlich finden Sie eine Indoorkletterwand sowie einen SPA-Bereich mit finnischer Sauna, Dampfbad, Infrarotkabine, Ruhebereich sowie Fitnessraum vor.

Campingplatz für Aktivurlauber!

Sonniger Terrassencamping!

4.8 SEHR GUT
249 Bewertungen

Lage	4.7
Ruhe	4.2
Sanitäranlagen	4.8
Sauberkeit Ø	4.8
Freundlichkeit	4.5
Stellplatz	4.5
Verpflegung	4.3
Freizeit	4.6
Preis-Leistung	4.2
Mietunterkünfte	-

Geeignet für

4.8 Paare

4.5 Senioren
4.3 Gäste mit Hund
4.1 Gäste mit Zelt
4.4 Kinder b. 18 J.
4.1 Kinder b. 12 J.
3.7 Kinder b. 6 J.

Empfohlene Aktivitäten

Wandern
Ski
Mountainbiking
Klettern

Mehr Infos

Stellplätze für Zelte, Wohnmobile, Camper und Caravans bis zu 100 m .

AWARD 2021

❸ Innsbruck und Umgebung

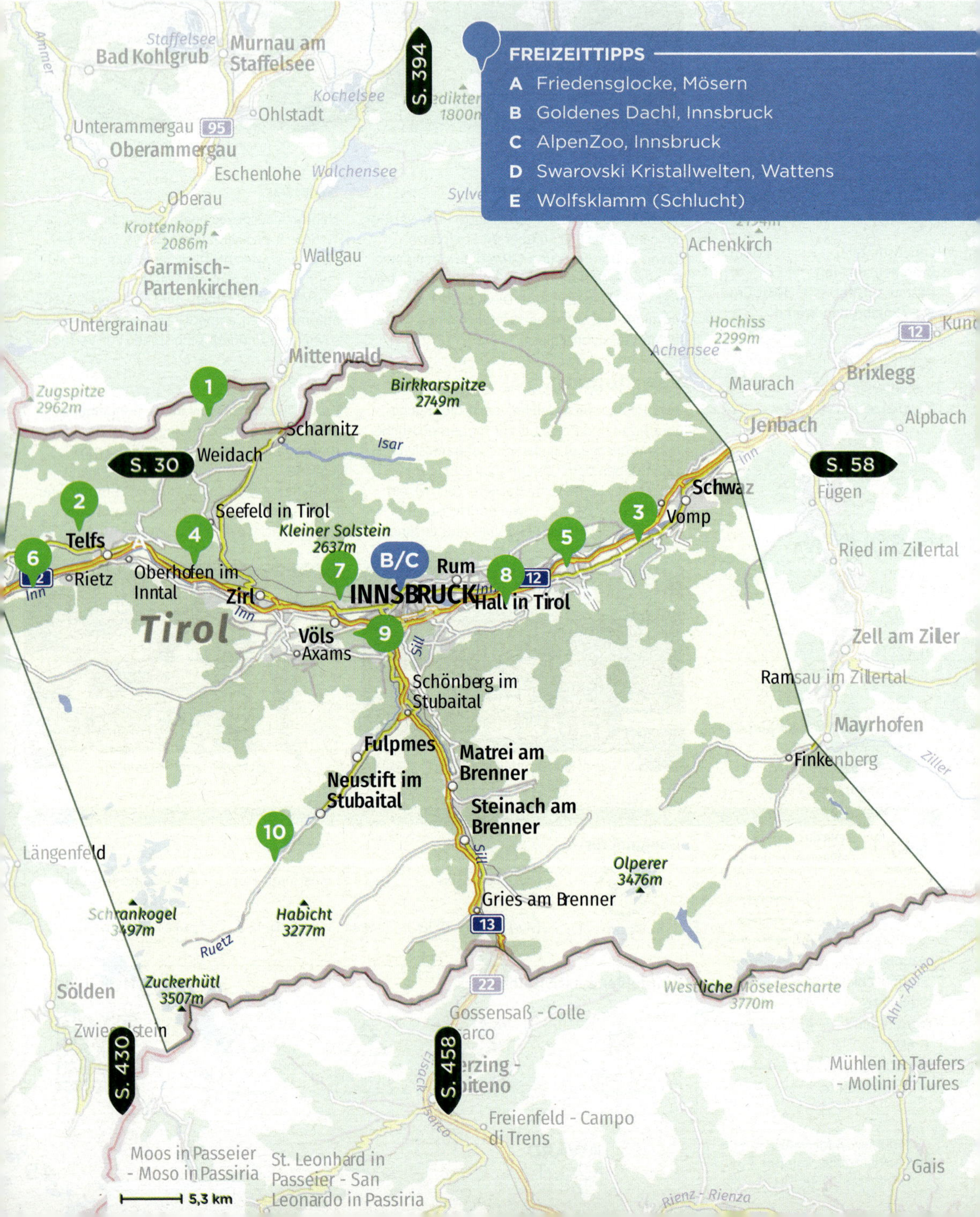

	Platz	Seite	Bewertung	Öffnungszeiten	
1	TIROL. CAMP Leutasch	52	4.7	saisonal	✱ Award
2	Sonnenplateau Camping Gerhardhof	50	4.5	ganzjährig	✱
3	Alpencamping Mark	52	4.2	saisonal	
4	Camping Tiefental – Roppnerhof	52	5.0	saisonal	
5	Schloss Camping Aschach	53	4.0	k. A.	
6	Camping Eichenwald Stams	54	4.2	saisonal	✱ Onlinebuchung
7	Camping Innsbruck – Kranebitterhof	53	3.6	ganzjährig	✱
8	Campingplatz Judenstein	53	4.3	saisonal	
9	Ferienparadies Natterer See	56	4.6	ganzjährig	✱ Award
10	Camping Edelweiß	53	-	ganzjährig	✱

✱ Wintercamping FKK Textilfrei (ganz/teilweise) Ecocamping Award Onlinebuchung

DIE HAUPTSTADT DER ALPEN

Neben dem Ober- und dem Unterland hat Tirol natürlich auch sein Zentrum zu bieten: Camper erfreuen sich an der Landeshauptstadt Innsbruck und ihrer unmittelbaren Umgebung. Hier finden sich zahlreiche Sehenswürdigkeiten und Ausflugsziele, die im Rahmen eines Aufenthalts in Tirol auf jeden Fall besucht werden sollten.

DIE LANDESHAUPTSTADT UND IHRE VIELSCHICHTIGKEIT

Die Landeshauptstadt Tirols ist wohl gleichzeitig die Winterhauptstadt Österreichs. Nirgends sonst lässt sich ein Stadtbesuch voller Events, Kulturprogramm und Sehenswürdigkeiten so einfach und eng mit einem Winterurlaub auf Pisten, Loipen und Bergen verbinden wie in Innsbruck. Inmitten der Natur riesiger Gebirgszüge ist diese Stadt mit seinem wunderschönen historischen Zentrum seit jeher ein Anziehungspunkt für Gäste aus aller Welt. Innsbruck liegt eingebettet zwischen der Nordkette mit dem Hafelekar (2.334 m) im Norden der Stadt und dem Patscherkofel (2.246 m) im Süden – ein perfekter Ausgangspunkt sowohl für Sommer- als auch für Wintersportler. Zu den wichtigsten Sehenswürdigkeiten der Stadt zählt zweifelsohne das Goldene Dachl: Das Wahrzeichen von Innsbruck ist ein Gebäude mit spätgotischem Prunkkerker, der mit 2.657 feuervergoldeten Kupferschindeln gedeckt wurde. Nur wenige Schritte davon entfernt liegt die Kaiserliche Hofburg, die zu den bedeutendsten Bauwerken Österreichs zählt. Ein weiteres beliebtes Ausflugsziel für die ganze Familie ist der Alpenzoo Innsbruck. Hier können rund 2.000 Alpentiere in bemerkenswerter Umgebung bestaunt werden.

Innsbruck, Patscherkofel, Blick auf Nordkette © Tirol Werbung/Verena Kathrein

Goldenes Dachl
© Tirol Werbung/Bernhard Aichner

Innsbruck, Schloss Ambras
© Tirol Werbung/Oliver Soulas

KUNST UND GESCHICHTE RUND UM INNSBRUCK

Auch in der näheren Umgebung von Innsbruck gibt es zahlreiche lohnenswerte Ziele. In Wattens begeistern die „Swarovski Kristallwelten" jährlich hunderttausende Besucher aus aller Welt, unweit davon befindet sich die mittelalterlich geprägte Stadt Hall in Tirol. Neben einer der schönsten Altstädte Österreichs sind in Hall die Burg Hasegg, der Münzerturm samt Münzmuseum, das Bergbaumuseum, das alte Rathaus und die spätgotische Pfarrkirche St. Nikolaus zu bewundern. Nordwestlich von Innsbruck sind ebenfalls einige bekannte Orte zu finden, unter anderem das Städtchen Seefeld. Die Gemeinde besticht in erster Linie mit einer großzügigen Fußgängerzone, die mit Boutiquen, Lokalen und einem Casino für Unterhaltung sorgt. Durch die hervorragende Lage zwischen dem Naturschutzgebiet Karwendel und dem Landschaftsschutzgebiet Wildmoos findet man in Seefeld auch beste Bedingungen für einen schneesicheren Winterurlaub vor. Rund acht Kilometer nördlich des Städtchens liegt das Leutaschtal. Dieses wunderbar idyllische Tal lädt im Sommer zu ausgiebigen Wanderungen in unberührter Natur ein und ist im Winter als Langlaufparadies bekannt. Auf 1.200 Höhenmetern stehen über 271 km perfekt präparierte Loipen für unterschiedliche Anforderungen und Bedürfnisse parat.

TIPP DER REDAKTION

TIROL. CAMP Leutasch
Leutasch | Nr. 1 | Seite 51

Laut Gästen ideal geeignet zum:
- Wandern
- Radfahren
- Entspannung

4.7

2 Sonnenplateau Camping Gerhardhof

*

Gerhardhof 1
6413 Wildermieming
+43 5264 5240
www.gerhardhof.com
buchung@gerhardhof.at

ganzjährig

HS: 49,50 € | NS: 41,50 €

Mehr Infos & Anfrage:
www.camping.info/30048

Baden im See am Platz	✓
Pool/Hallenbad	3km
Spielplatz am Platz	✓
Hunde erlaubt	✓
Skilift/Loipe	15km/✓
WLAN	✓
Lebensmittel	✓
Brötchen am Platz	✓
Restaurant & Imbiss	✓
Ver-/Entsorgung Womo	✓
in den Ort	3km
Gesamt/Touristen	101/96
Mietunterkünfte	✓
Stellplätze vor Schranke	✓

Der Badesee ist die perfekte Abkühlung für jeden Camper und Glamper!

Lage & Stellplatz

Ankommen und dableiben wollen! Der Gerhardhof am Sonnenplateau Wildermieming bietet auf 33.000 m² Größe 101 Stellplätze in drei Kategorien, 6 luxuriöse Glampingzelte, 8 Transitplätze und 9 Komfortzimmer. Jeder Stellplatz ist mit Wasser- und Abwasseranschluss sowie 16A Stromanschluss ausgestattet, dazu gibt es WLAN am gesamten Gelände. Eingerahmt vom imposanten Bergpanorama und lichten Föhrenwäldern gruppiert sich die Anlage um den zentralen Naturteich. Schwimmen im See sowie die Benutzung der Freizeitanlagen ist für die Campinggäste frei. Genussfreude und Naturabenteuer zu jeder Jahreszeit.

Sanitär

Zwei blitzsaubere Sanitärhäuser mit 16 verschließbaren Familienbädern, 12 Handwaschbecken und zehn Toiletten stehen den Campinggästen zur freien Verfügung. Alle sanitären Einrichtungen sind technisch auf dem neuesten Stand und werden mehrmals täglich gereinigt. Beide Sanitärhäuser verfügen über Geschirrspüler und Waschmaschine – Waschmittel-Pads gibt es im Gerhardhof Laden zu kaufen. Der Gerhardhof hat zudem ein eigenes Umweltkonzept: Für die WC-Spülung wird aufbereitetes Abwasser aus der hofeigenen Grauwasseranlage verwendet und die Lüftungen sind mit Wärmerückgewinnung ausgestattet.

Traditionelle und moderne Küche.

Laden mit regionalen Produkten.

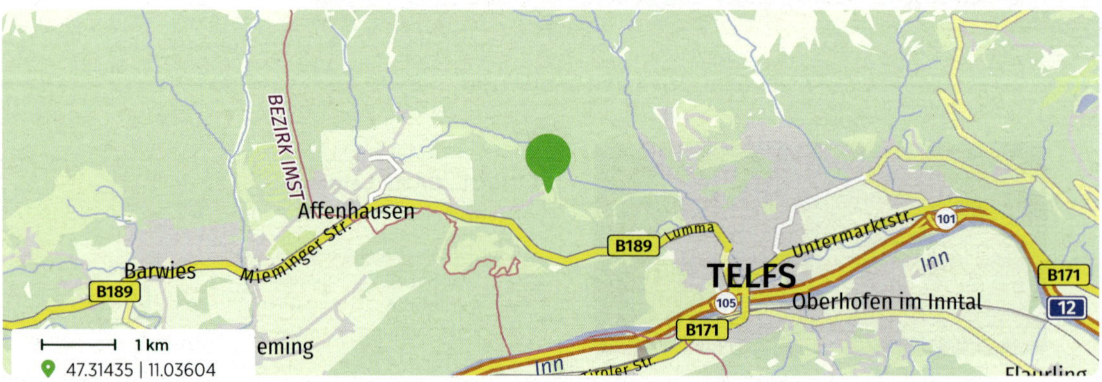

1 km
47.31435 | 11.03604
816m ü.M.

Sonnenplateau Camping Gerhardhof von oben.

Verpflegung

Einfach genießen! Im Gasthaus Gerhardhof mit gemütlichen Stuben und lauschigem Gastgarten gibt es zu jeder Tageszeit Getränke und ideenreiche Speisen aus regionalen Zutaten: traditionelle Hausmannskost, feine Delikatessen und duftende Mehlspeisen. Selbstversorger finden im Laden Lebensmittel, Tiroler Schmankerln, feine Weine, Säfte und Bier zum Selberzapfen. Dazu köstlich gefüllte Picknickkörbe, deftige Grillpakete und Frischfleisch zum Ladenpreis. Wasser aus der hofeigenen Quelle ist am Gerhardhof für alle Gäste gratis. Täglich frische Brötchen gibt es auf Vorbestellung!

Freizeit

Am Gerhardhof gibt es zu jeder Jahreszeit Spannendes für die ganze Familie zu entdecken: Schwimmen, Wandern, Radfahren oder Reiten. Auch Yoga, Slackline, Fuß- und Beachvolleyball warten auf Kinder und Erwachsene am Hof. Zusätzlich ist Europas größter Freizeitpark nur wenige Kilometer entfernt. Auch ruhige Ecken zum Lesen, einen Streichelzoo und den riesigen Abenteuer Kinderspielplatz findet man hier. Im Winter stehen Langlaufen, Rodeln, Schneeschuhwandern oder Eislaufen auf dem Programm. Auch die nächste Skipiste ist nur 20 Minuten entfernt. Der Gerhardhof macht einfach Lust auf Urlaub.

5.0

Wir waren 1 Woche im Juli auf dem wunderschönen Campingplatz. Besonders erwähnenswert ist Freundlichkeit und Hilfsbereitschaft des gesamten Personals. Wir haben uns rundum wohlgefühlt. Zudem gibt es einen traumhaften Badeteich, der zum Relaxen und Abkühlen einlädt. Auch für Kinder wird viel geboten. Der Spielplatz ist sehr schön und für Pferdeliebhaber gibt es 15 Pferde. Es ist einfach nur traumhaft schön auf dem Gerhardhof. Wir kommen auf jeden Fall wieder.

Heike R.

Heike R. war mit ihrer Familie im Juli 2021 auf dem Sonnenplateau Camping Gerhardhof.

Zwei hochmoderne Sanitärhäuser.

Luxuriöse Glampingzelte.

4.6 **SEHR GUT**
28 Bewertungen

Lage	4.5
Ruhe	4.2
Sanitäranlagen	4.7
Sauberkeit Ø	4.5
Freundlichkeit	4.6
Stellplatz	4.4
Verpflegung	4.4
Freizeit	4.7
Preis-Leistung	4.2
Mietunterkünfte	5.0

Geeignet für

- 4.8 Kinder b. 12 J.
- 4.7 Gäste mit Hund
- 4.6 Paare
- 4.5 Senioren
- 4.5 Kinder b. 6 J.
- 4.4 Kinder b. 18 J.
- Aktive

Empfohlene Aktivitäten

Wandern · Schwimmen · Mountainbiking · Entspannen

Mehr Infos

Karte auf Seite 46

	1	3	4
	TIROL. CAMP Leutasch	**Alpencamping Mark**	**Camping Tiefental - Roppnerhof**
	Reindlau 230 B 6105 Leutasch +43 5214 6570 0 47.3984 | 11.17965 1100m ü.M.	Bundesstraße 12 6116 Weer +43 522 468 146 47.30668 | 11.64935	Tiroler Strasse 121 6410 Pettnau 0043 664 4663003 47.29006 | 11.16453 607m ü.M.
Infos			
Öffnungszeiten	15.06. - 18.10. 19.12. - 10.04.	01.04. - 31.10.	01.05. - 30.09.
Vergleichspreis	HS: 45,60 € | NS: 39,60 €	HS: 33,50 € | NS: 23,50 €	HS: 26,00 € | NS: 19,00 €
Link	**Mehr Infos & Anfrage:** www.camping.info/19468	**Mehr Infos & Anfrage:** www.camping.info/26806	**Mehr Infos & Anfrage:** www.camping.info/26697
Ausstattung			
Freizeit	Baden im See 10km Pool/Hallenbad 4km/✓ Spielplatz am Platz ✓	Baden im Teich 4km Pool am Platz ✓ Spielplatz am Platz ✓	Baden im See 10km Pool/Hallenbad 5km Spielplatz 10m
Campingplatz	Hunde willkommen ✓ Skilift/Loipe 10km/✓ WLAN ✓	Hunde erlaubt ✓ Skilift & Loipe ✗ WLAN ✓	Hunde willkommen ✓ Skilift & Loipe keine Angabe WLAN ✓
Versorgung	Lebensmittel 4km Brötchen am Platz ✓ Restaurant & Imbiss ✓ Ver-/Entsorgung Womo ✓ in den Ort 4km	Lebensmittel 200m Brötchen am Platz ✓ Restaurant & Imbiss ✓ Ver-/Entsorgung Womo ✓ in den Ort 400m	Lebensmittel 500m Brötchen am Platz ✗ Restaurant/Imbiss 500/10m Ver-/Entsorgung Womo ✓ in den Ort 5km
Anzahl der Plätze	Touristenplätze 137 Mietunterkünfte ✓ Stellplätze vor Schranke ✓	Touristenplätze 94 Mietunterkünfte ✓ Stellplätze vor Schranke ✗	Touristenplätze 20 Mietunterkünfte ✗ Stellplätze vor Schranke ✓

	TIROL. CAMP Leutasch	Alpencamping Mark	Camping Tiefental - Roppnerhof
Gesamt	4.7 SEHR GUT, 643 Bewertungen	4.2 SEHR GUT, 4 Bewertungen	5.0 AUSGEZEICHNET, 4 Bewertungen
Lage	4.6	4.8	4.5
Ruhe	4.7	4.0	4.2
Sanitäranlagen	4.7	3.2	5.0
Sauberkeit Ø	4.8	4.2	5.0
Freundlichkeit	4.7	4.8	5.0
Stellplatz	4.6	4.0	4.7
Verpflegung	3.9	3.8	4.0
Freizeit	4.5	4.5	4.5
Preis-Leistung	4.4	4.0	5.0
Mietunterkünfte	4.7	-	-
Geeignet für			
Kinder b. 6 J.	4.0	4.0	5.0
Kinder b. 12 J.	4.2	5.0	4.5
Kinder b. 18 J.	4.1	3.0	2.0
Paare	4.7	5.0	5.0
Senioren	4.7	5.0	5.0
Gäste mit Zelt	4.4	5.0	5.0
Gäste mit Hund	4.6	5.0	5.0
Empfohlene Aktivitäten	Wandern Radfahren Entspannen	Wandern Radfahren Reiten	Wandern Radfahren Mountainbiking

AWARD 2021 (TIROL. CAMP Leutasch)

keine WOMOs ab 8 m; Gruppen ab 5 Personen auf Anfrage, Hunde auf Anfrage (Camping Tiefental - Roppnerhof)

5 Schloss Camping Aschach

Hochschwarzweg 2
6111 Volders
+43 522 452 333
47.28731 | 11.5722

keine Angabe

keine Angabe

Mehr Infos & Anfrage: www.camping.info/26826

Baden in nat. Gewässer	k. A.
Pool & Hallenbad	✗
Spielplatz	keine Angabe
Hunde	✗
Skilift & Loipe	keine Angabe
WLAN	keine Angabe
Lebensmittel	k.A.
Brötchen	keine Angabe
Restaurant & Imbiss	✗
Ver-/Entsorgung Womo	✗
in den Ort	keine Angabe
Gesamt	keine Angabe
Mietunterkünfte	✗
Stellplätze vor Schranke	✗

4.0 SEHR GUT
7 Bewertungen

Lage	4.7
Ruhe	3.9
Sanitäranlagen	3.7
Sauberkeit Ø	3.9
Freundlichkeit	4.0
Stellplatz	4.3
Verpflegung	4.0
Freizeit	3.9
Preis-Leistung	3.7
Mietunterkünfte	-

Geeignet für

Kinder b. 6 J.	3.8
Kinder b. 12 J.	3.8
Kinder b. 18 J.	3.5
Paare	4.1
Senioren	4.2
Gäste mit Zelt	3.8
Hunde n. erlaubt	-

Empfohlene Aktivitäten

- Radfahren
- Wandern
- Schwimmen

7 Camping Innsbruck - Kranebitterhof

✻

Kranebitter Allee 216
6020 Innsbruck
+43 512 281958
47.26416 | 11.32584

ganzjährig

HS: 36,00 € | NS: 26,00 €

Mehr Infos & Anfrage: www.camping.info/19279

Baden im Fluss	5km
Pool/Hallenbad	2km
Spielplatz am Platz	✓
Hunde willkommen	✓
Skilift/Loipe	5km
WLAN	✓
Lebensmittel	3km
Brötchen am Platz	✓
Restaurant am P.	✓
Ver-/Entsorgung Womo	✓
in den Ort	5km
Touristenplätze	70
Mietunterkünfte	✓
Stellplätze vor Schranke	✗

3.6 GUT
55 Bewertungen

Lage	4.1
Ruhe	3.2
Sanitäranlagen	3.7
Sauberkeit Ø	3.2
Freundlichkeit	3.8
Stellplatz	3.8
Verpflegung	3.7
Freizeit	3.4
Preis-Leistung	3.4
Mietunterkünfte	3.8

Geeignet für

Kinder b. 6 J.	3.2
Kinder b. 12 J.	3.4
Kinder b. 18 J.	3.6
Paare	4.0
Senioren	4.1
Gäste mit Zelt	3.0
Gäste mit Hund	3.8

Empfohlene Aktivitäten

- Radfahren
- Wandern
- Sightseeing

8 Campingplatz Judenstein

Judenstein 40
6074 Rinn
+43 664 242 85 00
47.26021 | 11.5061
917m ü.M.

15.04. - 15.10.

HS: 25,70 € | NS: 25,70 €

Mehr Infos & Anfrage: www.camping.info/19528

Baden im See	12km
Pool/Hallenbad	10km
Spielplatz	500m
Hunde willkommen	✓
Skilift/Loipe	1km
WLAN	✓
Lebensmittel	2km
Brötchen am Platz	✓
Restaurant/Imbiss	5km/✓
Ver-/Entsorgung Womo	✓
in den Ort	1km
Gesamt/Touristen	60/30
Mietunterkünfte	✗
Stellplätze vor Schranke	✗

4.3 SEHR GUT
9 Bewertungen

Lage	4.2
Ruhe	4.1
Sanitäranlagen	3.9
Sauberkeit Ø	4.3
Freundlichkeit	4.6
Stellplatz	3.9
Verpflegung	3.4
Freizeit	4.1
Preis-Leistung	4.6
Mietunterkünfte	-

Geeignet für

Kinder b. 6 J.	4.2
Kinder b. 12 J.	4.2
Kinder b. 18 J.	4.3
Paare	4.6
Senioren	4.5
Gäste mit Zelt	4.5
Gäste mit Hund	3.7

Empfohlene Aktivitäten

- Wandern
- Mountainbiking
- Sightseeing

keine WOMOs ab 8 m; Jugendgruppen werden beschränkt aufgenommen

10 Camping Edelweiß

✻

Volderau 29
6197 Neustift im Stubaital
+43 522 634 84
47.06841 | 11.2528

ganzjährig

keine Angabe

Mehr Infos & Anfrage: www.camping.info/26811

Baden in nat. Gewässer	k. A.
Pool & Hallenbad	✗
Spielplatz am Platz	✓
Hunde willkommen	✓
Skilift/Loipe	k. A./✓
WLAN	✓
Lebensmittel	k.A.
Brötchen am Platz	✓
Restaurant am P.	✓
Ver-/Entsorgung Womo	✗
in den Ort	6km
Gesamt	keine Angabe
Mietunterkünfte	✗
Stellplätze vor Schranke	✗

- JETZT BEWERTEN!

Für diese Auswertung liegen leider noch nicht genügend Bewertungen vor.

Sei einer der Ersten, der diesen Campingplatz bewertet. Unter den Bewertern werden regelmäßig Gewinne verlost!

Mehr Infos dazu findest du in unserem allgemeinen Intro.

6 Camping Eichenwald Stams

Schießstandweg 10
6422 Stams
+43 5263 6159
www.camping-eichenwald.at
info@camping-eichenwald.at

01.01. - 15.10.
20.12. - 31.12.
HS: 34,50 € | NS: 24,00 €

Mehr Infos & online buchen:
www.camping.info/19399

Baden im Teich	5km
Pool/Hallenbad	✓/8km
Spielplatz am Platz	✓
Hunde willkommen	✓
Skilift/Loipe	20/6km
WLAN (begrenzt gratis)	✓
Lebensmittel	600m
Brötchen am Platz	✓
Restaurant & Imbiss	✓
Ver-/Entsorgung Womo	✓
in den Ort	300m
Gesamt/Touristen	100/80
Mietunterkünfte	✓
Stellplätze vor Schranke	✓

Jeder Platz mit einer schönen Aussicht, mit Ruhe zum Entspannen.

Lage & Stellplatz

Hier am Camping Eichenwald Stams, der inmitten unberührter Natur liegt, können die Gäste auf einem der schönst gelegenen Campingplätze in Tirol den Alltag hinter sich lassen! Die großzügig in Terrassen angelegten Stellplätze von 100 bis 130 m² sowie Komfortzimmer, Bungalows und Mobilheime stellen sicher, dass Sie sich hier als Gast wohlfühlen. Die Aussicht von jedem Stellplatz ist einzigartig und eindrucksvoll. Wiesen, Wälder und die imposante Bergwelt so weit das Auge reicht. Auch für die Unterhaltung der kleinen Gäste ist am Platz mit Schwimmbad, Spielplätzen und dem Lagerfeuerplatz gesorgt.

Sanitär

Auf saubere, großzügige und moderne Sanitäranlagen wird sehr viel Wert gelegt. Das Sanitärgebäude bietet optimale Bedingungen für einen erholsamen Campingurlaub. Das Besondere an den sanitären Einrichtungen des Platzes ist, dass keine lästigen Münzen oder Chips benötigt werden.

Der Spaß kommt nicht zu kurz.

Für jeden der richtige Platz.

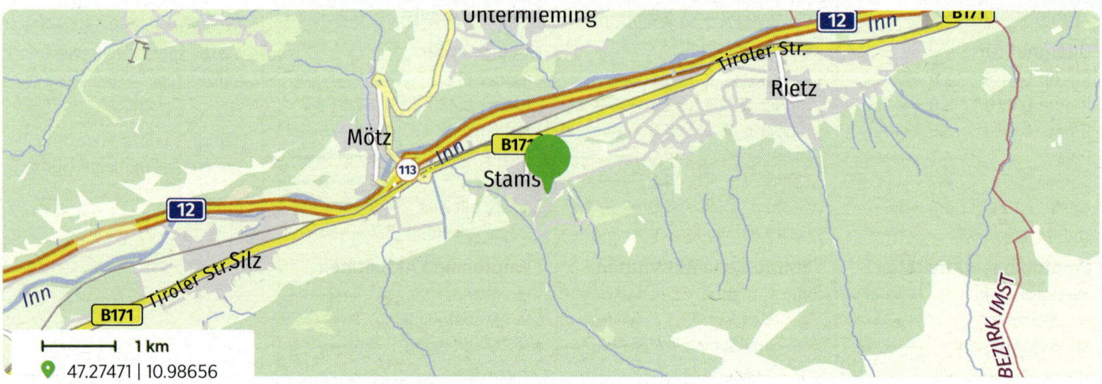

1 km
47.27471 | 10.98656
690m ü.M.

Eine optimale Verkehrsanbindung mit Auto, Zug und Bus.

Camping Eichenwald bietet vom ersten Augenblick an Erholung, Unterhaltung und gute Laune – in einer Umgebung, die den Urlaub unvergessen macht.

Verpflegung

Besonderer Wert wird auf das kulinarische Angebot im platzeigenen Gasthaus gelegt. Die Gäste werden mit gutbürgerlicher Küche, internationalen Speisen sowie echter Hausmannskost verwöhnt. Die schön gelegene Terrasse mit herrlichem Ausblick auf das Inntal mit den Tiroler Alpen im Hintergrund ist unvergesslich. Im Sommer lädt die Terrasse ein, den Abend bei einem guten Glas Wein und Livemusik zu genießen.

Freizeit

Der Ort Stams liegt inmitten der Tiroler Alpen, 35 km westlich von Innsbruck und zählt mit seiner Lage zu einer der Top-Regionen. Für leidenschaftliche Aktivitäten wie Wandern, Klettern, Radfahren, Mountainbiken, Schwimmen, Tennis, Golfen, Angeln oder Skifahren sind Stams und der Campingplatz Eichenwald ideale Ausgangspunkte in der Region. Ein weiteres Highlight ist die AREA 47 in nur 10 Minuten Entfernung, die Abenteuer und Spaß garantiert. Im Winter finden Sie in der Umgebung schöne Winterwanderwege. Für Alpinisten liegen in der Umgebung mehrere Skigebiete wie Kühtai, Seefeld oder Hoch-Ötz.

5.0

Ein super Platz mit einer Aussicht, die jeder sehen soll. Der Campingplatz liegt sehr schön im Inntal. Er ist sehr zentral, um Tirol anzuschauen. Die Terrassen am Camping sind sehr schön und die Plätze sind groß. Die Sanitäreinrichtungen modern und sehr sauber. Im Restaurant kann man gut essen und die Terrasse hat einen schönen Ausblick. Der Schnaps ist der Wahnsinn, muss jeder mal versuchen. Wir kommen wieder!

Rudi V.

Rudi V. hat Camping Eichenwald Stams im Juli 2020 besucht.

Unterhaltung der kleinen Gäste.

Neue und moderne Sanitäranlagen.

4.2 **SEHR GUT**
19 Bewertungen

Lage	4.6
Ruhe	4.4
Sanitäranlagen	4.2
Sauberkeit Ø	4.5
Freundlichkeit	4.3
Stellplatz	4.2
Verpflegung	3.9
Freizeit	3.9
Preis-Leistung	4.2
Mietunterkünfte	4.8

Geeignet für

4.5 Paare

4.5	Senioren
4.4	Gäste mit Zelt
4.3	Gäste mit Hund
4.1	Kinder b. 6 J.
4.0	Kinder b. 12 J.
3.8	Kinder b. 18 J.

Empfohlene Aktivitäten

Wandern
Mountainbiking
Entspannen
Radfahren

Mehr Infos

9 Ferienparadies Natterer See

Natterer See 1
6161 Natters
+43 512 546732
www.naterersee.com
Info@naterersee.com

ganzjährig

HS: 53,50 € | NS: 38,00 €

Mehr Infos & Anfrage:
www.camping.info/19334

Baden im See am Platz	✓
Pool/Hallenbad	3/5km
Spielplatz am Platz	✓
Hunde erlaubt	✓
Skilift/Loipe	2km/✓
WLAN (gegen Gebühr)	✓
Lebensmittel	✓
Brötchen am Platz	✓
Restaurant & Imbiss	✓
Ver-/Entsorgung Womo	✓
in den Ort	2km
Touristenplätze	200
Mietunterkünfte	✓
Stellplätze vor Schranke	✗

Badespaß am eigenen Badesee.

Lage & Stellplatz

Das Ferienparadies Natterer See bezaubert mit unberührter Natur am Tor in den Süden. Nur 7 km südwestlich der Alpenhauptstadt Innsbruck liegt auf einer Sonnenterrasse die vielfach ausgezeichnete 5-Sterne-Ferienanlage inmitten eines atemberaubenden Bergpanoramas. Das Resort verfügt über 180 Terrassen-Stellplätze sowie über Mobilheime, Schwimmhäuser, Komfortzimmer und Schlaffässer. Das Abenteuer „Glamping" erlebt man in den luxuriösen Woodlodges und Safari-Lodge-Zelten. Die Stellplätze sind in sonniger und halbschattiger Lage verfügbar. Für schwere Wohnmobile werden befestigte Plätze angeboten.

Sanitär

Hier wird die tägliche Körperpflege zu einem Erlebnis: Der moderne Waschbereich im Hauptgebäude sowie die brandneu renovierte Sanitäranlage im Platzteil Süd punkten mit ihrer architektonisch einzigartigen Gestaltung. Zur Ausstattung gehören u. a. eigene Familienwaschzonen mit großzügigen Familienwasch- bzw. Duschräumen, Babybäder, das Kinderwaschland „Blitz & Donnergrotte", nach Geschlechtern getrennte Bereiche, sechs exklusive Privatbäder sowie die weltweit größte Caravan-Modell-Expo. Geschirrspül- und Wäschewaschbecken, gratis Geschirrspüler, Waschmaschinen und Wäschetrockner sind vorhanden.

TOP CAMPING AUSTRIA

camping.info AWARD 2019

Unterhaltung für Kinder.

Restaurant am See.

1 km
47.23833 | 11.33889
840m ü.M.

AWARD 2021

Luftaufnahme vom Ferienparadies Natterer See.

Verpflegung

Die Auswahl an gastronomischen Betrieben vor Ort ist vielfältig: Inmitten der Ferienanlage befinden sich das Frühstücksbistro „SunSEEbar", das „Seerestaurant", die Pizzeria „da Giorgio" und ein modernes SB-Restaurant mit Takeaway direkt am See. Ob für einen romantischen Abend zu zweit, eine gesellige Runde oder auch nur den kleinen Hunger zwischendurch – hier findet jeder das passende Angebot. Zusätzlich steht den Gästen ein Minimarkt zur Verfügung. Hier gibt es eine große Auswahl an Artikeln des täglichen Bedarfs sowie vieles Weitere, das für den Camping-Aufenthalt benötigt wird.

Freizeit

Im Hinblick auf das Freizeitangebot hat das Ferienresort Natterer See einiges zu bieten. Ein Badesee mit Kinderbucht, Mega-Aqua-Park, Nichtschwimmerbereich und grünen Liegewiesen bildet das Zentrum der Ferienanlage. Zusätzlich sorgen in der Hochsaison professionell ausgebildete Animateure für grenzenlosen Spaß. Das vielfältige Angebot beinhaltet Aktivitäten für Kinder und Jugendliche, Sport, Wettbewerbe, Shows und musikalische Abendunterhaltung mit Livemusik. Gratis Bustransfers nach Innsbruck ab 2 Nächten und das hauseigene Mietauto bieten die Möglichkeit, die Erlebniswelt Tirols zu erkunden.

5.0

Großartiger Campingplatz mit familiärem Flair. Unser Aufenthalt am Natterer See war vom ersten bis zum letzten Tag ganz wundervoll. Besonders gefallen haben uns die durchgehende Herzlichkeit des gesamten Personals, die Größe und Lage der Stellplätze sowie der fantastische Badesee.

Melanie F.

Melanie F. hat das Ferienparadies Natterer See im August 2021 mit ihrer Familie besucht.

Glamping im Nature Resort.

Stellplätze mit Panoramablick.

4.6 **SEHR GUT**
367 Bewertungen

Lage	4.6
Ruhe	4.0
Sanitäranlagen	4.7
Sauberkeit Ø	4.5
Freundlichkeit	4.6
Stellplatz	4.5
Verpflegung	4.0
Freizeit	4.4
Preis-Leistung	3.9
Mietunterkünfte	4.6

Geeignet für

- 4.6 Kinder b. 12 J.
- 4.6 Paare
- 4.5 Kinder b. 6 J.
- 4.4 Senioren
- 4.2 Kinder b. 18 J.
- 4.2 Gäste mit Hund
- 4.1 Gäste mit Zelt

Empfohlene Aktivitäten

Wandern · Schwimmen · Sightseeing · Radfahren

Mehr Infos

ÖSTERREICH

❹ Tiroler Unterland

FREIZEITTIPPS

- **A** Schloss Tratzberg
- **B** Zillertaler Höhenstrasse, Kaltenbach
- **C** Freilichtmuseum Tiroler Bauernhöfe, Kramsach
- **D** Kufsteiner Festung, Kufstein
- **E** Hexenwasser, Söll

	Platz	Seite	Bewertung	Öffnungszeiten	
1	Euro-Camp Wilder Kaiser	62	4.5	saisonal	✱
2	Camping Seemühle	66	4.5	saisonal	
3	Camping Seespitz	66	4.0	ganzjährig	✱
4	Ferienpark Terrassencamping Süd-See	64	4.2	ganzjährig	✱
5	Camping Steinplatte	66	3.8	ganzjährig	✱
6	Parkcamping Hager	68	4.4	ganzjährig	✱
7	Camping Michelnhof	68	4.5	saisonal	✱
8	Alpen-Caravanpark Achensee	68	4.5	ganzjährig	✱
9	Naturcamping Maurerhäusl	72	4.6	ganzjährig	✱
10	Tirol-Camp-Fieberbrunn	67	4.3	saisonal	✱ ⚡ 👍
11	Terrassencamping Schlossberg Itter	72	4.3	saisonal	✱
12	Camping & Appartements Seehof	69	4.2	ganzjährig	✱ ⚡
13	Camping Seeblick Toni	70	4.4	ganzjährig	✱ ⚡ 👍
14	Wellness- und Sportcamp Schwarzsee	72	3.5	ganzjährig	✱
15	Camping Stadlerhof	73	4.6	ganzjährig	✱
16	See-Camping Wimmer	75	4.3	saisonal	✱
17	Panoramacamping Westendorf	77	4.0	saisonal	✱
18	Camping Reiterhof	74	4.8	ganzjährig	✱
19	Karwendel-Camping und Achenseer Hüttendörfl	74	4.5	saisonal	✱
20	Camping Inntal	74	4.2	saisonal	✱
21	natürlich Hell.	78	4.8	saisonal	✱ 👍
22	Erlebnis-Comfort-Camping Aufenfeld GmbH	76	4.6	saisonal	✱ 👍
23	Campingdorf Hofer	76	4.5	ganzjährig	✱
24	Camping Mayrhofen	76	4.0	saisonal	✱

✱ Wintercamping FKK Textilfrei (ganz/teilweise) Ecocamping 👍 Award ⚡ Onlinebuchung

CAMPING ZWISCHEN BERGEN UND TÄLERN

Als Tiroler Unterland wird der östliche Teil des Bundeslandes Tirol bezeichnet. Es reicht von Innsbruck flussabwärts – also dem Inn entlang – bis zur bayerischen Grenze, wobei natürlich nicht nur das Inntal, sondern auch alle nicht weniger bekannten Seitentäler dazugehören. Unterland bedeutet nicht, dass hier die Berge weniger hoch, die Täler weniger beeindruckend oder der Schnee weniger tief wäre, ganz im Gegenteil: Hier zeigt sich Tirol von seiner besten Seite – inmitten der herzlichen Gastfreundschaft seiner Bewohner.

Alpbach, Wiedersbergerhorn
© Ski Juwel Alpbachtal Wildschönau

VOM KAISERWINKL ÜBER KITZBÜHEL BIS INS BRIXENTAL

Kaiserwinkl – so nennt sich das nordöstlichste Fleckchen Tirols nahe der bayerischen Grenze, auf der Südseite begrenzt durch den „Zahmen Kaiser". Hier wird Aktivurlaub großgeschrieben. Rund 200 km markierte Wanderwege, knapp 300 km ausgeschilderte Rad- und Mountainbike-Routen sowie diverse Wassersportarten auf dem Walchsee warten auf bewegungsfreudige Camper. Etwas weiter südlich sorgen die Orte Kitzbühel und Fieberbrunn für ausgelassene Stimmung. Fieberbrunn zählt zur Region des Pillerseetals: Ein idyllisches Tal, das bis zu den Loferer Steinbergen reicht und an dessen Fuß der namensgebende Pillersee liegt. Kitzbühel hingegen begeistert seine Besucher vor allem durch den Glamour, der die Stadtgemeinde umgibt. Internationale Bekanntheit erlangte Kitzbühel in erster Linie durch das jährliche Skirennen am Hahnenkamm. Neben faszinierenden Skihängen, Loipen und komfortablen Bergbahnen stehen hier auch das Nachtleben und Après-Ski im Fokus. Westlich von Kitzbühel liegt das Brixental, wo sich eines der größten zusammenhängenden Skigebiete befindet – die SkiWelt Wilder Kaiser-Brixental. Auf Wintersport-Fans warten nicht weniger als 280 Pistenkilometer und 90 Liftanlagen. Im Sommer zählen Wandern, Klettern, Bergsteigen, Biken und Baden in kristallklaren Bergseen zu den beliebtesten Aktivitäten in der Region.

Sommerpanorama Ersten Ferienregion im Zillertal © TVB Erste Ferienregion im Zillertal

VON KUFSTEIN ÜBER DAS TIROLER SEENLAND BIS INS ZILLERTAL

Hoch über Kufstein thront die ehemalige Ritterfestung mit ihrer bewegten Geschichte. Heute begeistert die Festung Kufstein, eine der imposantesten mittelalterlichen Bauten Tirols, als eines der wichtigsten Ausflugsziele im Tiroler Unterland. Besonders beeindruckend ist die dortige Heldenorgel, die als größte Freiorgel der Welt gilt. Ein weiteres lohnenswertes Ausflugsziel im Inntal ist das Silberbergwerk Schwaz, das nach der 800 Meter tiefen Einfahrt mit der Grubenbahn eine spannende Reise in die Geschichte Europas verspricht. Im sogenannten Tiroler Seenland präsentiert sich der Ort Kramsach als guter Ausgangspunkt für alle Camper: Fünf Badeseen laden bei Kramsach zu einer Abkühlung ein, ihr erlebt Action im Hochseilgarten und auf Wandertouren mit unterschiedlichen Schwierigkeitsgraden und bestaunt die Welt der Bergbauern in Tirols größtem Freilichtmuseum, dem Museum der Tiroler Bauernhöfe. Zu den bekanntesten Tälern Österreichs gehört mit Sicherheit auch das Zillertal. Bereits seit mehr als 150 Jahren kommen Urlauber in dieses Tal, das beginnend vom Inn südlich bis zum Tuxer Hauptkamm mit seinem Gletschergebiet reicht. Das Zillertal besticht durch unzählige Schluchten, Almen, Wasserfälle, riesige Skigebiete und die lieblichen Ortsbilder seiner Dörfer. Zahlreiche Dreitausender laden im Sommer zum Wandern, Bergsteigen, Klettern und Biken ein. Im Winter bieten mehrere Skigebiete mit insgesamt 508 km präparierten Pisten und 179 Liftanlagen die besten Voraussetzungen für einen Winterurlaub der Extraklasse.

Achensee, Tretbootfahren am Achensee © Achensee Tourismus

TIPP DER REDAKTION

Erlebnis-Comfort-Camping Aufenfeld GmbH

Aschau im Zillertal | Nr. 22 | Seite 76

Laut Gästen ideal geeignet zum:

- Wandern
- Schwimmen
- Radfahren

4.6

1 Euro-Camp Wilder Kaiser

*

Kranebittau 18
6345 Kössen
+43 5375 6444

www.eurocamp-koessen.com
info@eurocamp-koessen.com

01.01. - 09.11.
07.12. - 31.12.
HS: 43,70 € | NS: 31,70 €

Mehr Infos & Anfrage:
www.camping.info/19377

Baden im See	6km
Pool/Hallenbad	✓/2km
Spielplatz am Platz	✓
Hunde willkommen	✓
Skilift/Loipe	300m/✓
WLAN	✓
Lebensmittel	✓
Brötchen am Platz	✓
Restaurant & Imbiss	✓
Ver-/Entsorgung Womo	✓
in den Ort	2km
Gesamt/Touristen	260/170
Mietunterkünfte	✓
Stellplätze vor Schranke	×

Neues Schwimmbad mit Innen- und Außenbecken. Ganzjährig geöffnet.

Lage & Stellplatz

Auf einem der wohl schönst gelegenen Campingplätze Europas kann man den Alltag weit hinter sich lassen. Inmitten der beliebten Tiroler Ferienregion Kaiserwinkel liegt das modern ausgestattete Euro-Camp Wilder Kaiser, das über Stellplätze in unterschiedlichen Ausstattungsvarianten und in verschiedenen Platzbereichen verfügt. Die 210 Komfortstellplätze weisen Strom-, Wasser-, Abwasser-, Kabel-TV- und Gasanschluss auf. Die restlichen 80 Stellplätze bieten je einen Strom- und Kabel-TV-Anschluss. Des Weiteren gibt es ein eigenes Areal für die mietbaren Mobilheime und Campingfässer.

Sanitär

Das zentral gelegene Sanitärgebäude bietet neben modern ausgestatteten Dusch- und Waschmöglichkeiten auch ein Babybad, einen Geschirrspül- und Waschraum mit Waschmaschinen und Trocknern sowie Bügelmöglichkeit und einen Trocken- und Skiraum. Sämtliche Räume und Kabinen wurden großzügig konzipiert und bieten viel Bewegungsfreiheit und Komfort. Warmwasser steht den Campinggästen selbstverständlich kostenlos zur Verfügung. Für Menschen mit körperlicher Behinderung gibt es auch ein mit dem Rollstuhl leicht zu erreichendes Bad, das mit den modernsten Hilfseinrichtungen ausgestattet ist.

ADAC Empfehlung 2018 im ADAC Campingführer
TIPP 2018
ADAC Verlag GmbH & Co. KG

Moderne Saunalandschaft.

Spaßige Kinderwasserwelt.

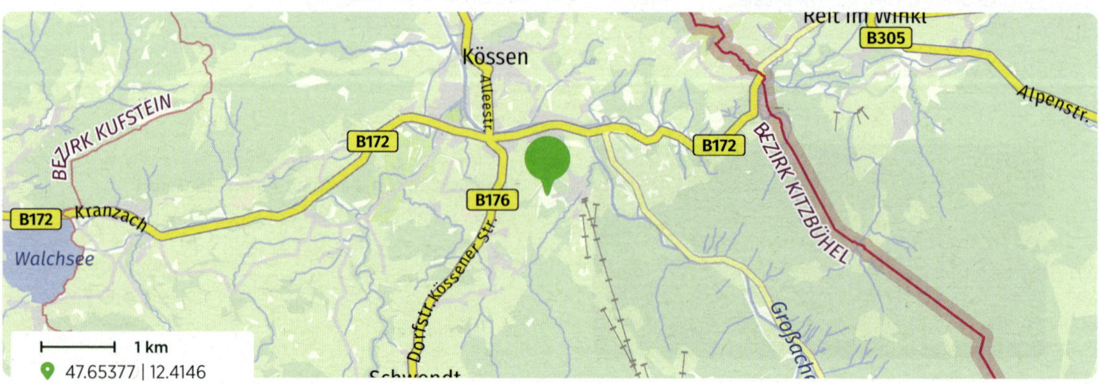

47.65377 | 12.4146
650m ü.M.

Großzügige Stellplätze am Euro-Camp Wilder Kaiser in Kössen mit Alpenpanorama.

Verpflegung

Es befinden sich zwei Restaurants direkt am Platz. Das kleinere Restaurant, das „Campino", liegt direkt am Abenteuerspielplatz. Das Größere, die „Kaiseralm", wurde im Almhüttenstil nach Großvaters handwerklicher Methode erbaut. Tische und Bänke sind aus massivem Naturholz und auch die Speisekarte lässt keine Wünsche offen. Vom Almspieß über Ripperl, Burger und Pizza gibt es alles, was der Gaumen begehrt. In der Hauptsaison findet zusätzlich jeden Mittwoch ein Grillabend und jeden Freitag ein Almtanz mit Livemusik statt. Ein gut sortierter Minimarkt rundet das Angebot ab.

Freizeit

Ob im Sommer oder im Winter – das Sport- und Freizeitangebot ist auf dem Campingplatz sowohl für die kleinen als auch für die großen Gäste nahezu grenzenlos. Kinder erfreuen sich am TOPI-Kidsclub im Juli und August, einem Indoor-Spielbereich mit Kletterwand und dem großflächigen Abenteuerspielplatz mit Riesenrutsche, Seilbahn, Trampolin u. v. m. Das beheizte Freischwimmbad und die Sauna steht den Gästen ebenfalls jederzeit zur Verfügung. Im Winter befindet sich der Einstieg in eine der zahlreichen Langlaufloipen direkt am Platz. Das Skigebiet Kaiserwinkel liegt ebenfalls nur 350 m entfernt.

5.0

Premiumplatz! Ein durch und durch toller Platz mit allem, was das Herz begehrt. Logistisch alles einwandfrei, sehr freundliches und hilfsbereites Personal. Wir brauchten etwas Unterstützung beim Rangieren. War kein Problem. Toller Wellness-Bereich mit Pool. Jederzeit sauber und alles gut durchdacht. Allein die Lage ist der Hammer.

Janko B.

Janko B. ist begeisterter Camper und hat im Juli 2021 mit seiner Familie das Euro Camp Wilder Kaiser besucht.

Großer Abenteuerspielplatz.

Restaurant mit Tirolflair.

4.5 SEHR GUT
125 Bewertungen

Lage	4.6
Ruhe	4.5
Sanitäranlagen	4.3
Sauberkeit Ø	4.6
Freundlichkeit	4.7
Stellplatz	4.3
Verpflegung	4.4
Freizeit	4.6
Preis-Leistung	4.3
Mietunterkünfte	4.6

Geeignet für

- 4.6 Kinder b. 12 J.
- 4.6 Paare
- 4.6 Senioren
- 4.6 Gäste mit Hund
- 4.4 Kinder b. 6 J.
- 4.2 Kinder b. 18 J.
- 4.2 Gäste mit Zelt

Empfohlene Aktivitäten

Wandern · Paragleiten · Mountainbiking · Entspannen

Mehr Infos

4 Ferienpark Terrassencamping Süd-See

❄

Seestraße 76
6344 Walchsee
+43 5374 5339
www.terrassencamping.at
info@terrassencamping.at

ganzjährig

HS: k.A. | NS: k.A.

Mehr Infos & Anfrage:
www.camping.info/19454

Baden im See am Platz	✓
Pool/Hallenbad	2km
Spielplatz am Platz	✓
Hunde willkommen	✓
Skilift/Loipe	1km/✓
WLAN	✓
Lebensmittel	✓
Brötchen am Platz	✓
Restaurant & Imbiss	✓
Ver-/Entsorgung Womo	✓
in den Ort	2km
Gesamt/Touristen	300/150
Mietunterkünfte	✓
Stellplätze vor Schranke	✓

Blick auf die terrassenförmig angelegten Stellplätze direkt am Seeufer.

Lage & Stellplatz

Der ganzjährig geöffnete Ferienpark liegt in einer der reizvollsten Landschaften Tirols, im Tiroler Kaiserwinkl, und grenzt direkt an das sonnige Südufer des Walchsees. Nur 9 km von der Inntal-Autobahn entfernt finden die Gäste einen herrlichen Platz, der mit dem 24 Grad warmen See im Sommer zum Baden, Fischen und Wasserskifahren einlädt. Neben Urlauberstellplätzen werden auch großzügige Saison- und Ganzjahresplätze angeboten, die mit Strom-, Wasser- und Abwasseranschlüssen ausgestattet sind.

Sanitär

Modern, hell und freundlich – so präsentieren sich die Sanitäranlagen. Für Wohlbehagen sorgen u. a. Tageslicht in allen Räumen, Fußbodenheizung, Komfort-Einzelkabinen, Warmwasserduschen, ein Babybad sowie ein Frisier- und Schminkbereich mit Haarföhn. Für kleine Camper stehen eigene Waschtische in geeigneter Höhe zur Verfügung. Zusätzlich finden die Gäste ein Ski- und Snowboarddepot mit Schuhtrockner, Wirtschaftsräume mit Geschirr- und Wäschebecken sowie Waschmaschine und Wäschetrockner.

Tirol

Liegewiese am Seeufer.

Terrassenförmige Stellplätze.

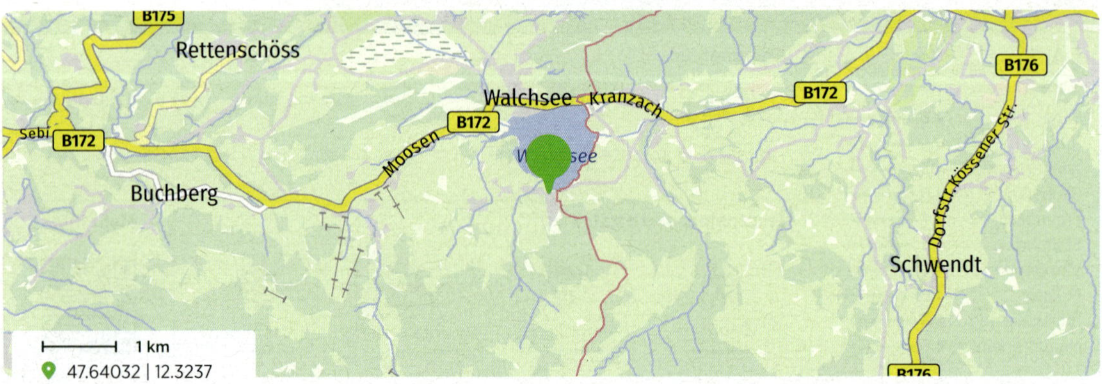

1 km
47.64032 | 12.3237
670m ü.M.

Fantastischer Panoramablick auf den Walchsee.

Verpflegung

Das gemütliche Restaurant „Café am See“ mit Seeterrasse verwöhnt seine Gäste mit kulinarischen Köstlichkeiten aus Küche und Keller. Darüber hinaus sind diverse Campingartikel an der Camping-Rezeption erhältlich.

Freizeit

Der Walchsee bietet optimale Möglichkeiten für Wassersport – vom Schwimmen übers Wasserskifahren bis hin zum Surfen. Auch die Kinderspielplätze, der Skater-Park und die Beachvolleyball-Anlage garantieren jede Menge Spaß. Für Pferdefreunde gibt es Reitschulen in unmittelbarer Umgebung. Im Winter locken perfekte Skigebiete für Anfänger und sportliche Hobbyfahrer. Weitere zahlreiche Ausflugsziele wie z. B. Kufstein, Kitzbühel, Wattens (Kristallwelten), Innsbruck und Salzburg sind vom Platz schnell zu erreichen.

5.0

Spitzen Platz! Menschen- und hundefreundlich! Sehr gut gepflegte Anlage. Die sanitären Anlagen sind hervorragend. Der Platz war groß genug. Die Mitarbeiter waren sehr freundlich und auch das angrenzende Restaurant ist empfehlenswert und bietet auch Speisen und Getränke „to go“ an. Wir kommen gerne wieder.

Michael A.

Michael ist begeisterter Camper und hat im Juni 2021 den Ferienpark Terrassencamping Süd-See besucht.

Restaurant „Café am See“.

Saubere Sanitäranlagen.

4.2 **SEHR GUT**
75 Bewertungen

Lage	4.6
Ruhe	4.2
Sanitäranlagen	4.3
Sauberkeit Ø	4.2
Freundlichkeit	4.3
Stellplatz	3.9
Verpflegung	3.3
Freizeit	4.3
Preis-Leistung	3.3
Mietunterkünfte	3.8

Geeignet für

4.6 Paare

4.4	Senioren
4.0	Kinder b. 18 J.
3.7	Kinder b. 6 J.
4.1	Kinder b. 12 J.
4.0	Gäste mit Hund
2.8	Gäste mit Zelt

Empfohlene Aktivitäten

Schwimmen · Wandern · Radfahren · Entspannen

Mehr Infos

Karte auf Seite 58

	2 Camping Seemühle	3 Camping Seespitz	5 Camping Steinplatte
		❄	❄
	Am See 3 6345 Kössen +43 5374 5458 47.6492 | 12.34079 660m ü.M.	Seespitz 1 6344 Walchsee +43 5374 5359 47.64822 | 12.31602 600m ü.M.	Unterwasser 43 6384 Waidring +43 5353 5345 47.58429 | 12.58386
Infos			
Öffnungszeiten	01.05. - 20.10.	ganzjährig	ganzjährig
Vergleichspreis	HS: 32,80 € | NS: 28,50 €	HS: 35,70 € | NS: 31,20 €	HS: 48,70 € | NS: 42,70 €
Link	**Mehr Infos & Anfrage:** www.camping.info/26342	**Mehr Infos & Anfrage:** www.camping.info/19390	**Mehr Infos & Anfrage:** www.camping.info/22120
Ausstattung			
Freizeit	Baden im Fluss am Platz ✓ Pool/Hallenbad 5/7km Spielplatz 400m	Baden im See am Platz ✓ Hallenbad 10km Spielplatz am Platz ✓	Baden im See am Platz ✓ Hallenbad 4km Spielplatz am Platz ✓
Campingplatz	Hunde willkommen ✓ Skilift 3km WLAN ✗	Hunde willkommen ✓ Skilift/Loipe 1km/✓ WLAN ✓	Hunde willkommen ✓ Skilift/Loipe 1km/✓ WLAN (gegen Gebühr) ✓
Versorgung	Lebensmittel 400m Brötchen am Platz ✗ Restaurant & Imbiss ✓ Ver-/Entsorgung Womo ✓ in den Ort 1km	Lebensmittel 300m Brötchen am Platz nur HS Restaurant & Imbiss ✓ Ver-/Entsorgung Womo ✓ in den Ort 300m	Lebensmittel ✓ Brötchen am Platz ✓ Restaurant & Imbiss ✓ Ver-/Entsorgung Womo ✓ in den Ort 500m
Anzahl der Plätze	Gesamt/Touristen 56/25 Mietunterkünfte ✗ Stellplätze vor Schranke ✗	Gesamt/Touristen 250/180 Mietunterkünfte ✗ Stellplätze vor Schranke ✗	Gesamt/Touristen 350/150 Mietunterkünfte ✓ Stellplätze vor Schranke ✗

	Camping Seemühle	Camping Seespitz	Camping Steinplatte
Gesamt	4.5 SEHR GUT, 10 Bewertungen	4.0 SEHR GUT, 40 Bewertungen	3.8 GUT, 11 Bewertungen
Lage	4.7	4.9	4.5
Ruhe	4.8	4.2	3.7
Sanitäranlagen	3.6	3.6	3.3
Sauberkeit Ø	4.7	4.0	3.6
Freundlichkeit	4.9	4.0	4.6
Stellplatz	4.2	3.7	3.6
Verpflegung	2.6	3.4	4.2
Freizeit	4.6	4.4	3.6
Preis-Leistung	4.1	3.6	3.8
Mietunterkünfte	-	-	4.3
Geeignet für			
Kinder b. 6 J.	3.8	4.1	2.6
Kinder b. 12 J.	4.3	4.1	2.8
Kinder b. 18 J.	4.2	3.4	2.9
Paare	4.6	4.5	4.1
Senioren	4.8	4.4	4.0
Gäste mit Zelt	4.9	4.1	3.8
Gäste mit Hund	4.9	4.4	3.3
Empfohlene Aktivitäten	Schwimmen Wandern Mountainbiking	Schwimmen Wandern Radfahren	Wandern Cross Country Radfahren

10 Tirol-Camp-Fieberbrunn

Lindau 20
6391 Fieberbrunn
+43 5354 56666
www.tirol-camp.at
office@tirol-camp.at

01.01. - 20.04.
12.05. - 06.11.
HS: 52,30 € | NS: 51,30 €
Mehr Infos & online buchen:
www.camping.info/19286

Baden im Teich am Platz	✓
Pool & Hallenbad	✓
Spielplatz am Platz	✓
Hunde willkommen	✓
Skilift & Loipe	✓
WLAN	✓
Lebensmittel	✓
Brötchen am Platz	✓
Restaurant & Imbiss	✓
Ver-/Entsorgung Womo	✓
in den Ort	1km
Gesamt/Touristen	327/200
Mietunterkünfte	✓
Stellplätze vor Schranke	✓

47.46773 | 12.55282
820m ü.M.

Sommer Aussenansicht Tirol Camp Fieberbrunn.

Lage & Stellplatz

In ruhiger Lage, inmitten der herrlichen Bergwelt der Kitzbüheler Alpen, direkt an der Talstation der Bergbahnen Fieberbrunn auf 820 m Seehöhe, liegt der 4-Sterne Campingplatz "Tirol Camp" mit 304 Comfort-Terrassen-Stellplätzen (90–120 m²) sowie 26 Stellplätzen „de luxe" mit Badezimmer.

Sanitär

Sowohl die Sanitäranlagen im Haupthaus, als auch die Comfort Badezimmer am Platz sind absolut modern und mit dem gewissen Wohlfühlfaktor. Auf die Sauberkeit der Anlagen wird besonders geachtet und das Wasser hat reinste Trinkwasserqualität.

Verpflegung

Im Mini-Markt erhalten die Gäste täglich frische Backwaren und natürlich alles für den Campertag. Wenige Meter entfernt sind mehrere große Supermärkte zu finden. Im Restaurant "Tirol Camp Stüberl" werden die Urlauber mit regionaler und internationaler Küche vom Frühstück bis zum Abendessen verwöhnt.

Freizeit

Vom Panorama-Hallen- und Freibad, der 1000 m² Wellnesslandschaft bis hin zum Wohlfühlstudio mit Massagen, Anwendungen und Kosmetik sowie dem Fitness- und Sonnenstudio reicht hier das Angebot. Des Weiteren beginnen Skipiste, Langlaufloipe, Wanderwege und Bikerouten direkt am Platz.

Beheiztes Hallen/Freibad.

1000 m² Wellnessbereich.

4.3 SEHR GUT
187 Bewertungen

Lage	4.7
Ruhe	4.2
Sanitäranlagen	4.3
Sauberkeit Ø	4.2
Freundlichkeit	4.4
Stellplatz	4.4
Verpflegung	4.1
Freizeit	4.6
Preis-Leistung	3.9
Mietunterkünfte	4.3

Geeignet für

4.7 Paare
4.5 Kinder b. 12 J.
4.4 Kinder b. 6 J.
3.6 Gäste mit Hund
4.5 Senioren
4.2 Kinder b. 18 J.
3.2 Gäste mit Zelt

Empfohlene Aktivitäten

Wandern
Ski
Wellness
Mountainbiking

Mehr Infos

Beheiztes Hallen/Freibad für Campinggäste kostenlos. Günstige Pauschalen.

AWARD 2021

6 Karte auf Seite 58

	6	7	8
	Parkcamping Hager	**Camping Michelnhof**	**Alpen-Caravanpark Achensee**
	*	*	*
	Kufsteiner Straße 38 6336 Langkampfen +43 5372 64170	Weiberndorf 6 6380 St. Johann +43 5352 62584	Achenkirch 17 6215 Achenkirch +43 5246 6239
	47.56578 | 12.12569	47.51071 | 12.4079	47.49938 | 11.70601 970m ü.M.
Infos			
Öffnungszeiten	ganzjährig	29.04. - 06.11. 03.12. - 03.04.	ganzjährig
Vergleichspreis	HS: 28,00 € | NS: 28,00 €	HS: 33,40 € | NS: 30,40 €	HS: 49,50 € | NS: 36,00 €
Link	**Mehr Infos & Anfrage:** www.camping.info/23011	**Mehr Infos & Anfrage:** www.camping.info/19400	**Mehr Infos & Anfrage:** www.camping.info/22119
Ausstattung			
Freizeit	Baden im See 800m Pool/Hallenbad 500m/4km Spielplatz am Platz ✓	Baden im Fluss 1km Pool/Hallenbad 1km Spielplatz am Platz ✓	Baden im See am Platz ✓ Pool/Hallenbad 13/28km Spielplatz am Platz ✓
Campingplatz	Hunde erlaubt ✓ Skilift/Loipe 15/2km WLAN ✓	Hunde willkommen ✓ Skilift/Loipe 1km WLAN (gegen Gebühr) ✓	Hunde willkommen ✓ Skilift/Loipe 500m/✓ WLAN ✓
Versorgung	Lebensmittel 500m Brötchen am Platz ✓ Restaurant/Imbiss ✓/500m Ver-/Entsorgung Womo ✓ in den Ort 1km	Lebensmittel ✓ Brötchen am Platz ✓ Restaurant & Imbiss ✓ Ver-/Entsorgung Womo ✓ in den Ort 1km	Lebensmittel ✓ Brötchen am Platz ✓ Restaurant & Imbiss ✓ Ver-/Entsorgung Womo ✓ in den Ort 1km
Anzahl der Plätze	Gesamt/Touristen 45/35 Mietunterkünfte ✗ Stellplätze vor Schranke ✗	Gesamt/Touristen 120/60 Mietunterkünfte ✓ Stellplätze vor Schranke ✗	Gesamt/Touristen 180/120 Mietunterkünfte ✓ Stellplätze vor Schranke ✓

	Parkcamping Hager	Camping Michelnhof	Alpen-Caravanpark Achensee
Gesamt	4.4 **SEHR GUT** 5 Bewertungen	4.5 **SEHR GUT** 31 Bewertungen	4.5 **SEHR GUT** 158 Bewertungen
Lage	4.0	4.6	4.8
Ruhe	4.6	4.4	4.2
Sanitäranlagen	3.8	4.7	4.7
Sauberkeit Ø	4.7	4.8	4.7
Freundlichkeit	4.6	4.4	4.7
Stellplatz	3.8	4.3	4.3
Verpflegung	3.0	3.8	4.2
Freizeit	3.0	4.5	4.6
Preis-Leistung	4.2	4.3	3.9
Mietunterkünfte	-	5.0	4.2
Geeignet für			
Kinder b. 6 J.	2.0	4.0	4.7
Kinder b. 12 J.	2.0	3.9	4.7
Kinder b. 18 J.	3.0	3.3	4.2
Paare	4.3	4.5	4.7
Senioren	4.0	4.6	4.7
Gäste mit Zelt	4.5	4.0	4.1
Gäste mit Hund	5.0	4.3	4.5
Empfohlene Aktivitäten	Wandern Sightseeing Klettern	Wandern Radfahren Mountainbiking	Wandern Schwimmen Radfahren

12 Camping & Appartements Seehof

Moosen 42 am Reintalersee
6233 Kramsach
+43 5337 63541
www.camping-seehof.com
info@camping-seehof.com

ganzjährig
HS: 39,00 € | NS: 30,00 €
Mehr Infos & online buchen:
www.camping.info/19300

Baden im See am Platz	✓
Pool/Hallenbad	5/12km
Spielplatz am Platz	✓
Hunde willkommen	✓
Skilift/Loipe	4km/✓
WLAN (gegen Gebühr)	✓
Lebensmittel	✓
Brötchen am Platz	✓
Restaurant & Imbiss	✓
Ver-/Entsorgung Womo	✓
in den Ort	3km
Gesamt/Touristen	170/130
Mietunterkünfte	✓
Stellplätze vor Schranke	✓

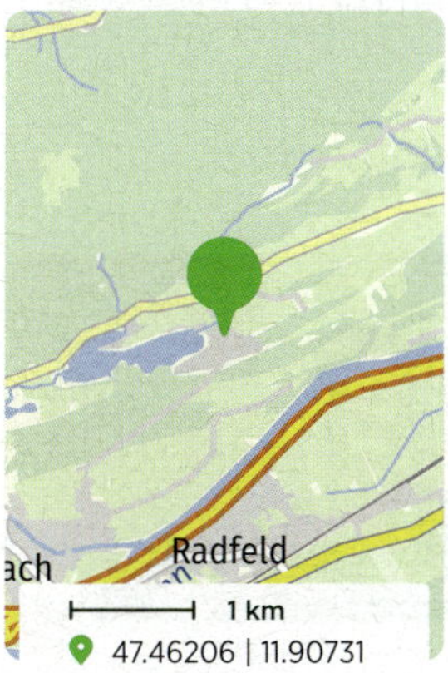

1 km
47.46206 | 11.90731
570m ü.M.

Stellplätze direkt am See – Große platzeigene Liegewiese.

Lage & Stellplatz

Direkt am Reintalersee, dem wärmsten Badesee von Tirol, große platzeigene 12.000 m² Liegewiese mit Seezugang. Großzügig parzellierte, gut befestigte, teilw. in Terrassen angelegte Panorama-Stellplätze mit Strom, TV-, Wasser- und Abwasseranschluss. NEU: XL-Terrassenplätze, Zeltwiese und Naturteich.

Verpflegung

Im Restaurant Seehof und auf der schönen Sonnenterrasse werden die Gäste mit Tiroler Schmankerln, internationalen Spezialitäten, hausgemachten Kuchen und leckeren Eisbechern verwöhnt. Frühstück im Restaurant möglich. Kiosk für den täglichen Einkauf und für Imbisse. Gratis Bus zum Supermarkt (3 km).

Sanitär

Drei Sanitärgebäude mit Einzelwaschkabinen zur Gratisnutzung, Mietbadeeinheiten, geräumige Familienbäder, Kindersanitärbereich, Babybäder, behindertengerechte Sanitäreinheiten, Geschirrspülbereiche sowie Wäscheräume mit Waschmaschinen, Trockner und Bügelbrett; Fitnessraum & Solarium; Hundedusche.

Freizeit

Liegewiese mit direktem Seezugang nur für eigene Camping-Appartementgäste! Idealer Ausgangspunkt für Ausflüge, Radtouren, Wanderungen, Outdoor Aktivitäten. Sommerbergbahnen, Bus usw. gratis mit der Alpbachtal Card. Großzügig angelegter Spielplatz, Trampolin, Go-Karts, Streichelzoo, Kinderanimation.

Einfahrt – Rezeption – Check-In.

Café-Restaurant Seehof / Kiosk.

4.2 SEHR GUT
74 Bewertungen

Lage	4.7
Ruhe	4.3
Sanitäranlagen	3.8
Sauberkeit Ø	4.1
Freundlichkeit	4.5
Stellplatz	4.3
Verpflegung	3.9
Freizeit	4.3
Preis-Leistung	4.2
Mietunterkünfte	4.2

Geeignet für

4.7 Paare

4.7 Senioren	4.4 Kinder b. 6 J.	4.3 Kinder b. 12 J.
4.6 Gäste mit Hund	4.4 Gäste mit Zelt	3.8 Kinder b. 18 J.

Empfohlene Aktivitäten

Wandern | Schwimmen | Radfahren | Mountainbiking

Mehr Infos

Bitte den Schildern Zu den Seen folgen, Rezeption ist links vom Zufahrtsweg

13 Camping Seeblick Toni

Moosen - Am Reintaler See 46
6233 Kramsach
+43 5337 63544
www.camping-seeblick.at
info@camping-seeblick.at

ganzjährig

HS: 51,50 € | NS: 36,50 €

Mehr Infos & online buchen:
www.camping.info/19360

Baden im See am Platz	✓
Pool/Hallenbad	2/10km
Spielplatz am Platz	✓
Hunde willkommen	✓
Skilift/Loipe	10km/✓
WLAN (gegen Gebühr)	✓
Lebensmittel	✓
Brötchen am Platz	✓
Restaurant & Imbiss	✓
Ver-/Entsorgung Womo	✓
in den Ort	3km
Touristenplätze	240
Mietunterkünfte	✓
Stellplätze vor Schranke	✓

TOP CAMPING AUSTRIA

ADAC Klassifikation 2020 TIPP 2020 ADAC

BELIEBTESTER CAMPINGPLATZ 2021 ÖSTERREICH TOP 50

Stellplätze mit Blick zum See.

Lage & Stellplatz

Camping Seeblick Toni am Reintaler See ist ganzjährig geöffnet und zählt zu den attraktivsten Campingplätzen in der Urlaubsdestination Tirol. Die familiär geführte Ferienanlage verfügt über Stellplätze direkt am Seeufer und am Waldrand sowie über Appartements und Bungalows mit gehobenen Komfort. Der Wellnessbereich „Tonis Relaxzone" bietet eine Bio-Kräutersauna, ein Aromadampfbad, eine finnische Sauna, eine großzügige Ruheoase und einen Wandkamin mit Feuerstelle. Neu: Panorama Chalets mit eigenem Garten und Panorama Blick in die Tiroler Bergwelt.

Sanitär

Die hygienischen und exklusiv ausgestatteten Sanitäranlagen für Komfortcamper bieten neben einem getrennten WC, Einzelwaschtisch und Dusche in einer Einheit auch Einzelwaschkabinen, einen Waschraum und einen Frisierraum in hochwertiger Ausführung. Das Kinderwaschland „Aquarium" ist speziell auf Kinder abgestimmt und im entsprechenden Design gestaltet. Darüber hinaus sind alle Waschtische, Toiletten und Duscharmaturen auf die Körpermaße der Kleinen angepasst. Neu: Private Mietbäder für noch mehr Wohlfühlkomfort.

Wellness – „Tonis Relaxzone".

Restaurant „Der Brantlhof".

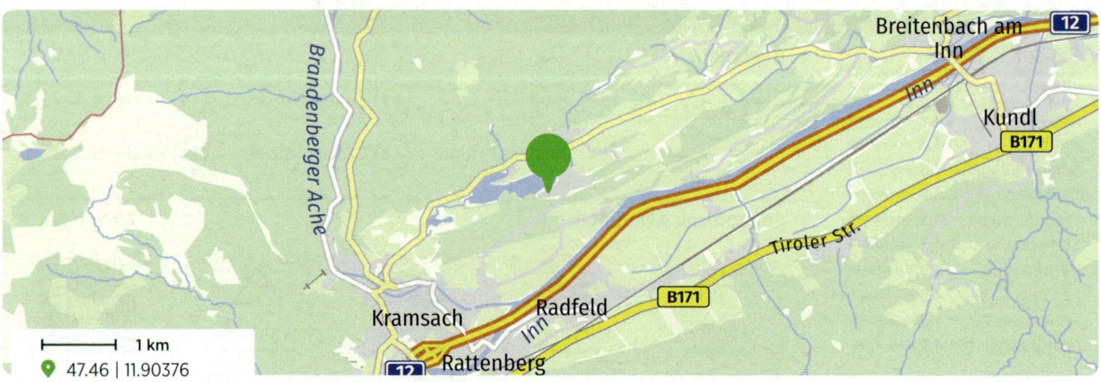

1 km
47.46 | 11.90376
560m ü.M.

Anfahrt: Folgen Sie der blauen Bodenmarkierung und dem Banner „Einfahrt".

AWARD 2021

Der Platz aus der Luft.

Verpflegung

Im urigen „Bauernladen" sind kulinarische Tiroler Spezialitäten zu erwerben und im Restaurant „der Brantlhof" werden gehobene Gaumenfreuden und edle Weine serviert. Für passionierte Kenner gibt es im reich bestückten Weinkeller eine bunte Vielfalt an edlen Tropfen zu genießen. Die kulinarischen Themenbuffets sind ein beliebter und geschätzter Geheimtipp unter den Gästen. Von Schweinsripperl über italienische Küche, Schweinshaxen, Riesen-Wienerschnitzel aus der Butterschmalzpfanne bis zu Tiroler Spezialitäten kommen alle Schlemmer und Genießer hier ganz auf Ihre Kosten.

Freizeit

Im Sommer kann der Reintaler See beim Schwimmen, Angeln und auf den gemütlichen Liegewiesen genossen werden. Direkt am Platz und in der näheren Umgebung eröffnet sich eine Vielzahl an Freizeitaktivitäten. Den Kindern steht beispielsweise in „Tonis Räuberland" eine kindergerechte Indoor-Einrichtung und in „Tonis Naturspielpark" ein Wasserspielplatz, eine Trampolinanlage, ein Fun Court u. v. m. zur Verfügung. Für Wanderer bietet sich das Alpbachtal mit seinem Naturerlebnisklammen und Almwanderungen ebenfalls optimal an.

5.0

Tolle Anlage mit vielen Angeboten für Freizeit Aktivitäten. Der See ist direkt am Campingplatz und wunderschön. Das Wasser ist klar und hat eine angenehme Temperatur. Ein Shop ist auch vorhanden, um sich mit Nahrungsmitteln, Getränken und allem was wichtig ist zu versorgen. Es gibt jeden Tag frisch gebackene Brötchen und Süßes. Außerdem befinden sich Restaurants, Kiosk und Schnellimbiss in unmittelbarer Nähe. Wir fanden es toll und kommen gerne wieder.

Yvonne W.

Mit ihrer 3-köpfigen Familie campt Yvonne schon seit 10 Jahren. Im Zelt, Mietzelt, Campingbus oder Wohnwagen – immer genießen sie das Freiheitsgefühl und die Naturnähe. Sie waren im August 2021 auf dem Platz.

Schlaffässer aus Kieferholz.

Kinderwaschland „Aquarium".

4.4 **SEHR GUT**
321 Bewertungen

Lage	4.4
Ruhe	4.3
Sanitäranlagen	4.5
Sauberkeit Ø	4.5
Freundlichkeit	4.5
Stellplatz	4.3
Verpflegung	4.5
Freizeit	4.4
Preis-Leistung	3.9
Mietunterkünfte	4.4

Geeignet für

4.6	Kinder b. 12 J.
4.5	Paare
4.4	Kinder b. 6 J.
4.3	Gäste mit Zelt
4.5	Gäste mit Hund
4.4	Senioren
4.1	Kinder b. 18 J.

Empfohlene Aktivitäten

Wandern
Schwimmen
Entspannen
Radfahren

Mehr Infos

Karte auf Seite 58

	9	11	14
	Naturcamping Maurerhäusl	**Terrassencamping Schlossberg Itter**	**Wellness- und Sportcamp Schwarzsee**
	✻	✻	✻
	Unterwarming 3 6395 Hochfilzen +43 664 20 69 202	Brixentalerstrasse 11 6305 Itter +43 5335 2181	Reitherstraße 24 6370 Kitzbühel +43 5356 62806
	47.48708 | 12.61062 955m ü.M.	47.46734 | 12.14075	47.45964 | 12.3618 800m ü.M.
Infos			
Öffnungszeiten	ganzjährig	01.01. - 15.11. 01.12. - 31.12.	ganzjährig
Vergleichspreis	HS: 30,40 € | NS: 27,90 €	HS: 39,00€ | NS: 30,00 €	HS: 46,70 € | NS: 35,90 €
Link	**Mehr Infos & Anfrage:** www.camping.info/25740	**Mehr Infos & Anfrage:** www.camping.info/19406	**Mehr Infos & Anfrage:** www.camping.info/19384
Ausstattung			
Freizeit	Baden im See 10km Pool/Hallenbad 10km Spielplatz am Platz ✓	Baden im See 6km Pool/Hallenbad ✓/6km Spielplatz am Platz ✓	Baden im See am Platz ✓ Pool & Hallenbad ✓ Spielplatz am Platz ✓
Campingplatz	Hunde willkommen ✓ Skilift/Loipe 500m/✓ WLAN ✓	Hunde willkommen ✓ Skilift/Loipe 2km WLAN (gegen Gebühr) ✓	Hunde willkommen ✓ Skilift/Loipe 500m/✓ WLAN ✓
Versorgung	Lebensmittel 2km Brötchen am Platz ✓ Restaurant am P. ✓ Ver-/Entsorgung Womo ✓ in den Ort 2km	Lebensmittel 2km Brötchen am Platz nur HS Restaurant & Imbiss ✓ Ver-/Entsorgung Womo ✓ in den Ort 2km	Lebensmittel ✓ Brötchen am Platz ✓ Restaurant & Imbiss ✓ Ver-/Entsorgung Womo ✓ in den Ort 2km
Anzahl der Plätze	Gesamt/Touristen 36/18 Mietunterkünfte ✓ Stellplätze vor Schranke ✓	Gesamt/Touristen 200/140 Mietunterkünfte ✗ Stellplätze vor Schranke ✗	Gesamt/Touristen 300/150 Mietunterkünfte ✓ Stellplätze vor Schranke ✗

	9	11	14
Gesamt	4.6 SEHR GUT 28 Bewertungen	4.3 SEHR GUT 72 Bewertungen	3.5 GUT 26 Bewertungen
Lage	4.8	3.8	4.2
Ruhe	4.7	3.6	4.0
Sanitäranlagen	4.8	4.8	2.9
Sauberkeit Ø	4.8	4.8	3.4
Freundlichkeit	4.6	4.6	3.9
Stellplatz	4.4	4.4	3.1
Verpflegung	4.2	3.8	3.5
Freizeit	4.5	4.3	4.2
Preis-Leistung	4.4	4.3	2.9
Mietunterkünfte	4.7	-	3.0
Geeignet für			
Kinder b. 6 J.	4.3	4.4	3.6
Kinder b. 12 J.	4.3	4.5	3.6
Kinder b. 18 J.	3.9	3.6	3.4
Paare	4.8	4.6	4.2
Senioren	4.8	4.4	4.2
Gäste mit Zelt	4.7	4.4	3.6
Gäste mit Hund	4.5	4.4	4.1
Empfohlene Aktivitäten	Wandern Mountainbiking Radfahren	Wandern Entspannen Radfahren	Wandern Schwimmen Wellness

15 Camping Stadlerhof

Seebühel 14
6233 Kramsach
+43 533763371
www.camping-stadlerhof.at
office@camping-stadlerhof.at

ganzjährig

HS: 40,50 € | NS: 26,00 €

Mehr Infos & Anfrage:
www.camping.info/19372

Baden im See	550m
Pool/Hallenbad	✓/18km
Spielplatz am Platz	✓
Hunde willkommen	✓
Skilift/Loipe	8km/50m
WLAN	✓
Lebensmittel	2km
Brötchen am Platz	✓
Restaurant am P.	✓
Ver-/Entsorgung Womo	✓
in den Ort	2km
Gesamt/Touristen	148/105
Mietunterkünfte	✓
Stellplätze vor Schranke	✓

47.4567 | 11.88084
570m ü.M.

Panoramablick auf den Stadlerhof.

Lage & Stellplatz

Camping Stadlerhof liegt in sehr sonniger und ruhiger Lage zwischen dem Krummsee und Frauensee. Die Stellplätze sind zwischen 60 und 150 m² groß, teils in Terrassen angelegt, mit Bäumen und Sträuchern bepflanzt und verfügen über Strom-, Gas-, TV-, Wasser- und Abwasseranschlüsse.

Verpflegung

Das Restaurant „Genuss Schmied'n" bietet feine und regionale Küche in gemütlichem Ambiente. Die Sonnenterrasse mit traumhaftem Blick in die Berge lädt am Nachmittag zu Kaffee und Kuchen oder einen Eisbecher ein. Ein kleiner Shop mit Artikeln des täglichen Bedarfs ist am Platz vorhanden.

Sanitär

Der Sanitärbereich wurde in den letzten Jahren immer wieder renoviert und erneuert, um den Gästen einen modernen und erstklassigen Dusch- und Waschbereich zur Verfügung zu stellen. Zu den fünf Privat- und fünf Familien-Badezimmer ist 2020 ein neues Badehaus mit zehn Badezimmern hinzugekommen.

Freizeit

Die platzeigene Freizeitanlage verfügt u. a. über ein Schwimmbad mit integriertem Whirlpool, ein neues Kinderplanschbecken, eine Saunaoase mit fünf verschiedenen Saunen, ein Fitnessstudio sowie ein Kinderspielzimmer. Dazu einen großen Abenteuerspielplatz und ein 3D Bogenparcours mit 28 Stationen.

Wellnessoase mit Pool und Sauna.

Privates Badezimmer mit Dusche.

4.6 SEHR GUT
123 Bewertungen

Lage	4.6
Ruhe	4.6
Sanitäranlagen	4.3
Sauberkeit Ø	4.5
Freundlichkeit	4.9
Stellplatz	4.4
Verpflegung	4.2
Freizeit	4.6
Preis-Leistung	4.4
Mietunterkünfte	4.5

Geeignet für

4.7 Paare

4.7 Senioren	4.5 Gäste mit Zelt	4.4 Gäste mit Hund
4.5 Kinder b. 12 J.	4.4 Kinder b. 6 J.	4.0 Kinder b. 18 J.

Empfohlene Aktivitäten

Wandern · Entspannen · Schwimmen · Wellness

Mehr Infos

Bei Reservierung WOMOs bis 10 m möglich; bei Gruppen Reservierung nötig.

Karte auf Seite 58

	18	19	20
	Camping Reiterhof	**Karwendel-Camping und Achenseer Hüttendörfl**	**Camping Inntal**
	*	*	*
	Kelchsauerstraße 49 6361 Hopfgarten +43 5335 3512	Planbergstraße 23 6212 Maurach am Achensee +43 5243 6116	Wiesing 100 6210 Wiesing +43 5244 62693
	47.43012 | 12.14938	47.42167 | 11.73972	47.40593 | 11.8065
	640m ü.M.	940m ü.M.	572m ü.M.
Infos			
Öffnungszeiten	ganzjährig	01.05. - 07.11. 19.12. - 30.04.	01.01. - 11.11. 01.12. - 31.12.
Vergleichspreis	HS: 30,40 € | NS: 24,90 €	HS: 39,50 € | NS: 33,50 €	HS: 32,50 € | NS: 23,00 €
Link	**Mehr Infos & Anfrage:** www.camping.info/19362	**Mehr Infos & Anfrage:** www.camping.info/22575	**Mehr Infos & Anfrage:** www.camping.info/19397

Ausstattung

	Camping Reiterhof	Karwendel-Camping und Achenseer Hüttendörfl	Camping Inntal
Freizeit	Baden im See 100m Pool/Hallenbad 100m/10km Spielplatz am Platz ✓	Baden im See 400m Pool/Hallenbad 1km Spielplatz am Platz ✓	Baden in nat. Gewässer k. A. Pool/Hallenbad ✓/5km Spielplatz am Platz ✓
Campingplatz	Hunde willkommen ✓ Skilift/Loipe 1km/100m WLAN (gegen Gebühr) ✓	Hunde willkommen ✓ Skilift/Loipe 1km/✓ WLAN ✓	Hunde willkommen ✓ Skilift/Loipe 8/1km WLAN ✓
Versorgung	Lebensmittel 2km Brötchen am Platz ✓ Restaurant 100m Ver-/Entsorgung Womo ✓ in den Ort 2km	Lebensmittel 1km Brötchen am Platz ✓ Restaurant & Imbiss ✓ Ver-/Entsorgung Womo ✓ in den Ort 500m	Lebensmittel ✓ Brötchen am Platz ✓ Restaurant & Imbiss ✓ Ver-/Entsorgung Womo ✓ in den Ort 800m
Anzahl der Plätze	Gesamt/Touristen 130/60 Mietunterkünfte ✗ Stellplätze vor Schranke ✗	Gesamt/Touristen 80/50 Mietunterkünfte ✓ Stellplätze vor Schranke ✗	Gesamt/Touristen 160/90 Mietunterkünfte ✓ Stellplätze vor Schranke ✓

Bewertungen

	Camping Reiterhof	Karwendel-Camping und Achenseer Hüttendörfl	Camping Inntal
Gesamt	4.8 SEHR GUT, 11 Bewertungen	4.5 SEHR GUT, 20 Bewertungen	4.2 SEHR GUT, 20 Bewertungen
Lage	4.5	4.2	4.1
Ruhe	3.9	4.5	3.4
Sanitäranlagen	4.7	4.0	4.6
Sauberkeit Ø	4.8	4.5	4.5
Freundlichkeit	4.7	4.5	4.6
Stellplatz	4.4	4.0	4.2
Verpflegung	2.6	4.2	4.1
Freizeit	3.9	4.5	4.1
Preis-Leistung	4.6	4.2	4.3
Mietunterkünfte	-	4.5	4.7
Geeignet für			
Kinder b. 6 J.	3.6	3.9	3.8
Kinder b. 12 J.	3.7	4.1	3.7
Kinder b. 18 J.	3.7	3.9	3.9
Paare	4.6	4.8	4.7
Senioren	4.7	4.8	4.5
Gäste mit Zelt	4.4	4.3	4.0
Gäste mit Hund	4.5	4.8	4.5
Empfohlene Aktivitäten	Wandern Ski Mountainbiking	Wandern Radfahren Klettern	Wandern Mountainbiking Radfahren

Camping Reiterhof	Karwendel-Camping und Achenseer Hüttendörfl
für WOMOs bis 8,5 m geeignet	WOMOs über 9 m nur auf Anfrage; keine Jugendgruppen während der Hauptsaison

16 See-Camping Wimmer

*

Achenseestrasse 75
6212 Maurach
+43 5243 20238
www.achensee-camping.at
info@achensee-camping.at

15.04. - 26.10.
20.12. - 28.02.
HS: 37,00 € | NS: 30,00 €

Mehr Infos & Anfrage:
www.camping.info/26791

Baden im See	200m
Pool/Hallenbad	100m
Spielplatz	100m
Hunde willkommen	✓
Skilift/Loipe	1km/✓
WLAN (gegen Gebühr)	✓
Lebensmittel	50m
Brötchen am Platz	✓
Restaurant & Imbiss	✓
Ver-/Entsorgung Womo	✓
in den Ort	1km
Gesamt/Touristen	95/90
Mietunterkünfte	✗
Stellplätze vor Schranke	✗

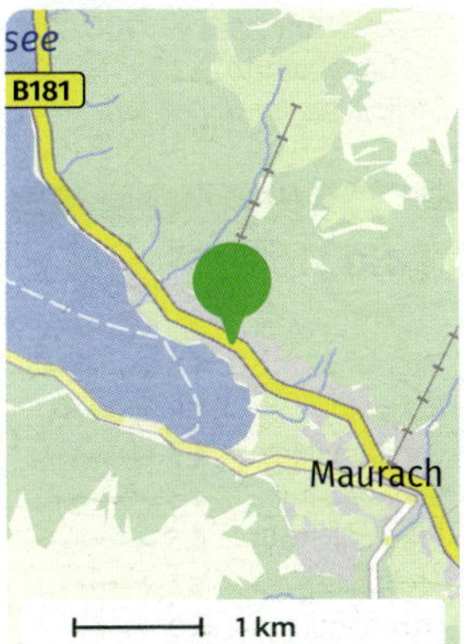

47.43309 | 11.73476
930m ü.M.

Der Platz liegt direkt am schönen Achensee.

Lage & Stellplatz

Dank seiner zentralen Lage ist See Camping Wimmer ideal für den Familienurlaub. Der Platz liegt direkt am schönen Achensee mit zahlreichen Freizeitangeboten in unmittelbarer Nähe. Stromanschluss ist an jedem Stellplatz verfügbar.

Sanitär

Am See-Camping Wimmer wird auf der gesamten Campinganlage sehr auf Sauberkeit geachtet. Dazu gehört auch die neu renovierte Sanitäreinrichtung, die mehrfach täglich gesäubert wird.

Verpflegung

Frisches Gebäck und Brötchen können die Gäste täglich an der Rezeption vom heimischem Bäcker bestellen. Das Restaurant, welches direkt an der Anlage angrenzt, zeichnet sich durch Frische und Regionalität aus. Jung und Alt können sich kulinarisch vom Restaurant-Team verwöhnen lassen.

Freizeit

Zahlreiche regionale Freizeitangebote und Einkaufsmöglichkeiten in unmittelbarer Nähe. Unter anderem das Bad „Atoll" mit Sauna, ein Badestrand und Kinderspielplatz in 100 m, das Wassersportzentrum Achensee in 100 m, die Schiffsanlegestelle Buchau in nur 250 m, die Rofanseilbahn in 1 km Entfernung.

Panoramaaufnahme vom Platz.

Wunderschöner Achensee.

4.3 SEHR GUT
23 Bewertungen

Lage	4.5
Ruhe	3.8
Sanitäranlagen	4.1
Sauberkeit Ø	4.5
Freundlichkeit	4.5
Stellplatz	4.3
Verpflegung	3.8
Freizeit	4.6
Preis-Leistung	4.4
Mietunterkünfte	-

Geeignet für

4.7 Senioren
4.6 Paare
4.6 Gäste mit Zelt
4.6 Gäste mit Hund
4.1 Kinder b. 12 J.
4.1 Kinder b. 18 J.
3.7 Kinder b. 6 J.

Empfohlene Aktivitäten

Wandern
Schwimmen
Radfahren
Entspannen

Mehr Infos

Keine Jugendgruppen.

Karte auf Seite 58

	22	23	24
	Erlebnis-Comfort-Camping Aufenfeld GmbH	**Campingdorf Hofer**	**Camping Mayrhofen**
	Aufenfeldweg 10 6274 Aschau im Zillertal +43 5282 2916 47.2631 | 11.90085 560m ü.M.	Gerlosstraße 33 6280 Zell am Ziller +43 5282 2248 47.22851 | 11.8862 575m ü.M.	Laubichl 125 6290 Mayrhofen +43 5285 62580 51 47.17583 | 11.86905 620m ü.M.
Infos			
Öffnungszeiten	01.05. - 04.11. 14.12. - 30.04.	ganzjährig	01.01. - 19.10. 18.12. - 31.12.
Vergleichspreis	HS: 52,10 € | NS: 34,80 €	HS: 36,10 € | NS: 32,10 €	HS: 32,50 € | NS: 28,90 €
Link	**Mehr Infos & Anfrage:** www.camping.info/19361	**Mehr Infos & Anfrage:** www.camping.info/22282	**Mehr Infos & Anfrage:** www.camping.info/19458
Ausstattung			
Freizeit	Baden im See am Platz ✓ Pool/Hallenbad 3km/✓ Spielplatz am Platz ✓	Baden im See 16km Pool/Hallenbad ✓/8km Spielplatz am Platz ✓	Baden im See 20km Pool & Hallenbad ✓ Spielplatz am Platz ✓
Campingplatz	Hunde willkommen ✓ Skilift/Loipe 3/1km WLAN (begrenzt gratis) ✓	Hunde willkommen ✓ Skilift/Loipe 1km/100m WLAN ✓	Hunde willkommen ✓ Skilift/Loipe 1km/✓ WLAN (gegen Gebühr) ✓
Versorgung	Lebensmittel ✓ Brötchen am Platz ✗ Restaurant & Imbiss ✓ Ver-/Entsorgung Womo ✓ in den Ort 500m	Lebensmittel 500m Brötchen am Platz ✓ Restaurant & Imbiss ✓ Ver-/Entsorgung Womo ✓ im Ort ✓	Lebensmittel ✓ Brötchen am Platz ✓ Restaurant am P. ✓ Ver-/Entsorgung Womo ✓ in den Ort 1km
Anzahl der Plätze	Gesamt/Touristen 350/250 Mietunterkünfte ✓ Stellplätze vor Schranke ✗	Touristenplätze 100 Mietunterkünfte ✓ Stellplätze vor Schranke ✗	Gesamt/Touristen 200/150 Mietunterkünfte ✓ Stellplätze vor Schranke ✓

	22	23	24
Bewertung	4.6 SEHR GUT, 727 Bewertungen	4.5 SEHR GUT, 56 Bewertungen	4.0 SEHR GUT, 40 Bewertungen
Lage	4.2	4.6	4.6
Ruhe	3.7	4.3	3.8
Sanitäranlagen	4.7	4.2	4.5
Sauberkeit Ø	4.5	4.5	4.3
Freundlichkeit	4.6	4.8	4.5
Stellplatz	4.5	4.2	3.7
Verpflegung	4.4	4.3	3.9
Freizeit	4.7	4.4	4.5
Preis-Leistung	4.2	4.6	4.0
Mietunterkünfte	4.6	4.8	4.3
Geeignet für			
Kinder b. 6 J.	4.7	4.3	3.9
Kinder b. 12 J.	4.8	4.3	4.1
Kinder b. 18 J.	4.4	4.1	4.2
Paare	4.3	4.8	4.5
Senioren	4.1	4.8	4.6
Gäste mit Zelt	3.6	4.4	3.8
Gäste mit Hund	4.0	4.3	4.4
Empfohlene Aktivitäten	Wandern Schwimmen Radfahren	Wandern Radfahren Entspannen	Wandern Radfahren Ski
Hinweis	In der Hauptsaison können nur beschränkt Jugendgruppen aufgenommen werden	keine WOMOS ab 10 m	keine WOMOs über 12 m; max. 2 Hunde pro Stellplatz

17 Panoramacamping Westendorf

Mühltal 70
6363 Westendorf
+43 53 34 61 66
www.panoramacamping.at
info@panoramacamping.at

01.01. - 16.10.
18.12. - 31.12.

HS: 32,00 € | NS: 25,50 €

Mehr Infos & Anfrage:
www.camping.info/19533

Baden im See	1km
Pool/Hallenbad	500m/15km
Spielplatz am Platz	✓
Hunde willkommen	✓
Skilift/Loipe	1km/✓
WLAN	✓
Lebensmittel	200m
Brötchen am Platz	✓
Restaurant & Imbiss	✓
Ver-/Entsorgung Womo	✓
in den Ort	500m
Gesamt/Touristen	140/90
Mietunterkünfte	✗
Stellplätze vor Schranke	✗

1 km

47.43263 | 12.20216

780m ü.M.

Willkommen beim Panoramacamping Westendorf.

Lage & Stellplatz

Erholung im Herzen Tirols – ruhig, aber doch zentral – das ist Panoramacamping Westendorf. Die 140 Stellplätze sind mit Strom, Gas, TV, Wasser- und Abwasseranschluss ausgestattet. Egal ob Sommer oder Winter: Der Campingplatz ist stets die richtige Wahl für einen Urlaub in den Kitzbühler Alpen.

Verpflegung

Genüssliche Stunden können im Restaurant „Campingstüberl" mit herrlicher Sonnenterrasse verbracht werden. Hier werden Tiroler und internationale Küche, Frühstück, Eisbecher und Cocktails angeboten. Beliebt sind auch die Musikantentreffen und Grillabende, die gemütliche Bar und der Brötchenservice.

Sanitär

Die moderne Sanitäranlage ist gepflegt und bietet einen Damen- und Herrenbereich mit großen Duschkabinen (Warmwasser gratis). Des Weiteren sind eine barrierefreie Kabine, eine Mietkabine, ein Trockenraum mit Bügelstation, ein Schließfachraum mit Tiefkühltruhe, ein Fahrradraum und Skiraum vorhanden.

Freizeit

Während der Kinderspielplatz und die Spielräume mit TV Spaß garantieren, sorgt der Wohlfühlbereich mit Sauna, Solarium, Infrarotkabine, Ruheraum und Massagen für Entspannung. Wandern, Biken, Langlaufen und Skifahren in Europas größtem Skigebiet – direkt vom Platz aus kann die Natur genossen werden.

Blick auf die Stellplätze.

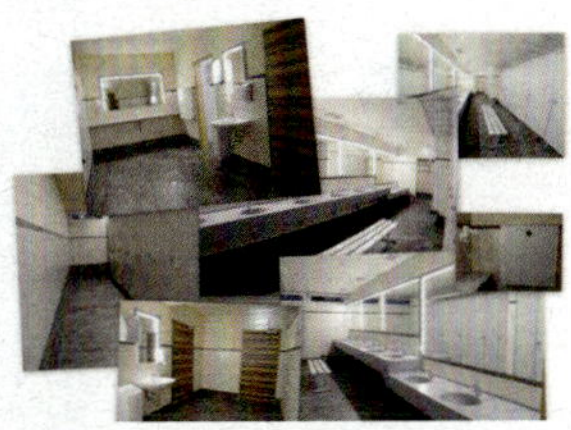

Gepflegte Sanitäranlagen.

4.0 SEHR GUT
6 Bewertungen

Lage	3.8
Ruhe	3.7
Sanitäranlagen	5.0
Sauberkeit Ø	5.0
Freundlichkeit	4.8
Stellplatz	3.8
Verpflegung	4.2
Freizeit	4.2
Preis-Leistung	4.2
Mietunterkünfte	-

Geeignet für

Paare	4.6
Senioren	4.5
Gäste mit Zelt	4.5
Gäste mit Hund	4.4
Kinder b. 12 J.	3.8
Kinder b. 6 J.	3.7
Kinder b. 18 J.	3.7

Empfohlene Aktivitäten

Wandern | Radfahren | Ski | Cross Country

Mehr Infos

21 natürlich Hell.

Gageringerstraße 1
6263 Fügen
+43 5288 62203
www.hell-tirol.at
servus@hell-tirol.at

01.05. - 03.11.
01.12. - 30.04.
HS: 51,00 € | NS: 37,00 €
Mehr Infos & Anfrage:
www.camping.info/19379

Baden im See	2km
Pool & Hallenbad	✓
Spielplatz am Platz	✓
Hunde willkommen	✓
Skilift/Loipe	2km
WLAN	✓
Lebensmittel	✓
Brötchen am Platz	✓
Restaurant & Imbiss	✓
Ver-/Entsorgung Womo	✓
in den Ort	1km
Gesamt/Touristen	190/160
Mietunterkünfte	✓
Stellplätze vor Schranke	✗

Großzügige Stellplätze eingebettet in eine herrliche Bergwelt.

Lage & Stellplatz

Das Ferienresort zeichnet sich durch seine zentrale Lage am Anfang des Zillertals aus, die eine optimale Erreichbarkeit vieler Ausflugsziele gewährleistet. Mit dem herrlichen Bergpanorama vor Augen kann sowohl der Sommer- als auch der Winterurlaub ausgiebig genossen werden. Direkt am Radweg befindet sich das ebene, durch vielfältige Bepflanzung gestaltete Gelände, das 196 parzellierte Komfortstellplätze (70 bis 130 m^2 groß) beherbergt. Die Stellplätze sind zumeist durch Hecken abgetrennt und verfügen über WLAN, Strom- (16 A), Gas-, TV- sowie Wasser- und Abwasseranschlüsse.

Sanitär

Das neue, barrierefreie Sanitärgebäude lässt keine Wünsche offen. Großzügig und modern präsentieren sich die Sanitärräume mit Einzelwaschkabinen, privaten Badezimmern, Familienkabinen und einem Kinderwaschraum. Darüber hinaus gibt es eine Sanitärkabine für Rollstuhlfahrer, einen Wäschewaschraum, Trockenräume, einen Geschirrspülbereich und ein separates Hundesanitär.

Indoor-Schwimmbad.

Komfortable Gartenlodges.

1 km
47.35929 | 11.85158
530m ü.M.

AWARD 2021

Wasserspaß im Outdoor-Pool.

Verpflegung

Im platzeigenen Restaurant werden traditionelle Gerichte und internationale Speisen serviert. Alle Gerichte können entweder in der rustikalen Stube genossen oder auch zum Platz mitgenommen werden. Der Minimarkt bietet täglich frisches Brot und Gebäck, Zeitungen und weitere Alltagsartikel. Ein großer Supermarkt befindet sich in einer Entfernung von etwa 1 km.

Freizeit

Für Kinder stehen ein großer Spielplatz mit Naturbereich, ein Indoor-Spielraum mit Kleinkinderbereich und ein Freizeitprogramm während der Sommerferien bereit. Entspannung findet man in der platzeigenen Wellnessanlage. Zur Ausstattung gehören u. a. eine Saunalandschaft, ein Hallen- und Freibad (von Mai bis September), ein Solarium und mehrere Ruheräume. Außerdem stehen den Gästen ein Fitnessstudio und ein Gymnastikraum zur Verfügung. Geführte Wanderungen, Mountainbiketouren und spannende Ausflüge sind ebenfalls eine Empfehlung wert. Einen Auto- und Fahrradverleih gibt es direkt am Platz.

5.0

Herausragend gut. Wir waren eine Woche im Juni in der Nebensaison. Schon der Empfang war sehr angenehm. Wir konnten uns einen Stellplatz aussuchen. Viele Einzelwaschkabinen, welche immer sehr sauber waren. Der Pool war angenehm beheizt und auch gepflegt. Auch das Restaurant können wir empfehlen. Wie sich der Platz in der Hauptsaison darstellt, können wir nicht beurteilen, da wir in der Nebensaison dort waren, bestimmt nicht zum letzten Mal.

Hubert S.

Hubert S. war zusammen mit der Familie im Juni 2021 auf dem Campingplatz „natürlich Hell".

Spielspaß für die Kleinen.

Restaurant mit Außenbereich.

4.8 **SEHR GUT**
217 Bewertungen

Lage	4.1
Ruhe	3.9
Sanitäranlagen	4.9
Sauberkeit Ø	4.9
Freundlichkeit	4.9
Stellplatz	4.7
Verpflegung	4.3
Freizeit	4.7
Preis-Leistung	4.6
Mietunterkünfte	4.6

Geeignet für

4.8	Paare
4.8	Senioren
4.7	Kinder b. 12 J.
4.3	Kinder b. 18 J.
4.7	Kinder b. 6 J.
4.4	Gäste mit Zelt
4.3	Gäste mit Hund

Empfohlene Aktivitäten

Wandern · Radfahren · Wellness · Schwimmen

Mehr Infos

ÖSTERREICH

❺ Osttirol

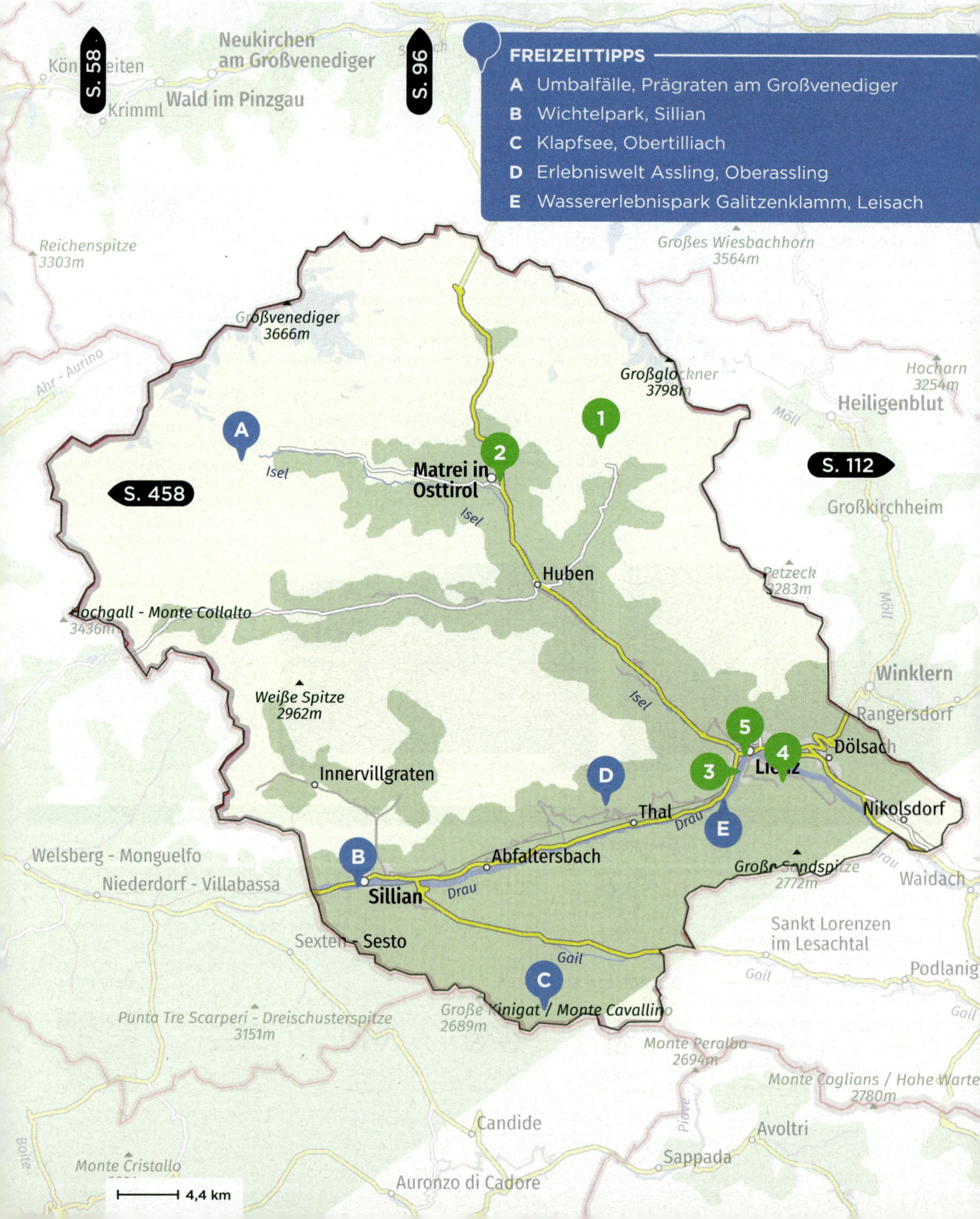

	Platz	Seite	Bewertung	Öffnungszeiten	
1	Nationalpark Camping Kals am Großglockner	84	4.7	saisonal	✻
2	Camping Edengarten	84	4.3	saisonal	
3	Dolomiten Camping Amlacherhof	85	4.1	saisonal	✻
4	Camping Seewiese	86	4.9	saisonal	
5	Comfort-Camping Falken	87	4.4	saisonal	

✻ Wintercamping FKK Textilfrei (ganz/teilweise) Ecocamping Award Onlinebuchung

CAMPEN INMITTEN GIGANTISCHER LANDSCHAFTEN

Die Tiroler Exklave zeichnet sich vor allem durch die traumhaften Gebirgszüge und sein leicht mediterranes Klima in den Tälern aus. Die Hohen Tauern mit dem höchsten Berg Österreichs, dem Großglockner, die Lienzer Dolomiten und der Karnische Hauptkamm kesseln die Region förmlich ein. 266 Dreitausender und über 2.500 Kilometer Wanderwege sprechen für den alpinen Charakter Osttirols, der eine bedeutende Rolle für den Tourismus spielt.

AUTHENTISCH, URSPRÜNGLICH UND ECHT – DAS IST OSTTIROL

Während Skifans im Winter knapp 150 Pistenkilometer in sieben ausgezeichneten Skigebieten vorfinden, gehören im Sommer Wandern, Radfahren und Klettern zu den beliebtesten Aktivitäten. Ein Grund für die Beliebtheit Osttirols ist seine Ursprünglichkeit, die sich bis heute in etlichen Orten widerspiegelt. Wer Ruhe und Erholung fernab alltäglicher Hektik sucht, der wird sich in den Regionen Defereggental und Villgratental auf Anhieb wohlfühlen. Die beiden Täler gelten als absolute Geheimtipps unter Wanderern. Um die unglaubliche Kraft eines Gletscherflusses aus nächster Nähe zu bewundern, begibt man sich am besten ins hintere Virgental. Dort sorgen die imposanten Umbalfälle samt dazugehörigem Natur-Kraft-Weg für unvergessliche Momente auf Europas ersten Wasserschaupfad. Interessante Einblicke in die Welt des Nationalparks Hohe Tauern gewährt das „Nationalparkhaus Matrei". Auf zwei Stockwerken gibt es hier allerhand Wissenswertes über die Landschaften, Pflanzen, Tiere und die Geschichte des Nationalparks zu entdecken.

Adlerweg Osttirol
© Tirol Werbung/Frank Bauer & Patrick Centurioni

Skitour Lienzer Dolomiten © Willi Seebacher

SEHENS- UND ERLEBENSWERTES IN LIENZ UND UMGEBUNG

Ein besonderer Tipp ist der „Wassererlebnispark Galitzenklamm" in Leisach. Der bekannte Erlebnispark bietet abenteuerlustigen Campern ab Mai packende Attraktionen. Dazu gehören unter anderem mehrere Klettersteige, eine Steinkugelmühle, ein Wasserspielplatz und ein Waldseilpark. Überdies präsentiert sich der „Osttirodler", eine 2,7 km lange Ganzjahresrodelbahn in Lienz, als einmaliges Vergnügen. Während der rasanten Fahrt bergab offenbart sich eine sensationelle Panoramaaussicht auf die Sonnenstadt Lienz und den Lienzer Talboden. Zu den Sehenswürdigkeiten von Lienz zählen die historische Altstadt und das mittelalterliche Schloss Bruck im Westen der Stadt. Im 13. Jahrhundert auf einer Hügelkuppe erbaut, beheimatet die ehemalige Fürstenburg heute das städtische Museum. Osttirols einziger Naturbadesee, der Tristacher See, eignet sich nicht nur zum Baden, sondern auch um die einzigartige Naturku-

Klapfsee im Dorfertal, Obertilliach © TVB Osttirol/Carolina Trauner

lisse am Fuße der Lienzer Dolomiten zu genießen. Rund um den See führt ein romantischer Wanderweg, der ständig neue und überwältigende Perspektiven auf das Gewässer und die Berge zulässt. Ein ebenso außergewöhnliches Erlebnis ist das „Museum Aguntum" in der Gemeinde Dölsach. Aguntum war eine römische Stadt, die von Archäologen seit dem Jahr 1912 nach und nach freigelegt wird. Ein 18 Meter hoher Aussichtsturm bietet den Besuchern einen guten Überblick über das gesamte Grabungsgelände. Auf der Pustertaler Sonnenterrasse lässt der „Wildpark Assling" die Herzen aller Tierfreunde höherschlagen. Grund dafür sind sämtliche Arten heimischer Wildtiere, die in großräumigen Naturgehegen leben und teilweise sogar gestreichelt werden können.

TIPP DER REDAKTION

Nationalpark Camping Kals am Großglockner

Kals am Großglockner | Nr. 1 | Seite 84

Laut Gästen ideal geeignet zum:

- Wandern
- Mountainbiken
- Entspannen

4.7

Karte auf Seite 80

	1	2
	Nationalpark Camping Kals am Großglockner ❄	**Camping Edengarten**
	Burg 22 9981 Kals am Großglockner +43/4852/67418 47.01972 | 12.6375 1450m ü.M.	Edenweg 15 9971 Matrei in Osttirol +43 4875 5111 46.99522 | 12.53966
Infos		
Öffnungszeiten	01.01. - 14.04. 21.05. - 18.10.	01.04. - 31.10.
Vergleichspreis	HS: 33,10 € | NS: 27,70 €	HS: 32,00 € | NS: 22,00 €
Link	**Mehr Infos & Anfrage:** www.camping.info/27212	**Mehr Infos & Anfrage:** www.camping.info/26812
Ausstattung		
Freizeit	Baden im Fluss am Platz ✓ Pool/Hallenbad 20/35km Spielplatz 300m	Baden in nat. Gewässer k. A. Pool/Hallenbad 1km/300m Spielplatz am Platz ✓
Campingplatz	Hunde willkommen ✓ Skilift/Loipe 500m/✓ WLAN (gratis) teilweise	Hunde erlaubt ✓ Skilift 800m WLAN teilweise
Versorgung	Lebensmittel 2km Brötchen am Platz ✓ Restaurant 500m Ver-/Entsorgung Womo ✓ in den Ort 2km	Lebensmittel 100m Brötchen keine Angabe Restaurant & Imbiss ✓ Ver-/Entsorgung Womo ✓ in den Ort 500m
Anzahl der Plätze	Gesamt/Touristen 109/105 Mietunterkünfte ✗ Stellplätze vor Schranke ✗	Touristenplätze 80 Mietunterkünfte ✓ Stellplätze vor Schranke ✗

	1	2
Gesamt	4.7 SEHR GUT, 7 Bewertungen	4.3 SEHR GUT, 3 Bewertungen
Lage	4.9	4.0
Ruhe	5.0	3.3
Sanitäranlagen	4.8	3.7
Sauberkeit Ø	4.8	5.0
Freundlichkeit	5.0	4.7
Stellplatz	4.2	3.0
Verpflegung	4.5	3.5
Freizeit	5.0	4.3
Preis-Leistung	4.8	3.3
Mietunterkünfte	-	-
Geeignet für		
Kinder b. 6 J.	-	3.0
Kinder b. 12 J.	5.0	3.0
Kinder b. 18 J.	5.0	3.0
Paare	4.8	4.0
Senioren	5.0	5.0
Gäste mit Zelt	4.7	5.0
Gäste mit Hund	5.0	5.0

	1	2
Empfohlene Aktivitäten	Wandern Mountainbiking Entspannen	Wandern Kayak/Kanu Motorrad

3 Dolomiten Camping Amlacherhof

*

Seestraße 20
9908 Lienz / Amlach
+43 69917 623171
www.amlacherhof.at
info@amlacherhof.at

01.04. - 31.10.

HS: 36,00 € | NS: 31,00 €

Mehr Infos & Anfrage:
www.camping.info/19415

Baden im See	3km
Pool/Hallenbad	✓/1km
Spielplatz am Platz	✓
Hunde erlaubt	✓
Skilift/Loipe	2km/100m
WLAN (begrenzt gratis)	✓
Lebensmittel	✓
Brötchen am Platz	✓
Restaurant & Imbiss	✓
Ver-/Entsorgung Womo	✓
im Ort	✓
Touristenplätze	83
Mietunterkünfte	✓
Stellplätze vor Schranke	✓

1 km
46.81333 | 12.76372
687m ü.M.

Der Amlacher Hof am Fuße der Lienzer Dolomiten.

Lage & Stellplatz

Campen am schönsten Platz im Lienzer Talboden! Dieser befindet sich in ruhiger Lage ca. 1,5 km südlich von Lienz, umgeben von Wiesen und Wäldern mit Blick auf die Lienzer Dolomiten. Die parzellierten Plätze bieten Sonne als auch Schatten, sind begrünt und mit Strom, Wasser und Abwasser ausgestattet.

Verpflegung

Direkt am Platz gibt es einen Imbissstand, wo Pizza und kleine Gerichte serviert werden – gerne auch zum Mitnehmen. Der Brötchenservice bietet den Gästen jeden Morgen frische Gebäck-Variationen. In der näheren Umgebung befindet sich ein Restaurant mit bodenständigen und lokalen Gerichten.

Sanitär

Die Sanitäranlagen und Waschräume sind modern eingerichtet und verfügen über mietbare Familienkabinen mit Dusche, Bad und WC. Barrierefreie Einrichtungen, Wäschetrockner, Waschvollautomaten und eine Bügelausstattung sind ebenfalls vorhanden. Im Geschirrwaschraum kann auch gekocht werden.

Freizeit

Der Platz verfügt über ein Schwimmbad sowie einen Radverleih mit E-Bikes und Fahrradservice. Neu sind die Elektro-Mopeds. Zudem gibt es Minigolf, Pit-Pat, Trick-Pin, Tischtennis, einen Reitstall und einen Go-Kart-Verleih direkt am Gelände. Rundum warten viele schöne Wander-, Spazier- und Radwege.

Schwimmbad.

Campingplatz-Einfahrt.

4.1 SEHR GUT
15 Bewertungen

Lage	4.6
Ruhe	4.4
Sanitäranlagen	4.4
Sauberkeit Ø	4.2
Freundlichkeit	4.2
Stellplatz	3.7
Verpflegung	2.6
Freizeit	4.3
Preis-Leistung	4.1
Mietunterkünfte	5.0

Geeignet für

5.0	Gäste mit Zelt
4.8	Paare
4.7	Senioren
4.6	Kinder b. 6 J.
4.4	Kinder b. 12 J.
4.2	Kinder b. 18 J.
3.9	Gäste mit Hund

Empfohlene Aktivitäten

Wandern
Radfahren
Mountainbiking
Entspannen

Mehr Infos

Wintercamping auf Anfrage möglich.

4 Camping Seewiese

Tristachersee Seewiesenweg 1
9907 Lienz Tristach
+43 4852 69767
www.campingtirol.com
seewiese@outlook.com

20.05. - 18.09.

HS: 41,40 € | NS: 26,00 €

Mehr Infos & Anfrage:
www.camping.info/19302

Baden im See am Platz	✓
Pool/Hallenbad	4km
Spielplatz am Platz	✓
Hunde willkommen	✓
Skilift & Loipe	✗
WLAN	✓
Lebensmittel	✓
Brötchen am Platz	✓
Imbiss	200m
Ver-/Entsorgung Womo	✓
in den Ort	2km
Touristenplätze	115
Mietunterkünfte	✗
Stellplätze vor Schranke	✗

46.80631 | 12.80252

Am Campingplatz Seewiese ist der Name Programm.

Lage & Stellplatz

Am einzigen Badesee Osttirols, dem Tristachersee, befindet sich der idyllisch gelegene Campingplatz Seewiese. Direkt unter den Felswänden der Lienzer Dolomiten und dennoch nur 5 km von der Dolomitenstadt Lienz entfernt – ein optimaler Ausgangspunkt zum Wandern, Klettern, Mountainbiking und Kayaking.

Sanitär

Camping Seewiese verfügt über eine moderne und saubere Sanitäreinrichtung, die u. a. Waschräume mit Warmwasserduschen, Geschirrspülbecken sowie eine Waschmaschine und einen Wäschetrockner umfasst.

Verpflegung

In der platzeigenen Bar können ausgezeichnete, gutbürgerliche Kleinigkeiten genossen werden (geöffnet vom 30.6. - 31.8.). Zusätzlich gibt es einen täglichen Brötchenservice vor Ort. Weitere Geschäfte und Supermärkte findet man in Lienz, wohin in der Hauptsaison 11-mal pro Tag ein Gratisbus fährt.

Freizeit

Am Platz befinden sich zwei Spielplätze und ein Beachvolleyballplatz. Campinggäste erhalten darüber hinaus freien Eintritt im Strandbad Tristachersee. Die Region Osttirol bietet zudem ein umfangreiches Angebot an Sport- und Freizeitaktivitäten (z. B. Nationalpark Hohe Tauern oder Schloss Bruck).

Camping in den Bergen Osttirols.

Umgeben von Natur.

4.9 SEHR GUT
17 Bewertungen

Lage	5.0
Ruhe	5.0
Sanitäranlagen	4.5
Sauberkeit Ø	4.8
Freundlichkeit	4.9
Stellplatz	4.2
Verpflegung	4.0
Freizeit	4.8
Preis-Leistung	4.6
Mietunterkünfte	-

Geeignet für

- 5.0 Gäste mit Zelt
- 4.9 Senioren
- 4.8 Kinder b. 6 J.
- 4.8 Kinder b. 12 J.
- 4.8 Paare
- 4.8 Gäste mit Hund
- 4.3 Kinder b. 18 J.

Empfohlene Aktivitäten

Wandern | Schwimmen | Entspannen | Klettern

Mehr Infos

5 Comfort-Camping Falken

Falkenweg 7
9900 Lienz
+43 664 4107 973
www.camping-falken.com
camping.falken@tirol.com

04.04. - 12.10.

HS: 36,00 € | NS: 29,50 €

Mehr Infos & Anfrage:
www.camping.info/19511

Baden im Fluss	500m
Pool/Hallenbad	500m
Spielplatz am Platz	✓
Hunde willkommen	✓
Skilift & Loipe	keine Angabe
WLAN (begrenzt gratis)	✓
Lebensmittel	✓
Brötchen am Platz	✓
Restaurant & Imbiss	✓
Ver-/Entsorgung Womo	✓
in den Ort	700m
Gesamt/Touristen	160/130
Mietunterkünfte	✓
Stellplätze vor Schranke	✗

1 km
46.82232 | 12.77146
675m ü.M.

Wellnessoase „Falkennest".

Lage & Stellplatz

Der Campingplatz liegt am südlichen Stadtrand von Lienz, 900 m vom Zentrum entfernt. Auf dem ebenen Gelände gibt es Standard- und Komfortstellplätze, befestigte Stellplätze in Schatten- oder Sonnenlage und einen eigenen Platzteil für Zelte, eine hundefreie Zone, Camper-Service, Gasflaschen-Tausch.

Verpflegung

Direkt am Campinggelände befindet sich ein Buffet-Minimarkt mit nützlichen Alltagsartikeln und leckeren Imbissen. Für einen gelungenen Start in den Tag steht den Gästen der Frühstücksgebäckservice zur Verfügung. Das nächste Restaurant liegt ca. 400 m vom Platz entfernt. Gratis WLAN.

Sanitär

Die modernen, beheizten Sanitäranlagen verfügen über eine komfortable Ausstattung, die Einzelwaschkabinen, gratis Warmduschen, Geschirr- und Wäschewaschbecken mit gratis Warmwasser, Wasch- und Trockenmaschinen sowie ein barrierefreies WC umfasst. Camper-Service und Chemietoilette sind vorhanden.

Freizeit

Die neue Wellness Oase „Falkennest" lädt mit Kräuterdampfbad, Infrarotkabine, Bio-Sauna und finnischer Sauna zum Entspannen ein. Ebenfalls neu ist der liebevoll gestaltete Kinderspielplatz. Übrigens: Ab 3 Tagen Aufenthalt gibt es freien Eintritt in das Dolomiten-Freibad und Strandbad Tristacher See.

Blick auf die Lienzer Dolomiten.

Sanitär.

4.4 SEHR GUT
40 Bewertungen

Lage	4.7
Ruhe	4.3
Sanitäranlagen	4.8
Sauberkeit Ø	4.8
Freundlichkeit	4.6
Stellplatz	4.3
Verpflegung	4.2
Freizeit	4.5
Preis-Leistung	4.4
Mietunterkünfte	5.0

Geeignet für

Gäste mit Zelt	4.9
Paare	4.7
Senioren	4.7
Gäste mit Hund	4.6
Kinder b. 18 J.	4.0
Kinder b. 12 J.	3.8
Kinder b. 6 J.	3.7

Empfohlene Aktivitäten

Radfahren
Wandern
Entspannen
Klettern

Mehr Infos

ÖSTERREICH

❻ Salzburg Nord

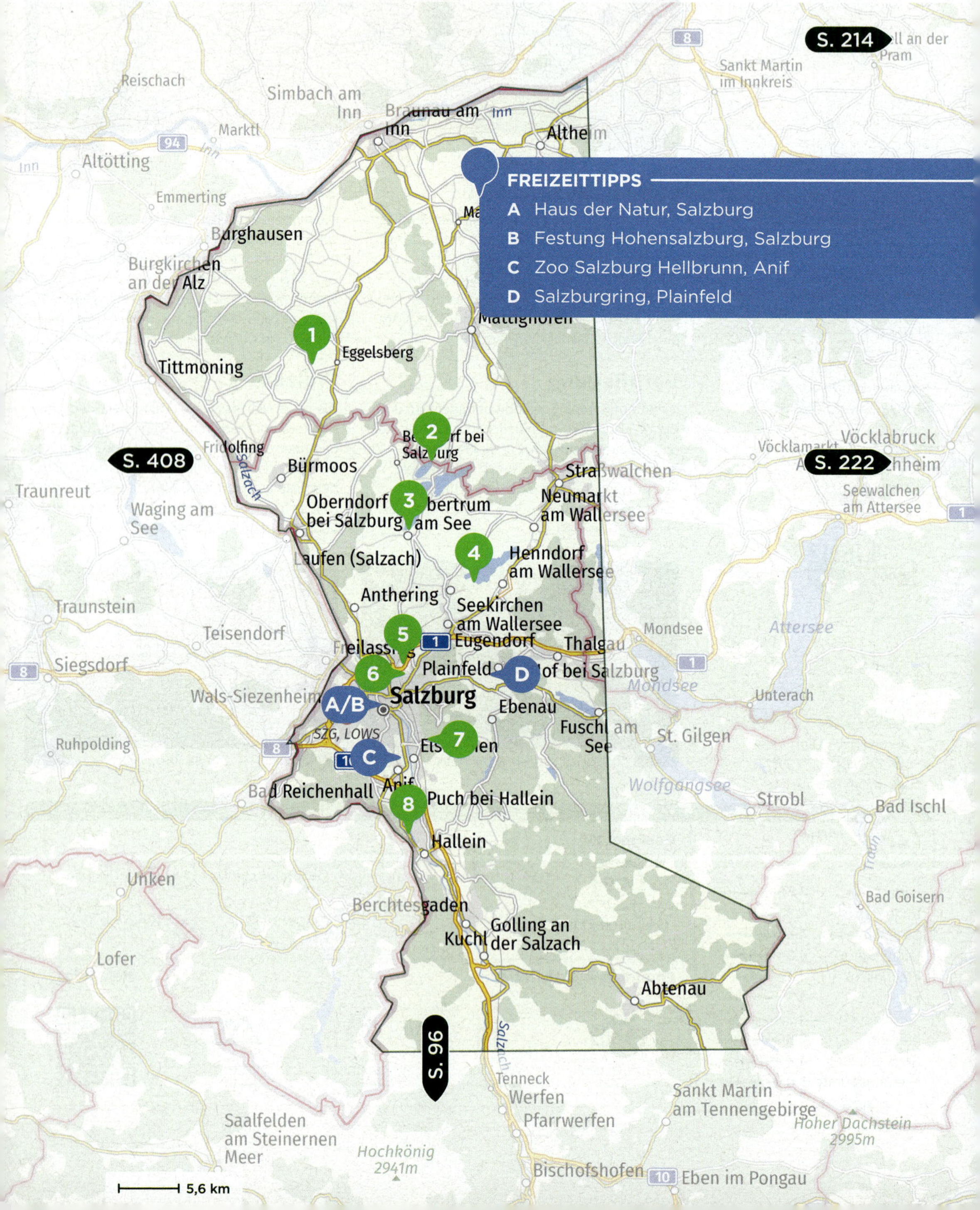

	Platz	Seite	Bewertung		Öffnungszeiten	
1	Naturcamping Seewirt	**92**	**4.6**	◯	ganzjährig	✱
2	Bade- und Campingplatz Perwang am Grabensee	**92**	**-**	◯	saisonal	
3	Strandcamping Oitner	**92**	**4.7**	◯	saisonal	
4	Camping & Strandbad Seekirchen am Wallersee	**93**	**4.5**	◯	saisonal	
5	Reisemobil-Stellplatz Salzburg	**93**	**-**	◯	ganzjährig	✱
6	Camping Nord-Sam	**93**	**4.2**	◯	saisonal	✱
7	Camping Schloss Aigen	**95**	**3.0**	◯	saisonal	
8	Camping Auwirt	**93**	**3.9**	◯	saisonal	✱

Wallersee © Stadt Neumarkt am Wallersee

IM BANN DER MALERISCHEN FESTSPIELSTADT

Der Norden des Salzburger Lands bietet seinen Campinggästen zahlreiche Besonderheiten. Salzburg zieht jedes Jahr hunderttausende Menschen aus aller Welt an, die sich an einem vielfältigen Angebot aus geschichtsträchtigen Bauwerken, glasklaren Seen, familienfreundlichen Ausflugszielen und umfassenden Rad- und Wanderwegen erfreuen. Kulturelle Vielfalt gepaart mit traditionellen Brauchtümern und reizvollen Naturlandschaften sorgt für den Charme, den die Gäste an der Region besonders schätzen. Aufgrund der geografischen Nähe umfasst der Ausschnitt „Salzburg Nord" in diesem Campingführer auch das Oberösterreichische Innviertel.

SEEN, WIESEN UND WÄLDER IM FLACHGAU

Als nördlichster Teil des Bundeslandes grenzt der Flachgau an Oberösterreich, den Tennengau und das deutsche Bundesland Bayern. Zahlreiche Seen, Wiesen und Wälder spiegeln die landschaftliche Schönheit der Region eindrucksvoll wider. Im Flachgau dominiert eindeutig der sanfte Sommertourismus, und vor allem das Salzburger Seenland bildet einen attraktiven Rahmen für vielerlei Urlaubsvergnügen. Obertrumer See, Mattsee, Grabensee, Wallersee – eingebettet in eine malerische Landschaft bieten diese vier wunderbaren Seen jede Menge Badespaß. Schöne Wanderrouten und ein umfangreiches Netz an Radwegen sorgen zusätzlich dafür, dass Aktivurlauber auf ihre Kosten kommen. Gemächlicher geht es im sehenswerten Salzburger Freilichtmuseum in Großgmain zu, in dem das ländliche Bauen, Wohnen und Wirtschaften im Land Salzburg vom 16. bis zum 20. Jahrhundert dokumentiert wird. Momente der Entspannung erfährt man beispielsweise in der Therme Geinberg im angrenzenden Innviertel.

Blick zur Festung Hohensalzburg © SalzburgerLand Tourismus

MOZART UND WELTKULTURERBE

Eine traditionsreiche Geschichte sowie das architektonische Wechselspiel zwischen moderner und barocker Baukunst machen Salzburg zu einer der schönsten Städte der Welt. In erster Linie ist es die Altstadt, die mit ihren historischen Schätzen einen Touristenmagneten darstellt. Nicht ohne Grund wurde sie im Jahr 1997 von der UNESCO zum Weltkulturerbe ernannt. Neben einer zauberhaften Kulisse befinden sich in der Altstadt zahlreiche Sehenswürdigkeiten wie der Salzburger Dom, die Festung Hohensalzburg, Mozarts Geburts- sowie sein Wohnhaus, das Haus der Natur und das Schloss Mirabell inklusive Mirabellgarten. Darüber hinaus bietet die Festspielstadt seinen Gästen noch mehr: Wie wäre es mit einem idyllischen Spaziergang an der Salzach, einem Einkaufsbummel in der bekannten Getreidegasse oder einem Espresso in einem der berühmten Kaffeehäuser? Salzburg punktet mit einem hohen Wohlfühlfaktor und zahlreichen Campingplätzen rund um die Stadt.

Stille Nacht Kapelle © SalzburgerLand Tourismus

NATUR UND KULTUR IM TENNENGAU

Der Tennengau befindet sich südlich der Landeshauptstadt, direkt am Übergang zwischen den Salzburger Kalkalpen und dem Salzburger Becken. Am Fuße des Dachsteins und nur wenige Kilometer von Salzburg-Stadt entfernt, steht eine Fülle von Freizeitaktivitäten für die gesamte Familie bereit. Ein besonderes Highlight ist die Kelten-Erlebniswelt Tennengau: 26 Ausflugsziele haben sich zusammengeschlossen und bieten den Besuchern Unternehmungen und Erlebnisse in den Bereichen Sport, Natur, Kultur und Genuss. Im Mittelpunkt stehen dabei die einmaligen Kulturschätze, die von den Kelten vor fast 3.000 Jahren im Gebiet um Hallein hinterlassen wurden und noch heute bewundert werden können. Dazu zählen beispielsweise beliebte Ausflugsziele wie das Salzbergwerk am Dürrnberg und das Keltenmuseum in Hallein.

TIPP DER REDAKTION

Camping & Strandbad Seekirchen am Wallersee

Seekirchen am Wallersee | Nr. 4 | Seite 93

Laut Gästen ideal geeignet zum:

- Schwimmen
- Radfahren
- Wandern

4.5

Karte auf Seite 88

	1	2	3
	Naturcamping Seewirt	**Bade- und Campingplatz Perwang am Grabensee**	**Strandcamping Oitner**
	Ibm 80 5142 Eggelsberg +43 7748 2345 48.07263 | 12.9543	Edt 4 5166 Perwang am Grabensee +43 6217 8288 47.99704 | 13.09484 531m ü.M.	Seestraße 18 5162 Obertrum am See +4362196442 47.94214 | 13.06894
Infos			
Öffnungszeiten	ganzjährig	06.04. - 01.11.	01.05. - 30.09.
Vergleichspreis	HS: 30,00 € | NS: 30,00 €	HS: 29,00 € | NS: 29,00 €	HS: 28,00 € | NS: 24,50 €
Link	**Mehr Infos & Anfrage:** www.camping.info/19520	**Mehr Infos & Anfrage:** www.camping.info/19450	**Mehr Infos & Anfrage:** www.camping.info/27313
Ausstattung			
Freizeit	Baden im See: 100m Pool & Hallenbad: ✗ Spielplatz am Platz: ✓	Baden im See am Platz: ✓ Pool & Hallenbad: ✗ Spielplatz am Platz: ✓	Baden im See am Platz: ✓ Pool & Hallenbad: ✗ Spielplatz: keine Angabe
Campingplatz	Hunde erlaubt: ✓ Skilift & Loipe: ✗ WLAN: ✓	Hunde: ✗ Skilift & Loipe: ✗ WLAN: ✗	Hunde: ✗ Skilift & Loipe: keine Angabe WLAN (gratis): teilweise
Versorgung	Lebensmittel: 4km Brötchen am Platz: ✓ Restaurant & Imbiss: ✓ Ver-/Entsorgung Womo: ✓ in den Ort: 4km	Lebensmittel: 1km Brötchen am Platz: nur HS Restaurant & Imbiss: ✓ Ver-/Entsorgung Womo: ✓ in den Ort: 1km	Lebensmittel: k.A. Brötchen: keine Angabe Restaurant/Imbiss: 100m/✓ Ver-/Entsorgung Womo: ✗ in den Ort: 1km
Anzahl der Plätze	Gesamt/Touristen: 80/30 Mietunterkünfte: ✗ Stellplätze vor Schranke: ✗	Gesamt/Touristen: 85/10 Mietunterkünfte: ✗ Stellplätze vor Schranke: ✗	Gesamt/Touristen: 60/30 Mietunterkünfte: ✓ Stellplätze vor Schranke: ✗

	1 Naturcamping Seewirt	2 Bade- und Campingplatz Perwang am Grabensee	3 Strandcamping Oitner
Gesamt	4.6 SEHR GUT – 5 Bewertungen	- JETZT BEWERTEN!	4.7 SEHR GUT – 3 Bewertungen
Lage	4.8		4.7
Ruhe	5.0		4.0
Sanitäranlagen	3.8		4.3
Sauberkeit Ø	4.9		5.0
Freundlichkeit	5.0		4.7
Stellplatz	4.5		4.7
Verpflegung	4.3		4.3
Freizeit	4.0		5.0
Preis-Leistung	4.8		4.7
Mietunterkünfte	-		-
Geeignet für			
Kinder b. 6 J.	5.0		5.0
Kinder b. 12 J.	4.0		5.0
Kinder b. 18 J.	3.5		4.7
Paare	4.5		5.0
Senioren	5.0		5.0
Gäste mit Zelt	5.0		4.7
Gäste mit Hund	5.0		
Hunde n. erlaubt			-
Empfohlene Aktivitäten	Wandern Schwimmen Radfahren		Radfahren Schwimmen Wandern

Für diese Auswertung liegen leider noch nicht genügend Bewertungen vor. (Bade- und Campingplatz Perwang am Grabensee)

Sei einer der Ersten, der diesen Campingplatz bewertet. Unter den Bewertern werden regelmäßig Gewinne verlost!

Mehr Infos dazu findest du in unserem allgemeinen Intro.

4

Camping & Strandbad Seekirchen am Wallersee

Seestrasse 2
5201 Seekirchen am Wallersee
+43 6212 4088
47.90233 | 13.14334
600m ü.M.

01.04. - 31.10.
HS: 37,00 € | NS: 29,00 €
Mehr Infos & Anfrage:
www.camping.info/23495

Baden im See am Platz	✓
Pool & Hallenbad	✗
Spielplatz am Platz	✓
Hunde willkommen	✓
Skilift & Loipe	✗
WLAN (gegen Gebühr)	✓
Lebensmittel	1km
Brötchen am Platz	✓
Restaurant & Imbiss	✓
Ver-/Entsorgung Womo	✓
in den Ort	1km
Gesamt/Touristen	105/25
Mietunterkünfte	✗
Stellplätze vor Schranke	✗

4.5 SEHR GUT
46 Bewertungen

Lage	4.7
Ruhe	4.5
Sanitäranlagen	4.4
Sauberkeit Ø	4.3
Freundlichkeit	4.6
Stellplatz	4.3
Verpflegung	4.4
Freizeit	4.7
Preis-Leistung	4.7
Mietunterkünfte	-

Geeignet für

Kinder b. 6 J.	4.7
Kinder b. 12 J.	4.6
Kinder b. 18 J.	3.7
Paare	4.7
Senioren	4.6
Gäste mit Zelt	4.4
Gäste mit Hund	3.7

Empfohlene Aktivitäten
- Schwimmen
- Radfahren
- Wandern

5

Reisemobil-Stellplatz Salzburg

Carl-Zuckmayer-Straße 26
5101 Salzburg
+43 (0) 676 911 4244
47.83578 | 13.06043

ganzjährig
HS: 22,00 €
Mehr Infos & Anfrage:
www.camping.info/27499

Baden in nat. Gewässer	k. A.
Pool & Hallenbad	✗
Spielplatz	keine Angabe
Hunde willkommen	✓
Skilift/Loipe	5km
WLAN (gegen Gebühr)	✓
Lebensmittel	300m
Brötchen am Platz	✓
Restaurant/Imbiss	10/150m
Ver-/Entsorgung Womo	✓
in den Ort	keine Angabe
Touristenplätze	106
Mietunterkünfte	✗
Stellplätze vor Schranke	✗

- JETZT BEWERTEN!

Für diese Auswertung liegen leider noch nicht genügend Bewertungen vor.

Sei einer der Ersten, der diesen Campingplatz bewertet. Unter den Bewertern werden regelmäßig Gewinne verlost!

Mehr Infos dazu findest du in unserem allgemeinen Intro.

6

Camping Nord-Sam

Samstraße 22a
5023 Salzburg
+43 662 660 494
47.82729 | 13.06258
450m ü.M.

04.04. - 05.10.
HS: 41,00 € | NS: 32,00 €
Mehr Infos & Anfrage:
www.camping.info/19486

Baden im See	14km
Pool/Hallenbad	✓/4km
Spielplatz am Platz	✓
Hunde willkommen	✓
Skilift/Loipe	35km
WLAN (gegen Gebühr)	✓
Lebensmittel	✓
Brötchen am Platz	✓
Restaurant/Imbiss	200/300m
Ver-/Entsorgung Womo	✓
in den Ort	3km
Touristenplätze	100
Mietunterkünfte	✗
Stellplätze vor Schranke	✗

4.2 SEHR GUT
102 Bewertungen

Lage	4.6
Ruhe	3.8
Sanitäranlagen	4.1
Sauberkeit Ø	4.5
Freundlichkeit	4.5
Stellplatz	4.0
Verpflegung	3.6
Freizeit	3.9
Preis-Leistung	3.8
Mietunterkünfte	-

Geeignet für

Kinder b. 6 J.	4.2
Kinder b. 12 J.	4.2
Kinder b. 18 J.	4.1
Paare	4.6
Senioren	4.6
Gäste mit Zelt	4.2
Gäste mit Hund	4.0

Empfohlene Aktivitäten
- Sightseeing
- Kultur
- Radfahren

keine Jugendgruppen

8

Camping Auwirt

Salzburger Str. 42
5400 Hallein
+43 6245 80417
47.70417 | 13.06965
447m ü.M.

18.04. - 30.09.
01.12. - 02.01.
HS: 36,00 € | NS: 32,00 €
Mehr Infos & Anfrage:
www.camping.info/19337

Baden im Fluss	3km
Pool & Hallenbad	✗
Spielplatz am Platz	✓
Hunde willkommen	✓
Skilift/Loipe	✗/k. A.
WLAN	✓
Lebensmittel	✗
Brötchen am Platz	✓
Restaurant am P.	✓
Ver-/Entsorgung Womo	✓
in den Ort	3km
Touristenplätze	40
Mietunterkünfte	✓
Stellplätze vor Schranke	✗

3.9 GUT
17 Bewertungen

Lage	3.9
Ruhe	3.6
Sanitäranlagen	3.6
Sauberkeit Ø	4.0
Freundlichkeit	3.8
Stellplatz	3.6
Verpflegung	3.1
Freizeit	3.3
Preis-Leistung	3.2
Mietunterkünfte	3.0

Geeignet für

Kinder b. 6 J.	2.8
Kinder b. 12 J.	2.9
Kinder b. 18 J.	3.1
Paare	4.3
Senioren	4.2
Gäste mit Zelt	3.6
Gäste mit Hund	3.6

Empfohlene Aktivitäten
- Radfahren
- Wandern
- Kultur

7 Camping Schloss Aigen

Weberbartlweg 20
5026 Salzburg
0043 (0)662 633089
www.campingaigen.com
camping.aigen@elsnet.at

01.05. - 30.09.

HS: 27,00 € | NS: 27,00 €

Mehr Infos & Anfrage:
www.camping.info/19496

Baden im See	5km
Pool/Hallenbad	3/5km
Spielplatz am Platz	✓
Hunde willkommen	✓
Skilift & Loipe	✗
WLAN	✓
Lebensmittel	✓
Brötchen am Platz	✓
Restaurant & Imbiss	✓
Ver-/Entsorgung Womo	✓
im Ort	✓
Touristenplätze	120
Mietunterkünfte	✗
Stellplätze vor Schranke	✗

1 km
47.77966 | 13.09149

Ruhig im Naturpark Aigen, am Stadtrand von Salzburg gelegen.

Lage & Stellplatz

Am südlichen Stadtrand von Salzburg, ca. 5 km vom Zentrum entfernt, liegt der Campingplatz Schloss Aigen am Fuß des Gaisbergs. Er zeichnet sich vor allem durch die ruhige Lage im Grünen und die familiäre Atmosphäre aus. Die Plätze sind nicht parzelliert, sondern liegen auf Wiesen und am Waldrand.

Verpflegung

Auf dem Gelände befindet sich auch ein Restaurant, welches täglich von 7:00 bis 22:00 Uhr geöffnet ist und seine Gäste mit regionalen und internationalen Gerichten verwöhnt. Im Restaurant können zudem die wichtigsten Lebensmittel eingekauft werden (Milch, Brot, Wurst u. v. m.).

Sanitär

Die Sanitäranlagen wurden im Jahr 2019 renoviert. Alle Duschen und Waschbecken verfügen über Warmwasser ohne zusätzliche Kosten. Weiters stehen den Gästen eine Waschmaschine und Trockner gegen Gebühr zur Verfügung.

Freizeit

Das Stadtzentrum erreichen die Gäste bequem mit Bus (800 m zur Haltestelle) oder Fahrrad. Neben der Altstadt gibt es viele Ausflugsziele (Hellbrunn, Salzbergwerk, Salzkammergut, Berchtesgaden) zu erkunden. Oder wie wäre es mit einer Wanderung auf den Gaisberg?

Am Fuße des Gaisberges.

Stellplätze im Grünen.

Für diese Auswertung liegen leider noch nicht genügend Bewertungen vor.

Sei einer der Ersten, der diesen Campingplatz bewertet. Unter den Bewertern werden regelmäßig Gewinne verlost!

Mehr Infos dazu findest du in unserem allgemeinen Intro.

Mehr Infos

ÖSTERREICH

❼ Salzburg Innergebirg

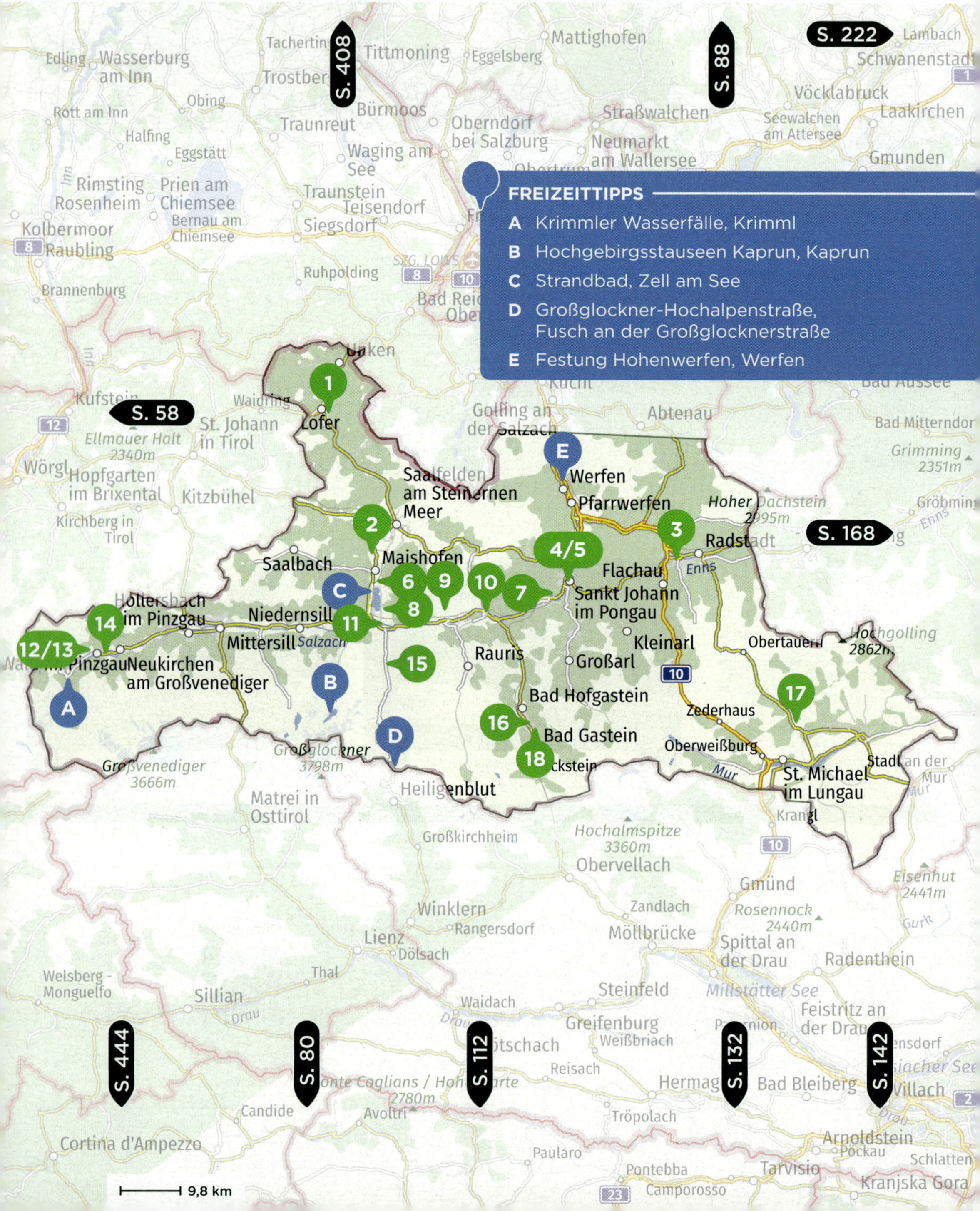

	Platz	Seite	Bewertung		Öffnungszeiten	
1	Grubhof	**100**	**4.9**	◯	saisonal	✱ 👍
2	Camping Neunbrunnen am Waldsee	**102**	**4.7**	◯	ganzjährig	✱
3	Camping & Gästehaus Passrucker	**102**	**4.6**	◯	saisonal	✱
4	Camping & Appartements Wieshof	**103**	**4.5**	◯	ganzjährig	✱
5	Camping Kastenhof	**102**	**4.0**	◯	ganzjährig	✱
6	Seecamp Zell am See	**104**	**4.5**	◯	ganzjährig	✱
7	Sonnenterrassen Camping St. Veit	**105**	**4.8**	◯	ganzjährig	✱
8	Panorama Camp Zell am See	**104**	**4.5**	◯	saisonal	✱
9	Camping Oberhasenberghof	**104**	**5.0**	◯	saisonal	
10	Camping Biohof Unteregg	**108**	**4.1**	◯	ganzjährig	✱
11	Sportcamp Woferlgut	**106**	**4.6**	◯	ganzjährig	✱ 👍
12	S.N.P. Camping	**108**	**4.8**	◯	ganzjährig	✱
13	Camping VIKTORIA	**108**	**4.8**	◯	saisonal	
14	Panoramastellplatz Friedburg	**109**	**4.8**	◯	ganzjährig	✱
15	Camping Lampenhäusl	**109**	**-**	◯	saisonal	
16	Camping Bertahof	**109**	**4.3**	◯	ganzjährig	✱
17	Camping Mauterndorf	**110**	**4.2**	◯	ganzjährig	✱
18	Camping-Bungalow-Appartement Erlengrund	**109**	**4.4**	◯	ganzjährig	✱

✱ Wintercamping FKK Textilfrei (ganz/teilweise) Ecocamping 👍 Award Onlinebuchung

DIE SALZBURGER BERGWELT

Der südliche Teil des Bundeslandes Salzburg wird auch als Innergebirg bezeichnet. Die Salzburger Gebirgsgaue Pongau, Pinzgau und Lungau sind alte, natürlich gewachsene Kulturlandschaften, topografisch zwar oft höchst verschieden, allerdings durch Eines vereint: die allgegenwärtige Salzburger Bergwelt. Im Sommer und Herbst als Bergwanderregionen beliebt, präsentieren sich die Gebirgsgaue zur kalten Jahreszeit als weltbekannte Wintersportgebiete. So zählen vor allem touristische Zentren wie Saalbach-Hinterglemm, Altenmarkt-Zauchensee oder Bad Gastein zu den Top-Wintersportdestinationen Europas.

WANDER-, SKI- UND THERMENVERGNÜGEN IM PONGAU

Der Pongau ist weitum als Wintersportparadies bekannt, schließlich beheimatet die Region große Skigebiete. Sie alle gehören zu „Ski Amadé“ – einem Verbund von fünf Wintersportregionen mit 760 Pistenkilometern und 270 Liftanlagen. Der Pongau hat jedoch auch abseits des Skisports Einiges zu bieten. Zahlreiche Thermalbäder wie die Therme Amadé in Altenmarkt oder die Alpentherme Gastein in Bad Hofgastein garantieren erholsame Tage außerhalb des Campingplatzes. In den wärmeren Jahreszeiten lädt die faszinierende Bergwelt zum Wandern ein. Ein Tipp ist das idyllische Großarltal, welches fast bis zur Kärntner Landesgrenze führt. Am Taleingang befindet sich die bekannte Liechtensteinklamm, die als eine der tiefsten Schluchten der Alpen gilt. Des Weiteren bieten sich die Burg Hohenwerfen und die Eisriesenwelt in Werfen für einen spannenden Tagesausflug an.

Skipiste Stubnerkogel
© SalzburgerLand Tourismus

Rennradtour bei Sonnenuntergang
© SalzburgerLand Tourismus

PINZGAU: NATIONALPARK HOHE TAUERN UND SKISPORT

Neben der Stadt Salzburg stellt der Pinzgau den wichtigsten touristischen Bezirk im Bundesland dar. Das Zentrum bildet die Urlaubsregion Zell am See/Kaprun mit dem Zeller See und dem Skigebiet am Kitzsteinhorn. Das Glemmtal, das im Winter mit dem Skicircus Saalbach-Hinterglemm und im Sommer mit wunderbaren Wandermöglichkeiten in den Bergen reizt, zählt ebenfalls zu den interessantesten Zielen im Pinzgau. Eine einzigartige Attraktion ist zweifelsohne der Nationalpark Hohe Tauern. Unter seinen Sehenswürdigkeiten befinden sich unter anderem die Krimmler Wasserfälle und die Großglockner Hochalpenstraße, die zu den meistbesuchten Ausflugszielen Österreichs gehört. Ein weiteres Highlight ist die Kraftwerksanlage Kaprun mit ihren beiden Hochgebirgs-Stauseen und den übermächtigen, bis zu 120 Meter hohen Staumauern. Dieses imposante Bauwerk kann von Ende Mai bis Mitte Oktober mittels Europas größtem offenen Schrägaufzug besichtigt werden.

Wandern auf der Stuhlalm © SalzburgerLand Tourismus

TRADITION, NATUR UND KULTUR IM LUNGAU

Der Lungau ist der südöstlichste Bezirk Salzburgs und mit dem restlichen Bundesland nur über den Radstädter Tauern bzw. den Tauerntunnel verbunden: Das abgeschiedene Talbecken kommt aber gerade deswegen bei vielen Campern gut an. Statt Hektik und Stress gibt es hier jede Menge Ruhe und Traditionsbewusstsein. Die schöne Landschaft mit ihren Besonderheiten, wie auch die vielfältigen kulturellen Möglichkeiten, sorgen für einen wunderbaren Aufenthalt. Hervorzuheben sind dabei die Burg Mauterndorf, das Schloss Moosham, die Wallfahrtskirche St. Leonhard ob Tamsweg, das Schaubergwerk Ramingstein und die Taurachbahn in Mauterndorf. Wanderer genießen den Naturpark Riedingtal. Mit hohen Gipfeln, sanften Tälern, klaren Bergseen und urigen Almen erweist sich dieses traumhafte Lungauer Tal als Juwel im Salzburger Land.

TIPP DER REDAKTION

Camping Oberhasenberghof
Taxenbach | Nr. 9 | Seite 104

Laut Gästen ideal geeignet zum:
- Wandern
- Entspannen
- Mountainbiken

5.0

1 Grubhof

Grubhof 39
5092 St. Martin bei Lofer, Salzburger Saalachtal
+43 6588 8237
www.grubhof.com
home@grubhof.com

01.01. - 06.11.
16.12. - 31.12.

HS: 46,40 € | NS: 34,00 €

Mehr Infos & Anfrage:
www.camping.info/19443

Baden im Fluss am Platz	✓
Pool/Hallenbad	2/15km
Spielplatz am Platz	✓
Hunde willkommen	✓
Skilift/Loipe	2km/✓
WLAN (gegen Gebühr)	✓
Lebensmittel	✓
Brötchen am Platz	✓
Restaurant & Imbiss	✓
Ver-/Entsorgung Womo	✓
in den Ort	1km
Gesamt/Touristen	225/220
Mietunterkünfte	✓
Stellplätze vor Schranke	✗

Bei Niedrigwasser ist die Saalach ein toller Abenteuerspielplatz.

Lage & Stellplatz

Die idyllische Lage am Fluss und seine XXL-Stellplätze im ehemaligen Park des gleichnamigen Schlosses zeichnen diesen 4-Sterne-Platz im Salzburger Land aus. Das Herzstück des Platzes bildet eine riesige, unberührte Blumenwiese, um welche die auf die Bedürfnisse der Camper abgestimmten Stellplätze angeordnet sind. Es gibt Bereiche für Familien, Ruhesuchende, Camper mit und ohne Hund sowie eine große Zeltwiese. Der Campingplatz ist durch Fluss und Felder natürlich eingesäumt, uralte Baumriesen sorgen für ein parkähnliches Ambiente. Am Grubhof kann man Natur erleben und Komfort genießen.

Sanitär

Die modernen und lichtdurchfluteten Sanitäranlagen am Grubhof werden von allen Campingführern mit 5 Sternen bewertet – und das zu Recht: Hier trifft modernes Design auf großzügiges Raumangebot und Funktionalität. In den letzten Jahren wurde immer wieder in den Komfort des Campingplatzes investiert. Es gibt drei topmoderne Anlagen aus den Jahren 2018, 2013 und 2006. Die Sanitäranlagen bieten XXL-Familienbäder mit Dusche und WC oder großzügige Duschen mit Waschtisch. Zwei Babybäder, ein barrierefreies Badezimmer, Trockenräume und eine Hundedusche runden das Angebot ab.

Wintercamping am Grubhof.

Wellness für Genießer.

1 km
47.57442 | 12.70556
640m ü.M.

AWARD 2021

Die XXL-Stellplätze bieten einen herrlichen Blick auf Fluss oder Berge.

Verpflegung

Camping Grubhof liegt zwischen Lofer (2 km) und St. Martin (1 km). Beide Orte sowie Supermärkte und Geschäfte sind bequem zu Fuß oder mit dem Fahrrad erreichbar. Direkt am Platz befinden sich ein gemütliches Restaurant mit urigen Stuben, eine Terrasse am Teich inklusive herrlichem Bergblick sowie ein Shop mit Cafeteria. Der Campingshop bietet morgens frische Brötchen und Zeitungen und verfügt über ein kleines Warenangebot. Im Restaurant gibt es traditionell österreichische Küche. Pizzen und viele der Speisen auch als Takeaway erhältlich.

Freizeit

Neben seiner traumhaften Lage inmitten alpiner Naturlandschaft und dem großzügigen Platzangebot punktet der Grubhof mit seinem umfangreichen Zusatzangebot wie Sauna, Wellness und Fitness. Der Platz ist der ideale Ausgangspunkt für eine Vielzahl an Aktivitäten. Wander-, Berg-, Rad- und Mountainbiketouren beginnen direkt am Platz. Im Juli und August ist das Schwimmbad sowie die Gondelbahnen gratis und im Winter kommt der Skibus alle 30 Minuten bis vor die Einfahrt. Wem das zu viel Action ist, der kann aber auch vom Stellplatz aus die Natur genießen und dem Rauschen der Saalach lauschen.

5.0

Gut geführter und strukturierter Platz mit exzellentem Wellness Bereich. Die Reservierung war einfach, klar und kompetent. Der Empfang trotz der großen Anlage freundlich und kurz. Die Plätze sind klar strukturiert und sofort zu finden. Sanitäre Anlagen sind vorbildlich gepflegt und modern. Der Wellnessbereich ist herausragend. Die Gaststätte hat eine gute Mischung an Speisen. Der Service ist hervorragend. Alles in allem eine Reise wert.

Rudi B.

Rudi ist bereits sein ganzes Leben lang Camper und hat diese Leidenschaft an seine beiden Kids weitergegeben. Aktuell mit kleinem Pössl stehen sie bevorzugt naturnah. Sie waren im September 2021 auf dem Grubhof.

Sanitär – modern & funktionell.

Österreichische Gastlichkeit.

4.9 **SEHR GUT**
2520 Bewertungen

Lage	4.8
Ruhe	4.7
Sanitäranlagen	4.9
Sauberkeit Ø	4.9
Freundlichkeit	4.9
Stellplatz	4.8
Verpflegung	4.3
Freizeit	4.6
Preis-Leistung	4.6
Mietunterkünfte	4.6

Geeignet für

Paare	4.8
Senioren	4.8
Gäste mit Hund	4.7
Kinder b. 6 J.	4.5
Gäste mit Zelt	4.7
Kinder b. 12 J.	4.6
Kinder b. 18 J.	4.4

Empfohlene Aktivitäten

Wandern · Radfahren · Entspannen · Mountainbiking

Mehr Infos

Karte auf Seite 96

	2 Camping Neunbrunnen am Waldsee	3 Camping & Gästehaus Passrucker	5 Camping Kastenhof
	❄	❄	❄
	Neunbrunnen 56 5751 Maishofen +43 6542 68548	Götschlau 33 5541 Altenmarkt +43 6452 7328	Kastenhofweg 6 5600 St. Johann im Pongau +43 6412 5490
	47.37757 | 12.79534 768m ü.M.	47.37033 | 13.41928 860m ü.M.	47.34171 | 13.19705
Infos			
Öffnungszeiten	ganzjährig	15.05. - 30.09. 01.11. - 30.04.	ganzjährig
Vergleichspreis	HS: 30,90 € | NS: 27,40 €	HS: 37,00 € | NS: 33,40 €	HS: 30,00 € | NS: 30,00 €
Link	**Mehr Infos & Anfrage:** www.camping.info/19440	**Mehr Infos & Anfrage:** www.camping.info/19426	**Mehr Infos & Anfrage:** www.camping.info/19368
Ausstattung			
Freizeit	Baden im See am Platz ✓ Hallenbad 6km Spielplatz am Platz ✓	Baden im See 3km Pool/Hallenbad ✓/1km Spielplatz am Platz ✓	Baden im Teich 2km Pool/Hallenbad 1km Spielplatz am Platz ✓
Campingplatz	Hunde erlaubt ✓ Skilift/Loipe 8km/✓ WLAN ✓	Hunde willkommen ✓ Skilift/Loipe 1km/300m WLAN ✓	Hunde erlaubt ✓ Skilift 1km WLAN (gratis) teilweise
Versorgung	Lebensmittel 2km Brötchen keine Angabe Restaurant am P. ✓ Ver-/Entsorgung Womo ✓ im Ort ✓	Lebensmittel ✓ Brötchen am Platz nur HS Restaurant/Imbiss 300m Ver-/Entsorgung Womo ✓ in den Ort 800m	Lebensmittel ✓ Brötchen am Platz nur HS Restaurant & Imbiss ✓ Ver-/Entsorgung Womo ✓ im Ort ✓
Anzahl der Plätze	Gesamt/Touristen 100/60 Mietunterkünfte ✓ Stellplätze vor Schranke ✗	Gesamt/Touristen 80/55 Mietunterkünfte ✓ Stellplätze vor Schranke ✗	Gesamt/Touristen 70/30 Mietunterkünfte ✓ Stellplätze vor Schranke ✗

	Camping Neunbrunnen am Waldsee	Camping & Gästehaus Passrucker	Camping Kastenhof
Gesamt	4.7 SEHR GUT, 15 Bewertungen	4.6 SEHR GUT, 18 Bewertungen	4.0 SEHR GUT, 3 Bewertungen
Lage	4.5	4.4	4.7
Ruhe	4.7	4.6	4.0
Sanitäranlagen	4.5	4.5	4.3
Sauberkeit Ø	4.8	4.8	4.5
Freundlichkeit	4.7	4.7	4.0
Stellplatz	4.3	3.9	4.0
Verpflegung	4.1	3.7	4.0
Freizeit	4.6	4.6	4.3
Preis-Leistung	4.8	4.6	4.3
Mietunterkünfte	4.0	4.6	-
Geeignet für			
Kinder b. 6 J.	4.2	3.8	5.0
Kinder b. 12 J.	4.4	3.9	5.0
Kinder b. 18 J.	4.0	4.2	5.0
Paare	4.8	4.3	4.0
Senioren	4.6	4.5	5.0
Gäste mit Zelt	4.6	4.3	5.0
Gäste mit Hund	4.4	4.5	5.0
Empfohlene Aktivitäten	Wandern Radfahren Entspannen	Wandern Radfahren Mountainbiking	Wandern Radfahren Ski

4 Camping & Appartements Wieshof

Wieshofgasse 8
5600 St. Johann im Pongau
004364128519
www.wieshof-stjohann.com
info@camping-wieshof.at

ganzjährig

HS: 38,50 € | NS: 36,50 €

Mehr Infos & Anfrage:
www.camping.info/22260

Baden im See	3km
Pool/Hallenbad	2km
Spielplatz am Platz	✓
Hunde erlaubt	✓
Skilift/Loipe	3km
WLAN	✓
Lebensmittel	600m
Brötchen am Platz	✓
Restaurant & Imbiss	✓
Ver-/Entsorgung Womo	✓
in den Ort	500m
Gesamt/Touristen	140/50
Mietunterkünfte	✓
Stellplätze vor Schranke	✗

47.34619 | 13.1924
600m ü.M.

Herrliche Aussicht auf die umliegende Bergwelt.

Lage & Stellplatz

Der Wieshof liegt an der Sonnenseite von Sankt Johann im Pongau mit Blick auf die Stadt mit dem Pongauer Dom und die umliegenden Berge. Das Zentrum von St. Johann in Salzburg liegt 15 Gehminuten entfernt, bis zum Skigebiet „SnowSpaceSalzburg" sind es 3 km. Neues Highlight: der Erlebnisspielplatz.

Verpflegung

Täglich frisches Gebäck (auf Bestellung) oder Frühstücksbuffet. Das platzeigene Restaurant ist während der Hauptsaison abends geöffnet und bietet typisch österreichische Gerichte. Sollte es geschlossen haben, bekommen die Gäste gerne Tipps, wo man gut Essen gehen kann.

Sanitär

Modernste, barrierefreie Sanitäranlagen im alpinen Lifestyle-Design. Ausgestattet mit Mietbädern, abgeschlossenen Einzelwaschkabinen und Duschen. Wellnessbereich mit finnischer Außensauna, Bio-Kräuter-Sauna sowie Infrarotkabine. Großzügiger Ruheraum sowie Fitnessraum.

Freizeit

Im Sommer ist der Platz der ideale Ausgangspunkt für zahlreiche Ausflugsziele und Sehenswürdigkeiten im Salzburger Land. Auch die Berge rundum bieten ein attraktives Angebot an Wander- und Höhenwegen. Der Einstieg ins Skigebiet „Snow Space Salzburg" (Ski amadé) ist nur 3 km von der Anlage entfernt.

Dusche mit Steinwaschbecken.

Finnische Sauna mit Panorama.

4.5 SEHR GUT
10 Bewertungen

Lage	4.6
Ruhe	4.4
Sanitäranlagen	4.7
Sauberkeit Ø	4.8
Freundlichkeit	5.0
Stellplatz	4.2
Verpflegung	4.1
Freizeit	4.1
Preis-Leistung	4.3
Mietunterkünfte	5.0

Geeignet für

Kinder b. 6 J.	4.8
Kinder b. 12 J.	4.8
Kinder b. 18 J.	4.8
Paare	4.8
Senioren	4.6
Gäste mit Hund	4.5
Gäste mit Zelt	4.4

Empfohlene Aktivitäten

Radfahren | Wandern | Mountainbiking | Entspannen

Mehr Infos

Karte auf Seite 96

	6	8	9
	Seecamp Zell am See	**Panorama Camp Zell am See**	**Camping Oberhasenberghof**
	Thumersbacherstraße 34 5700 Zell am See +43 6542 72115	Seeuferstraße 196 5700 Zell am See +43654256228	Taxberg 56 5660 Taxenbach +43 664 866 9104
	47.33966 | 12.80912	47.30174 | 12.81527	47.30097 | 12.94523
	757m ü.M.		1150m ü.M.

Infos

	Seecamp Zell am See	Panorama Camp Zell am See	Camping Oberhasenberghof
Öffnungszeiten	ganzjährig	01.01. - 10.01. 20.03. - 20.10.	26.05. - 23.10.
Vergleichspreis	HS: 39,80 € | NS: 32,60 €	HS: 38,50 € | NS: 28,50 €	HS: 32,80 € | NS: 27,80 €
Link	**Mehr Infos & Anfrage:** www.camping.info/19408	**Mehr Infos & Anfrage:** www.camping.info/23098	**Mehr Infos & Anfrage:** www.camping.info/19366

Ausstattung

	Seecamp Zell am See		Panorama Camp Zell am See		Camping Oberhasenberghof	
Freizeit	Baden im See am Platz	✓	Baden im See	500m	Baden im See	19km
	Pool/Hallenbad	1km	Pool/Hallenbad	1/4km	Pool/Hallenbad	✓/20km
	Spielplatz am Platz	✓	Spielplatz am Platz	✓	Spielplatz am Platz	✓
Campingplatz	Hunde willkommen	✓	Hunde willkommen	✓	Hunde willkommen	✓
	Skilift/Loipe	2km/✓	Skilift/Loipe	2km/✓	Skilift	15km
	WLAN	✓	WLAN	✓	WLAN	✓
Versorgung	Lebensmittel	✓	Lebensmittel	1km	Lebensmittel	4km
	Brötchen am Platz	✓	Brötchen am Platz	✓	Brötchen am Platz	nur HS
	Restaurant & Imbiss	✓	Restaurant/Imbiss	1km/500m	Restaurant/Imbiss	4km
	Ver-/Entsorgung Womo	✓	Ver-/Entsorgung Womo	✓	Ver-/Entsorgung Womo	✓
	in den Ort	1km	in den Ort	2km	in den Ort	4km
Anzahl der Plätze	Touristenplätze	160	Gesamt/Touristen	65/60	Touristenplätze	15
	Mietunterkünfte	✓	Mietunterkünfte	✓	Mietunterkünfte	✓
	Stellplätze vor Schranke	✗	Stellplätze vor Schranke	✗	Stellplätze vor Schranke	✗

	Seecamp Zell am See	Panorama Camp Zell am See	Camping Oberhasenberghof
Gesamtbewertung	4.5 SEHR GUT, 48 Bewertungen	4.5 SEHR GUT, 77 Bewertungen	5.0 AUSGEZEICHNET, 51 Bewertungen
Lage	4.8	4.5	4.9
Ruhe	4.0	4.4	4.8
Sanitäranlagen	4.3	4.3	4.6
Sauberkeit Ø	4.5	4.8	4.9
Freundlichkeit	4.6	4.8	5.0
Stellplatz	4.2	4.3	4.6
Verpflegung	4.4	3.5	3.9
Freizeit	4.6	4.5	4.7
Preis-Leistung	4.3	4.3	4.8
Mietunterkünfte	4.8	4.5	4.9
Geeignet für			
Kinder b. 6 J.	4.2	4.4	4.9
Kinder b. 12 J.	4.4	4.4	4.8
Kinder b. 18 J.	4.6	4.1	3.9
Paare	4.8	4.7	4.3
Senioren	4.7	4.7	4.1
Gäste mit Zelt	4.2	4.5	4.6
Gäste mit Hund	4.4	4.5	4.7
Empfohlene Aktivitäten	Schwimmen Wandern Radfahren	Radfahren Wandern Schwimmen	Wandern Entspannen Mountainbiking

Beginn Zeitraum 3 (10.12.2021 bis 31.12.2021)

7 Sonnenterrassen Camping St. Veit

Bichlwirt 12
5621 St. Veit im Pongau
+43 6415 57333
www.camping-stveit.at
office@camping-stveit.at

ganzjährig

HS: 33,20 € | NS: 24,80 €

Mehr Infos & Anfrage:
www.camping.info/19442

Baden im See	2km
Pool/Hallenbad	1/15km
Spielplatz am Platz	✓
Hunde erlaubt	✓
Skilift/Loipe	5/1km
WLAN	✓
Lebensmittel	1km
Brötchen am Platz	✓
Restaurant/Imbiss	1km/✓
Ver-/Entsorgung Womo	✓
in den Ort	1km
Gesamt/Touristen	104/44
Mietunterkünfte	✗
Stellplätze vor Schranke	✗

1 km
47.32522 | 13.16535
600m ü.M.

Terrassen gegliedertes Gelände, mit Bäumen und Sträuchern bepflanzt.

Lage & Stellplatz

Campingurlaub in St.Veit im Pongau – mitten im Herzen vom Salzburger Land. Der schöne 4-Sterne Campingplatz liegt in herrlicher Panoramalage auf 600 m Seehöhe im Herzen vom Salzburger Land, am Rande des heilklimatischen Kurortes St. Veit, wo man Campingurlaub auf der sonnigen Seite des Lebens macht.

Verpflegung

Die Gäste des Campingplatzes genießen ihren Urlaub im familiär geführten Betrieb mit persönlicher Betreuung. Kleine Imbisse und einen Brötchenservice sind im Kiosk zu finden.

Sanitär

Die komfortablen, top ausgestatteten Sanitärräume sind im mediterranen Stil gehalten. Die Ausstattung reicht von Duschkabinen und WC, Waschtischen und Einzelwaschkabinen bis hin zur Babybadewanne & Wickeltisch sowie Geschirrspülbecken, Waschmaschine & Trockner. Auf Sauberkeit wird hoher Wert gelegt.

Freizeit

Ereignisreiche und unbeschwerte Ferientage in gesunder Luft erwarten die Gäste zu jeder Jahreszeit. Auch Kinder kommen auf dem Campingplatz voll auf ihre Kosten. Speziell für die kleinen Gäste wurde der Campingplatz mit großzügigem Kinderspielplatz ausgestattet.

Komfortable Sanitäranlagen.

Großzügiger Kinderspielplatz.

4.8 SEHR GUT
31 Bewertungen

Lage	4.3
Ruhe	3.8
Sanitäranlagen	4.9
Sauberkeit Ø	5.0
Freundlichkeit	4.8
Stellplatz	4.6
Verpflegung	3.6
Freizeit	4.4
Preis-Leistung	4.7
Mietunterkünfte	-

Geeignet für

4.9	Senioren
4.8	Paare
4.7	Gäste mit Hund
4.6	Kinder b. 12 J.
4.5	Kinder b. 6 J.
4.3	Gäste mit Zelt
4.0	Kinder b. 18 J.

Empfohlene Aktivitäten

Wandern
Mountainbiking
Ski
Radfahren

Mehr Infos

Pauschalangebote ab einem Aufenthalt von 3 Nächten für 2 Personen/Nacht!

11 Sportcamp Woferlgut

Kroessenbachstr. 40
5671 Bruck/Grossglockner
+43 6545 7303 0
www.sportcamp.at
info@sportcamp.at

ganzjährig

HS: 47,10 € | NS: 35,30 €

Mehr Infos & Anfrage:
www.camping.info/19417

Baden im See am Platz	✓
Pool & Hallenbad	✓
Spielplatz am Platz	✓
Hunde willkommen	✓
Skilift/Loipe	2km/✓
WLAN	✓
Lebensmittel	✓
Brötchen am Platz	✓
Restaurant am P.	✓
Ver-/Entsorgung Womo	✓
in den Ort	500m
Gesamt/Touristen	350/220
Mietunterkünfte	✓
Stellplätze vor Schranke	✗

Sportcamp Woferlgut mit exklusiver Badewelt.

Lage & Stellplatz

Als Mitglied bei den Leading Campings of Europe und Top Camping Austria zählt das Woferlgut mit Camping und 4-Sterne-Hotel im Salzburger Land zu den absoluten Top-Plätzen in Europa. Der Luxus-Campingplatz bietet höchsten Komfort und zahlreiche Freizeitaktivitäten für einen echten Traumurlaub. Neben reichlich Platz und Erholung findet man auch Miet-Badehäuser, einen eigenen Supermarkt, ein Babybad, WLAN, Komfort- und Luxusstellplätze, Mietcaravans, Apartments und ein Hotel. Die zentrale Lage am Schnittpunkt von zwei Tälern gewährt kurze Anfahrten zu den zahlreichen Ausflugszielen der Region.

Sanitär

In den drei stilvoll eingerichteten Badehäusern fehlt es den Campern definitiv an nichts. Kosmetikraum, Ski- und Schuhräume, ein Wäscheraum und noch vieles mehr sorgen für Wohlbefinden und Annehmlichkeiten. Für mehr Intimsphäre sorgen die Mietbäder, die problemlos mitreserviert werden können. Des Weiteren gehören ein Babyraum, ein Geschirrspülraum, ein barrierefreies Bad, Familienbäder sowie getrennte Waschbereiche für Damen und Herren (jeweils mit speziellem Kinderbereich) zur umfangreichen Ausstattung des Sportcamps.

TOP CAMPING AUSTRIA

LeadingCampings

ADAC Superplatz 2021 ★★★★★ ADAC

Wintercampen im Salzburger Land.

Mit privatem Badesee.

47.28364 | 12.81667
747m ü.M.

WLAN im gesamten Betriebsareal verfügbar und kostenfrei.

AWARD 2021

Fünf Pools, Fitness- & Wellness Center auf 4.500 m².

Verpflegung

Im Restaurant Woferlgut verwöhnt das Küchenteam seine Gäste mit vorwiegend regionalen Produkten und Schmankerln, sowie auch mit internationalen Spezialitäten. Kulinarische Themenabende sorgen für schmackhafte Gaumenfreuden. Nette Gastgärten und ein gemütlicher Sitzbereich im Freien erfreuen die Gäste. Die Bar mit zahlreichen Musikabenden lädt die Gäste zum gemütlichen Tagesausklang ein. Besonderer Beliebtheit erfreut sich auch das riesige Frühstücksbuffet. Darüber hinaus verfügt der eigene Campingsupermarkt über ein reichhaltiges Sortiment. Zwei Supermärkte sind fußläufig erreichbar.

Freizeit

Familienurlaub für alle – der Kinderclub bietet ein kostenloses Kinder-Programm von Mitte Mai bis Mitte September. Die Sportbetreuung, geführte Rennrad-, Mountainbike- und Wandertouren durch das traumhafte Salzburger Land, Tennis, Beachvolleyball, Klettergarten, Fun- und Actionroom, Badesee, usw. sind „all-inclusive" und bringen Schwung in den Urlaub. Die neuen „Badewelten" bestehen aus fünf großzügigen Pools mit einer 100 m Wasserrutsche, großem Fitnessstudio sowie diversen Saunen, Massage und Physiotherapie. Highlight sind der 50 m-Trainingspool für Sportler sowie der ganzjährige Außenpool.

5.0

Schön war's! Sehr schöne Anlage und richtig gute Sportmöglichkeiten. Fitnessgeräte und Schwimmbereich, für jeden was vorhanden. Personal war sehr freundlich. Und wir waren mit unseren Hunden willkommen. Wir konnten in den 7 Tagen gar nicht alle Angebote wahrnehmen. Aber wir kommen wieder und holen das nach!

Beate S.

Beate S. ist begeisterte Camperin und war im August 2021 auf dem Sportcamp Woferlgut.

Fitness auf dem Campingplatz.

Restaurant mit Gastgarten.

4.6 **SEHR GUT**
725 Bewertungen

Lage	4.4
Ruhe	4.0
Sanitäranlagen	4.5
Sauberkeit Ø	4.7
Freundlichkeit	4.6
Stellplatz	4.6
Verpflegung	4.4
Freizeit	4.6
Preis-Leistung	4.0
Mietunterkünfte	4.4

Geeignet für

- 4.7 Kinder b. 12 J.
- 4.6 Kinder b. 6 J.
- 4.6 Paare
- 4.6 Senioren
- 4.5 Gäste mit Hund
- 4.4 Kinder b. 18 J.
- 4.4 Gäste mit Zelt

Empfohlene Aktivitäten

Wandern · Radfahren · Schwimmen · Entspannen

Mehr Infos

Karte auf Seite 96

	10	12	13
	Camping Biohof Unteregg	**S.N.P. Camping**	**Camping VIKTORIA**
	✻ Heuberg 6 5651 Embach +43 664 558 1229 47.29696 | 13.03043 900m ü.M.	✻ Lahn 65 5742 Wald im Pinzgau +43 6565 8446 47.24346 | 12.21091 900m ü.M.	Lahn 46 5742 Wald im Pinzgau 0664 32 63 528 47.24218 | 12.21067 1000m ü.M.
Infos			
Öffnungszeiten	ganzjährig	ganzjährig	15.04. - 02.11.
Vergleichspreis	HS: 20,00 € | NS: 19,00 €	HS: 24,00 € | NS: 24,00 €	HS: 26,00 € | NS: 26,00 €
Link	**Mehr Infos & Anfrage:** www.camping.info/22204	**Mehr Infos & Anfrage:** www.camping.info/19495	**Mehr Infos & Anfrage:** www.camping.info/26964
Ausstattung			
Freizeit	Baden in nat. Gewässer k. A. Pool/Hallenbad ✓/2km Spielplatz am Platz ✓	Baden im See 10km Pool/Hallenbad 1km Spielplatz am Platz ✓	Baden im See 5km Pool/Hallenbad 900/900m Spielplatz ✗
Campingplatz	Hunde willkommen ✓ Skilift 2km WLAN (begrenzt gratis) ✓	Hunde erlaubt ✓ Skilift/Loipe 5km/100m WLAN ✓	Hunde willkommen ✓ Skilift/Loipe 3km/✓ WLAN ✓
Versorgung	Lebensmittel 2km Brötchen am Platz nur HS Restaurant/Imbiss 2km Ver-/Entsorgung Womo ✓ in den Ort 2km	Lebensmittel 500m Brötchen am Platz ✓ Restaurant/Imbiss 500m/✓ Ver-/Entsorgung Womo ✓ in den Ort 1km	Lebensmittel 1km Brötchen am Platz ✓ Imbiss 300m Ver-/Entsorgung Womo ✓ in den Ort 1km
Anzahl der Plätze	Touristenplätze 10 Mietunterkünfte ✓ Stellplätze vor Schranke ✗	Gesamt/Touristen 50/40 Mietunterkünfte ✗ Stellplätze vor Schranke ✗	Touristenplätze 25 Mietunterkünfte ✗ Stellplätze vor Schranke ✗

	Camping Biohof Unteregg	S.N.P. Camping	Camping VIKTORIA
Gesamt	4.1 SEHR GUT, 9 Bewertungen	4.8 SEHR GUT, 13 Bewertungen	4.8 SEHR GUT, 10 Bewertungen
Lage	4.4	4.5	4.6
Ruhe	4.4	4.7	3.9
Sanitäranlagen	3.1	4.8	4.9
Sauberkeit Ø	4.2	4.9	5.0
Freundlichkeit	4.6	5.0	5.0
Stellplatz	4.3	4.8	4.7
Verpflegung	3.2	3.9	4.8
Freizeit	4.1	4.7	4.5
Preis-Leistung	3.9	4.8	4.8
Mietunterkünfte	5.0	-	-
Geeignet für			
Kinder b. 6 J.	4.8	4.0	4.2
Kinder b. 12 J.	4.4	4.3	4.2
Kinder b. 18 J.	3.7	4.2	4.5
Paare	4.7	5.0	4.8
Senioren	4.6	4.8	4.7
Gäste mit Zelt	5.0	5.0	4.8
Gäste mit Hund	4.5	4.9	4.2
Empfohlene Aktivitäten	Wandern Entspannen Mountainbiking	Entspannen Wandern Radfahren	Wandern Mountainbiking Radfahren

Preise von 2020

14 Panoramastellplatz Friedburg

*

Scheffau 96
5741 Neukirchen am Grossvenediger
+43 656 564860
47.23873 | 12.24157

ganzjährig

HS: 12,00 € | NS: 11,00 €

Mehr Infos & Anfrage:
www.camping.info/24290

Baden im See	1km
Pool/Hallenbad	1km
Spielplatz am Platz	✓
Hunde erlaubt	✓
Skilift/Loipe	4/2km
WLAN	✓
Lebensmittel	3km
Brötchen am Platz	✓
Restaurant & Imbiss	✓
Ver-/Entsorgung Womo	✓
in den Ort	3km
Gesamt	15
Mietunterkünfte	✓
Stellplätze vor Schranke	✗

4.8 SEHR GUT
23 Bewertungen

Lage	4.8
Ruhe	4.8
Sanitäranlagen	3.9
Sauberkeit Ø	5.0
Freundlichkeit	4.8
Stellplatz	4.3
Verpflegung	4.8
Freizeit	4.3
Preis-Leistung	4.9
Mietunterkünfte	4.2

Geeignet für

Kinder b. 6 J.	4.3
Kinder b. 12 J.	4.5
Kinder b. 18 J.	4.2
Paare	4.9
Senioren	4.9
Gäste mit Zelt	3.6
Gäste mit Hund	4.6

Empfohlene Aktivitäten

- Wandern
- Entspannen
- Radfahren

Bei einem Essen im Restaurant gibt es 5 € Ermäßigung auf den Stellplatz!

15 Camping Lampenhäusl

Zellerfusch 15
5672 Fusch am Großglockner
+43 6546 215 0
47.22519 | 12.82714

15.05. - 20.10.

HS: 25,30 € | NS: 22,30 €

Mehr Infos & Anfrage:
www.camping.info/19441

Baden im See	10km
Pool/Hallenbad	700m/13km
Spielplatz am Platz	✓
Hunde willkommen	✓
Skilift/Loipe	300m
WLAN (gratis)	teilweise
Lebensmittel	✓
Brötchen am Platz	✓
Restaurant & Imbiss	✓
Ver-/Entsorgung Womo	✗
im Ort	✓
Touristenplätze	35
Mietunterkünfte	✓
Stellplätze vor Schranke	✗

- JETZT BEWERTEN!

Für diese Auswertung liegen leider noch nicht genügend Bewertungen vor.

Sei einer der Ersten, der diesen Campingplatz bewertet. Unter den Bewertern werden regelmäßig Gewinne verlost!

Mehr Infos dazu findest du in unserem allgemeinen Intro.

16 Camping Bertahof

*

Vorderschneeberg 112
5630 Bad Hofgastein
+43 6432 6701
47.14403 | 13.11861
850m ü.M.

ganzjährig

HS: 30,85 € | NS: 26,50 €

Mehr Infos & Anfrage:
www.camping.info/19526

Baden im See	200m
Pool/Hallenbad	2km
Spielplatz	200m
Hunde willkommen	✓
Skilift/Loipe	2/1km
WLAN (begrenzt gratis)	✓
Lebensmittel	1km
Brötchen am Platz	✓
Restaurant/Imbiss	✓/200m
Ver-/Entsorgung Womo	✓
in den Ort	1km
Gesamt/Touristen	130/60
Mietunterkünfte	✓
Stellplätze vor Schranke	✓

4.3 SEHR GUT
10 Bewertungen

Lage	4.1
Ruhe	3.3
Sanitäranlagen	3.9
Sauberkeit Ø	4.3
Freundlichkeit	4.5
Stellplatz	4.4
Verpflegung	3.9
Freizeit	4.2
Preis-Leistung	4.0
Mietunterkünfte	5.0

Geeignet für

Kinder b. 6 J.	3.6
Kinder b. 12 J.	3.5
Kinder b. 18 J.	3.8
Paare	4.1
Senioren	4.4
Gäste mit Zelt	3.7
Gäste mit Hund	4.2

Empfohlene Aktivitäten

- Wandern
- Mountainbiking
- Radfahren

18 Camping-Bungalow-Appartement Erlengrund

*

Erlengrundstrasse 6
5640 Bad Gastein
+43 643 430 205
47.13508 | 13.12979
854m ü.M.

ganzjährig

HS: 37,00 € | NS: 22,00 €

Mehr Infos & Anfrage:
www.camping.info/22116

Baden im See	1km
Pool/Hallenbad	✓/4km
Spielplatz am Platz	✓
Hunde willkommen	✓
Skilift/Loipe	4km/✓
WLAN	✓
Lebensmittel	3km
Brötchen am Platz	✓
Restaurant/Imbiss	1km
Ver-/Entsorgung Womo	✓
in den Ort	4km
Gesamt/Touristen	100/80
Mietunterkünfte	✓
Stellplätze vor Schranke	✗

4.4 SEHR GUT
40 Bewertungen

Lage	4.3
Ruhe	4.3
Sanitäranlagen	4.8
Sauberkeit Ø	4.8
Freundlichkeit	4.9
Stellplatz	4.4
Verpflegung	3.4
Freizeit	4.0
Preis-Leistung	4.6
Mietunterkünfte	4.5

Geeignet für

Kinder b. 6 J.	4.2
Kinder b. 12 J.	4.0
Kinder b. 18 J.	3.6
Paare	4.6
Senioren	4.6
Gäste mit Zelt	4.7
Gäste mit Hund	4.5

Empfohlene Aktivitäten

- Wandern
- Radfahren
- Wellness

17 Camping Mauterndorf

Markt 145
5570 Mauterndorf
+43 6472 72023
www.auszeit-xl.at
info@camping-mauterndorf.at

ganzjährig

HS: 52,60 € | NS: 37,10 €

Mehr Infos & Anfrage:
www.camping.info/19412

Baden in nat. Gewässer	k. A.
Pool/Hallenbad	✓/10km
Spielplatz am Platz	✓
Hunde erlaubt	✓
Skilift/Loipe	✓/50m
WLAN	✓
Lebensmittel	✓
Brötchen am Platz	✓
Restaurant & Imbiss	✓
Ver-/Entsorgung Womo	✓
in den Ort	1km
Touristenplätze	163
Mietunterkünfte	✓
Stellplätze vor Schranke	✗

Abkühlung im Pool nach einer schönen Wanderung.

Lage & Stellplatz

Verbringen Sie einen unvergesslichen Urlaub mit der ganzen Familie auf dem 4-Sterne-Campingplatz in Mauterndorf. Campen können Sie hier an 365 Tagen im Jahr! Die 166 zentral gelegenen Stellplätze direkt an der Bergbahn ermöglichen Ihnen einen einfachen Einstieg ins Ski- und Wandergebiet Grosseck-Speiereck. Genießen Sie das faszinierende Bergpanorama im Lungau und erholen Sie sich in der herrlichen Natur der Alpen.

Sanitär

Was andere Luxus nennen, ist hier Standard. Camping Mauterndorf bietet höchste Qualität im Sanitärbereich: Familien- und Komfortwaschräume, Baby-Dusche, Schmink-Ecken, abschließbare Wasch- und Duschkabinen, mietbare Bäder mit WC und Dusche, barrierefreie Duschen, Baby-, Wickel- und Waschraum. Zusätzlich ein Skischuhtrockenraum, Skiraum, eine Hundedusche, ein Ausguss für Chemietoiletten, sowie ein Wirtschaftsbereich mit Waschmaschinen, Trockner, Spülbecken und Geschirrspüler.

appartements WOHNEN
campingplatz 365 TAGE
pension WOHNEN
auszeit-XL ENDLICH URLAUB
mobile homes WOHNEN

Einfach verwöhnen lassen.

Entspannung im Wellnessbereich.

1 km
47.14278 | 13.66389
1100m ü.M.

Spezielle Angebote für Reiseveranstaltungen und Campingclubs auf Anfrage.

Der Platz liegt direkt an der Großeck Seilbahn. Von der Unterkunft ohne Auto direkt einsteigen in das Ski- und Wandervergnügen.

Verpflegung

Direkt am Campingplatz gibt es ein Café und einen Shop. Gäste des Platzes können hier täglich frisches Frühstücksgebäck kaufen – oder sich verwöhnen lassen und direkt im Café frühstücken. Das Restaurant Schialm befindet sich nur 50 m entfernt und ist für seine kulinarischen Köstlichkeiten sowie für sein wechselndes Wochenprogramm bekannt und beliebt.

Freizeit

Die Gäste freuen sich auf den schönen Wellnessbereich mit Sauna, Tepidarium, Dampfbad, Solarium, Wärmebank, Erlebnisdusche, Infrarot-Wärmekabine und Ruhebereich. Außerdem bietet der Platz die perfekte Lage für Outdooraktivitäten wie Wandern, Radfahren, Skifahren oder Langlaufen. Der Outdoorpool bietet an heißen Tagen eine willkommene Abkühlung.

5.0

Klein und fein – dieser kleine und gemütliche Campingplatz liegt direkt an der Gondel zum Skigebiet Grosseck Speiereck. Näher geht's kaum. Die Sanitäranlagen sind sauber und ansprechend. Insgesamt ein netter, kleiner und sicherlich erholsamer Campingplatz, den man durchaus weiterempfehlen kann.

Joachim L.

Joachim ist Camper seit 1979, immer mit PKW und Wohnwagen. Mit dem Gespann will er auch weiterhin unterwegs sein, diese Art zu Reisen ist für ihn die Beste! Joachim L. war im September 2019 auf dem Platz.

Kinderspielplatz im Sommer.

Auch für vierbeinige Freunde.

4.2 SEHR GUT
36 Bewertungen

Lage	4.3
Ruhe	4.0
Sanitäranlagen	4.5
Sauberkeit Ø	4.7
Freundlichkeit	4.3
Stellplatz	4.2
Verpflegung	3.3
Freizeit	4.0
Preis-Leistung	3.8
Mietunterkünfte	2.0

Geeignet für

4.5 Paare

4.5 Senioren	4.3 Kinder b. 6 J.	3.9 Kinder b. 18 J.
4.4 Gäste mit Hund	4.3 Kinder b. 12 J.	3.9 Gäste mit Zelt

Empfohlene Aktivitäten

Wandern · Ski · Mountainbiking · Entspannen

Mehr Infos

ÖSTERREICH

8 Oberkärnten

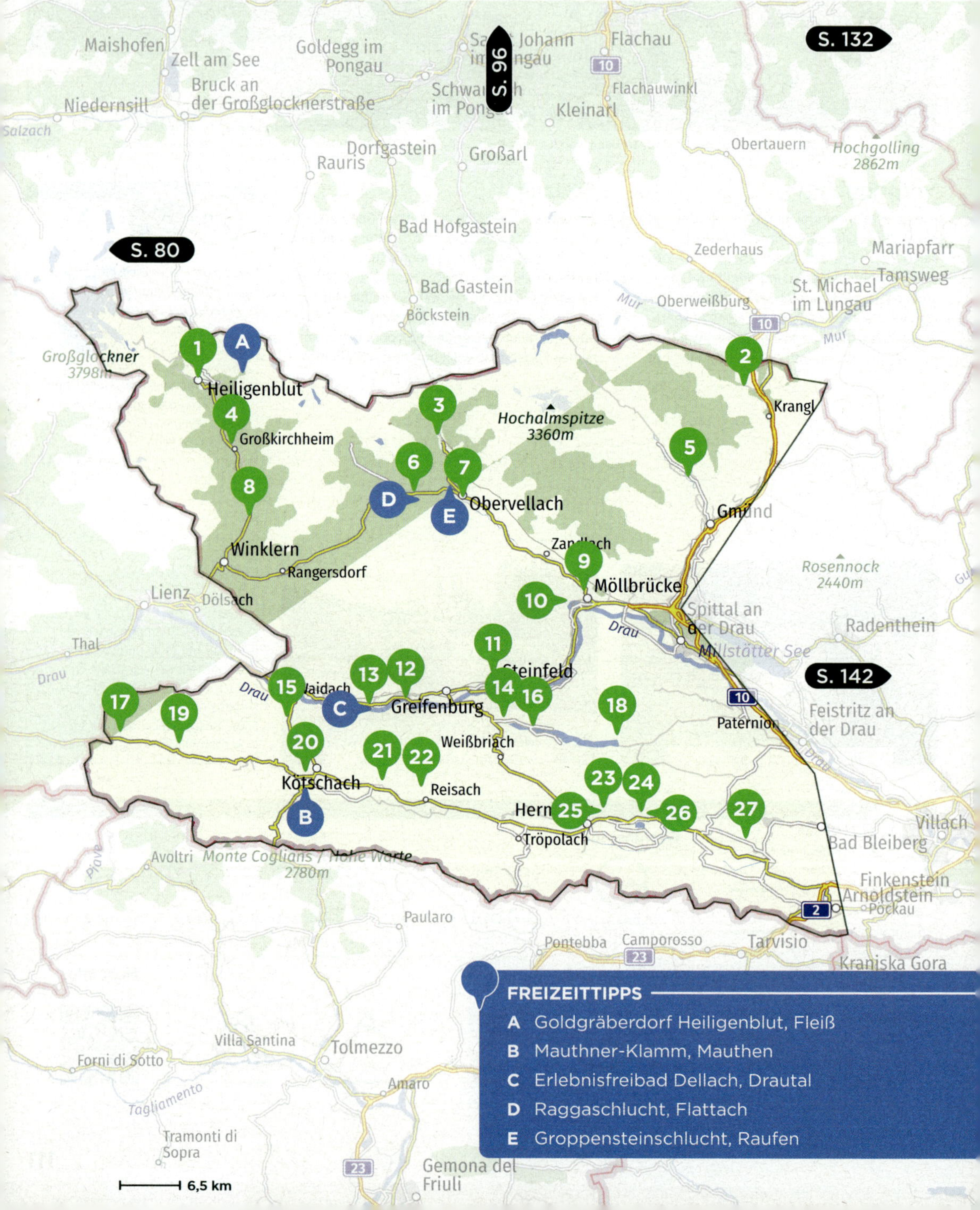

FREIZEITTIPPS

- **A** Goldgräberdorf Heiligenblut, Fleiß
- **B** Mauthner-Klamm, Mauthen
- **C** Erlebnisfreibad Dellach, Drautal
- **D** Raggaschlucht, Flattach
- **E** Groppensteinschlucht, Raufen

	Platz	Seite	Bewertung	Öffnungszeiten	
1	Nationalpark-Camping Grossglockner	117	4.6	saisonal	✱
2	Sommer- und Wintercamping Ramsbacher	116	4.1	ganzjährig	✱
3	HOCHoben Alpin Camping Mallnitz	118	5.0	ganzjährig	✱ ϟ
4	Camping Gasthof Zirknitzer	116	4.8	saisonal	✱
5	Maltatal Terrassencamping	121	4.5	saisonal	
6	Alpencamping Raggaschlucht	116	4.6	saisonal	
7	Aktiv-Sport-Erlebnis-Camp	120	4.2	saisonal	
8	Camping am See Gut Lindlerhof	120	4.4	ganzjährig	✱
9	Möllcamping	120	4.3	saisonal	
10	Drau-Camping Markt Sachsenburg	122	-	saisonal	ϟ
11	Camping am Bauernhof Bergfriede	123	4.3	saisonal	
12	Camping Berggruss	122	3.5	saisonal	ϟ
13	Camping am Waldbad	122	4.1	saisonal	
14	Seecamping Müller	124	3.6	saisonal	
15	Caravan- und Reisemobilstellplatz Gailberghöhe	124	-	saisonal	✱
16	Camping Knaller Weissensee	124	4.2	saisonal	✱
17	Lesachtal Camping	126	-	ganzjährig	✱
18	Terrassencamping Ronacher	126	4.6	saisonal	
19	Panorama-Camping Lesachtal	126	-	saisonal	
20	Alpencamp Kärnten	125	4.7	saisonal	✱ ϟ
21	Camping Leifling	128	-	saisonal	
22	Alpenferienpark Reisach	127	4.9	saisonal	
23	Sport Camping Flaschberger	128	4.8	ganzjährig	✱
24	EuroParcs Pressegger See	129	4.5	saisonal	
25	EuroParcs Hermagor-Nassfeld	131	4.6	ganzjährig	✱
26	CAMPING PRESSEGGER SEE	130	5.0	saisonal	
27	Camping Alpenfreude	130	4.3	saisonal	

✱ Wintercamping FKK Textilfrei (ganz/teilweise) Ecocamping Award ϟ Onlinebuchung

Nationalpark Hohe Tauern - Mohar Kapelle © Nationalpark Region Hohe Tauern/Tine Steinthaler

CAMPING IN UNBERÜHRTER NATUR

Neben seiner Stellung als Top-Destination für Badeurlauber tritt das Bundesland Kärnten als Eldorado für Wanderer in Erscheinung. Traumpfade in einzigartiger Berg- und Seenlandschaft warten in allen erdenklichen Höhenlagen. Mit dem Drautal, dem Mölltal, dem Gailtal, dem Maltatal, dem Liesertal, dem Lesachtal und dem Nockgebiet bietet die Region Oberkärnten zahlreiche ansprechende Ziele. Vor allem für Naturliebhaber und unternehmungsfreudige Familien ist Oberkärnten sehr zu empfehlen.

Wandern in den Nockbergen am Alpe-Adria-Trail
© Kärnten Werbung/Franz Gerdl

TÄLER, SCHLUCHTEN UND ETLICHE FAMILIEN-HIGHLIGHTS

Im Mölltal befindet sich die Raggaschlucht. Mit nur 800 Metern Länge ist sie zwar eine der kürzeren Schluchten, durch ihre besondere Enge und Tiefe von bis zu 200 Metern dabei aber eine der imposantesten. Nicht minder eindrucksvoll zeigt sich die Gemeinde Heiligenblut, die inmitten der wunderbaren Naturkulisse des Nationalparks Hohe Tauern liegt. Die Ortschaft auf knapp 1.300 Metern Seehöhe ist nicht nur ein Magnet für Wanderer und Bergsteiger, sondern erfreut sich aufgrund des originalgetreu rekonstruierten Goldgräberdorfs auch bei Familien großer Beliebtheit. Eine weitere attraktive Wandermöglichkeit liegt auf 1.933 Metern Höhe: Nach einer etwa 14 Kilometer langen Fahrt auf der Malta

Hochalmstraße erreicht man die Kölnbrein Staumauer, die höchste Talsperre Österreichs. Schwindelfreie Besucher wagen sich auf die Aussichtsplattform „Airwalk" und erfreuen sich am einmaligen Blick ins „Tal der stürzenden Wasser". Gemeinsam mit allen Anderen bewundern sie noch die vergletscherten 3.000er bei einer Wanderung entlang des tiefblauen Kölnbrein Stausees. Ebenfalls im Maltatal befindet sich auch ein wahres Kinderparadies: Unmittelbar unter Kärntens höchstem Wasserfall, dem Fallbach, liegt der „Wassererlebnispark Maltatal". Ein Klettergarten, mehrere Wasserlabyrinthe, eine Aussichtsplattform und unzählige Wasserspielgeräte sorgen für ein Naturerlebnis der besonderen Art.

NATUR, KULTUR UND EIN GANZ BESONDERER BADESEE

Lesachtal © Kärnten Werbung/Franz Gerdl

Eingebettet zwischen den Gailtaler und den Karnischen Alpen befindet sich in der Grenzregion zum italienischen Friaul die Marktgemeinde Kötschach-Mauthen – ein Paradies für Wanderer, Bergsteiger, Mountainbiker und Wildwassersportler. Zudem präsentiert sich Kötschach-Mauthen als Mittelpunkt der weltweit ersten Slow Food Travel-Region, die sich regionalen, handwerklich hergestellten Lebensmitteln widmet. Das religiöse Zentrum des Lesachtals ist der weit über die Grenzen Kärntens hinaus bekannte Wallfahrtsort Maria Luggau. Neben der viel besuchten Wallfahrtskirche ist der sehenswerte Mühlenweg ein Erlebnis für jeden kulturaffinen Camper. Vielseitige Kulturangebote gibt es überdies in Spittal an der Drau zu entdecken – insbesondere das Schloss Porcia, das nicht nur zu den schönsten Renaissancebauten nördlich der Alpen zählt, sondern auch Schauplatz zahlreicher bekannter Veranstaltungen ist, wie den jährlich inszenierten Komödienspielen. Ein weiterer wundervoller Ort ist die Garnitzenklamm in Möderndorf. Die rund vier Kilometer lange Schlucht gilt aufgrund der frischen Luft, des glasklaren Gebirgsbachs und rustikaler Felsformationen als beliebtes Ausflugsziel für Jung und Alt. Die Region Weißensee ist ebenfalls ein wahres Naturjuwel: Der 6,5 km² große Badesee auf knapp 1.000 Metern Seehöhe besticht mit seiner ruhigen Lage sowie den größtenteils völlig naturbelassenen und weiß schimmernden Ufern.

TIPP DER REDAKTION

Camping Presseggder See

Presseggen | Nr. 26 | Seite 130

Laut Gästen ideal geeignet zum:

- Radfahren
- Wandern
- Schwimmen

5.0

Karte auf Seite 112

	2	4	6
	Sommer- und Wintercamping Ramsbacher ❄	**Camping Gasthof Zirknitzer** ❄	**Alpencamping Raggaschlucht**
	Gries 53 9863 Rennweg am Katschberg +43 4734 663	Döllach 107 9843 Großkirchheim 0664 49 29 624	Schmelzhütten 24 9831 Flattach +43 4785 213
	47.03222 | 13.59056	46.97868 | 12.88561	46.93282 | 13.1368
Infos			
Öffnungszeiten	ganzjährig	01.05. - 31.10. 01.12. - 30.04.	15.05. - 01.10.
Vergleichspreis	HS: 24,80 € | NS: 20,00 €	HS: 24,40 € | NS: 22,40 €	HS: 23,00 € | NS: 23,00 €
Link	**Mehr Infos & Anfrage:** www.camping.info/19510	**Mehr Infos & Anfrage:** www.camping.info/25079	**Mehr Infos & Anfrage:** www.camping.info/24447
Ausstattung			
Freizeit	Baden in nat. Gewässer k. A. Pool/Hallenbad ✓/4km Spielplatz am Platz ✓	Baden im Fluss am Platz ✓ Pool/Hallenbad 300m/9km Spielplatz 300m	Baden im See 10km Pool/Hallenbad 1/5km Spielplatz 500m
Campingplatz	Hunde erlaubt ✓ Skilift 4km WLAN (begrenzt gratis) ✓	Hunde willkommen ✓ Skilift/Loipe 1km/✓ WLAN ✓	Hunde willkommen ✓ Skilift/Loipe 2/10km WLAN ✓
Versorgung	Lebensmittel 200m Brötchen am Platz ✓ Restaurant & Imbiss ✓ Ver-/Entsorgung Womo ✓ in den Ort 300m	Lebensmittel ✓ Brötchen am Platz ✓ Restaurant & Imbiss ✓ Ver-/Entsorgung Womo ✓ in den Ort 500m	Lebensmittel 1km Brötchen am Platz ✗ Restaurant am P. ✓ Ver-/Entsorgung Womo ✗ in den Ort 500m
Anzahl der Plätze	Gesamt/Touristen 65/50 Mietunterkünfte ✗ Stellplätze vor Schranke ✗	Gesamt/Touristen 35/30 Mietunterkünfte ✓ Stellplätze vor Schranke ✗	Touristenplätze 20 Mietunterkünfte ✓ Stellplätze vor Schranke ✗

	Sommer- und Wintercamping Ramsbacher	Camping Gasthof Zirknitzer	Alpencamping Raggaschlucht
Gesamt	4.1 SEHR GUT, 16 Bewertungen	4.8 SEHR GUT, 4 Bewertungen	4.6 SEHR GUT, 11 Bewertungen
Lage	4.4	4.5	4.4
Ruhe	4.6	4.8	4.9
Sanitäranlagen	3.9	4.5	4.7
Sauberkeit Ø	4.5	4.8	4.8
Freundlichkeit	4.4	5.0	4.9
Stellplatz	3.8	5.0	4.3
Verpflegung	4.3	5.0	4.0
Freizeit	3.9	4.5	4.1
Preis-Leistung	4.2	4.8	4.6
Mietunterkünfte	-	5.0	3.7
Geeignet für			
Kinder b. 6 J.	3.6	5.0	3.5
Kinder b. 12 J.	3.7	4.7	3.9
Kinder b. 18 J.	3.4	5.0	3.9
Paare	4.6	4.7	4.8
Senioren	4.7	4.8	4.9
Gäste mit Zelt	4.2	4.7	4.8
Gäste mit Hund	4.8	5.0	4.7
Empfohlene Aktivitäten	Wandern Schwimmen Entspannen	Wandern Entspannen Radfahren	Wandern Entspannen Radfahren

1 Nationalpark-Camping Grossglockner

*
Hadergasse 11
9844 Heiligenblut
+43 4824 2048
www.nationalpark-camping.at
nationalpark-camping@heiligenblut.at

01.01. - 31.10.
01.12. - 31.12.
HS: 31,10 € | NS: 31,10 €

Mehr Infos & Anfrage:
www.camping.info/19483

Baden im Teich	2km
Hallenbad	300m
Spielplatz am Platz	✓
Hunde willkommen	✓
Skilift/Loipe	200m/✓
WLAN	✓
Lebensmittel	500m
Brötchen am Platz	nur HS
Restaurant & Imbiss	✓
Ver-/Entsorgung Womo	✓
in den Ort	400m
Touristenplätze	100
Mietunterkünfte	✓
Stellplätze vor Schranke	✗

1 km
47.03694 | 12.84074
1300m ü.M.

Camping in der großartigen Bergwelt Kärntens.

Lage & Stellplatz

Mitten im Herzen des Nationalparks „Hohe Tauern" gelegen, bietet der ganzjährig geöffnete Campingplatz jenes Maß an Ruhe und Erholung, das man sich im Urlaub wünscht. Das weiträumige Areal befindet sich in ruhiger, aber zentrumsnaher Lage und verfügt über einen herrlichen Blick auf den Großglockner.

Verpflegung

Das gemütliche Restaurant „Alm Casino" serviert seinen Gästen sowohl regionale als auch überregionale Köstlichkeiten direkt am Campingplatz. Außerdem können Lebensmittel für das Frühstück vor Ort gekauft werden. Die nächste Einkaufsmöglichkeit befindet in einer Entfernung von 500 m.

Sanitär

Den Campinggästen stehen komfortable Sanitäranlagen zur Verfügung. Zur Ausstattung gehören Einzelwaschkabinen, Waschbecken, Toiletten und Warmwasserduschen. Darüber hinaus sind eine Waschmaschine und ein Wäschetrockner sowie eine Ver- und Entsorgungsmöglichkeit für Wohnmobile vorhanden.

Freizeit

Der Platz eignet sich als idealer Ausgangspunkt vieler Wanderungen. Geführte Wanderungen und Goldwaschen werden ebenfalls angeboten. Im Winter können der beheizte Skistall und der kostenlose Skibus in Anspruch genommen werden. Zudem führt eine präparierte Langlaufloipe direkt am Campingplatz vorbei.

Großzügige Plätze im Grünen.

Winter in Heiligenblut.

4.6 SEHR GUT
14 Bewertungen

Lage	4.7
Ruhe	4.9
Sanitäranlagen	4.2
Sauberkeit Ø	4.7
Freundlichkeit	4.7
Stellplatz	4.5
Verpflegung	4.3
Freizeit	4.1
Preis-Leistung	4.5
Mietunterkünfte	5.0

Geeignet für

- 4.8 Gäste mit Hund
- 4.6 Gäste mit Zelt
- 4.4 Paare
- 3.7 Kinder b. 6 J.
- 4.5 Senioren
- 4.1 Kinder b. 12 J.
- 3.6 Kinder b. 18 J.

Empfohlene Aktivitäten

Wandern · Entspannen · Klettern · Mountainbiking

Mehr Infos

3 HOCHoben Alpin Camping Mallnitz

Mallnitz 226
9822 Mallnitz
+43 (0)4784 21330
www.hochoben.at
reservierung@hochoben.at

ganzjährig

HS: 50,20 € | NS: 40,20 €

Mehr Infos & online buchen:
www.camping.info/28151

Baden im Fluss	5km
Pool/Hallenbad	8km/600m
Spielplatz am Platz	✓
Hunde willkommen	✓
Skilift & Loipe	✓
WLAN	✓
Lebensmittel	600m
Brötchen am Platz	✓
Restaurant & Imbiss	✓
Ver-/Entsorgung Womo	✓
in den Ort	8km
Touristenplätze	94
Mietunterkünfte	✓
Stellplätze vor Schranke	✗

Blick auf den Hausberg, den Ankogel, und den nördlichen Campingteil.

Lage & Stellplatz

Im HOCHoben Alpin Camping verbindet sich auf über 1.200 Metern Seehöhe Camping mit unberührter Natur. Auf 95 großzügigen Stellplätzen, vier winterfesten Mobilhomes oder in einem der elf gemütlichen Chalets findet jeder mit Sicherheit das richtige Plätzchen. Der Campingplatz teilt sich in einen Nord- und einen Südbereich, in der Mitte liegt das Hauptgebäude, in dem sich die Rezeption, Gastronomie und Einkaufsmöglichkeiten befinden. Sanitäre Anlagen, Waschräume, eine Hundedusche und ein Ski- bzw. Fahrradkeller schließen sich hinter dem Hauptgebäude an.

Sanitär

Die sanitären Einrichtungen befinden sich hinter dem Hauptgebäude und wurden nach modernsten Standards eingerichtet. Auch hier wurde vor allem auf die Beachtung ökologischer Gesichtspunkte großen Wert gelegt – so wird die Anlage direkt von der Biowärme Mallnitz (Holzschnitzelanlage) beheizt und mit Warmwasser versorgt. Eine Fußbodenheizung und großzügige Duschkabinen sorgen für ein besonderes Wohlfühlklima. Für all jene, die gerne ihr eigenes Bad während ihres Aufenthaltes nutzen wollen, stehen vier Mietbadezimmer mit Dusche, Waschbecken und WC zur Verfügung.

Alpine pearls

CROSS COUNTRY SKI HOLIDAYS

OCC · PiN CAMP · anwb

Sicht auf das Areal im Winter.

Lustige Schlittenfahrt.

1 km
46.98671 | 13.16934
1200m ü.M.

Nachtruhe von 22:00 Uhr bis 07:00 Uhr. Keine Kampfhunde erlaubt.

Haupt- und Sanitärgebäude. Im Südbereich gesellen sich derzeit elf von 17 geplanten Chalets dazu.

Verpflegung

Im platzeigenen Restaurant verwöhnt das Service- und Küchenpersonal die Gäste mit leckeren, hausgemachten Speisen. Weiter wird den Camping-Gästen ein Semmelservice angeboten, bei dem sich die Besucher mit allerlei verschiedenen Leckereien eindecken können. Für die Gäste in den Chalets bzw. in den Mobilhomes gibt es einen Lieferservice, der das zuvor ausgewählte Frühstück direkt vor die Türe bringt. Sowohl das Restaurant als auch der Frühstückslieferservice stehen Ihnen also für genussvolle Momente zur Verfügung.

Freizeit

Wer weiß, dass man naturverliebten Tatendrang und tiefenwirkende Entspannung verbinden kann, der ist hier genau richtig. Mallnitz liegt mitten im Nationalpark Hohe Tauern und hat einiges zu bieten. Durch die Nähe zum Ankogel findet man im Winter zahlreiche Möglichkeiten – Skifahren, Skitouren bis hin zum klassischen Langlauf. Im Sommer lockt die Tauernregion als Wanderparadies. Von bequemen Ausflügen bis hin zu anspruchsvollen Gipfelbesteigungen ist hier für alle etwas dabei. 150 km Wanderwege, Schluchtenwandern, Lamawanderungen, Mountainbike-Strecken und noch vieles mehr!

5.0

Schöner neuer Campingplatz. Bei uns waren die Sanitäranlagen immer sauber und gut beheizt. Die Stehplätze sind sehr geräumig und gut abgegrenzt. Jeder Platz verfügt (neben Strom) über einen eigenen Wasser- und Abwasseranschluss. Es gibt einen Spielplatz in Sichtweite, zudem einen Fußballplatz. Wir waren mit zwei Kleinkindern dort und haben es sehr genossen. Es gibt einige Ausflugsziele, die auch mit Kleinkindern bewältigt werden können (z.B. Stappitzer See).

Fam. Neumayer

Familie Neumayer campt mit zwei kleinen Kindern und hat den Platz im August 2021 besucht.

Sanitärbereich der Damen.

Sanitärbereich der Herren.

5.0 **AUSGEZEICHNET**
22 Bewertungen

Lage	4.9
Ruhe	4.8
Sanitäranlagen	5.0
Sauberkeit Ø	5.0
Freundlichkeit	4.9
Stellplatz	4.9
Verpflegung	4.5
Freizeit	4.7
Preis-Leistung	4.6
Mietunterkünfte	5.0

Geeignet für

5.0	Paare
5.0	Gäste mit Hund
4.5	Gäste mit Zelt
4.3	Kinder b. 12 J.
4.9	Senioren
4.4	Kinder b. 18 J.
4.1	Kinder b. 6 J.

Empfohlene Aktivitäten

Wandern · Mountainbiking · Entspannen · Spazieren

Mehr Infos

Karte auf Seite 112

	7	8	9
	Aktiv-Sport-Erlebnis-Camp	**Camping am See Gut Lindlerhof**	**Möllcamping**
		✻	
	Obervellach 175 9821 Obervellach +43 4782 2727	Lassach 9842 Moertschach +43 676 83555835	Hauptstraße 2 9813 Möllbrücke +43 4769 2406
	46.92659 | 13.20191 650m ü.M.	46.90917 | 12.91117 900m ü.M.	46.8385 | 13.3675
Infos			
Öffnungszeiten	01.05. - 30.09.	ganzjährig	01.05. - 30.09.
Vergleichspreis	HS: 22,40 € | NS: 22,40 €	HS: 28,00 € | NS: 25,20 €	HS: 23,00 € | NS: 20,00 €
Link	**Mehr Infos & Anfrage:** www.camping.info/19487	**Mehr Infos & Anfrage:** www.camping.info/22283	**Mehr Infos & Anfrage:** www.camping.info/22177
Ausstattung			
Freizeit	Baden im Fluss am Platz ✓ Pool/Hallenbad 500m Spielplatz am Platz ✓	Baden im See am Platz ✓ Pool & Hallenbad ✗ Spielplatz 500m	Baden im Teich 400m Pool/Hallenbad 100m/12km Spielplatz am Platz ✓
Campingplatz	Hunde willkommen ✓ Skilift 8km WLAN ✓	Hunde willkommen ✓ Skilift/Loipe 5km/✓ WLAN ✓	Hunde willkommen ✓ Skilift & Loipe keine Angabe WLAN ✓
Versorgung	Lebensmittel 800m Brötchen am Platz ✓ Restaurant & Imbiss ✓ Ver-/Entsorgung Womo ✓ in den Ort 500m	Lebensmittel ✓ Brötchen am Platz ✓ Restaurant & Imbiss ✓ Ver-/Entsorgung Womo ✓ in den Ort 2km	Lebensmittel 500m Brötchen am Platz nur HS Restaurant/Imbiss 200m Ver-/Entsorgung Womo ✓ in den Ort keine Angabe
Anzahl der Plätze	Touristenplätze 120 Mietunterkünfte ✓ Stellplätze vor Schranke ✗	Touristenplätze 60 Mietunterkünfte ✓ Stellplätze vor Schranke ✗	Touristenplätze 33 Mietunterkünfte ✗ Stellplätze vor Schranke ✗

	7	8	9
Gesamt	4.2 SEHR GUT, 4 Bewertungen	4.4 SEHR GUT, 25 Bewertungen	4.3 SEHR GUT, 3 Bewertungen
Lage	4.5	4.3	4.0
Ruhe	3.8	3.9	4.0
Sanitäranlagen	3.0	4.6	4.3
Sauberkeit Ø	4.3	4.7	4.3
Freundlichkeit	5.0	4.8	4.3
Stellplatz	4.0	4.1	4.0
Verpflegung	3.8	3.8	3.0
Freizeit	5.0	4.1	3.7
Preis-Leistung	4.0	4.3	5.0
Mietunterkünfte	4.0	4.9	-
Geeignet für			
Kinder b. 6 J.	4.2	4.3	4.5
Kinder b. 12 J.	4.2	4.4	4.5
Kinder b. 18 J.	5.0	4.3	3.7
Paare	4.5	4.4	4.0
Senioren	4.5	4.2	4.0
Gäste mit Zelt	4.3	4.5	4.0
Gäste mit Hund	-	4.4	4.0
Empfohlene Aktivitäten	Wandern Mountainbiking Radfahren	Wandern Entspannen Radfahren	Radfahren Wandern Schwimmen

Camping am See Gut Lindlerhof: keine WOMOs ab 15 m; Jugendgruppen nur beschränkt erwünscht

5 Maltatal Terrassencamping

Malta 6
9854 Malta
+43 4733 234
www.camping-maltatal.at
info@maltacamp.at

27.04. - 18.10.

HS: 38,70 € | NS: 30,80 €

Mehr Infos & Anfrage:
www.camping.info/19365

Baden im Fluss	500m
Pool/Hallenbad	✓/20km
Spielplatz am Platz	✓
Hunde willkommen	✓
Skilift & Loipe	✗
WLAN	✓
Lebensmittel	✓
Brötchen am Platz	✓
Restaurant & Imbiss	✓
Ver-/Entsorgung Womo	✓
in den Ort	500m
Gesamt/Touristen	180/170
Mietunterkünfte	✓
Stellplätze vor Schranke	✗

1 km
46.9496 | 13.50981
800m ü.M.

Blick auf den Campingplatz mit schön angelegten Stellplätzen und Pool.

Lage & Stellplatz

Der Campingplatz liegt zwischen dem Nationalpark Hohe Tauern und dem Biosphärenpark Nockberge. Seit über 50 Jahren in Familienbesitz befindend, bietet der schöne Platz in Terrassen angelegte Rasenplätze sowie Mobilheime und Zimmer mit hohem Komfort und garantiertem Wohlfühlfaktor.

Sanitär

Inmitten des Platzes befindet sich das moderne, sonnendurchflutete Sanitär mit Panoramablick. Große und eigens kinderfreundliche Waschräume bieten uneingeschränkten Komfort. Weitere Extras wie die Infrarotkabine und ein zweites Sanitär stehen ebenfalls bereit.

Verpflegung

Direkt am Platz befindet sich das Restaurant „Pfiff", das mit hausgemachten Holzofenpizzen und einer umfangreichen Auswahl an traditionellen Schmankerln lockt. Im kleinen Shop gibt es alles für den täglichen Bedarf, jeden Morgen frisches Gebäck sowie Zeitungen aus aller Welt.

Freizeit

Die Umgebung bietet einzigartige Wander- und Klettermöglichkeiten. Ins Staunen versetzt werden Gäste auch von den beeindruckenden Wasserfällen der Region. Für Spiel und Spaß ist am Spielplatz des Restaurants bestens gesorgt. Eine Abkühlung an heißen Tagen verschafft das gemeindeeigene Freibad.

In wunderschöner Natur gelegen.

Moderne Sanitäranlagen.

4.5 SEHR GUT
63 Bewertungen

Lage	4.5
Ruhe	4.0
Sanitäranlagen	4.8
Sauberkeit Ø	4.8
Freundlichkeit	4.7
Stellplatz	4.2
Verpflegung	4.4
Freizeit	4.3
Preis-Leistung	4.2
Mietunterkünfte	4.5

Geeignet für

- 4.6 Kinder b. 6 J.
- 4.5 Kinder b. 12 J.
- 4.5 Paare
- 4.5 Gäste mit Zelt
- 4.3 Senioren
- 4.3 Gäste mit Hund
- 3.7 Kinder b. 18 J.

Empfohlene Aktivitäten

Wandern · Radfahren · Schwimmen · Entspannen

Mehr Infos

Für WOMOs bis 12 m geeignet.

Karte auf Seite 112

	10	12	13
	Drau-Camping Markt Sachsenburg	**Camping Berggruss**	**Camping am Waldbad**
	Ringmauergasse 8 9751 Sachsenburg +43/(0)4769/3131 46.82867 | 13.34931	Berg 49 9771 Berg im Drautal +43 (0)650/8881159 46.7391 | 13.12871 600m ü.M.	Raßnig 8 9772 Dellach im Drautal +43 4714 234 18 46.73089 | 13.07742
Infos			
Öffnungszeiten	01.05. - 30.09.	01.05. - 30.09.	17.04. - 01.10.
Vergleichspreis	HS: 27,00 €	HS: 30,00 € | NS: 24,00 €	HS: 31,00 € | NS: 19,00 €
Link	**Mehr Infos & online buchen:** www.camping.info/19527	**Mehr Infos & online buchen:** www.camping.info/22278	**Mehr Infos & Anfrage:** www.camping.info/19471
Ausstattung			
Freizeit	Baden in nat. Gewässer k. A. Pool/Hallenbad 700m/13km Spielplatz am Platz ✓	Baden im Fluss 1km Pool/Hallenbad ✓/30km Spielplatz am Platz ✓	Baden im See 10km Pool/Hallenbad ✓/25km Spielplatz am Platz ✓
Campingplatz	Hunde erlaubt ✓ Skilift/Loipe ✗/k. A. WLAN keine Angabe	Hunde willkommen ✓ Skilift/Loipe 5km/500m WLAN ✓	Hunde willkommen ✓ Skilift & Loipe ✗ WLAN (begrenzt gratis) ✓
Versorgung	Lebensmittel 200m Brötchen keine Angabe Restaurant/Imbiss 200m Ver-/Entsorgung Womo ✓ in den Ort 200m	Lebensmittel 1km Brötchen am Platz ✓ Restaurant/Imbiss 500m/1km Ver-/Entsorgung Womo ✓ in den Ort 1km	Lebensmittel ✓ Brötchen am Platz ✓ Restaurant & Imbiss ✓ Ver-/Entsorgung Womo ✓ in den Ort 500m
Anzahl der Plätze	Touristenplätze 80 Mietunterkünfte ✗ Stellplätze vor Schranke ✗	Touristenplätze 60 Mietunterkünfte ✗ Stellplätze vor Schranke ✗	Touristenplätze 220 Mietunterkünfte ✓ Stellplätze vor Schranke ✗

Drau-Camping Markt Sachsenburg

- JETZT BEWERTEN!

Für diese Auswertung liegen leider noch nicht genügend Bewertungen vor.

Sei einer der Ersten, der diesen Campingplatz bewertet. Unter den Bewertern werden regelmäßig Gewinne verlost!

Mehr Infos dazu findest du in unserem allgemeinen Intro.

Camping Berggruss

3.5 GUT
4 Bewertungen

Lage	4.0
Ruhe	3.0
Sanitäranlagen	4.7
Sauberkeit Ø	5.0
Freundlichkeit	5.0
Stellplatz	4.0
Verpflegung	3.0
Freizeit	3.5
Preis-Leistung	4.3
Mietunterkünfte	-

Geeignet für

Kinder b. 6 J.	3.0
Kinder b. 12 J.	5.0
Kinder b. 18 J.	3.0
Paare	5.0
Senioren	3.0
Gäste mit Zelt	5.0
Gäste mit Hund	2.5

Empfohlene Aktivitäten

- Radfahren
- Mountainbiking
- Paragleiten

Camping am Waldbad

4.1 SEHR GUT
10 Bewertungen

Lage	4.6
Ruhe	3.4
Sanitäranlagen	3.6
Sauberkeit Ø	4.2
Freundlichkeit	4.4
Stellplatz	3.7
Verpflegung	3.1
Freizeit	4.6
Preis-Leistung	4.2
Mietunterkünfte	4.2

Geeignet für

Kinder b. 6 J.	4.2
Kinder b. 12 J.	4.4
Kinder b. 18 J.	3.3
Paare	3.4
Senioren	3.1
Gäste mit Zelt	4.1
Gäste mit Hund	4.0

Empfohlene Aktivitäten

- Wandern
- Mountainbiking
- Radfahren

11 Camping am Bauernhof Bergfriede

Mitterberg 3
9754 Steinfeld
+43 4717 401
www.camping-bergfriede.com
camping.bergfriede@aon.at

01.05. - 30.09.

HS: 26,20 € | NS: 20,20 €

Mehr Infos & Anfrage:
www.camping.info/22277

Baden im Teich	6km
Pool/Hallenbad	✓/27km
Spielplatz am Platz	✓
Hunde willkommen	✓
Skilift/Loipe	10/12km
WLAN	✓
Lebensmittel	1km
Brötchen am Platz	✓
Restaurant & Imbiss	✓
Ver-/Entsorgung Womo	✓
in den Ort	1km
Touristenplätze	30
Mietunterkünfte	✓
Stellplätze vor Schranke	✗

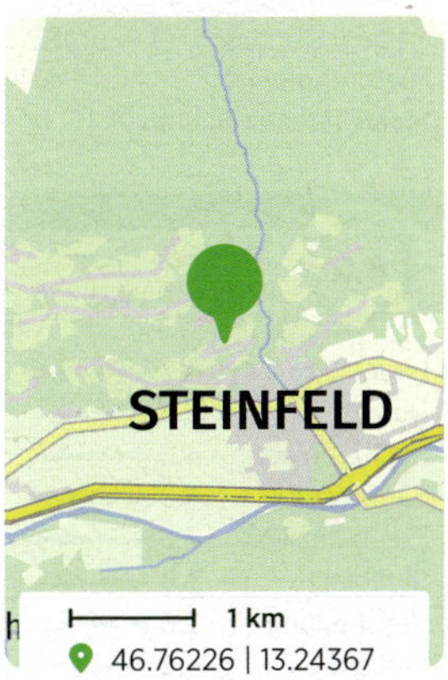

Der Campingplatz von oben, mit dem Bauernhof in der Mitte.

Lage & Stellplatz

Gepflegte Stellplätze, die von Blumenwiesen und schattenspendenden Bäumen umgeben sind, machen das besondere Flair des „Bergfriede Campings" aus. Aufgrund der einzigartigen Lage bietet sich den Gästen ein fantastischer Ausblick über das idyllische Drautal und die umliegende Bergwelt.

Verpflegung

Ein Restaurant, ein Imbiss und ein Brötchenservice befinden sich direkt am Platz und sind sieben Tage die Woche verfügbar. Der Traditionsgasthof punktet mit Spezialitäten und Produkten aus eigener Landwirtschaft. In ca. 1 km Entfernung sind zwei Supermärkte für alle nötigen Einkäufe zu finden.

Sanitär

Modernste sanitäre Anlagen und die familiäre Atmosphäre sorgen für einen genussvollen Campingurlaub in den Kärntner Bergen. Duschen und Waschkabinen sind in ausreichender Anzahl vorhanden und die Benutzung der Duschen ist kostenlos. Eigene Waschplätze für Kinder stehen ebenfalls bereit.

Freizeit

Camping am Bauernhof bietet zahlreiche gemeinsame Aktivitäten für die gesamte Familie. Grillen am Lagerfeuer oder Traktor-Rundfahrten sind bei den kleinen Gästen sehr beliebt. Des Weiteren stellt die Kärnten-Card eine kostengünstige Möglichkeit dar, um Kärnten und seine Attraktionen zu entdecken.

Herrliche Stellplätze im Grünen.

Viel Spaß für Groß und Klein.

4.3 SEHR GUT
6 Bewertungen

Lage	4.7
Ruhe	4.2
Sanitäranlagen	4.0
Sauberkeit Ø	4.7
Freundlichkeit	4.8
Stellplatz	3.8
Verpflegung	4.0
Freizeit	3.8
Preis-Leistung	4.5
Mietunterkünfte	5.0

Geeignet für

Paare	4.8
Gäste mit Hund	4.6
Gäste mit Zelt	4.5
Kinder b. 12 J.	4.4
Senioren	4.4
Kinder b. 6 J.	4.2
Kinder b. 18 J.	2.8

Empfohlene Aktivitäten

Wandern · Mountainbiking · Entspannen · Paragleiten

Mehr Infos

Schön gelegener Campingplatz, ideal für Familien mit kleineren Kindern.

Karte auf Seite 112

	14	15	16
	Seecamping Müller	**Caravan- und Reisemobilstellplatz Gailberghöhe** ❄	**Camping Knaller Weissensee** ❄
	Oberdorf 9762 Weissensee +43 664 431 3078	Gailberg 3 9640 Kötschach-Mauthen +43 4715 368	Techendorf 61 9762 Weissensee +43 4713 2234 50
	46.71887 | 13.26157 930m ü.M.	46.71776 | 12.96262 983m ü.M.	46.71381 | 13.29639 930m ü.M.
Infos			
Öffnungszeiten	01.05. - 02.10.	01.05. - 10.11. 20.12. - 31.03.	05.05. - 10.10. 20.12. - 28.02.
Vergleichspreis	HS: 29,00 € | NS: 26,00 €	HS: 16,00 € | NS: 16,00 €	HS: 39,60 € | NS: 22,50 €
Link	**Mehr Infos & Anfrage:** www.camping.info/26324	**Mehr Infos & Anfrage:** www.camping.info/23441	**Mehr Infos & Anfrage:** www.camping.info/19278
Ausstattung			
Freizeit	Baden im See am Platz ✓ Hallenbad 8km Spielplatz am Platz ✓	Baden im See 7km Pool/Hallenbad 7km Spielplatz am Platz ✓	Baden im See am Platz ✓ Hallenbad 35km Spielplatz am Platz ✓
Campingplatz	Hunde willkommen ✓ Skilift/Loipe 3km/✓ WLAN ✗	Hunde willkommen ✓ Skilift/Loipe 4/7km WLAN (gratis) teilweise	Hunde erlaubt nur NS Skilift & Loipe ✓ WLAN ✓
Versorgung	Lebensmittel 3km Brötchen am Platz ✓ Restaurant/Imbiss 300m/✓ Ver-/Entsorgung Womo ✓ in den Ort 3km	Lebensmittel 7km Brötchen am Platz ✓ Restaurant & Imbiss ✓ Ver-/Entsorgung Womo ✓ in den Ort 7km	Lebensmittel 300m Brötchen am Platz nur HS Restaurant/Imbiss 100m/✓ Ver-/Entsorgung Womo ✓ im Ort ✓
Anzahl der Plätze	Gesamt 200 Mietunterkünfte ✓ Stellplätze vor Schranke ✗	Touristenplätze 36 Mietunterkünfte ✓ Stellplätze vor Schranke ✗	Gesamt/Touristen 110/90 Mietunterkünfte ✗ Stellplätze vor Schranke ✓

14 – Seecamping Müller

3.6 GUT – 22 Bewertungen

Lage	4.7
Ruhe	4.2
Sanitäranlagen	2.6
Sauberkeit Ø	3.5
Freundlichkeit	4.5
Stellplatz	3.5
Verpflegung	2.5
Freizeit	4.5
Preis-Leistung	3.8
Mietunterkünfte	4.2

Geeignet für

Kinder b. 6 J.	4.4
Kinder b. 12 J.	4.3
Kinder b. 18 J.	4.1
Paare	4.4
Senioren	4.4
Gäste mit Zelt	4.3
Gäste mit Hund	4.6

Empfohlene Aktivitäten

- Schwimmen
- Wandern
- Radfahren

15 – Caravan- und Reisemobilstellplatz Gailberghöhe

- JETZT BEWERTEN!

Für diese Auswertung liegen leider noch nicht genügend Bewertungen vor.

Sei einer der Ersten, der diesen Campingplatz bewertet. Unter den Bewertern werden regelmäßig Gewinne verlost!

Mehr Infos dazu findest du in unserem allgemeinen Intro.

16 – Camping Knaller Weissensee

4.2 SEHR GUT – 13 Bewertungen

Lage	4.7
Ruhe	3.6
Sanitäranlagen	4.6
Sauberkeit Ø	4.8
Freundlichkeit	4.5
Stellplatz	3.8
Verpflegung	3.6
Freizeit	4.8
Preis-Leistung	4.1
Mietunterkünfte	-

Geeignet für

Kinder b. 6 J.	3.8
Kinder b. 12 J.	3.9
Kinder b. 18 J.	3.6
Paare	4.6
Senioren	4.2
Gäste mit Zelt	4.8
Gäste mit Hund	3.9

Empfohlene Aktivitäten

- Schwimmen
- Wandern
- Mountainbiking

20 Alpencamp Kärnten

Kötschach 284
9640 Kötschach-Mauthen
+43 4715 429
www.alpencamp.at
info@alpencamp.at

01.01. - 03.11.
15.12. - 31.12.
HS: 39,40 € | NS: 28,00 €
Mehr Infos & online buchen:
www.camping.info/19320

Baden im Fluss	200m
Pool/Hallenbad	500m
Spielplatz am Platz	✓
Hunde willkommen	✓
Skilift/Loipe	500m/✓
WLAN	✓
Lebensmittel	✓
Brötchen am Platz	✓
Restaurant & Imbiss	✓
Ver-/Entsorgung Womo	✓
in den Ort	500m
Touristenplätze	80
Mietunterkünfte	✓
Stellplätze vor Schranke	✗

46.66963 | 12.99109
715m ü.M.

Camping an der Sonnenseite zwischen Dolomiten und Karnischen Alpen.

Lage & Stellplatz

Das Alpencamp liegt im Kärntner Gailtal, im heilklimatischen Luftkurort Kötschach-Mauthen. Umringt vom beeindruckenden Bergpanorama der Karnischen Alpen und der Lienzer Dolomiten wird ein Familien-, Kur- oder Abenteuerurlaub sowohl im Sommer wie auch im Winter zu einem ganz besonderen Erlebnis.

Verpflegung

Im Wirtshaus mit herrlichem Gastgarten werden die Gäste in gemütlicher Atmosphäre mit Hausmannskost und Schmankerln verwöhnt. Die Kultur kommt bei diversen kulinarischen Musikveranstaltungen nicht zu kurz und in der Boutique „Gutes und Schönes" gibt es verschiedenste regionale Erzeugnisse u. v. m.

Sanitär

Der gemütliche Platz besticht durch komfortable, modern ausgestattete und zentral gelegene Sanitäranlagen. Ein Highlight ist der „Wohlfühlstadl", die ca. 300 m² große Wellness- und Sauna-Erlebniswelt, die wohl zu den schönsten und exklusivsten Wellnessanlagen auf einem österr. Campingplatz zählt.

Freizeit

„Aquarena" Erlebnishallenbad und Freibadzentrum sowie Naturschwimmbad Waldbad Mauthen mit Upgrade. Frei zugänglicher Schwimm- und Erlebnisbereich am Gailfluss. Geführte Wander-, Berg-, Schneeschuh-, Rad-, Mountainbike- und Kajaktouren. Gratis Skibus für den Transfer in die „Skiarena Naßfeld".

„Aquarena" Frei- und Hallenbad.

"Wohlfühlstadl" Entspannung pur.

4.7 SEHR GUT
97 Bewertungen

Lage	4.6
Ruhe	4.6
Sanitäranlagen	4.5
Sauberkeit Ø	4.8
Freundlichkeit	5.0
Stellplatz	4.6
Verpflegung	4.3
Freizeit	4.6
Preis-Leistung	4.6
Mietunterkünfte	4.8

Geeignet für

4.9 Senioren
4.8 Paare
4.8 Gäste mit Hund
4.7 Gäste mit Zelt
4.3 Kinder b. 6 J.
4.3 Kinder b. 12 J.
4.0 Kinder b. 18 J.

Empfohlene Aktivitäten

Wandern
Radfahren
Entspannen
Wellness

Mehr Infos

Österreichisches Umweltzeichen – GreenCampings.at; NEU: „Naturspielplatz".

Karte auf Seite 112

	17	18	19
	Lesachtal Camping	**Terrassencamping Ronacher**	**Panorama-Camping Lesachtal**
	❄		
	Maria Luggau 34 9655 Maria Luggau +43 4716 209	Mösel 6 9714 Stockenboi +43 4761 256	Klebas 30 9653 Liesing im Lesachtal 0043 (0) 4716/ 265
	46.70518 | 12.7342	46.70314 | 13.41355	46.69408 | 12.81358 1044m ü.M.
Infos			
Öffnungszeiten	ganzjährig	06.05. - 07.10.	15.04. - 15.10.
Vergleichspreis	HS: 22,00 € | NS: 22,00 €	HS: 32,10 € | NS: 25,10 €	HS: 25,00 € | NS: 25,00 €
Link	**Mehr Infos & Anfrage:** www.camping.info/22174	**Mehr Infos & Anfrage:** www.camping.info/19549	**Mehr Infos & Anfrage:** www.camping.info/19537
Ausstattung			
Freizeit	Baden in nat. Gewässer k. A. Pool/Hallenbad ✓/7km Spielplatz am Platz ✓	Baden im See am Platz ✓ Pool & Hallenbad ✗ Spielplatz am Platz ✓	Baden im Fluss 500m Pool/Hallenbad ✓/20km Spielplatz am Platz ✓
Campingplatz	Hunde erlaubt ✓ Skilift/Loipe 10km/300m WLAN (gratis) teilweise	Hunde erlaubt ✓ Skilift & Loipe ✗ WLAN ✗	Hunde willkommen ✓ Skilift/Loipe 15/2km WLAN (gratis) teilweise
Versorgung	Lebensmittel 300m Brötchen am Platz ✓ Restaurant & Imbiss ✓ Ver-/Entsorgung Womo ✓ in den Ort 300m	Lebensmittel ✓ Brötchen am Platz ✓ Restaurant & Imbiss ✓ Ver-/Entsorgung Womo ✓ in den Ort 10km	Lebensmittel 300m Brötchen am Platz ✗ Restaurant & Imbiss ✓ Ver-/Entsorgung Womo ✓ in den Ort 300m
Anzahl der Plätze	Touristenplätze 18 Mietunterkünfte ✓ Stellplätze vor Schranke ✓	Touristenplätze 135 Mietunterkünfte ✓ Stellplätze vor Schranke ✗	Touristenplätze 19 Mietunterkünfte ✗ Stellplätze vor Schranke ✓

17 – Lesachtal Camping

- **JETZT BEWERTEN!**

Für diese Auswertung liegen leider noch nicht genügend Bewertungen vor.

Sei einer der Ersten, der diesen Campingplatz bewertet. Unter den Bewertern werden regelmäßig Gewinne verlost!

Mehr Infos dazu findest du in unserem allgemeinen Intro.

18 – Terrassencamping Ronacher

4.6 **SEHR GUT**
21 Bewertungen

Lage	4.7
Ruhe	4.6
Sanitäranlagen	4.5
Sauberkeit Ø	4.8
Freundlichkeit	4.6
Stellplatz	4.4
Verpflegung	4.1
Freizeit	4.3
Preis-Leistung	4.3
Mietunterkünfte	3.5

Geeignet für

Kinder b. 6 J.	4.8
Kinder b. 12 J.	4.7
Kinder b. 18 J.	3.7
Paare	4.8
Senioren	4.7
Gäste mit Zelt	4.7
Gäste mit Hund	4.8

Empfohlene Aktivitäten

- Wandern
- Schwimmen
- Entspannen

19 – Panorama-Camping Lesachtal

- **JETZT BEWERTEN!**

Für diese Auswertung liegen leider noch nicht genügend Bewertungen vor.

Sei einer der Ersten, der diesen Campingplatz bewertet. Unter den Bewertern werden regelmäßig Gewinne verlost!

Mehr Infos dazu findest du in unserem allgemeinen Intro.

22 Alpenferienpark Reisach

Schönboden 1
9633 Reisach
+43 4284 301
www.alpenferienpark.com
info@alpenferienpark.com

30.04. - 02.10.

HS: 39,90 € | NS: 29,40 €

Mehr Infos & Anfrage:
www.camping.info/19544

Baden im Teich am Platz	✓
Pool/Hallenbad	✓/15km
Spielplatz am Platz	✓
Hunde willkommen	✓
Skilift/Loipe	13/3km
WLAN	✓
Lebensmittel	✓
Brötchen am Platz	✓
Restaurant & Imbiss	✓
Ver-/Entsorgung Womo	✗
in den Ort	1km
Touristenplätze	60
Mietunterkünfte	✓
Stellplätze vor Schranke	✗

1 km
46.65485 | 13.14842
800m ü.M.

Das Juwel des Campingplatzes ist das Naturbad.

Lage & Stellplatz

Der Alpenferienpark Reisach liegt auf dem sonnigen Südhang des Reißkofels auf 850 m Höhe mit herrlichem Panoramablick über die Karnischen Alpen und das Gailtal. Mit 60 Stellplätzen, 15 Blockhütten und 2 Mobilheimen wird auch in den Sommermonaten eine ruhige und erholsame Atmosphäre geboten.

Verpflegung

Der Terrassencampingplatz verfügt über ein Restaurant (Essen auch zum Mitnehmen), einen Gebäckservice sowie einen kleinen Campingshop, wo man eine kleine Auswahl an Lebensmitteln kaufen kann. Der nächste Supermarkt befindet sich in der 3 km entfernten Ortschaft Kirchbach.

Sanitär

Am Campingplatz stehen zwei saubere und modern ausgestattete Sanitärräume mit Fußbodenheizung zur Verfügung. Insgesamt gibt es acht Duschen und ausreichend Waschbecken und Waschinseln. Des Weiteren gibt es drei Geschirrspülplätze sowie einen Waschraum mit Waschmaschine und Trockner.

Freizeit

Das Juwel des Campingplatzes ist das Naturschwimmbad mit Kinderbereich. Das klare Wasser kommt direkt aus den Bergen. Des Weiteren verfügt die Anlage über einen neuen Beachvolleyballplatz und einen Kinderspielplatz mit Tischtennisplatte. Aber auch Wanderer und Radfahrer kommen hier auf ihre Kosten.

Stellplätze im Grünen.

Restaurant mit Außenterrasse.

4.9 SEHR GUT
35 Bewertungen

Lage	4.8
Ruhe	4.7
Sanitäranlagen	4.4
Sauberkeit Ø	4.8
Freundlichkeit	5.0
Stellplatz	4.7
Verpflegung	4.0
Freizeit	4.4
Preis-Leistung	4.7
Mietunterkünfte	4.7

Geeignet für

- 4.9 Kinder b. 6 J.
- 4.9 Gäste mit Zelt
- 4.8 Kinder b. 12 J.
- 4.8 Paare
- 4.7 Gäste mit Hund
- 4.5 Senioren
- 3.9 Kinder b. 18 J.

Empfohlene Aktivitäten

Wandern · Entspannen · Mountainbiking · Schwimmen

Mehr Infos

Für WOMOs um die 7 m geeignet.

Karte auf Seite 112

	21	23
	Camping Leifling	**Sport Camping Flaschberger** ❄
	Leifling 31 9635 Dellach an der Gail +43 4718 364 46.66195 | 13.09265	Obervellach 27 9620 Hermagor +43 4282 2020 46.63252 | 13.39709 612m ü.M.
Infos		
Öffnungszeiten	01.05. - 31.10.	ganzjährig
Vergleichspreis	HS: 19,30 € | NS: 19,30 €	HS: 28,70 € | NS: 21,90 €
Link	**Mehr Infos & Anfrage:** www.camping.info/22360	**Mehr Infos & Anfrage:** www.camping.info/19467
Ausstattung		
Freizeit	Baden in nat. Gewässer k. A. Pool/Hallenbad 8km Spielplatz keine Angabe	Baden im See 3km Pool/Hallenbad ✓/30km Spielplatz am Platz ✓
Campingplatz	Hunde erlaubt ✓ Skilift & Loipe keine Angabe WLAN ✗	Hunde willkommen ✓ Skilift/Loipe 10km/150m WLAN (gegen Gebühr) ✓
Versorgung	Lebensmittel k.A. Brötchen am Platz ✓ Restaurant/Imbiss 700m Ver-/Entsorgung Womo ✗ in den Ort 1km	Lebensmittel 150m Brötchen am Platz ✓ Restaurant/Imbiss 150m/✓ Ver-/Entsorgung Womo ✓ in den Ort 1km
Anzahl der Plätze	Gesamt/Touristen 40/10 Mietunterkünfte ✓ Stellplätze vor Schranke ✗	Gesamt/Touristen 87/80 Mietunterkünfte ✓ Stellplätze vor Schranke ✓

Camping Leifling

- **JETZT BEWERTEN!**

Für diese Auswertung liegen leider noch nicht genügend Bewertungen vor.

Sei einer der Ersten, der diesen Campingplatz bewertet. Unter den Bewertern werden regelmäßig Gewinne verlost!

Mehr Infos dazu findest du in unserem allgemeinen Intro.

Sport Camping Flaschberger

4.8 **SEHR GUT**
8 Bewertungen

Lage	4.9
Ruhe	4.6
Sanitäranlagen	4.8
Sauberkeit Ø	4.8
Freundlichkeit	5.0
Stellplatz	4.5
Verpflegung	4.4
Freizeit	4.6
Preis-Leistung	4.8
Mietunterkünfte	4.7

Geeignet für

Kinder b. 6 J.	3.6
Kinder b. 12 J.	4.4
Kinder b. 18 J.	4.7
Paare	5.0
Senioren	5.0
Gäste mit Zelt	5.0
Gäste mit Hund	4.8

Empfohlene Aktivitäten

- Wandern
- Radfahren
- Mountainbiking

24 EuroParcs Pressegger See

Presseggen 29
9620 Hermagor- Pressegger See
+43 4282 2760
www.schluga.com
camping@schluga.com

10.05. - 20.09.

HS: 52,20 € | NS: 31,60 €

Mehr Infos & Anfrage:
www.camping.info/19411

Baden im See	200m
Pool/Hallenbad	✓/4km
Spielplatz am Platz	✓
Hunde willkommen	✓
Skilift & Loipe	✗
WLAN	✓
Lebensmittel	✓
Brötchen am Platz	✓
Restaurant & Imbiss	✓
Ver-/Entsorgung Womo	✓
in den Ort	6km
Gesamt/Touristen	342/301
Mietunterkünfte	✓
Stellplätze vor Schranke	✗

1 km
46.6325 | 13.44646
612m ü.M.

Terrassenförmig angelegte, großzügige Stellplätze in traumhafter Natur.

Lage & Stellplatz

Der EuroParcs Pressegger See ist in der Sommersaison geöffnet. Er liegt in einem Naturpark inmitten eines idyllischen Waldes und ist nur 200 m vom Pressegger See entfernt. Der Platz bietet großzügige, terrassenförmige Stellplätze (120-150 m²) und einen beheizten Freibad mit Kleinkinderbecken.

Sanitär

Zwei große (eines davon frisch renoviert) und zwei weitere kleine, neue Sanitäranlagen sorgen für den nötigen Komfort für die Gäste. Es stehen auch Familien-Badezimmer zur Vermietung bereit. Eine barrierefreie Sanitäreinrichtung mit Dusche, Waschbecken und Toilette ist ebenfalls vorhanden.

Verpflegung

Direkt am Platz befindet sich das Restaurant „Waldschenke" mit einer großen Terrasse und Panoramablick auf den Pressegger See. Außerdem werden im Camping-Shop frisches Brot, Zeitschriften und vieles mehr angeboten.

Freizeit

Seit 2016 gibt es am Platz einen beheizten, 120 m² großen Edelstahlpool mit Kleinkinderbecken und Liegewiese. Nur 200 m entfernt befindet sich der Schluga Strand am Pressegger See.

Beheizter Edestahlpool am Platz.

Schluga Strand – Pressegger See.

4.5 SEHR GUT
54 Bewertungen

Lage	4.5
Ruhe	4.2
Sanitäranlagen	4.4
Sauberkeit Ø	4.7
Freundlichkeit	4.6
Stellplatz	4.6
Verpflegung	3.7
Freizeit	4.5
Preis-Leistung	4.1
Mietunterkünfte	4.1

Geeignet für

4.7	Paare
4.7	Gäste mit Hund
4.6	Gäste mit Zelt
4.3	Kinder b. 6 J.
4.6	Senioren
4.5	Kinder b. 12 J.
4.2	Kinder b. 18 J.

Empfohlene Aktivitäten

Wandern · Schwimmen · Radfahren · Mountainbiking

Mehr Infos

Die Schluga Campingplätze sind Teil der EuroParcs Gruppe.

Karte auf Seite 112

	26	27
	CAMPING PRESSEGGER SEE	**Camping Alpenfreude**
	Presseggen 5 9615 Presseggen +43 664 2841962 46.63011 | 13.45412 590m ü.M.	Wertschach 27 9612 St. Georgen/Gailtal +43 660 7556038 46.60625 | 13.59047 750m ü.M.
Infos		
Öffnungszeiten	01.05. - 30.09.	19.05. - 31.10.
Vergleichspreis	HS: 30,00 € | NS: 22,00 €	HS: 26,70 € | NS: 20,00 €
Link	**Mehr Infos & Anfrage:** www.camping.info/30209	**Mehr Infos & Anfrage:** www.camping.info/19546
Ausstattung		
Freizeit	Baden im See 400m Pool & Hallenbad ✗ Spielplatz am Platz ✓	Baden im See 4km Pool/Hallenbad ✓/10km Spielplatz am Platz ✓
Campingplatz	Hunde erlaubt ✓ Skilift & Loipe keine Angabe WLAN ✓	Hunde willkommen ✓ Skilift/Loipe ✗/k. A. WLAN ✓
Versorgung	Lebensmittel ✓ Brötchen am Platz nur HS Restaurant 400m Ver-/Entsorgung Womo ✓ in den Ort 1km	Lebensmittel ✓ Brötchen am Platz ✓ Restaurant & Imbiss ✓ Ver-/Entsorgung Womo ✓ in den Ort 4km
Anzahl der Plätze	Touristenplätze 55 Mietunterkünfte ✓ Stellplätze vor Schranke ✗	Gesamt/Touristen 150/140 Mietunterkünfte ✓ Stellplätze vor Schranke ✓

	26	27
Bewertung	5.0 **AUSGEZEICHNET** 5 Bewertungen	4.3 **SEHR GUT** 12 Bewertungen
Lage	4.8	4.4
Ruhe	4.2	4.6
Sanitäranlagen	4.2	4.0
Sauberkeit Ø	4.5	4.6
Freundlichkeit	5.0	4.8
Stellplatz	4.4	4.1
Verpflegung	3.0	3.8
Freizeit	4.0	4.0
Preis-Leistung	4.8	4.8
Mietunterkünfte	-	4.0
Geeignet für		
Kinder b. 6 J.	4.0	4.7
Kinder b. 12 J.	4.0	4.4
Kinder b. 18 J.	4.0	4.0
Paare	5.0	4.6
Senioren	5.0	4.8
Gäste mit Zelt	4.5	4.4
Gäste mit Hund	-	4.4
Empfohlene Aktivitäten	Radfahren Wandern Schwimmen	Entspannen Schwimmen Wandern

25 EuroParcs Hermagor-Nassfeld

Der herrlich angelegte Platz bietet Erholung für die ganze Familie.

Obervellach 15
9620 Hermagor
+43 4282 2051
www.schluga.com
camping@schluga.com

ganzjährig
HS: 52,20 € | NS: 31,60 €
Mehr Infos & Anfrage:
www.camping.info/19407

Baden im Teich am Platz	✓
Pool & Hallenbad	✓
Spielplatz am Platz	✓
Hunde willkommen	✓
Skilift/Loipe	8km/200m
WLAN	✓
Lebensmittel	✓
Brötchen am Platz	✓
Restaurant & Imbiss	✓
Ver-/Entsorgung Womo	✓
in den Ort	1km
Gesamt/Touristen	250/215
Mietunterkünfte	✓
Stellplätze vor Schranke	✓

1 km
46.63195 | 13.39258
612m ü.M.

Lage & Stellplatz

Der Platz ist zwischen den Karnischen und Gailtaler Alpen eingebettet und befindet sich östlich von Hermagor. Die 250 Stellplätze sind größtenteils mit Wasser-, Abwasser- sowie TV-Anschlüssen und Strom ausgestattet. Besonders hervorzuheben sind der Wellnessbereich und das neue Kinderspieleland.

Verpflegung

Mietunterkünfte wie Luxus-Mobilheime, Schlaffässer und sechs neue Apartments runden das Angebot ab. Direkt am Platz befindet sich das Restaurant „Schluga's Wirtshaus", in dem Gäste mit traditioneller und internationaler Küche verwöhnt werden. Ein Camping-Shop ist ebenfalls vorhanden.

Sanitär

Am Platz stehen drei modern ausgestattete Sanitäranlagen zur Verfügung. Es können Familien-Badezimmer und barrierefreie Einrichtungen in Anspruch genommen werden. Für die kleinen Camper gibt es eine Kindersanitäranlage und seit 2018 ein Spielehaus mit Kindergarten, Jugendraum und Indoorspielebox.

Freizeit

Das AlpinSPA besteht aus einem beheizten Außen- sowie Innenpool, einem Kleinkinderbecken, Naturschwimmteich und vier Saunen mit Ruhebereich. Während der Ferienzeit gibt es ein abwechslungsreiches Wochenprogramm, das von Mountainbiketouren bis hin zu geführten Bergtouren diverse Aktivitäten umfasst.

AlpinSPA mit Freibad.

Freizeitvergnügen pur.

4.6 SEHR GUT
132 Bewertungen

Lage	4.3
Ruhe	4.0
Sanitäranlagen	4.7
Sauberkeit Ø	4.7
Freundlichkeit	4.6
Stellplatz	4.5
Verpflegung	4.0
Freizeit	4.6
Preis-Leistung	4.3
Mietunterkünfte	4.5

Geeignet für

4.7 Paare
4.7 Senioren
4.6 Kinder b. 6 J.
4.6 Kinder b. 12 J.
4.6 Gäste mit Hund
4.3 Gäste mit Zelt
4.2 Kinder b. 18 J.

Empfohlene Aktivitäten

Wandern · Schwimmen · Radfahren · Wellness

Mehr Infos

Gratis WLAN (auch in der Hauptsaison).Teil der EuroParcs Gruppe.

ÖSTERREICH

9 Millstätter See

	Platz	Seite	Bewertung	Öffnungszeiten	
1	Strandcamping Winkler	136	3.3	saisonal	
2	FKK & Textil Camping – Strandbad Pesenthein	136	4.2	saisonal	FKK
3	Camping Gauglerhof	136	4.7	saisonal	
4	Camping Neubauer	137	4.8	saisonal	Award
5	Schwimmbad-Camping Mössler	138	4.8	saisonal	
6	Komfort-Campingpark Burgstaller	137	4.7	saisonal	Award
7	Seecamping Mössler	137	4.8	saisonal	
8	Camping Brunner am See	140	4.7	ganzjährig	Wintercamping, Award

Wintercamping FKK Textilfrei (ganz/teilweise) Ecocamping Award Onlinebuchung

Millstätter Alpe, Granattor © Kärnten Werbung/Franz Gerdl

DAS KÄRNTNER JUWEL

In der Region des Millstätter Sees findet man, ähnlich wie auf vielen Campingplätzen, eine terrassenförmige Topografie vor: Auf 600 m Seehöhe bildet der See die erste Stufe. Auf 900 m befindet sich die zweite Stufe – das Hochplateau, welches sich vom Ost- bis zum Westufer des Sees erstreckt. Auf 2.000 m liegt mit der Millstätter Alpe schließlich die dritte Stufe. Für Camper scheint das Gebiet um den Millstätter See jedenfalls ein besonders guter Boden zu sein.

DER SEE UND SEINE VORZÜGE

Der Millstätter See liegt nördlich des Drautals, nahe der Stadt Spittal an der Drau. Nach dem Wörthersee ist er der zweitgrößte See Kärntens und mit 142 Metern nicht nur der tiefste und wasserreichste, sondern auch einer der wärmsten Badeseen des Landes. Das milde Klima verdankt die Region der überdurchschnittlichen Anzahl an Sonnenstunden.
In den Sommermonaten laden insgesamt 12 Strandbäder rund um den Millstätter See zum Baden und zu diversen Wassersportarten ein. Darüber hinaus sind auch Angler gern gesehene Gäste. Wer hingegen die Ruhe des Sees genießen möchte, dem sei eine Schifffahrt wärmstens empfohlen.
Die drei größten Ortschaften Seeboden, Millstatt und Döbriach befinden sich allesamt am Nordufer des Sees. Eine weitere Möglichkeit zum Entspannen verspricht das „Kärnten Badehaus“ direkt am See: Ein Spa-Bereich, mehrere Pools und Dampfbäder sowie individuelle „Seenwellness“-Behandlungen sorgen für eine angenehme Wohlfühlatmosphäre. Geübten Wanderern eröffnen sich mit dem 200 Kilometer langen „Millstätter See Höhensteig“ verborgene Bergberührungen. Acht Etappen verbinden die Berge rund um den See und offenbaren einige Überraschungen auf dem Weg.

FAMILIENFREUNDLICHE AKTIVITÄTEN IN DER UMGEBUNG

In der näheren Umgebung des Millstätter Sees gibt es besonders für Familien einige interessante Ausflugsziele. Die Stadtgemeinde Radenthein beheimatet das Granatium, eine beeindruckende Erlebniswelt rund um die bekannten

Granat-Edelsteine. Ein Indoor-Bereich mit außergewöhnlichen Ausstellungen, ein Granat-Stollen und eine Granat-Schlucht garantieren unterhaltsame Stunden. Auf dem eigenen Schürfgelände können Kinder außerdem die begehrten Edelsteine mit den zur Verfügung gestellten Werkzeugen und Geräten suchen, waschen und bearbeiten. Eine Zeitreise ins Mittelalter erlebt man auf der Burg Sommeregg in Seeboden am Millstätter See. Die Höhenburg erhebt sich auf einer der regionstypischen Kuppen und beherbergt gegenwärtig ein Restaurant und ein Foltermuseum. Die Dachfläche ist als Aussichtsplattform nutzbar – bei guter Sicht bietet sie einen umfassenden Rundblick, der bis zu den Karawanken reicht. Zudem finden im August drei Wochen lang die Ritterfestspiele im eigens errichteten Mittelalterdorf statt. In der Gemeinde Trebesing befindet sich die „Märchenwandermeile – Drachenschlucht". Dabei handelt es sich um einen 3 km langen Erlebniswanderweg mit der längsten Hängebrücke der Alpen (175 m Spannweite). Des Weiteren gibt es zahlreiche Märchen- und Spielestationen zu erkunden. Abgerundet wird das Angebot durch viele Rastplätze und Einkehrmöglichkeiten.

Motorradfahren am Millstätter See
© Kärnten Werbung/Franz Gerdl

Millstätter See © camping.info_olaf-842

TIPP DER REDAKTION

Camping Neubauer

Millstatt am See | Nr. 4 | Seite 137

Laut Gästen ideal geeignet zum:

- Schwimmen
- Wandern
- Radfahren

4.8

Karte auf Seite 132

	1	2	3
	Strandcamping Winkler	**FKK & Textil Camping - Strandbad Pesenthein** FKK	**Camping Gauglerhof**
	Seepromenade 33 9871 Seeboden +43 4762 81927	Pesenthein 19 9872 Millstatt +43 4766 2665	Matzelsdorf 2 9872 Millstatt +43 4766 37178
	46.81544 | 13.52013	46.79554 | 13.59731	46.78981 | 13.63131
Infos			
Öffnungszeiten	01.05. - 01.10.	01.04. - 30.09.	25.04. - 01.10.
Vergleichspreis	HS: 42,10 € | NS: 38,10 €	HS: 42,60 € | NS: 32,10 €	HS: 33,30 € | NS: 31,30 €
Link	**Mehr Infos & Anfrage:** www.camping.info/19434	**Mehr Infos & Anfrage:** www.camping.info/19318	**Mehr Infos & Anfrage:** www.camping.info/22244
Ausstattung			
Freizeit	Baden im See am Platz ✓	Baden im See am Platz ✓	Baden im See 2km
	Pool/Hallenbad 500m/4km	Pool/Hallenbad 6/13km	Hallenbad 20km
	Spielplatz am Platz ✓	Spielplatz am Platz ✓	Spielplatz am Platz ✓
Campingplatz	Hunde erlaubt ✓	Hunde willkommen ✓	Hunde erlaubt ✓
	Skilift & Loipe ✗	Skilift & Loipe ✗	Skilift/Loipe 15km/✓
	WLAN ✗	WLAN ✓	WLAN (gegen Gebühr) ✓
Versorgung	Lebensmittel ✓	Lebensmittel ✗	Lebensmittel 4km
	Brötchen am Platz ✓	Brötchen am Platz ✓	Brötchen am Platz ✓
	Restaurant & Imbiss ✓	Restaurant/Imbiss 100m/✓	Restaurant/Imbiss 300m
	Ver-/Entsorgung Womo ✓	Ver-/Entsorgung Womo ✓	Ver-/Entsorgung Womo ✗
	im Ort ✓	in den Ort 1km	in den Ort 4km
Anzahl der Plätze	Touristenplätze 70	Gesamt/Touristen 220/195	Touristenplätze 50
	Mietunterkünfte ✗	Mietunterkünfte ✗	Mietunterkünfte ✓
	Stellplätze vor Schranke ✗	Stellplätze vor Schranke ✗	Stellplätze vor Schranke ✗

	Strandcamping Winkler	FKK & Textil Camping - Strandbad Pesenthein	Camping Gauglerhof
Gesamt	**3.3** GUT 23 Bewertungen	**4.2** SEHR GUT 21 Bewertungen	**4.7** SEHR GUT 3 Bewertungen
Lage	4.0	4.6	4.7
Ruhe	3.5	3.6	4.3
Sanitäranlagen	3.8	3.6	5.0
Sauberkeit Ø	4.4	4.5	5.0
Freundlichkeit	4.0	4.6	5.0
Stellplatz	3.3	3.8	4.0
Verpflegung	2.7	2.6	4.7
Freizeit	4.1	4.4	4.3
Preis-Leistung	2.9	3.8	4.3
Mietunterkünfte	-	-	-
Geeignet für			
Kinder b. 6 J.	4.0	3.7	4.3
Kinder b. 12 J.	4.4	3.7	4.0
Kinder b. 18 J.	4.2	3.7	2.7
Paare	4.5	4.7	4.3
Senioren	4.6	4.5	4.3
Gäste mit Zelt	4.6	4.4	5.0
Gäste mit Hund	4.8	4.2	5.0
Empfohlene Aktivitäten	Schwimmen Wandern Radfahren	Wandern Schwimmen Radfahren	Wandern Entspannen Tennis

4 Camping Neubauer

Dellach 3
9872 Millstatt am See
+43 4766 2532
46.78772 | 13.61386
580m ü.M.

01.05. - 15.10.
HS: 30,50 € | NS: 23,50 €
Mehr Infos & Anfrage:
www.camping.info/19436

Baden im See am Platz	✓
Hallenbad	13km
Spielplatz am Platz	✓
Hunde erlaubt	✓
Skilift & Loipe	✗
WLAN	✓
Lebensmittel	4km
Brötchen am Platz	✓
Restaurant & Imbiss	✓
Ver-/Entsorgung Womo	✗
in den Ort	4km
Touristenplätze	100
Mietunterkünfte	✓
Stellplätze vor Schranke	✗

4.8 SEHR GUT
167 Bewertungen

Lage	4.8
Ruhe	4.8
Sanitäranlagen	4.8
Sauberkeit Ø	4.8
Freundlichkeit	4.9
Stellplatz	4.5
Verpflegung	4.1
Freizeit	4.3
Preis-Leistung	4.7
Mietunterkünfte	4.8

Geeignet für

Kinder b. 6 J.	4.2
Kinder b. 12 J.	4.3
Kinder b. 18 J.	4.1
Paare	4.8
Senioren	4.7
Gäste mit Zelt	4.5
Gäste mit Hund	4.3

Empfohlene Aktivitäten

- Schwimmen
- Wandern
- Radfahren

AWARD 2021

6 Komfort-Campingpark Burgstaller

Seefeldstr. 16
9873 Döbriach
+43 4246 7774
46.772 | 13.65
580m ü.M.

04.04. - 01.11.
HS: 40,90 € | NS: 30,50 €
Mehr Infos & Anfrage:
www.camping.info/19410

Baden im See am Platz	✓
Hallenbad	11km
Spielplatz am Platz	✓
Hunde erlaubt	✓
Skilift & Loipe	✗
WLAN	✓
Lebensmittel	✓
Brötchen am Platz	✓
Restaurant & Imbiss	✓
Ver-/Entsorgung Womo	✓
in den Ort	1km
Gesamt/Touristen	580/550
Mietunterkünfte	✓
Stellplätze vor Schranke	✗

4.7 SEHR GUT
694 Bewertungen

Lage	4.7
Ruhe	4.3
Sanitäranlagen	4.7
Sauberkeit Ø	4.7
Freundlichkeit	4.8
Stellplatz	4.5
Verpflegung	4.3
Freizeit	4.7
Preis-Leistung	4.4
Mietunterkünfte	4.5

Geeignet für

Kinder b. 6 J.	4.8
Kinder b. 12 J.	4.8
Kinder b. 18 J.	4.3
Paare	4.5
Senioren	4.5
Gäste mit Zelt	4.5
Gäste mit Hund	4.5

Empfohlene Aktivitäten

- Schwimmen
- Wandern
- Radfahren

keine Jugendgruppen

7 Seecamping Mössler

Seefeldstraße 1
9873 Döbriach am Millstätter See
+43 4246 / 77 35
46.76861 | 13.64903
600m ü.M.

23.03. - 04.11.
HS: 48,20 € | NS: 27,90 €
Mehr Infos & Anfrage:
www.camping.info/19396

Baden im See am Platz	✓
Pool/Hallenbad	✓/10km
Spielplatz am Platz	✓
Hunde willkommen	✓
Skilift	10km
WLAN	✓
Lebensmittel	✓
Brötchen am Platz	✓
Restaurant & Imbiss	✓
Ver-/Entsorgung Womo	✓
in den Ort	1km
Touristenplätze	70
Mietunterkünfte	✓
Stellplätze vor Schranke	✗

4.8 SEHR GUT
126 Bewertungen

Lage	4.7
Ruhe	4.5
Sanitäranlagen	4.7
Sauberkeit Ø	4.8
Freundlichkeit	4.9
Stellplatz	4.6
Verpflegung	4.3
Freizeit	4.6
Preis-Leistung	4.5
Mietunterkünfte	4.4

Geeignet für

Kinder b. 6 J.	4.6
Kinder b. 12 J.	4.6
Kinder b. 18 J.	4.1
Paare	4.7
Senioren	4.7
Gäste mit Zelt	4.4
Gäste mit Hund	4.4

Empfohlene Aktivitäten

- Schwimmen
- Wandern
- Entspannen

Österreichisches Umweltzeichen - GreenCampings.at

5 Schwimmbad-Camping Mössler

Glanzerstraße 24
9873 Döbriach am Millstätter See
+43 4246 7735
www.moessler.at
camping@moessler.at

26.03. - 02.11.

HS: 46,40 € | NS: 29,40 €

Mehr Infos & Anfrage:
www.camping.info/19395

Baden im See	500m
Pool/Hallenbad	✓/12km
Spielplatz am Platz	✓
Hunde willkommen	✓
Skilift/Loipe	10/12km
WLAN	✓
Lebensmittel	✓
Brötchen am Platz	✓
Restaurant & Imbiss	✓
Ver-/Entsorgung Womo	✓
in den Ort	800m
Touristenplätze	200
Mietunterkünfte	✓
Stellplätze vor Schranke	✓

Panoramablick auf den Millstätter See.

Lage & Stellplatz

Der Campingplatz befindet sich in der Ortsmitte von Döbriach am Millstätter See auf 580 m Seehöhe. Umgeben von den sanften Nockbergen lädt die Umgebung zum Radfahren, Wandern und Entspannen ein. Die Stellplätze sind großzügig, durch Pflanzen (Sträucher/Bäume) parzelliert und verfügen über Strom-, Wasser-, Abwasser- und TV-Anschlüsse. Der Millstätter See ist ca. 500 m vom Campingplatz entfernt. Es können auch komplett ausgestattete Wohnwagen und Mobilheime gemietet werden. Einzigartig in der Region ist der unberührte, idyllische sowie Pkw-freie Süduferweg des Millstätter Sees.

Sanitär

Auf dem Campinggelände gibt es zwei zentral gelegene, top ausgestattete Sanitärgebäude mit Geschirr- und Wäscheräumen (Waschmaschinen, Wäschetrockner). Beide Sanitärgebäude verfügen über 26 Einzelwaschkabinen, 20 Duschkabinen, ausreichend Toiletten, Kindertoiletten, drei Babybadewannen und Wickelmöglichkeiten, Fußwaschbecken sowie einen barrierefreien Sanitärraum. Im Untergeschoss gibt es acht mietbare Privatsanitärräume (vier mit Duschen und vier mit Badewanne). Die Sanitärräume sind rund um die Uhr zugänglich. Am Platz befinden sich mehrere chemische Toiletten und eine Camper-Servicestation.

Komfortable Mobilheime.

Softplay für die Kids.

1 km
46.77448 | 13.6558
600m ü.M.

Beheizter Pool mit 30 °C von April bis Mitte Oktober in Betrieb.

Ein besonderes Highlight: Das neu errichtete Erlebnisschwimmbad (9 x 19 m) mit Thermalwassertemperatur (ca. 30° C) und Indoor-Einstieg.

Verpflegung

Am Campingplatz befindet sich ein ausgezeichnetes Restaurant mit einer überdachten Terrasse und 120 Sitzplätzen. Das geschulte und freundliche Personal serviert Spezialitäten aus der Region sowie internationale Gerichte. Ein Minimarkt mit allen wichtigen Alltags- und Campinggegenständen befindet sich bei der Platzeinfahrt und bietet jeden Tag frisches Gebäck von der örtlichen Bäckerei. Jeden Mittwoch gibt es im Restaurant einen Grillabend mit Livemusik. Ein kulinarisches Highlight findet am zweiten Samstag im September statt - ein Galamenü- und Konzertabend mit einem klassischen Trio.

Freizeit

Das Highlight am Platz ist der beheizte Pool mit einer Thermalwassertemperatur von 30° C und einem temperierten Indoor-Ein- und Ausstieg. Seit 2017 gibt es einen neuen Indoorspielbereich für Kinder und einen Aufenthaltsraum. Die Ausstattung umfasst drei Spielplätze, einen Fußball- und Beachvolleyballplatz sowie ein kostenloses und umfangreiches Sport- und Freizeitprogramm. Freien Auslauf für Hunde gibt es im Hunde-Agility-Parcours. Veranstaltungstipp: Strudelback- und Kräuter-Workshop mit der Chefin. Kostenloses WLAN mit 4 mbit am gesamten Platz sowie 20 mbit in den Mobilheimen.

5.0

Top, top, top! Ein sehr sauberer und freundlicher Campingplatz. Es wird auf alle Wünsche eingegangen und die Familie bemüht sich sehr, alles möglich zu machen. Wir kommen sicher wieder.

Jürgen L.

Jürgen L. war im August 2020 auf diesem Platz.

Ruheraum zum Entspannen.

Strudelbackworkshop.

4.8 **SEHR GUT**
317 Bewertungen

Lage	4.6
Ruhe	4.6
Sanitäranlagen	4.5
Sauberkeit Ø	4.8
Freundlichkeit	5.0
Stellplatz	4.6
Verpflegung	4.6
Freizeit	4.6
Preis-Leistung	4.7
Mietunterkünfte	4.4

Geeignet für

Senioren	4.8
Kinder b. 6 J.	4.7
Kinder b. 12 J.	4.7
Paare	4.7
Gäste mit Hund	4.7
Gäste mit Zelt	4.6
Kinder b. 18 J.	4.2

Empfohlene Aktivitäten

Schwimmen
Wandern
Entspannen
Radfahren

Mehr Infos

8 Camping Brunner am See

Glanzerstraße 108
9873 Döbriach
+43 4246 7189
www.campingbrunner.at
info@camping-brunner.at

ganzjährig

HS: 54,00 € | NS: 33,50 €

Mehr Infos & Anfrage:
www.camping.info/19333

Baden im See am Platz	✓
Pool/Hallenbad	8km
Spielplatz am Platz	✓
Hunde erlaubt	✓
Skilift/Loipe	12km
WLAN	✓
Lebensmittel	✓
Brötchen am Platz	✓
Restaurant/Imbiss	100m/✓
Ver-/Entsorgung Womo	✓
im Ort	✓
Touristenplätze	200
Mietunterkünfte	✓
Stellplätze vor Schranke	✗

Platzeigener Badestrand am Millstätter See.

Lage & Stellplatz

Traumlage direkt am See mit Blick auf die Berge. Einziger, direkt am Millstätter See gelegener Komfortcampingplatz mit Höchstauszeichnungen von camping.info (Bester Campingplatz Kärntens 2021), ADAC, ANWB u. v. m. Gewinner des DCC-Europapreis 2020. Der private Sandstrand garantiert ungetrübten Badespaß. Der kleine Platz punktet vor allem durch seine familiäre Atmosphäre. Camper können je nach Platzbedarf zwischen direkten Seeplätzen, XL-, L-, M-Plätzen (Strom-, Wasser- und Abwasseranschlüsse) wählen. Eine Reservierung wird von Juni bis September empfohlen.

Sanitär

Die Sanitäranlagen befinden sich auf höchstem hygienischen und technischen Niveau. Die Ausstattung zeichnet sich u. a. durch eine Fußbodenheizung, Familienwaschräume, verschließbare Wasch- und Duschräume sowie Kinderwaschräume mit Wickeltischen und Babywannen aus. Für Personen mit besonderen Bedürfnissen steht ein speziell eingerichteter Sanitärraum zur Verfügung. Des Weiteren sind Geschirrspülräume mit Geschirrspüler, ein Trockenraum und ein Wäschewaschraum mit Waschmaschinen, Trockner und Bügelmöglichkeit vorhanden. Die Infrarot-Wärmekabine kann ebenfalls kostenlos benutzt werden.

QUALITÄT KÄRNTEN

ADAC Empfehlung 2019

DCC Europa-Preisträger 2020

Millstätter See in Kärnten.

Badespaß für Groß und Klein.

1 km
46.76768 | 13.6485
580m ü.M.

No party-people. Onlinebuchung: www.camping-brunner.at

AWARD 2021

Camping Brunner in Döbriach liegt direkt am See.

Verpflegung

Im Supermarkt nebenan können von Mai bis September Einkäufe zu ortsüblichen Preisen erledigt werden. Hier sind neben Kärntner Spezialitäten auch Brötchen, Zeitschriften, Getränke, Fleisch, Obst, Gemüse, eisgekühlte Getränke und ausgewählte Campingartikel erhältlich. In den Monaten Juli und August ist der Supermarkt auch an Sonn- und Feiertagen geöffnet. Weitere Geschäfte befinden sich im ca. 1,5 km entfernten Ortszentrum. Hervorragende Restaurants sind in nächster Nähe (z. B. Pizzeria, Kärntner Küche oder Eisspezialitäten). In der Nebensaison wird zudem ein Semmelservice angeboten.

Freizeit

In den Ferienzeiten wird ein Aktivprogramm für Kinder, Jugendliche und Erwachsene angeboten. Ein Indoor-Spielplatz, 3 Outdoor-Spielplätze, ein Grillplatz und ein Privatstrand mit flachem Zugang zum Millstätter See ergänzen das umfangreiche Angebot perfekt. Zudem liegt Camping Brunner am Millstätter-See-Radweg und diverse Wanderwege sind vom Platz aus zugänglich. Mit dem Kauf der KärntenCard erhält man kostenlosen Zugang zu mehr als 100 Kärntner Ausflugszielen (z. B. Museen, Bäder, Bergbahnen, etc.). Die Karte kann direkt vor Ort erworben werden. Gutes Angebot an öffentlichen Verkehrsmitteln.

5.0

Perfekte Lage direkt am See. Morgens den Tag mit Yoga am See beginnen. Danach eine kurze Runde im See schwimmen. Frühstücken und dann wandern, radeln oder mit dem SUP über den See paddeln. Herrlichste Blicke von vielen Stellen auf das schöne grünblaue Wasser des Sees. Fazit: aktiv Entschleunigen!

Moni F.

Moni F. ist leidenschaftliche Camperin und hat Camping Brunner am See im September 2021 besucht.

Auch im Winter geöffnet.

In erster Reihe am See.

4.7 **SEHR GUT**
1127 Bewertungen

Lage	4.8
Ruhe	4.5
Sanitäranlagen	4.7
Sauberkeit Ø	4.8
Freundlichkeit	4.7
Stellplatz	4.4
Verpflegung	4.2
Freizeit	4.6
Preis-Leistung	4.3
Mietunterkünfte	4.6

Geeignet für

Senioren	4.8
Paare	4.7
Kinder b. 6 J.	4.6
Kinder b. 12 J.	4.6
Gäste mit Zelt	4.6
Kinder b. 18 J.	4.3
Gäste mit Hund	4.3

Empfohlene Aktivitäten

Schwimmen
Wandern
Radfahren
Entspannen

Mehr Infos

ÖSTERREICH

⑩ Kärnten – Villach, Ossiacher und Faaker See

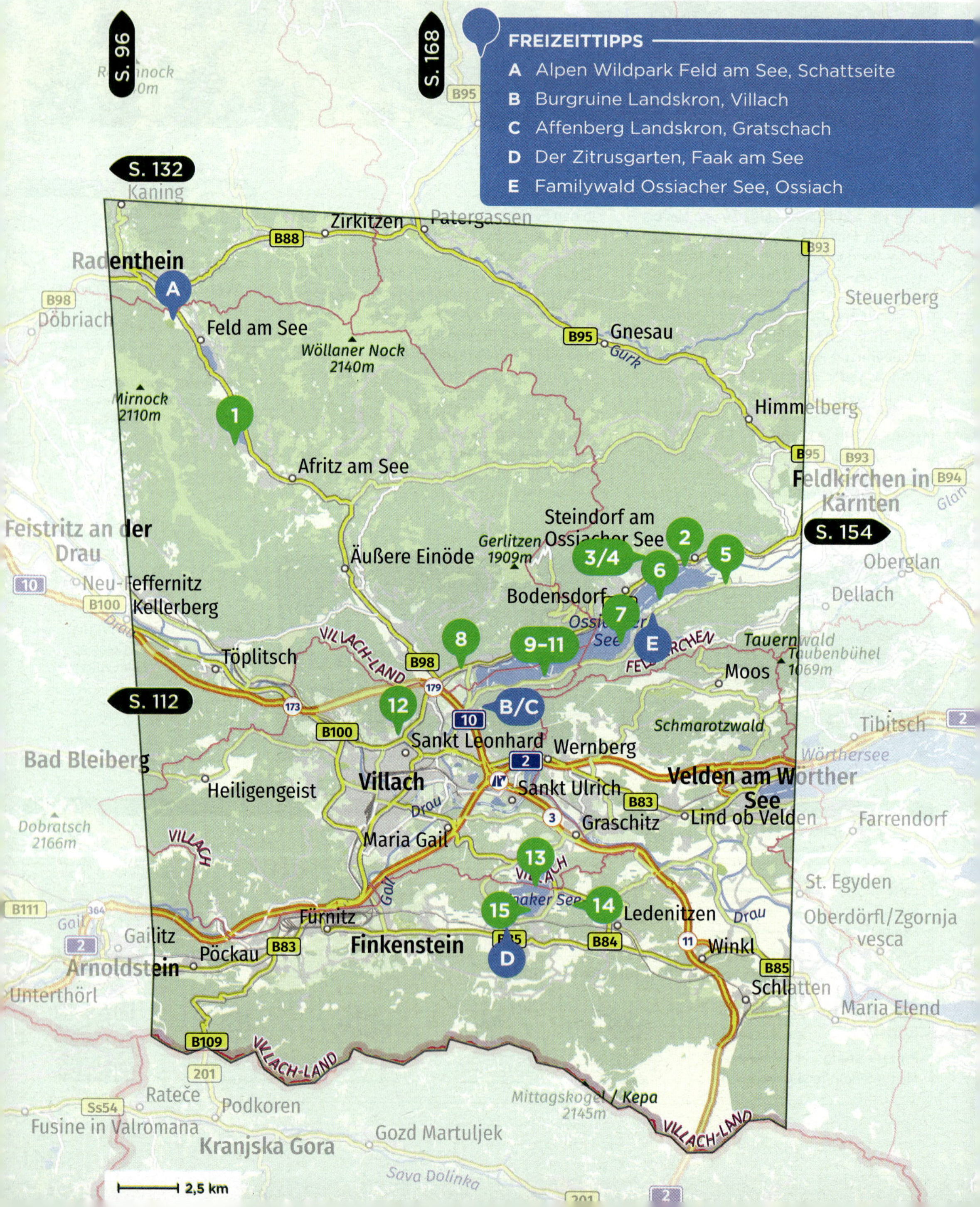

	Platz	Seite	Bewertung	Öffnungszeiten	
1	Hotel***Restaurant-Camping Fischerhof Glinzner	146	4.4	saisonal	✻
2	See-Areal Steindorf /Seecamping Laggner	146	4.2	saisonal	
3	Seecamping Hoffmann	146	4.3	saisonal	
4	Camping Morgenfurt	147	4.4	saisonal	
5	Bauernhofcamping Prefelnig	147	5.0	saisonal	
6	Ideal Camping Lampele	147	4.4	saisonal	
7	Wellness Seecamping Parth	147	4.8	saisonal	ϟ
8	Campingbad Ossiachersee	152	4.1	saisonal	
9	Seecamping Plörz	152	4.6	saisonal	
10	Seecamping Mentl	148	4.8	saisonal	👍
11	Seecamping Berghof	150	4.7	saisonal	👍
12	Camping Seehof	152	4.4	saisonal	
13	Strandcamping Anderwald	153	4.8	saisonal	
14	Familien-Camping Ferien am Walde	153	4.4	saisonal	
15	Strandcamping Gruber	153	4.2	saisonal	

✻ Wintercamping   FKK Textilfrei (ganz/teilweise)   Ecocamping   👍 Award   ϟ Onlinebuchung

Villacher Kirchtag, Tanzgruppe
© Kärnten Werbung/Franz Gerdl

MIT ALLEN WASSERN GEWASCHEN

Kärnten ist eines der sonnigsten Bundesländer Österreichs und die vielen Sonnenstunden sind einer der Hauptgründe, warum es so viele Camper hierherzieht. Klares Wasser, goldene Sonnenstrahlen und eine Prise südliche Leichtigkeit - das sind die Zutaten für einen genussvollen Seen-Urlaub in Kärnten. Eine Region sticht dabei noch einmal besonders hervor: Ob geografisch, verkehrstechnisch oder touristisch - die Gebiete um den Ossiacher See und den Faaker See liegen genau im Herzen des südlichsten Bundeslandes Österreichs, das von vielen Campern zurecht als DAS Campingland schlechthin bezeichnet wird.

SO ABWECHSLUNGSREICH WIE KEIN ZWEITER

Ein wahres Zentrum der Campingkultur sind der Ossiacher See und sein Umland. Das pannonische Klima und das saubere, bis zu 28 Grad warme Wasser des Sees tragen definitiv ihren Teil dazu bei. Der drittgrößte Kärntner See ist geradezu ein Magnet für Camper aus aller Welt. Doch der See ist lange nicht das Einzige, mit dem die Region aufwarten kann. An seiner Nordseite erhebt sich die Gerlitzen auf 1.909 m - im Sommer ein großartiges Wandergebiet und im Winter beliebt bei Skifahrern. Ossiach, der Hauptort am Südufer, bietet zudem kulturelle Attraktionen. Das bekannte Stift Ossiach prägt nicht nur das charakteristische Ortsbild von Ossiach, sondern ist zugleich der Hauptveranstaltungsort des „Carinthischen Sommers", einem jährlichen Festival für klassische Musik. Nicht weniger beliebt sind die zahlreichen Rad- und Wanderwege, die Sommerrodelbahn und das Erlebnisbad mit seiner 92 Meter langen Wasserrutsche. Südwestlich des Wörthersees bietet sich ein Besuch im Schaubergwerk „Terra Mystica" in Bad Bleiberg für einen Besuch an, wo nach der Schließung des aktiven Bergbaus zwei faszinierende Schaubergwerke errichtet wurden. Mit der 68 Meter langen Bergmannsrutsche taucht man in eine geheimnisvolle, unterirdische Welt ein.

Blick über Villach © Kärnten Werbung/Franz Gerdl

DER SÜDLICHSTE BADESEE ÖSTERREICHS

Auch am Faaker See bieten sich Campingmöglichkeiten in Hülle und Fülle. Knapp zehn Kilometer vor den Toren Villachs gelegen, fasziniert das türkisblaue Wasser des Sees mit der kleinen Insel seine Gäste bereits bei ihrer Ankunft. Österreichs südlichster Badesee sorgt mit glasklarem und bis zu 27 Grad warmen Wasser für grenzenlosen Badespaß. Rund um den Faaker See bieten sich zudem zahlreiche Möglichkeiten der Freizeitgestaltung. Ob bei Wanderungen um den beeindruckenden Mittagskogel (2.145 m) oder bei einem Aufstieg im Klettergarten Kanzianiberg - Langeweile kommt hier bestimmt nicht auf. Wer städtisches Ambiente sucht, fühlt sich in Villach bestens aufgehoben: Im Antlitz der umliegenden Ferienregionen bildet die Stadt mit dem südlichen Flair das Zentrum für Kultur, Einkauf und Unterhaltung. Ein Einkaufsbummel in der großen Fußgängerzone, eine Besichtigung der Stadtpfarrkirche St. Jakob oder ein Besuch in der bekannten Therme „Warmbad Villach" - die Möglichkeiten sind vielfältig. Nordöstlich von Villach befindet sich die Burg Landskron mit der Adler-Arena. In den Sommermonaten werden hier atemberaubende Greifvogelschauen abgehalten. Direkt unter der Burg Landskron liegt der spektakuläre Affenberg, Österreichs größtes Affenfreigehege mit rund 150 Japanmakaken.

Mountainbike Afritzer See © Kärnten Werbung/Edward Gröger

TIPP DER REDAKTION

Wellness Seecamping Parth
Ossiach | Nr. 7 | Seite 147

Laut Gästen ideal geeignet zum:
- Schwimmen
- Wandern
- Entspannen

4.8

Karte auf Seite 142

	1	2	3
	Hotel*Restaurant-Camping Fischerhof Glinzner** ✱	**See-Areal Steindorf/ Seecamping Laggner**	**Seecamping Hoffmann**
	Seestraße 28 9542 Afritz am See +43 4247 2133	Strandweg 3 9552 Steindorf am Ossiacher See +43 664 7375 6698	Uferweg 61 9552 Steindorf +43 4243 8704
	46.73775 | 13.7706	46.69444 | 14.00954 512m ü.M.	46.69427 | 13.99457 504m ü.M.
Infos			
Öffnungszeiten	01.04. - 30.11.	01.04. - 31.10.	01.05. - 30.09.
Vergleichspreis	HS: 46,00 € | NS: 40,00 €	HS: 36,00 € | NS: 22,50 €	HS: 36,80 € | NS: 24,60 €
Link	**Mehr Infos & Anfrage:** www.camping.info/22173	**Mehr Infos & Anfrage:** www.camping.info/23245	**Mehr Infos & Anfrage:** www.camping.info/22272
Ausstattung			
Freizeit	Baden im See am Platz ✓ Pool & Hallenbad ✗ Spielplatz 10m	Baden im See am Platz ✓ Hallenbad 19km Spielplatz 70m	Baden im See am Platz ✓ Hallenbad 20km Spielplatz am Platz ✓
Campingplatz	Hunde willkommen ✓ Skilift & Loipe ✗ WLAN ✓	Hunde willkommen ✓ Skilift/Loipe 7km WLAN ✓	Hunde willkommen ✓ Skilift & Loipe ✗ WLAN ✓
Versorgung	Lebensmittel ✓ Brötchen am Platz ✓ Restaurant & Imbiss ✓ Ver-/Entsorgung Womo ✗ in den Ort 1km	Lebensmittel 500m Brötchen am Platz nur HS Restaurant & Imbiss ✓ Ver-/Entsorgung Womo ✗ in den Ort 300m	Lebensmittel 1km Brötchen am Platz ✓ Restaurant & Imbiss ✓ Ver-/Entsorgung Womo ✓ in den Ort 1km
Anzahl der Plätze	Touristenplätze 90 Mietunterkünfte ✓ Stellplätze vor Schranke ✓	Gesamt/Touristen 40/20 Mietunterkünfte ✓ Stellplätze vor Schranke ✓	Touristenplätze 21 Mietunterkünfte ✓ Stellplätze vor Schranke ✗

	1	2	3
Gesamt	4.4 SEHR GUT, 9 Bewertungen	4.2 SEHR GUT, 13 Bewertungen	4.3 SEHR GUT, 35 Bewertungen
Lage	4.8	4.0	4.5
Ruhe	4.8	4.6	4.2
Sanitäranlagen	3.7	4.6	4.4
Sauberkeit Ø	4.3	4.9	4.7
Freundlichkeit	4.9	4.6	4.7
Stellplatz	4.0	4.3	3.9
Verpflegung	4.4	3.5	3.7
Freizeit	4.8	3.9	4.3
Preis-Leistung	4.7	4.4	4.3
Mietunterkünfte	4.5	4.0	5.0
Geeignet für			
Kinder b. 6 J.	4.6	4.2	4.5
Kinder b. 12 J.	4.7	3.7	4.6
Kinder b. 18 J.	4.2	3.0	4.5
Paare	4.5	4.7	4.8
Senioren	4.6	4.8	4.8
Gäste mit Zelt	4.4	3.8	4.4
Gäste mit Hund	4.5	2.4	4.5
Empfohlene Aktivitäten	Schwimmen Angeln Wandern	Schwimmen Wandern Radfahren	Schwimmen Wandern Radfahren
		keine WOMOs ab 8 m; keine Jugendgruppen, andere Gruppen nur auf Anfrage	keine WOMOs ab 8 m

4 Camping Morgenfurt

Uferweg 73
9552 Steindorf
+43 650 662 2299

46.69339 | 13.99102
504m ü.M.

01.06. - 30.09.

HS: 30,40 € | NS: 22,90 €

Mehr Infos & Anfrage:
www.camping.info/24322

Baden im See am Platz	✓
Hallenbad	20km
Spielplatz am Platz	✓
Hunde willkommen	✓
Skilift & Loipe	keine Angabe
WLAN	✓
Lebensmittel	2km
Brötchen am Platz	✗
Restaurant	500m
Ver-/Entsorgung Womo	✗
in den Ort	2km
Gesamt/Touristen	110/90
Mietunterkünfte	✗
Stellplätze vor Schranke	✗

4.4 SEHR GUT
20 Bewertungen

Lage	4.6
Ruhe	4.1
Sanitäranlagen	4.3
Sauberkeit Ø	4.8
Freundlichkeit	4.9
Stellplatz	4.2
Verpflegung	3.7
Freizeit	4.4
Preis-Leistung	4.7
Mietunterkünfte	-

Geeignet für

Kinder b. 6 J.	4.5
Kinder b. 12 J.	4.6
Kinder b. 18 J.	4.4
Paare	4.5
Senioren	4.7
Gäste mit Zelt	4.7
Gäste mit Hund	4.3

Empfohlene Aktivitäten

- Schwimmen
- Wandern
- Radfahren

5 Bauernhofcamping Prefelnig

Alt Ossiach 2
9570 Ossiach

46.68917 | 14.03272
600m ü.M.

01.05. - 15.09.

HS: 40,00 € | NS: 35,00 €

Mehr Infos & Anfrage:
www.camping.info/24022

Baden im See	2km
Pool	2km
Spielplatz am Platz	✓
Hunde willkommen	✓
Skilift & Loipe	keine Angabe
WLAN	✓
Lebensmittel	4km
Brötchen am Platz	✓
Restaurant/Imbiss	1km/150m
Ver-/Entsorgung Womo	✓
in den Ort	4km
Touristenplätze	8
Mietunterkünfte	✓
Stellplätze vor Schranke	✗

5.0 AUSGEZEICHNET
7 Bewertungen

Lage	4.3
Ruhe	4.7
Sanitäranlagen	4.7
Sauberkeit Ø	5.0
Freundlichkeit	5.0
Stellplatz	4.3
Verpflegung	4.7
Freizeit	4.9
Preis-Leistung	4.7
Mietunterkünfte	5.0

Geeignet für

Kinder b. 6 J.	5.0
Kinder b. 12 J.	4.9
Kinder b. 18 J.	4.5
Paare	5.0
Senioren	5.0
Gäste mit Zelt	4.2
Gäste mit Hund	4.8

Empfohlene Aktivitäten

- Wandern
- Schwimmen
- Radfahren

6 Ideal Camping Lampele

Alt Ossiach 57
9570 Ossiach
+43 4243 529

46.68322 | 13.99832
545m ü.M.

01.05. - 30.09.

HS: 40,90 € | NS: 28,60 €

Mehr Infos & Anfrage:
www.camping.info/19405

Baden im See am Platz	✓
Pool/Hallenbad	100m
Spielplatz am Platz	✓
Hunde willkommen	✓
Skilift	10km
WLAN	✓
Lebensmittel	✓
Brötchen am Platz	✓
Restaurant & Imbiss	✓
Ver-/Entsorgung Womo	✓
in den Ort	1km
Gesamt/Touristen	250/171
Mietunterkünfte	✓
Stellplätze vor Schranke	✓

4.4 SEHR GUT
120 Bewertungen

Lage	4.6
Ruhe	4.3
Sanitäranlagen	4.3
Sauberkeit Ø	4.6
Freundlichkeit	4.6
Stellplatz	4.3
Verpflegung	3.9
Freizeit	4.2
Preis-Leistung	4.2
Mietunterkünfte	4.3

Geeignet für

Kinder b. 6 J.	4.3
Kinder b. 12 J.	4.4
Kinder b. 18 J.	3.8
Paare	4.4
Senioren	4.4
Gäste mit Zelt	4.5
Gäste mit Hund	4.0

Empfohlene Aktivitäten

- Schwimmen
- Radfahren
- Wandern

keine WOMOs ab 10 m; keine Jugendgruppen

7 Wellness Seecamping Parth

Ostriach 10
9570 Ossiach
+43 4243 2744 0

46.66577 | 13.97633
550m ü.M.

12.04. - 12.10.

HS: 36,30 € | NS: 27,50 €

Mehr Infos & online buchen:
www.camping.info/19404

Baden im See am Platz	✓
Pool/Hallenbad	✓/3km
Spielplatz am Platz	✓
Hunde willkommen	✓
Skilift/Loipe	6/4km
WLAN (begrenzt gratis)	✓
Lebensmittel	✓
Brötchen am Platz	✓
Restaurant & Imbiss	✓
Ver-/Entsorgung Womo	✓
in den Ort	1km
Gesamt/Touristen	150/130
Mietunterkünfte	✓
Stellplätze vor Schranke	✓

4.8 SEHR GUT
121 Bewertungen

Lage	4.8
Ruhe	4.7
Sanitäranlagen	4.6
Sauberkeit Ø	4.8
Freundlichkeit	5.0
Stellplatz	4.4
Verpflegung	4.5
Freizeit	4.5
Preis-Leistung	4.5
Mietunterkünfte	4.6

Geeignet für

Kinder b. 6 J.	4.6
Kinder b. 12 J.	4.7
Kinder b. 18 J.	4.1
Paare	4.9
Senioren	4.9
Gäste mit Zelt	4.5
Gäste mit Hund	4.4

Empfohlene Aktivitäten

- Schwimmen
- Wandern
- Entspannen

keine WOMOs über 8 m; Gruppen nur mit Reservierung

10 Seecamping Mentl

Ossiachersee Süduferstraße 265
9523 Landskron - Heiligen Gestade
+43 4242 41886
www.camping-mentl.at
info@camping-mentl.at

14.05. - 01.10.

HS: 46,40 € | NS: 28,50 €

Mehr Infos & Anfrage:
www.camping.info/19418

Baden im See am Platz	✓
Hallenbad	12km
Spielplatz am Platz	✓
Hunde erlaubt	nur NS
Skilift & Loipe	✗
WLAN	✓
Lebensmittel	✓
Brötchen am Platz	✓
Restaurant/Imbiss	100m/✓
Ver-/Entsorgung Womo	✓
in den Ort	5km
Gesamt/Touristen	180/176
Mietunterkünfte	✓
Stellplätze vor Schranke	✓

Liegewiese am Ufer des Ossiacher Sees.

Lage & Stellplatz

Seecamping Mentl befindet sich direkt am Südufer des Ossiacher Sees, eingebettet in die herrliche Landschaft zwischen Gerlitzen Alpe und Ossiacher Tauern. Das zum See hin in Terrassen angelegte Gelände ist teils mit Schatten spendenden Bäumen sowie blühenden Hecken und Sträuchern aufgelockert und weist einen parkähnlichen Charakter auf. Die Stellplätze sind mit Wasser-, Abwasser-, Strom- und teilweise SAT-Anschlüssen ausgestattet. Vom Platz aus genießt man den Blick auf die 1.909 m hohe Gerlitzen Alpe und den smaragdgrünen Ossiacher See.

Sanitär

Der Campingplatz verfügt über ein lichtdurchflutetes, liebevoll gestaltetes Sanitärgebäude mit neuen Duschen (teils Regenduschen), Babybad, einem barrierefreien Bad für Menschen mit Beeinträchtigung, Waschmaschinen, Trockner und einer Bügelmöglichkeit. Die Gäste schätzen den hohen Komfort und die Sauberkeit der Anlagen. Auch die wohltuenden und gesündheitsfördernden Massageangebote der platzeigenen Heilmasseurin werden gerne in Anspruch genommen.

Gepflegte Anlage.

Moderne Sanitäranlagen.

46.65452 | 13.93709
505m ü.M.

Für WOMOs bis ca. 7,5 m geeignet; Jugendgruppen nur beschränkt zugelassen.

AWARD 2021

Der See-Camping Mentl liegt direkt am idyllischen Ossiacher See und ist eingebettet zwischen der Gerlitzen und den Ossiacher Tauern.

Verpflegung

Ein Minimarkt mit Brötchenservice und ein gemütliches Café sorgen für das leibliche Wohl. „Tamara's Restaurant" befindet sich nur 50 m vom Campingplatz entfernt und verwöhnt seine Gäste kulinarisch mit hervorragenden Produkten aus der Region. Den nächsten Supermarkt findet man ca. 200 m entfernt.

Freizeit

Der Spielplatz lädt die Kleinen zum Spielen und Spaß haben ein. Im Knusperhäuschen warten lustige Spiele und Bastelmöglichkeiten auf die Kids. Der Atlantis Express rollt leise (E-Motor) über das Campinggelände und erfreut Groß und Klein. Das Banana Boat zieht seine Runden über den glasklaren See. Ein Zauberer, das Kasperletheater und auch ein eigener Wald-Abenteuer Trail für Familien begeistert die Kinder. Der Sportplatz bietet einen Beachvolleyball- und einen Badmintonplatz.

5.0

Toller familienfreundlicher Platz. Wir kamen hier auf einen sehr schönen, gepflegten Campingplatz. Die Inhaber sind super nett und haben egal bei welchen Belangen ein offenes Ohr. Die Kinder waren begeistert vom tollen Kinderspielplatz und dem direkten flachen Seezugang. Das Sanitär ist top gepflegt. Egal zu welcher Tageszeit man kam, war irgendwo eine Putzfee unterwegs. Idealer Ausgangspunkt für zahlreiche Ausflüge rund um den See. Wir haben uns sehr wohlgefühlt.

Gabi W.

Camping mit dem Wohnwagen – das macht Gabi mit Mann und Kids schon seit 8 Jahren regelmäßig. Campen bedeutet für die Familie vor allem Freiheit, Ruhe und Spontanität. Sie waren im August 2021 auf dem Platz.

Wasserspaß für alle.

Atlantis Express.

4.8 SEHR GUT
293 Bewertungen

Lage	4.9
Ruhe	4.7
Sanitäranlagen	4.8
Sauberkeit Ø	4.9
Freundlichkeit	4.9
Stellplatz	4.6
Verpflegung	4.1
Freizeit	4.7
Preis-Leistung	4.6
Mietunterkünfte	4.7

Geeignet für

Kinder b. 6 J.	4.8
Kinder b. 12 J.	4.8
Paare	4.8
Senioren	4.8
Gäste mit Zelt	4.8
Kinder b. 18 J.	4.1
Gäste mit Hund	3.2

Empfohlene Aktivitäten

Schwimmen · Wandern · Radfahren · Entspannen

Mehr Infos

11 Seecamping Berghof

Ossiachersee Süduferstraße 241
9523 Villach / Landskron
+43 4242 41133
www.seecamping-berghof.at
office@seecamping-berghof.at

01.04. - 16.10.

HS: 46,80 € | NS: 31,30 €

Mehr Infos & Anfrage:
www.camping.info/19409

Baden im See am Platz	✓
Hallenbad	15km
Spielplatz am Platz	✓
Hunde erlaubt	nur NS
Skilift	6km
WLAN (gegen Gebühr)	✓
Lebensmittel	✓
Brötchen am Platz	✓
Restaurant & Imbiss	✓
Ver-/Entsorgung Womo	✓
in den Ort	4km
Gesamt/Touristen	430/420
Mietunterkünfte	✓
Stellplätze vor Schranke	✗

ADAC Superplatz 2021

AWARD 2021

Die Umgebung ist ideal für Radtouren und Wanderungen.

Lage & Stellplatz

Eingebettet zwischen Gerlitzen Alpe und Ossiacher Tauern, direkt am Südufer des Ossiacher Sees, liegt das Seecamping Berghof. Das 10 ha große Campinggelände mit ca. 1 km eigenem Seeufer lädt in Verbindung mit den fünf Sanitärgebäuden zum Wohlfühlen und Entspannen ein. Zur Auswahl stehen Superior- und klassische Stellplätze für Zelte, Caravans oder Wohnmobile sowie Mietcaravans, neue winterfeste Mobilheime und hochwertige Ferienhäuser. Großzügige Stellplätze direkt am Seeufer, schattenspendende Bäume und herrliche Ausblicke lassen Urlaubsstimmung aufkommen.

Sanitär

Die fünf Sanitäranlagen sind von jedem Stellplatz aus bequem zu erreichen. Sie glänzen nicht nur durch ihre moderne Ausstattung und viele Extras, sondern auch durch Sauberkeit, Frische und Hygiene. Neben ausreichend Duschen und Toiletten verfügen die Sanitäranlagen u. a. über einen Babywaschraum, einen Kinderwaschraum und eine barrierefreie Einrichtung. Darüber hinaus bieten 17 Mietbäder mit modernster Ausstattung absolut privaten Sanitärkomfort – wie in den eigenen vier Wänden.

Fittich und Wittich Spielplatz.

Essen am Berghof.

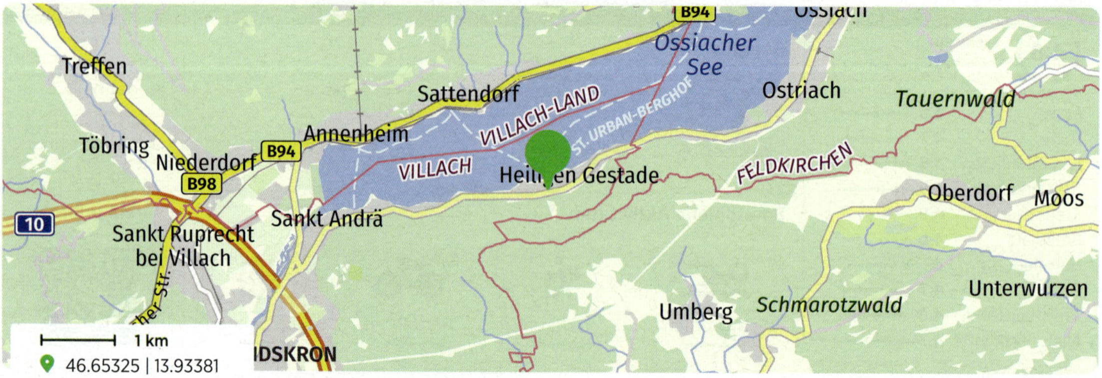

1 km
46.65325 | 13.93381
550m ü.M.

Hunde nur in den Nebensaisonen erlaubt. Keine Hunde im Juli und August.

AWARD 2021

Eingebettet zwischen Gerlitzen Alpe und Ossiacher Tauern, direkt am Südufer des Ossiacher Sees.

Verpflegung

Im Landgasthaus Berghof wird man mit kulinarischen Leckerbissen aus der typischen Kärntner Küche, leichten mediterranen Speisen und knackigen Salaten verwöhnt. Außerdem stehen zarte Gerichte vom Rind aus den Ossiacher Tauern, Grillspezialitäten oder Pizzen direkt aus dem Holzofen auf der Speisekarte. Um den kleinen Hunger zwischendurch und den großen Durst kümmert sich in der Hochsaison der Strandpavillon. Der platzeigene Supermarkt versorgt die Gäste mit einem umfangreichen Sortiment frischer Lebensmittel und Getränke sowie mit einem gut sortierten Campingshop.

Freizeit

Drei brandneue Spielplätze und zwei Indoor-Spielbereiche sorgen dafür, dass auch bei den kleinen Campinggästen keine Langeweile aufkommt. Am See bieten zwei Badebereiche, verschiedene Wasserspielzeuge im See, die Wasserskistation mit Banane und Reifen und die Wassersportstation mit Surfen, SUP und Kanu Action-Spaß für alle Altersgruppen. Sportlich aktiv geht es auch bei den Touren zum Canyoning, Raften und Mountainbiken oder auf dem ca. 5 ha großen Sportgelände mit Beachvolleyball, Tennisplätzen, Fußballplatz und dem ebenfalls neu angelegten Adventure Minigolf zu.

5.0

Spitzen Campingplatz. Wir waren total begeistert von unserem tollen Zeltplatz B5. Wir hatten für unsere Sachen genug Platz und die Aussicht war spitze. Des Weiteren möchte ich noch die Sanitäranlagen loben. Sehr sauber, super modern und perfekt zugänglich, auch für unseren Sohn, wenn er alleine geht. Danke für die Sauberkeit in der Anlage und wir freuen uns schon auf das nächste Jahr, haben schon wieder gebucht. LG von den Hansers aus Osttirol.

Fam. Hansers

Familie campt seit 3 Jahren in einem 5-Mann-Zelt und großem Pavillion. Vor allem schätzen sie die Geselligkeit und die Hilfsbereitschaft unter Campern auf dem Platz. Sie waren im August 2021 auf dem Berghof.

Stellplätze direkt am See.

Ferienhäuser und Mobilheime

4.7 **SEHR GUT**
677 Bewertungen

Lage	4.8
Ruhe	4.3
Sanitäranlagen	4.6
Sauberkeit Ø	4.7
Freundlichkeit	4.8
Stellplatz	4.5
Verpflegung	4.4
Freizeit	4.6
Preis-Leistung	4.3
Mietunterkünfte	4.4

Geeignet für

4.7	Kinder b. 6 J.
4.7	Kinder b. 12 J.
4.6	Gäste mit Zelt
4.2	Kinder b. 18 J.
4.6	Paare
4.5	Senioren
3.6	Gäste mit Hund

Empfohlene Aktivitäten

Schwimmen
Wandern
Radfahren
Entspannen

Mehr Infos

Karte auf Seite 142

	8	9	12
	Campingbad Ossiachersee	**Seecamping Plörz**	**Camping Seehof**
	Seeuferstraße 109 9520 Annenheim +43 4248 2757 46.65713 | 13.89275 501m ü.M.	Süduferstraße 289 9523 Landskron +43 676 322 14 94 46.65554 | 13.93976	Campingweg 12 9500 Villach +43 676 55843740713 46.63292 | 13.8578
Infos			
Öffnungszeiten	01.04. - 15.10.	01.05. - 15.10.	01.05. - 30.09.
Vergleichspreis	HS: 35,60 € | NS: 27,40 €	HS: 31,30 € | NS: 24,40 €	keine Angabe
Link	**Mehr Infos & Anfrage:** www.camping.info/19281	**Mehr Infos & Anfrage:** www.camping.info/19416	**Mehr Infos & Anfrage:** www.camping.info/25518
Ausstattung			
Freizeit	Baden im See am Platz ✓ Hallenbad 10km Spielplatz am Platz ✓	Baden im See am Platz ✓ Hallenbad 6km Spielplatz am Platz ✓	Baden in nat. Gewässer k. A. Pool & Hallenbad ✗ Spielplatz keine Angabe
Campingplatz	Hunde ✗ Skilift 300m WLAN ✓	Hunde willkommen ✓ Skilift & Loipe ✗ WLAN (gegen Gebühr) ✓	Hunde ✗ Skilift & Loipe keine Angabe WLAN keine Angabe
Versorgung	Lebensmittel ✓ Brötchen am Platz ✓ Restaurant & Imbiss ✓ Ver-/Entsorgung Womo ✓ in den Ort 500m	Lebensmittel ✗ Brötchen am Platz ✓ Restaurant/Imbiss 500m/✓ Ver-/Entsorgung Womo ✓ im Ort ✓	Lebensmittel k.A. Brötchen keine Angabe Restaurant & Imbiss ✗ Ver-/Entsorgung Womo ✗ in den Ort keine Angabe
Anzahl der Plätze	Gesamt/Touristen 300/290 Mietunterkünfte ✓ Stellplätze vor Schranke ✗	Touristenplätze 100 Mietunterkünfte ✓ Stellplätze vor Schranke ✗	Gesamt keine Angabe Mietunterkünfte ✗ Stellplätze vor Schranke ✗

	Campingbad Ossiachersee	Seecamping Plörz	Camping Seehof
Gesamt	4.1 SEHR GUT, 142 Bewertungen	4.6 SEHR GUT, 30 Bewertungen	4.4 SEHR GUT, 17 Bewertungen
Lage	4.6	4.7	4.5
Ruhe	3.9	4.6	3.9
Sanitäranlagen	3.7	4.3	4.7
Sauberkeit Ø	4.0	4.5	4.7
Freundlichkeit	4.0	4.7	4.7
Stellplatz	4.1	4.1	4.1
Verpflegung	3.9	3.9	4.2
Freizeit	4.4	4.4	3.8
Preis-Leistung	4.0	4.3	4.1
Mietunterkünfte	5.0	4.3	-
Geeignet für			
Kinder b. 6 J.	4.4	3.7	4.2
Kinder b. 12 J.	4.4	4.1	4.3
Kinder b. 18 J.	3.9	4.0	4.2
Paare	4.3	4.6	4.5
Senioren	4.5	4.6	4.2
Gäste mit Zelt	4.3	4.5	4.6
Hunde n. erlaubt / Gäste mit Hund	Hunde n. erlaubt -	Gäste mit Hund 4.9	Hunde n. erlaubt -
Empfohlene Aktivitäten	Schwimmen Wandern Radfahren	Schwimmen Wandern Radfahren	Schwimmen Radfahren Wandern

13 Strandcamping Anderwald

Strand Nord 4
9583 Faak am See
+43 4254 2297
46.57364 | 13.93213

01.04. - 31.10.

HS: 42,40 € | NS: 31,10 €
Mehr Infos & Anfrage:
www.camping.info/19475

Baden im See am Platz	✓
Hallenbad	7km
Spielplatz am Platz	✓
Hunde erlaubt	✓
Skilift & Loipe	keine Angabe
WLAN	✓
Lebensmittel	✓
Brötchen am Platz	✓
Restaurant & Imbiss	✓
Ver-/Entsorgung Womo	✓
in den Ort	1km
Touristenplätze	189
Mietunterkünfte	✓
Stellplätze vor Schranke	✗

4.8 SEHR GUT
81 Bewertungen

Lage	4.9
Ruhe	4.4
Sanitäranlagen	4.5
Sauberkeit Ø	4.7
Freundlichkeit	4.9
Stellplatz	4.4
Verpflegung	4.6
Freizeit	4.7
Preis-Leistung	4.4
Mietunterkünfte	4.6

Geeignet für

Kinder b. 6 J.	4.7
Kinder b. 12 J.	4.8
Kinder b. 18 J.	4.6
Paare	4.7
Senioren	4.6
Gäste mit Zelt	4.8
Gäste mit Hund	4.4

Empfohlene Aktivitäten

- Schwimmen
- Wandern
- Radfahren

14 Familien-Camping Ferien am Walde

Sportplatzweg 3
9581 Ledenitzen / Faaker See
+43 4254 2670
46.57032 | 13.95169
535m ü.M.

01.05. - 30.09.

HS: 32,40 € | NS: 23,40 €
Mehr Infos & Anfrage:
www.camping.info/19319

Baden im See	800m
Hallenbad	12km
Spielplatz am Platz	✓
Hunde willkommen	✓
Skilift & Loipe	✗
WLAN	✓
Lebensmittel	✓
Brötchen am Platz	✓
Restaurant/Imbiss	200m/✓
Ver-/Entsorgung Womo	✓
in den Ort	300m
Touristenplätze	230
Mietunterkünfte	✗
Stellplätze vor Schranke	✗

4.4 SEHR GUT
17 Bewertungen

Lage	4.1
Ruhe	4.8
Sanitäranlagen	3.9
Sauberkeit Ø	4.5
Freundlichkeit	4.5
Stellplatz	4.2
Verpflegung	3.5
Freizeit	4.2
Preis-Leistung	3.5
Mietunterkünfte	-

Geeignet für

Kinder b. 6 J.	4.1
Kinder b. 12 J.	4.1
Kinder b. 18 J.	3.1
Paare	4.7
Senioren	5.0
Gäste mit Zelt	4.6
Gäste mit Hund	4.6

Empfohlene Aktivitäten

- Wandern
- Entspannen
- Radfahren

15 Strandcamping Gruber

Strand Nord 3
9583 Faak am See
+43 676 7065197
46.56859 | 13.92975
550m ü.M.

01.05. - 20.09.

HS: 43,70 € | NS: 32,50 €
Mehr Infos & Anfrage:
www.camping.info/22171

Baden im See am Platz	✓
Pool/Hallenbad	8km
Spielplatz am Platz	✓
Hunde willkommen	✓
Skilift & Loipe	✗
WLAN	✓
Lebensmittel	✓
Brötchen am Platz	✓
Restaurant & Imbiss	✓
Ver-/Entsorgung Womo	✓
in den Ort	2km
Touristenplätze	140
Mietunterkünfte	✓
Stellplätze vor Schranke	✗

4.2 SEHR GUT
46 Bewertungen

Lage	4.7
Ruhe	4.2
Sanitäranlagen	4.0
Sauberkeit Ø	4.3
Freundlichkeit	4.7
Stellplatz	4.1
Verpflegung	4.3
Freizeit	4.6
Preis-Leistung	4.1
Mietunterkünfte	4.9

Geeignet für

Kinder b. 6 J.	4.6
Kinder b. 12 J.	4.7
Kinder b. 18 J.	4.3
Paare	4.8
Senioren	4.8
Gäste mit Zelt	4.6
Gäste mit Hund	4.3

Empfohlene Aktivitäten

- Schwimmen
- Wandern
- Radfahren

keine WOMOs ab 8 m und Jugendgruppen im Juli und August

ÖSTERREICH

⓫ Wörthersee und Südkärnten

FREIZEITTIPPS

- **A** Aussichtsturm Pyramidenkogel, Linden
- **B** Minimundus, Klagenfurt
- **C** Tscheppaschlucht, Ferlach
- **D** Harrer-Museum, Hüttenberg
- **E** Walderlebniswelt Klopeiner See, Kanzian

	Platz	Seite	Bewertung	Öffnungszeiten	
1	Almcamp Witra - Nicklriepl	158	-	k. A.	
2	Camping Goggausee	158	-	saisonal	
3	Camping Maltschacher Seewirt	159	4.8	saisonal	Onlinebuchung
4	Family-Camping Sonnenresort Maltschachersee	161	3.8	saisonal	
5	Stausee Camping	158	4.0	saisonal	FKK
6	Camping Village Wörthersee	160	4.1	saisonal	
7	Camping Klagenfurt am Wörthersee	160	4.0	saisonal	
8	Strandcamping Brückler Nord	160	4.3	saisonal	
9	Camping Breznik - Turnersee	162	4.1	saisonal	
10	Terrassencamping Ilsenhof am Turnersee	163	4.6	saisonal	
11	Strandcamping Süd	162	4.2	saisonal	
12	Rutar Lido FKK-See-Camping	162	3.9	saisonal	FKK Wintercamping
13	FKK-Camping Turkwiese	166	4.2	saisonal	FKK
14	FKK-Camping Müllerhof	164	4.7	saisonal	FKK
15	Petzencamping Pirkdorfer See	166	-	ganzjährig	Wintercamping
16	Camping Rosental Rož	166	4.6	saisonal	
17	Juritz - Camping & Restaurant	167	4.8	saisonal	

Wintercamping FKK Textilfrei (ganz/teilweise) Ecocamping Award Onlinebuchung

DER SONNIGE SÜDEN

Im Süden des Bundeslandes Kärnten gibt es nicht nur gut ausgestattete Campingplätze, sondern auch jede Menge zu unternehmen. Neben einigen der wärmsten Badeseen des Landes warten hier interessante Ausflugsziele sowie optimale Voraussetzungen zum Wandern und Radfahren.

Pyramidenkogel © Kärnten Werbung/Tine Steinthaler

SUN & FUN AM WÖRTHERSEE

Der Wörthersee ist der bekannteste und meistbesuchte See Kärntens. Vielfältige Wassersportmöglichkeiten wie Wasserski, Wakeboarden oder Parasailing versprechen spannende Stunden an warmen Sommertagen. Rund um den See befinden sich außerdem viele Top-Restaurants, In-Lokale und das Casino in Velden. Einen fantastischen Rundblick über das Kärntner Seenland erlebt man aus einer Höhe von 905 Metern am Aussichtsturm „Pyramidenkogel" in Keutschach am See. Hier, etwas südlich des Wörthersees, findet man auch eine größere Auswahl an Campingplätzen. Weitere Highlights der Region befinden sich in der Landeshauptstadt Klagenfurt: Die prachtvolle Altstadt weiß mit hervorragend restaurierten Gebäuden, Innenhöfen und Plätzen zu überzeugen. Das Wahrzeichen der Stadt, der Lindwurm, kann auf dem Neuen Platz bewundert werden. Im Klagenfurter „Minimundus" lassen sich über 150 Gebäude aus allen fünf Kontinenten im detailgetreuen Miniaturformat besichtigen und im Reptilienzoo Happ warten Schlangen, Echsen und Reptilien aus aller Welt auf wissbegierige Besucher. Im Ort Launsdorf, in der Nähe von Klagenfurt, liegt die traumhafte Burg Hochosterwitz. Mit ihren 14 Burgtoren und der imposanten Lage auf einem 175 m hohen Felsen gehört sie definitiv zu den eindrucksvollsten Burganlagen Österreichs.

Langlaufen im Bodental © Kärnten Werbung/Franz Gerdl

Burg Hochosterwitz Panorama © Kärnten Werbung/Gert Steinthaler

SÜDKÄRNTEN: BADESEEN, WANDERREGIONEN UND BERGKULISSEN

Im Südosten Kärntens gibt es neben dem Wörthersee noch viele weitere bekannte Badeseen zu entdecken. Hervorzuheben sind dabei der Turnersee, der Gösselsdorfer See und der Klopeiner See. Urlaubsstimmung kommt allerdings nicht nur im kühlen Nass auf. Die beiden Ferienregionen Rosental und Lavanttal sind vor allem für Wanderer ein wahrer Genuss. Die herrliche Bergkulisse der Karawanken, sanfte Hügel und glasklare Wildbäche prägen das Rosental. In der Tscheppaschlucht kann die Urgewalt des Wassers in seiner schönsten Form bestaunt werden. Tiefe Schluchten, tosende Wasserfälle und ein beschaulicher Mischwald – einem unvergesslichen Naturerlebnis steht nichts mehr im Weg. Der absolute Höhepunkt der Wanderung ist der Tschaukofall mit dem Felsentor und der berüchtigten Teufelsbrücke. Fernab des Kärntner Massentourismus liegt das Lavanttal. In einem der reizvollsten Täler des Landes stehen mehr als 1.000 km Wanderwege und ca. 220 km Familien-Radwege zur Verfügung. Zu den kulturellen Sehenswürdigkeiten des Lavanttales zählen der Benediktinerstift St. Paul und das majestätische Schloss Wolfsberg. Ganz im Süden, nahe der slowenischen Grenze, befindet sich der Hochobir (2.139 m). Doch die eigentliche Attraktion ist nicht das höchste Bergmassiv der Nord-Karawanken, sondern die bekannten Obir-Tropfsteinhöhlen. Die Führung zu den faszinierenden Tropfsteinhöhlen startet im Kurort Eisenkappel und führt durch einen 240 Meter langen Stollen ins Innere des Berges.

Drauradweg © Kärnten Werbung/Gert Steinthaler

TIPP DER REDAKTION

Juritz – Camping & Restaurant

Feistritz im Rosental | Nr. 17 | Seite 167

Laut Gästen ideal geeignet zum:

- Wandern
- Radfahren
- Entspannen

4.8

Karte auf Seite 154

	1	2	5
	Almcamp Witra - Nicklriepl	**Camping Goggausee**	**Stausee Camping**
			FKK
	Witra 15 9411 St. Michael 06607111050 46.86879 | 14.73772	Niederwinklern 2 9560 Feldkirchen +43 4271 2033 46.79449 | 14.14358 785m ü.M.	Dullach I 8 9100 Völkermarkt +43 650 264 4996 46.63377 | 14.69155
Infos			
Öffnungszeiten	keine Angabe	01.05. - 31.10.	01.05. - 31.10.
Vergleichspreis	keine Angabe	HS: 18,90 € | NS: 18,90 €	HS: 31,80 € | NS: 28,00 €
Link	**Mehr Infos & Anfrage:** www.camping.info/30258	**Mehr Infos & Anfrage:** www.camping.info/19457	**Mehr Infos & Anfrage:** www.camping.info/19538
Ausstattung			
Freizeit	Baden in nat. Gewässer k. A. Pool & Hallenbad ✗ Spielplatz keine Angabe	Baden im See 200m Pool/Hallenbad 200m/35km Spielplatz 500m	Baden im See am Platz ✓ Pool/Hallenbad 10/30km Spielplatz am Platz ✓
Campingplatz	Hunde ✗ Skilift & Loipe keine Angabe WLAN keine Angabe	Hunde erlaubt ✓ Skilift/Loipe ✗/k. A. WLAN ✓	Hunde willkommen ✓ Skilift/Loipe 15/11km WLAN ✓
Versorgung	Lebensmittel k.A. Brötchen keine Angabe Restaurant & Imbiss ✗ Ver-/Entsorgung Womo ✗ in den Ort keine Angabe	Lebensmittel 2km Brötchen am Platz nur HS Restaurant/Imbiss 700m/✓ Ver-/Entsorgung Womo ✓ in den Ort 2km	Lebensmittel 3km Brötchen am Platz ✓ Restaurant/Imbiss 3km Ver-/Entsorgung Womo ✓ in den Ort 3km
Anzahl der Plätze	Gesamt keine Angabe Mietunterkünfte ✗ Stellplätze vor Schranke ✗	Gesamt/Touristen 100/85 Mietunterkünfte ✓ Stellplätze vor Schranke ✗	Gesamt/Touristen 92/20 Mietunterkünfte ✓ Stellplätze vor Schranke ✗

Almcamp Witra - Nicklriepl

- JETZT BEWERTEN!

Für diese Auswertung liegen leider noch nicht genügend Bewertungen vor.

Sei einer der Ersten, der diesen Campingplatz bewertet. Unter den Bewertern werden regelmäßig Gewinne verlost!

Mehr Infos dazu findest du in unserem allgemeinen Intro.

Camping Goggausee

- JETZT BEWERTEN!

Für diese Auswertung liegen leider noch nicht genügend Bewertungen vor.

Sei einer der Ersten, der diesen Campingplatz bewertet. Unter den Bewertern werden regelmäßig Gewinne verlost!

Mehr Infos dazu findest du in unserem allgemeinen Intro.

Stausee Camping

4.0 SEHR GUT
3 Bewertungen

Lage	3.7
Ruhe	3.7
Sanitäranlagen	4.3
Sauberkeit Ø	5.0
Freundlichkeit	4.0
Stellplatz	4.0
Verpflegung	2.7
Freizeit	3.0
Preis-Leistung	3.7
Mietunterkünfte	5.0

Geeignet für

Kinder b. 6 J.	3.7
Kinder b. 12 J.	3.0
Kinder b. 18 J.	3.0
Paare	3.7
Senioren	5.0
Gäste mit Zelt	3.0
Gäste mit Hund	3.0

Empfohlene Aktivitäten

- Schwimmen
- Radfahren
- Angeln

3 Camping Maltschacher Seewirt

Maltschach am See 2
9560 Feldkirchen
+43 4277 2637
www.seewirt-spiess.com
office@seewirt-spiess.com

30.04. - 02.10.

HS: 38,00 € | NS: 28,00 €

Mehr Infos & online buchen:
www.camping.info/22118

Baden im See am Platz	✓
Hallenbad	300m
Spielplatz am Platz	✓
Hunde willkommen	✓
Skilift & Loipe	✗
WLAN	✓
Lebensmittel	300m
Brötchen am Platz	✓
Restaurant & Imbiss	✓
Ver-/Entsorgung Womo	✓
in den Ort	2km
Gesamt/Touristen	60/35
Mietunterkünfte	✓
Stellplätze vor Schranke	✗

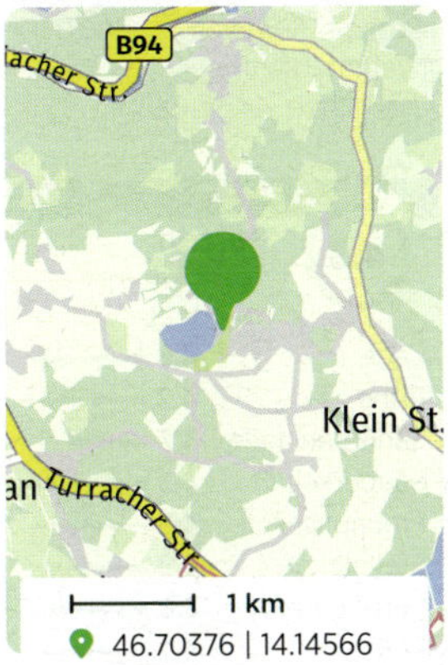

46.70376 | 14.14566
580m ü.M.

Klein und fein: Kärntens wohl familiärster Campingplatz direkt am Wasser.

Lage & Stellplatz

Einfach abschalten und die Ruhe genießen! Der familiäre Campingplatz (55 Stellplätze) befindet sich direkt am idyllischen Maltschacher See, einem der wärmsten Seen in Österreich. Dank der zentralen Lage liegt einem ganz Kärnten praktisch zu Füßen – optimal für Entdeckungstouren für Groß und Klein.

Verpflegung

Angefangen vom Frühstück, das jeden Tag frisch vom Bäcker geliefert wird, über leichte Mittagsgerichte auf der Seeterrasse bis hin zu einem Überraschungsmenü mit Blick auf den romantischen Sonnenuntergang am Abend, verwöhnt das Küchenteam die Gäste mit regionalen Produkten von höchster Qualität.

Sanitär

Gepflegte und komfortable Sanitäranlage – voll ausgestattet mit Fußbodenheizung und Einzel-Duschkabinen, barrierefreiem WC und Dusche sowie Geschirrspülbecken, Waschmaschine und Wäschetrockner. Dank der zentralen Lage ist das Sanitärgebäude vom gesamten Platzgelände aus bequem erreichbar.

Freizeit

Vom Vorzelt direkt ins Wasser – der perfekte Start für einen Tag am See. Schwimmen, Kajak, Windsurfen, Segeln und vieles mehr machen den Urlaub zum Aktiv-Erlebnis. Mountainbike- und Wanderstrecken sind wie viele der wichtigsten Ausflugsziele Kärntens nur einen Steinwurf entfernt.

Blick über den Maltschacher See.

Perfekt für die ganze Familie.

4.8 SEHR GUT
40 Bewertungen

Lage	4.8
Ruhe	4.6
Sanitäranlagen	4.2
Sauberkeit Ø	4.8
Freundlichkeit	5.0
Stellplatz	4.6
Verpflegung	4.6
Freizeit	4.3
Preis-Leistung	4.7
Mietunterkünfte	4.8

Geeignet für

4.9 Paare

4.9 Senioren
4.7 Kinder b. 6 J.
4.5 Kinder b. 12 J.
4.5 Gäste mit Zelt
4.5 Gäste mit Hund
4.3 Kinder b. 18 J.

Empfohlene Aktivitäten

Schwimmen
Entspannen
Wandern
Radfahren

Mehr Infos

Wohnwagen bei Anreise bitte am Tor abstellen & zu Fuß zur Rezeption gehen.

Karte auf Seite 154

	6	7	8
	Camping Village Wörthersee	**Camping Klagenfurt am Wörthersee**	**Strandcamping Brückler Nord**
	Auenstraße 47 9535 Auen - Schiefling +43 4274 2898	Metnitzstrand 5 9020 Klagenfurt am Wörthersee +43 463 287810	Keutschach 5 9074 Keutschach am See +43 4273 2384
	46.619 | 14.10558 750m ü.M.	46.61851 | 14.2568	46.59146 | 14.16828 506m ü.M.
Infos			
Öffnungszeiten	24.03. - 03.11.	18.04. - 03.10.	01.05. - 30.09.
Vergleichspreis	HS: 34,10 € | NS: 18,00 €	HS: 38,90 € | NS: 29,90 €	HS: 46,20 € | NS: 35,00 €
Link	**Mehr Infos & Anfrage:** www.camping.info/19509	**Mehr Infos & Anfrage:** www.camping.info/22274	**Mehr Infos & Anfrage:** www.camping.info/19517
Ausstattung			
Freizeit	Baden im See 200m	Baden im See 20m	Baden im See am Platz ✓
	Pool/Hallenbad 19km	Hallenbad 4km	Pool & Hallenbad ✗
	Spielplatz am Platz ✓	Spielplatz am Platz ✓	Spielplatz am Platz ✓
Campingplatz	Hunde willkommen ✓	Hunde willkommen ✓	Hunde willkommen ✓
	Skilift & Loipe ✗	Skilift & Loipe ✗	Skilift & Loipe ✗
	WLAN ✓	WLAN (gegen Gebühr) teilweise	WLAN ✓
Versorgung	Lebensmittel ✓	Lebensmittel ✓	Lebensmittel ✓
	Brötchen am Platz ✓	Brötchen am Platz nur HS	Brötchen am Platz ✗
	Restaurant & Imbiss ✓	Restaurant & Imbiss ✓	Restaurant/Imbiss 1km/✓
	Ver-/Entsorgung Womo ✓	Ver-/Entsorgung Womo ✓	Ver-/Entsorgung Womo ✓
	in den Ort 3km	in den Ort 4km	in den Ort 2km
Anzahl der Plätze	Touristenplätze 150	Touristenplätze 340	Gesamt/Touristen 180/130
	Mietunterkünfte ✓	Mietunterkünfte ✗	Mietunterkünfte ✓
	Stellplätze vor Schranke ✓	Stellplätze vor Schranke ✗	Stellplätze vor Schranke ✗

	6	7	8
Gesamt	4.1 SEHR GUT, 18 Bewertungen	4.0 SEHR GUT, 44 Bewertungen	4.3 SEHR GUT, 18 Bewertungen
Lage	3.8	4.5	4.6
Ruhe	4.1	3.5	4.2
Sanitäranlagen	4.0	3.9	3.7
Sauberkeit Ø	4.2	3.8	4.3
Freundlichkeit	4.9	4.6	4.5
Stellplatz	3.7	4.2	3.9
Verpflegung	3.6	4.0	3.8
Freizeit	4.0	4.6	4.2
Preis-Leistung	3.9	3.9	4.4
Mietunterkünfte	4.0	-	4.8
Geeignet für			
Kinder b. 6 J.	3.1	4.5	4.5
Kinder b. 12 J.	3.9	4.5	4.5
Kinder b. 18 J.	4.0	4.4	4.2
Paare	4.3	4.6	4.7
Senioren	3.8	4.1	4.5
Gäste mit Zelt	4.4	4.6	4.8
Gäste mit Hund	4.3	4.7	4.7
Empfohlene Aktivitäten	Wandern	Schwimmen	Schwimmen
	Schwimmen	Radfahren	Radfahren
	Radfahren	Sightseeing	Wandern

ANZEIGE

4 Family-Camping Sonnenresort Maltschachersee

Briefelsdorfer Straße 2
9560 Feldkirchen
+43 4277 2644
www.sonnenresorts.at
fo@sonnenresort-maltschachersee.at

01.05. - 30.09.

HS: k.A. | NS: k.A.

Mehr Infos & Anfrage:
www.camping.info/19430

Baden im See am Platz	✓
Hallenbad	✓
Spielplatz am Platz	✓
Hunde willkommen	✓
Skilift & Loipe	✗
WLAN (gratis)	teilweise
Lebensmittel	200m
Brötchen am Platz	✓
Restaurant/Imbiss	200/100m
Ver-/Entsorgung Womo	✗
im Ort	✓
Gesamt/Touristen	80/40
Mietunterkünfte	✓
Stellplätze vor Schranke	✗

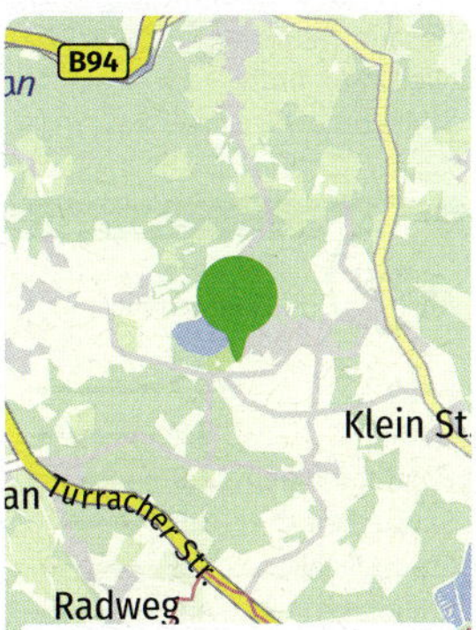

46.7015 | 14.14548

Schöne, große Stellplätze mit 8x8 m.

Lage & Stellplatz

Zwischen den sanft geschwungenen, bewaldeten Hängen des Nationalparks Nockberge und dem idyllischen Ufer des beschaulichen Maltschacher Sees befindet sich der Campingplatz des Sonnenresorts Maltschacher See. Stellplätze 8x8 m oder 16x8 m, eigener Wasseranschluss und Stromversorgung an jedem Platz.

Verpflegung

Auf dem Campingplatz am Maltschacher See gibt es einen eigenen Kiosk mit kleinen Snacks sowie ein leckeres Buffetrestaurant zum Sattwerden.

Sanitär

Auf Sauberkeit wird bei den modernen und freundlichen Sanitäranlagen großer Wert gelegt. Neben normalen Dusch- und Waschkabinen, gibt es auch behindertengerechte Kabinen.

Freizeit

Auf dem Platz wird den Gästen einiges geboten: Es gibt eine Minigolf-Anlage, Tischtennis, einen Tennisplatz, Möglichkeiten zum Angeln, einen eigenen See, und die Möglichkeit zum Surfen, Segeln und Kajak. Hier wird es keinem langweilig!

Camping im Grünen.

Willkommen am Infopoint.

3.8 GUT
4 Bewertungen

Lage	4.2
Ruhe	4.0
Sanitäranlagen	4.0
Sauberkeit Ø	3.0
Freundlichkeit	3.8
Stellplatz	4.0
Verpflegung	3.5
Freizeit	3.5
Preis-Leistung	4.0
Mietunterkünfte	4.0

Geeignet für

4.2	Kinder b. 6 J.
4.0	Kinder b. 12 J.
3.8	Paare
3.8	Senioren
3.0	Kinder b. 18 J.
3.0	Gäste mit Zelt
2.0	Gäste mit Hund

Empfohlene Aktivitäten

Entspannen · Radfahren · Wandern · Spazieren

Mehr Infos

Karte auf Seite 154

	9	11	12
	Camping Breznik - Turnersee	**Strandcamping Süd**	**Rutar Lido FKK-See-Camping**
			FKK ❄
	Unternarrach 21 9122 St. Kanzian +43 4239/2350	Dobeinitz 30 9074 Keutschach am See +43 699 124 24 403	Lido 1 9141 Eberndorf +43 4236 2262 0
	46.58567 | 14.56638	46.58512 | 14.17225	46.58461 | 14.62411
	450m ü.M.		470m ü.M.
Infos			
Öffnungszeiten	08.04. - 30.09.	01.05. - 30.09.	01.03. - 31.10. 04.12. - 28.02.
Vergleichspreis	HS: 35,50 € | NS: 23,70 €	HS: 31,20 € | NS: 26,80 €	HS: 37,50 € | NS: 29,00 €
Link	**Mehr Infos & Anfrage:** www.camping.info/19394	**Mehr Infos & Anfrage:** www.camping.info/19532	**Mehr Infos & Anfrage:** www.camping.info/19370
Ausstattung			
Freizeit	Baden im See am Platz ✓ Pool/Hallenbad 8/20km Spielplatz am Platz ✓	Baden im See am Platz ✓ Hallenbad 12km Spielplatz am Platz ✓	Baden im See am Platz ✓ Pool & Hallenbad ✓ Spielplatz am Platz ✓
Campingplatz	Hunde willkommen ✓ Skilift & Loipe ✗ WLAN ✓	Hunde erlaubt ✓ Skilift & Loipe ✗ WLAN ✓	Hunde willkommen ✓ Skilift/Loipe 15km WLAN (gegen Gebühr) ✓
Versorgung	Lebensmittel ✓ Brötchen am Platz ✗ Restaurant am P. ✓ Ver-/Entsorgung Womo ✓ in den Ort 1km	Lebensmittel 900m Brötchen am Platz ✓ Restaurant & Imbiss ✓ Ver-/Entsorgung Womo ✓ in den Ort 1km	Lebensmittel ✓ Brötchen am Platz ✓ Restaurant & Imbiss ✓ Ver-/Entsorgung Womo ✓ in den Ort 700m
Anzahl der Plätze	Gesamt/Touristen 440/180 Mietunterkünfte ✓ Stellplätze vor Schranke ✗	Touristenplätze 150 Mietunterkünfte ✗ Stellplätze vor Schranke ✗	Gesamt/Touristen 365/220 Mietunterkünfte ✓ Stellplätze vor Schranke ✗

	Camping Breznik - Turnersee	Strandcamping Süd	Rutar Lido FKK-See-Camping
Gesamt	4.1 SEHR GUT, 39 Bewertungen	4.2 SEHR GUT, 12 Bewertungen	3.9 GUT, 29 Bewertungen
Lage	4.7	4.8	4.7
Ruhe	4.4	4.6	4.7
Sanitäranlagen	3.9	3.5	2.9
Sauberkeit Ø	4.3	4.0	3.5
Freundlichkeit	4.4	4.7	4.3
Stellplatz	4.3	3.8	4.1
Verpflegung	4.1	3.1	3.9
Freizeit	4.2	3.8	3.9
Preis-Leistung	4.4	4.2	3.8
Mietunterkünfte	4.5	-	4.0
Geeignet für			
Kinder b. 6 J.	4.4	4.4	3.7
Kinder b. 12 J.	4.4	4.1	3.8
Kinder b. 18 J.	4.0	2.8	3.2
Paare	4.7	4.6	4.4
Senioren	4.6	4.7	4.6
Gäste mit Zelt	4.3	4.2	4.1
Gäste mit Hund	4.2	4.3	4.3
Empfohlene Aktivitäten	Schwimmen Wandern Radfahren	Schwimmen Radfahren Entspannen	Wandern Schwimmen Radfahren

keine WOMOs ab 14 m

10 Terrassencamping Ilsenhof am Turnersee

Obersammelsdorf 54
9122 St. Kanzian
+43 676 33 155 32
www.ilsenhof.at
urlaub@ilsenhof.at

01.05. - 31.10.

HS: 43,70 € | NS: 31,80 €

Mehr Infos & Anfrage:
www.camping.info/19344

Baden im See am Platz	✓
Hallenbad	20km
Spielplatz am Platz	✓
Hunde willkommen	✓
Skilift & Loipe	✗
WLAN	✓
Lebensmittel	3km
Brötchen am Platz	✓
Restaurant & Imbiss	✓
Ver-/Entsorgung Womo	✓
in den Ort	3km
Gesamt/Touristen	100/60
Mietunterkünfte	✓
Stellplätze vor Schranke	✗

46.58559 | 14.57991
468m ü.M.

Die Stellplätze liegen auf einem terrassenförmig ausgebauten Südhang.

Lage & Stellplatz

Naturnah und unkompliziert – das sind die beiden Campingplätze Terrassencamping & Panoramacamping am Turnersee. Egal ob direkt am See oder in absolut ruhiger Lage – hier findet man immer den passenden Stellplatz mit herrlichem Blick auf den See und die Bergkulisse der Karawanken.

Verpflegung

Im Strandrestaurant werden unter anderem Grillgerichte, hausgemachte Pizza, herrliche Burger, leichte Salatkreationen und köstliche Eisbecher angeboten. Außerdem werden die Campinggäste mit frischem Frühstücksgebäck und Milchprodukten versorgt.

Sanitär

Beide Campingplätze verfügen über saubere und gepflegte sanitäre Anlagen mit Kinderbad und separaten barrierefreien Duschen und WCs. Eine Entsorgungsstation für Campingtoiletten sowie ein Wäscheraum mit Waschmaschinen und Wäschetrockner sind ebenfalls vorhanden.

Freizeit

Sportbegeisterte finden hier die ideale Umgebung zum Wandern, Radfahren, Schwimmen, Golfen, Reiten u. v. m. Das Strandbad mit großer Liegewiese, Badesteg und Seerestaurant sowie der Ilsenhof-Reitstall runden das Freizeitangebot ab. Die Aktiv-Card-Südkärnten ist für alle Gäste kostenlos mit dabei.

... mit direktem Seezugang.

... und Blick auf den See.

4.6 SEHR GUT
19 Bewertungen

Lage	4.7
Ruhe	4.7
Sanitäranlagen	4.1
Sauberkeit Ø	4.3
Freundlichkeit	4.3
Stellplatz	4.2
Verpflegung	3.5
Freizeit	4.2
Preis-Leistung	4.2
Mietunterkünfte	4.2

Geeignet für

Senioren	5.0
Paare	4.7
Gäste mit Zelt	4.6
Gäste mit Hund	3.6
Kinder b. 6 J.	4.6
Kinder b. 12 J.	4.5
Kinder b. 18 J.	3.4

Empfohlene Aktivitäten

Schwimmen
Radfahren
Entspannen
Wandern

Mehr Infos

14 FKK-Camping Müllerhof

FKK

Dobein 10
9074 Keutschach am See
+43 4273 2517

www.fkk-camping.at
muellerhof@fkk-camping.at

02.05. - 18.09.

HS: 42,90 € | NS: 37,70 €

Mehr Infos & Anfrage:
www.camping.info/19472

Baden im See am Platz	✓
Hallenbad	15km
Spielplatz am Platz	✓
Hunde	×
Skilift & Loipe	×
WLAN	✓
Lebensmittel	✓
Brötchen am Platz	✓
Restaurant & Imbiss	✓
Ver-/Entsorgung Womo	✓
in den Ort	4km
Gesamt/Touristen	300/250
Mietunterkünfte	✓
Stellplätze vor Schranke	×

Traumhafte Lage – direkt am Keutschacher See in der Region Wörthersee.

Lage & Stellplatz

Ein idealer Platz für einen traumhaften Camping- und Badeurlaub inmitten herrlicher Natur. Der familiengeführte FKK-Campingplatz liegt direkt am Keutschacher See im sonnenverwöhnten Kärnten. Gleich drei malerische Badestrände laden zum Schwimmen zwischen Seerosen und Schilfgürtel ein. Die Stellplätze (mit WLAN, Strom- und TV-Anschlüssen) sind großzügig parzelliert und liegen auf einer gepflegten Wiese mit schattenspendenden Bäumen. Komfortable Mobilheime und Mietwohnwagen runden das Angebot ab. Der Müllerhof ist übrigens ausgezeichnet – mit dem Qualitätssiegel des Landes Kärnten.

Sanitär

Die Sanitäranlagen heißen auf dem Platz auch liebevoll „Auffrischungsinseln". Sie sind stets sauber und gepflegt und wurden 2017 generalsaniert. Das Sauna- und Massageangebot sorgt für die ultimative Urlaubsentspannung. Neben den Dusch- und Waschräumen gibt es auch eigene Babywickelräume. Eigene erhöhte Babybadewannen sorgen für mehr Komfort und Badespaß. Geschirrwaschplätze, Waschmaschine und Wäschetrockner sind ebenfalls vorhanden.

Grillabende im Seerestaurant.

Freiheit pur – beim Müllerhof.

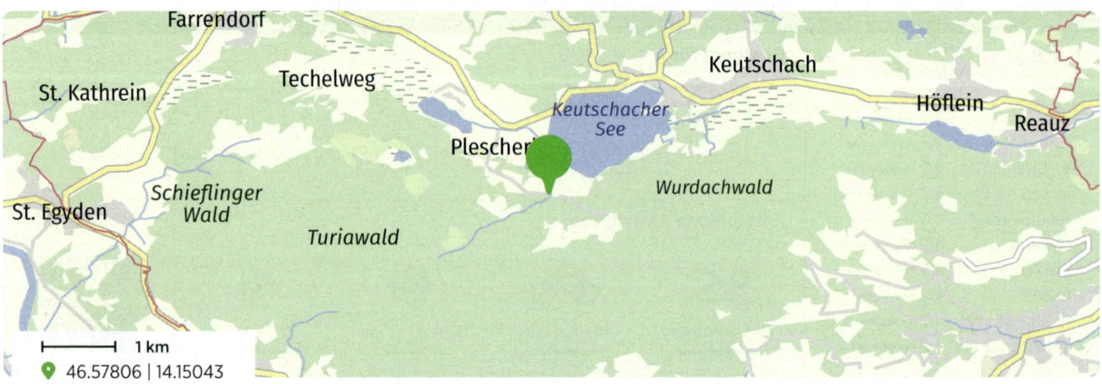

46.57806 | 14.15043
495m ü.M.

Ausgezeichneter FKK-Camping-Urlaub. Ein Paradies auf der Sonnenseite der Alpen, in einer vielseitigen Landschaft: Wandern, Radfahren, Schwimmen ...

Verpflegung

Im Seerestaurant können die Gäste sich den Urlaub auf der Zunge zergehen lassen. Küchenchef Erwin zaubert regionale Spezialitäten, die auf der Terrasse mit Seeblick genossen werden können. Auch Fisch- und Grillabende werden angeboten. Selbstversorger bekommen alltägliche Kleinigkeiten wie frisches Kleingebäck, Mehlspeisen, Wurst und Käse, Zeitschriften etc. im kleinen, platzeigenen Laden. Für ausführlichere Einkäufe bietet sich der nur 4 km entfernte SPAR-Supermarkt in Keutschach an, der im Sommer auch an Sonn- und Feiertagen geöffnet hat.

Freizeit

Kärnten bietet eine große Vielfalt an Freizeitmöglichkeiten: Bergerlebnisse in grandiosen Natur- und Nationalparks, Radtouren entlang der Flüsse und Seen, Golfvergnügen auf 21 der schönsten Plätze der Alpen-Adria-Region u. v. m. Auch Reiter und Pferdefreunde kommen hier voll auf ihre Kosten – direkt neben dem Müllerhof befindet sich der Reithof Safron mit seinen Huzulenpferden. Gäste des Campingplatzes erhalten außerdem die kostenlose Wörthersee Plus Card, die viele Vorteile (Gratiseintritte zu Ausflugszielen, Rabatte etc.) in der Region bietet.

5.0

Sehr ruhige Lage, wunderschöner See. Sanitäranlagen im unteren Bereich völlig neu mit eigenem Babybereich, im oberen Bereich ist das Gebäude älter aber die Anlagen sind am neuesten Stand, Warmwasser gratis. Kleines Geschäft mit riesiger Auswahl an Gebäck. Sparmarkt über fahrradgeeigneten Waldweg für geübte Radler in max. 7 Minuten gemütlich erreichbar. Ansonsten über die Zufahrtsstraße und Radweg um den See in maximal 15 Minuten, mit E-Bike noch schneller.

Ilse S.

Ilse campt seit 2014 mit einem Wohnmobil, genießt die Natur und liebt es, einfach weiter fahren zu können – wann immer man möchte. Sie war im Juni 2020 auf dem Campingplatz.

Gepflegtes Wohlbefinden.

Kinderanimation mit viel Fun.

4.7 SEHR GUT
384 Bewertungen

Lage	4.8
Ruhe	4.7
Sanitäranlagen	4.6
Sauberkeit Ø	4.8
Freundlichkeit	4.8
Stellplatz	4.5
Verpflegung	4.1
Freizeit	4.2
Preis-Leistung	4.4
Mietunterkünfte	4.6

Geeignet für

- 4.8 Paare
- 4.8 Senioren
- 4.4 Kinder b. 6 J.
- 3.7 Kinder b. 18 J.
- 4.5 Gäste mit Zelt
- 4.3 Kinder b. 12 J.
- - Gäste mit Hund nicht erlaubt

Empfohlene Aktivitäten

Schwimmen · Wandern · Radfahren · Entspannen

Mehr Infos

Karte auf Seite 154

	13	15	16
	FKK-Camping Turkwiese	**Petzencamping Pirkdorfer See**	**Camping Rosental Rož**
	FKK	❄	
	Dobeinitz 32 9074 Keutschach am See +43 660 2284466	Pirkdorf 29 29 9143 Feistritz ob Bleiburg +43 (0)4230 321	Gotschuchen 34 9173 St. Margareten +43 4226 8100
	46.58279 | 14.16646 510m ü.M.	46.55755 | 14.75152	46.5439 | 14.39067 430m ü.M.

Infos

	FKK-Camping Turkwiese	Petzencamping Pirkdorfer See	Camping Rosental Rož
Öffnungszeiten	01.06. - 15.09.	ganzjährig	15.04. - 15.10.
Vergleichspreis	HS: 37,00 € | NS: 28,00 €	HS: 30,90 € | NS: 26,90 €	HS: 34,40 € | NS: 25,60 €
Link	**Mehr Infos & Anfrage:** www.camping.info/23182	**Mehr Infos & Anfrage:** www.camping.info/19439	**Mehr Infos & Anfrage:** www.camping.info/19542

Ausstattung

	FKK-Camping Turkwiese		Petzencamping Pirkdorfer See		Camping Rosental Rož	
Freizeit	Baden im See am Platz	✓	Baden im See am Platz	✓	Baden im Teich am Platz	✓
	Pool & Hallenbad	✗	Pool & Hallenbad	✗	Pool & Hallenbad	✗
	Spielplatz am Platz	✓	Spielplatz am Platz	✓	Spielplatz am Platz	✓
Campingplatz	Hunde	✗	Hunde willkommen	✓	Hunde willkommen	✓
	Skilift & Loipe	✗	Skilift	3km	Skilift & Loipe	✗
	WLAN	✓	WLAN	✓	WLAN	✓
Versorgung	Lebensmittel	1km	Lebensmittel	✓	Lebensmittel	✓
	Brötchen am Platz	✓	Brötchen am Platz	nur HS	Brötchen am Platz	✓
	Restaurant/Imbiss	500m/✓	Restaurant & Imbiss	✓	Restaurant & Imbiss	✓
	Ver-/Entsorgung Womo	✗	Ver-/Entsorgung Womo	✓	Ver-/Entsorgung Womo	✓
	in den Ort	2km	in den Ort	2km	in den Ort	2km
Anzahl der Plätze	Gesamt/Touristen	116/56	Gesamt/Touristen	200/50	Touristenplätze	430
	Mietunterkünfte	✗	Mietunterkünfte	✓	Mietunterkünfte	✓
	Stellplätze vor Schranke	✓	Stellplätze vor Schranke	✗	Stellplätze vor Schranke	✗

FKK-Camping Turkwiese

4.2 SEHR GUT
4 Bewertungen

Lage	4.8
Ruhe	3.8
Sanitäranlagen	4.0
Sauberkeit Ø	4.8
Freundlichkeit	4.8
Stellplatz	4.5
Verpflegung	2.3
Freizeit	4.0
Preis-Leistung	4.5
Mietunterkünfte	-

Geeignet für

Kinder b. 6 J.	4.3
Kinder b. 12 J.	4.3
Kinder b. 18 J.	3.7
Paare	5.0
Senioren	5.0
Gäste mit Zelt	5.0
Hunde n. erlaubt	-

Empfohlene Aktivitäten

- Entspannen
- Schwimmen
- Wandern

Petzencamping Pirkdorfer See

- JETZT BEWERTEN!

Für diese Auswertung liegen leider noch nicht genügend Bewertungen vor.

Sei einer der Ersten, der diesen Campingplatz bewertet. Unter den Bewertern werden regelmäßig Gewinne verlost!

Mehr Infos dazu findest du in unserem allgemeinen Intro.

Camping Rosental Rož

4.6 SEHR GUT
140 Bewertungen

Lage	4.6
Ruhe	4.6
Sanitäranlagen	4.4
Sauberkeit Ø	4.5
Freundlichkeit	4.8
Stellplatz	4.5
Verpflegung	4.4
Freizeit	4.5
Preis-Leistung	4.5
Mietunterkünfte	4.5

Geeignet für

Kinder b. 6 J.	4.8
Kinder b. 12 J.	4.8
Kinder b. 18 J.	4.0
Paare	4.6
Senioren	4.7
Gäste mit Zelt	4.8
Gäste mit Hund	4.9

Empfohlene Aktivitäten

- Wandern
- Schwimmen
- Radfahren

ANZEIGE

17 Juritz – Camping & Restaurant

Außenpool, Campingplatz & Sanitärhaus – viel Platz für Urlaub!

Unterfeistritzerstrasse 41
9181 Feistritz im Rosental
+4342282115
www.camping-juritz.com
office@camping-juritz.com

01.05. - 30.09.

HS: 32,50 € | NS: 25,50 €

Mehr Infos & Anfrage:
www.camping.info/19469

Baden im See	2km
Pool & Hallenbad	✓
Spielplatz am Platz	✓
Hunde willkommen	✓
Skilift	20km
WLAN	✓
Lebensmittel	800m
Brötchen am Platz	✓
Restaurant & Imbiss	✓
Ver-/Entsorgung Womo	✓
in den Ort	500m
Touristenplätze	80
Mietunterkünfte	✓
Stellplätze vor Schranke	✗

46.5291 | 14.1725
549m ü.M.

Lage & Stellplatz

Die erholsame Lage inmitten eines großen Naturschutzgebietes garantiert nicht nur einen hohen Erholungswert, sondern lädt zu Entschleunigung pur ein. Hier ticken die Uhren langsamer – und man erlebt Erholung beim Baden, Wandern, Wassersport oder einfach nur Ruhe und Geborgenheit.

Verpflegung

Legeren Lifestyle mit absoluter Frische und köstlicher Kulinarik kombinieren. Deshalb bietet die Camping-Speisekarte mit einfacheren Schmankerln höchste Qualität und gehobene Genusskultur. Genauso wie die Spezialitätenküche, die immer wieder zu kulinarischen Reisen rundum die Welt einlädt.

Sanitär

Beheiztes Sanitärhaus: Einzelwaschkabinen mit Warmwasser, Waschbecken mit Kalt- und Warmwasser, Toilette und Waschbecken, Toilette und Warmdusche für Rollstuhlfahrer, Ausguss für Kassettentoiletten, Entleerungsstation für Wohnmobil-Abwassertanks, eigene Kinderwaschbecken, Babybad und Wickeltisch.

Freizeit

Campingzeit ist Familienzeit! Während die Eltern sich entspannen und die Beine hochlegen, geht's für die kleinsten Gäste so richtig zur Sache: Auf Kids & Co. wartet ein großzügiger Erlebnispark mit zahlreichen Freizeiteinrichtungen (Pool, Tischtennis, Beachvolleyball, Trampolin u. v. m.).

Beheiztes Sanitärhaus.

Erlebnispark für Groß & Klein.

4.8 SEHR GUT
22 Bewertungen

Lage	4.5
Ruhe	4.8
Sanitäranlagen	4.6
Sauberkeit Ø	4.8
Freundlichkeit	4.8
Stellplatz	4.4
Verpflegung	4.8
Freizeit	4.4
Preis-Leistung	4.5
Mietunterkünfte	5.0

Geeignet für

Kinder b. 12 J.	4.8
Paare	4.8
Kinder b. 6 J.	4.7
Senioren	4.7
Gäste mit Hund	4.7
Gäste mit Zelt	4.5
Kinder b. 18 J.	4.3

Empfohlene Aktivitäten

Wandern
Radfahren
Entspannen
Schwimmen

Mehr Infos

Für WOMOs bis max. 6 m geeignet.

ÖSTERREICH

⑫ Weststeiermark

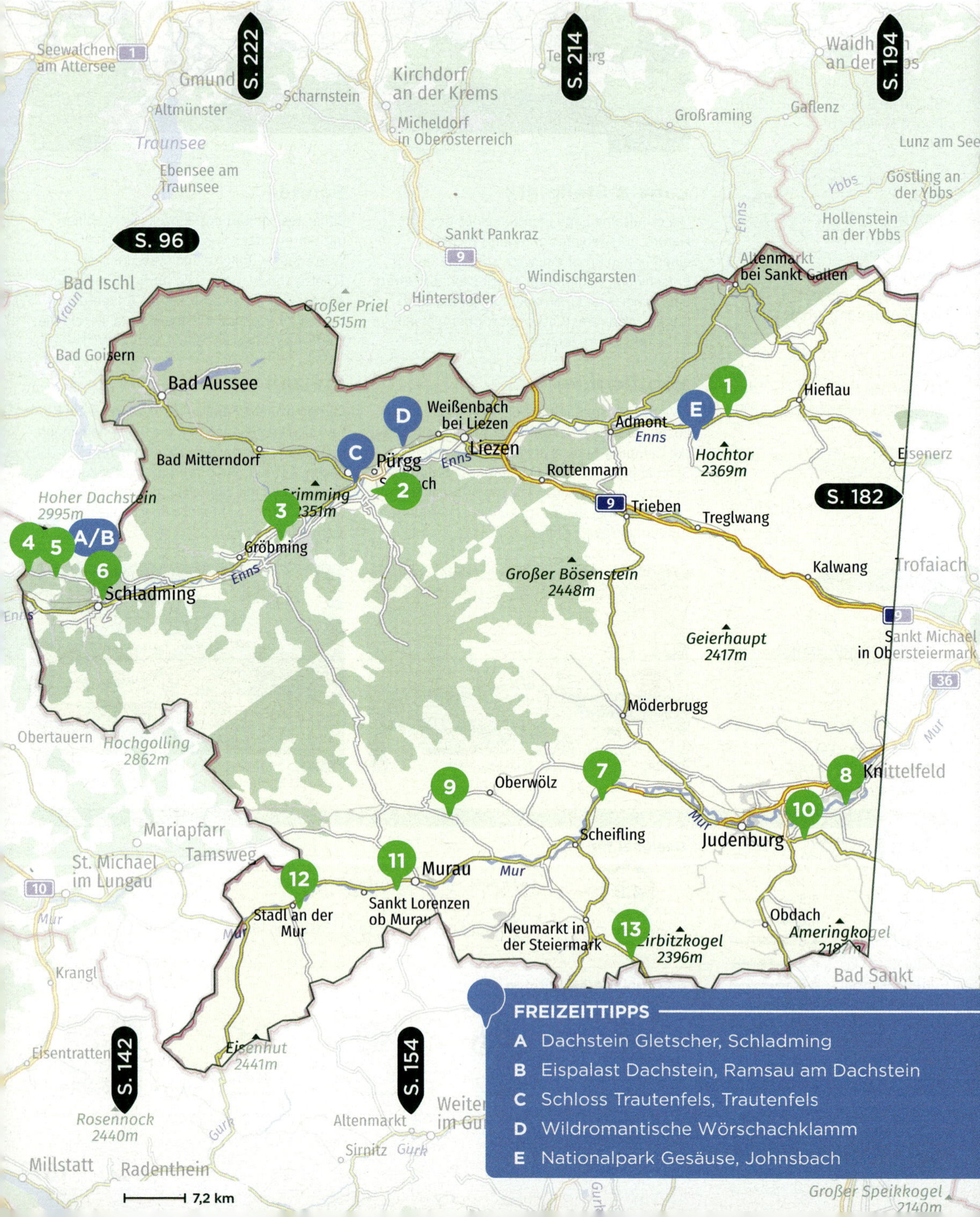

FREIZEITTIPPS

- **A** Dachstein Gletscher, Schladming
- **B** Eispalast Dachstein, Ramsau am Dachstein
- **C** Schloss Trautenfels, Trautenfels
- **D** Wildromantische Wörschachklamm
- **E** Nationalpark Gesäuse, Johnsbach

	Platz	Seite	Bewertung	Öffnungszeiten	
1	Campingplatz Forstgarten	172	4.2	k. A.	
2	Ferienanlage Im Dörfl - Anno 1873	172	4.4	saisonal	❄
3	Panorama Camping	172	3.7	ganzjährig	❄
4	Camping Dachstein	174	4.7	saisonal	❄
5	Freizeitpark Ramsau-Beach-Camping	174	3.9	ganzjährig	❄
6	Camping Zirngast	175	3.7	saisonal	❄
7	Campingplatz Unzmarkt-Frauenburg	174	4.2	saisonal	
8	Camping Murinsel	176	4.9	ganzjährig	❄ 👍
9	Camping Bella Austria	180	4.2	saisonal	
10	50plus Campingpark Fisching	178	4.8	saisonal	👍
11	Camping Olachgut	180	4.8	saisonal	❄
12	Camping da Bräuhauser	180	4.2	ganzjährig	❄
13	Naturpark- & Wandercamping am Badesee	181	4.9	saisonal	

❄ Wintercamping FKK Textilfrei (ganz/teilweise) Ecocamping 👍 Award Onlinebuchung

Verschneiter Radmerbach, Rotmoos
© Steiermark Tourismus/Rainer Mirau

EIN ERLEBNIS ZU JEDER JAHRESZEIT

Im Volksmund wird die Steiermark häufig als die „Grüne Mark“ oder das „Grüne Herz Österreichs“ bezeichnet. Zu Recht, denn etwa 61 Prozent der Bodenfläche hier ist bewaldet und ein weiteres Viertel wird von Wiesen, Weiden sowie Obst- und Weingärten eingenommen. Im Norden präsentiert sich das Bundesland durch das Ennstal mit seinen schroffen Felsen eher alpin, während der Süden durch sanftes Hügelland geprägt ist. Egal wo und zu welcher Jahreszeit, die Steiermark ist auf jeden Fall ein idealer Ort, um seine Zelte aufzuschlagen.

AKTIV IM GRÜNEN HERZEN ÖSTERREICHS

Topografisch ist die westliche Steiermark ein Abbild des gesamten Bundeslandes: im Norden gebirgig, im Süden bestimmt sanft gewelltes Hügelland das Bild. Der Süden wird auch gerne „österreichische Toskana“ genannt. Zu den Hauptattraktionen der Region gehört eindeutig das Gestüt der Spanischen Hofreitschule Wien in Piber bei Köflach. Hier erfolgt nicht nur die Grundausbildung der weißen Hengste, zusätzlich werden regelmäßige Führungen, Kutschfahrten, ein Kindererlebnisweg u. v. m. angeboten. Eine große Bedeutung hat der Radtourismus in der westlichen Steiermark, nicht zuletzt aufgrund des Murradwegs. Der bedeutendste Radweg des Bundeslandes führt von Predlitz an der Grenze zum Lungau bis zur steirisch-slowenischen Grenze bei Bad Radkersburg. Ein weiteres Highlight ist die Murtalbahn, die bereits seit 120 Jahren den steirischen Bezirk Murau mit dem Salzburger Lungau verbindet. Die 65 Kilometer lange Schmalspurstrecke verläuft romantisch entlang des Oberlaufs der Mur und gefällt nicht nur Nostalgikern. Als weitere Sehenswürdigkeiten der Region empfehlen sich die von Friedensreich Hundertwasser gestaltete Barbarakirche in Bärnbach, die Historischen Silbergruben im Schaubergwerk Oberzeiring und das Wandergebiet Krakautal mit unzähligen Gipfeln, Almen und Bergseen.

Duisitzkar, Rohrmoos-Schladming
© Steiermark Tourismus/photo-austria.at

Skifahrer auf der Grebenzen, Urlaubsregion Murtal
© Steiermark Tourismus/ikarus.cc

GLETSCHER, ALMEN UND ERZE

Im nördlichen Teil der Weststeiermark gibt es drei große Anziehungspunkte für alle Camper. Der Dachsteingletscher bietet ein Allround-Angebot für Sommer- wie Wintersportler. Egal ob Skifahren, Snowboarden, Langlaufen, Klettern, Wandern, Bergsteigen oder einfach die Aussicht genießen – am Dachstein ist vieles möglich. Neben dem Skywalk, einer spektakulären Aussichtsplattform mit Glasboden, können der Eispalast, die Hängebrücke und die „Treppe ins Nichts" bestaunt werden. Im Winter garantiert die Skiregion Schladming-Dachstein pures Skivergnügen. Schladming ist eines der bedeutendsten Wintersportzentren Österreichs und die Heimat der Planai, einer bekannten Weltcup-Rennstrecke des Alpinen Skisports. Weiter östlich befindet sich der „Nationalpark Gesäuse", der sich auf rund 11.000 Hektar Fläche den Lebensräumen Wasser, Wald, Alm und Fels widmet. Das Kernstück des Nationalparks bildet das 16 km lange Durchbruchstal der Enns zwischen Admont und Hieflau. Als dritte große Attraktion der Region lockt das Abenteuer Erzberg – hier wird seit mehr als 1.300 Jahren Eisenerz abgebaut. Der Erzberg dient heute nicht nur als Arbeitsstätte für Bergleute, sondern auch als einmaliges Abenteuer für Besucher: Das unterirdische Schaubergwerk vermittelt ein realistisches Gefühl für die Arbeitswelt der Knappen. Einmal pro Woche kann zusätzlich eine Live-Sprengung sowie der damit verbundene Erzabbau hautnah miterlebt werden.

Frauenalpe, Murau © Steiermark Tourismus/ikarus.cc

Rohrmoos mit beleuchteter Hochwurzen bei Vollmond © Steiermark Tourismus/Andreas Kocher

TIPP DER REDAKTION

Camping Dachstein
Ramsau am Dachstein | Nr. 4 | Seite 174

Laut Gästen ideal geeignet zum:
- Wandern
- Mountainbiken
- Entspannen

4.7

Karte auf Seite 168

	1	2	3
	Campingplatz Forstgarten	**Ferienanlage Im Dörfl – Anno 1873**	**Panorama Camping**
		*	*
	Hauptstraße 28 8911 Admont 0664 / 825 23 23	Falkenburg - Dörfl 273 8952 Irdning +43 3682 22022	Berg 21 8962 Mitterberg - Sankt Martin +43 3684 6036
	47.58945 | 14.62758 580m ü.M.	47.50998 | 14.09631	47.46107 | 13.96389 900m ü.M.
Infos			
Öffnungszeiten	keine Angabe	22.03. - 29.10. 29.11. - 05.03.	ganzjährig
Vergleichspreis	HS: 22,70 €	HS: 25,40 € | NS: 24,40 €	HS: 33,40 € | NS: 31,40 €
Link	**Mehr Infos & Anfrage:** www.camping.info/27305	**Mehr Infos & Anfrage:** www.camping.info/22143	**Mehr Infos & Anfrage:** www.camping.info/24732
Ausstattung			
Freizeit	Baden in nat. Gewässer k. A. Pool & Hallenbad ✗ Spielplatz am Platz ✓	Baden im Teich am Platz ✓ Hallenbad 15km Spielplatz am Platz ✓	Baden im See 12km Pool/Hallenbad ✓/20km Spielplatz am Platz ✓
Campingplatz	Hunde willkommen ✓ Skilift & Loipe keine Angabe WLAN keine Angabe	Hunde erlaubt ✓ Skilift/Loipe 9km/✓ WLAN ✓	Hunde willkommen ✓ Skilift/Loipe 15km/✓ WLAN ✓
Versorgung	Lebensmittel k.A. Brötchen keine Angabe Restaurant & Imbiss ✗ Ver-/Entsorgung Womo ✓ in den Ort keine Angabe	Lebensmittel 300m Brötchen am Platz ✓ Restaurant & Imbiss ✓ Ver-/Entsorgung Womo ✓ in den Ort 300m	Lebensmittel ✓ Brötchen am Platz ✓ Restaurant & Imbiss ✓ Ver-/Entsorgung Womo ✓ in den Ort 3km
Anzahl der Plätze	Gesamt 66 Mietunterkünfte ✗ Stellplätze vor Schranke ✗	Touristenplätze 45 Mietunterkünfte ✓ Stellplätze vor Schranke ✗	Touristenplätze 20 Mietunterkünfte ✓ Stellplätze vor Schranke ✗

	1	2	3
Gesamt	4.2 SEHR GUT (4 Bewertungen)	4.4 SEHR GUT (18 Bewertungen)	3.7 GUT (3 Bewertungen)
Lage	5.0	4.2	4.7
Ruhe	4.2	3.7	5.0
Sanitäranlagen	3.0	4.3	2.7
Sauberkeit Ø	4.0	4.6	3.4
Freundlichkeit	5.0	4.7	4.7
Stellplatz	3.2	4.2	3.0
Verpflegung	2.0	4.0	3.3
Freizeit	4.3	4.3	3.7
Preis-Leistung	5.0	4.5	3.0
Mietunterkünfte	-	4.4	-
Geeignet für			
Kinder b. 6 J.	3.0	4.4	4.5
Kinder b. 12 J.	3.7	4.5	4.0
Kinder b. 18 J.	3.0	3.9	2.5
Paare	5.0	4.5	4.0
Senioren	5.0	4.6	1.0
Gäste mit Zelt	5.0	4.1	5.0
Gäste mit Hund	4.0	3.6	5.0
Empfohlene Aktivitäten	Mountainbiking Wandern Radfahren	Wandern Radfahren Entspannen	Wandern Reiten Mountainbiking

Karte auf Seite 168

	4 **Camping Dachstein**	5 **Freizeitpark Ramsau-Beach-Camping**	7 **Campingplatz Unzmarkt-Frauenburg**
	❄	❄	
	Hierzegg 26 8972 Ramsau am Dachstein +43 664 7503 8183	Schildlehen 128 8972 Ramsau am Dachstein +43 3687 21010	Am Sportplatz 26 8800 Unzmarkt +43 3583 2204
	47.4295 | 13.58239	47.42382 | 13.62465	47.19888 | 14.44146
	1150m ü.M.		745m ü.M.
Infos			
Öffnungszeiten	12.05. - 01.10. 20.12. - 20.03.	ganzjährig	01.05. - 15.09.
Vergleichspreis	HS: 36,00 € | NS: 30,00 €	HS: 27,00 € | NS: 27,00 €	HS: 22,40 € | NS: 22,40 €
Link	**Mehr Infos & Anfrage:** www.camping.info/24368	**Mehr Infos & Anfrage:** www.camping.info/19502	**Mehr Infos & Anfrage:** www.camping.info/25730

Ausstattung

	Camping Dachstein	Freizeitpark Ramsau-Beach-Camping	Campingplatz Unzmarkt-Frauenburg
Freizeit	Baden im See 3km	Baden im See am Platz ✓	Baden in nat. Gewässer k. A.
	Pool/Hallenbad 14/6km	Pool/Hallenbad 2km	Pool/Hallenbad ✓/25km
	Spielplatz am Platz ✓	Spielplatz am Platz ✓	Spielplatz am Platz ✓
Campingplatz	Hunde willkommen ✓	Hunde erlaubt ✓	Hunde ✗
	Skilift/Loipe 3km/✓	Skilift & Loipe ✓	Skilift & Loipe ✗
	WLAN (gegen Gebühr) ✓	WLAN ✓	WLAN ✓
Versorgung	Lebensmittel 7km	Lebensmittel ✓	Lebensmittel 500m
	Brötchen am Platz ✓	Brötchen am Platz ✓	Brötchen am Platz ✗
	Restaurant 3km	Restaurant & Imbiss ✓	Restaurant/Imbiss 500m/✓
	Ver-/Entsorgung Womo ✓	Ver-/Entsorgung Womo ✓	Ver-/Entsorgung Womo ✗
	in den Ort 6km	in den Ort 2km	in den Ort 5km
Anzahl der Plätze	Touristenplätze 30	Gesamt/Touristen 35/27	Touristenplätze 10
	Mietunterkünfte ✓	Mietunterkünfte ✓	Mietunterkünfte ✗
	Stellplätze vor Schranke ✗	Stellplätze vor Schranke ✗	Stellplätze vor Schranke ✗

	Camping Dachstein	Freizeitpark Ramsau-Beach-Camping	Campingplatz Unzmarkt-Frauenburg
Gesamt	4.7 SEHR GUT, 34 Bewertungen	3.9 GUT, 14 Bewertungen	4.2 SEHR GUT, 4 Bewertungen
Lage	4.7	4.7	4.2
Ruhe	4.9	3.5	4.5
Sanitäranlagen	4.4	3.2	4.2
Sauberkeit Ø	4.9	3.6	4.5
Freundlichkeit	4.9	4.3	4.8
Stellplatz	4.3	3.2	4.2
Verpflegung	3.6	3.1	3.7
Freizeit	4.5	4.6	4.0
Preis-Leistung	4.5	4.1	4.5
Mietunterkünfte	4.7	3.0	-
Geeignet für			
Kinder b. 6 J.	4.0	4.2	4.7
Kinder b. 12 J.	4.3	4.5	4.3
Kinder b. 18 J.	4.3	4.4	4.0
Paare	4.8	4.4	5.0
Senioren	4.5	3.7	5.0
Gäste mit Zelt	4.7	4.0	5.0
Gäste mit Hund	4.4	3.9	Hunde n. erlaubt -
Empfohlene Aktivitäten	Wandern	Wandern	Radfahren
	Mountainbiking	Mountainbiking	Wandern
	Entspannen	Klettern	Entspannen

Camping Dachstein: keine WOMOs ab 8 m; keine Gruppen

6 Camping Zirngast

Linke Ennsau 633
8970 Schladming
+43 3687 23195
www.zirngast.at
office@zirngast.at

01.01. - 18.04.
27.05. - 18.10.
HS: 39,00 € | NS: 36,00 €

Mehr Infos & Anfrage:
www.camping.info/19501

Baden in nat. Gewässer	k. A.
Pool/Hallenbad	300m
Spielplatz	500m
Hunde erlaubt	✓
Skilift	700m
WLAN	✓
Lebensmittel	200m
Brötchen am Platz	✓
Restaurant & Imbiss	✓
Ver-/Entsorgung Womo im Ort	✓
Gesamt/Touristen	130/50
Mietunterkünfte	✓
Stellplätze vor Schranke	✗

1 km
47.39856 | 13.69374

Sommercamping inmitten herrlicher Bergwelt.

Lage & Stellplatz

Camper-Herzen werden auf diesem familiär geführten Campingplatz höherschlagen: Ein Campingurlaub der Extra-Klasse wird durch gepflegte Stellplätze, die heimelige Atmosphäre und eine Top-Ausstattung des Geländes garantiert. Der Platz ist nur wenige Gehminuten vom Ortszentrum und der Piste entfernt.

Verpflegung

Mit ideenreichen Gerichten aus hochwertigen heimischen und internationalen Zutaten werden die Gäste des modernen À-la-carte-Restaurants Zirngast verwöhnt. Frische Kräuter und hochqualitative Produkte treffen jeden Geschmack. Die kulinarischen Genüsse werden optimal durch ausgesuchte Weine ergänzt.

Sanitär

Der Campingplatz verfügt über komplett renovierte und modernisierte Sanitäranlagen. Diese umfassen helle Waschräume mit Fußbodenheizung, großzügige Einzelduschkabinen, einen Wäscheraum mit Waschmaschine, einen Geschirrspülraum mit Tiefkühlmöglichkeit sowie einen beheizten Ski- und Schuhtrockenraum.

Freizeit

Mit der Sommercard zahlt sich der Urlaub doppelt aus – Campinggäste genießen beinahe alle Freizeiteinrichtungen der Urlaubsregion im Sommer gratis (z. B. Bergbahn, Badeseen, Museen u. v. m.). Im Winter befindet sich die Skibus-Haltestelle direkt vor dem Platz und sorgt für den Transfer zur „Planai".

Winterurlaub in Schladming.

Moderne Sanitäranlagen.

3.7 GUT
24 Bewertungen

Lage	4.0
Ruhe	3.3
Sanitäranlagen	4.0
Sauberkeit Ø	4.3
Freundlichkeit	4.2
Stellplatz	3.2
Verpflegung	3.4
Freizeit	4.5
Preis-Leistung	3.3
Mietunterkünfte	5.0

Geeignet für

- 4.5 Gäste mit Hund
- 4.4 Paare
- 4.4 Senioren
- 3.8 Kinder b. 18 J.
- 3.8 Gäste mit Zelt
- 3.4 Kinder b. 12 J.
- 2.8 Kinder b. 6 J.

Empfohlene Aktivitäten

Wandern · Mountainbiking · Radfahren · Paragleiten

Mehr Infos

Sommerpreise inkl. Sommercard. HS 47 € / NS 42 €
www.sommercard.info.

8 Camping Murinsel

Teichweg 1
8734 Großlobming
+43 664 304 5045
www.camping-murinsel.at
office@camping-murinsel.at

ganzjährig

HS: k.A. | NS: k.A.

Mehr Infos & Anfrage:
www.camping.info/19285

Baden im Teich am Platz	✓
Pool/Hallenbad	4km
Spielplatz am Platz	✓
Hunde willkommen	✓
Skilift/Loipe	4km/500m
WLAN	✓
Lebensmittel	800m
Brötchen am Platz	✓
Restaurant am P.	✓
Ver-/Entsorgung Womo	✓
in den Ort	800m
Gesamt/Touristen	100/50
Mietunterkünfte	✓
Stellplätze vor Schranke	✗

Badespaß im See.

Lage & Stellplatz

Gäste, die einen erholsamen Urlaub in exklusivem und ruhigem Ambiente verbringen wollen, sind beim Campingpark Murinsel richtig. Auf einem 50.000 m² großen, eingezäunten Areal wurden nur 80 geräumige Stellplätze errichtet, die teils nischenartig angelegt sind. Einige Plätze befinden sich direkt in Ufernähe und haben neben Strom auch Wasser- und Abwasseranschlüsse in praxisgerechter Ausführung. Genug Platz also für jeden Camper, um die Seele baumeln zu lassen.

Sanitär

Die Sanitärhäuser sind modern gestaltet, stets sehr gepflegt und nach Meinungen der Gäste anstandslos sauber. Die Anlagen sind sehr geräumig und bieten genügend Privatsphäre für die Urlauber. Nach dem Duschen stehen in den Sanitärhäusern innovative Schwammwischer (mit Ausdrückmechanismus) zur Verfügung, um die Kabinen sauber zu hinterlassen.

Stellplätze direkt am See.

Das gemütliche Restaurant.

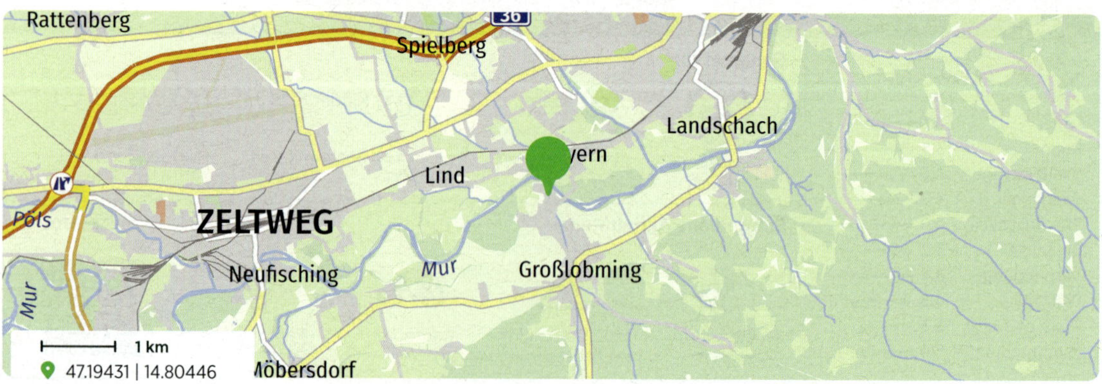

1 km
47.19431 | 14.80446
650m ü.M.

AWARD 2021

Camping Murinsel mitten im Grünen am wunderschönen Naturteich.

Verpflegung

Auf dem Platz gibt es ein gemütliches Restaurant mit traditionellen Gerichten und ausgezeichnetem Prosecco vom Fass. Morgens werden frisches Brot und Semmel direkt zu den Gästen geliefert. Die nächsten größeren Einkaufsmöglichkeiten befinden sich im Dorf.

Freizeit

Der Campingpark Murinsel ist der ideale Ausgangspunkt für Steiermarkbesichtigungen und Ausflüge in die Umgebung. Es gibt zahlreiche Wanderwege, die zu bewirtschafteten Almhütten führen, einen Golfplatz, den Mur-Radwanderweg sowie einen Reitclub in unmittelbarer Nähe. Außerdem lädt der herrlich große Naturteich mit Trinkwasserqualität zum Baden und Entspannen ein. Am Platz stehen zusätzlich Leihfahrräder für entspannte Fahrradtouren zur Verfügung.

5.0

Der Campingplatz Murinsel ist immer und zu jeder Zeit einen Besuch wert. Eine Ruheoase der besonderen Art. Seine 5 Sterne sind berechtigt und entstanden im Laufe der vielen Jahre nicht zuletzt durch den Fleiß und das Engagement der Betreiber. Was die Häuser, die Sanitäreinrichtungen und die Gestaltung der Stellplätze, angeht, deutet unmissverständlich auf Erfahrung und guten Geschmack hin. Für uns unangefochten und konkurrenzlos die Nummer 1 in der Steiermark.

Elisabeth V.

Seit 2010 campen Elisabeth und Anton, genießen die Freiheit und Ungezwungenheit und finden Camping ist nicht nur eine Urlaubsform, sondern eine Lebenseinstellung. Sie waren im August 2021 auf dem Platz.

Spielplätze für Groß und Klein.

Saubere, moderne Sanitäranlagen.

4.9 **SEHR GUT**
683 Bewertungen

Lage	4.8
Ruhe	4.8
Sanitäranlagen	4.9
Sauberkeit Ø	4.9
Freundlichkeit	5.0
Stellplatz	4.8
Verpflegung	4.4
Freizeit	4.5
Preis-Leistung	4.8
Mietunterkünfte	4.7

Geeignet für

4.9 Paare

4.9	Senioren
4.8	Gäste mit Hund
4.7	Gäste mit Zelt
4.4	Kinder b. 6 J.
4.4	Kinder b. 12 J.
4.2	Kinder b. 18 J.

Empfohlene Aktivitäten

Radfahren · Wandern · Entspannen · Schwimmen

Mehr Infos

10 50plus Campingpark Fisching

Fisching 9
8741 Weisskirchen
+43 3577 82 2 84
www.camping50plus.at
info@camping50plus.at

01.04. - 02.11.

HS: 34,70 € | NS: 29,10 €

Mehr Infos & Anfrage:
www.camping.info/19299

Baden in nat. Gewässer am P.	✓
Pool/Hallenbad	✓/4km
Spielplatz	✗
Hunde	✗
Skilift & Loipe	✗
WLAN	✓
Lebensmittel	400m
Brötchen am Platz	✓
Restaurant & Imbiss	✓
Ver-/Entsorgung Womo	✓
in den Ort	500m
Touristenplätze	62
Mietunterkünfte	✓
Stellplätze vor Schranke	✗

Ruhig gelegen inmitten grüner Wiesen und schattenspendenden Bäumen.

Lage & Stellplatz

Im malerischen Zirbenland liegt der 1,5 ha große 50plus Campingpark mitten im Grünen und eingebettet zwischen Feldern und blühende Wiesen. Die 62 Komfortstellplätze wurden großzügig angelegt (100 bis 130 m^2) und verfügen über Strom-, Wasser-, Abwasser- und TV-Kabel-Anschlüsse sowie gratis WLAN. Perfekt geeignet für Ruhe- und Erholungssuchende Camper ohne Kinder und Hunde. NEU ist die 800 m^2 Blumenwiese mit wunderschönem Panoramablick auf die Berge. Mitten in der Blumenwiese finden sich Picknickplätze und Hängematten – Urlaub pur.

Sanitär

Das mehrfach ausgezeichnete Sanitärgebäude bietet Einzelduschkabinen, eine moderne Toilettenanlage sowie Abwasch- und Waschmaschinenräume. Die Räume sind liebevoll mit frischen Blumen und freundlichen Bildern dekoriert. Ein zusätzliches Toilettenhäuschen am Platz dient als perfekte Ergänzung. Darüber hinaus findet man drei Chemie-Toiletten am Platz verteilt. Höchste Bewertungen für die Sauberkeit im Sanitärbereich spiegeln das Bemühen der Betreiberfamilie wider.

Wanderschuhe nicht vergessen!

220 m^2 großer Naturschwimmteich.

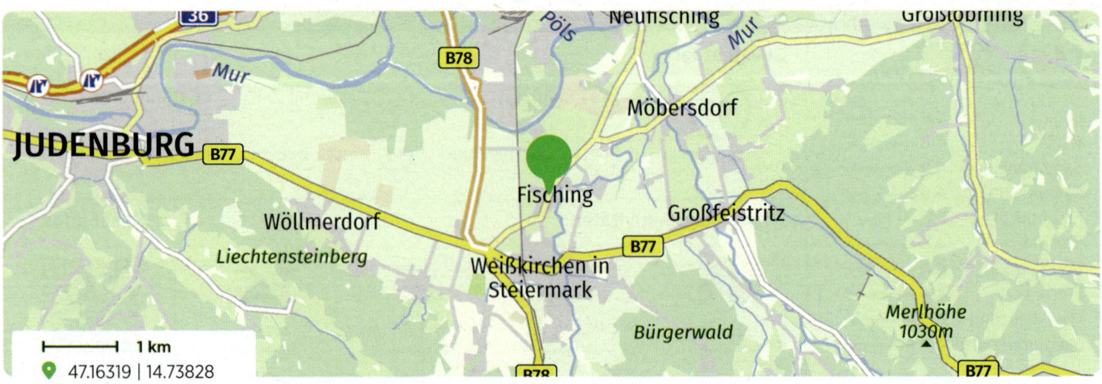

1 km
47.16319 | 14.73828
681m ü.M.

Adults only – keine Kinder/ Jugendlichen – keine Hunde – E-Tankstelle.

AWARD 2021

Mit dem in Österreich einmaligen „Nimm´s Radl"-Radknotensystem direkt vom Camping aus die Region entdecken. Bei der Anmeldung: gratis Radkarte.

Verpflegung

Das platzeigene Resaurant serviert täglich am Abend regionale Schmankerl und österreichische Küche mit ausschließlich regionalen Produkten. Ab 16 Uhr gibt es Eisspezialitäten auf der Terrasse. Besonders beliebt ist der wöchentliche Grillabend mit steirischer Live-musik. Natürlich gibt es alles Speisen und Getränke auch als Take-Away. Auf jeden Fall den Zirbenrinha probieren – die steirische Ausgabe des Caipirinha. Saisonale Specials runden das gastronomische Angebot ab. Steirisches Kernöl und Zirbenschnaps sind direkt bei dem Nachbarbauern erhältlich.

Freizeit

Sport, Brauchtum, Ausflugsziele, Natur oder Genuss – für alles gibt es das passende Angebot. Die gesamte Gegend mit flachem Murtal und bergigen Seetaler Alpen hat sowohl für Radler mit dem neuen Radknotensystem, als auch für Wanderer gute Strecken auf Lager. Online Rad- und Wandertouren vorhanden. Durch die zentrale Lage auch perfekt für Tagesausflüge zum Beispiel nach Graz. Eigenes Ausflugsziele-Heft bei der Anmeldung. Möglichkeit für Rad- und einfache Wanderungen auch direkt vom Platz aus. Autovermietung mit Partnerbetrieb für Womo-Gäste.

5.0

Sehr freundliche Begrüßung der Inhaber, wir haben alle Informationen bekommen. Ein wunderschön angelegter Campingplatz inmitten von Grün, Blumenwiesen und einem Schwimmteich. Dort gab es in der leicht hügeligen Landschaft hier und da kleine Rückzugsmöglichkeiten, Sonnenliegen oder eine Hollywoodschaukel. Unser Stellplatz war groß und komfortabel. Am allerbesten hat mir diese Ruhe gefallen, einfach herrlich!

Dagmar S.

Dagmar und ihr Mann sind Rentner und campen seit Ende 2020 – Corona hat ihnen den Anstoß dazu gegeben. Jetzt verreisen sie nach Lust und Laune mit dem Wohnmobil. Sie waren im August 2021 auf dem Platz.

Knuspriges Steirer Schnitzerl.

Vielen schöne Motorradtouren.

4.8 **SEHR GUT**
401 Bewertungen

Lage	4.5
Ruhe	4.8
Sanitäranlagen	4.7
Sauberkeit Ø	4.9
Freundlichkeit	4.9
Stellplatz	4.8
Verpflegung	4.4
Freizeit	4.4
Preis-Leistung	4.7
Mietunterkünfte	4.5

Geeignet für

4.9	Senioren
4.8	Paare
2.7	Gäste mit Hund
1.3	Kinder b. 6 J.
4.2	Gäste mit Zelt
1.6	Kinder b. 18 J.
-	Gäste mit Hund nicht erlaubt

Empfohlene Aktivitäten

Radfahren

Wandern

Entspannen

Schwimmen

Mehr Infos

Karte auf Seite 168

	9	11	12
	Camping Bella Austria	**Camping Olachgut**	**Camping da Bräuhauser**
		❄	❄
	Peterdorf 100 8842 St. Peter am Kammersberg 0043 3536 739 02	Kaindorf 90 8861 St. Georgen am Kreischberg +43 3532 2162	Steindorf 23a 8862 Stadl - Predlitz +43 3534 2338
	47.18061 | 14.21548	47.10764 | 14.13958	47.08896 | 13.98854
	846m ü.M.	850m ü.M.	895m ü.M.
Infos			
Öffnungszeiten	14.04. - 24.09.	01.05. - 16.10. 06.12. - 06.04.	ganzjährig
Vergleichspreis	HS: 27,40 € | NS: 22,40 €	HS: 34,40 € | NS: 28,40 €	HS: 23,90 € | NS: 20,90 €
Link	**Mehr Infos & Anfrage:** www.camping.info/19507	**Mehr Infos & Anfrage:** www.camping.info/19504	**Mehr Infos & Anfrage:** www.camping.info/22126
Ausstattung			
Freizeit	Baden im See 21km Pool/Hallenbad ✓/25km Spielplatz am Platz ✓	Baden im Teich am Platz ✓ Pool/Hallenbad 2km Spielplatz am Platz ✓	Baden im Teich 600m Pool/Hallenbad 8/16km Spielplatz am Platz ✓
Campingplatz	Hunde willkommen ✓ Skilift 20km WLAN ✓	Hunde willkommen ✓ Skilift/Loipe 3/4km WLAN ✓	Hunde erlaubt ✓ Skilift/Loipe 6km/✓ WLAN ✓
Versorgung	Lebensmittel ✓ Brötchen am Platz ✓ Restaurant & Imbiss ✓ Ver-/Entsorgung Womo ✓ in den Ort 2km	Lebensmittel ✓ Brötchen am Platz ✓ Restaurant & Imbiss ✓ Ver-/Entsorgung Womo ✓ in den Ort 2km	Lebensmittel 500m Brötchen keine Angabe Restaurant & Imbiss ✓ Ver-/Entsorgung Womo ✓ in den Ort 2km
Anzahl der Plätze	Gesamt/Touristen 220/33 Mietunterkünfte ✓ Stellplätze vor Schranke ✗	Gesamt/Touristen 100/60 Mietunterkünfte ✓ Stellplätze vor Schranke ✓	Gesamt/Touristen 20/15 Mietunterkünfte ✓ Stellplätze vor Schranke ✗

	Camping Bella Austria	Camping Olachgut	Camping da Bräuhauser
Gesamt	4.2 SEHR GUT, 5 Bewertungen	4.8 SEHR GUT, 33 Bewertungen	4.2 SEHR GUT, 10 Bewertungen
Lage	4.0	4.6	3.9
Ruhe	3.6	4.5	4.4
Sanitäranlagen	4.2	4.8	3.6
Sauberkeit Ø	4.2	4.7	4.8
Freundlichkeit	4.0	4.9	5.0
Stellplatz	3.6	4.5	4.3
Verpflegung	3.8	4.4	4.4
Freizeit	3.6	4.7	3.8
Preis-Leistung	3.4	4.6	5.0
Mietunterkünfte	4.7	4.7	4.0
Geeignet für			
Kinder b. 6 J.	4.0	4.8	4.5
Kinder b. 12 J.	4.0	4.9	4.6
Kinder b. 18 J.	3.8	4.3	3.6
Paare	4.5	4.8	4.8
Senioren	4.8	5.0	4.9
Gäste mit Zelt	3.5	5.0	4.8
Gäste mit Hund	4.0	4.9	4.8
Empfohlene Aktivitäten	Wandern Radfahren Entspannen	Wandern Reiten Radfahren	Wandern Entspannen Radfahren

13 Naturpark- & Wandercamping am Badesee

Hitzmannsdorf 2
8822 Mühlen
+43 3586 2418
www.camping-am-badesee.at
office@camping-am-badesee.at

29.04. - 30.09.

HS: 33,00 € | NS: 28,50 €

Mehr Infos & Anfrage:
www.camping.info/19536

Baden im See am Platz	✓
Pool/Hallenbad	7/12km
Spielplatz am Platz	✓
Hunde willkommen	✓
Skilift & Loipe	✗
WLAN	✓
Lebensmittel	1km
Brötchen am Platz	✓
Restaurant & Imbiss	✓
Ver-/Entsorgung Womo	✗
in den Ort	1km
Gesamt/Touristen	65/40
Mietunterkünfte	✓
Stellplätze vor Schranke	✗

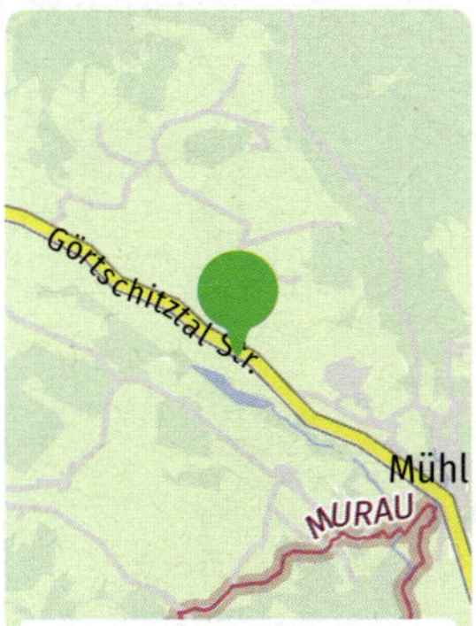

1 km
47.03849 | 14.48663
960m ü.M.

Sonnenaufgang im kleinen Paradies.

Lage & Stellplatz

Der Familien- und Wandercampingplatz liegt direkt am 7 ha großen Badesee. An der Sonnenseite der Seetaler Alpen mit Zirbitzkogel (2.396 m) – mitten im Naturpark, bietet er einen erholsamen und spannenden Urlaub. Es gibt 40 Stellplätze mit je 100 m² und eine Zeltwiese direkt am privaten Badestrand.

Verpflegung

Im gemütlichen Gasthaus mit Sonnenterrasse wird man mit frischem Frühstücksgebäck, Pizzen, Eisbechern, hausgemachten Säften und Jausen sowie gemütlichen Kesselgulasch- und Grillabenden verwöhnt. Ein Genuss sind auch die Bio-Zirbitzlamm- und Hofprodukte. Eine Lebensmittelauswahl ist vorhanden.

Sanitär

Die neuen Sanitäranlagen (2021) sind großzügig und stets gepflegt. Es stehen jeweils 4 WCs, 3 Duschen und eine Einzelwaschkabine zur Verfügung. Des Weiteren sind ein Wickelraum, Waschmaschinen und Wäschetrockner sowie eine gut sortierte Ferien- und Wanderbibliothek vorhanden. Sauberkeit ist wichtig!

Freizeit

Am ersten Campingplatz mit dem Wandergütesiegel Österreichs stehen entsprechende Leistungen parat, z. B. gratis Wanderbus (2 x wöchentlich), Wandertipps, Lektüren u. v. m. Perfekt abgerundet wird das Angebot durch eine abwechslungsreiche Natur-Kinderanimation und das Baden und Angeln im Mühlner See.

Geführte Wanderungen.

Hausgemachte Jause genießen.

4.9 SEHR GUT
30 Bewertungen

Lage	4.9
Ruhe	4.6
Sanitäranlagen	4.7
Sauberkeit Ø	5.0
Freundlichkeit	5.0
Stellplatz	4.7
Verpflegung	4.8
Freizeit	4.5
Preis-Leistung	4.9
Mietunterkünfte	5.0

Geeignet für

5.0 Paare

5.0	Gäste mit Zelt
4.9	Kinder b. 12 J.
4.8	Gäste mit Hund
4.9	Kinder b. 6 J.
4.8	Senioren
4.2	Kinder b. 18 J.

Empfohlene Aktivitäten

Wandern · Schwimmen · Entspannen · Angeln

Mehr Infos

Jugendgruppen nur beschränkt möglich. 1 Hund in der Hauptsaison erlaubt.

ÖSTERREICH

⑬ Oststeiermark und Südburgenland

FREIZEITTIPPS

- **A** Bärenschützklamm, Mixnitz
- **B** Grazer Uhrturm, Graz
- **C** Freistritztalbahn, Weiz
- **D** Kräftereich St. Jakob im Walde, Kirchenviertel
- **E** Kirchenburg Schloss Festenburg, St. Lorenzen am Wechsel

	Platz	Seite	Bewertung	Öffnungszeiten	
1	Camping Erlaufsee	**186**	**3.2**	saisonal	
2	Camping Rosskogler	**186**	**4.2**	ganzjährig	✱
3	Camping Sonnenland	**186**	**4.9**	k. A.	✱
4	Almenland Camping	**187**	**5.0**	saisonal	
5	Camping Lanzmaierhof	**187**	**3.8**	saisonal	
6	Thermenland Camping Bad Waltersdorf	**187**	**4.9**	ganzjährig	✱ 👍
7	Campingplatz Rauchwart	**187**	**3.4**	saisonal	
8	Thermenland Camping Fürstenfeld	**188**	**4.4**	k. A.	
9	1. Reisemobil-Stellplatz Graz	**188**	**4.0**	ganzjährig	✱
10	Camping im Thermen und Vulkanland	**188**	**4.3**	ganzjährig	✱
11	Weinberg-Naturparkcamping Sausalerland	**189**	**5.0**	ganzjährig	✱
12	Campingplatz Leibnitz	**190**	**4.4**	saisonal	
13	Camping Sulmsee	**190**	**3.4**	saisonal	
14	Südsteirisches Weinland-Camping	**191**	**4.7**	saisonal	
15	Sulmtal Camping & Appartements	**190**	**3.8**	ganzjährig	✱
16	Camping am Röcksee	**192**	**3.8**	saisonal	
17	Reisemobil & Wohnwagen – Stellplatz Mureck	**192**	**4.3**	saisonal	
18	Ölspur Camping	**192**	**5.0**	saisonal	

Grüner See, Tragöss © Steiermark Tourismus/Michael Weberberger

WELLNESS UND ENTSPANNUNG PAR EXCELLENCE

Camper erwartet in der östlichen Steiermark ein umfangreiches Angebot an Freizeitmöglichkeiten, denn Sport-, Natur-, Wellness- und Kulturliebhaber kommen hier gleichermaßen auf ihre Kosten. Der Südosten des Bundeslandes umfasst ein flachwelliges Hügelland und die Thermenregion. Zudem befindet sich mit Graz die zweitgrößte Stadt Österreichs in dieser Region und besticht mit ihrem sehenswerten Stadtkern. Aber auch die geografische Nähe zum Südburgenland und zu Slowenien bietet interessante Möglichkeiten.

WOHLFÜHLMOMENTE IN DER OSTSTEIERMARK

Die Landeshauptstadt Graz setzt im Tourismus vor allem auf seine historische Altstadt. Diese wurde im Jahr 1999 als besterhaltener Stadtkern Mitteleuropas zum UNESCO-Weltkulturerbe erklärt. Ein Großteil der Grazer Innenstadt ist als Fußgängerzone ausgewiesen, weshalb es sich anbietet, die vielen Sehenswürdigkeiten auf eigene Faust zu erkunden. Beispielsweise den Grazer Schlossberg: Er bildet den Kern der Altstadt und beheimatet unter anderem den Uhrturm, das Wahrzeichen der Stadt. Besucher können entweder mit der Schlossbergbahn, dem Schlossberglift oder über die 260 Treppenstufen auf den Berg gelangen. Wer es vorzieht moderne Architektur zu betrachten, bestaunt das Kunsthaus Graz sowie die Murinsel. Am Rande des Stadtzentrums, inmitten eines traumhaften Parks, liegt das Schloss Eggenberg: Im 17. Jahrhundert erbaut, stellt es heute mit mehr als einer Million Besuchern eine der zentralen Attraktionen von Graz dar. Doch auch außerhalb der Landeshauptstadt gibt es vieles zu entdecken: Zu den lohnenswertesten Zielen der Oststeiermark zählen die Basilika Mariazell, das Schloss Herberstein und die Riegersburg. Unternehmungslustige Camper erfreuen sich überwiegend an der traumhaften Natur der Region. Schöne und gemütliche Wanderrouten gibt es zur Genüge, beispielsweise um den Grünen See in Tragößs-Sankt Katharein oder durch die Bärenschützklamm in Pernegg an der Mur. Als wahrer Touristenmagnet gilt die Thermenregion. Kein Wunder, denn hier versammeln sich einige der bekanntesten Thermen Österreichs – darunter die Therme Loipersdorf, Bad Waltersdorf oder die Parktherme Bad Radkersburg. Im Südosten des Landes gewährleisten insgesamt sechs Thermalbäder einen unvergesslichen Wellness- und Wohlfühlaufenthalt.

GENUSS UND ERHOLUNG IM SÜDLICHEN BURGENLAND

Naturpark Raab © Burgenland Tourismus

Der südliche Teil des Burgenlands grenzt im Osten an Ungarn und im Süden an Slowenien. Diese Region ist vor allem für ruhesuchende Camper ein lohnendes Ziel, da sich die idyllische Hügellandschaft bestens für ausgedehnte Wanderungen oder Radtouren eignet. Mit der Sonnentherme Lutzmannsburg, der AVITA Therme Bad Tatzmannsdorf und der Allegria Familientherme Stegersbach findet ihr hier außerdem einige der besten Wellness-Oasen Österreichs vor. Für einen Ausflug bietet sich die Burg Lockenhaus an. Die mittelalterliche Hochburg befindet sich im Günser Gebirge und blickt auf eine geschichtsträchtige Vergangenheit zurück. Heute dient sie als kulturelles Zentrum, das mit diversen Ausstellungen aufwartet. Abgerundet wird das erholsame Campingerlebnis im Südburgenland durch einen Hauch Ursprünglichkeit, der in der gesamten Region vorzufinden ist. Regionale Weine und weitere regionale Spezialitäten, die ihr gesamtes Aroma erst in einer der urigen Buschenschenken entfalten, gehören zu jedem Aufenthalt im Burgenland dazu.

Südsteirische Weinstraße, nahe Ratsch © Steiermark Tourismus/Rainer Mirau

TIPP DER REDAKTION

Thermenland Camping Bad Waltersdorf

Bad Waltersdorf | Nr. 6 | Seite 187

Laut Gästen ideal geeignet zum:
- Radfahren
- Wellness
- Wandern

4.9

Karte auf Seite 182

	1 Camping Erlaufsee	2 Camping Rosskogler	3 Camping Sonnenland
		❄	❄
	Erlaufseestraße 3 8630 St. Sebastian +43 664 606 44 400	Seebach 62 8624 Aflenz-Land +43 676 757 6131	Trift 3 7361 Lutzmannsburg 0043 (0) 261 520 002
	47.78978 | 15.28221 850m ü.M.	47.55449 | 15.31319	47.46759 | 16.64102 205m ü.M.
Infos			
Öffnungszeiten	01.05. - 15.09.	ganzjährig	keine Angabe
Vergleichspreis	HS: 18,20 € | NS: 18,20 €	HS: 23,50 € | NS: 23,50 €	NS: 31,50 €
Link	**Mehr Infos & Anfrage:** www.camping.info/19389	**Mehr Infos & Anfrage:** www.camping.info/19288	**Mehr Infos & Anfrage:** www.camping.info/30161
Ausstattung			
Freizeit	Baden im See 100m Pool 3km Spielplatz 100m	Baden im See am Platz ✓ Hallenbad 5km Spielplatz am Platz ✓	Baden im See am Platz ✓ Pool/Hallenbad 850m Spielplatz am Platz ✓
Campingplatz	Hunde erlaubt ✓ Skilift & Loipe keine Angabe WLAN ✓	Hunde willkommen ✓ Skilift/Loipe 4km WLAN (gegen Gebühr) ✓	Hunde willkommen ✓ Skilift & Loipe keine Angabe WLAN (gratis) teilweise
Versorgung	Lebensmittel 3km Brötchen am Platz ✗ Restaurant/Imbiss 100m Ver-/Entsorgung Womo ✗ in den Ort 3km	Lebensmittel 5km Brötchen am Platz ✓ Restaurant & Imbiss ✓ Ver-/Entsorgung Womo ✓ in den Ort 1km	Lebensmittel ✓ Brötchen am Platz ✓ Imbiss ✓ Ver-/Entsorgung Womo ✓ in den Ort keine Angabe
Anzahl der Plätze	Gesamt/Touristen 75/65 Mietunterkünfte ✗ Stellplätze vor Schranke ✗	Gesamt/Touristen 50/30 Mietunterkünfte ✓ Stellplätze vor Schranke ✗	Touristenplätze 150 Mietunterkünfte ✗ Stellplätze vor Schranke ✓

	Camping Erlaufsee	Camping Rosskogler	Camping Sonnenland
Bewertung	3.2 GUT 10 Bewertungen	4.2 SEHR GUT 6 Bewertungen	4.9 SEHR GUT 172 Bewertungen
Lage	4.3	4.3	4.8
Ruhe	4.2	4.3	4.7
Sanitäranlagen	2.9	4.0	4.9
Sauberkeit Ø	3.5	4.0	4.9
Freundlichkeit	4.2	4.2	5.0
Stellplatz	2.8	3.8	4.8
Verpflegung	2.1	4.0	4.0
Freizeit	4.2	4.7	4.8
Preis-Leistung	3.8	4.3	4.6
Mietunterkünfte	-	5.0	-
Geeignet für			
Kinder b. 6 J.	3.4	3.8	4.9
Kinder b. 12 J.	4.0	4.0	5.0
Kinder b. 18 J.	4.0	2.8	4.3
Paare	4.2	4.2	4.5
Senioren	4.0	4.5	4.7
Gäste mit Zelt	4.2	4.5	4.8
Gäste mit Hund	4.0	3.7	5.0
Empfohlene Aktivitäten	Schwimmen Wandern Mountainbiking	Wandern Schwimmen Radfahren	Radfahren Entspannen Schwimmen

4 Almenland Camping

Tober 32
8162 Passail
+43 3179 23888

47.2875 | 15.49216
700m ü.M.

01.03. - 30.11.

HS: 35,00 € | NS: 35,00 €

Mehr Infos & Anfrage:
www.camping.info/19541

Baden im See	2km
Pool/Hallenbad	1km
Spielplatz am Platz	✓
Hunde erlaubt	✓
Skilift/Loipe	8/15km
WLAN	✓
Lebensmittel	2km
Brötchen am Platz	✓
Restaurant/Imbiss	100m
Ver-/Entsorgung Womo	✓
in den Ort	2km
Touristenplätze	10
Mietunterkünfte	✓
Stellplätze vor Schranke	✗

5.0 AUSGEZEICHNET
7 Bewertungen

Lage	4.7
Ruhe	5.0
Sanitäranlagen	5.0
Sauberkeit Ø	4.7
Freundlichkeit	5.0
Stellplatz	4.7
Verpflegung	4.2
Freizeit	5.0
Preis-Leistung	4.9
Mietunterkünfte	-

Geeignet für

Kinder b. 6 J.	5.0
Kinder b. 12 J.	5.0
Kinder b. 18 J.	5.0
Paare	4.7
Senioren	4.7
Gäste mit Zelt	5.0
Gäste mit Hund	5.0

Empfohlene Aktivitäten

- Wandern
- Reiten
- Entspannen

5 Camping Lanzmaierhof

Ungersdorf 16
8130 Frohnleiten
+43 3126 2360

47.25239 | 15.31848
420m ü.M.

01.04. - 20.10.

HS: 26,40 € | NS: 23,80 €

Mehr Infos & Anfrage:
www.camping.info/19500

Baden im See	10km
Pool/Hallenbad	500m/4km
Spielplatz am Platz	✓
Hunde erlaubt	✓
Skilift & Loipe	✗
WLAN (gratis)	teilweise
Lebensmittel	2km
Brötchen am Platz	✓
Restaurant & Imbiss	✓
Ver-/Entsorgung Womo	✓
in den Ort	2km
Gesamt/Touristen	30/27
Mietunterkünfte	✓
Stellplätze vor Schranke	✓

3.8 GUT
11 Bewertungen

Lage	4.1
Ruhe	4.1
Sanitäranlagen	3.5
Sauberkeit Ø	4.4
Freundlichkeit	4.3
Stellplatz	3.8
Verpflegung	3.9
Freizeit	3.7
Preis-Leistung	3.8
Mietunterkünfte	5.0

Geeignet für

Kinder b. 6 J.	3.6
Kinder b. 12 J.	3.1
Kinder b. 18 J.	2.3
Paare	4.6
Senioren	4.9
Gäste mit Zelt	4.8
Gäste mit Hund	4.7

Empfohlene Aktivitäten

- Radfahren
- Wandern
- Entspannen

6 Thermenland Camping Bad Waltersdorf

Campingweg 316
8271 Bad Waltersdorf
+436643117000

47.16256 | 16.02227
290m ü.M.

ganzjährig

HS: 31,50 € | NS: 24,40 €

Mehr Infos & Anfrage:
www.camping.info/19291

Baden im Fluss am Platz	✓
Pool/Hallenbad	1km/800m
Spielplatz am Platz	✓
Hunde willkommen	✓
Skilift/Loipe	30km
WLAN	✓
Lebensmittel	✓
Brötchen am Platz	✓
Restaurant/Imbiss	800/500m
Ver-/Entsorgung Womo	✓
in den Ort	1km
Gesamt/Touristen	98/80
Mietunterkünfte	✓
Stellplätze vor Schranke	✓

4.9 SEHR GUT
439 Bewertungen

Lage	4.6
Ruhe	4.6
Sanitäranlagen	4.8
Sauberkeit Ø	4.9
Freundlichkeit	5.0
Stellplatz	4.6
Verpflegung	4.1
Freizeit	4.7
Preis-Leistung	4.8
Mietunterkünfte	4.5

Geeignet für

Kinder b. 6 J.	4.3
Kinder b. 12 J.	4.4
Kinder b. 18 J.	4.3
Paare	4.8
Senioren	4.9
Gäste mit Zelt	4.5
Gäste mit Hund	4.6

Empfohlene Aktivitäten

- Radfahren
- Wellness
- Wandern

für WOMOs bis 12 m empfohlen

7 Campingplatz Rauchwart

7535 Rauchwart
+43 3327 25155

47.1329 | 16.22213

15.05. - 15.09.

HS: 25,50 € | NS: 25,50 €

Mehr Infos & Anfrage:
www.camping.info/19290

Baden im See am Platz	✓
Pool/Hallenbad	9/40km
Spielplatz am Platz	✓
Hunde willkommen	✓
Skilift & Loipe	✗
WLAN	✗
Lebensmittel	500m
Brötchen am Platz	✓
Restaurant & Imbiss	✓
Ver-/Entsorgung Womo	✓
im Ort	✓
Gesamt/Touristen	90/20
Mietunterkünfte	✗
Stellplätze vor Schranke	✗

3.4 GUT
9 Bewertungen

Lage	4.2
Ruhe	3.3
Sanitäranlagen	3.0
Sauberkeit Ø	3.1
Freundlichkeit	3.4
Stellplatz	3.1
Verpflegung	2.8
Freizeit	3.4
Preis-Leistung	3.3
Mietunterkünfte	-

Geeignet für

Kinder b. 6 J.	3.8
Kinder b. 12 J.	3.5
Kinder b. 18 J.	3.1
Paare	4.0
Senioren	3.5
Gäste mit Zelt	3.9
Gäste mit Hund	3.3

Empfohlene Aktivitäten

- Radfahren
- Schwimmen
- Entspannen

Karte auf Seite 182

	8	9	10
	Thermenland Camping Fürstenfeld	**1. Reisemobil-Stellplatz Graz** ✻	**Camping im Thermen und Vulkanland** ✻
	Badstraße 3 8280 Fürstenfeld	Martinhofstraße 3 8054 Graz +43 676 3785 102	Bairisch Kölldorf 240 8344 Bad Gleichenberg +43 3159 3941
	47.05615 | 16.06202	47.02465 | 15.39659	46.87555 | 15.93446 280m ü.M.
Infos			
Öffnungszeiten	keine Angabe	ganzjährig	ganzjährig
Vergleichspreis	HS: 28,90 € | NS: 20,00 €	HS: 22,00 € | NS: 22,00 €	HS: 22,90 € | NS: 18,00 €
Link	**Mehr Infos & Anfrage:** www.camping.info/19464	**Mehr Infos & Anfrage:** www.camping.info/19492	**Mehr Infos & Anfrage:** www.camping.info/19444
Ausstattung			
Freizeit	Baden im Teich am Platz ✓ Pool 100m Spielplatz 100m	Baden in nat. Gewässer k. A. Pool/Hallenbad 10m/4km Spielplatz ✗	Baden im See 20km Pool/Hallenbad ✓/4km Spielplatz am Platz ✓
Campingplatz	Hunde willkommen ✓ Skilift & Loipe ✗ WLAN ✓	Hunde willkommen ✓ Skilift & Loipe ✗ WLAN (gegen Gebühr) ✓	Hunde willkommen ✓ Skilift & Loipe ✗ WLAN ✓
Versorgung	Lebensmittel 500m Brötchen am Platz ✓ Restaurant/Imbiss 200m Ver-/Entsorgung Womo ✓ in den Ort 1km	Lebensmittel 250m Brötchen am Platz ✓ Restaurant/Imbiss 250m Ver-/Entsorgung Womo ✓ in den Ort 6km	Lebensmittel 2km Brötchen am Platz ✓ Restaurant & Imbiss ✓ Ver-/Entsorgung Womo ✓ in den Ort 500m
Anzahl der Plätze	Touristenplätze 50 Mietunterkünfte ✗ Stellplätze vor Schranke ✓	Touristenplätze 160 Mietunterkünfte ✗ Stellplätze vor Schranke ✗	Gesamt/Touristen 95/70 Mietunterkünfte ✓ Stellplätze vor Schranke ✗

	8	9	10
Gesamt	4.4 SEHR GUT, 22 Bewertungen	4.0 SEHR GUT, 38 Bewertungen	4.3 SEHR GUT, 11 Bewertungen
Lage	4.6	4.0	4.5
Ruhe	4.0	3.8	4.5
Sanitäranlagen	4.3	4.3	4.6
Sauberkeit Ø	4.7	4.6	4.7
Freundlichkeit	4.7	4.6	4.3
Stellplatz	4.1	3.8	4.4
Verpflegung	3.3	3.3	4.4
Freizeit	4.7	4.3	4.0
Preis-Leistung	4.7	4.2	4.5
Mietunterkünfte	-	-	4.0
Geeignet für			
Kinder b. 6 J.	4.4	3.3	3.0
Kinder b. 12 J.	4.6	3.6	3.4
Kinder b. 18 J.	4.6	4.0	2.7
Paare	4.6	4.4	4.6
Senioren	4.7	4.4	4.8
Gäste mit Zelt	4.7	2.2	4.2
Gäste mit Hund	3.9	4.4	4.3
Empfohlene Aktivitäten	Schwimmen Radfahren Wandern	Schwimmen Sightseeing Kultur	Wandern Entspannen Kulinarik

11 Weinberg-Naturparkcamping Sausalerland

*

Höch 93
8444 St.Andrä-Höch
+43 664 4457184

uhlbeton@gmail.com

ganzjährig

HS: 28,00 € | NS: 22,00 €

Mehr Infos & Anfrage:
www.camping.info/27579

Baden im See	3km
Pool am Platz	✓
Spielplatz	500m
Hunde willkommen	✓
Loipe	40km
WLAN	✓
Lebensmittel	3km
Brötchen am Platz	nur HS
Restaurant/Imbiss	200/500m
Ver-/Entsorgung Womo	✓
in den Ort	4km
Gesamt/Touristen	24/23
Mietunterkünfte	✓
Stellplätze vor Schranke	✓

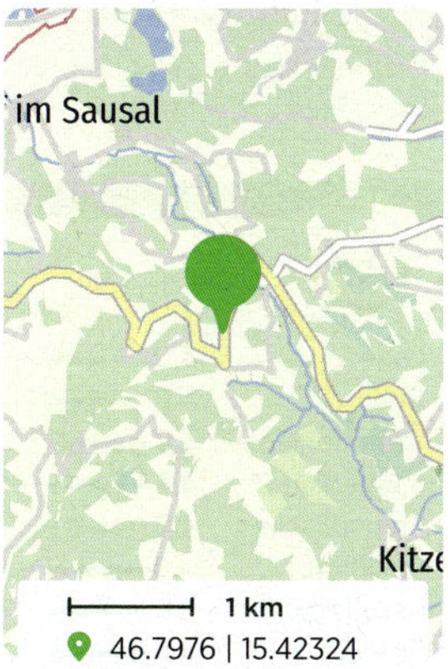

46.7976 | 15.42324
600m ü.M.

Herrlicher Blick auf das Weinberg-Naturparkcamping Sausalerland.

Lage & Stellplatz

Der Campingplatz befindet sich in der Naturpark-Gemeinde St. Andrä im Sausal an der Sausaler Weinstraße. Die Anlage ist umgeben von Weingärten, guten Buschenschenken und einem Hotelrestaurant. Der wunderschöne Ausblick ist Aushängeschild des Platzes und kann von jedem Stellplatz genossen werden.

Verpflegung

Den Gästen steht ein Hotelrestaurant zur Verfügung. Es gibt zudem einen gemütlichen, rustikalen Aufenthaltsraum. In der Umgebung gibt es außerdem einige Buschenschenken für einen gemütlichen Abend mit österreichischen Köstlichkeiten.

Sanitär

Die beheizten Sanitäranlagen haben jeweils ein Abteil für Männer und Frauen, das jeweils mit vier Duschkabinen, drei Waschbecken sowie zwei Toiletten ausgestattet ist. Ein Geschirrspülbereich sowie Waschmaschinen und Wäschetrockner sind ebenfalls vorhanden.

Freizeit

Im Sommer sorgt ein kleiner Pool für Abkühlung, zu kälteren Jahreszeiten können ein Whirlpool und eine Sauna kostenlos benutzt werden. Es gibt viele Freizeitmöglichkeiten in der Nähe, wie z. B. eine Aussichtswarte, die Schmetterlingswiese und die Hubertusgrotte mit dem beliebten Weinlehrpfad.

Großzügige Stellplätze.

Willkommen im Sausalerland.

5.0 AUSGEZEICHNET
7 Bewertungen

Lage	5.0
Ruhe	5.0
Sanitäranlagen	4.0
Sauberkeit Ø	4.9
Freundlichkeit	5.0
Stellplatz	4.7
Verpflegung	4.2
Freizeit	4.3
Preis-Leistung	4.8
Mietunterkünfte	5.0

Geeignet für

Paare	5.0
Gäste mit Hund	5.0
Gäste mit Zelt	4.6
Kinder b. 6 J.	3.5
Senioren	4.8
Kinder b. 18 J.	3.8
Kinder b. 12 J.	3.5

Empfohlene Aktivitäten

Wandern · Entspannen · Radfahren · Kulinarik

Mehr Infos

Karte auf Seite 182

	12	13	15
	Campingplatz Leibnitz	**Camping Sulmsee**	**Sulmtal Camping & Appartements**
			❄
	Rudolf-Hans-Bartsch-Gasse 33 8430 Leibnitz +43 3452 82463	Jösserstraße 2 8430 Tillmitsch +43 3452 82866	Badstraße 20 8544 Pölfing-Brunn +43 664 8546670
	46.7783 | 15.53077 275m ü.M.	46.77431 | 15.51318	46.72419 | 15.29237
Infos			
Öffnungszeiten	01.05. - 15.10.	01.05. - 30.09.	ganzjährig
Vergleichspreis	HS: 23,40 € | NS: 23,40 €	HS: 24,40 € | NS: 19,40 €	HS: 22,90 € | NS: 22,90 €
Link	**Mehr Infos & Anfrage:** www.camping.info/19447	**Mehr Infos & Anfrage:** www.camping.info/19505	**Mehr Infos & Anfrage:** www.camping.info/23819
Ausstattung			
Freizeit	Baden im Fluss 2km Pool am Platz ✓ Spielplatz 100m	Baden im See am Platz ✓ Pool & Hallenbad ✗ Spielplatz am Platz ✓	Baden im Teich am Platz ✓ Pool 6km Spielplatz am Platz ✓
Campingplatz	Hunde willkommen ✓ Skilift & Loipe ✗ WLAN (gegen Gebühr) ✓	Hunde ✗ Skilift & Loipe ✗ WLAN keine Angabe	Hunde willkommen ✓ Skilift & Loipe ✗ WLAN ✓
Versorgung	Lebensmittel 500m Brötchen am Platz ✓ Restaurant/Imbiss 600m/✓ Ver-/Entsorgung Womo ✓ in den Ort 500m	Lebensmittel 2km Brötchen keine Angabe Restaurant & Imbiss ✓ Ver-/Entsorgung Womo ✗ in den Ort 1km	Lebensmittel 800m Brötchen am Platz ✓ Imbiss ✓ Ver-/Entsorgung Womo ✓ in den Ort 800m
Anzahl der Plätze	Touristenplätze 60 Mietunterkünfte ✗ Stellplätze vor Schranke ✗	Touristenplätze 50 Mietunterkünfte ✗ Stellplätze vor Schranke ✗	Touristenplätze 40 Mietunterkünfte ✓ Stellplätze vor Schranke ✗

	Campingplatz Leibnitz	Camping Sulmsee	Sulmtal Camping & Appartements
Gesamt	4.4 **SEHR GUT** 33 Bewertungen	3.4 **GUT** 8 Bewertungen	3.8 **GUT** 12 Bewertungen
Lage	4.5	4.9	4.0
Ruhe	4.1	4.5	4.2
Sanitäranlagen	4.3	2.7	3.4
Sauberkeit Ø	4.5	3.1	4.1
Freundlichkeit	4.7	4.4	4.5
Stellplatz	4.1	3.7	4.0
Verpflegung	3.1	3.4	3.8
Freizeit	4.3	3.2	4.1
Preis-Leistung	4.4	3.6	4.3
Mietunterkünfte	-	-	-
Geeignet für			
Kinder b. 6 J.	4.3	3.0	4.6
Kinder b. 12 J.	4.6	3.4	4.9
Kinder b. 18 J.	4.3	3.4	4.3
Paare	4.3	4.4	4.6
Senioren	4.4	4.5	4.6
Gäste mit Zelt	4.3	4.2	3.5
Gäste mit Hund / Hunde n. erlaubt	Gäste mit Hund 3.7	Hunde n. erlaubt -	Gäste mit Hund 5.0
Empfohlene Aktivitäten	Schwimmen Radfahren Wandern	Entspannen Schwimmen Radfahren	Schwimmen Radfahren Wandern

keine WOMOs über 10 m

ANZEIGE

14 Südsteirisches Weinland-Camping

Gleinstätten 230
8443 Gleinstätten
+43 3457 3344
www.weinland-camping.at
info@weinland-camping.at

29.03. - 31.10.

HS: 27,90 € | NS: 27,90 €

Mehr Infos & Anfrage:
www.camping.info/19287

Baden im See am Platz	✓
Pool/Hallenbad	7/15km
Spielplatz am Platz	✓
Hunde willkommen	✓
Skilift & Loipe	✗
WLAN	✓
Lebensmittel	1km
Brötchen am Platz	✓
Restaurant & Imbiss	✓
Ver-/Entsorgung Womo	✓
in den Ort	200m
Gesamt/Touristen	40/35
Mietunterkünfte	✓
Stellplätze vor Schranke	✗

46.75192 | 15.36092
303m ü.M.

Luftaufnahme vom Weinland-Campingplatz mit Naturbadesee.

Lage & Stellplatz

Inmitten des Südsteirischen Weinlandes, umgeben von vier Weinstraßen, befindet sich der Campingplatz mit großem Naturbadesee. Radwege führen direkt am Campingplatz vorbei. Der parkähnliche Platz bietet 40 Stellplätze mit Stromanschluss und WLAN. Direkte Busverbindung in die Landeshauptstadt Graz.

Verpflegung

In 2-5 Gehminuten erreicht man fünf Restaurants von Spezialitäten bis zur Hausmannskost. Cafés, Buschen- und Mostschänken sind zu Fuß & per Rad erreichbar und runden das große kulinarische Angebot ab. Der Bäcker kommt täglich. In unmittelbarer Umgebung befinden sich drei Lebensmittelgeschäfte.

Sanitär

Das barrierefreie und beheizte Sanitärgebäude wurde 2018 komplett neu errichtet und auf den neuesten Stand umgebaut. Vom ADAC, dem DCC und dem ANWB wurde es mit der Bestnote ausgezeichnet. Zur Verfügung stehen Einzelwaschkabinen, Mietbadezimmer, Waschmaschine, Trockner, Kaffeemaschine und mehr.

Freizeit

Das Südsteirische Weinland ist abwechslungsreich, die Umgebung lädt zum Schwimmen, Radfahren, Walken und Wandern ein. Für Kulturinteressierte gibt es ein großes Angebot und auch die Kulinarik kommt in der Region nicht zu kurz. Trekkingbikes, E-Bikes und ein E-Auto stehen zum Verleih zur Verfügung.

Herzlich willkommen im Weinland.

Blick von oben auf See & Platz.

4.7 **SEHR GUT**
199 Bewertungen

Lage	4.5
Ruhe	4.4
Sanitäranlagen	4.5
Sauberkeit Ø	4.8
Freundlichkeit	4.8
Stellplatz	4.5
Verpflegung	4.3
Freizeit	4.5
Preis-Leistung	4.7
Mietunterkünfte	4.9

Geeignet für

4.8 Paare

4.8	Senioren
4.6	Gäste mit Hund
4.3	Kinder b. 6 J.
4.6	Gäste mit Zelt
4.5	Kinder b. 12 J.
4.2	Kinder b. 18 J.

Empfohlene Aktivitäten

Radfahren · Schwimmen · Wandern · Entspannen

Mehr Infos

Karte auf Seite 182

	16 Camping am Röcksee	17 Reisemobil & Wohnwagen – Stellplatz Mureck	18 Ölspur Camping
Adresse	Misselsdorf 40 8480 Mureck +43 3472 2292 46.71779 | 15.79968 230m ü.M.	Austraße 9 8480 Mureck +43 (0) 676 911 4011 46.70482 | 15.77247 237m ü.M.	Eibiswald 127 8552 Eibiswald +43 660 3490810 46.69306 | 15.25337 360m ü.M.
Infos			
Öffnungszeiten	01.04. - 31.10.	01.04. - 31.10.	15.04. - 31.10.
Vergleichspreis	HS: 27,50 € | NS: 27,50 €	HS: 21,00 €	HS: 25,00 € | NS: 25,00 €
Link	**Mehr Infos & Anfrage:** www.camping.info/19506	**Mehr Infos & Anfrage:** www.camping.info/19493	**Mehr Infos & Anfrage:** www.camping.info/25115
Ausstattung			
Freizeit	Baden im See am Platz ✓ Pool 3km Spielplatz am Platz ✓	Baden in nat. Gewässer k. A. Pool 10m Spielplatz keine Angabe	Baden im See 25km Pool am Platz ✓ Spielplatz am Platz ✓
Campingplatz	Hunde erlaubt ✓ Skilift & Loipe ✗ WLAN ✓	Hunde willkommen ✓ Skilift & Loipe keine Angabe WLAN (gegen Gebühr) ✓	Hunde willkommen ✓ Skilift 30km WLAN ✓
Versorgung	Lebensmittel 1km Brötchen am Platz ✓ Restaurant & Imbiss ✓ Ver-/Entsorgung Womo ✗ in den Ort 1km	Lebensmittel 200m Brötchen am Platz ✓ Restaurant/Imbiss 50m Ver-/Entsorgung Womo ✓ in den Ort 200m	Lebensmittel 500m Brötchen am Platz ✓ Restaurant/Imbiss 500m Ver-/Entsorgung Womo ✓ in den Ort 2km
Anzahl der Plätze	Gesamt/Touristen 110/20 Mietunterkünfte ✓ Stellplätze vor Schranke ✗	Touristenplätze 82 Mietunterkünfte ✗ Stellplätze vor Schranke ✗	Touristenplätze 49 Mietunterkünfte ✓ Stellplätze vor Schranke ✗

	16	17	18
Gesamt	3.8 GUT, 6 Bewertungen	4.3 SEHR GUT, 18 Bewertungen	5.0 AUSGEZEICHNET, 43 Bewertungen
Lage	3.8	4.4	4.5
Ruhe	4.5	4.2	4.6
Sanitäranlagen	3.0	4.4	5.0
Sauberkeit Ø	4.5	4.6	5.0
Freundlichkeit	4.2	4.7	5.0
Stellplatz	3.3	4.1	4.7
Verpflegung	4.0	3.2	4.1
Freizeit	2.8	4.4	4.7
Preis-Leistung	3.5	4.4	5.0
Mietunterkünfte	3.0	-	4.5
Geeignet für			
Kinder b. 6 J.	3.8	4.7	4.5
Kinder b. 12 J.	3.8	4.4	4.6
Kinder b. 18 J.	3.5	4.4	4.6
Paare	4.8	4.2	4.8
Senioren	4.2	4.5	4.9
Gäste mit Zelt	4.8	4.3	4.9
Gäste mit Hund	3.8	4.7	4.8
Empfohlene Aktivitäten	Schwimmen Radfahren Wandern	Schwimmen Radfahren Wandern	Radfahren Wandern Schwimmen

keine WOMOs ab 13 m

ÖSTERREICH

⑭ Niederösterreich Süd

FREIZEITTIPPS

- **A** Strandbad Hollenstein, Hollenstein an der Ybbs
- **B** Ötschergräben, Mitterbach
- **C** Seegrotte Hinterbrühl, Hinterbrühl
- **D** Schloss Esterházy, Eisenstadt
- **E** Nationalpark Neusiedler See – Seewinkel, Illmitz

	Platz	Seite	Bewertung	Öffnungszeiten	
1	Camping am See	198	4.2	saisonal	
2	Pielachtal Camping	198	5.0	saisonal	
3	Aktiv Camp Purgstall – Camping und Ferienpark	199	4.8	saisonal	ϟ
4	Terrassen Camping Traisen	201	4.8	saisonal	
5	Ötscherland Camping	203	4.3	ganzjährig	❄
6	Camping Oggau	202	3.8	saisonal	
7	Camping Gippelblick Kernhof	202	4.8	ganzjährig	❄ ϟ
8	Zicksee Camping	202	4.3	saisonal	

❄ Wintercamping FKK Textilfrei (ganz/teilweise) Ecocamping Award ϟ Onlinebuchung

SÜDLICH DER DONAU

Drei wunderbare Regionen südlich der Donau in Niederösterreich sind das Mostviertel, der Wienerwald und die Wiener Alpen. Genussfreudige Camper werden im Mostviertel mit sortenreinen Mosten, Spezialitäten aus Wildfrüchten und einzigartigen Naturlandschaften verwöhnt. Die Regionen Wienerwald und Wiener Alpen verzaubern ihre Gäste mit kulturellen und alpinen Highlights. Wer wiederum einen familiären Badeurlaub in einem der bekanntesten Weinbaugebiete Österreichs bevorzugt, wird sich insbesondere im angrenzenden Nordburgenland wohlfühlen.

Semmering, 20-Schilling-Blick © Niederösterreich-Werbung/Michael Liebert

MOSTVIERTEL, WIENERWALD UND WIENER ALPEN

Typisch für das Mostviertel sind die ausgedehnten Streuobstwiesen sowie die leicht hügelige Landschaft des Alpenvorlandes. Im westlichen Teil des Mostviertels befindet sich die 200 km lange Moststraße: Die gut ausgeschilderte Erlebnisstraße führt vorbei an unzähligen Mostheurigen, bäuerlichen Betrieben, Aussichtspunkten und Lehrpfaden. Aktive Camper erfreuen sich an einem Wanderwegenetz von über 3.000 km Länge. Eine außerordentliche Route startet im Naturpark Ötscher-Tormäuer: Der Wanderweg führt durch die eindrucksvollen Schluchten der Ötschergräben und vorbei an drei imposanten Wasserfällen. Weitere Sehenswürdigkeiten der Region sind das Schloss Schallaburg, das Benediktinerkloster Stift Melk und der Tierpark Stadt Haag. Östlich vom Mostviertel findet man den Wienerwald, die Bucklige Welt und das Wiener Becken bzw. die Wiener Alpen. Neben dem Stift Heiligenkreuz aus dem Jahre 1133 gehört die Schneebergbahn als eine von nur drei in Österreich existierenden Zahnradbahnen zu den Highlights dieses Gebiets. Aber auch Attraktionen wie die 1854 als erste Hochgebirgsbahn Europas eröffnete Semmeringbahn, den Schlosspark Laxenburg oder den Archäologiepark Carnuntum sollte man auf keinen Fall missen.

Ötscher im Frühling © Mostviertel Tourismus/Weinfranz

NORDBURGENLAND – CAMPING AM MEER DER WIENER

Charakteristisch für das nördliche Burgenland sind seine ebenen Weinbaugebiete und die pannonische Tiefebene im Seewinkel. Der Neusiedler See samt dazugehörigem Nationalpark zählt zu den interessantesten Steppengebieten Europas. Der „Nationalpark Neusiedler See-Seewinkel" erstreckt sich bis nach Ungarn und gehört seit dem Jahr 2001 zum Welterbe der UNESCO. Die Region Neusiedler See ist eines der begehrtesten Sommerziele im Burgenland – dafür sorgen mehr als 2.000 Sonnenstunden pro Jahr und sieben Bäder direkt am See, wie das Strandbad Illmitz oder das Naturseebad Breitenbrunn. Unumstrittener Hotspot für alle Surfer ist die Gemeinde Podersdorf am See. Währenddessen amüsieren sich Familien im „Familypark Neusiedler See", Österreichs größtem Freizeit- und Familienpark. Radfahrer können sich auf 39 Radwegen mit einer Gesamtlänge von über 1.000 km gebührend auspowern. Des Weiteren warten mit dem Schloss Esterházy in Eisenstadt, den Seefestspielen Mörbisch und den Opernfestspielen St. Margarethen mehrere reizvolle Ziele auf kulturinteressierte Camper. Die edelsten Tropfen der Region genießt ihr am besten bei einer Weinverkostung.

Eislaufen am Neusiedler See
© Burgenland Tourismus/steve.haider.com

Seehütten bei Rust © Burgenland Tourismus/Lunardi

TIPP DER REDAKTION

Pielachtal Camping
Hofstetten-Grünau | Nr. 2 | Seite 198

Laut Gästen ideal geeignet zum:
- Wandern
- Radfahren
- Mountainbiken

5.0

Karte auf Seite 194

	1	2
	Camping am See	**Pielachtal Camping**
	Bimbo-Binder-Promenade 15 3100 St. Pölten +43 676 898 798 898 48.22466 | 15.65877	Mariazellerstraße 23c 3202 Hofstetten-Grünau 0680/1158560 48.084 | 15.49595 317m ü.M.
Infos		
Öffnungszeiten	15.04. - 31.10.	01.04. - 31.10.
Vergleichspreis	HS: 35,10 € | NS: 35,10 €	HS: 34,70 € | NS: 29,70 €
Link	**Mehr Infos & Anfrage:** www.camping.info/23192	**Mehr Infos & Anfrage:** www.camping.info/30145
Ausstattung		
Freizeit	Baden im See am Platz ✓	Baden im Teich am Platz ✓
	Pool/Hallenbad 5km	Pool/Hallenbad 6/2km
	Spielplatz am Platz ✓	Spielplatz keine Angabe
Campingplatz	Hunde willkommen ✓	Hunde erlaubt ✓
	Skilift/Loipe 50km	Skilift & Loipe keine Angabe
	WLAN ✓	WLAN ✓
Versorgung	Lebensmittel 1km	Lebensmittel 1km
	Brötchen am Platz ✓	Brötchen am Platz ✓
	Restaurant/Imbiss 300m	Restaurant & Imbiss ✗
	Ver-/Entsorgung Womo ✓	Ver-/Entsorgung Womo ✓
	in den Ort 500m	in den Ort 1km
Anzahl der Plätze	Gesamt/Touristen 91/46	Touristenplätze 26
	Mietunterkünfte ✓	Mietunterkünfte ✗
	Stellplätze vor Schranke ✗	Stellplätze vor Schranke ✗

	Camping am See	Pielachtal Camping
Bewertung	4.2 SEHR GUT, 9 Bewertungen	5.0 AUSGEZEICHNET, 4 Bewertungen
Lage	4.6	5.0
Ruhe	4.2	4.0
Sanitäranlagen	4.6	5.0
Sauberkeit Ø	4.8	5.0
Freundlichkeit	4.6	5.0
Stellplatz	4.8	5.0
Verpflegung	3.1	-
Freizeit	4.4	4.7
Preis-Leistung	3.8	5.0
Mietunterkünfte	5.0	-
Geeignet für		
Kinder b. 6 J.	4.2	5.0
Kinder b. 12 J.	4.2	4.7
Kinder b. 18 J.	3.8	4.3
Paare	4.8	5.0
Senioren	4.8	5.0
Gäste mit Zelt	4.0	5.0
Gäste mit Hund	4.5	5.0
Empfohlene Aktivitäten	Entspannen Schwimmen Radfahren	Radfahren Wandern Mountainbiking

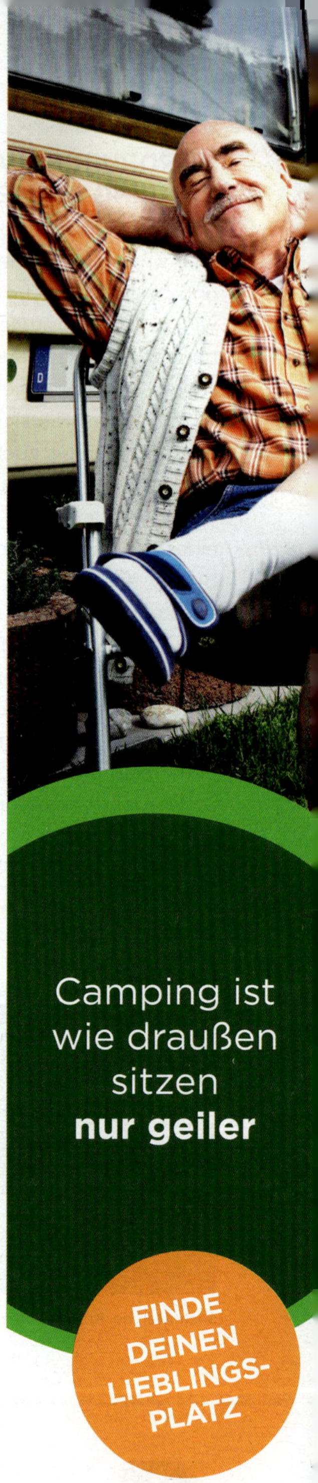

3 Aktiv Camp Purgstall – Camping und Ferienpark

Augasse 8
3251 Purgstall/Erlauf
+43 7489 2015
www.topcamp.at
info@topcamp.at

01.04. - 15.10.

HS: 39,50 € | NS: 29,90 €

Mehr Infos & online buchen:
www.camping.info/19349

Baden im Teich am Platz	✓
Pool/Hallenbad	400m/7km
Spielplatz am Platz	✓
Hunde erlaubt	✓
Skilift & Loipe	✗
WLAN	✓
Lebensmittel	300m
Brötchen am Platz	✓
Restaurant & Imbiss	✓
Ver-/Entsorgung Womo	✓
in den Ort	200m
Gesamt/Touristen	50/47
Mietunterkünfte	✓
Stellplätze vor Schranke	✗

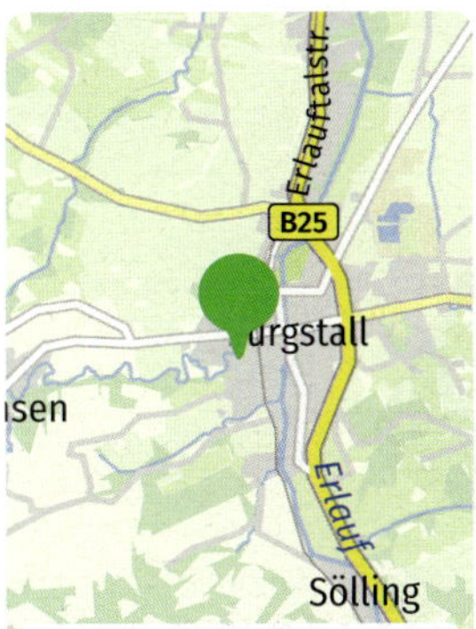

48.05581 | 15.12898
300m ü.M.

Zeltwiese mit Blick auf das Gästehaus.

Lage & Stellplatz

Mit nur 50 Stellplätzen zählt der Platz zu den kleinsten, aber komfortabelsten Plätzen Österreichs. Die großzügig angelegten Komfortstellplätze haben Wasser-, Strom- und Abwasseranschluss. Die Anlage liegt ideal zwischen Linz und Wien, mitten im Mostviertel, 15 km südlich der Donauregion Wachau.

Verpflegung

Fast alle Einkäufe der lokalen Produkte kann man zu Fuß erledigen. Oder man nutzt die gratis Einkaufsleihräder für die Besorgung in den nahen Supermärkten. Keine Lust auf Kochen? Im „Restaurant am Campingplatz" kann man beim Chef sein individuelles Abendmenü bestellen. Täglich Brötchenservice!

Sanitär

Der Sanitärbereich ist sauber und gepflegt. Er ist durchgehend barrierefrei und verfügt über ein ÖNORM zertifiziertes Behinderten-Sanitär. Zusätzlich ein Babysanitär mit Badewanne, Wickeltisch und Flaschenwärmer als auch Geschirrspüler, Waschmaschine, Wäschetrockner...

Freizeit

Ob Abkühlung im Badebiotop, Radausflüge oder Wanderungen am Tut Gut Wanderweg und der Erlaufschlucht: Die Vielfalt der Freizeit- und Ausflugsmöglichkeiten rund um den Campingplatz ist riesig. Für Kinder gibt es einen Spielplatz und Minizoo. Dazu Boccia, Tischtennis, Volleyball & eine Fußballwiese.

Natur-Badebiotop.

Spielplatz im Grünen.

4.8 SEHR GUT
90 Bewertungen

Lage	4.5
Ruhe	4.8
Sanitäranlagen	4.8
Sauberkeit Ø	4.9
Freundlichkeit	5.0
Stellplatz	4.7
Verpflegung	4.3
Freizeit	4.4
Preis-Leistung	4.5
Mietunterkünfte	4.4

Geeignet für

4.9	Senioren
4.8	Paare
4.8	Gäste mit Zelt
4.8	Gäste mit Hund
4.6	Kinder b. 6 J.
4.6	Kinder b. 12 J.
3.9	Kinder b. 18 J.

Empfohlene Aktivitäten

Wandern · Entspannen · Radfahren · Schwimmen

Mehr Infos

Keine WOMOs ab 9,5 m.

4 Terrassen Camping Traisen

Kulmhof 1
3160 Traisen
+43 2762 62900
www.camping-traisen.at
info@camping-traisen.at

01.03. - 30.06.
01.07. - 31.08.
HS: 31,50 € | NS: 25,50 €
Mehr Infos & Anfrage:
www.camping.info/19445

Baden im Fluss	800m
Pool/Hallenbad	✓/20km
Spielplatz am Platz	✓
Hunde willkommen	✓
Skilift & Loipe	✗
WLAN	✓
Lebensmittel	✓
Brötchen am Platz	nur HS
Restaurant/Imbiss	500m/✓
Ver-/Entsorgung Womo	✓
in den Ort	500m
Gesamt/Touristen	100/40
Mietunterkünfte	✓
Stellplätze vor Schranke	✗

48.04267 | 15.60234
415m ü.M.

Camping-Insel im Grünen.

Lage & Stellplatz

Der schöne Blick auf die Voralpen zeichnet diesen terrassenförmig angelegten Platz aus. Die gepflegte Anlage verfügt über individuelle Stellplätze, einen solarbeheizten Pool, einen Gruppenplatz mit Lagerfeuerstelle, Tagräume und kostenloses WLAN. Der Platz ist eine knappe Stunde von Wien entfernt.

Verpflegung

Direkt vor Ort gibt es einen kleinen Shop und ein gemütliches Café-Bistro, welches von Mitte Mai bis Mitte September geöffnet ist. In der Hauptreisezeit wird außerdem ein täglicher Brötchenservice angeboten. Verschiedene Restaurants befinden sich im nahe gelegenen Ortszentrum von Traisen.

Sanitär

Das saubere, zentrale Sanitärgebäude ist mit Duschen, Toiletten, Waschkabinen, Babybad, Geschirr- und Wäschewaschbecken sowie einer Waschmaschine und einem Trockner ausgestattet. Des Weiteren steht eine Camper-Servicestation für Wohnmobile bereit. Das Wasser am Platz weist Trinkwasserqualität auf.

Freizeit

Auf dem Campinggelände sorgen ein Kinderspielplatz, ein Trampolin, Tischtennis, Tischfußball und ein Ballspielplatz für Unterhaltung. Zahlreiche gut markierte Wanderwege und der Traisental-Radweg laden zur Bewegung in der Natur ein. Beliebte Ausflugsziele sind u. a. Wien, Mariazell und Wachau.

Frühstück mit Fernsicht.

Abkühlung im Pool.

4.8 SEHR GUT
40 Bewertungen

Lage	4.7
Ruhe	4.7
Sanitäranlagen	4.4
Sauberkeit Ø	4.8
Freundlichkeit	4.9
Stellplatz	4.5
Verpflegung	4.2
Freizeit	4.5
Preis-Leistung	4.7
Mietunterkünfte	4.9

Geeignet für

4.9 Gäste mit Zelt

4.9 Gäste mit Hund
4.7 Kinder b. 12 J.
4.7 Senioren
4.7 Kinder b. 6 J.
4.7 Paare
4.2 Kinder b. 18 J.

Empfohlene Aktivitäten

Wandern
Radfahren
Entspannen
Mountainbiking

Mehr Infos

Ab 1. September Nebensaison 25,50 €.

Karte auf Seite 194

	6	7	8
	Camping Oggau	**Camping Gippelblick Kernhof**	**Zicksee Camping**
	Seegasse 7063 Oggau +43 2685 7271 47.84372 | 16.68707	Oberkeer 1 3195 Kernhof +43 664 5035 981 47.81802 | 15.532 800m ü.M.	Champingplatz 1 7161 St. Andrä am Zicksee +43 2176 2144 47.79454 | 16.91339 116m ü.M.
Infos			
Öffnungszeiten	01.04. - 31.10.	ganzjährig	01.04. - 15.10.
Vergleichspreis	HS: 30,40 € | NS: 28,90 €	HS: 20,20 € | NS: 20,20 €	HS: 26,80 € | NS: 26,80 €
Link	**Mehr Infos & Anfrage:** www.camping.info/19482	**Mehr Infos & online buchen:** www.camping.info/19335	**Mehr Infos & Anfrage:** www.camping.info/26023
Ausstattung			
Freizeit	Baden im See 8km Pool/Hallenbad 100m/15km Spielplatz am Platz ✓	Baden in nat. Gewässer k. A. Pool/Hallenbad 5/20km Spielplatz am Platz ✓	Baden im See am Platz ✓ Pool & Hallenbad ✗ Spielplatz am Platz ✓
Campingplatz	Hunde erlaubt ✓ Skilift & Loipe ✗ WLAN ✓	Hunde willkommen ✓ Skilift/Loipe 4km/✓ WLAN ✓	Hunde ✗ Skilift & Loipe ✗ WLAN ✓
Versorgung	Lebensmittel ✓ Brötchen am Platz ✓ Restaurant & Imbiss ✓ Ver-/Entsorgung Womo ✓ in den Ort 1km	Lebensmittel 500m Brötchen am Platz ✗ Restaurant/Imbiss 200m/✓ Ver-/Entsorgung Womo ✓ in den Ort 1km	Lebensmittel 400m Brötchen am Platz ✗ Restaurant/Imbiss 50/100m Ver-/Entsorgung Womo ✓ in den Ort 6km
Anzahl der Plätze	Gesamt/Touristen 470/155 Mietunterkünfte ✗ Stellplätze vor Schranke ✗	Gesamt/Touristen 65/45 Mietunterkünfte ✗ Stellplätze vor Schranke ✗	Gesamt/Touristen 314/230 Mietunterkünfte ✗ Stellplätze vor Schranke ✓

	Camping Oggau	Camping Gippelblick Kernhof	Zicksee Camping
Gesamt	3.8 GUT, 37 Bewertungen	4.8 SEHR GUT, 13 Bewertungen	4.3 SEHR GUT, 26 Bewertungen
Lage	3.8	4.8	4.6
Ruhe	4.0	5.0	4.4
Sanitäranlagen	3.8	4.5	4.1
Sauberkeit Ø	3.8	4.8	4.5
Freundlichkeit	4.1	4.9	4.6
Stellplatz	3.8	4.1	4.3
Verpflegung	3.6	2.9	3.5
Freizeit	3.6	4.4	4.0
Preis-Leistung	3.8	4.9	4.2
Mietunterkünfte	-	-	-
Geeignet für			
Kinder b. 6 J.	3.7	4.5	4.5
Kinder b. 12 J.	3.8	4.0	4.2
Kinder b. 18 J.	3.5	4.2	3.4
Paare	4.1	4.6	4.7
Senioren	4.5	4.6	4.7
Gäste mit Zelt	3.7	4.9	4.2
Gäste mit Hund	3.6	4.9	
Hunde n. erlaubt			-
Empfohlene Aktivitäten	Radfahren Schwimmen Entspannen	Wandern Radfahren Entspannen	Radfahren Entspannen Wandern

5 Ötscherland Camping

Zellerhofstraße 23
3293 Lunz am See
+43 664 738 605 98
www.oetscherlandcamping.at
info@oetscherlandcamping.at

ganzjährig

HS: 31,00 € | NS: 31,00 €

Mehr Infos & Anfrage:
www.camping.info/19446

Baden im See	1km
Pool/Hallenbad	11km
Spielplatz am Platz	✓
Hunde willkommen	✓
Skilift/Loipe	3km/500m
WLAN	✓
Lebensmittel	500m
Brötchen am Platz	✓
Restaurant/Imbiss	300/500m
Ver-/Entsorgung Womo	✓
in den Ort	500m
Gesamt/Touristen	80/40
Mietunterkünfte	✓
Stellplätze vor Schranke	✗

47.8621 | 15.0363
600m ü.M.

Der Campingplatz liegt am entspannenden Flussufer der Ois.

Lage & Stellplatz

Der familiengeführte Campingplatz befindet sich im alpinen Mostviertel, eingebettet von der Ybbs und sanften Bergen. Auf gepflegten Wiesen- und Schotterbereichen mit schattenspendenden Hecken und Bäumen finden die Gäste einen schönen Platz. Strom, Gas und WLAN sind am gesamten Platz verfügbar.

Verpflegung

Nur wenige Gehminuten entfernt befinden sich verschiedene Restaurants mit regionalen und saisonalen Köstlichkeiten, ein Supermarkt, Bioladen sowie ein Café. Frisches Gebäck vom regionalen Bäcker sowie Butter, Marmelade und Getränke werden in der Sommersaison täglich am Campingplatz angeboten.

Sanitär

Das Campinghaus bietet einen Aufenthaltsraum mit Kühlschrank und Kaffeeautomat, sanitäre Anlagen mit WC und Duschen, Waschbecken, Einzelwaschkabine mit Wickeltisch, Geschirrspülbecken sowie Waschmaschine und Trockner. Hier legt man großen Wert auf Sauberkeit.

Freizeit

Der Lunzersee (10-15 Gehminuten) bietet Badespaß und kulturelle Angebote auf der Seebühne. Das Haus der Wildnis im Ortszentrum liefert Einblicke in den nahegelegenen Urwald. Der Campingplatz ist ein idealer Ausgangspunkt für Rad- u. Wandertouren und Ausflugsziele und hat auch im Winter geöffnet.

Die Zeltplätze in Flussnähe.

Platz für WM/WW mit Flussblick.

4.3 SEHR GUT
19 Bewertungen

Lage	4.4
Ruhe	4.2
Sanitäranlagen	4.1
Sauberkeit Ø	4.8
Freundlichkeit	4.7
Stellplatz	3.9
Verpflegung	3.4
Freizeit	4.4
Preis-Leistung	4.3
Mietunterkünfte	4.7

Geeignet für

4.7	Gäste mit Zelt
4.6	Kinder b. 18 J.
4.5	Gäste mit Hund
4.3	Kinder b. 12 J.
4.6	Paare
4.4	Senioren
4.2	Kinder b. 6 J.

Empfohlene Aktivitäten

Wandern · Radfahren · Mountainbiking · Entspannen

Mehr Infos

Zwischen Ötscher und Hochkar gelegen – Winterpauschale im Angebot!

ÖSTERREICH

⑮ Niederösterreich Nord

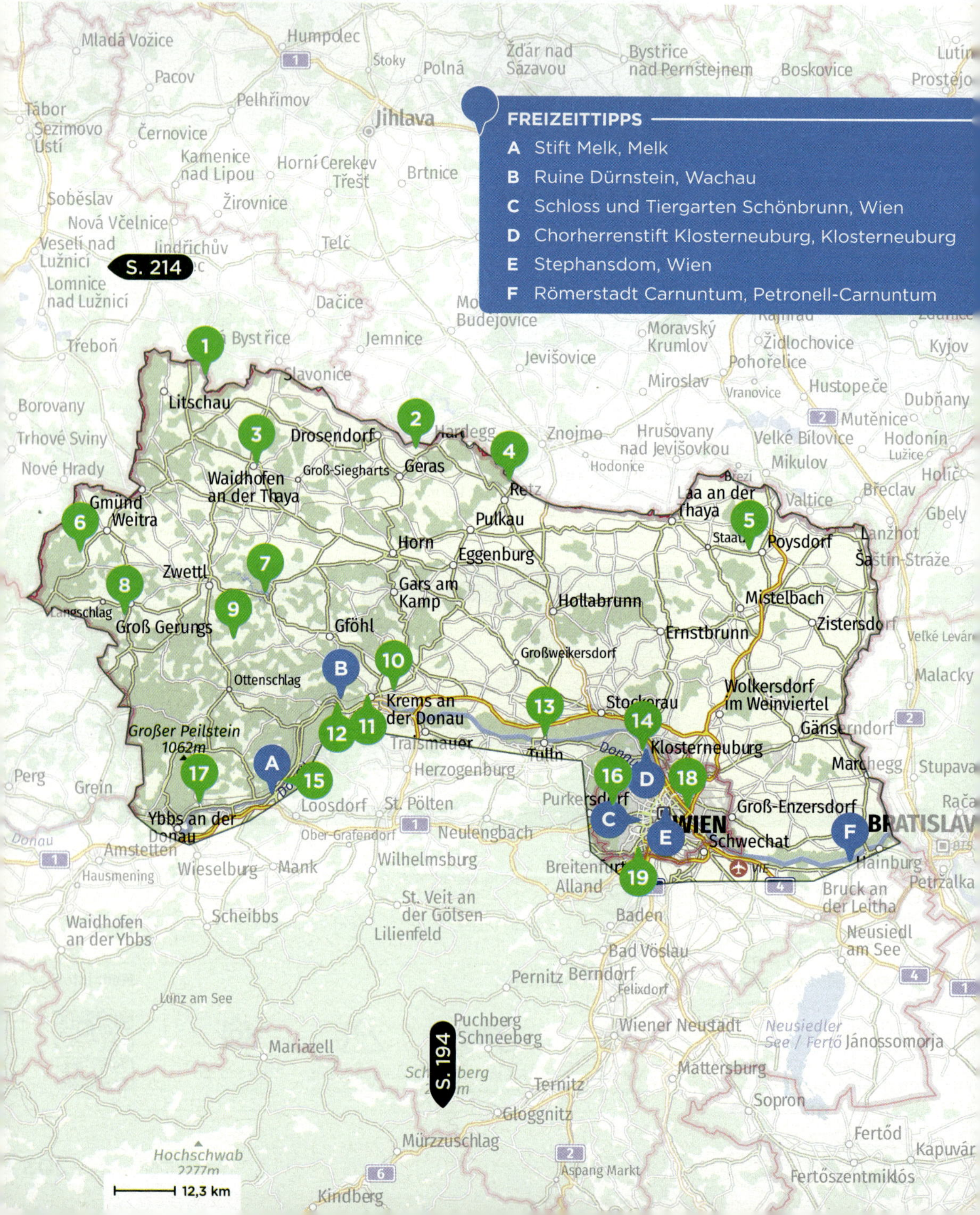

Platz		Seite	Bewertung	Öffnungszeiten	
1	Haarstubencampingplatz Reingers	208	4.7	saisonal	
2	Seecamping Langau	208	3.2	saisonal	
3	Campingplatz Thayapark	208	4.2	saisonal	
4	Waldcamping Hubertus	209	4.7	saisonal	
5	Veltlinerland-Camping Poysdorf	209	4.8	saisonal	
6	Campingplatz St. Martin	209	4.6	saisonal	
7	Campingplatz Lichtenfels am Stausee Ottenstein	209	3.9	saisonal	
8	Waldviertel Camping | Familie Einfalt	210	4.8	saisonal	
9	Erster Waldviertler Kinderbauernhof Camping	210	4.2	ganzjährig	❄
10	Camping Ettenauer	210	4.5	saisonal	❄
11	Donau Camping Krems	211	3.8	saisonal	
12	Campingplatz Rossatz	211	4.5	saisonal	
13	Donaupark Camping Tulln	211	3.9	saisonal	
14	Donaupark Camping Klosterneuburg	211	4.3	saisonal	
15	Camping Gasthof Stumpfer	212	3.7	saisonal	
16	Camping Wien West	212	3.0	saisonal	❄
17	Marbacher Freizeitzentrum	212	3.6	saisonal	
18	Aktiv Camping Neue Donau	213	3.5	saisonal	
19	Reisemobil Stellplatz Wien	213	4.4	ganzjährig	❄

❄ Wintercamping FKK Textilfrei (ganz/teilweise) Ecocamping Award Onlinebuchung

WALD- UND WEINVIERTEL, DIE WACHAU UND WIEN

Niederösterreich - das Land rund um Wien - ist nicht nur landschaftlich reizvoll, sondern auch kulturell sehenswert. Der Charakter des Waldviertels wird von einem nordischen Klima, dunklen Wäldern und beschaulichen Hochmooren geprägt. Das Weinviertel hingegen präsentiert sich mit hügeligen Gebieten und rund 14.000 Winzern. Mitten in Niederösterreich liegt die Bundeshauptstadt Wien, Österreichs Hauptstadt und einzige Millionenstadt.

Kellergasse am Galgenberg © Niederösterreich-Werbung/Michael Liebert

NATUR UND GENUSS IM WALD- UND WEINVIERTEL

Im Waldviertel, dem nördlichsten Teil Österreichs, sorgt die besondere Kombination aus Landschaftsvielfalt und Kulturgütern für einen Campingurlaub der besonderen Art. Faszinierende Naturerlebnisse sind im „Naturpark Heidenreichsteiner Moor", im „Naturpark Hochmoor-UnterWasserReich" in Schrems oder an den Kampstauseen zu finden. Kulturinteressierte Camper kommen in bekannten Stiften wie dem Stift Altenburg auf ihre Kosten. Im Nordosten Niederösterreichs befindet sich das Weinviertel. Wie der Name bereits erahnen lässt, handelt es sich dabei um Österreichs größtes Weinbaugebiet. Hier warten sanfte Hügellandschaften, ein gutes Radwegenetz und Wein in den unterschiedlichsten Ausprägungen - beste Voraussetzungen also, um die malerischen Kellergassen und Weingärten zu erkunden. Zu den bekanntesten Kellergassen zählen die Öhlbergkellergasse in Pillersdorf, der Zipf in Mailberg und die Gstetten in Poysdorf. Auch die „Amethyst Welt Maissau", der „Naturpark Leiser Berge" und das Schloss Hof in Engelhartstetten gehören zu den gut besuchten Attraktionen der Region.

Dürnstein in der Wachau © Niederösterreich-Werbung/Michael Liebert

MIT RAD ODER CARAVAN DURCH DIE WACHAU

Die Wachau, das Donautal zwischen Melk und Krems, ist für seine reizvolle Landschaft, die Weinberge und die Marillenblüte international bekannt. Die Wachau ist UNESCO Weltkultur- und Naturerbe. Highlights sind die Ruine Dürnstein, auf welcher der englische König Richard Löwenherz gefangen war, die Ruine Aggstein und das Stift Melk. Die Wachau wird vor allem im Sommer von Campern gerne besucht, ist aber durch seine klimatisch begünstigte Lage auch in den kühleren Jahreszeiten ein interessantes Ziel.

Stift Melk © Niederösterreich-Werbung/Michael Liebert

WIEN: FACETTENREICHE METROPOLE

Mit mehr als fünf Millionen Touristen pro Jahr zählt Wien zu den zehn meistbesuchten Städten Europas. Kein Wunder, versammeln sich hier doch einige der bekanntesten Attraktionen des Landes. Beginnend beim Stephansdom, der mit seinem 137 m hohen Turm das Wahrzeichen der Stadt darstellt. Als bequeme Alternative zur Dombesteigung präsentiert sich das Riesenrad. Es bildet das Tor zum Wiener Prater, einem riesigen Freizeitareal mit Wiens größtem Vergnügungspark. Nicht weniger sehenswert ist das Schloss Schönbrunn. Eins der größten und schönsten Prunkbauten der Stadt weiß unter anderem durch den riesigen Park und den angrenzenden Tiergarten Schönbrunn zu überzeugen. Ein Tipp für Tierfreunde ist auch das Haus des Meeres. In einem Flakturm aus dem 2. Weltkrieg wurden hinter meterdicken Betonwänden riesige Aquarien geschaffen. Außerdem verfügt Wien über mehr als 100 Museen, dazu kommt eine außergewöhnliche Auswahl an regelmäßigen Veranstaltungen, Märkten, Heurigen und Kaffeehäusern. Bade-Tipp: Eines der bekanntesten Wiener Freibäder ist das Gänsehäufel an der Alten Donau, eines der größten Süßwasserfreibäder Europas.

TIPP DER REDAKTION

Veltlinerland-Camping Poysdorf

Poysdorf | Nr. 5 | Seite 209

Laut Gästen ideal geeignet zum:

- Schwimmen
- Radfahren
- Wandern

4.8

Karte auf Seite 204

	1	2	3
	Haarstuben-campingplatz Reingers	**Seecamping Langau**	**Campingplatz Thayapark**
	Reingers 106 3863 Reingers +43 2863 8208	Schaffinger Straße 303 2091 Langau +43 664 1735288	Badgasse 9 3830 Waidhofen an der Thaya +43 2842 503 81
	48.97167 | 15.15331 600m ü.M.	48.84347 | 15.721	48.81091 | 15.2902
Infos			
Öffnungszeiten	01.04. - 30.10.	24.03. - 30.09.	01.05. - 30.09.
Vergleichspreis	HS: 21,60 € | NS: 21,60 €	keine Angabe	HS: 21,90 € | NS: 21,90 €
Link	**Mehr Infos & Anfrage:** www.camping.info/19485	**Mehr Infos & Anfrage:** www.camping.info/19359	**Mehr Infos & Anfrage:** www.camping.info/19453
Ausstattung			
Freizeit	Baden im Teich 200m Pool/Hallenbad 200m/10km Spielplatz am Platz ✓	Baden im See am Platz ✓ Pool/Hallenbad 500m/14km Spielplatz am Platz ✓	Baden im Fluss am Platz ✓ Pool/Hallenbad 300/800m Spielplatz am Platz ✓
Campingplatz	Hunde willkommen ✓ Skilift & Loipe ✗ WLAN ✓	Hunde willkommen ✓ Skilift & Loipe ✗ WLAN keine Angabe	Hunde willkommen ✓ Skilift 5km WLAN ✓
Versorgung	Lebensmittel ✓ Brötchen am Platz ✓ Restaurant/Imbiss 200m Ver-/Entsorgung Womo ✓ in den Ort 500m	Lebensmittel 1km Brötchen am Platz ✓ Restaurant/Imbiss 1km Ver-/Entsorgung Womo ✓ in den Ort 1km	Lebensmittel 500m Brötchen am Platz ✓ Restaurant/Imbiss 500m Ver-/Entsorgung Womo ✓ im Ort ✓
Anzahl der Plätze	Touristenplätze 30 Mietunterkünfte ✗ Stellplätze vor Schranke ✗	Gesamt/Touristen 80/40 Mietunterkünfte ✓ Stellplätze vor Schranke ✗	Gesamt/Touristen 60/56 Mietunterkünfte ✓ Stellplätze vor Schranke ✗

	1	2	3
Gesamt	4.7 **SEHR GUT** 12 Bewertungen	3.2 **GUT** 6 Bewertungen	4.2 **SEHR GUT** 8 Bewertungen
Lage	4.3	4.3	4.2
Ruhe	5.0	4.8	4.5
Sanitäranlagen	4.6	3.6	3.5
Sauberkeit Ø	4.8	4.1	4.3
Freundlichkeit	5.0	4.8	4.6
Stellplatz	4.2	3.0	4.1
Verpflegung	3.4	2.3	2.8
Freizeit	4.1	4.2	3.7
Preis-Leistung	4.7	3.0	4.2
Mietunterkünfte	-	3.5	5.0
Geeignet für			
Kinder b. 6 J.	3.8	3.3	2.7
Kinder b. 12 J.	4.0	3.3	3.0
Kinder b. 18 J.	3.4	3.3	2.5
Paare	4.5	3.8	4.2
Senioren	4.9	3.8	4.6
Gäste mit Zelt	4.7	5.0	5.0
Gäste mit Hund	4.9	4.8	5.0
Empfohlene Aktivitäten	Radfahren Wandern Entspannen	Radfahren Entspannen Schwimmen	Radfahren Entspannen Wandern

4 Waldcamping Hubertus

Waldstraße 54
2070 Oberretzbach
+43294220057

48.78886 | 15.96765
259m ü.M.

01.04. - 31.10.

HS: 22,70 € | NS: 22,70 €

Mehr Infos & Anfrage:
www.camping.info/26994

Baden im Teich	20m
Pool/Hallenbad	4km
Spielplatz	200m
Hunde willkommen	✓
Skilift & Loipe	✗
WLAN	✓
Lebensmittel	1km
Brötchen am Platz	nur HS
Restaurant/Imbiss	4/1km
Ver-/Entsorgung Womo	✓
in den Ort	500m
Touristenplätze	30
Mietunterkünfte	✗
Stellplätze vor Schranke	✗

4.7 SEHR GUT
9 Bewertungen

Lage	4.7
Ruhe	4.9
Sanitäranlagen	4.1
Sauberkeit Ø	4.8
Freundlichkeit	5.0
Stellplatz	4.3
Verpflegung	2.5
Freizeit	4.7
Preis-Leistung	4.9
Mietunterkünfte	-

Geeignet für

Kinder b. 6 J.	3.4
Kinder b. 12 J.	3.6
Kinder b. 18 J.	4.2
Paare	4.8
Senioren	4.8
Gäste mit Zelt	4.5
Gäste mit Hund	4.5

Empfohlene Aktivitäten

- Radfahren
- Wandern
- Kultur

5 Veltlinerland-Camping Poysdorf

Laaer Straße 106
2170 Poysdorf
+43 664 97 93 465

48.66463 | 16.6115

01.05. - 31.10.

HS: 23,80 € | NS: 23,80 €

Mehr Infos & Anfrage:
www.camping.info/19432

Baden im Teich am Platz	✓
Pool/Hallenbad	15km
Spielplatz am Platz	✓
Hunde willkommen	✓
Skilift & Loipe	✗
WLAN (begrenzt gratis)	✓
Lebensmittel	1km
Brötchen am Platz	✓
Restaurant/Imbiss	2km/✓
Ver-/Entsorgung Womo	✓
in den Ort	1km
Gesamt/Touristen	44/22
Mietunterkünfte	✗
Stellplätze vor Schranke	✓

4.8 SEHR GUT
16 Bewertungen

Lage	4.1
Ruhe	3.9
Sanitäranlagen	4.8
Sauberkeit Ø	4.8
Freundlichkeit	4.7
Stellplatz	4.3
Verpflegung	3.2
Freizeit	4.3
Preis-Leistung	4.8
Mietunterkünfte	-

Geeignet für

Kinder b. 6 J.	4.3
Kinder b. 12 J.	4.4
Kinder b. 18 J.	4.0
Paare	4.9
Senioren	4.8
Gäste mit Zelt	4.2
Gäste mit Hund	4.7

Empfohlene Aktivitäten

- Schwimmen
- Radfahren
- Wandern

6 Campingplatz St. Martin

St. Martin 1
3971 St. Martin
+43 2857 2262

48.66433 | 14.81735

01.05. - 30.09.

HS: 23,20 € | NS: 23,20 €

Mehr Infos & Anfrage:
www.camping.info/19295

Baden im Teich am Platz	✓
Hallenbad	5km
Spielplatz	5km
Hunde	✗
Skilift	4km
WLAN	✗
Lebensmittel	5km
Brötchen	keine Angabe
Restaurant/Imbiss	5km/✓
Ver-/Entsorgung Womo	✓
in den Ort	5km
Touristenplätze	9
Mietunterkünfte	✗
Stellplätze vor Schranke	✗

4.6 SEHR GUT
9 Bewertungen

Lage	4.6
Ruhe	4.7
Sanitäranlagen	4.3
Sauberkeit Ø	4.7
Freundlichkeit	5.0
Stellplatz	4.1
Verpflegung	3.6
Freizeit	4.2
Preis-Leistung	4.7
Mietunterkünfte	-

Geeignet für

Kinder b. 6 J.	4.0
Kinder b. 12 J.	3.7
Kinder b. 18 J.	3.0
Paare	4.6
Senioren	4.9
Gäste mit Zelt	4.4
Hunde n. erlaubt	-

Empfohlene Aktivitäten

- Wandern
- Entspannen
- Schwimmen

7 Campingplatz Lichtenfels am Stausee Ottenstein

Forsthaus Lichtenfels Friedersbach 69
3533 Friedersbach
+43 2826 7492

48.58992 | 15.31836
560m ü.M.

01.05. - 30.09.

HS: 24,60 € | NS: 24,60 €

Mehr Infos & Anfrage:
www.camping.info/19481

Baden im See am Platz	✓
Pool & Hallenbad	✗
Spielplatz am Platz	✓
Hunde willkommen	✓
Skilift & Loipe	✗
WLAN	✓
Lebensmittel	3km
Brötchen am Platz	✓
Restaurant/Imbiss	3km
Ver-/Entsorgung Womo	✗
in den Ort	3km
Gesamt/Touristen	100/30
Mietunterkünfte	✓
Stellplätze vor Schranke	✗

3.9 GUT
20 Bewertungen

Lage	4.5
Ruhe	3.4
Sanitäranlagen	3.5
Sauberkeit Ø	4.1
Freundlichkeit	3.6
Stellplatz	3.6
Verpflegung	3.4
Freizeit	3.7
Preis-Leistung	3.8
Mietunterkünfte	3.7

Geeignet für

Kinder b. 6 J.	3.8
Kinder b. 12 J.	4.3
Kinder b. 18 J.	4.4
Paare	4.7
Senioren	4.2
Gäste mit Zelt	4.3
Gäste mit Hund	4.9

Empfohlene Aktivitäten

- Schwimmen
- Kayak/Kanu
- Wandern

Karte auf Seite 204

	8	9	10
	Waldviertel Camping | Familie Einfalt	**Erster Waldviertler Kinderbauernhof Camping**	**Camping Ettenauer**
	Kinzenschlag 11 3920 Groß Gerungs +43 281 283 20	Kamles 4 3914 Waldhausen +43 2877 7508	Untere Hauptstraße 35 3495 Rohrendorf +43 664 1164808
	48.54544 | 14.93958 820m ü.M.	48.50571 | 15.22889	48.41833 | 15.66171 150m ü.M.
Infos			
Öffnungszeiten	15.04. - 31.10.	ganzjährig	15.05. - 31.10.
Vergleichspreis	HS: 24,20 € | NS: 24,20 €	HS: 27,00 € | NS: 27,00 €	HS: 26,20 € | NS: 26,20 €
Link	**Mehr Infos & Anfrage:** www.camping.info/22222	**Mehr Infos & Anfrage:** www.camping.info/22137	**Mehr Infos & Anfrage:** www.camping.info/24798
Ausstattung			
Freizeit	Baden im Teich 500m Pool/Hallenbad 4km Spielplatz am Platz ✓	Baden im Teich 700m Pool/Hallenbad 13km Spielplatz am Platz ✓	Baden im Fluss 3km Pool/Hallenbad 2km Spielplatz am Platz ✓
Campingplatz	Hunde erlaubt ✓ Skilift/Loipe 20km/✓ WLAN ✓	Hunde erlaubt ✓ Skilift/Loipe 15km WLAN (gratis) teilweise	Hunde willkommen ✓ Skilift/Loipe 40/30km WLAN (gratis) teilweise
Versorgung	Lebensmittel 4km Brötchen am Platz ✓ Restaurant & Imbiss ✓ Ver-/Entsorgung Womo ✓ in den Ort 4km	Lebensmittel ✓ Brötchen am Platz ✓ Restaurant/Imbiss 1/1km Ver-/Entsorgung Womo ✓ im Ort ✓	Lebensmittel 300m Brötchen am Platz ✗ Restaurant/Imbiss 300/100m Ver-/Entsorgung Womo ✓ im Ort ✓
Anzahl der Plätze	Touristenplätze 20 Mietunterkünfte ✓ Stellplätze vor Schranke ✗	Touristenplätze 5 Mietunterkünfte ✓ Stellplätze vor Schranke ✗	Touristenplätze 5 Mietunterkünfte ✓ Stellplätze vor Schranke ✗

	8	9	10
Gesamt	4.8 SEHR GUT, 18 Bewertungen	4.2 SEHR GUT, 8 Bewertungen	4.5 SEHR GUT, 13 Bewertungen
Lage	4.7	4.4	4.5
Ruhe	4.9	4.9	5.0
Sanitäranlagen	4.9	4.0	4.1
Sauberkeit Ø	5.0	4.0	4.8
Freundlichkeit	4.9	4.5	5.0
Stellplatz	4.4	3.9	4.4
Verpflegung	4.4	3.4	3.6
Freizeit	4.0	4.3	4.5
Preis-Leistung	4.6	4.1	4.7
Mietunterkünfte	5.0	-	4.2
Geeignet für			
Kinder b. 6 J.	4.1	4.6	4.3
Kinder b. 12 J.	4.4	4.7	4.1
Kinder b. 18 J.	3.5	2.5	3.9
Paare	4.9	2.4	4.8
Senioren	4.9	2.6	5.0
Gäste mit Zelt	4.7	4.3	4.7
Gäste mit Hund	4.8	4.0	4.5
Empfohlene Aktivitäten	Wandern Radfahren Entspannen	Wandern Entspannen Radfahren	Radfahren Wandern Entspannen
Hinweis	Jugendgruppen nur auf Anfrage		WOMOs ab 7m mit Reservierung, max. Höhe 3,2 m; für Gruppen nicht geeignet

11 Donau Camping Krems

Yachthafenstrasse 19
3500 Krems-Stein
+43 2732/84455

48.40349 | 15.59248

19.05. - 31.10.

HS: 33,50 € | NS: 33,50 €

Mehr Infos & Anfrage:
www.camping.info/26718

Baden im Fluss	500m
Pool/Hallenbad	500m
Spielplatz	500m
Hunde willkommen	✓
Skilift & Loipe	✗
WLAN (gratis)	teilweise
Lebensmittel	500m
Brötchen am Platz	✓
Restaurant/Imbiss	500m/✓
Ver-/Entsorgung Womo	✓
in den Ort	500m
Touristenplätze	60
Mietunterkünfte	✓
Stellplätze vor Schranke	✗

3.8 GUT
23 Bewertungen

Lage	4.2
Ruhe	3.5
Sanitäranlagen	4.2
Sauberkeit Ø	4.4
Freundlichkeit	4.5
Stellplatz	4.1
Verpflegung	3.5
Freizeit	4.2
Preis-Leistung	4.0
Mietunterkünfte	5.0

Geeignet für

Kinder b. 6 J.	3.5
Kinder b. 12 J.	3.8
Kinder b. 18 J.	4.1
Paare	4.7
Senioren	4.8
Gäste mit Zelt	4.8
Gäste mit Hund	4.6

Empfohlene Aktivitäten

- Radfahren
- Wandern
- Kultur

12 Campingplatz Rossatz

Rossatzbach 21
3602 Rossatz
+43 676 8488 14800

48.39115 | 15.51634

01.04. - 31.10.

HS: 36,40 € | NS: 32,20 €

Mehr Infos & Anfrage:
www.camping.info/19280

Baden im Fluss am Platz	✓
Pool/Hallenbad	1/10km
Spielplatz am Platz	✓
Hunde willkommen	✓
Skilift	25km
WLAN (gegen Gebühr)	✓
Lebensmittel	500m
Brötchen am Platz	✓
Restaurant am P.	✓
Ver-/Entsorgung Womo	✓
in den Ort	500m
Touristenplätze	50
Mietunterkünfte	✗
Stellplätze vor Schranke	✗

4.5 SEHR GUT
51 Bewertungen

Lage	4.8
Ruhe	4.2
Sanitäranlagen	4.6
Sauberkeit Ø	4.7
Freundlichkeit	4.5
Stellplatz	4.2
Verpflegung	4.1
Freizeit	4.4
Preis-Leistung	4.3
Mietunterkünfte	-

Geeignet für

Kinder b. 6 J.	3.5
Kinder b. 12 J.	3.8
Kinder b. 18 J.	3.6
Paare	4.8
Senioren	4.8
Gäste mit Zelt	4.4
Gäste mit Hund	4.5

Empfohlene Aktivitäten

- Radfahren
- Wandern
- Entspannen

13 Donaupark Camping Tulln

Donaulände 76
3430 Tulln an der Donau
+43 2272 65200

48.33217 | 16.07065
176m ü.M.

01.04. - 17.10.

HS: 40,10 € | NS: 35,10 €

Mehr Infos & Anfrage:
www.camping.info/19419

Baden im See	100m
Pool/Hallenbad	100/500m
Spielplatz am Platz	✓
Hunde willkommen	✓
Skilift & Loipe	✗
WLAN	✓
Lebensmittel	690m
Brötchen am Platz	✓
Restaurant & Imbiss	✓
Ver-/Entsorgung Womo	✓
im Ort	✓
Gesamt/Touristen	150/120
Mietunterkünfte	✓
Stellplätze vor Schranke	✗

3.9 GUT
30 Bewertungen

Lage	4.6
Ruhe	3.9
Sanitäranlagen	3.8
Sauberkeit Ø	3.9
Freundlichkeit	4.3
Stellplatz	3.8
Verpflegung	3.8
Freizeit	4.5
Preis-Leistung	3.9
Mietunterkünfte	4.2

Geeignet für

Kinder b. 6 J.	4.0
Kinder b. 12 J.	4.2
Kinder b. 18 J.	4.0
Paare	4.4
Senioren	4.3
Gäste mit Zelt	4.2
Gäste mit Hund	4.1

Empfohlene Aktivitäten

- Radfahren
- Schwimmen
- Kultur

14 Donaupark Camping Klosterneuburg

In der Au 1
3400 Klosterneuburg
+43 2243 25877

48.31084 | 16.32759
192m ü.M.

15.03. - 17.11.

HS: 40,10 € | NS: 35,10 €

Mehr Infos & Anfrage:
www.camping.info/19421

Baden im Fluss	1km
Pool/Hallenbad	100m
Spielplatz am Platz	✓
Hunde willkommen	✓
Skilift & Loipe	✗
WLAN	✓
Lebensmittel	✓
Brötchen am Platz	✓
Restaurant & Imbiss	✓
Ver-/Entsorgung Womo	✓
im Ort	✓
Touristenplätze	120
Mietunterkünfte	✓
Stellplätze vor Schranke	✗

4.3 SEHR GUT
82 Bewertungen

Lage	4.6
Ruhe	3.8
Sanitäranlagen	4.3
Sauberkeit Ø	4.6
Freundlichkeit	4.7
Stellplatz	4.0
Verpflegung	3.8
Freizeit	4.4
Preis-Leistung	4.3
Mietunterkünfte	4.2

Geeignet für

Kinder b. 6 J.	3.8
Kinder b. 12 J.	3.8
Kinder b. 18 J.	4.0
Paare	4.6
Senioren	4.6
Gäste mit Zelt	4.5
Gäste mit Hund	4.1

Empfohlene Aktivitäten

- Sightseeing
- Radfahren
- Kultur

Karte auf Seite 204

	15	16	17
	Camping Gasthof Stumpfer	**Camping Wien West**	**Marbacher Freizeitzentrum**
		❄	
	Schönbühel 7 3392 Schönbühel +43 2752 8510	Hüttelbergstr. 80 1140 Wien +43 1914 2314	Marktstraße 1 3671 Marbach an der Donau +43 7413 20733
	48.254 | 15.37013	48.21466 | 16.25031	48.21288 | 15.13779
	210m ü.M.		220m ü.M.
Infos			
Öffnungszeiten	04.04. - 30.10.	01.01. - 31.01. 01.03. - 31.12.	01.04. - 15.10.
Vergleichspreis	HS: 35,00 € | NS: 32,00 €	HS: 34,00 € | NS: 26,00 €	HS: 30,20 € | NS: 30,20 €
Link	**Mehr Infos & Anfrage:** www.camping.info/19346	**Mehr Infos & Anfrage:** www.camping.info/19315	**Mehr Infos & Anfrage:** www.camping.info/19382
Ausstattung			
Freizeit	Baden im Fluss am Platz ✓	Baden in nat. Gewässer k. A.	Baden im Fluss am Platz ✓
	Pool/Hallenbad 5/25km	Pool & Hallenbad ✗	Pool 1km
	Spielplatz am Platz ✓	Spielplatz am Platz ✓	Spielplatz 500m
Campingplatz	Hunde erlaubt ✓	Hunde erlaubt ✓	Hunde erlaubt ✓
	Skilift & Loipe ✗	Skilift & Loipe ✗	Skilift & Loipe ✗
	WLAN ✓	WLAN ✓	WLAN ✓
Versorgung	Lebensmittel ✓	Lebensmittel ✓	Lebensmittel 500m
	Brötchen am Platz ✓	Brötchen am Platz ✓	Brötchen am Platz nur HS
	Restaurant & Imbiss ✓	Restaurant & Imbiss ✓	Restaurant/Imbiss 500m
	Ver-/Entsorgung Womo ✓	Ver-/Entsorgung Womo ✓	Ver-/Entsorgung Womo ✓
	in den Ort 100m	im Ort ✓	in den Ort 500m
Anzahl der Plätze	Gesamt/Touristen 60/50	Touristenplätze 200	Touristenplätze 50
	Mietunterkünfte ✓	Mietunterkünfte ✓	Mietunterkünfte ✓
	Stellplätze vor Schranke ✗	Stellplätze vor Schranke ✗	Stellplätze vor Schranke ✗

	15	16	17
Gesamt	3.7 GUT – 44 Bewertungen	3.0 GUT – 33 Bewertungen	3.6 GUT – 8 Bewertungen
Lage	4.4	4.0	4.0
Ruhe	4.0	3.0	2.6
Sanitäranlagen	3.0	3.0	3.4
Sauberkeit Ø	3.9	2.8	3.8
Freundlichkeit	4.3	3.6	4.0
Stellplatz	3.7	3.0	3.1
Verpflegung	4.0	2.5	1.6
Freizeit	3.4	3.0	3.8
Preis-Leistung	3.6	2.9	4.1
Mietunterkünfte	3.8	2.8	-
Geeignet für			
Kinder b. 6 J.	3.1	2.2	2.0
Kinder b. 12 J.	3.3	2.5	3.0
Kinder b. 18 J.	3.3	2.9	3.0
Paare	4.3	3.5	4.2
Senioren	4.4	3.6	4.4
Gäste mit Zelt	4.0	2.9	5.0
Gäste mit Hund	3.9	3.3	5.0
Empfohlene Aktivitäten	Radfahren Wandern Entspannen	Sightseeing Kultur Radfahren	Radfahren Wandern Motorboot

18 Aktiv Camping Neue Donau

Am Kleehäufel
1220 Wien
+43 1202 40 10
48.20917 | 16.44695

15.04. - 27.09.

HS: 34,00 € | NS: 25,50 €

Mehr Infos & Anfrage:
www.camping.info/19314

Baden im Fluss	500m
Pool	1km
Spielplatz am Platz	✓
Hunde willkommen	✓
Skilift & Loipe	✗
WLAN	✓
Lebensmittel	✓
Brötchen am Platz	✓
Restaurant & Imbiss	✓
Ver-/Entsorgung Womo	✓
im Ort	✓
Touristenplätze	250
Mietunterkünfte	✗
Stellplätze vor Schranke	✗

3.5 GUT
26 Bewertungen

Lage	4.1
Ruhe	2.4
Sanitäranlagen	3.7
Sauberkeit Ø	3.9
Freundlichkeit	4.0
Stellplatz	3.5
Verpflegung	2.7
Freizeit	4.1
Preis-Leistung	3.4
Mietunterkünfte	-

Geeignet für

Kinder b. 6 J.	3.1
Kinder b. 12 J.	3.3
Kinder b. 18 J.	3.8
Paare	4.3
Senioren	4.1
Gäste mit Zelt	3.8
Gäste mit Hund	3.8

Empfohlene Aktivitäten

- Sightseeing
- Kultur
- Radfahren

19 Reisemobil Stellplatz Wien

✱

Perfektastraße 49 - 53
1230 Wien
+43 664 433 7271
48.13673 | 16.31645
172m ü.M.

ganzjährig

HS: 22,00 € | NS: 22,00 €

Mehr Infos & Anfrage:
www.camping.info/26770

Baden in nat. Gewässer	k. A.
Pool/Hallenbad	3/5km
Spielplatz	1km
Hunde willkommen	✓
Skilift & Loipe	✗
WLAN (gratis)	teilweise
Lebensmittel	50m
Brötchen am Platz	✓
Restaurant/Imbiss	50m
Ver-/Entsorgung Womo	✓
in den Ort	5km
Touristenplätze	167
Mietunterkünfte	✗
Stellplätze vor Schranke	✗

4.4 SEHR GUT
17 Bewertungen

Lage	4.7
Ruhe	3.5
Sanitäranlagen	4.0
Sauberkeit Ø	4.5
Freundlichkeit	4.9
Stellplatz	4.6
Verpflegung	2.9
Freizeit	4.1
Preis-Leistung	4.2
Mietunterkünfte	-

Geeignet für

Kinder b. 6 J.	3.7
Kinder b. 12 J.	3.9
Kinder b. 18 J.	3.9
Paare	5.0
Senioren	5.0
Gäste mit Zelt	1.0
Gäste mit Hund	4.6

Empfohlene Aktivitäten

- Sightseeing
- Kultur
- Spazieren

ÖSTERREICH

⑯ Oberösterreich

	Platz	Seite	Bewertung		Öffnungszeiten	
1	Camping an der Donau	218	3.8	◯	saisonal	
2	Camping Hofmühle	218	3.9	◯	ganzjährig	✱
3	Camping Puchner	218	4.7	◯	saisonal	
4	Camping Au an der Donau	219	4.8	◯	saisonal	
5	Almtal Camp Pettenbach	221	4.4	◯	saisonal	
6	Camping Schatzlmühle	220	4.6	◯	saisonal	
7	Campingplatz Pyhrn-Priel	220	4.2	◯	saisonal	✱

ZENTRALRAUM, DONAU UND MÜHLVIERTEL

Oberösterreich, das Land „ob der Enns", wird traditionell in Viertel unterteilt: Innviertel, Traunviertel, Hausruckviertel und Mühlviertel. Das Innviertel und Teile des Traunviertels (Salzkammergut) werden aus geografischen Gründen in diesem Buch auf einer anderen Karte dargestellt.

DIE LANDESHAUPTSTADT LINZ

Die schönsten Seiten von Linz lassen sich bei einer Stadtbesichtigung, einem Rundgang im Botanischen Garten oder einer Fahrt mit der historischen Pöstlingbergbahn entdecken. Das pulsierende Leben der Stadt erlebt man vor allem in der Landstraße, wo neben diversen Einkaufsmöglichkeiten und Gastronomiebetrieben auch architektonische Werke vom Mittelalter bis zur Neuzeit zu finden sind. Am südlichen Ende des Hauptplatzes befindet sich der Alte Dom aus dem 17. Jahrhundert. Unweit des Alten Doms liegt der Linzer Mariendom (Neuer Dom), flächenmäßig die größte Kirche Österreichs. Ebenfalls nur wenige Schritte vom Hauptplatz entfernt, bewundert ihr

Hochficht Skifahren © OÖ.Tourismus/Erber

im „Ars Electronica Center" wechselnde Themenausstellungen zum Thema Kunst, Technologie und Gesellschaft. Das Museum animiert seine Besucher dabei zur aktiven Erkundung – überall gibt es Ausstellungsstücke zum Anfassen und Ausprobieren. Linz hat außerdem eine lange industrielle Tradition. Bei einer Reise in die „voestalpine Stahlwelt" erhaltet ihr Einblick in die Stahlerzeugung einer der größten Industrieanlagen Österreichs.

Wandern in Pyhrn-Priel © OÖ.Tourismus/Erber

DONAURADWEG, KULTUR UND ERHOLUNG

Ein großer Teil des Donauradweges, einer der beliebtesten Fernradwege Europas, verläuft durch Oberösterreich. Wie kein Zweiter bietet dieser Radweg die Möglichkeit, teils enorme Strecken ohne größere Steigungen quer durch das Land zurückzulegen. In der Stadt Steyr ist vor allem die historische Altstadt mit dem Stadtplatz und der gotischen Stadtpfarrkirche eine Empfehlung wert. Generell gilt: Wer gerne Klöster, Stifte und Burgen besichtigt, der wird sich in Oberösterreich wohlfühlen. Die Stifte St. Florian, Wilhering und Kremsmünster gehören zweifelsohne zu den bekanntesten ihrer Art und liegen allesamt im Umkreis der großen Städte Linz, Wels und

Donauradweg in Oberösterreich © OÖ.Tourismus/Erber

Steyr. Zu den bedeutendsten Burgen des Landes zählen die Burg Clam in der Marktgemeinde Klam und die Burg Altpernstein in Micheldorf. Naturliebhaber geraten bei den umfassenden Wanderangeboten im Mühlviertel sowie im Nationalparkzentrum Kalkalpen in Molln ins Schwärmen. Für einen entspannenden und gleichzeitig amüsanten Thermenaufenthalt bietet sich beispielsweise das „EurothermenResort Bad Schallerbach" mit der Farblichttherme Colorama, dem Wasserpark Aquapulco und der Saunawelt Relaxium an.

Nationalpark Kalkalpen Große Schlucht im Reichraminger Hintergebirge © OÖ.Tourismus Marketing/Popp

TIPP DER REDAKTION

Camping Schatzlmühle

Scharnstein | Nr. 6 | Seite 220

Laut Gästen ideal geeignet zum:

- Wandern
- Radfahren
- Entspannen

4.6

Karte auf Seite 214

	1 Camping an der Donau	2 Camping Hofmühle	3 Camping Puchner
		✱	
	Nibelungenstraße 113 4090 Engelhartszell +43 664 87 087 87 (Campingplatz) 48.51222 | 13.72437 295m ü.M.	Höflein 20 4100 Ottensheim +43 7234 82418 48.33594 | 14.16097 274m ü.M.	Golfplatzstraße 21 4101 Feldkirchen an der Donau +43 7233 7268 48.3332 | 14.06482
Infos			
Öffnungszeiten	01.05. - 01.10.	ganzjährig	01.05. - 30.09.
Vergleichspreis	HS: 27,00 € | NS: 27,00 €	HS: 18,50 € | NS: 18,50 €	HS: 27,50 € | NS: 25,50 €
Link	**Mehr Infos & Anfrage:** www.camping.info/19317	**Mehr Infos & Anfrage:** www.camping.info/19307	**Mehr Infos & Anfrage:** www.camping.info/19310
Ausstattung			
Freizeit	Baden im Fluss am Platz ✓ Pool am Platz ✓ Spielplatz am Platz ✓	Baden im Fluss am Platz ✓ Hallenbad 10km Spielplatz 1km	Baden im See 100m Hallenbad 20km Spielplatz am Platz ✓
Campingplatz	Hunde willkommen ✓ Loipe 10km WLAN ✓	Hunde willkommen ✓ Skilift & Loipe ✗ WLAN ✓	Hunde willkommen ✓ Skilift & Loipe ✗ WLAN ✓
Versorgung	Lebensmittel 500m Brötchen am Platz ✓ Restaurant/Imbiss 500m/✓ Ver-/Entsorgung Womo ✓ im Ort ✓	Lebensmittel 500m Brötchen am Platz ✗ Restaurant & Imbiss ✓ Ver-/Entsorgung Womo ✓ in den Ort 1km	Lebensmittel 2km Brötchen am Platz ✓ Restaurant/Imbiss 200m/✓ Ver-/Entsorgung Womo ✓ in den Ort 2km
Anzahl der Plätze	Touristenplätze 14 Mietunterkünfte ✓ Stellplätze vor Schranke ✗	Gesamt/Touristen 70/50 Mietunterkünfte ✓ Stellplätze vor Schranke ✗	Gesamt/Touristen 87/45 Mietunterkünfte ✗ Stellplätze vor Schranke ✗

	Camping an der Donau	Camping Hofmühle	Camping Puchner
Gesamt	3.8 GUT, 6 Bewertungen	3.9 GUT, 7 Bewertungen	4.7 SEHR GUT, 15 Bewertungen
Lage	4.4	3.9	4.8
Ruhe	3.2	4.0	4.7
Sanitäranlagen	3.6	3.4	4.4
Sauberkeit Ø	4.3	4.7	4.8
Freundlichkeit	5.0	5.0	4.9
Stellplatz	3.8	3.6	4.2
Verpflegung	4.0	4.6	4.2
Freizeit	4.6	4.0	4.5
Preis-Leistung	4.4	4.7	4.7
Mietunterkünfte	-	-	-
Geeignet für			
Kinder b. 6 J.	4.0	5.0	4.4
Kinder b. 12 J.	4.0	5.0	4.4
Kinder b. 18 J.	3.0	5.0	4.4
Paare	4.2	4.2	4.7
Senioren	3.7	3.8	4.7
Gäste mit Zelt	4.3	4.3	4.8
Gäste mit Hund	2.0	4.3	4.8
Empfohlene Aktivitäten	Radfahren Schwimmen Wandern	Kultur Radfahren Wandern	Schwimmen Radfahren Entspannen

4 Camping Au an der Donau

Hafenstraße 1
4332 Au an der Donau
+43 726 253 090
www.camping-audonau.at
info@camping-audonau.at

01.04. - 30.09.

HS: 39,50 € | NS: 30,00 €

Mehr Infos & Anfrage:
www.camping.info/19380

Baden im Fluss am Platz	✓
Pool/Hallenbad	5/6km
Spielplatz	100m
Hunde erlaubt	✓
Skilift & Loipe	✗
WLAN	✓
Lebensmittel	2km
Brötchen am Platz	✓
Restaurant & Imbiss	✓
Ver-/Entsorgung Womo	✓
im Ort	✓
Touristenplätze	60
Mietunterkünfte	✓
Stellplätze vor Schranke	✗

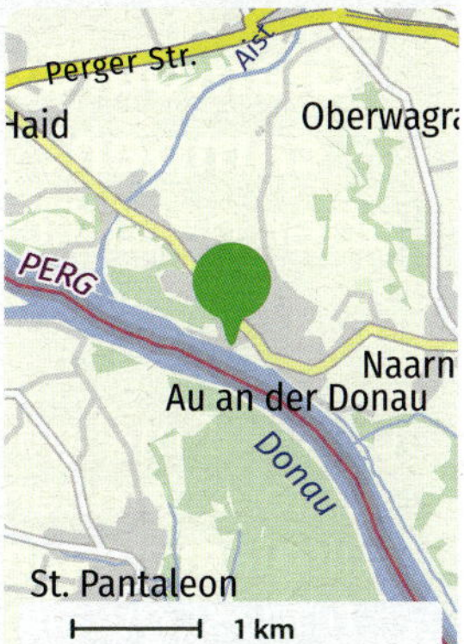

48.2276 | 14.57827
245m ü.M.

Campingidylle am Naturteich, direkt an der Donau.

Lage & Stellplatz

Direkt am Donauradweg, ruhig, natürlich, mit traumhaftem Blick. Parkähnliches Gelände mit 45 parzellierten Standplätzen und idyllischer Zeltwiese mit Grillplatz, Tischen, einem praktischen Unterstand. Übernachten kann man auch in gemütlichen Schlaf-Fässern, Holzhütten oder in der Frühstückspension.

Sanitär

Ein modernes, barrierefreies Sanitärgebäude ist von jedem Teil des Platzes bequem erreichbar. Es verfügt über Waschmaschine und Trockner. Für Wohnmobile ist eine Ver- und Entsorgungs-Station vorhanden.

Verpflegung

Das „DonAu-Standl" mit angrenzendem Erlebnisspielplatz und regionaler Kulturbühne ist ein beliebter Treff für Urlauber und Einheimische. Hier gibt es ein Glaserl G'spritzten mit Donaublick, leckeres Frühstück, hausgemachtes Softeis, gegrillten Fisch, Henderl, Flammkuchen und vieles mehr.

Freizeit

Sei schlau, komm nach Au! Hier ist der optimale Start fürs Radfahren, Inlineskaten, Bootfahren, Strandbaden, Wandern oder für einen Ausflug in mittelalterliche Altstadtgassen. Tipp: Am Sonntagnachmittag kann man zur Kulturbühne gehen, auf der regelmäßig Künstler unterschiedlicher Genres auftreten.

Internationale Kulturbühne.

Schlemmen im Gastgarten.

4.8 **SEHR GUT**
100 Bewertungen

Lage	4.8
Ruhe	4.6
Sanitäranlagen	4.6
Sauberkeit Ø	4.7
Freundlichkeit	4.9
Stellplatz	4.5
Verpflegung	4.1
Freizeit	4.4
Preis-Leistung	4.6
Mietunterkünfte	4.8

Geeignet für

Senioren	4.8
Gäste mit Zelt	4.8
Paare	4.7
Gäste mit Hund	4.6
Kinder b. 12 J.	4.5
Kinder b. 6 J.	4.4
Kinder b. 18 J.	4.4

Empfohlene Aktivitäten

Radfahren · Entspannen · Schwimmen · Wandern

Mehr Infos

Österreichisches Umweltzeichen, AMA Genussland, Ecocamping

Karte auf Seite 214

	6 Camping Schatzlmühle	7 Campingplatz Pyhrn-Priel ✱
	Viechtwang 1a 4644 Scharnstein +43 7615 20269	Gleinkerau 34 4582 Spital am Pyhrn +436607773614
	47.916 | 13.97348 500m ü.M.	47.69098 | 14.32619 806m ü.M.
Infos		
Öffnungszeiten	01.04. - 31.10.	01.04. - 31.10. 25.12. - 31.03.
Vergleichspreis	HS: 28,00 € | NS: 28,00 €	HS: 29,00 €
Link	**Mehr Infos & Anfrage:** www.camping.info/19470	**Mehr Infos & Anfrage:** www.camping.info/25066
Ausstattung		
Freizeit	Baden im Fluss am Platz ✓ Pool/Hallenbad 1/15km Spielplatz am Platz ✓	Baden im See 3km Pool/Hallenbad 3km Spielplatz am Platz ✓
Campingplatz	Hunde willkommen ✓ Skilift/Loipe 10/2km WLAN ✓	Hunde willkommen ✓ Skilift/Loipe 7km/✓ WLAN ✓
Versorgung	Lebensmittel ✓ Brötchen am Platz ✓ Restaurant & Imbiss ✓ Ver-/Entsorgung Womo ✓ in den Ort 1km	Lebensmittel 3km Brötchen am Platz nur HS Restaurant & Imbiss ✓ Ver-/Entsorgung Womo ✓ in den Ort 3km
Anzahl der Plätze	Touristenplätze 49 Mietunterkünfte ✗ Stellplätze vor Schranke ✗	Gesamt/Touristen 35/25 Mietunterkünfte ✗ Stellplätze vor Schranke ✗

	Camping Schatzlmühle	Campingplatz Pyhrn-Priel
Gesamt	4.6 SEHR GUT, 37 Bewertungen	4.2 SEHR GUT, 44 Bewertungen
Lage	4.3	4.5
Ruhe	4.1	4.5
Sanitäranlagen	4.7	3.6
Sauberkeit Ø	4.7	4.5
Freundlichkeit	4.8	4.7
Stellplatz	4.6	4.0
Verpflegung	4.4	4.1
Freizeit	4.1	4.0
Preis-Leistung	4.7	4.0
Mietunterkünfte	-	-
Geeignet für		
Kinder b. 6 J.	4.5	4.1
Kinder b. 12 J.	4.3	4.2
Kinder b. 18 J.	3.6	4.1
Paare	4.6	4.7
Senioren	4.7	4.7
Gäste mit Zelt	4.5	4.6
Gäste mit Hund	4.6	4.7
Empfohlene Aktivitäten	Wandern Radfahren Entspannen	Wandern Radfahren Mountainbiking

Aufenthalt außerhalb der Öffnungszeiten auf Anfrage (Camping Schatzlmühle)

5 Almtal Camp Pettenbach

Enengl 2
4643 Pettenbach
0043 664 1664028
www.almtal-camp.at
office@almtalcamp.at

01.04. - 31.12.

HS: 34,00 € | NS: 31,00 €

Mehr Infos & Anfrage:
www.camping.info/19480

Baden im Fluss	5km
Pool am Platz	✓
Spielplatz am Platz	✓
Hunde willkommen	✓
Skilift/Loipe	30km
WLAN	✓
Lebensmittel	✓
Brötchen am Platz	✓
Restaurant am P.	✓
Ver-/Entsorgung Womo	✓
in den Ort	4km
Touristenplätze	90
Mietunterkünfte	✗
Stellplätze vor Schranke	✗

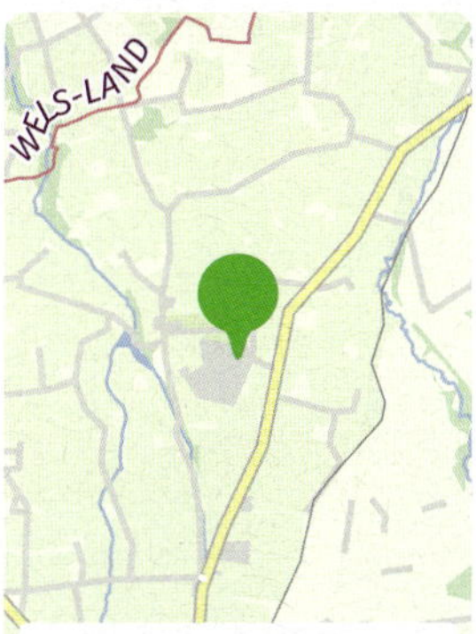

1 km
47.99145 | 14.02208
516m ü.M.

Blick auf den Platz mit schönen Sonnen- und Schattenplätzen.

Lage & Stellplatz

Der familien- und tierfreundliche Platz liegt am Eingang ins Almtal und verfügt über großzügige Rasenstellplätze mit Trinkwasser-, Stromanschluss und WLAN. Die Region bietet die wunderschönsten Ausflugsmöglichkeiten aller Art und dennoch eine nahe Verkehrsanbindung in alle Richtungen.

Verpflegung

Kulinarisch werden die Gäste mit fast ausschließlich regionalen Produkten im Gasthaus „Floriani Stub'n" von Robert Hochbrugger und seinem Team verwöhnt. Im Minimarkt erhalten die Gäste zu den im aktuellen Aushang stehenden Öffnungszeiten backofenfrisches Gebäck, auch bequem zum Vorbestellen.

Sanitär

Die moderne, barrierefreie Sanitäranlage verfügt unter anderem über eine eigene Hundedusche, Wickelraum, Spülbecken, Wasch- u. Trockenmaschinen, Chemie- u. Grauwasserentsorguung. Es besteht auch die Möglichkeit, ab drei Aufenthaltstagen ein eigenes Bad mit Badewanne, Dusche und WC zu mieten.

Freizeit

Auf der Anlage gibt es verschiedene Sport-, Spiel- u. Bewegungsmöglichkeiten: Leihfahrrad, Tischtennis, Beachvolleyball, Kegelbahn und Schwimmbad etc. Ab 2022 entsteht eine neue Indoorpoollandschaft mit Pool, Sauna inkl. Infrarotkabine, Ruhebereich, Kinderspielraum, Dachterrasse u. Whirlpool.

Neue, moderne Sanitäranlagen.

Pool mit Kinderbereich.

4.4 SEHR GUT
100 Bewertungen

Lage	4.5
Ruhe	4.4
Sanitäranlagen	4.6
Sauberkeit Ø	4.6
Freundlichkeit	4.7
Stellplatz	4.3
Verpflegung	4.4
Freizeit	4.3
Preis-Leistung	4.4
Mietunterkünfte	-

Geeignet für

4.6	Kinder b. 12 J.
4.6	Paare
4.6	Gäste mit Hund
4.5	Kinder b. 6 J.
4.5	Senioren
4.4	Gäste mit Zelt
4.2	Kinder b. 18 J.

Empfohlene Aktivitäten

Radfahren
Wandern
Entspannen
Schwimmen

Mehr Infos

Nebensaison: Dienstag & Mittwoch Ruhetag im Gasthaus. Minimarkt geschlossen

ÖSTERREICH

17 Salzkammergut

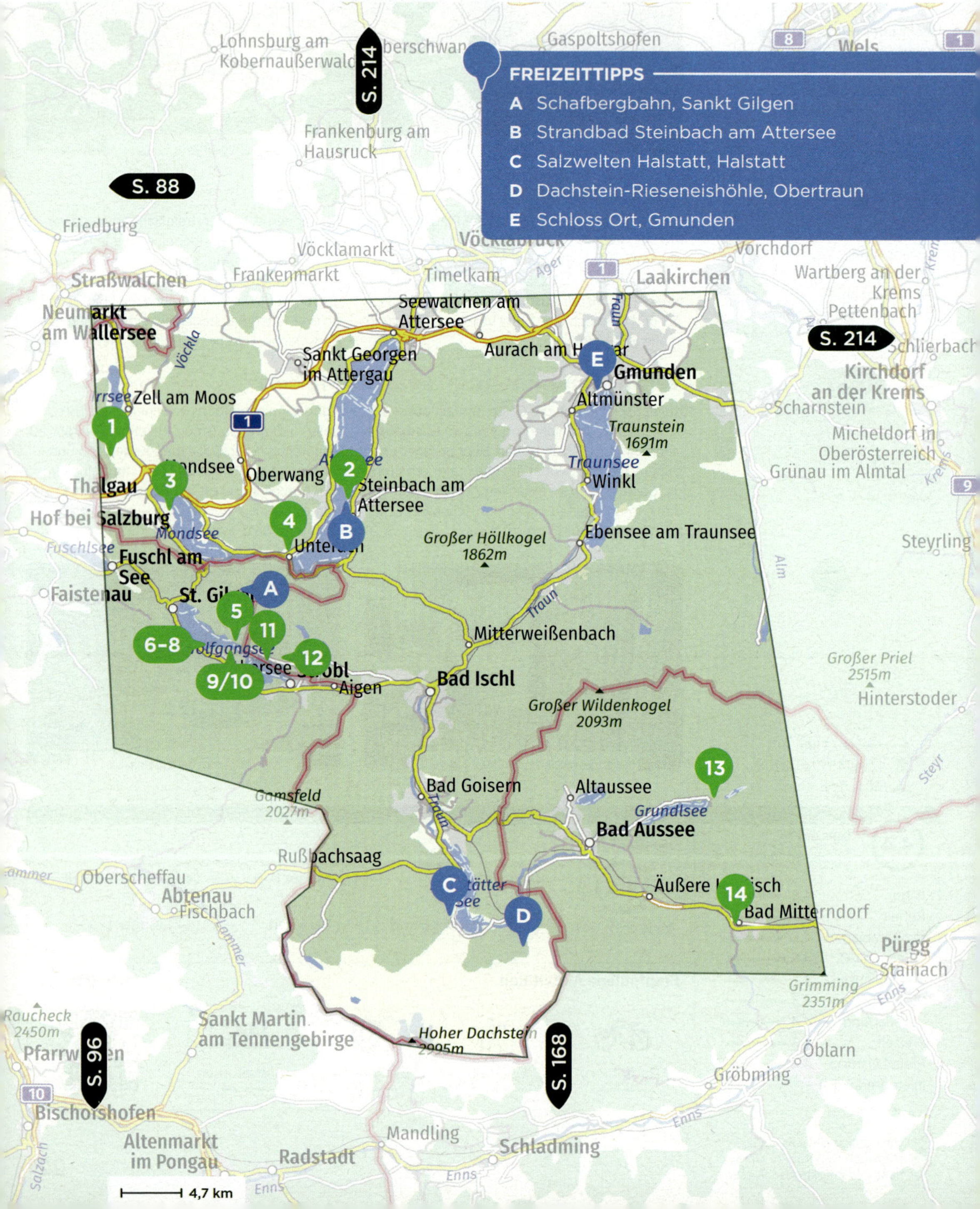

	Platz	Seite	Bewertung	Öffnungszeiten	
1	Camp MondSeeLand	226	4.8	saisonal	👍
2	Camping Grabner	228	4.3	saisonal	
3	AustriaCamp Mondsee	228	3.6	saisonal	❄
4	Inselcamp	228	3.8	saisonal	
5	Seeterrassencamping Ried	229	4.5	saisonal	
6	Seecamping Primus	230	4.4	saisonal	
7	Romantik-Camping Wolfgangsee Lindenstrand	230	4.7	saisonal	
8	Paradiescamping Wolfgangsee Birkenstrand	231	4.5	saisonal	
9	Seecamping Wolfgangblick	230	4.2	saisonal	
10	Campingpark Abersee	232	3.7	saisonal	
11	Seecamping Appesbach	233	4.2	saisonal	
12	Berau am Wolfgangsee	234	4.4	ganzjährig	❄
13	Camping Gössl	232	4.7	saisonal	
14	Camping & Pension Grimmingsicht	232	4.9	ganzjährig	❄

❄ Wintercamping FKK Textilfrei (ganz/teilweise) Ecocamping 👍 Award Onlinebuchung

Blick vom Loser aufs Ausseerland © Steiermark Tourismus/ikarus.cc

CAMPING IM HERZEN ÖSTERREICHS

Das Salzkammergut gilt als landschaftlich und historisch geprägter Kulturraum am Nordrand der Alpen. Gleich drei Bundesländer teilen sich diese einzigartige Region im Herzen Österreichs: Oberösterreich, Salzburg und die Steiermark haben Anteil an diesem Fleckchen Erde, das sicher zu den landschaftlichen Höhepunkten im Alpenraum zählt. Auch touristisch gehört die Region zu den am besten erschlossenen Gebieten Österreichs. Die Freizeitmöglichkeiten umfassen neben Baden und Wassersport an zahlreichen Seen ebenso Wander- und Bergsport, Radsport, Wintersport sowie kulturelle Veranstaltungen.

DER SOMMER IM MONDSEELAND UND AM WOLFGANGSEE

Mit seinen Wander- und Radwandernetzen, Tennisplätzen und 18-Loch-Golfanlagen bietet das Mondseeland für nahezu jede Altersgruppe interessante und abwechslungsreiche Freizeitangebote. In erster Linie besticht das Mondseeland jedoch durch die beiden herrlichen Badeseen Mondsee und Irrsee. Gerade der Ort Mondsee weist auch abseits des Badevergnügens einige Sehenswürdigkeiten auf. Erwähnenswert sind das Freilichtmuseum Mondseer Rauchhaus und das Kloster Mondsee, das älteste Kloster Österreichs. Einen weiteren traumhaften Badesee und Camping-Hotspot in der Region stellt der Wolfgangsee dar. Direkt an der Grenze zwischen den Bundesländern Salzburg und Oberösterreich umringen die Berge des Salzkammergutes dieses berühmte Gewässer. Am Nordufer liegt der beliebte Tourismusort St. Wolfgang. In dieser malerischen Gemeinde sollten auf jeden Fall die denkmalgeschützte Pfarrkirche mit dem weltbekannten Pacher-Altar sowie das namhafte Hotel „Weißes Rössl“ auf dem Sightseeing-Programm stehen. Darüber

Wandern im Salzkammergut
© OÖ.Tourismus/Röbl

hinaus befindet sich in St. Wolfgang die Talstation der über 100 Jahre alten Schafbergbahn. Die Zahnradbahn fährt bis zum 1.783 m hoch gelegenen Gipfel des Schafbergs, von wo aus man einen traumhaften Ausblick auf bis zu 14 Seen genießt. Unweit der Talstation der Schafbergbahn gibt es übrigens eine der zahlreichen Schiffsanlegestellen der Wolfgangsee-Schifffahrt.

Advent in Bad Ischl © STMG/Wolfgang Stadler

Fischerei Wolfgangsee © SalzburgerLand Tourismus

VOM ATTERSEE DURCHS INNERE SALZKAMMERGUT INS AUSSEERLAND

Der Attersee ist Österreichs größter Binnensee und erfreut sich besonders bei Anglern, Seglern und Tauchern großer Beliebtheit. Ein Tipp für alle begeisterten Wanderer ist das Örtchen Burgau am Südufer des Attersees. Hier beginnt ein Wanderweg durch eine der schönsten Schluchten des Salzkammergutes: den Burggrabenklamm, wo es unter anderem einen 18 Meter hohen Wasserfall zu bestaunen gibt. Wenige Kilometer weiter östlich liegt der Traunsee, wo sich mit dem Schloss Ort in Gmunden und dem Traunstein weitere Highlights der Region befinden. Im „Inneren Salzkammergut", im Grenzgebiet zur Steiermark, sticht vor allem der Ort Hallstatt hervor. Hallstatt zeichnet sich besonders durch die steile Hangbauweise, viele denkmalgeschützte Gebäude und das bekannte Salzbergwerk aus. Im benachbarten Obertraun sollte man auf keinen Fall die Dachstein-Eishöhlen verpassen: Die dortige Rieseneishöhle zählt geologisch zu den größten Eishöhlen der Welt. Beide Orte sind außerdem tragende Säulen des UNESCO-Welterbes „Kulturlandschaft Hallstatt-Dachstein/Salzkammergut". Im steirischen Salzkammergut ist es das Ausseerland, das mit einer traumhaften Bergkulisse, kristallklaren Seen und gelebtem Brauchtum viele Camper lockt. Zu den beliebtesten Zielen gehören die drei Orte Bad Aussee, Altaussee und Grundlsee. Jedes Jahr Anfang Juni findet dort das bekannte Narzissenfest statt.

TIPP DER REDAKTION

Romantik-Camping Wolfgangsee Lindenstrand

Abersee | Nr. 7 | Seite 230

Laut Gästen ideal geeignet zum:

- Schwimmen
- Wandern
- Radfahren

4.7

1 Camp MondSeeLand

Punzau 21
5310 Mondsee/Tiefgraben
+43 6232 2600
www.campmondsee.at
austria@campmondsee.at

01.04. - 02.10.

HS: 40,40 € | NS: 25,20 €

Mehr Infos & Anfrage:
www.camping.info/19327

Baden im See	3km
Pool/Hallenbad	✓/3km
Spielplatz am Platz	✓
Hunde willkommen	✓
Skilift & Loipe	✗
WLAN (gegen Gebühr)	✓
Lebensmittel	✓
Brötchen am Platz	✓
Restaurant & Imbiss	✓
Ver-/Entsorgung Womo	✓
in den Ort	3km
Gesamt/Touristen	180/90
Mietunterkünfte	✓
Stellplätze vor Schranke	✗

Großzügige Terrassen-Stellplätze mit Panoramablick ins Mondseeland.

Lage & Stellplatz

Das Camp MondSeeLand liegt ruhig und harmonisch zwischen dem Mondsee und Irrsee. Von Mai bis September herrscht täglicher Badebetrieb im beheizten und überdachten Schwimmbad mit anschließender Lounge. Die komfortablen parzellierten Stellplätze (80-120 m^2) sind terrassenförmig angelegt und mit einer leistungsfähigen Stromversorgung (16 A) sowie mit Wasser- und Abwasseranschlüssen ausgestattet. Das leistungsstarke WLAN steht auf dem gesamten Gelände zur Verfügung. Des Weiteren verfügt das Camp über drei gemütliche, beheizbare und im österreichischen Landhausstil eingerichtete Ferienhütten.

Sanitär

Die neuen, stets sauberen Sanitäranlagen sind auf dem neuesten Stand der Technik und verfügen u. a. über helle, beheizte Duschräume, einen Baby-Wickelraum sowie eine barrierefreie Toilette/Dusche. Die Mietbäder sind geräumig mit zwei Duschen, Doppelwaschbecken, Haarföhn und separater Toilette ausgestattet. Selbstverständlich unterliegt der Verbrauch von Warmwasser keiner Beschränkung. Darüber hinaus befinden sich im Wäschebereich Waschmaschinen, Wäschetrockner und ein Bügelbrett mit Bügeleisen. Die voll eingerichtete Küche mit Herd und Spülbecken wird ebenfalls gerne genutzt.

Badevergnügen im beheizten Pool.

Gemütliche Ferienhütten.

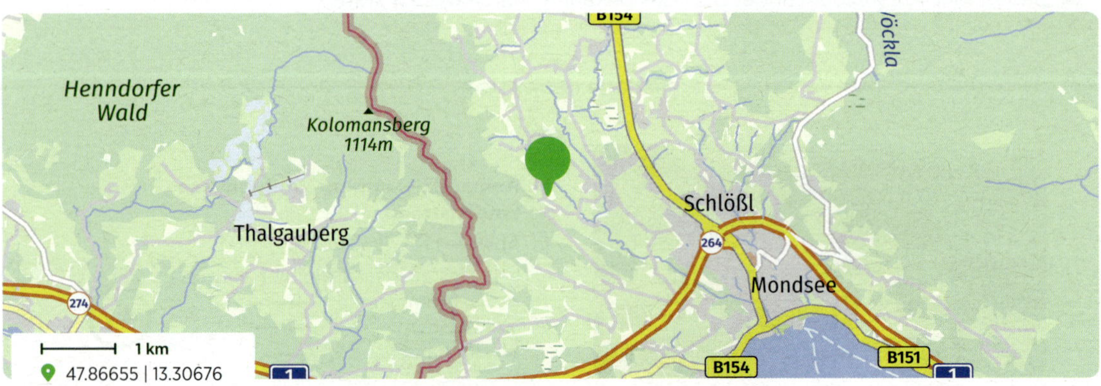

1 km
47.86655 | 13.30676
520m ü.M.

Für Jugendgruppen nicht geeignet.

AWARD 2021

Großzügige Stellplätze mit sämtlichen Anschlüssen im Grünen gelegen.

Verpflegung

Direkt am Campinggelände befindet sich der platzeigene Gasthof „Fohlenhof". Ob im schattigen Gastgarten, an der Bar oder in der gemütlichen Gaststube, das Wirtshaus bietet traditionell österreichische Gastlichkeit mit bodenständiger Hausmannskost und kulinarischen Schmankerln. Pizza und andere Speisen sind auch zum Mitnehmen erhältlich. In den Sommermonaten finden regelmäßig beliebte All-You-Can-Eat Grillabende statt. Sämtliche Artikel des täglichen Bedarfs – vom Sonnenöl bis zu frischen Semmeln – sind im Kiosk erhältlich. Ein täglicher Brötchendienst rundet das kulinarische Angebot ab.

Freizeit

Die Campinggäste erwartet ein umfangreiches Outdoor-Freizeitangebot. Badespaß ist im überdachten Schwimmbad von Mai bis September garantiert. Für Kinder gibt es einen Abenteuerwald und ein riesiges Spieleparadies mit Seile-Dschungel, Rutsche, Seilbahn, Nestschaukel, Sandbaustelle u. v. m. In den Monaten Juli und August wird ein Ferienprogramm mit Angelausflug, Radtouren und wöchentlichem Lagerfeuer mit Würstelbraten am Stock im Robinsontal angeboten. Zudem bietet das Salzkammergut die optimalen Voraussetzungen für ausgiebige Wanderungen, ausgedehnte Badetage oder erlebnisreiche Ausflüge.

5.0

Der Campingplatz ist sehr schön angelegt. Die Zufahrten sind gut zu befahren. Die Sanitärräume sind sehr sauber. Morgens um halb 6 ist alles schon frisch geputzt. Das Personal an der Rezeption ist sehr freundlich und zuvorkommend. Der Swimmingpool ist ebenfalls sehr sauber und schön warm. Auch das Gasthaus nebenan kann man nur empfehlen. Wir werden auf jeden Fall wieder kommen.

Andrea H.

Andrea campt erst seit 2 Jahren, liebt aber schon die Unkompliziertheit auf den Plätzen. Seit 2021 ist sie mit dem eigenen Wohnwagen unterwegs und hat viel Spaß beim Campen. Sie war im September 2021 auf dem Platz.

Spielplatz für Klein und Groß.

Top Sanitärausstattung, Pool.

4.8 **SEHR GUT**
1469 Bewertungen

Lage	4.5
Ruhe	4.7
Sanitäranlagen	4.8
Sauberkeit Ø	4.9
Freundlichkeit	4.9
Stellplatz	4.6
Verpflegung	4.2
Freizeit	4.5
Preis-Leistung	4.6
Mietunterkünfte	4.6

Geeignet für

Paare	4.8
Kinder b. 6 J.	4.7
Kinder b. 12 J.	4.7
Senioren	4.7
Gäste mit Zelt	4.7
Gäste mit Hund	4.7
Kinder b. 18 J.	4.1

Empfohlene Aktivitäten

Wandern
Entspannen
Radfahren
Schwimmen

Mehr Infos

Karte auf Seite 222

	2	3	4
	Camping Grabner	**AustriaCamp Mondsee**	**Inselcamp**
		❄	
	Seefeld 47 4853 Steinbach am Attersee +43 7663 8940	Achort 60 5310 St. Lorenz +43 664 832 63 27	Unterburgau 37 4866 Unterach am Attersee +43 7665 8311
	47.83737 | 13.54535 500m ü.M.	47.83039 | 13.36459 486m ü.M.	47.80103 | 13.48229 478m ü.M.
Infos			
Öffnungszeiten	01.04. - 15.10.	15.03. - 30.10.	01.05. - 15.09.
Vergleichspreis	HS: 33,90 € | NS: 28,50 €	HS: 35,70 € | NS: 32,70 €	HS: 28,80 € | NS: 24,90 €
Link	**Mehr Infos & Anfrage:** www.camping.info/19331	**Mehr Infos & Anfrage:** www.camping.info/19325	**Mehr Infos & Anfrage:** www.camping.info/19329
Ausstattung			
Freizeit	Baden im See am Platz ✓ Pool/Hallenbad 300m/20km Spielplatz am Platz ✓	Baden im See am Platz ✓ Pool & Hallenbad ✗ Spielplatz am Platz ✓	Baden im See am Platz ✓ Hallenbad 25km Spielplatz am Platz ✓
Campingplatz	Hunde willkommen ✓ Skilift & Loipe ✗ WLAN (begrenzt gratis) ✓	Hunde willkommen ✓ Skilift/Loipe 35/1km WLAN ✓	Hunde willkommen ✓ Skilift & Loipe ✗ WLAN ✓
Versorgung	Lebensmittel ✓ Brötchen am Platz ✓ Restaurant & Imbiss ✓ Ver-/Entsorgung Womo ✓ in den Ort 500m	Lebensmittel 4km Brötchen am Platz ✓ Restaurant & Imbiss ✓ Ver-/Entsorgung Womo ✓ in den Ort 2km	Lebensmittel 500m Brötchen am Platz ✓ Restaurant/Imbiss 200/100m Ver-/Entsorgung Womo ✓ in den Ort 500m
Anzahl der Plätze	Gesamt/Touristen 200/90 Mietunterkünfte ✓ Stellplätze vor Schranke ✗	Gesamt/Touristen 140/100 Mietunterkünfte ✗ Stellplätze vor Schranke ✗	Gesamt/Touristen 140/100 Mietunterkünfte ✗ Stellplätze vor Schranke ✗

	Camping Grabner	AustriaCamp Mondsee	Inselcamp
Gesamt	4.3 SEHR GUT, 90 Bewertungen	3.6 GUT, 32 Bewertungen	3.8 GUT, 71 Bewertungen
Lage	4.7	4.6	4.6
Ruhe	4.2	3.6	3.9
Sanitäranlagen	3.2	3.8	3.4
Sauberkeit Ø	4.3	3.8	4.0
Freundlichkeit	4.8	3.7	4.1
Stellplatz	4.1	3.3	4.0
Verpflegung	3.8	3.3	3.3
Freizeit	4.2	3.9	4.2
Preis-Leistung	4.5	3.3	4.1
Mietunterkünfte	4.4	-	-
Geeignet für			
Kinder b. 6 J.	4.2	4.0	3.7
Kinder b. 12 J.	4.4	4.0	4.2
Kinder b. 18 J.	4.2	3.4	4.0
Paare	4.5	3.9	4.3
Senioren	4.5	3.9	4.5
Gäste mit Zelt	4.5	3.8	4.2
Gäste mit Hund	4.4	3.4	3.9
Empfohlene Aktivitäten	Schwimmen Wandern Tauchen	Schwimmen Radfahren Wandern	Schwimmen Wandern Entspannen
i	Ruhiger Campingplatz, für Familien gut geeignet. Neu: 4 Ferienwohnungen.	keine WOMOs ab 7,5 m	keine WOMOs über 7 m; keine Doppelachser; keine Gruppen

5 Seeterrassencamping Ried

Ried 18
5360 St. Wolfgang
+43 6138 3201
www.seeterrassencamping-ried.at
camping-ried@aon.at

01.04. - 31.10.

HS: 33,00 € | NS: 29,50 €

Mehr Infos & Anfrage:
www.camping.info/19292

Baden im See am Platz	✓
Pool/Hallenbad	✓/800m
Spielplatz	800m
Hunde willkommen	✓
Loipe	300m
WLAN (begrenzt gratis)	✓
Lebensmittel	✓
Brötchen am Platz	✓
Restaurant & Imbiss	✓
Ver-/Entsorgung Womo	✓
in den Ort	800m
Touristenplätze	40
Mietunterkünfte	✓
Stellplätze vor Schranke	✗

47.74253 | 13.43337
535m ü.M.

Herrliche Lage direkt am See inmitten der Bergwelt.

Lage & Stellplatz

Der Platz liegt ruhig an einer Sackgasse und ist nur wenige Gehminuten vom Zentrum von St. Wolfgang, der Schafbergbahn und der Schiffsanlegestelle entfernt. Befestigte Schotter-Grasplätze auf sonnigen, mit Büschen oder Bäumen bepflanzten Terrassen weisen allesamt einen herrlichen Ausblick auf.

Verpflegung

Ein Brötchenservice zum Wohnwagen, ein Seeterrassencafé, ein Imbiss sowie ein Shop zur Grundversorgung befinden sich direkt am Platz. In nächster Nachbarschaft gibt es eine Jausenstation, ein Fischrestaurant und ein Wirtshaus. Im Ortszentrum sind zudem weitere Restaurants und Geschäfte zu finden.

Sanitär

Das neue, gepflegte Sanitärgebäude verfügt über Duschen, Einzelwaschkabinen, Toiletten und eine Babyecke. Außerdem stehen ein überdachter Abwaschbereich, eine Kochgelegenheit, eine Waschmaschine, ein Trockner und Wäscheleinen zur Verfügung. Eine neue Wohnmobilservicestation ist ebenfalls vorhanden.

Freizeit

Ein eigener Badeplatz mit separatem Hundebereich steht zur Nutzung bereit. An den Platz angeschlossen ist ein modernes Wassersportzentrum mit Aktivitäten wie Segeln, Surfen, Wasserski etc. Außerdem ist die Therme „Wellness-Alm" nur 800 m entfernt. Hier erhalten Campinggäste eine Ermäßigung von 10 %.

Ruhe und Entspannung.

Die gemütliche Terrasse.

4.5 SEHR GUT
63 Bewertungen

Lage	4.8
Ruhe	4.7
Sanitäranlagen	4.3
Sauberkeit Ø	4.8
Freundlichkeit	4.2
Stellplatz	4.6
Verpflegung	4.0
Freizeit	4.6
Preis-Leistung	4.4
Mietunterkünfte	4.8

Geeignet für

Senioren	4.8
Paare	4.6
Gäste mit Zelt	4.6
Gäste mit Hund	4.6
Kinder b. 18 J.	3.7
Kinder b. 12 J.	3.0
Kinder b. 6 J.	2.6

Empfohlene Aktivitäten

Schwimmen · Wandern · Radfahren · Entspannen

Mehr Infos

Keine Gruppen über 4 Personen.

Karte auf Seite 222

	6	7	9
	Seecamping Primus	**Romantik-Camping Wolfgangsee Lindenstrand**	**Seecamping Wolfgangblick**
	Schwand 39 5342 Abersee +43 6227 3228 0 47.74212 | 13.40731	Schwand 19 5342 Abersee +43 6227 3205 47.73968 | 13.4025 540m ü.M.	Seestraße 115 5342 Abersee +43 650 5934 297 47.73647 | 13.43208
Infos			
Öffnungszeiten	01.05. - 30.09.	01.04. - 15.10.	01.05. - 30.09.
Vergleichspreis	HS: 32,00 € | NS: 27,00 €	HS: 30,20 € | NS: 22,50 €	HS: 31,10 € | NS: 25,90 €
Link	**Mehr Infos & Anfrage:** www.camping.info/19305	**Mehr Infos & Anfrage:** www.camping.info/19324	**Mehr Infos & Anfrage:** www.camping.info/19323
Ausstattung			
Freizeit	Baden im See am Platz ✓ Hallenbad 4km Spielplatz am Platz ✓	Baden im See am Platz ✓ Hallenbad 15km Spielplatz am Platz ✓	Baden im See am Platz ✓ Pool & Hallenbad ✗ Spielplatz am Platz ✓
Campingplatz	Hunde willkommen ✓ Skilift/Loipe 4km/700m WLAN ✓	Hunde erlaubt ✓ Skilift & Loipe ✗ WLAN ✓	Hunde erlaubt ✓ Skilift & Loipe ✗ WLAN ✓
Versorgung	Lebensmittel 300m Brötchen am Platz ✗ Restaurant/Imbiss 800/500m Ver-/Entsorgung Womo ✓ in den Ort 4km	Lebensmittel ✓ Brötchen am Platz ✓ Restaurant/Imbiss 500/100m Ver-/Entsorgung Womo ✓ in den Ort 4km	Lebensmittel ✓ Brötchen am Platz ✓ Restaurant/Imbiss 300m/✓ Ver-/Entsorgung Womo ✓ in den Ort 400m
Anzahl der Plätze	Gesamt/Touristen 135/75 Mietunterkünfte ✓ Stellplätze vor Schranke ✗	Gesamt/Touristen 210/150 Mietunterkünfte ✗ Stellplätze vor Schranke ✓	Gesamt/Touristen 130/80 Mietunterkünfte ✗ Stellplätze vor Schranke ✗

	Seecamping Primus	Romantik-Camping Wolfgangsee Lindenstrand	Seecamping Wolfgangblick
Gesamt	4.4 SEHR GUT, 11 Bewertungen	4.7 SEHR GUT, 39 Bewertungen	4.2 SEHR GUT, 10 Bewertungen
Lage	5.0	4.9	4.8
Ruhe	4.9	4.3	4.4
Sanitäranlagen	4.4	4.7	3.6
Sauberkeit Ø	4.7	4.8	4.8
Freundlichkeit	4.7	4.9	5.0
Stellplatz	4.4	4.4	4.1
Verpflegung	2.6	4.0	3.8
Freizeit	4.5	4.7	4.5
Preis-Leistung	4.6	4.7	4.5
Mietunterkünfte	5.0	-	-
Geeignet für			
Kinder b. 6 J.	4.4	4.6	4.4
Kinder b. 12 J.	4.2	4.7	4.5
Kinder b. 18 J.	4.1	4.4	4.5
Paare	4.8	4.9	4.7
Senioren	5.0	4.8	4.8
Gäste mit Zelt	4.9	4.4	4.5
Gäste mit Hund	4.3	4.3	4.0
Empfohlene Aktivitäten	Schwimmen Radfahren Wandern	Schwimmen Wandern Radfahren	Schwimmen Wandern Radfahren

ANZEIGE

8 Paradiescamping Wolfgangsee Birkenstrand

Schwand 17a
5342 Abersee/St.Gilgen
0043 664 94 048 79
www.paradiescamping.at
camp@birkenstrand.at

01.04. - 15.10.

HS: 33,80 € | NS: 30,30 €

Mehr Infos & Anfrage:
www.camping.info/19514

Baden im See am Platz	✓
Pool	4km
Spielplatz am Platz	✓
Hunde erlaubt	✓
Skilift & Loipe	✗
WLAN	✓
Lebensmittel	✓
Brötchen am Platz	✓
Restaurant/Imbiss	500m
Ver-/Entsorgung Womo	✗
in den Ort	4km
Gesamt/Touristen	100/85
Mietunterkünfte	✓
Stellplätze vor Schranke	✗

47.73903 | 13.40032
540m ü.M.

Atemberaubende Atmosphäre.

Lage & Stellplatz

Der neue familiär geführte Campingplatz liegt direkt am Ufer des Wolfgangsees, inmitten eines atemberaubenden Bergpanoramas. Die windgeschützten Plätze sind mit ebenem, festem Grasboden ausgestattet – vom idyllischen Zeltplatz bis zum Strandparadies ist auf dem gesamten Platz WLAN vorhanden.

Sanitär

Die modernen Sanitäranlagen befinden sich auf dem neuesten technischen und hygienischen Stand. Sie verfügen über Fußbodenheizung, Regenduschen, Einzelwaschkabinen, Waschmaschinen & Trockner, Bügelmöglichkeit, Grillplatz und Sauna sowie einen Aufenthaltsraum.

Verpflegung

In der Rezeption findet man einen kleinen Shop, in dem man täglich mit frischen Brötchen und Süßem vom lokalen Bäcker verwöhnt wird. Für den größeren Hunger findet man in der unmittelbaren Nähe des Campingplatzes einige Restaurants vor, die typisch österreichische Kulinarik anbieten.

Freizeit

Der Campingplatz ist ein perfekter Ausgangspunkt für Ausflüge aller Art – ob zu Fuß, Fahrrad oder mit dem Auto. Die flachen Fahrradwege führen in die beliebten Ortschaften. Der Campingplatz bietet einen Fahrrad-, Kajak- sowie einen SUP-Verleih an, somit kann man den See noch besser entdecken.

Aufregende Ausflüge.

Moderne, saubere Sanitäranlagen.

4.5 SEHR GUT
56 Bewertungen

Lage	4.6
Ruhe	4.2
Sanitäranlagen	4.6
Sauberkeit Ø	4.8
Freundlichkeit	4.7
Stellplatz	4.2
Verpflegung	3.4
Freizeit	4.3
Preis-Leistung	4.5
Mietunterkünfte	4.7

Geeignet für

4.8 Senioren
4.7 Paare
4.3 Kinder b. 6 J.
4.0 Kinder b. 18 J.
4.4 Kinder b. 12 J.
4.3 Gäste mit Zelt
3.5 Gäste mit Hund

Empfohlene Aktivitäten

Schwimmen
Wandern
Radfahren
Entspannen

Mehr Infos

Für Jugendgruppen nicht geeignet.

Karte auf Seite 222

	10 Campingpark Abersee	13 Camping Gössl	14 Camping & Pension Grimmingsicht
Adresse	Reith 22 5342 Abersee +43 6227 3512 47.73446 | 13.4275	Gössl 17 8993 Grundlsee +43 3622 20155 47.63809 | 13.90341 712m ü.M.	Bad Mitterndorf 338 8983 Bad Mitterndorf +43 664 214 8361 47.55533 | 13.92222 812m ü.M.
Infos			
Öffnungszeiten	01.05. - 31.10.	01.05. - 31.10.	ganzjährig
Vergleichspreis	HS: 26,90 € | NS: 26,90 €	HS: 22,90 € | NS: 22,90 €	HS: 28,50 € | NS: 24,50 €
Link	**Mehr Infos & Anfrage:** www.camping.info/19497	**Mehr Infos & Anfrage:** www.camping.info/19304	**Mehr Infos & Anfrage:** www.camping.info/23326
Ausstattung			
Freizeit	Baden im See 300m Hallenbad 6km Spielplatz am Platz ✓	Baden im See 50m Hallenbad 10km Spielplatz 200m	Baden im See 4km Pool/Hallenbad 2km Spielplatz am Platz ✓
Campingplatz	Hunde erlaubt ✓ Skilift & Loipe ✗ WLAN keine Angabe	Hunde willkommen ✓ Skilift & Loipe ✗ WLAN ✓	Hunde willkommen ✓ Skilift/Loipe 3km/✓ WLAN ✓
Versorgung	Lebensmittel 300m Brötchen am Platz ✗ Restaurant/Imbiss 300m Ver-/Entsorgung Womo ✓ in den Ort 100m	Lebensmittel 50m Brötchen am Platz ✓ Restaurant/Imbiss 50/200m Ver-/Entsorgung Womo ✓ in den Ort 4km	Lebensmittel 500m Brötchen am Platz ✓ Restaurant 500m Ver-/Entsorgung Womo ✗ in den Ort 500m
Anzahl der Plätze	Gesamt/Touristen 40/35 Mietunterkünfte ✗ Stellplätze vor Schranke ✓	Gesamt/Touristen 80/70 Mietunterkünfte ✓ Stellplätze vor Schranke ✗	Gesamt/Touristen 36/25 Mietunterkünfte ✓ Stellplätze vor Schranke ✗

	Campingpark Abersee	Camping Gössl	Camping & Pension Grimmingsicht
Gesamt	3.7 GUT 3 Bewertungen	4.7 SEHR GUT 22 Bewertungen	4.9 SEHR GUT 11 Bewertungen
Lage	4.3	4.8	4.7
Ruhe	5.0	4.7	4.5
Sanitäranlagen	4.0	4.7	4.6
Sauberkeit Ø	4.3	4.7	5.0
Freundlichkeit	4.3	4.8	5.0
Stellplatz	3.3	4.4	4.3
Verpflegung	2.0	3.8	3.6
Freizeit	4.0	4.5	4.6
Preis-Leistung	4.3	4.8	4.8
Mietunterkünfte	-	4.6	5.0
Geeignet für			
Kinder b. 6 J.	3.0	4.2	3.5
Kinder b. 12 J.	3.5	4.4	3.5
Kinder b. 18 J.	3.5	4.2	3.8
Paare	4.7	5.0	5.0
Senioren	4.7	4.9	5.0
Gäste mit Zelt	5.0	4.9	5.0
Gäste mit Hund	5.0	4.9	4.8
Empfohlene Aktivitäten	Radfahren Wandern Schwimmen	Wandern Schwimmen Entspannen	Radfahren Wandern Entspannen

11 Seecamping Appesbach

Au 99
5360 St. Wolfgang
+43 6138 2206
www.appesbach.at
camping@appesbach.at

15.04. - 18.12.
HS: 44,00 € | NS: 37,00 €
Mehr Infos & Anfrage:
www.camping.info/19321

Baden im See am Platz	✓
Pool/Hallenbad	2/4km
Spielplatz am Platz	✓
Hunde willkommen	✓
Skilift/Loipe	17/1km
WLAN	✓
Lebensmittel	✓
Brötchen am Platz	✓
Restaurant & Imbiss	✓
Ver-/Entsorgung Womo	✓
in den Ort	1km
Gesamt/Touristen	150/100
Mietunterkünfte	✓
Stellplätze vor Schranke	✓

47.73234 | 13.46357
545m ü.M.

Camping direkt am Wolfgangsee, nur 1 km ins Ortszentrum von St. Wolfgang.

Lage & Stellplatz

Die großzügigen Stellplätze laden ein, die Naturwelt in vollen Zügen zu genießen. Direkt am See gelegene Komfortplätze mit Wasseranschluss, befestigte Plätze speziell für Wohnmobile, schattige Wiesenplätze, Familienpauschale sowie mietbare Tiny-Houses. Nur 1 km ins Ortszentrum von St. Wolfgang.

Verpflegung

Der Platz bietet einen kleinen Lebensmittel-Shop für den täglichen Bedarf sowie ein Restaurant mit gemütlichem Gastgarten. Von Klassikern der österreichischen Küche, saisonalen Gerichten bis zu hausgemachten Kuchen ist für jeden etwas dabei! Dabei wird Wert auf regionale Produkte gelegt.

Sanitär

Die gepflegten Sanitäranlagen mit Einzel-Duschkabinen, Föhn, Kinder-Waschbecken und Wickeltisch sind für die Gäste jederzeit frei nutzbar. Es gibt ein barrierefreies Bad mit Dusche, Wanne und WC. Waschmaschinen und Trockner mit Münzeinwurf sowie ein gratis Geschirrspüler stehen zur Verfügung.

Freizeit

Direkt am Platz gibt es Badestrände, Stand Up Paddling & Bootsverleih, Trampolin, Tischtennis, Spielplätze und eine Indoor-Spielecke. Ein Islandpferdehof sowie ein Tennisplatz befinden sich nebenan. Idealer Ausgangspunkt für Wanderungen, Fahrradtouren & diverse Ausflugsziele im Salzkammergut.

Tinyhouses für 2-4 Personen.

Wasserspaß für alle garantiert.

4.2 SEHR GUT
51 Bewertungen

Lage	4.7
Ruhe	3.9
Sanitäranlagen	3.8
Sauberkeit Ø	4.2
Freundlichkeit	4.2
Stellplatz	3.9
Verpflegung	4.1
Freizeit	4.4
Preis-Leistung	4.1
Mietunterkünfte	3.8

Geeignet für

4.3 Kinder b. 12 J.
4.3 Paare
4.3 Senioren
4.3 Gäste mit Zelt
4.2 Gäste mit Hund
4.1 Kinder b. 18 J.
4.0 Kinder b. 6 J.

Empfohlene Aktivitäten

Schwimmen | Wandern | Radfahren | Entspannen

Mehr Infos

Komfort-Plätze direkt am See (auch für größere Fahrzeuge geeignet).

12 Berau am Wolfgangsee

❄

Schwarzenbach 16
5360 St. Wolfgang
+43 6138 2543
www.berau.at
office@berau.at

ganzjährig

HS: 47,70 € | NS: 25,40 €

Mehr Infos & Anfrage:
www.camping.info/19313

Baden im See am Platz	✓
Hallenbad	5km
Spielplatz am Platz	✓
Hunde	×
Skilift/Loipe	15/1km
WLAN	✓
Lebensmittel	✓
Brötchen am Platz	✓
Restaurant & Imbiss	✓
Ver-/Entsorgung Womo	✓
in den Ort	2km
Gesamt/Touristen	180/140
Mietunterkünfte	✓
Stellplätze vor Schranke	×

Gemütliche Liegewiese am türkisblauen Wolfgangsee.

Lage & Stellplatz

Auf dem Komfortcampingplatz Berau direkt am Wolfgangsee können Camper sich auf Stellplätze (60 - 100 m²) inmitten eines Parks freuen – jeder Teil fügt sich zu einem harmonischen Ganzen mit großer Liebe zum Detail. Wasser-, Strom- (6 A) und WLAN-Anschlüsse sind auf allen Plätzen verfügbar. Die Komfortplätze sind außerdem mit einem Abwasseranschluss versehen.

Sanitär

Den Campinggästen stehen zwei gepflegte Sanitäranlagen, ein Kinder- und ein barrierefreier Bereich, zwei private Mietbäder, ein eigenes Fitnessstudio zur Verfügung. Auch für eine Waschmaschine und einen Trockner ist natürlich gesorgt.

Genuss das ganze Jahr!

Pizzeria mit Seeblick.

Luftaufnahme Camping Berau.

Verpflegung

Direkt zum Campingplatz gehören das Restaurant „Schmankerlstubn" mit klassisch österreichischer Küche inklusive Dachterrasse mit Seeblick, eine Holzofenpizzeria mit Pasta- und Salatspezialitäten und großem Veranstaltungssaal sowie Frühstücksangebot im Juli und August. Außerdem bietet der Campingplatz einen Lebensmittelladen mit eigener Bäckerei. Im Sommer steht den Gästen die Beach Bar mit Erfrischungen und Sportverleih zur Verfügung.

Freizeit

Der Campingplatz Berau ist der ideale Ausgangspunkt für zahlreiche Wanderungen & Radtouren für Jung und Alt. Durch zwei Privatstrände direkt am Platz steht dem Wasservergnügen nichts im Wege – ein eigener Sportverleih, sowie der Bootsverleih (50 m) runden des Angebot ab. Frühling & Herbst sind die idealen Zeiten, um die Region kennenzulernen. Nicht nur top Ausflüge sind möglich – durch den neuen Wellnessbereich mit Infinitypool & Sauna steht dem einmaligen Campingvergnügen nichts mehr im Weg! Auch für Kids & Sportler: Im neuen Spiel und Bewegungsparcour ist Auspowern garantiert!

5.0

Mountainbike-Touren vom feinsten, oder gemütlich um den See je nach Geschmack, oder Wanderungen noch und nöcher. Der Seezugang ist über den eigenen Steg bzw. die große Liegewiese möglich. Für uns war es – nicht nur aufgrund des tollen, warmen Herbstwetters – ein echt erholsamer Aktivurlaub, diesen Campingplatz möchten wir wieder besuchen.

Luzia & Thomas K.

Wenn man Pfadfinderlager im Zelt, die Urlaube im geliehenen Wohnmobil und seit 2017 im eigenen Womo zusammenrechnet, gehören Luzia und Thomas zu den alten Campinghasen. Sie waren im September 2021 auf dem Platz.

Stellplatz am See.

Neuer Spiel- & Bewegungsparcour

4.4 SEHR GUT
165 Bewertungen

Lage	4.5
Ruhe	3.9
Sanitäranlagen	4.2
Sauberkeit Ø	4.3
Freundlichkeit	4.7
Stellplatz	4.1
Verpflegung	4.3
Freizeit	4.4
Preis-Leistung	4.0
Mietunterkünfte	4.5

Geeignet für

4.6 Paare

- 4.6 Senioren
- 4.3 Kinder b. 6 J.
- 4.3 Kinder b. 12 J.
- 4.2 Gäste mit Zelt
- 4.2 Gäste mit Hund
- - Gäste mit Hund nicht erlaubt

Empfohlene Aktivitäten

Schwimmen · Wandern · Radfahren · Entspannen

Mehr Infos

CAMPING IN DER SCHWEIZ

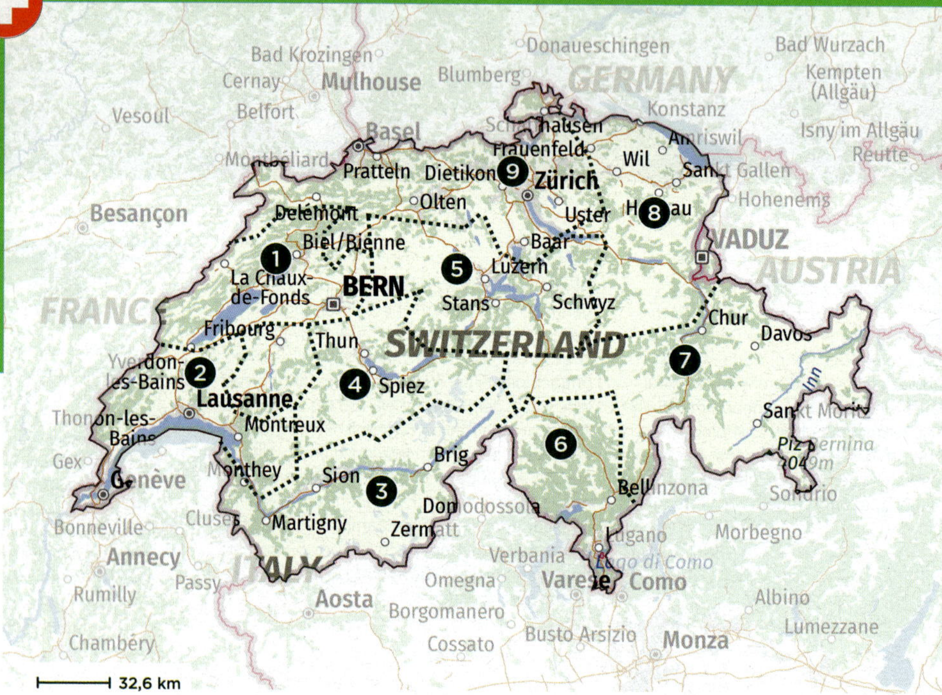

REGIONEN

Die Schweiz ist der Inbegriff für entschleunigten Urlaub in den Alpen. Zahlreiche hohe Gipfel, verträumte Ortschaften und eine Vielzahl an warmen Badeseen machen die Schweiz zu einem beliebten Urlaubsziel. Teils sind zahlreiche Campingplätze an den touristischen Hotspots zu finden. Im Jahr 2018 konnten 3,6 Millionen Campingnächtigungen verzeichnet werden - das bedeutet einen Zuwachs um 12,8 % im Vergleich zum Vorjahr und zusätzlich einen neuen Rekordwert. Achtung: Die Vergleichspreise in diesem Buch sind in Euro angegeben, bitte den aktuellen Wechselkurs beachten! Die meisten Campinganlagen verfügen über hohe Standards und werden auch dementsprechend gut bewertet. Gäste beurteilen die Schweizer Campingplätze auf camping.info durchschnittlich mit 3,88 Sternen. Durch die zahlreichen Gebirgszüge und hohen Pässe ist beim Fahren mit einem Wohnwagengespann die vorherige Planung der Route wichtig.

Länderinformationen:

- Hauptstadt: Bern
- Einwohner: 8,7 Millionen
- Währung: 1 Schweizer Franken (CHF) = ca. 0,94 € (Stand Oktober 2021)
- gesprochene Sprachen: Deutsch, Französisch, Italienisch und Rätoromanisch
- Schweiz auf camping.info: www.camping.info/schweiz

Reise-Informationen:

PKW, Wohnmobil bis 3,5t	50	80	100	120
Wohnwagen-Gespann mit Anhänger bis 3,5 t	50	80	100	100
Wohnwagen-Gespann mit Anhänger über 3,5 t	50	80	80	80
Wohnmobil über 3,5 t	50	80	100	100

* Hierbei gibt es Unterschiede, je nach Führerscheinklasse.

Lichtpflicht am Tag: ganzjährig

Im Auto/Wohnmobil mitzuführen: Warndreieck griffbereit; Warnweste empfohlen

Mautsystem und Straßengebühren: Vignetten-System für Fahrzeuge bis 3,5 t; Anhänger benötigen eine eigene Vignette; ab 3,5 t ist eine Schwerverkehrsabgabe zu entrichten; Sondermaut an mehreren Tunneln, teilweise mit Autoverladung.

Weitere Hinweise: auf der Autobahn gilt die Rettungsgasse; keine generelle Winterreifenpflicht, aber bei ungeeigneter Bereifung sind Geldbußen bzw. Haftung möglich, teilweise Schneekettenpflicht für mind. zwei Antriebsräder, Spikes sind vom 1.11. bis 30.04. erlaubt; Promillegrenze: 0,1 Promille für Fahranfänger (Führerscheinbesitz unter 3 Jahre); ansonsten 0,5 Promille; GPS-Navigationsgeräte mit Radarwarnfunktion werden den verbotenen Radarwarngeräten gleichgestellt und sind daher nicht erlaubt.

Einreise: Schweiz ist Mitglied des Schengen-Raums, Grenzkontrollen können trotzdem vorkommen. Mitzuführen ist ein Reisepass oder gültiger Personalausweis; Kinder benötigen ein eigenes Ausweisdokument.

Haustiere: EU-Heimtierausweis mit Kennzeichnung des Tieres (durch Mikrochip oder Tätowierung) nötig, gültige Tollwutimpfung muss eingetragen sein.

Notrufnummern:

- internationale Notrufnummer: 112
- Feuerwehr: 118
- Polizei: 117
- Rettung: 144

SCHWEIZ

❶ Jura und Drei-Seen-Land

FREIZEITTIPPS

- **A** Saut du Doubs (Wasserfall), Les Brenets
- **B** Höhlenmühlen "Col-des-Roches", Le Locle
- **C** Creux du Van, Gorgier
- **D** St. Petersinsel, Bielersee / Erlach
- **E** Käfigturm, Bern

	Platz	Seite	Bewertung	Öffnungszeiten	
1	Camping de Belfond	242	-	k. A.	
2	Camping Caravaning Club Grenchen	242	-	saisonal	
3	Seeland-Camp	242	-	saisonal	
4	Camping La Cibourg	244	4.5	ganzjährig	✱
5	Ranch und Camping Fortys-little-mill	244	-	saisonal	✱
6	Camping Sutz	243	3.3	ganzjährig	
7	Camping Bois du Couvent	244	5.0	saisonal	
8	Camping Lindenhof	245	4.1	saisonal	
9	Camping Fraso-Ranch	245	4.3	saisonal	✱
10	Camping Prêles	245	3.3	saisonal	
11	Camping Lac des Brenets	245	4.1	ganzjährig	⚡
12	Camping Burgdorf Waldegg	246	4.2	saisonal	
13	Camping des Pêches	247	4.3	saisonal	
14	Camping La Belle Verte	246	3.7	saisonal	
15	Camping Erlach	249	3.7	saisonal	
16	Camping mon plaisir	246	-	k. A.	
17	Gelände "Die neue Zeit"	248	-	saisonal	FKK
18	Camping La Tene-Plage	248	3.5	saisonal	
19	TCS Camping Gampelen Neuenburgersee	248	3.8	saisonal	
20	TCS Camping Bern - Eymatt	250	4.5	saisonal	
21	Camping Muntelier	250	3.8	saisonal	
22	Camping Petit-Cortaillod	250	4.6	saisonal	
23	Camping Eichholz	252	4.5	ganzjährig	
24	Camping Nacelle	252	-	saisonal	
25	TCS Camping Salavaux Plage	252	3.7	saisonal	
26	Camping Port Plage Avenches	251	3.9	saisonal	
27	Freizeitzentrum Campingplatz	253	4.0	saisonal	
28	Camping de Chevroux	253	-	k. A.	
29	Camping à la Ferme	253	3.8	saisonal	
30	Camping VD 28 Les Cluds	253	-	ganzjährig	✱
31	Camping les Pins	254	-	saisonal	
32	Camping Pécos-Grandson	254	4.3	saisonal	
33	Camping Yverdon Plage	254	4.5	saisonal	

✱ Wintercamping   FKK Textilfrei (ganz/teilweise)   Ecocamping   Award   ⚡ Onlinebuchung

St. Petersinsel und die Berner Alpen © swiss-image.ch/Andreas Gerth

SANFTE HÄNGE UND HOCHEBENEN

Der Nordwesten der Schweiz wird neben den Kantonen Solothurn, Aargau und Basel vor allem durch den Kanton Jura geprägt. Hier an der Grenze zu Frankreich zeigt sich das andere Gesicht der Schweiz: Nicht massive Bergketten prägen die Landschaft, sondern Hochebenen, hügelige Landschaften mit charmanten Städtchen und das vergleichsweise niedrige Gebirge Jura. Von hier aus ist es nicht mehr weit zu den drei Seen, die das gleichnamige Land für Camper zu einem Hotspot machen. Auch Bern liegt nur knapp über eine Fahrstunde vom Jura entfernt und sollte bei einem Aufenthalt in dieser Gegend unbedingt besucht werden.

ALPENROMANTIK IN DER HAUPTSTADT

In Bern ticken die Uhren etwas langsamer, Hektik und Unruhe haben hier keine Chance. Nicht nur im Ausland, sondern auch bei ihren Landsmännern aus den anderen Teilen der Schweiz haben die Menschen aus Bern den Ruf, alles etwas gemächlicher anzugehen und sich Zeit für die Dinge zu nehmen, die ihnen wirklich wichtig sind. Beste Voraussetzungen also für einen entspannten Urlaub im Zelt oder Wohnmobil. Die Altstadt von Bern mit ihrem mittelalterlichen Flair, den langen Laubengängen und dem Zytglogge, dem Zeitglockenturm, macht es dem Besucher leicht, sich auf das entschleunigte Leben einzulassen. Beim Bummel durch die malerischen Gassen

Kramgasse mit Fahnen und Beleuchtung, Bern
© swiss-image.ch/Jan Geerk

entdeckt man gemütliche Bars und Cafés, aber auch noble Geschäfte, in denen so manche Spezialität zu bekommen ist. Kein Wunder, dass die UNESCO zu dem Entschluss kam, die Berner Altstadt zum Weltkulturerbe zu erklären. Wem es trotz der entspannten Stimmung in der Stadt zu viele Menschen gibt, findet in der direkten Umgebung die Möglichkeit, die beeindruckende Natur zu genießen.

Steinbock am winterlichen Creux du Van
© swiss-image.ch/Martin Maegli

SEEN MIT GESCHICHTE UND BERÜHMTEN GÄSTEN

Mit einer Fläche von knapp 218 Quadratkilometern ist der Neuenburgersee der größte Binnensee, der komplett in der Schweiz liegt. Besonders interessant sind hier die prähistorischen Pfahlbauten und die malerischen Weinberge, in denen Spätburgunder und Gutedel angebaut werden. Der Bielersee im Kanton Bern kann an seinem linken Ufer ebenfalls mit einem Weinanbaugebiet punkten. Mit der St. Petersinsel hat er eine weitere touristische Attraktion zu bieten: Ein im Mittelalter auf der Halbinsel errichtetes Cluniazenser-Kloster beherbergt heute ein Gasthaus, in dem neben den Weinen auch die typischen Gerichte der Region serviert werden. Große Denker wie Goethe und Rousseau waren auf der Insel ebenso zu Gast wie gekrönte Häupter aus Preußen, Bayern oder Schweden. Der Dritte im Bunde ist der Murtensee, der in den Kantonen Freiburg und Waadt liegt. Obwohl er der kleinste der drei großen Seen am Schweizer Jura-Rand ist, spielt Wassersport hier eine wichtige Rolle. Neben dem einzigen Schweizer Wasserskilift sind hier eine Segel- und eine Surfschule ebenso zu finden wie zwei Wakeboardschulen. Für Kitesurfer ist der Murtensee ebenfalls freigegeben.

Die Neuenburger Altstadt mit dem Tour de Diesse
© swiss-image.ch/Andreas Gerth

TIPP DER REDAKTION

Camping Yverdon Plage

Yverdon-les-Bains | Nr. 33 | Seite 254

Laut Gästen ideal geeignet zum:

- Schwimmen
- Radfahren
- Wandern

4.5

Karte auf Seite 238

	1	2	3
	Camping de Belfond	**Camping Caravaning Club Grenchen**	**Seeland-Camp**
	Belfond 2 2710 Tavannes - Suisse +41 (0)32 481 17 63 47.22791 | 7.18472	2538 Romont +41 432 96 21 47.19051 | 7.33353	Berg 5 2554 Meinisberg +41 32 377 26 86 47.16219 | 7.34617
Infos			
Öffnungszeiten	keine Angabe	20.04. - 25.10.	01.04. - 30.09.
Vergleichspreis	keine Angabe	keine Angabe	HS: 35,10 € | NS: 31,40 €
Link	**Mehr Infos & Anfrage:** www.camping.info/30263	**Mehr Infos & Anfrage:** www.camping.info/27068	**Mehr Infos & Anfrage:** www.camping.info/17347
Ausstattung			
Freizeit	Baden in nat. Gewässer k. A. Pool & Hallenbad ✗ Spielplatz keine Angabe	Baden im Fluss 5km Pool/Hallenbad 5/12km Spielplatz am Platz ✓	Baden im Fluss 1km Pool/Hallenbad ✓/8km Spielplatz am Platz ✓
Campingplatz	Hunde ✗ Skilift & Loipe keine Angabe WLAN keine Angabe	Hunde willkommen ✓ Skilift & Loipe ✗ WLAN ✗	Hunde willkommen ✓ Skilift & Loipe keine Angabe WLAN (gratis) teilweise
Versorgung	Lebensmittel k.A. Brötchen keine Angabe Restaurant & Imbiss ✗ Ver-/Entsorgung Womo ✗ in den Ort keine Angabe	Lebensmittel ✗ Brötchen am Platz ✗ Restaurant 500m Ver-/Entsorgung Womo ✗ in den Ort keine Angabe	Lebensmittel ✓ Brötchen am Platz ✓ Restaurant am P. ✓ Ver-/Entsorgung Womo ✓ in den Ort 500m
Anzahl der Plätze	Gesamt keine Angabe Mietunterkünfte ✗ Stellplätze vor Schranke ✗	Gesamt keine Angabe Mietunterkünfte ✓ Stellplätze vor Schranke ✗	Gesamt/Touristen 75/20 Mietunterkünfte ✓ Stellplätze vor Schranke ✓
	- JETZT BEWERTEN! Für diese Auswertung liegen leider noch nicht genügend Bewertungen vor. Sei einer der Ersten, der diesen Campingplatz bewertet. Unter den Bewertern werden regelmäßig Gewinne verlost! Mehr Infos dazu findest du in unserem allgemeinen Intro.	- JETZT BEWERTEN! Für diese Auswertung liegen leider noch nicht genügend Bewertungen vor. Sei einer der Ersten, der diesen Campingplatz bewertet. Unter den Bewertern werden regelmäßig Gewinne verlost! Mehr Infos dazu findest du in unserem allgemeinen Intro.	- JETZT BEWERTEN! Für diese Auswertung liegen leider noch nicht genügend Bewertungen vor. Sei einer der Ersten, der diesen Campingplatz bewertet. Unter den Bewertern werden regelmäßig Gewinne verlost! Mehr Infos dazu findest du in unserem allgemeinen Intro.

6 Camping Sutz

Kirchrain 40
2572 Sutz
+41 32 397 13 45
www.hotel-camping-sutz.ch
mail@camping-sutz.ch

ganzjährig

HS: 43,00 € | NS: 43,00 €

Mehr Infos & Anfrage:
www.camping.info/23061

Baden im See am Platz	✓
Pool/Hallenbad	4/5km
Spielplatz am Platz	✓
Hunde erlaubt	✓
Skilift & Loipe	✗
WLAN	✓
Lebensmittel	✓
Brötchen am Platz	✓
Restaurant & Imbiss	✓
Ver-/Entsorgung Womo	✓
in den Ort	1km
Touristenplätze	55
Mietunterkünfte	✓
Stellplätze vor Schranke	✗

47.10694 | 7.21807
430m ü.M.

Campingareal mit direktem Zugang zum öffentlichen Badestrand.

Lage & Stellplatz

Der Campingplatz liegt am Südufer des Bielersees und bietet einen Strand mit Beachvolleyballfeld, Spielplatz und geselligen Grillstellen. Die großzügige Badewiese lädt an sonnigen Tagen zum Verweilen ein. Die Stellplätze sind in den Kategorien „Standard" und „Deluxe" verfügbar.

Verpflegung

Auf dem Campingplatz befindet sich ein gemütliches Restaurant mit einfachen Spezialitäten aus dem Bielersee. Im Campingladen können kleine Einkäufe für den alltäglichen Bedarf getätigt sowie frische Brötchen für ein reichhaltiges Frühstück erworben werden.

Sanitär

Die Sanitäranlagen verfügen über Einzelduschkabinen mit Warmwasser, einen Babywickelraum und behindertengerechte Einrichtungen. Des Weiteren stehen zwei Waschmaschinen und ein Wäschetrockner sowie Geschirrspülbecken und vier Herdplatten zur Verfügung. Geschirr und Pfannen sind ebenfalls vorhanden.

Freizeit

Ein Fahrrad- und Stand Up Paddle-Verleih, ein Käse-Zelt, eine Bocciabahn, ein Disc-Golf-Parcour, ein Barfußpfad und ein wöchentlicher Schnitzkurs sorgen während des Sommers für Spaß und Unterhaltung vor Ort. Der Campingplatz ist außerdem ein idealer Ausgangspunkt für Radtouren und Wanderungen.

Gemütliche Fasshütten.

Spaßige Drachenrutsche.

3.3 GUT
9 Bewertungen

Lage	3.8
Ruhe	3.4
Sanitäranlagen	4.1
Sauberkeit Ø	3.8
Freundlichkeit	3.6
Stellplatz	3.4
Verpflegung	2.6
Freizeit	3.9
Preis-Leistung	2.9
Mietunterkünfte	4.5

Geeignet für

4.3 Paare

4.2	Senioren
3.9	Kinder b. 12 J.
3.6	Kinder b. 18 J.
3.3	Kinder b. 6 J.
3.2	Gäste mit Zelt
2.7	Gäste mit Hund

Empfohlene Aktivitäten

Schwimmen
Radfahren
Wandern
Segeln

Mehr Infos

Karte auf Seite 238

	4	5	7
	Camping La Cibourg	**Ranch und Camping Fortys-little-mill**	**Camping Bois du Couvent**
	❄	❄	
	Clermont 157 2616 La Cibourg +41 032 968 39 37	Les Moulins 7 2516 Lamboing +41 79 829 37 81	Bois du Couvent 108 2300 La-Chaux-de-Fonds +41 79 240 50 39
	47.12002 | 6.89276	47.11018 | 7.14046	47.09416 | 6.83713
Infos			
Öffnungszeiten	ganzjährig	01.04. - 31.10.	01.05. - 30.09.
Vergleichspreis	HS: 27,10 € | NS: 27,10 €	HS: 8,00 €	HS: 18,00 € | NS: 18,00 €
Link	**Mehr Infos & Anfrage:** www.camping.info/17252	**Mehr Infos & Anfrage:** www.camping.info/24282	**Mehr Infos & Anfrage:** www.camping.info/17254
Ausstattung			
Freizeit	Baden im See 30km Pool/Hallenbad 6km Spielplatz am Platz ✓	Baden im See 5km Hallenbad 500m Spielplatz ✗	Baden im See 30km Pool/Hallenbad 1km Spielplatz am Platz ✓
Campingplatz	Hunde erlaubt ✓ Skilift 6km WLAN ✗	Hunde erlaubt ✓ Skilift 10km WLAN ✗	Hunde erlaubt ✓ Skilift 1km WLAN ✓
Versorgung	Lebensmittel ✓ Brötchen am Platz ✓ Restaurant & Imbiss ✓ Ver-/Entsorgung Womo ✓ in den Ort 2km	Lebensmittel 1km Brötchen am Platz ✗ Restaurant 200m Ver-/Entsorgung Womo ✗ in den Ort keine Angabe	Lebensmittel 1km Brötchen am Platz ✓ Restaurant/Imbiss ✓/1km Ver-/Entsorgung Womo ✓ in den Ort 1km
Anzahl der Plätze	Gesamt/Touristen 100/30 Mietunterkünfte ✓ Stellplätze vor Schranke ✗	Gesamt/Touristen 30/12 Mietunterkünfte ✓ Stellplätze vor Schranke ✗	Gesamt/Touristen 120/40 Mietunterkünfte ✓ Stellplätze vor Schranke ✗

Camping La Cibourg

4.5 SEHR GUT
4 Bewertungen

Lage	4.5
Ruhe	4.5
Sanitäranlagen	3.8
Sauberkeit Ø	3.9
Freundlichkeit	4.2
Stellplatz	3.8
Verpflegung	4.0
Freizeit	4.0
Preis-Leistung	4.2
Mietunterkünfte	-

Geeignet für

Kinder b. 6 J.	3.0
Kinder b. 12 J.	3.0
Kinder b. 18 J.	-
Paare	4.2
Senioren	4.2
Gäste mit Zelt	4.5
Gäste mit Hund	5.0

Empfohlene Aktivitäten

- Radfahren
- Wandern
- Entspannen

Ranch und Camping Fortys-little-mill

- JETZT BEWERTEN!

Für diese Auswertung liegen leider noch nicht genügend Bewertungen vor.

Sei einer der Ersten, der diesen Campingplatz bewertet. Unter den Bewertern werden regelmäßig Gewinne verlost!

Mehr Infos dazu findest du in unserem allgemeinen Intro.

Camping Bois du Couvent

5.0 AUSGEZEICHNET
3 Bewertungen

Lage	4.7
Ruhe	4.3
Sanitäranlagen	4.0
Sauberkeit Ø	5.0
Freundlichkeit	5.0
Stellplatz	4.7
Verpflegung	4.0
Freizeit	3.7
Preis-Leistung	5.0
Mietunterkünfte	5.0

Geeignet für

Kinder b. 6 J.	4.3
Kinder b. 12 J.	4.7
Kinder b. 18 J.	5.0
Paare	5.0
Senioren	5.0
Gäste mit Zelt	5.0
Gäste mit Hund	5.0

Empfohlene Aktivitäten

- Kultur
- Radfahren
- Wandern

8

Camping Lindenhof

Mörigenweg 2
2572 Sutz-Lattrigen
+41 32 397 10 77

47.09389 | 7.21028
450m ü.M.

01.04. - 30.09.
HS: 43,00 € | NS: 43,00 €
Mehr Infos & Anfrage:
www.camping.info/17349

Baden im See	300m
Pool/Hallenbad	5/7km
Spielplatz	400m
Hunde willkommen	✓
Skilift/Loipe	✗/k. A.
WLAN	✗
Lebensmittel	500m
Brötchen am Platz	nur HS
Restaurant/Imbiss	800/400m
Ver-/Entsorgung Womo	✓
in den Ort	300m
Touristenplätze	50
Mietunterkünfte	✗
Stellplätze vor Schranke	✗

4.1 SEHR GUT
22 Bewertungen

Lage	4.5
Ruhe	4.5
Sanitäranlagen	3.6
Sauberkeit Ø	4.4
Freundlichkeit	4.2
Stellplatz	3.9
Verpflegung	3.2
Freizeit	3.9
Preis-Leistung	3.7
Mietunterkünfte	-

Geeignet für

Kinder b. 6 J.	4.6
Kinder b. 12 J.	4.2
Kinder b. 18 J.	3.3
Paare	4.5
Senioren	4.2
Gäste mit Zelt	4.6
Gäste mit Hund	4.7

Empfohlene Aktivitäten

- Radfahren
- Schwimmen
- Wandern

9

Camping Fraso-Ranch

2523 Lignieres
+41 32 751 46 16

47.08621 | 7.07084

01.05. - 31.10.
21.12. - 30.04.
HS: 30,50 € | NS: 30,50 €
Mehr Infos & Anfrage:
www.camping.info/17260

Baden im See	2km
Pool/Hallenbad	✓/20km
Spielplatz am Platz	✓
Hunde erlaubt	✓
Skilift & Loipe	✗
WLAN	✓
Lebensmittel	✓
Brötchen am Platz	✓
Restaurant & Imbiss	✓
Ver-/Entsorgung Womo	✓
in den Ort	500m
Gesamt/Touristen	426/48
Mietunterkünfte	✗
Stellplätze vor Schranke	✗

4.3 SEHR GUT
7 Bewertungen

Lage	4.5
Ruhe	4.8
Sanitäranlagen	4.7
Sauberkeit Ø	4.8
Freundlichkeit	4.0
Stellplatz	4.2
Verpflegung	3.2
Freizeit	4.6
Preis-Leistung	4.3
Mietunterkünfte	-

Geeignet für

Kinder b. 6 J.	4.8
Kinder b. 12 J.	4.3
Kinder b. 18 J.	4.5
Paare	4.3
Senioren	4.5
Gäste mit Zelt	3.3
Gäste mit Hund	4.0

Empfohlene Aktivitäten

- Wandern
- Radfahren
- Schwimmen

10

Camping Prêles

Route de la Neuveville 61
2515 Prêles
+41 32 315 17 16

47.08472 | 7.1175

01.04. - 15.10.
HS: 39,50 € | NS: 39,50 €
Mehr Infos & Anfrage:
www.camping.info/17265

Baden im See	4km
Pool/Hallenbad	✓/2km
Spielplatz am Platz	✓
Hunde erlaubt	✓
Skilift & Loipe	✗
WLAN	teilweise
Lebensmittel	✓
Brötchen am Platz	✓
Restaurant & Imbiss	✓
Ver-/Entsorgung Womo	✓
in den Ort	500m
Gesamt/Touristen	282/60
Mietunterkünfte	✓
Stellplätze vor Schranke	✗

3.3 GUT
3 Bewertungen

Lage	4.7
Ruhe	5.0
Sanitäranlagen	4.3
Sauberkeit Ø	4.5
Freundlichkeit	4.3
Stellplatz	3.7
Verpflegung	3.3
Freizeit	2.7
Preis-Leistung	3.7
Mietunterkünfte	2.0

Geeignet für

Kinder b. 6 J.	3.0
Kinder b. 12 J.	3.0
Kinder b. 18 J.	2.5
Paare	4.3
Senioren	4.0
Gäste mit Zelt	4.0
Gäste mit Hund	4.0

Empfohlene Aktivitäten

- Wandern
- Mountainbiking
- Entspannen

11

Camping Lac des Brenets

Champ de la Fontaine
2416 Les Brenets
+41 41 535 70 82

47.06554 | 6.6972
780m ü.M.

ganzjährig
HS: 34,00 € | NS: 30,50 €
Mehr Infos & online buchen:
www.camping.info/17258

Baden im See	800m
Pool/Hallenbad	7/10km
Spielplatz am Platz	✓
Hunde willkommen	✓
Loipe	15km
WLAN	✓
Lebensmittel	800m
Brötchen am Platz	✓
Restaurant am P.	✓
Ver-/Entsorgung Womo	✓
in den Ort	1km
Gesamt/Touristen	140/35
Mietunterkünfte	✓
Stellplätze vor Schranke	✗

4.1 SEHR GUT
12 Bewertungen

Lage	4.3
Ruhe	4.2
Sanitäranlagen	3.8
Sauberkeit Ø	4.5
Freundlichkeit	4.7
Stellplatz	3.7
Verpflegung	3.7
Freizeit	4.1
Preis-Leistung	4.4
Mietunterkünfte	5.0

Geeignet für

Kinder b. 6 J.	4.2
Kinder b. 12 J.	4.4
Kinder b. 18 J.	4.1
Paare	4.3
Senioren	4.8
Gäste mit Zelt	4.2
Gäste mit Hund	4.2

Empfohlene Aktivitäten

- Wandern
- Kayak/Kanu
- Angeln

WOMOs ab 8 m nur mit Reservierung

Karte auf Seite 238

	12	14	16
	Camping Burgdorf Waldegg	**Camping La Belle Verte**	**Camping mon plaisir**
	Waldeggweg 4A 3400 Burgdorf 034 /422 24 60 47.0538 | 7.63236	Mont-pugin 6 2400 Le Locle +41 78 812 26 97 47.05191 | 6.76132 980m ü.M.	Galsstrasse 26 3235 Erlach 47.04535 | 7.09421
Infos			
Öffnungszeiten	27.03. - 16.10.	01.05. - 25.10.	keine Angabe
Vergleichspreis	HS: 50,00 € | NS: 42,00 €	HS: 35,00 € | NS: 30,00 €	keine Angabe
Link	**Mehr Infos & Anfrage:** www.camping.info/22003	**Mehr Infos & Anfrage:** www.camping.info/17257	**Mehr Infos & Anfrage:** www.camping.info/27257
Ausstattung			
Freizeit	Baden im Fluss am Platz ✓ Pool/Hallenbad 250m Spielplatz am Platz ✓	Baden im See 6km Pool/Hallenbad ✓/10km Spielplatz am Platz ✓	Baden in nat. Gewässer k. A. Pool & Hallenbad ✗ Spielplatz 200m
Campingplatz	Hunde erlaubt ✓ Skilift/Loipe k. A./✗ WLAN ✓	Hunde willkommen ✓ Skilift & Loipe ✗ WLAN ✓	Hunde ✗ Skilift & Loipe keine Angabe WLAN keine Angabe
Versorgung	Lebensmittel k.A. Brötchen am Platz ✓ Imbiss ✓ Ver-/Entsorgung Womo ✓ in den Ort 500m	Lebensmittel ✗ Brötchen keine Angabe Restaurant/Imbiss 500m/✓ Ver-/Entsorgung Womo ✓ in den Ort 500m	Lebensmittel k.A. Brötchen keine Angabe Restaurant & Imbiss ✗ Ver-/Entsorgung Womo ✗ in den Ort keine Angabe
Anzahl der Plätze	Touristenplätze 30 Mietunterkünfte ✗ Stellplätze vor Schranke ✗	Gesamt/Touristen 70/30 Mietunterkünfte ✓ Stellplätze vor Schranke ✗	Gesamt keine Angabe Mietunterkünfte ✓ Stellplätze vor Schranke ✗

	Camping Burgdorf Waldegg	Camping La Belle Verte	Camping mon plaisir
Bewertung	4.2 SEHR GUT 13 Bewertungen	3.7 GUT 3 Bewertungen	- JETZT BEWERTEN!
Lage	4.3	4.0	
Ruhe	4.8	4.0	
Sanitäranlagen	4.0	3.3	
Sauberkeit Ø	4.7	4.0	
Freundlichkeit	4.8	5.0	
Stellplatz	3.8	3.3	
Verpflegung	3.1	2.0	
Freizeit	3.6	4.0	
Preis-Leistung	4.2	3.0	
Mietunterkünfte	-	-	
Geeignet für			
Kinder b. 6 J.	3.8	4.5	
Kinder b. 12 J.	3.9	4.0	
Kinder b. 18 J.	3.7	3.0	
Paare	4.4	5.0	
Senioren	4.3	5.0	
Gäste mit Zelt	4.0	4.0	
Gäste mit Hund	5.0	5.0	
Empfohlene Aktivitäten	Wandern Radfahren Entspannen		

Camping mon plaisir:

Für diese Auswertung liegen leider noch nicht genügend Bewertungen vor.

Sei einer der Ersten, der diesen Campingplatz bewertet. Unter den Bewertern werden regelmäßig Gewinne verlost!

Mehr Infos dazu findest du in unserem allgemeinen Intro.

13 Camping des Pêches

Rue du Port 6
2525 Le Landeron
+41 32 7512900
www.camping-lelanderon.ch
info@camping-lelanderon.ch

01.04. - 15.10.

HS: 41,00 € | NS: 41,00 €

Mehr Infos & Anfrage:
www.camping.info/17256

Baden im See	300m
Pool	400m
Spielplatz am Platz	✓
Hunde willkommen	✓
Skilift/Loipe	100km
WLAN	✓
Lebensmittel	✓
Brötchen am Platz	✓
Restaurant/Imbiss	✓/400m
Ver-/Entsorgung Womo	✓
in den Ort	600m
Gesamt/Touristen	430/150
Mietunterkünfte	✓
Stellplätze vor Schranke	✗

47.05192 | 7.06989
432m ü.M.

Der Campingplatz liegt wunderschön am Bielersee.

Lage & Stellplatz

Im Herzen des Drei-Seen-Landes liegt Camping des Pêches direkt am Ufer des wunderschönen Bielersees. Die Anreise ist per Auto, Zug oder Schiff möglich. Das Rasengelände ist angenehm beschattet und flach. Die Stellplätze verfügen allesamt über einen Stromanschluss.

Sanitär

Die Sanitäranlagen sind mit Dusch- und Waschkabinen sowie WCs, Babywickelraum und barrierefreien Räumen ausgestattet. Waschmaschinen, Wäschetrockner, ein Küchenbereich, Geschirrspüler sowie Kühl- und Gefrierschränke stehen ebenfalls zur Verfügung.

Verpflegung

Das Camping-Restaurant zeichnet sich durch eine herzliche und gemütliche Atmosphäre aus. In der Nachbarschaft gibt es weitere Restaurants am Hafen, am Schwimmbad oder im Dorf. Einen gut ausgestatteten Laden findet man am Campingplatz, weitere Einkaufsmöglichkeiten wiederum im Dorf.

Freizeit

Wasserspiel, Kinderspielplatz, Trampolin, Beachvolleyball, Badminton oder Tennis – am Campingplatz gibt es vieles zu erleben. Aber auch die direkte Umgebung hat es in sich: Ein Schwimmbad mit Rutsche, der Strand, eine Bootsstation, der Hafen und diverse Rad- und Wanderwege sorgen für Unterhaltung.

Herrlich angelegte Plätze.

Wasserspiel und Spielplatz.

4.3 SEHR GUT
30 Bewertungen

Lage	4.3
Ruhe	4.5
Sanitäranlagen	4.7
Sauberkeit Ø	4.7
Freundlichkeit	4.9
Stellplatz	4.2
Verpflegung	4.2
Freizeit	4.6
Preis-Leistung	4.5
Mietunterkünfte	3.6

Geeignet für

4.6	Kinder b. 6 J.
4.6	Paare
4.5	Kinder b. 12 J.
4.5	Senioren
4.5	Gäste mit Hund
4.2	Gäste mit Zelt
4.0	Kinder b. 18 J.

Empfohlene Aktivitäten

Radfahren · Entspannen · Schwimmen · Wandern

Mehr Infos

Keine WOMOs über 8 m.

Karte auf Seite 238

	17	18	19
	Gelände "Die neue Zeit"	**Camping La Tene-Plage**	**TCS Camping Gampelen Neuenburgersee**
	FKK		
	Rothausstrasse 105 3236 Gampelen +41 32 313 45 55	Route de la Tene 106 2074 Marin-Epagnier +41 32 753 73 40	Seestrasse 50 3236 Gampelen +41 32 313 23 33
	47.00666 | 7.02807 450m ü.M.	47.00462 | 7.02042	47.00134 | 7.03973 430m ü.M.
Infos			
Öffnungszeiten	01.05. - 30.09.	01.04. - 30.09.	01.04. - 24.10.
Vergleichspreis	HS: 50,20 € | NS: 48,20 €	HS: 37,00 € | NS: 37,00 €	HS: 58,70 € | NS: 42,50 €
Link	**Mehr Infos & Anfrage:** www.camping.info/25094	**Mehr Infos & Anfrage:** www.camping.info/17261	**Mehr Infos & Anfrage:** www.camping.info/17346
Ausstattung			
Freizeit	Baden im See am Platz ✓ Pool & Hallenbad ✗ Spielplatz am Platz ✓	Baden im See am Platz ✓ Pool/Hallenbad 6km Spielplatz am Platz ✓	Baden im See am Platz ✓ Pool/Hallenbad 15km Spielplatz am Platz ✓
Campingplatz	Hunde ✗ Skilift & Loipe ✗ WLAN (gratis) teilweise	Hunde erlaubt ✓ Skilift & Loipe ✗ WLAN ✗	Hunde willkommen ✓ Skilift & Loipe ✗ WLAN ✓
Versorgung	Lebensmittel ✓ Brötchen am Platz nur HS Restaurant & Imbiss ✓ Ver-/Entsorgung Womo ✓ in den Ort 3km	Lebensmittel ✓ Brötchen am Platz ✓ Restaurant am P. ✓ Ver-/Entsorgung Womo ✓ in den Ort 1km	Lebensmittel ✓ Brötchen am Platz ✓ Restaurant & Imbiss ✓ Ver-/Entsorgung Womo ✓ in den Ort 2km
Anzahl der Plätze	Gesamt/Touristen 500/100 Mietunterkünfte ✓ Stellplätze vor Schranke ✗	Gesamt/Touristen 170/50 Mietunterkünfte ✗ Stellplätze vor Schranke ✗	Gesamt/Touristen 860/320 Mietunterkünfte ✓ Stellplätze vor Schranke ✗

17 – Gelände "Die neue Zeit"

- JETZT BEWERTEN!

Für diese Auswertung liegen leider noch nicht genügend Bewertungen vor.

Sei einer der Ersten, der diesen Campingplatz bewertet. Unter den Bewertern werden regelmäßig Gewinne verlost!

Mehr Infos dazu findest du in unserem allgemeinen Intro.

18 – Camping La Tene-Plage

3.5 GUT – 4 Bewertungen

Lage	4.8
Ruhe	2.8
Sanitäranlagen	3.8
Sauberkeit Ø	4.5
Freundlichkeit	4.0
Stellplatz	3.0
Verpflegung	3.3
Freizeit	3.7
Preis-Leistung	3.5
Mietunterkünfte	-

Geeignet für

Kinder b. 6 J.	3.0
Kinder b. 12 J.	3.0
Kinder b. 18 J.	3.0
Paare	3.0
Senioren	1.0
Gäste mit Zelt	3.0
Gäste mit Hund	4.0

Empfohlene Aktivitäten

- Schwimmen
- Radfahren
- Angeln

19 – TCS Camping Gampelen Neuenburgersee

3.8 GUT – 46 Bewertungen

Lage	4.4
Ruhe	3.9
Sanitäranlagen	4.0
Sauberkeit Ø	4.2
Freundlichkeit	4.2
Stellplatz	3.8
Verpflegung	3.5
Freizeit	3.9
Preis-Leistung	3.5
Mietunterkünfte	3.9

Geeignet für

Kinder b. 6 J.	4.3
Kinder b. 12 J.	4.3
Kinder b. 18 J.	4.0
Paare	4.1
Senioren	4.3
Gäste mit Zelt	4.0
Gäste mit Hund	4.2

Empfohlene Aktivitäten

- Radfahren
- Schwimmen
- Entspannen

15 Camping Erlach

Stadtgraben 23
3235 Erlach
+41 32 338 16 46
www.camping-erlach.ch
info@camping-erlach.ch

13.04. - 30.10.

HS: 67,00 € | NS: 48,60 €

Mehr Infos & Anfrage:
www.camping.info/23062

Baden im See am Platz	✓
Pool	5km
Spielplatz am Platz	✓
Hunde willkommen	✓
Skilift & Loipe	✗
WLAN	✓
Lebensmittel	✓
Brötchen am Platz	✓
Restaurant/Imbiss	500m/✓
Ver-/Entsorgung Womo	✓
in den Ort	500m
Gesamt/Touristen	200/60
Mietunterkünfte	✓
Stellplätze vor Schranke	✗

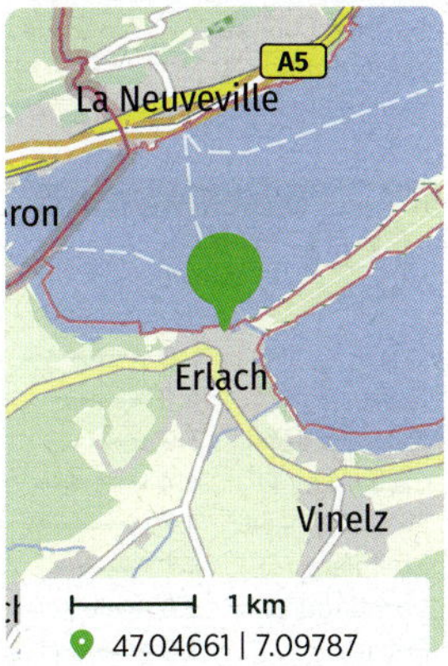

Willkommen am Camping Erlach, die Perle am Bielersee.

Lage & Stellplatz

Im Städtli Erlach, mitten im schönen Berner Seeland, direkt am See liegt der Campingplatz Erlach – die Perle am Bielersee. Der Platz ist optimal für Familien, mit großem Spielplatz und schattenspendenden Bäumen. Einige der Plätze befinden sich dabei sogar in bester See Lage.

Sanitär

Drei teilweise renovierte Sanitäranlagen mit: Duschen, WC, Spüle, Familienbad, Wickeltisch, barrierefreie Dusche und WC, Waschmaschine, Tumbler, Ausguss für Kassettentoiletten und Ver- und Entsorgung für Wohnmobile.

Verpflegung

Die meisten kommen aufgrund der beliebten Fischknusperli, aber die Food Trucks bieten noch einiges mehr, auch vegan. Neben den feinen Weinen der Region, ist es der Blick auf den See, der den Genuss perfekt werden lässt. Und wer lieber selbst kocht, findet im kleinen Camping-Shop die nötigen Zutaten.

Freizeit

Nicht nur der See vor der Türe, sondern auch Neuenburger- und Murtensee können befahren und „bebadet" werden. Das Seeland lässt sich mit dem Fahrrad und der nahe Jura zu Fuß erkunden. Egal ob Bern, Biel, Neuenburg, Murten, oder Erlach, „Städtli"- oder Städtetrips runden das Freizeitprogramm ab.

Beste Fischknusperli am See!

Aktiv-Ferien am Campingplatz.

3.7 GUT
21 Bewertungen

Lage	4.5
Ruhe	3.2
Sanitäranlagen	3.7
Sauberkeit Ø	3.9
Freundlichkeit	3.7
Stellplatz	3.2
Verpflegung	3.4
Freizeit	4.1
Preis-Leistung	3.2
Mietunterkünfte	2.0

Geeignet für

4.3	Kinder b. 6 J.
4.2	Kinder b. 12 J.
4.2	Paare
4.1	Senioren
3.7	Kinder b. 18 J.
3.3	Gäste mit Zelt
3.2	Gäste mit Hund

Empfohlene Aktivitäten

Radfahren | Schwimmen | Wandern | Kayak/Kanu

Mehr Infos

Karte auf Seite 238

	20	21	22
	TCS Camping Bern – Eymatt	**Camping Muntelier**	**Camping Petit-Cortaillod**
	Wohlenstrasse 62c 3032 Hinterkappelen/Bern +41 31 901 10 07	Campingweg 1 3286 Muntelier +41 26 670 48 82	Petit-Cortaillod 23 2016 Cortaillod +41 32 841 40 31
	46.96406 | 7.38365 440m ü.M.	46.94223 | 7.1335 435m ü.M.	46.93979 | 6.85109
Infos			
Öffnungszeiten	01.04. - 01.11.	01.04. - 31.10.	30.03. - 24.10.
Vergleichspreis	HS: 53,80 € | NS: 48,40 €	HS: 33,00 € | NS: 33,00 €	HS: 18,50 €
Link	**Mehr Infos & Anfrage:** www.camping.info/23063	**Mehr Infos & Anfrage:** www.camping.info/22002	**Mehr Infos & Anfrage:** www.camping.info/17246
Ausstattung			
Freizeit	Baden im See am Platz ✓ Hallenbad 3km Spielplatz am Platz ✓	Baden im See am Platz ✓ Pool & Hallenbad ✗ Spielplatz am Platz ✓	Baden in nat. Gewässer k. A. Pool/Hallenbad 11km Spielplatz 100m
Campingplatz	Hunde willkommen ✓ Skilift & Loipe ✗ WLAN ✓	Hunde erlaubt ✓ Skilift & Loipe ✗ WLAN ✓	Hunde ✗ Skilift/Loipe ✗/k. A. WLAN ✓
Versorgung	Lebensmittel ✓ Brötchen am Platz ✓ Restaurant & Imbiss ✓ Ver-/Entsorgung Womo ✓ in den Ort 1km	Lebensmittel ✓ Brötchen am Platz ✓ Imbiss ✓ Ver-/Entsorgung Womo ✗ in den Ort 1km	Lebensmittel 1km Brötchen keine Angabe Restaurant/Imbiss 100m Ver-/Entsorgung Womo ✗ in den Ort 1km
Anzahl der Plätze	Gesamt/Touristen 153/104 Mietunterkünfte ✓ Stellplätze vor Schranke ✓	Touristenplätze 125 Mietunterkünfte ✗ Stellplätze vor Schranke ✗	Gesamt/Touristen 35/13 Mietunterkünfte ✗ Stellplätze vor Schranke ✗

	20	21	22
Gesamt	4.5 SEHR GUT, 89 Bewertungen	3.8 GUT, 6 Bewertungen	4.6 SEHR GUT, 7 Bewertungen
Lage	4.5	4.7	5.0
Ruhe	4.1	4.7	4.0
Sanitäranlagen	4.5	4.0	3.9
Sauberkeit Ø	4.5	4.7	4.4
Freundlichkeit	4.8	4.5	4.7
Stellplatz	4.3	3.6	4.1
Verpflegung	4.3	3.8	2.6
Freizeit	4.2	3.5	3.9
Preis-Leistung	4.1	3.7	4.1
Mietunterkünfte	4.6	-	-
Geeignet für			
Kinder b. 6 J.	4.4	3.2	4.2
Kinder b. 12 J.	4.6	3.4	3.8
Kinder b. 18 J.	4.4	3.8	3.2
Paare	4.6	4.2	4.5
Senioren	4.5	3.8	4.8
Gäste mit Zelt	4.6	4.7	4.4
Gäste mit Hund	4.6	4.0	Hunde n. erlaubt -
Empfohlene Aktivitäten	Radfahren Wandern Entspannen	Radfahren Schwimmen Entspannen	Radfahren Schwimmen Wandern

26 Camping Port Plage Avenches

Camping de la Plage 1
1580 Avenches
+41 26 675 17 50
www.camping-avenches.com
camping@avenches.ch

01.04. - 31.10.

HS: 43,50 € | NS: 36,50 €

Mehr Infos & Anfrage:
www.camping.info/22147

Baden im See am Platz	✓
Hallenbad	3km
Spielplatz am Platz	✓
Hunde willkommen	✓
Skilift & Loipe	✗
WLAN	✓
Lebensmittel	1km
Brötchen am Platz	✓
Restaurant & Imbiss	✓
Ver-/Entsorgung Womo	✓
in den Ort	3km
Gesamt/Touristen	300/70
Mietunterkünfte	✗
Stellplätze vor Schranke	✗

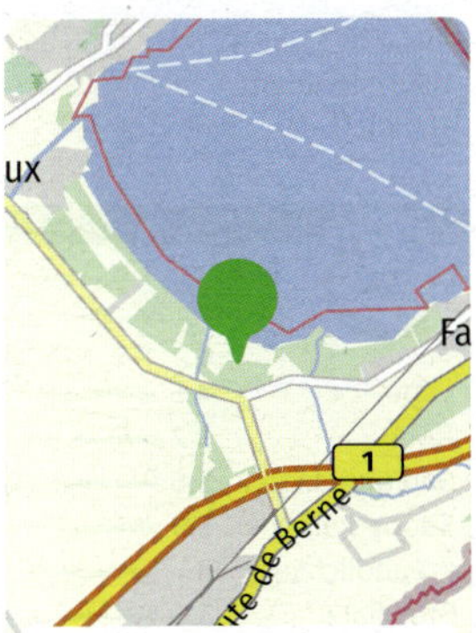

1 km

46.90358 | 7.04908

430m ü.M.

Wunderschön am Murtensee gelegen.

Lage & Stellplatz

Der Campingplatz von Avenches mit seinem feinen Sandstrand, der zu Badespaß und Strandvergnügen einlädt, bietet mit seiner privilegierten Lage am Murtenseeufer moderne, komfortable Infrastrukturen, ein gastfreundliches Ambiente und eine reizvolle Aussicht auf den Vully Weinberg.

Verpflegung

Die Region bietet viele Möglichkeiten frisches Obst und Gemüse direkt vom Bauernhof zu kaufen. Ein kleines Lebensmittelgeschäft im Herzen des Campingplatzes und Supermärkte in der Nähe komplettieren das Angebot. Das Restaurant „de la Plage" bietet eine Speisekarte mit lokalen Produkten und Weinen.

Sanitär

Im Jahr 2016 komplett renoviert, garantieren moderne Sanitäranlagen, ein Geschirrbereich und mehrere Waschmaschinen und Trockner den nötigen Komfort für den Camping-Aufenthalt. Eltern-Kind-Badezimmer, Kindertoiletten und Wickeltische sind ideal für Familien mit kleinen Campinggästen geeignet.

Freizeit

Ein Kids-Team empfängt die Kinder mit vielen lustigen Aktivitäten. Spielplatz, Tischtennis und Beachvolleyballfeld befinden sich direkt am See. Der Platz bietet mit SUP, Kanus und Pedalos Abwechslung auf dem Wasser und liegt ideal für Wanderungen, Radtouren oder Tagesausflüge für Bewegungshungrige.

Tolle Plätze nah am Wasser.

Gute Lage für Radtouren.

3.9 GUT
21 Bewertungen

Lage	4.5
Ruhe	3.7
Sanitäranlagen	4.0
Sauberkeit Ø	4.3
Freundlichkeit	3.6
Stellplatz	3.6
Verpflegung	4.1
Freizeit	4.2
Preis-Leistung	3.9
Mietunterkünfte	-

Geeignet für

4.2	Senioren
4.2	Gäste mit Hund
4.1	Kinder b. 12 J.
3.7	Kinder b. 18 J.
4.1	Kinder b. 6 J.
3.9	Paare
3.5	Gäste mit Zelt

Empfohlene Aktivitäten

Schwimmen · Radfahren · Entspannen · Segeln

Mehr Infos

Karte auf Seite 238

	23 Camping Eichholz	24 Camping Nacelle	25 TCS Camping Salavaux Plage
	Strandweg 49 3084 Wabern +41 31 961 26 02	1568 Portalban	Chemin de la Plage 10 1585 Salavaux +41 26 677 14 76
	46.93266 | 7.45383	46.92064 | 6.95328	46.91373 | 7.02873 430m ü.M.
Infos			
Öffnungszeiten	ganzjährig	01.04. - 31.10.	01.04. - 24.10.
Vergleichspreis	HS: 43,00 € | NS: 43,00 €	keine Angabe	HS: 60,30 € | NS: 44,10 €
Link	**Mehr Infos & Anfrage:** www.camping.info/22000	**Mehr Infos & Anfrage:** www.camping.info/27122	**Mehr Infos & Anfrage:** www.camping.info/17277
Ausstattung			
Freizeit	Baden im Fluss am Platz ✓ Pool/Hallenbad 1/3km Spielplatz am Platz ✓	Baden in nat. Gewässer k. A. Pool & Hallenbad ✗ Spielplatz am Platz ✓	Baden im See 100m Pool 10km Spielplatz am Platz ✓
Campingplatz	Hunde erlaubt ✓ Skilift & Loipe ✗ WLAN ✓	Hunde ✗ Skilift & Loipe keine Angabe WLAN keine Angabe	Hunde willkommen ✓ Skilift & Loipe ✗ WLAN ✓
Versorgung	Lebensmittel 600m Brötchen am Platz nur HS Restaurant & Imbiss ✓ Ver-/Entsorgung Womo ✓ in den Ort 5km	Lebensmittel k.A. Brötchen keine Angabe Restaurant & Imbiss ✗ Ver-/Entsorgung Womo ✗ in den Ort keine Angabe	Lebensmittel ✓ Brötchen am Platz ✓ Restaurant & Imbiss ✓ Ver-/Entsorgung Womo ✓ in den Ort 500m
Anzahl der Plätze	Touristenplätze 250 Mietunterkünfte ✓ Stellplätze vor Schranke ✗	Gesamt/Touristen 415/60 Mietunterkünfte ✗ Stellplätze vor Schranke ✗	Gesamt/Touristen 565/115 Mietunterkünfte ✓ Stellplätze vor Schranke ✗

Camping Eichholz

4.5 **SEHR GUT**
24 Bewertungen

Lage	4.9
Ruhe	4.2
Sanitäranlagen	4.4
Sauberkeit Ø	4.6
Freundlichkeit	4.9
Stellplatz	4.0
Verpflegung	3.7
Freizeit	4.5
Preis-Leistung	4.0
Mietunterkünfte	4.5

Geeignet für

Kinder b. 6 J.	3.7
Kinder b. 12 J.	4.3
Kinder b. 18 J.	4.6
Paare	4.4
Senioren	4.1
Gäste mit Zelt	4.9
Gäste mit Hund	3.7

Empfohlene Aktivitäten

- Sightseeing
- Kultur
- Radfahren

Winterstellplätze pauschal € 20,-/Nacht

Camping Nacelle

- **JETZT BEWERTEN!**

Für diese Auswertung liegen leider noch nicht genügend Bewertungen vor.

Sei einer der Ersten, der diesen Campingplatz bewertet. Unter den Bewertern werden regelmäßig Gewinne verlost!

Mehr Infos dazu findest du in unserem allgemeinen Intro.

TCS Camping Salavaux Plage

3.7 **GUT**
25 Bewertungen

Lage	4.5
Ruhe	3.2
Sanitäranlagen	3.6
Sauberkeit Ø	3.9
Freundlichkeit	4.1
Stellplatz	3.6
Verpflegung	3.1
Freizeit	3.8
Preis-Leistung	3.2
Mietunterkünfte	4.2

Geeignet für

Kinder b. 6 J.	4.3
Kinder b. 12 J.	4.2
Kinder b. 18 J.	4.1
Paare	3.7
Senioren	3.9
Gäste mit Zelt	3.8
Gäste mit Hund	4.2

Empfohlene Aktivitäten

- Schwimmen
- Radfahren
- Wandern

27 Freizeitzentrum Campingplatz

Strandheimstraße 20
3174 Thörishaus
+41 31 889 02 71

46.89373 | 7.33191

01.04. - 31.10.

HS: 35,50 € | NS: 35,50 €

Mehr Infos & Anfrage:
www.camping.info/22001

Baden im Fluss am Platz	✓
Pool & Hallenbad	✗
Spielplatz am Platz	✓
Hunde erlaubt	Nur HS
Skilift & Loipe	✗
WLAN (gegen Gebühr)	✓
Lebensmittel	✓
Brötchen am Platz	✓
Restaurant & Imbiss	✓
Ver-/Entsorgung Womo	✗
in den Ort	1km
Gesamt/Touristen	320/70
Mietunterkünfte	✓
Stellplätze vor Schranke	✗

4.0 SEHR GUT
5 Bewertungen

Lage	4.5
Ruhe	4.5
Sanitäranlagen	3.8
Sauberkeit Ø	3.8
Freundlichkeit	5.0
Stellplatz	3.8
Verpflegung	4.0
Freizeit	4.0
Preis-Leistung	4.0
Mietunterkünfte	-

Geeignet für

Kinder b. 6 J.	3.3
Kinder b. 12 J.	3.3
Kinder b. 18 J.	3.3
Paare	3.8
Senioren	3.7
Gäste mit Zelt	3.0
Gäste mit Hund	3.0

Empfohlene Aktivitäten

- Wandern
- Entspannen
- Schwimmen

28 Camping de Chevroux

1545 Chevroux

46.89139 | 6.90207

keine Angabe

keine Angabe

Mehr Infos & Anfrage:
www.camping.info/27158

Baden im See am Platz	✓
Pool & Hallenbad	✗
Spielplatz	keine Angabe
Hunde	✗
Skilift & Loipe	keine Angabe
WLAN	keine Angabe
Lebensmittel	k.A.
Brötchen	keine Angabe
Restaurant & Imbiss	✗
Ver-/Entsorgung Womo	✗
in den Ort	keine Angabe
Gesamt	keine Angabe
Mietunterkünfte	✓
Stellplätze vor Schranke	✗

- JETZT BEWERTEN!

Für diese Auswertung liegen leider noch nicht genügend Bewertungen vor.

Sei einer der Ersten, der diesen Campingplatz bewertet. Unter den Bewertern werden regelmäßig Gewinne verlost!

Mehr Infos dazu findest du in unserem allgemeinen Intro.

29 Camping à la Ferme

La corbière 2
1470 Estavayer-le-Lac
+41 26 663 36 19

46.86023 | 6.86369

01.04. - 30.09.

HS: 30,50 € | NS: 30,50 €

Mehr Infos & Anfrage:
www.camping.info/24302

Baden in nat. Gewässer	k. A.
Pool/Hallenbad	25km
Spielplatz am Platz	✓
Hunde erlaubt	✓
Skilift	3km
WLAN	✓
Lebensmittel	2km
Brötchen am Platz	nur HS
Restaurant/Imbiss	2km/✓
Ver-/Entsorgung Womo	✓
in den Ort	2km
Touristenplätze	10
Mietunterkünfte	✓
Stellplätze vor Schranke	✓

3.8 GUT
4 Bewertungen

Lage	4.2
Ruhe	4.8
Sanitäranlagen	3.7
Sauberkeit Ø	4.6
Freundlichkeit	4.3
Stellplatz	4.3
Verpflegung	2.5
Freizeit	3.5
Preis-Leistung	4.3
Mietunterkünfte	-

Geeignet für

Kinder b. 6 J.	3.3
Kinder b. 12 J.	4.7
Kinder b. 18 J.	3.7
Paare	4.0
Senioren	4.3
Gäste mit Zelt	4.7
Gäste mit Hund	4.0

Empfohlene Aktivitäten

- Radfahren
- Entspannen
- Sightseeing

30 Camping VD 28 Les Cluds

❄

1453 Bullet

46.84272 | 6.55969

ganzjährig

keine Angabe

Mehr Infos & Anfrage:
www.camping.info/27157

Baden in nat. Gewässer	k. A.
Pool	15km
Spielplatz	keine Angabe
Hunde	✗
Skilift/Loipe	10km/✓
WLAN (gegen Gebühr)	✓
Lebensmittel	k.A.
Brötchen	keine Angabe
Restaurant am P.	✓
Ver-/Entsorgung Womo	✗
in den Ort	keine Angabe
Gesamt/Touristen	100/35
Mietunterkünfte	✗
Stellplätze vor Schranke	✗

- JETZT BEWERTEN!

Für diese Auswertung liegen leider noch nicht genügend Bewertungen vor.

Sei einer der Ersten, der diesen Campingplatz bewertet. Unter den Bewertern werden regelmäßig Gewinne verlost!

Mehr Infos dazu findest du in unserem allgemeinen Intro.

Karte auf Seite 238

	31	32	33
	Camping les Pins	**Camping Pécos-Grandson**	**Camping Yverdon Plage**
	Aux Viaules 1422 Grandson	1422 Grandson +41 24 445 49 69	Avenue des Iris 57 1400 Yverdon-les-Bains +41 244 251 089
	46.82064 | 6.67311	46.80297 | 6.63538	46.78484 | 6.64884 430m ü.M.
Infos			
Öffnungszeiten	01.04. - 30.09.	26.03. - 02.10.	04.04. - 06.10.
Vergleichspreis	keine Angabe	HS: 35,00 € | NS: 35,00 €	HS: 46,00 € | NS: 35,00 €
Link	**Mehr Infos & Anfrage:** www.camping.info/27156	**Mehr Infos & Anfrage:** www.camping.info/22028	**Mehr Infos & Anfrage:** www.camping.info/26185
Ausstattung			
Freizeit	Baden im See am Platz ✓ Pool & Hallenbad ✗ Spielplatz am Platz ✓	Baden im See am Platz ✓ Pool & Hallenbad ✗ Spielplatz keine Angabe	Baden im See 50m Pool/Hallenbad 200m Spielplatz am Platz ✓
Campingplatz	Hunde ✗ Skilift & Loipe keine Angabe WLAN keine Angabe	Hunde ✗ Skilift & Loipe keine Angabe WLAN keine Angabe	Hunde willkommen ✓ Skilift & Loipe ✗ WLAN (gegen Gebühr) ✓
Versorgung	Lebensmittel k.A. Brötchen keine Angabe Restaurant am P. ✓ Ver-/Entsorgung Womo ✗ in den Ort keine Angabe	Lebensmittel k.A. Brötchen keine Angabe Restaurant & Imbiss ✗ Ver-/Entsorgung Womo ✗ in den Ort 1km	Lebensmittel ✓ Brötchen am Platz ✓ Restaurant/Imbiss 500m/✓ Ver-/Entsorgung Womo ✓ in den Ort 1km
Anzahl der Plätze	Gesamt keine Angabe Mietunterkünfte ✗ Stellplätze vor Schranke ✗	Gesamt/Touristen 150/100 Mietunterkünfte ✓ Stellplätze vor Schranke ✗	Gesamt/Touristen 240/130 Mietunterkünfte ✓ Stellplätze vor Schranke ✗

Camping les Pins

- **JETZT BEWERTEN!**

Für diese Auswertung liegen leider noch nicht genügend Bewertungen vor.

Sei einer der Ersten, der diesen Campingplatz bewertet. Unter den Bewertern werden regelmäßig Gewinne verlost!

Mehr Infos dazu findest du in unserem allgemeinen Intro.

Camping Pécos-Grandson

4.3 **SEHR GUT**
3 Bewertungen

Lage	4.0
Ruhe	4.7
Sanitäranlagen	4.3
Sauberkeit Ø	5.0
Freundlichkeit	5.0
Stellplatz	3.3
Verpflegung	3.7
Freizeit	3.3
Preis-Leistung	4.0
Mietunterkünfte	5.0

Geeignet für

Kinder b. 6 J.	5.0
Kinder b. 12 J.	5.0
Kinder b. 18 J.	4.0
Paare	5.0
Senioren	5.0
Gäste mit Zelt	5.0
Hunde n. erlaubt	-

Empfohlene Aktivitäten

- Radfahren
- Kulinarik
- Kultur

Camping Yverdon Plage

4.5 **SEHR GUT**
17 Bewertungen

Lage	4.7
Ruhe	4.2
Sanitäranlagen	4.4
Sauberkeit Ø	4.6
Freundlichkeit	4.5
Stellplatz	3.8
Verpflegung	3.2
Freizeit	4.1
Preis-Leistung	4.0
Mietunterkünfte	4.0

Geeignet für

Kinder b. 6 J.	4.4
Kinder b. 12 J.	4.5
Kinder b. 18 J.	4.1
Paare	4.2
Senioren	4.3
Gäste mit Zelt	4.5
Gäste mit Hund	3.8

Empfohlene Aktivitäten

- Schwimmen
- Radfahren
- Wandern

SCHWEIZ

❷ Genferseegebiet und Waadt

Platz		Seite	Bewertung	Öffnungszeiten	
1	TCS Camping Orbe	260	4.1	saisonal	
2	Camping Pré Sous Ville	260	-	saisonal	FKK
3	Camping Le Nozon	260	-	saisonal	
4	Camping du Lac de Joux	261	3.8	ganzjährig	*
5	Camping à la Ferme	261	-	k. A.	
6	Camping des Cases à Forel	261	-	saisonal	
7	Camping de Vidy	263	2.8	ganzjährig	*
8	Camping De Moratel	261	4.3	saisonal	
9	Camping Le Berceau	262	-	ganzjährig	*
10	Camping de Rolle Aux Vernes	262	4.1	saisonal	
11	Camping Les Cheseaux	262	-	ganzjährig	*
12	Camping Les Grangettes	264	3.6	ganzjährig	*
13	Camping La Murée	264	-	ganzjährig	*
14	Camping Clos de la George	264	-	ganzjährig	*
15	Camping de la piscine	265	4.3	saisonal	
16	Camping Les Frassettes	265	-	ganzjährig	*
17	TCS Camping Genf Vésenaz	265	3.4	saisonal	
18	Camping Forêt du Bois Noir	265	-	saisonal	

DAS MULTIKULTURELLE GENF

Genf ist mit seinen gut 200.000 Einwohnern nicht nur die zweitgrößte Stadt der Schweiz, sondern auch die mit dem größten multikulturellen Flair des Landes. Zahlreiche internationale Organisationen wie die UNO oder das Rote Kreuz sind mit ihren Mitarbeitern hier vertreten und prägen das Bild der Stadt nachhaltig. Die attraktive Lage am Südufer des Genfer Sees, der die Schweiz mit Frankreich verbindet, trägt ebenso zur Beliebtheit der Stadt bei, wie die hohe Lebensqualität.

Alphütte unterhalb des Moleson, Gruyeres, Fribourg © swiss-image.ch/Martin Maegli

INTERNATIONAL UND ELEGANT

Einen erstklassigen Blick über die Stadt vermittelt ein Besuch auf dem Hausberg, dem Mont Salève, der sich am Grand Piton bis auf eine Höhe von 1.380 m über den Meeresspiegel erhebt. Zurück in der Stadt erwarten Campinggäste attraktive Sehenswürdigkeiten wie die Kathedrale St. Peter, die nach einer fast 100-jährigen Bauzeit 1232 fertiggestellt wurde. Zum gepflegten Flanieren trifft man sich im Botanischen Garten oder im „Jardin Anglais". Doch auch die Promenade am Genfer See, von der aus das Wahrzeichen der Stadt, der „Jet d'eau", eine 140 m hohe Wasserfontäne, besonders gut zu sehen ist, empfiehlt sich für einen entspannten Spaziergang. Zu den wichtigsten Stationen bei einem Rundgang durch die Stadt gehören auch der Völkerbundpalast, in dem die UNO ihren europäischen Sitz hat, und die malerischen Gassen der Altstadt. Zum Shoppen geht es dann in die Rue du Rhône, auf der alle großen Luxusmarken mit ihren noblen Boutiquen vertreten sind. Wer sich für die Wissenschaft interessiert, sollte sich einen Besuch im Forschungszentrum CERN nicht entgehen lassen. Sportler finden dagegen auf dem Mont Salève beste Bedingungen zum Gleitschirmfliegen oder Moutainbiken vor. Im Winter locken gut gespurte Loipen zum Skilanglauf. Als Ausgleich zu den sportlichen Aktivitäten geht es dann auf eine Minikreuzfahrt über den Genfer See oder durch das Tal der Rhône.

BURGEN UND ERSTKLASSIGER JAZZ

Schloss Chillon © swiss-image.ch/Ivo Scholz

Am nördlichen Ufer des Genfer Sees ist eine weitere Schweizer Großstadt zu finden. Lausanne ist die Hauptstadt des Kantons Waadt, der sich wie die Stadt selbst durch eine große Dichte an Schlössern und Burgen auszeichnet. Das Château St. Maire in der oberen Altstadt von Lausanne ist ebenso sehenswert wie das Château d'Ouchy. Aber auch das Rathaus der Stadt, die Kathedrale sowie der 61 m hohe Bel-Air-Turm, der 1932 fertiggestellt wurde und als erstes Hochhaus der Schweiz gilt, sollten bei einer Stadtbesichtigung nicht fehlen. Auch Montreux, das für sein alljährliches Jazz Festival bekannt ist, sowie die zahlreichen attraktiven Kleinstädte und die Dörfer der Region sind immer einen Besuch wert. Zu den beliebtesten Freizeitaktivitäten zählen im Kanton Waadt Wanderungen durch die grandiose Landschaft, auf denen man in eines der urigen Gasthäuser einkehren kann, um die typischen Waadtländer Spezialitäten zu probieren. Die Saucisson, eine deftige Wurst, die auch gern in Verbindung mit Kohl auf den Tisch kommt, steht ebenso für die kulinarischen Besonderheiten der Region wie der Beinschinken Jambon à l'os. Dazu gibt es einen Pinot-Noir oder einen Chasselas, deren Trauben an den Ufern des Neuenburgersees und am Murtensee angebaut werden.

Winzerdorf St-Saphorin am Genfersee © swiss-image.ch/Marcus Gyger

TIPP DER REDAKTION

Camping de la piscine

Aigle | Nr. 15 | Seite 265

Laut Gästen ideal geeignet zum:

- Wandern
- Schwimmen
- Radfahren

4.3

Karte auf Seite 256

	1 TCS Camping Orbe	2 Camping Pré Sous Ville	3 Camping Le Nozon
		FKK	
	Route du Signal 9 1350 Orbe +41 24 441 38 57 46.73694 | 6.5325 483m ü.M.	Rue des fontaines 10 1337 Vallorbe +41 (0)21 843 23 09 46.71194 | 6.375	Chemin du Signal 1323 Romainmôtier +41 24 453 13 70 46.69027 | 6.46693
Infos			
Öffnungszeiten	01.04. - 24.10.	15.04. - 15.10.	01.04. - 23.09.
Vergleichspreis	HS: 49,50 € | NS: 36,90 €	keine Angabe	HS: 34,90 € | NS: 34,90 €
Link	**Mehr Infos & Anfrage:** www.camping.info/17275	**Mehr Infos & Anfrage:** www.camping.info/17278	**Mehr Infos & Anfrage:** www.camping.info/22027
Ausstattung			
Freizeit	Baden in nat. Gewässer k. A. Pool am Platz ✓ Spielplatz am Platz ✓	Baden in nat. Gewässer k. A. Pool & Hallenbad ✗ Spielplatz keine Angabe	Baden in nat. Gewässer k. A. Pool am Platz ✓ Spielplatz am Platz ✓
Campingplatz	Hunde willkommen ✓ Skilift & Loipe keine Angabe WLAN ✓	Hunde ✗ Skilift & Loipe keine Angabe WLAN ✓	Hunde erlaubt ✓ Skilift & Loipe ✗ WLAN keine Angabe
Versorgung	Lebensmittel ✓ Brötchen am Platz ✓ Imbiss ✓ Ver-/Entsorgung Womo ✓ in den Ort 500m	Lebensmittel 200m Brötchen keine Angabe Restaurant/Imbiss 300/50m Ver-/Entsorgung Womo ✗ in den Ort 150m	Lebensmittel ✓ Brötchen am Platz ✓ Imbiss ✓ Ver-/Entsorgung Womo ✓ in den Ort keine Angabe
Anzahl der Plätze	Gesamt/Touristen 235/155 Mietunterkünfte ✓ Stellplätze vor Schranke ✗	Gesamt/Touristen 60/44 Mietunterkünfte ✓ Stellplätze vor Schranke ✗	Gesamt/Touristen 150/50 Mietunterkünfte ✗ Stellplätze vor Schranke ✗

TCS Camping Orbe

4.1 **SEHR GUT**
9 Bewertungen

Lage	4.4
Ruhe	4.2
Sanitäranlagen	4.0
Sauberkeit Ø	4.3
Freundlichkeit	4.6
Stellplatz	3.8
Verpflegung	3.2
Freizeit	4.0
Preis-Leistung	3.9
Mietunterkünfte	5.0

Geeignet für

Kinder b. 6 J.	4.4
Kinder b. 12 J.	4.2
Kinder b. 18 J.	3.2
Paare	4.2
Senioren	4.2
Gäste mit Zelt	3.8
Gäste mit Hund	4.0

Empfohlene Aktivitäten

- Wandern
- Schwimmen
- Kultur

Camping Pré Sous Ville

- **JETZT BEWERTEN!**

Für diese Auswertung liegen leider noch nicht genügend Bewertungen vor.

Sei einer der Ersten, der diesen Campingplatz bewertet. Unter den Bewertern werden regelmäßig Gewinne verlost!

Mehr Infos dazu findest du in unserem allgemeinen Intro.

Camping Le Nozon

- **JETZT BEWERTEN!**

Für diese Auswertung liegen leider noch nicht genügend Bewertungen vor.

Sei einer der Ersten, der diesen Campingplatz bewertet. Unter den Bewertern werden regelmäßig Gewinne verlost!

Mehr Infos dazu findest du in unserem allgemeinen Intro.

4 Camping du Lac de Joux

Rocheray 37
1347 Le Sentier
+41 218 455 174

46.62626 | 6.2528
1108m ü.M.

ganzjährig

HS: 36,70 € | NS: 32,10 €

Mehr Infos & Anfrage:
www.camping.info/22148

Baden im See	300m
Pool/Hallenbad	3km
Spielplatz am Platz	✓
Hunde erlaubt	✓
Skilift/Loipe	15/2km
WLAN	✓
Lebensmittel	2km
Brötchen am Platz	nur HS
Restaurant & Imbiss	✓
Ver-/Entsorgung Womo	✗
in den Ort	2km
Gesamt/Touristen	50/25
Mietunterkünfte	✓
Stellplätze vor Schranke	✗

3.8 GUT
8 Bewertungen

Lage	4.4
Ruhe	4.0
Sanitäranlagen	3.5
Sauberkeit Ø	4.2
Freundlichkeit	4.6
Stellplatz	3.3
Verpflegung	2.2
Freizeit	4.0
Preis-Leistung	4.3
Mietunterkünfte	4.0

Geeignet für

Kinder b. 6 J.	5.0
Kinder b. 12 J.	4.7
Kinder b. 18 J.	4.5
Paare	4.3
Senioren	4.2
Gäste mit Zelt	4.5
Gäste mit Hund	5.0

Empfohlene Aktivitäten

- Radfahren
- Wandern
- Schwimmen

5 Camping à la Ferme

Chez Grosjean 40
1346 Les Bioux
+41 21 845 48 15

46.62591 | 6.27904

keine Angabe

HS: 26,50 € | NS: 26,50 €

Mehr Infos & Anfrage:
www.camping.info/26674

Baden im See am Platz	✓
Pool & Hallenbad	✗
Spielplatz	keine Angabe
Hunde	✗
Skilift & Loipe	✗
WLAN	keine Angabe
Lebensmittel	✗
Brötchen	keine Angabe
Restaurant & Imbiss	✗
Ver-/Entsorgung Womo	✓
in den Ort	keine Angabe
Gesamt	keine Angabe
Mietunterkünfte	✓
Stellplätze vor Schranke	✗

- JETZT BEWERTEN!

Für diese Auswertung liegen leider noch nicht genügend Bewertungen vor.

Sei einer der Ersten, der diesen Campingplatz bewertet. Unter den Bewertern werden regelmäßig Gewinne verlost!

Mehr Infos dazu findest du in unserem allgemeinen Intro.

6 Camping des Cases à Forel

Chemin des Cases 2
1072 Forel

46.52861 | 6.76527

01.04. - 15.10.

keine Angabe

Mehr Infos & Anfrage:
www.camping.info/23066

Baden in nat. Gewässer	k. A.
Pool am Platz	✓
Spielplatz am Platz	✓
Hunde	✗
Skilift & Loipe	keine Angabe
WLAN (gegen Gebühr)	✓
Lebensmittel	k.A.
Brötchen	keine Angabe
Restaurant & Imbiss	✓
Ver-/Entsorgung Womo	✗
in den Ort	keine Angabe
Touristenplätze	44
Mietunterkünfte	✓
Stellplätze vor Schranke	✗

- JETZT BEWERTEN!

Für diese Auswertung liegen leider noch nicht genügend Bewertungen vor.

Sei einer der Ersten, der diesen Campingplatz bewertet. Unter den Bewertern werden regelmäßig Gewinne verlost!

Mehr Infos dazu findest du in unserem allgemeinen Intro.

8 Camping De Moratel

Moratel 2
1096 Cully
+41 21 799 19 14

46.48952 | 6.73738

21.03. - 20.10.

keine Angabe

Mehr Infos & Anfrage:
www.camping.info/26484

Baden im See am Platz	✓
Pool & Hallenbad	✗
Spielplatz	keine Angabe
Hunde erlaubt	✓
Skilift & Loipe	✗
WLAN	✓
Lebensmittel	✓
Brötchen am Platz	✓
Restaurant	200m
Ver-/Entsorgung Womo	✗
in den Ort	500m
Touristenplätze	31
Mietunterkünfte	✗
Stellplätze vor Schranke	✗

4.3 SEHR GUT
3 Bewertungen

Lage	4.3
Ruhe	3.3
Sanitäranlagen	4.7
Sauberkeit Ø	4.2
Freundlichkeit	4.3
Stellplatz	4.3
Verpflegung	4.0
Freizeit	3.3
Preis-Leistung	4.3
Mietunterkünfte	-

Geeignet für

Kinder b. 6 J.	3.0
Kinder b. 12 J.	3.0
Kinder b. 18 J.	3.5
Paare	4.5
Senioren	4.3
Gäste mit Zelt	4.5
Gäste mit Hund	3.0

Empfohlene Aktivitäten

- Radfahren
- Schwimmen
- Kultur

Karte auf Seite 256

	9	10	11
	Camping Le Berceau	**Camping de Rolle Aux Vernes**	**Camping Les Cheseaux**
	✻		✻
	Route des Mosses 16 1660 Château-d'oex +41 26 924 62 34 46.46674 | 7.12465	Chemin de la Plage 4 1180 Rolle +41 218 25 1239 46.46171 | 6.34695	Route du Télésiège 12 1264 Saint-Cergue +41 223 601 898 46.44664 | 6.14355 1074m ü.M.
Infos			
Öffnungszeiten	ganzjährig	01.04. - 30.09.	ganzjährig
Vergleichspreis	HS: 25,00 € | NS: 25,00 €	HS: 44,90 € | NS: 37,60 €	HS: 35,40 € | NS: 35,40 €
Link	**Mehr Infos & Anfrage:** www.camping.info/17272	**Mehr Infos & Anfrage:** www.camping.info/17276	**Mehr Infos & Anfrage:** www.camping.info/22026
Ausstattung			
Freizeit	Baden in nat. Gewässer k. A. Pool/Hallenbad ✓/12km Spielplatz am Platz ✓	Baden im See am Platz ✓ Hallenbad 1km Spielplatz am Platz ✓	Baden in nat. Gewässer k. A. Pool & Hallenbad ✗ Spielplatz am Platz ✓
Campingplatz	Hunde erlaubt ✓ Skilift/Loipe 1km WLAN ✓	Hunde willkommen ✓ Skilift & Loipe ✗ WLAN ✓	Hunde erlaubt ✓ Skilift/Loipe 5/1km WLAN ✓
Versorgung	Lebensmittel ✓ Brötchen am Platz ✓ Restaurant & Imbiss ✓ Ver-/Entsorgung Womo ✓ in den Ort keine Angabe	Lebensmittel ✓ Brötchen am Platz ✓ Restaurant & Imbiss ✓ Ver-/Entsorgung Womo ✓ in den Ort 1km	Lebensmittel 2km Brötchen am Platz ✗ Restaurant/Imbiss 1km Ver-/Entsorgung Womo ✓ in den Ort 1km
Anzahl der Plätze	Gesamt/Touristen 100/50 Mietunterkünfte ✓ Stellplätze vor Schranke ✗	Gesamt/Touristen 160/120 Mietunterkünfte ✗ Stellplätze vor Schranke ✓	Gesamt/Touristen 63/31 Mietunterkünfte ✓ Stellplätze vor Schranke ✗

Camping Le Berceau

- **JETZT BEWERTEN!**

Für diese Auswertung liegen leider noch nicht genügend Bewertungen vor.

Sei einer der Ersten, der diesen Campingplatz bewertet. Unter den Bewertern werden regelmäßig Gewinne verlost!

Mehr Infos dazu findest du in unserem allgemeinen Intro.

Camping de Rolle Aux Vernes

4.1 **SEHR GUT**
17 Bewertungen

Lage	4.9
Ruhe	4.1
Sanitäranlagen	4.1
Sauberkeit Ø	4.1
Freundlichkeit	4.5
Stellplatz	3.8
Verpflegung	3.7
Freizeit	4.0
Preis-Leistung	3.6
Mietunterkünfte	-

Geeignet für

Kinder b. 6 J.	4.2
Kinder b. 12 J.	4.2
Kinder b. 18 J.	3.8
Paare	4.6
Senioren	4.3
Gäste mit Zelt	4.2
Gäste mit Hund	3.8

Empfohlene Aktivitäten

- Schwimmen
- Radfahren
- Surfen

Camping Les Cheseaux

- **JETZT BEWERTEN!**

Für diese Auswertung liegen leider noch nicht genügend Bewertungen vor.

Sei einer der Ersten, der diesen Campingplatz bewertet. Unter den Bewertern werden regelmäßig Gewinne verlost!

Mehr Infos dazu findest du in unserem allgemeinen Intro.

keine WOMOs ab 9 m

7 Camping de Vidy

*

Chemin du Camping 3
1007 Lausanne
+41 21 622 5000
www.campinglausannevidy.ch
info@clv.ch

ganzjährig

HS: 47,00 € | NS: 46,00 €

Mehr Infos & Anfrage:
www.camping.info/23069

Baden im See am Platz	✓
Pool	1km
Spielplatz am Platz	✓
Hunde erlaubt	✓
Skilift & Loipe	✗
WLAN (gegen Gebühr)	✓
Lebensmittel	✓
Brötchen am Platz	✓
Restaurant & Imbiss	✓
Ver-/Entsorgung Womo	✓
in den Ort	3km
Gesamt/Touristen	380/315
Mietunterkünfte	✓
Stellplätze vor Schranke	✓

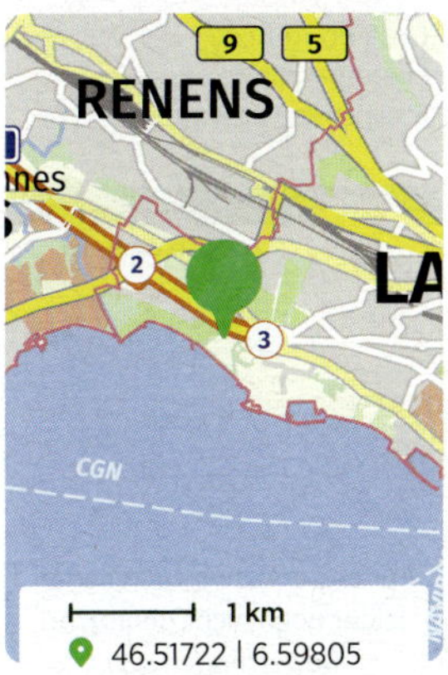

46.51722 | 6.59805
375m ü.M.

Sehr schöner Campingplatz direkt am Genfersee.

Lage & Stellplatz

Sehr schöner Campingplatz direkt am Genfersee. Lausanne, eine Stadt umgeben von Reben, Wäldern und Bergen, bietet ein ideales Ferienziel für einen abwechslungsreichen, erholsamen Urlaub. Nahe der Alpen und direkt am schönen Genfersee ist die charmante Stadt ein idealer Ort für tolle Ausflüge.

Verpflegung

Das Restaurant mit seiner schönen Terrasse befindet sich direkt am See und lädt zum gemütlichen Beisammensein ein. „Les Berges de Vidy" bietet seinen Gästen diverse frische Spezialitäten aus der Region. Auch verfügt der Campingplatz über einen Supermarkt mit allen Produkten des täglichen Bedarfs.

Sanitär

Der Platz punktet mit einer hervorragenden Infrastruktur seiner praktischen Sanitäranlagen mit Waschmaschinen, Wäschetrockner und sogar Bügeleisen. Auch barrierefreie Duschen und WCs stehen zur Verfügung. Ebenso ist eine Entsorgungs- und Servicestation mit Parkplätzen für Camper vorhanden.

Freizeit

Wasserspaß direkt vor der Haustür: Der Campingplatz liegt direkt am Genfersee. Auch ein großer Spielplatz mit Schaukeln und Kletterwand bietet Spiel und Spaß. Ideal für lohnenswerte Ausflüge im nahe gelegenen Jura – die sehr schönen Städte Lausanne und Fribourg befinden sich in unmittelbarer Nähe.

Eingang Camping de Vidy.

Blick auf die Stellplätze.

2.8 UNBEFRIEDIGEND
11 Bewertungen

Lage	3.7
Ruhe	3.1
Sanitäranlagen	2.3
Sauberkeit Ø	3.5
Freundlichkeit	4.4
Stellplatz	2.6
Verpflegung	2.8
Freizeit	4.0
Preis-Leistung	2.3
Mietunterkünfte	-

Geeignet für

4.0	Gäste mit Hund
3.5	Gäste mit Zelt
3.3	Paare
3.2	Senioren
3.4	Kinder b. 6 J.
3.2	Kinder b. 12 J.
3.0	Kinder b. 18 J.

Empfohlene Aktivitäten

Schwimmen
Radfahren
Wandern
Sightseeing

Mehr Infos

Karte auf Seite 256

	12	13	14
	Camping Les Grangettes	**Camping La Murée**	**Camping Clos de la George**
	Les Grangettes 31 1845 Noville +41 21 960 15 03 46.39361 | 6.89416 375m ü.M.	Ch. des Planches 3 1865 1864 Vers-l'Eglise +41 79 401 99 15 46.35523 | 7.12705	Les Ecots 3 1852 Roche VD +41 24 466 58 28 46.34694 | 6.9425
Infos			
Öffnungszeiten	ganzjährig	ganzjährig	ganzjährig
Vergleichspreis	HS: 30,30 €	HS: 18,00 €	HS: 37,70 € | NS: 31,40 €
Link	**Mehr Infos & Anfrage:** www.camping.info/22038	**Mehr Infos & Anfrage:** www.camping.info/22034	**Mehr Infos & Anfrage:** www.camping.info/23068
Ausstattung			
Freizeit	Baden im See am Platz ✓ Pool/Hallenbad 3km Spielplatz am Platz ✓	Baden in nat. Gewässer k. A. Pool 3km Spielplatz am Platz ✓	Baden in nat. Gewässer k. A. Pool am Platz ✓ Spielplatz am Platz ✓
Campingplatz	Hunde willkommen ✓ Skilift/Loipe 14/15km WLAN (gegen Gebühr) ✓	Hunde erlaubt ✓ Skilift/Loipe 1km WLAN keine Angabe	Hunde erlaubt ✓ Skilift & Loipe × WLAN keine Angabe
Versorgung	Lebensmittel 3km Brötchen am Platz nur HS Restaurant & Imbiss ✓ Ver-/Entsorgung Womo ✓ in den Ort 1km	Lebensmittel 3km Brötchen keine Angabe Restaurant/Imbiss 100m/3km Ver-/Entsorgung Womo ✓ in den Ort 500m	Lebensmittel ✓ Brötchen am Platz ✓ Imbiss ✓ Ver-/Entsorgung Womo ✓ in den Ort 2km
Anzahl der Plätze	Gesamt/Touristen 300/100 Mietunterkünfte ✓ Stellplätze vor Schranke ×	Gesamt/Touristen 80/50 Mietunterkünfte ✓ Stellplätze vor Schranke ×	Gesamt/Touristen 200/70 Mietunterkünfte × Stellplätze vor Schranke ×

Camping Les Grangettes

3.6 **GUT**
17 Bewertungen

Lage	4.2
Ruhe	4.0
Sanitäranlagen	2.7
Sauberkeit Ø	2.9
Freundlichkeit	3.6
Stellplatz	3.4
Verpflegung	2.5
Freizeit	3.6
Preis-Leistung	3.2
Mietunterkünfte	2.8

Geeignet für

Kinder b. 6 J.	3.8
Kinder b. 12 J.	3.8
Kinder b. 18 J.	3.5
Paare	3.9
Senioren	3.9
Gäste mit Zelt	3.8
Gäste mit Hund	3.9

Empfohlene Aktivitäten

- Radfahren
- Schwimmen
- Wandern

Camping La Murée

- **JETZT BEWERTEN!**

Für diese Auswertung liegen leider noch nicht genügend Bewertungen vor.

Sei einer der Ersten, der diesen Campingplatz bewertet. Unter den Bewertern werden regelmäßig Gewinne verlost!

Mehr Infos dazu findest du in unserem allgemeinen Intro.

Camping Clos de la George

- **JETZT BEWERTEN!**

Für diese Auswertung liegen leider noch nicht genügend Bewertungen vor.

Sei einer der Ersten, der diesen Campingplatz bewertet. Unter den Bewertern werden regelmäßig Gewinne verlost!

Mehr Infos dazu findest du in unserem allgemeinen Intro.

15

Camping de la piscine

1860 Aigle
+41 24 466 26 60

46.3237 | 6.96146

02.04. - 16.11.

HS: 36,60 € | NS: 30,20 €

Mehr Infos & Anfrage:
www.camping.info/17271

Baden in nat. Gewässer	k. A.
Pool am Platz	✓
Spielplatz	keine Angabe
Hunde willkommen	✓
Skilift & Loipe	✗
WLAN	✓
Lebensmittel	k.A.
Brötchen	keine Angabe
Restaurant & Imbiss	✗
Ver-/Entsorgung Womo	✗
in den Ort	1km
Gesamt	100
Mietunterkünfte	✗
Stellplätze vor Schranke	✗

4.3 **SEHR GUT** 6 Bewertungen

Lage	4.0
Ruhe	4.3
Sanitäranlagen	4.5
Sauberkeit Ø	4.4
Freundlichkeit	4.5
Stellplatz	3.7
Verpflegung	2.8
Freizeit	4.2
Preis-Leistung	4.0
Mietunterkünfte	-

Geeignet für

Kinder b. 6 J.	5.0
Kinder b. 12 J.	4.7
Kinder b. 18 J.	4.7
Paare	4.5
Senioren	4.2
Gäste mit Zelt	5.0
Gäste mit Hund	5.0

Empfohlene Aktivitäten

- Wandern
- Schwimmen
- Radfahren

16

Camping Les Frassettes

❄

Chemin du Bloz 2
1882 Villars-Gryon
+41 214 981 088

46.283 | 7.07684
1114m ü.M.

ganzjährig

HS: 29,60 €

Mehr Infos & Anfrage:
www.camping.info/24644

Baden im See	5km
Pool/Hallenbad	3km
Spielplatz am Platz	✓
Hunde erlaubt	✓
Skilift/Loipe	300m
WLAN	✓
Lebensmittel	700m
Brötchen am Platz	✓
Restaurant	300m
Ver-/Entsorgung Womo	✓
in den Ort	500m
Gesamt/Touristen	70/37
Mietunterkünfte	✓
Stellplätze vor Schranke	✗

- **JETZT BEWERTEN!**

Für diese Auswertung liegen leider noch nicht genügend Bewertungen vor.

Sei einer der Ersten, der diesen Campingplatz bewertet. Unter den Bewertern werden regelmäßig Gewinne verlost!

Mehr Infos dazu findest du in unserem allgemeinen Intro.

17

TCS Camping Genf Vésenaz

Chemin de la Bise
1222 Vésenaz
+41 22 752 12 96

46.24553 | 6.19279
375m ü.M.

01.04. - 24.10.

HS: 60,60 € | NS: 44,40 €

Mehr Infos & Anfrage:
www.camping.info/17273

Baden im See am Platz	✓
Pool am Platz	✓
Spielplatz am Platz	✓
Hunde willkommen	✓
Skilift & Loipe	keine Angabe
WLAN	✓
Lebensmittel	✓
Brötchen am Platz	✓
Restaurant am P.	✓
Ver-/Entsorgung Womo	✓
in den Ort	1km
Gesamt/Touristen	185/140
Mietunterkünfte	✓
Stellplätze vor Schranke	✗

3.4 **GUT** 33 Bewertungen

Lage	4.3
Ruhe	3.8
Sanitäranlagen	3.2
Sauberkeit Ø	3.6
Freundlichkeit	3.6
Stellplatz	3.6
Verpflegung	2.9
Freizeit	3.3
Preis-Leistung	2.6
Mietunterkünfte	3.2

Geeignet für

Kinder b. 6 J.	3.0
Kinder b. 12 J.	3.4
Kinder b. 18 J.	3.3
Paare	3.8
Senioren	3.4
Gäste mit Zelt	3.6
Gäste mit Hund	3.3

Empfohlene Aktivitäten

- Schwimmen
- Sightseeing
- Radfahren

18

Camping Forêt du Bois Noir

Route cantonale
1890 St-Maurice
+41 27 767 12 52

46.19241 | 7.02634

01.04. - 30.10.

HS: 38,80 € | NS: 38,80 €

Mehr Infos & Anfrage:
www.camping.info/17313

Baden in nat. Gewässer	k. A.
Pool am Platz	✓
Spielplatz am Platz	✓
Hunde erlaubt	✓
Skilift/Loipe	✗/k. A.
WLAN	keine Angabe
Lebensmittel	✓
Brötchen am Platz	✓
Restaurant & Imbiss	✓
Ver-/Entsorgung Womo	✓
in den Ort	2km
Gesamt/Touristen	105/50
Mietunterkünfte	✓
Stellplätze vor Schranke	✗

- **JETZT BEWERTEN!**

Für diese Auswertung liegen leider noch nicht genügend Bewertungen vor.

Sei einer der Ersten, der diesen Campingplatz bewertet. Unter den Bewertern werden regelmäßig Gewinne verlost!

Mehr Infos dazu findest du in unserem allgemeinen Intro.

SCHWEIZ

❸ Wallis

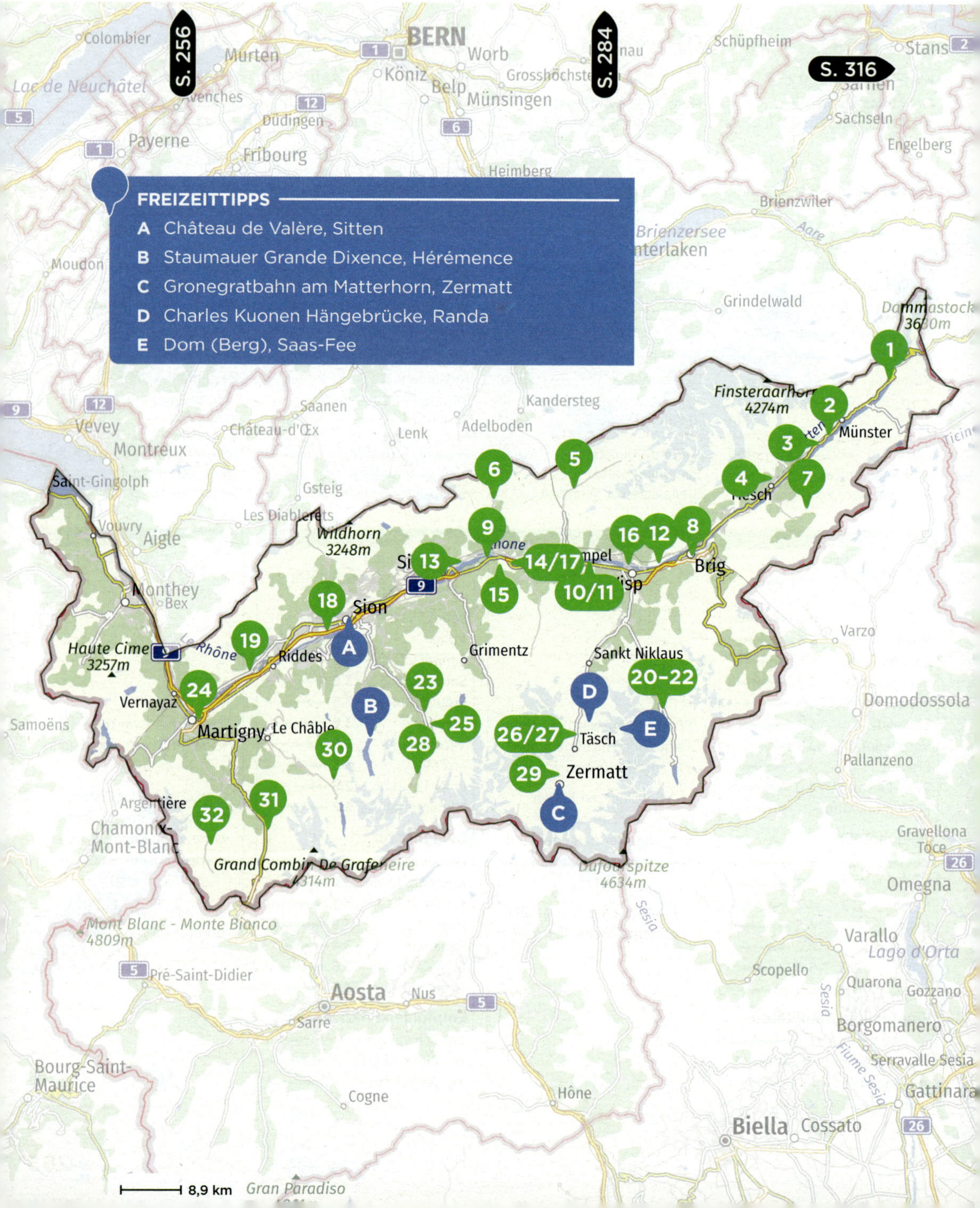

	Platz	Seite	Bewertung	Öffnungszeiten	
1	Forest Lodge & Camping	270	-	k. A.	
2	Camping Augenstern	270	3.4	k. A.	❄
3	Camping Brigga	270	3.5	saisonal	
4	Camping Eggishorn	271	3.5	ganzjährig	❄
5	Camping Lötschental	271	-	saisonal	❄
6	Camping Sportarena	271	-	saisonal	
7	Camping Giessen	271	4.1	saisonal	
8	Camping Geschina	272	4.2	saisonal	
9	Camping Monument	272	-	saisonal	
10	Camping Simplonblick	272	3.4	ganzjährig	ϟ
11	Camping Santa Monica	274	4.2	saisonal	
12	Thermal Camping Brigerbad	273	3.4	saisonal	
13	Camping Swiss Plage	274	3.5	saisonal	
14	Camping Torrent	274	3.8	k. A.	
15	Camping Bella-Tola	276	3.4	saisonal	
16	Camping & Schwimmbad Mühleye	275	4.1	saisonal	❄
17	Camping Gemmi "Agarn"	277	4.4	saisonal	
18	TCS Camping Sion	276	4.0	saisonal	❄
19	Camping de la Sarvaz	279	4.4	ganzjährig	❄
20	Camping Am Kapellenweg	276	4.2	saisonal	
21	Camping Mischabel	278	-	saisonal	
22	Camping Schönblick	278	-	saisonal	
23	Camping Evolène	278	3.3	saisonal	❄
24	TCS Camping Martigny	280	4.0	saisonal	
25	Camping Molignon	280	5.0	ganzjährig	❄
26	Camping Attermenzen Randa	281	4.0	saisonal	
27	Camping Alphubel	280	3.4	saisonal	
28	Camping Arolla	282	4.8	saisonal	
29	Camping Matterhorn	282	-	saisonal	
30	Camping Forêt des Mélèzes	282	5.0	saisonal	
31	Camping Grand St-Bernard	283	-	saisonal	
32	Camping des Glaciers SA	283	4.1	saisonal	

❄ Wintercamping FKK Textilfrei (ganz/teilweise) Ecocamping Award ϟ Onlinebuchung

CAMPING AM FUSSE VON VIERTAUSENDERN

Unglaubliche 41 Viertausender befinden sich auf dem Gebiet des Wallis, 22 davon sogar komplett. Damit ist die Frage nach den schönsten Sehenswürdigkeiten der Region eigentlich schon beantwortet: Die Natur ist der große Star des Wallis. Die Berggipfel, allen vor das Matterhorn, sorgen ganzjährig für beste Freizeitmöglichkeiten und bieten zudem einzigartige Sehenswürdigkeiten. So begeistern der Gletscher-Palast am Matterhorn, die Top of Europe-Aussichtsplattform am Jungfraujoch oder die Gornergrat-Bahn, die durch eine atemberaubende Landschaft führt, kleine und große Camper gleichermaßen.

Lac Bleu im Val d'Arolla
© swiss-image.ch/Roland Gerth

Kelchbach-Sessellift über der Kühmatte in Belalp
© swiss-image.ch/Photopress-Martin Ruetschi

SCHWEIZER WAHRZEICHEN

Mit dem Matterhorn befindet sich eines der Wahrzeichen der Schweiz auf dem Gebiet des Wallis. Der Berg mit seiner markanten Gestalt zählt zu den bekanntesten Gipfeln der Welt. Absolutes Highlight des Matterhorns ist die Aussichtsplattform auf der höchstgelegenen Bergbahnstation Europas, von wo aus sich ein atemberaubender Ausblick auf die mächtigsten Gipfel der Alpen bietet. Ein besonderes Erlebnis wartet im 15 Meter unter der Eisoberfläche gelegenen Gletscher-Palast (Matterhorn Glacier Paradise). Der Spaziergang durch Eistunnel vorbei an schillernden Eisskulpturen und die Fahrt auf der Eisrutschbahn lassen Urlauberherzen höherschlagen. Im bekannten Ferienort Zermatt, der am Fuße des Berges liegt, bietet das Matterhorn Museum Zermatlantis einen wunderbaren Einblick in die Geschichte der Erstbesteigung.

Wandergebiet Aletschwald - Grosser Aletschgletscher
© swiss-image.ch/Andreas Gerth

SUPERLATIVEN EN MASSE

Unweit des Matterhorns erhebt sich der Gornergrat. Mit der höchsten im Freien gelegenen Zahnradbahn Europas geht es durch Tunnel, Wälder und Schluchten über eindrucksvolle Brücken direkt hinauf zum Gipfel. Das sich hier bietende Panorama ist einmalig: Die Dufourspitze, der Gornergletscher und das Matterhorn wirken zum Greifen nah. Beeindruckend präsentiert sich auch der weltgrößte Eispavillon am Feegletscher: Mit der höchstgelegenen U-Bahn der Welt wird nicht nur die 5.500 m² große Grotte erreicht, sondern auch das höchstgelegene Drehrestaurant der Welt. Das Jungfraujoch kann ebenfalls mit einem Superlativ aufwarten. Der höchstgelegene Bahnhof des Kontinents und die Aussichtsplattform Top of Europe, inmitten des UNESCO-Welterbes Schweizer Alpen Jungfrau-Aletsch gelegen, eröffnen dem Besucher einmalige Ausblicke auf die hochalpine Umgebung.

FÜR NATURLIEBHABER UND SPORTLER

Das Wallis ist der perfekte Ort zum Aktivwerden. Die beeindruckende Bergwelt bietet sich im Sommer wie im Winter als einmalige Kulisse zum Wandern, Klettern, Mountainbiken, Skifahren, Langlaufen oder Rodeln an. Abenteuerlustige Camper können beim River Rafting, Canyoning oder Gleitschirmfliegen ihren Mut beweisen. In den Tälern sorgen warme Quellen für ausreichend Erholung. Das heilende Wasser aus den Tiefen der Walliser Bergwelt wirkt anregend auf den Kreislauf und tut den Gelenken und der Muskulatur gut. Im Riederalp wartet die einzigartige Flora und Fauna des UNESCO-Weltnaturerbes rund um den Aletschgletscher, in Pfyn-Finges die vielfältige Auenlandschaft.

TRADITION UND KULINARIK

Das ganze Jahr über werden im Wallis die Bräuche der Urahnen gepflegt. Kuhkämpfe und Alpaufzüge gehören ebenso zum Leben in der Region wie religiöse Feste. Großgeschrieben wird Tradition auch beim Essen: Kulinarische Leckerbissen wie der über dem Holzfeuer geschmolzene Raclettekäse oder das üppige, üblicherweise im Herbst servierte, Brisoleé werden nach althergebrachten Rezepten zubereitet. Eine wahre Gaumenfreude sind zudem die Walliser Weine - Fendant, Johannisberg oder Pinot Noir können in den malerischen Weinorten des Wallis direkt beim Weinbauern verkostet werden.

TIPP DER REDAKTION

Camping de la Sarvaz

Saillon | Nr. 19 | Seite 279

Laut Gästen ideal geeignet zum:

- Wandern
- Radfahren
- Mountainbiken

4.2

Karte auf Seite 266

	1 Forest Lodge & Camping	2 Camping Augenstern	3 Camping Brigga
	Im Sand 1 3999 Oberwald	Ellbogen 21 3998 Reckingen +41 27 973 13 95	Campingstraße 35 3989 Ritzingen +41 27 973 16 31
	46.53652 | 8.36041	46.46514 | 8.24473	46.45533 | 8.22597 1320m ü.M.
Infos			
Öffnungszeiten	keine Angabe	keine Angabe	01.05. - 31.10.
Vergleichspreis	keine Angabe	HS: 36,70 € | NS: 36,70 €	HS: 24,50 € | NS: 24,50 €
Link	**Mehr Infos & Anfrage:** www.camping.info/27349	**Mehr Infos & Anfrage:** www.camping.info/17303	**Mehr Infos & Anfrage:** www.camping.info/26544
Ausstattung			
Freizeit	Baden in nat. Gewässer k. A. Pool & Hallenbad ✗ Spielplatz keine Angabe	Baden in nat. Gewässer k. A. Pool 200m Spielplatz am Platz ✓	Baden im See 7km Pool 3km Spielplatz am Platz ✓
Campingplatz	Hunde ✗ Skilift & Loipe keine Angabe WLAN keine Angabe	Hunde erlaubt ✓ Skilift & Loipe keine Angabe WLAN ✗	Hunde willkommen ✓ Skilift & Loipe ✗ WLAN ✓
Versorgung	Lebensmittel k.A. Brötchen keine Angabe Restaurant & Imbiss ✗ Ver-/Entsorgung Womo ✗ in den Ort keine Angabe	Lebensmittel ✓ Brötchen am Platz ✓ Restaurant am P. ✓ Ver-/Entsorgung Womo ✗ in den Ort keine Angabe	Lebensmittel 1km Brötchen am Platz nur HS Imbiss ✓ Ver-/Entsorgung Womo ✓ in den Ort 500m
Anzahl der Plätze	Gesamt keine Angabe Mietunterkünfte ✗ Stellplätze vor Schranke ✗	Gesamt/Touristen 150/50 Mietunterkünfte ✗ Stellplätze vor Schranke ✗	Gesamt/Touristen 350/300 Mietunterkünfte ✓ Stellplätze vor Schranke ✗

Forest Lodge & Camping: - JETZT BEWERTEN!

Für diese Auswertung liegen leider noch nicht genügend Bewertungen vor.

Sei einer der Ersten, der diesen Campingplatz bewertet. Unter den Bewertern werden regelmäßig Gewinne verlost!

Mehr Infos dazu findest du in unserem allgemeinen Intro.

	Camping Augenstern	Camping Brigga
Gesamt	3.4 GUT, 10 Bewertungen	3.5 GUT, 8 Bewertungen
Lage	4.2	4.8
Ruhe	4.6	4.1
Sanitäranlagen	3.1	2.6
Sauberkeit Ø	3.4	3.4
Freundlichkeit	3.2	3.9
Stellplatz	3.2	3.8
Verpflegung	2.9	4.2
Freizeit	3.8	4.5
Preis-Leistung	3.1	3.5
Mietunterkünfte	-	5.0
Geeignet für		
Kinder b. 6 J.	3.0	4.0
Kinder b. 12 J.	4.0	4.8
Kinder b. 18 J.	4.5	4.7
Paare	4.3	4.7
Senioren	4.2	4.7
Gäste mit Zelt	4.0	5.0
Gäste mit Hund	4.0	4.7
Empfohlene Aktivitäten	Wandern Mountainbiking Entspannen	Wandern Radfahren Mountainbiking

4 Camping Eggishorn

*

Fieschertalstrasse 50
3984 Fiesch
+41 27 971 03 16

46.41007 | 8.1396

ganzjährig

HS: 37,70 € | NS: 37,70 €

Mehr Infos & Anfrage:
www.camping.info/17289

Baden in nat. Gewässer	k. A.
Pool/Hallenbad	✓/1km
Spielplatz am Platz	✓
Hunde erlaubt	✓
Skilift/Loipe	500/50m
WLAN (begrenzt gratis)	✓
Lebensmittel	500m
Brötchen am Platz	✓
Restaurant & Imbiss	✓
Ver-/Entsorgung Womo	✓
in den Ort	400m
Gesamt/Touristen	140/30
Mietunterkünfte	✓
Stellplätze vor Schranke	✗

3.5 GUT
23 Bewertungen

Lage	4.5
Ruhe	4.2
Sanitäranlagen	3.2
Sauberkeit Ø	3.5
Freundlichkeit	3.3
Stellplatz	3.9
Verpflegung	3.2
Freizeit	4.4
Preis-Leistung	3.1
Mietunterkünfte	3.7

Geeignet für

Kinder b. 6 J.	4.1
Kinder b. 12 J.	4.2
Kinder b. 18 J.	4.0
Paare	4.2
Senioren	4.2
Gäste mit Zelt	4.1
Gäste mit Hund	4.0

Empfohlene Aktivitäten

- Wandern
- Mountainbiking
- Klettern

5 Camping Lötschental

*

An der Lonza
3917 Kippel (Lötschental)
+41 77 492 38 90

46.39796 | 7.77484
1300m ü.M.

01.02. - 30.04.
01.05. - 15.11.

HS: 30,00 € | NS: 25,00 €

Mehr Infos & Anfrage:
www.camping.info/30255

Baden in nat. Gewässer	✗
Hallenbad	15km
Spielplatz am Platz	✓
Hunde erlaubt	✓
Skilift/Loipe	1km/✓
WLAN	✓
Lebensmittel	1km
Brötchen am Platz	nur HS
Restaurant/Imbiss	500m
Ver-/Entsorgung Womo	✓
in den Ort	300m
Touristenplätze	40
Mietunterkünfte	✗
Stellplätze vor Schranke	✓

- JETZT BEWERTEN!

Für diese Auswertung liegen leider noch nicht genügend Bewertungen vor.

Sei einer der Ersten, der diesen Campingplatz bewertet. Unter den Bewertern werden regelmäßig Gewinne verlost!

Mehr Infos dazu findest du in unserem allgemeinen Intro.

6 Camping Sportarena

Lichtenstrasse 37
3954 Leukerbad
+41 2747 01037

46.38156 | 7.62306
1411m ü.M.

15.04. - 15.11.

HS: 44,00 € | NS: 44,00 €

Mehr Infos & Anfrage:
www.camping.info/17295

Baden in nat. Gewässer	k. A.
Pool/Hallenbad	200m
Spielplatz am Platz	✓
Hunde erlaubt	✓
Skilift & Loipe	✗
WLAN	keine Angabe
Lebensmittel	200m
Brötchen am Platz	✗
Restaurant am P.	✓
Ver-/Entsorgung Womo	✓
in den Ort	500m
Gesamt/Touristen	100/90
Mietunterkünfte	✗
Stellplätze vor Schranke	✗

- JETZT BEWERTEN!

Für diese Auswertung liegen leider noch nicht genügend Bewertungen vor.

Sei einer der Ersten, der diesen Campingplatz bewertet. Unter den Bewertern werden regelmäßig Gewinne verlost!

Mehr Infos dazu findest du in unserem allgemeinen Intro.

7 Camping Giessen

Giessen
3996 Binn
+41 27 971 46 19

46.36954 | 8.20354
1450m ü.M.

01.05. - 15.10.

HS: 29,30 € | NS: 29,30 €

Mehr Infos & Anfrage:
www.camping.info/17280

Baden in nat. Gewässer	k. A.
Pool/Hallenbad	30/13km
Spielplatz	2km
Hunde erlaubt	✓
Skilift & Loipe	keine Angabe
WLAN	✗
Lebensmittel	2km
Brötchen am Platz	✓
Restaurant	1km
Ver-/Entsorgung Womo	✗
in den Ort	1km
Gesamt/Touristen	110/100
Mietunterkünfte	✓
Stellplätze vor Schranke	✗

4.1 SEHR GUT
10 Bewertungen

Lage	4.8
Ruhe	4.9
Sanitäranlagen	3.6
Sauberkeit Ø	4.0
Freundlichkeit	5.0
Stellplatz	4.0
Verpflegung	3.5
Freizeit	4.3
Preis-Leistung	4.5
Mietunterkünfte	-

Geeignet für

Kinder b. 6 J.	3.2
Kinder b. 12 J.	3.8
Kinder b. 18 J.	3.7
Paare	4.7
Senioren	4.3
Gäste mit Zelt	4.6
Gäste mit Hund	4.7

Empfohlene Aktivitäten

- Wandern
- Mountainbiking
- Entspannen

Karte auf Seite 266

	8	9	10
	Camping Geschina	**Camping Monument**	**Camping Simplonblick**
	Geschinaweg 41 3900 Brig +41 2792 306 88	Kantonsstrasse 3952 Susten +41 27 473 18 27	Kantonstrasse 12 3942 Raron +41 27 934 32 05
	46.30888 | 7.99332 680m ü.M.	46.30759 | 7.61087	46.30408 | 7.79482 638m ü.M.
Infos			
Öffnungszeiten	29.04. - 19.10.	05.05. - 15.09.	ganzjährig
Vergleichspreis	HS: 27,90 € | NS: 27,90 €	HS: 35,00 € | NS: 30,40 €	HS: 29,00 € | NS: 23,00 €
Link	**Mehr Infos & Anfrage:** www.camping.info/17284	**Mehr Infos & Anfrage:** www.camping.info/26138	**Mehr Infos & online buchen:** www.camping.info/17302
Ausstattung			
Freizeit	Baden im Fluss 500m Pool/Hallenbad 250m/5km Spielplatz am Platz ✓	Baden in nat. Gewässer k. A. Pool am Platz ✓ Spielplatz am Platz ✓	Baden im Fluss 500m Pool/Hallenbad ✓/5km Spielplatz am Platz ✓
Campingplatz	Hunde willkommen ✓ Loipe ✓ WLAN ✓	Hunde erlaubt ✓ Skilift & Loipe keine Angabe WLAN keine Angabe	Hunde willkommen ✓ Skilift/Loipe 3/25km WLAN ✓
Versorgung	Lebensmittel ✓ Brötchen am Platz ✓ Restaurant/Imbiss 300m Ver-/Entsorgung Womo ✓ in den Ort 500m	Lebensmittel ✓ Brötchen am Platz ✓ Imbiss ✓ Ver-/Entsorgung Womo ✗ in den Ort 2km	Lebensmittel ✓ Brötchen am Platz ✓ Restaurant/Imbiss 500m Ver-/Entsorgung Womo ✗ in den Ort 500m
Anzahl der Plätze	Gesamt/Touristen 90/30 Mietunterkünfte ✗ Stellplätze vor Schranke ✗	Touristenplätze 180 Mietunterkünfte ✗ Stellplätze vor Schranke ✗	Gesamt/Touristen 170/80 Mietunterkünfte ✓ Stellplätze vor Schranke ✗

	Camping Geschina	Camping Monument	Camping Simplonblick
Bewertung	4.2 **SEHR GUT** 13 Bewertungen	- **JETZT BEWERTEN!**	3.4 **GUT** 5 Bewertungen
Lage	4.4		4.2
Ruhe	4.2		3.6
Sanitäranlagen	4.0		3.2
Sauberkeit Ø	4.8		3.5
Freundlichkeit	3.8		3.7
Stellplatz	3.9		3.8
Verpflegung	3.6		3.4
Freizeit	4.5		3.6
Preis-Leistung	4.6		3.6
Mietunterkünfte	-		-
Geeignet für			
Kinder b. 6 J.	4.6		3.8
Kinder b. 12 J.	4.5		4.0
Kinder b. 18 J.	4.3		2.7
Paare	4.7		4.2
Senioren	4.5		4.0
Gäste mit Zelt	4.6		4.0
Gäste mit Hund	4.9		4.3
Empfohlene Aktivitäten	Wandern Schwimmen Sightseeing		Wandern Entspannen Sightseeing

Camping Monument: Für diese Auswertung liegen leider noch nicht genügend Bewertungen vor.

Sei einer der Ersten, der diesen Campingplatz bewertet. Unter den Bewertern werden regelmäßig Gewinne verlost!

Mehr Infos dazu findest du in unserem allgemeinen Intro.

12 Thermal Camping Brigerbad

Thermalbadstrasse 1
3900 Brigerbad
+41 27 948 48 37
www.brigerbad.ch
camping@brigerbad.ch

30.04. - 29.12.

HS: 36,00 € | NS: 32,00 €

Mehr Infos & Anfrage:
www.camping.info/17285

Baden im See	100km
Pool/Hallenbad	100m
Spielplatz am Platz	✓
Hunde	✗
Skilift/Loipe	20/50km
WLAN (gratis)	teilweise
Lebensmittel	✓
Brötchen am Platz	✓
Restaurant & Imbiss	✓
Ver-/Entsorgung Womo	✓
in den Ort	3km
Gesamt/Touristen	400/200
Mietunterkünfte	✓
Stellplätze vor Schranke	✓

46.30198 | 7.93168
681m ü.M.

Der 4-Sterne-Platz liegt direkt neben den neugestalteten Thermalbädern.

Lage & Stellplatz

Direkt neben den neu gestalteten Thermalbädern liegt der 4-Sterne-Campingplatz. Die 400 Stellplätze in unterschiedlichen Größen (bis > 10 m Wohnmobil) sind komfortabel ausgestattet. Alter Baumbestand trennt die einzelnen Grasparzellen voneinander. Daneben verfügt der Campingplatz über Mietobjekte.

Verpflegung

Die „Buvette La Pergola", die den Campingplatz und das Schwimmbad verbindet, bietet den ganzen Tag über ein vielseitiges Speisen- und Getränkeangebot. Das Restaurant Cécile ist täglich geöffnet und verwöhnt seine Gäste mit hausgemachten, regionalen Produkten.

Sanitär

Zur Ausstattung der Sanitäranlagen gehören unter anderem Waschbecken und Duschen mit Warmwasser, Haartrockner, Waschmaschinen, Trockner sowie eine Küche mit Kochplatten und Kühlschrank. Darüber hinaus ist eine Servicestation für Wohnmobile vorhanden.

Freizeit

Neben Kinderspielplätzen, einem Sportgelände, einem Grillplatz, Tischtennis, dem kleinen Lebensmittelgeschäft und einem Teich profitieren Campinggäste vom vergünstigten Badeeintritt in die größte Freiluft-Thermalanlage der Alpen und in die brandneue Spa- und Saunalandschaft für Jung und Alt.

Stellplätze mit viel Grün.

Größte Freiluft-Therme d. Alpen.

3.4 GUT
18 Bewertungen

Lage	3.7
Ruhe	3.1
Sanitäranlagen	3.4
Sauberkeit Ø	3.7
Freundlichkeit	3.5
Stellplatz	3.4
Verpflegung	2.9
Freizeit	4.0
Preis-Leistung	3.3
Mietunterkünfte	2.8

Geeignet für

- 4.3 Senioren
- 4.1 Paare
- 3.7 Kinder b. 6 J.
- 3.7 Kinder b. 12 J.
- 3.3 Kinder b. 18 J.
- 3.2 Gäste mit Zelt
- - Gäste mit Hund nicht erlaubt

Empfohlene Aktivitäten

Wandern | Schwimmen | Wellness | Radfahren

Mehr Infos

Neuer Kinderspielplatz!

Karte auf Seite 266

	11	13	14
	Camping Santa Monica	**Camping Swiss Plage**	**Camping Torrent**
	Kantonsstrasse 56 3942 Raron/Turtig +41 27 934 24 24	Campingweg 2 3970 Salgesch +41 27 455 66 08	Kreuzmattenstrasse 24a 3952 Susten 079 327 63 12
	46.30321 | 7.80262 640m ü.M.	46.30161 | 7.56442 580m ü.M.	46.30027 | 7.65834 633m ü.M.
Infos			
Öffnungszeiten	01.04. - 17.10.	09.04. - 31.10.	keine Angabe
Vergleichspreis	HS: 31,00 € | NS: 26,00 €	HS: 39,00 € | NS: 37,00 €	HS: 30,00 € | NS: 30,00 €
Link	**Mehr Infos & Anfrage:** www.camping.info/17301	**Mehr Infos & Anfrage:** www.camping.info/17306	**Mehr Infos & Anfrage:** www.camping.info/27467
Ausstattung			
Freizeit	Baden in nat. Gewässer ✗ Pool/Hallenbad ✓/4km Spielplatz am Platz ✓	Baden im See am Platz ✓ Pool/Hallenbad 2km Spielplatz am Platz ✓	Baden in nat. Gewässer k. A. Pool & Hallenbad ✗ Spielplatz am Platz ✓
Campingplatz	Hunde willkommen ✓ Skilift/Loipe 1/10km WLAN ✓	Hunde willkommen ✓ Skilift/Loipe 20/15km WLAN ✓	Hunde willkommen ✓ Skilift 9km WLAN (gegen Gebühr) ✓
Versorgung	Lebensmittel ✓ Brötchen am Platz ✓ Restaurant & Imbiss ✓ Ver-/Entsorgung Womo ✓ in den Ort 200m	Lebensmittel ✗ Brötchen am Platz nur HS Restaurant & Imbiss ✓ Ver-/Entsorgung Womo ✓ in den Ort 1km	Lebensmittel k.A. Brötchen am Platz ✓ Restaurant & Imbiss ✓ Ver-/Entsorgung Womo ✓ in den Ort 2km
Anzahl der Plätze	Gesamt/Touristen 340/140 Mietunterkünfte ✓ Stellplätze vor Schranke ✗	Gesamt/Touristen 340/100 Mietunterkünfte ✓ Stellplätze vor Schranke ✗	Gesamt keine Angabe Mietunterkünfte ✓ Stellplätze vor Schranke ✗
Bewertung	4.2 **SEHR GUT** 23 Bewertungen	3.5 **GUT** 20 Bewertungen	3.8 **GUT** 4 Bewertungen
Lage	4.4	4.2	4.0
Ruhe	3.9	4.1	3.8
Sanitäranlagen	3.8	2.9	4.0
Sauberkeit Ø	4.5	3.2	4.0
Freundlichkeit	4.4	3.5	4.0
Stellplatz	4.1	3.7	3.5
Verpflegung	3.9	2.5	3.8
Freizeit	4.2	3.9	3.8
Preis-Leistung	4.1	3.3	4.0
Mietunterkünfte	1.0	4.0	3.8
Geeignet für			
Kinder b. 6 J.	4.2	3.6	3.7
Kinder b. 12 J.	4.3	4.1	4.0
Kinder b. 18 J.	4.1	4.0	3.7
Paare	4.7	4.2	3.5
Senioren	4.5	4.3	3.3
Gäste mit Zelt	4.6	4.1	3.8
Gäste mit Hund	4.3	3.8	4.7
Empfohlene Aktivitäten	Wandern Radfahren Sightseeing	Wandern Radfahren Mountainbiking	Klettern Radfahren Wandern
Hinweis	keine WOMOs über 11 m; Jugendgruppen werden nur beschränkt aufgenommen	keine WOMOs ab 10 m	

16 Camping & Schwimmbad Mühleye

Mühleye 7
3930 Visp
+41 27 946 2084
www.camping-visp.ch
info@camping-visp.ch

01.04. - 31.12.

HS: 31,50 € | NS: 30,00 €

Mehr Infos & Anfrage:
www.camping.info/17318

Baden im See	20km
Pool/Hallenbad	✓/5km
Spielplatz am Platz	✓
Hunde willkommen	✓
Skilift/Loipe	10km
WLAN	✓
Lebensmittel	1km
Brötchen am Platz	✓
Restaurant & Imbiss	✓
Ver-/Entsorgung Womo	✓
in den Ort	1km
Touristenplätze	190
Mietunterkünfte	✓
Stellplätze vor Schranke	✓

Öffentl. Schwimmbad Mühleye mit Wasserrutsche und schattiger Liegewiese.

1 km
46.29808 | 7.87283
658m ü.M.

Lage & Stellplatz

Der Campingplatz Mühleye liegt abseits vom Verkehrslärm im Westen des Ortseingangs von Visp in zentraler Lage im Oberwallis. Die Stellplätze sind groß, offen angelegt und befinden sich je nach Wunsch des Gastes in schattiger oder sonniger Lage. Alle Plätze verfügen über einen Stromanschluss.

Sanitär

Die modernen Sanitärgebäude umfassen Duschen, Waschräume, Toiletten, eine barrierefreie Dusche und Toilette sowie Geschirr- und Kleiderwaschräume. Im Eingangsbereich des Campingplatzes befindet sich eine zweite Sanitäranlage mit Duschen, Toiletten u. Geschirrwaschstation. Das Warmwasser ist gratis.

Verpflegung

Die windgeschützte Gartenterrasse des Restaurants und Kiosks direkt im Eingangsgebäude ist ein gemütlicher Platz zum Verweilen und Genießen. Das helle Restaurant hat während der Badesaison täglich geöffnet. Frisches Brot kann beim Bäcker täglich für den nächsten Tag vorbestellt werden.

Freizeit

Das Schwimmbad Mühleye mit Rutsche und Sprungturm ist das perfekte Freibad für die ganze Familie (freier Eintritt für Kinder unter 6 Jahren). Der Platz ist zudem ein ideales Basislager für alle Natur- und Bergfreunde, die abwechslungsreiche Bergtouren, Wanderungen und Ausflüge unternehmen wollen.

Camping in ruhiger Natur.

Großzügige Plätze.

4.1 SEHR GUT
17 Bewertungen

Lage	4.2
Ruhe	3.6
Sanitäranlagen	4.1
Sauberkeit Ø	4.1
Freundlichkeit	4.7
Stellplatz	3.9
Verpflegung	3.3
Freizeit	3.9
Preis-Leistung	4.3
Mietunterkünfte	4.3

Geeignet für

- 4.5 Gäste mit Zelt
- 4.3 Paare
- 4.2 Senioren
- 3.9 Kinder b. 12 J.
- 3.8 Kinder b. 18 J.
- 3.8 Gäste mit Hund
- 3.6 Kinder b. 6 J.

Empfohlene Aktivitäten

Wandern · Schwimmen · Mountainbiking · Radfahren

Mehr Infos

Mehrere Mietunterkünfte für 1-12 Personen verfügbar.

Karte auf Seite 266

	15	18	20
	Camping Bella-Tola	**TCS Camping Sion**	**Camping Am Kapellenweg**
	Waldstrasse 133 3952 Susten +41 27 473 14 91 46.29884 | 7.63685 750m ü.M.	Chemin du Camping 6 1950 Sitten +41 27 346 43 47 46.21111 | 7.315 480m ü.M.	3910 Sass Grund +41 27 957 4997 46.11608 | 7.93805
Infos			
Öffnungszeiten	25.04. - 11.10.	01.04. - 24.10. 11.12. - 31.03.	01.05. - 15.10.
Vergleichspreis	HS: 37,00 € | NS: 30,00 €	HS: 58,00 € | NS: 41,80 €	HS: 48,00 € | NS: 48,00 €
Link	**Mehr Infos & Anfrage:** www.camping.info/17314	**Mehr Infos & Anfrage:** www.camping.info/17312	**Mehr Infos & Anfrage:** www.camping.info/17308
Ausstattung			
Freizeit	Baden in nat. Gewässer k. A. Pool/Hallenbad ✓/15km Spielplatz am Platz ✓	Baden im See am Platz ✓ Pool/Hallenbad ✓/8km Spielplatz am Platz ✓	Baden in nat. Gewässer k. A. Pool/Hallenbad 25/4km Spielplatz 1km
Campingplatz	Hunde willkommen ✓ Skilift/Loipe 15/60km WLAN ✓	Hunde willkommen ✓ Skilift/Loipe 10km WLAN ✓	Hunde willkommen ✓ Skilift/Loipe 2km/✓ WLAN ✓
Versorgung	Lebensmittel ✓ Brötchen am Platz ✓ Restaurant & Imbiss ✓ Ver-/Entsorgung Womo ✓ in den Ort 2km	Lebensmittel ✓ Brötchen am Platz ✓ Restaurant & Imbiss ✓ Ver-/Entsorgung Womo ✓ in den Ort 4km	Lebensmittel ✓ Brötchen am Platz ✓ Restaurant/Imbiss 1km/✓ Ver-/Entsorgung Womo ✓ in den Ort 11km
Anzahl der Plätze	Gesamt/Touristen 250/180 Mietunterkünfte ✓ Stellplätze vor Schranke ✗	Gesamt/Touristen 635/485 Mietunterkünfte ✓ Stellplätze vor Schranke ✗	Touristenplätze 100 Mietunterkünfte ✓ Stellplätze vor Schranke ✗

	Camping Bella-Tola	TCS Camping Sion	Camping Am Kapellenweg
Gesamt	3.4 GUT (9 Bewertungen)	4.0 SEHR GUT (53 Bewertungen)	4.2 SEHR GUT (6 Bewertungen)
Lage	4.1	4.3	4.7
Ruhe	4.5	3.5	4.8
Sanitäranlagen	3.0	3.5	3.2
Sauberkeit Ø	3.4	3.9	4.7
Freundlichkeit	2.8	4.2	4.5
Stellplatz	3.2	3.8	3.7
Verpflegung	3.6	3.0	3.2
Freizeit	3.8	4.3	4.2
Preis-Leistung	3.2	3.6	4.2
Mietunterkünfte	4.5	4.6	3.0
Geeignet für			
Kinder b. 6 J.	3.7	4.4	3.5
Kinder b. 12 J.	4.4	4.3	3.0
Kinder b. 18 J.	3.7	4.0	3.0
Paare	4.2	4.5	4.0
Senioren	4.3	4.5	4.0
Gäste mit Zelt	4.0	4.1	3.0
Gäste mit Hund	3.6	4.2	2.0
Empfohlene Aktivitäten	Wandern Mountainbiking Entspannen	Wandern Radfahren Schwimmen	Wandern Mountainbiking Entspannen

17 Camping Gemmi "Agarn"

Briannenstrasse 8
3952 Leuk-Susten
+41 27 473 11 54
www.campgemmi.ch
info@campgemmi.ch

01.04. - 02.10.

HS: 37,80 € | NS: 35,10 €

Mehr Infos & Anfrage:
www.camping.info/23072

Baden in nat. Gewässer	k. A.
Pool/Hallenbad	1/8km
Spielplatz am Platz	✓
Hunde willkommen	✓
Skilift & Loipe	✗
WLAN (gegen Gebühr)	✓
Lebensmittel	✓
Brötchen am Platz	✓
Restaurant & Imbiss	✓
Ver-/Entsorgung Womo	✓
in den Ort	400m
Gesamt/Touristen	67/60
Mietunterkünfte	✓
Stellplätze vor Schranke	✗

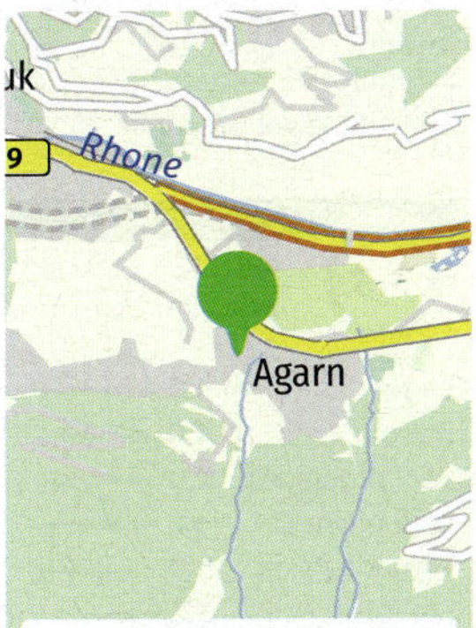

1 km
46.29767 | 7.65919
636m ü.M.

Eingangsbereich des Campingplatzes.

Lage & Stellplatz

Camping Gemmi liegt im Tal der jungen Rhone, idyllisch eingerahmt von den Walliser Bergen auf meist flachem, gepflegtem Grasgelände. Die Stellplätze verfügen über 16-Ampere-Anschlüsse und 52 haben Abwasser- und teilweise auch einen Wasseranschluss. Der Platz ist übersichtlich und nicht zu groß.

Verpflegung

Das Camping-Restaurant ist während der gesamten Saison geöffnet. Die Küche lädt abends von 17:30 bis 19:30 Uhr zum Schmaus ein, ab 17:30 Uhr gibt es Pommes-Frites zum Mitnehmen. Dank der großen Fenster hat man einen herrlichen Blick über das Campingtreiben und das wunderschöne Bergpanorama.

Sanitär

Moderne, gepflegte und vor allem saubere sanitäre Einrichtungen sind das Wichtigste, was man von einem zeitgemäßen Camping erwarten darf. Deshalb wird bei Camping Gemmi auf Sauberkeit und Hygiene größter Wert gelegt. Auf Wunsch gibt es auch private Bäder mit Dusche, Lavabo und Toilette zu mieten.

Freizeit

Für die Kleinen gibt es ein Trampolin sowie einen kleinen Spielplatz und Tischtennisplatz. Die Rezeption hält tolle Wandervorschläge für die Campinggäste bereit. Die zentrale Lage macht den Ort zum idealen Ausgangspunkt für sportliche Aktivitäten, Wellness und Kultur.

Schöner, grüner Rasen.

Sanfte Beschattung durch Bäume.

4.4 SEHR GUT
14 Bewertungen

Lage	4.2
Ruhe	4.4
Sanitäranlagen	4.1
Sauberkeit Ø	4.8
Freundlichkeit	4.3
Stellplatz	4.6
Verpflegung	4.0
Freizeit	4.0
Preis-Leistung	4.0
Mietunterkünfte	4.4

Geeignet für

4.8 Senioren

4.8 Gäste mit Hund
4.5 Gäste mit Zelt
3.7 Kinder b. 12 J.
4.7 Paare
3.8 Kinder b. 6 J.
3.6 Kinder b. 18 J.

Empfohlene Aktivitäten

Wandern
Radfahren
Entspannen
Mountainbiking

Mehr Infos

Karte auf Seite 266

	21	22	23
	Camping Mischabel	**Camping Schönblick**	**Camping Evolène**
			❄
	3910 Saas-Grund +41 279 571 608 46.11321 | 7.93997	Rue 3910 Saas Grund +41 27 957 22 67 46.11137 | 7.942	route de Lannaz 1983 Evolène +41 27 283 1144 46.111 | 7.49611
Infos			
Öffnungszeiten	01.06. - 30.09.	01.06. - 30.09.	01.05. - 31.10. 15.12. - 30.04.
Vergleichspreis	HS: 34,50 € | NS: 34,50 €	HS: 18,00 € | NS: 18,00 €	HS: 32,00 € | NS: 32,00 €
Link	**Mehr Infos & Anfrage:** www.camping.info/23070	**Mehr Infos & Anfrage:** www.camping.info/17304	**Mehr Infos & Anfrage:** www.camping.info/17288
Ausstattung			
Freizeit	Baden in nat. Gewässer k. A. Pool/Hallenbad 20/2km Spielplatz 500m	Baden in nat. Gewässer k. A. Hallenbad 5km Spielplatz am Platz ✓	Baden in nat. Gewässer k. A. Pool/Hallenbad ✓/20km Spielplatz am Platz ✓
Campingplatz	Hunde erlaubt ✓ Skilift 2km WLAN ✓	Hunde erlaubt ✓ Skilift 2km WLAN ✗	Hunde erlaubt ✓ Skilift 2km WLAN ✓
Versorgung	Lebensmittel ✓ Brötchen am Platz ✓ Restaurant 50m Ver-/Entsorgung Womo ✗ in den Ort 2km	Lebensmittel 2km Brötchen keine Angabe Restaurant & Imbiss ✗ Ver-/Entsorgung Womo ✓ in den Ort 2km	Lebensmittel 500m Brötchen keine Angabe Restaurant 500m Ver-/Entsorgung Womo ✓ in den Ort 100m
Anzahl der Plätze	Touristenplätze 130 Mietunterkünfte ✓ Stellplätze vor Schranke ✗	Gesamt/Touristen 50/30 Mietunterkünfte ✓ Stellplätze vor Schranke ✗	Gesamt 80 Mietunterkünfte ✓ Stellplätze vor Schranke ✗

Camping Mischabel

- JETZT BEWERTEN!

Für diese Auswertung liegen leider noch nicht genügend Bewertungen vor.

Sei einer der Ersten, der diesen Campingplatz bewertet. Unter den Bewertern werden regelmäßig Gewinne verlost!

Mehr Infos dazu findest du in unserem allgemeinen Intro.

Camping Schönblick

- JETZT BEWERTEN!

Für diese Auswertung liegen leider noch nicht genügend Bewertungen vor.

Sei einer der Ersten, der diesen Campingplatz bewertet. Unter den Bewertern werden regelmäßig Gewinne verlost!

Mehr Infos dazu findest du in unserem allgemeinen Intro.

Camping Evolène

3.3 GUT
3 Bewertungen

Lage	5.0
Ruhe	4.0
Sanitäranlagen	2.0
Sauberkeit Ø	4.1
Freundlichkeit	5.0
Stellplatz	3.3
Verpflegung	-
Freizeit	4.0
Preis-Leistung	3.3
Mietunterkünfte	5.0

Geeignet für

Kinder b. 6 J.	5.0
Kinder b. 12 J.	5.0
Kinder b. 18 J.	4.0
Paare	4.5
Senioren	5.0
Gäste mit Zelt	4.5
Gäste mit Hund	5.0

Empfohlene Aktivitäten

- Wandern
- Spazieren
- Klettern

19 Camping de la Sarvaz

*

Route de Fully 100
1913 Saillon
+41 277 441 389
www.sarvaz.ch
info@sarvaz.ch

ganzjährig

HS: 38,00 € | NS: 38,00 €

Mehr Infos & Anfrage:
www.camping.info/17305

Baden im Teich	10km
Pool & Hallenbad	✓
Spielplatz am Platz	✓
Hunde willkommen	✓
Skilift/Loipe	10km
WLAN	✓
Lebensmittel	✓
Brötchen am Platz	✓
Restaurant am P.	✓
Ver-/Entsorgung Womo	✓
in den Ort	2km
Gesamt/Touristen	140/45
Mietunterkünfte	✓
Stellplätze vor Schranke	✗

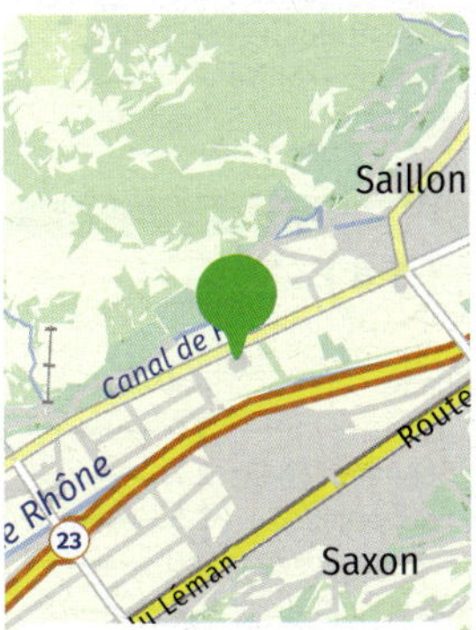

1 km
46.15922 | 7.16762
300m ü.M.

Im beheizten, halb-offenen Schwimmbad treffen sich Jung und Alt.

Lage & Stellplatz

Zwischen Sitten und Martigny, umgeben von Obstplantagen und Weinreben, liegt im Herzen des Wallis das Relais de la Sarvaz. Neben den 120 grünen Stellplätzen bietet der Campingplatz ebenfalls Luxus- und Premiumstellplätze sowie beheizte Mobilheime zur Miete.

Sanitär

Dank der beheizten Anlagen sind die Sanitäranlagen stets angenehm warm. Die Anlagen sind modern und freundlich gestaltet und werden stets sauber gehalten. Eine Geschirrspülmaschine ist von den Gästen ebenfalls kostenlos nutzbar.

Verpflegung

Im beheizten Camper-Haus befindet sich eine Küchenecke mit Kühlschrank und Gefriertruhe. Wer sich im Urlaub jedoch lieber verwöhnen lassen möchte, findet leckere Speisen auf der Karte des Restaurants mit seiner schönen Terrasse im Innenhof. Ein Frühstücksbuffet ist ebenso vorhanden wie ein Kiosk.

Freizeit

Der Platz bietet ein beheiztes Schwimmbad, Minigolf, Tischtennis, Beachvolleyball, Fußball, Fahrradverleih, einen großen Spielplatz mit Trampolin & Kletterbaum, Aufenthaltsraum mit Bibliothek und Gameroom. Die Umgebung reizt zum Wandern, Radfahren und Stadtbummel in Saillon, Martigny oder Ovronnaz.

100 m² Luxusplatz.

Malerische Gartenlaube.

4.4 SEHR GUT
13 Bewertungen

Lage	4.0
Ruhe	3.8
Sanitäranlagen	4.3
Sauberkeit Ø	4.6
Freundlichkeit	4.7
Stellplatz	4.7
Verpflegung	4.5
Freizeit	4.2
Preis-Leistung	4.0
Mietunterkünfte	4.3

Geeignet für

Kinder b. 6 J.	4.6
Kinder b. 12 J.	4.6
Paare	4.2
Kinder b. 18 J.	4.1
Senioren	4.1
Gäste mit Hund	3.8
Gäste mit Zelt	3.6

Empfohlene Aktivitäten

Wandern | Radfahren | Mountainbiking | Schwimmen

Mehr Infos

Karte auf Seite 266

	24	25	27
	TCS Camping Martigny	**Camping Molignon**	**Camping Alphubel**
	Rue du Levant 68 1920 Martigny +41 27 722 45 44	1984 Les Haudères +41 79 658 63 36	3929 Täsch +41 279 673 635
	46.09472 | 7.07666 476m ü.M.	46.09093 | 7.50611	46.06481 | 7.77458
Infos			
Öffnungszeiten	01.04. - 24.10.	ganzjährig	15.05. - 15.10.
Vergleichspreis	HS: 43,20 € | NS: 36,00 €	HS: 33,00 € | NS: 27,50 €	HS: 35,00 € | NS: 35,00 €
Link	**Mehr Infos & Anfrage:** www.camping.info/17296	**Mehr Infos & Anfrage:** www.camping.info/17292	**Mehr Infos & Anfrage:** www.camping.info/17315
Ausstattung			
Freizeit	Baden in nat. Gewässer k. A.	Baden in nat. Gewässer k. A.	Baden im Teich 300m
	Pool/Hallenbad ✓/1km	Pool am Platz ✓	Pool/Hallenbad 500/100m
	Spielplatz am Platz ✓	Spielplatz am Platz ✓	Spielplatz am Platz ✓
Campingplatz	Hunde willkommen ✓	Hunde erlaubt ✓	Hunde erlaubt ✓
	Skilift & Loipe ✗	Skilift/Loipe 3km/✓	Skilift & Loipe ✗
	WLAN ✓	WLAN ✓	WLAN (gegen Gebühr) ✓
Versorgung	Lebensmittel 500m	Lebensmittel ✓	Lebensmittel 100m
	Brötchen am Platz ✓	Brötchen am Platz ✓	Brötchen am Platz ✓
	Restaurant/Imbiss 500m/✓	Restaurant & Imbiss ✓	Restaurant & Imbiss ✓
	Ver-/Entsorgung Womo ✓	Ver-/Entsorgung Womo ✓	Ver-/Entsorgung Womo ✓
	in den Ort 300m	in den Ort 25km	in den Ort 100m
Anzahl der Plätze	Gesamt/Touristen 124/72	Gesamt/Touristen 130/100	Gesamt/Touristen 150/100
	Mietunterkünfte ✓	Mietunterkünfte ✓	Mietunterkünfte ✓
	Stellplätze vor Schranke ✗	Stellplätze vor Schranke ✗	Stellplätze vor Schranke ✗

	TCS Camping Martigny	Camping Molignon	Camping Alphubel
Gesamt	4.0 SEHR GUT, 6 Bewertungen	5.0 AUSGEZEICHNET, 4 Bewertungen	3.4 GUT, 14 Bewertungen
Lage	4.5	5.0	4.4
Ruhe	3.5	5.0	3.0
Sanitäranlagen	3.8	4.8	2.7
Sauberkeit Ø	4.6	4.8	3.5
Freundlichkeit	4.7	5.0	4.0
Stellplatz	4.0	4.8	3.2
Verpflegung	3.3	4.2	2.7
Freizeit	4.5	4.3	4.2
Preis-Leistung	3.3	4.5	3.2
Mietunterkünfte	5.0	-	4.0
Geeignet für			
Kinder b. 6 J.	4.0	4.0	3.6
Kinder b. 12 J.	4.0	4.5	4.1
Kinder b. 18 J.	3.7	4.5	3.6
Paare	4.5	5.0	4.7
Senioren	4.3	5.0	4.4
Gäste mit Zelt	4.7	4.5	4.4
Gäste mit Hund	4.3	5.0	4.4
Empfohlene Aktivitäten	Wandern Radfahren Spazieren	Wandern Mountainbiking Klettern	Wandern Klettern Mountainbiking

26 Camping Attermenzen Randa

Attermenzenstrasse 55
3928 Randa
+41 27 967 25 55
www.campingranda.ch
sommercamping@oberwallis.ch

10.06. - 16.10.

HS: 31,20 € | NS: 31,20 €

Mehr Infos & Anfrage:
www.camping.info/17300

Baden im See	2km
Pool/Hallenbad	30/5km
Spielplatz am Platz	✓
Hunde willkommen	✓
Skilift/Loipe	5/1km
WLAN	✓
Lebensmittel	✓
Brötchen am Platz	✓
Restaurant & Imbiss	✓
Ver-/Entsorgung Womo	✓
in den Ort	2km
Touristenplätze	500
Mietunterkünfte	✓
Stellplätze vor Schranke	✗

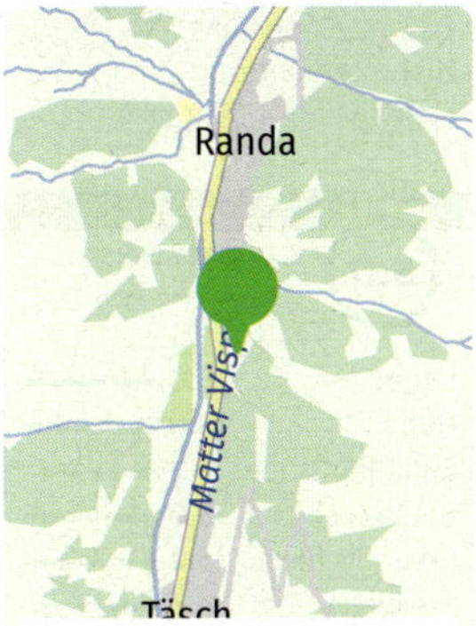

46.08556 | 7.78201
1401m ü.M.

Freie Stellplatzwahl mitten in den Bergen.

Lage & Stellplatz

Inmitten der Walliser Berge, 9 km vor Zermatt, bietet der Camping Attermenzen freie Stellplatzwahl und zusätzlich terrassierte Stellplätze für größere Gefährte. Der Campingplatz ist umgeben von Wald und Naturliebhaber wie Sportler lieben ihn gleichermaßen.

Sanitär

Die Sanitäranlagen wurden im Frühjahr 2021 komplett neu gebaut und bietet angenehmen Komfort inmitten der Walliser Berge.

Verpflegung

Direkt neben dem Platz befindet sich ein Restaurant. Zusätzlich können Camper vom Kiosk und Lebensmittelladen gebrauchen machen. Auch kleine Fertiggerichte sind dort erhältlich. Natürlich darf auch der Brötchenservice nicht fehlen.

Freizeit

Ob Wandern, Biken, Klettern, Golfen oder sogar Wasserski – bei Attermenzen Randa ist beinahe alles möglich. Und natürlich können sich auch Wintersportler hier auspow(d)ern.

Neu: terrassierte Plätze!

Picknick-Plätze mit Aussicht.

4.0 SEHR GUT
15 Bewertungen

Lage	4.4
Ruhe	4.1
Sanitäranlagen	3.6
Sauberkeit Ø	4.2
Freundlichkeit	4.8
Stellplatz	3.6
Verpflegung	3.5
Freizeit	4.5
Preis-Leistung	4.5
Mietunterkünfte	4.7

Geeignet für

- 4.8 Gäste mit Hund
- 4.7 Gäste mit Zelt
- 4.5 Paare
- 4.3 Kinder b. 18 J.
- 4.2 Kinder b. 12 J.
- 4.0 Senioren
- 3.7 Kinder b. 6 J.

Empfohlene Aktivitäten

Wandern · Klettern · Mountainbiking · Radfahren

Mehr Infos

Neue terrassierte Stellplätze für große Wohnmobile.

Karte auf Seite 266

28 Camping Arolla

Route de Tsalion
1986 Arolla
+41 27 283 22 95
46.02691 | 7.48606

29 Camping Matterhorn

Waidmansheil
3920 Zermatt
+41 27 967 39 21
46.02609 | 7.75022

30 Camping Forêt des Mélèzes

Route de Mauvoisin 450
CH-1948 Fionnay/ Bonatchiesse
+41 2777 81240
46.02083 | 7.328

Infos

	Camping Arolla	Camping Matterhorn	Camping Forêt des Mélèzes
Öffnungszeiten	01.06. - 20.09.	01.06. - 30.09.	01.05. - 15.09.
Vergleichspreis	HS: 31,70 € | NS: 31,70 €	HS: 10,20 € | NS: 10,20 €	HS: 32,10 € | NS: 22,90 €
Link	**Mehr Infos & Anfrage:** www.camping.info/17279	**Mehr Infos & Anfrage:** www.camping.info/17320	**Mehr Infos & Anfrage:** www.camping.info/17281

Ausstattung

	Camping Arolla	Camping Matterhorn	Camping Forêt des Mélèzes
Freizeit	Baden in nat. Gewässer: k. A.	Baden in nat. Gewässer: k. A.	Baden in nat. Gewässer: k. A.
	Pool & Hallenbad: ✗	Pool & Hallenbad: ✗	Pool & Hallenbad: ✗
	Spielplatz: keine Angabe	Spielplatz: keine Angabe	Spielplatz am Platz: ✓
Campingplatz	Hunde erlaubt: ✓	Hunde erlaubt: ✓	Hunde erlaubt: ✓
	Skilift & Loipe: ✗	Skilift & Loipe: keine Angabe	Skilift: 12km
	WLAN: ✗	WLAN: keine Angabe	WLAN (gegen Gebühr): ✓
Versorgung	Lebensmittel: ✓	Lebensmittel: k.A.	Lebensmittel: ✗
	Brötchen am Platz: ✓	Brötchen: keine Angabe	Brötchen am Platz: ✓
	Restaurant/Imbiss: 1km	Restaurant & Imbiss: ✗	Restaurant am P.: ✓
	Ver-/Entsorgung Womo: ✓	Ver-/Entsorgung Womo: ✗	Ver-/Entsorgung Womo: ✗
	in den Ort: 1km	im Ort: ✓	in den Ort: keine Angabe
Anzahl der Plätze	Touristenplätze: 80	Gesamt: keine Angabe	Gesamt/Touristen: 85/5
	Mietunterkünfte: ✓	Mietunterkünfte: ✗	Mietunterkünfte: ✓
	Stellplätze vor Schranke: ✗	Stellplätze vor Schranke: ✗	Stellplätze vor Schranke: ✗

Camping Arolla

4.8 SEHR GUT
4 Bewertungen

Lage	5.0
Ruhe	5.0
Sanitäranlagen	4.0
Sauberkeit Ø	4.7
Freundlichkeit	4.8
Stellplatz	4.8
Verpflegung	3.5
Freizeit	4.7
Preis-Leistung	4.8
Mietunterkünfte	-

Geeignet für

Kinder b. 6 J.	5.0
Kinder b. 12 J.	5.0
Kinder b. 18 J.	5.0
Paare	5.0
Senioren	5.0
Gäste mit Zelt	5.0
Gäste mit Hund	5.0

Empfohlene Aktivitäten

- Klettern
- Wandern
- Entspannen

Camping Matterhorn

- JETZT BEWERTEN!

Für diese Auswertung liegen leider noch nicht genügend Bewertungen vor.

Sei einer der Ersten, der diesen Campingplatz bewertet. Unter den Bewertern werden regelmäßig Gewinne verlost!

Mehr Infos dazu findest du in unserem allgemeinen Intro.

Camping Forêt des Mélèzes

5.0 AUSGEZEICHNET
3 Bewertungen

Lage	5.0
Ruhe	5.0
Sanitäranlagen	4.3
Sauberkeit Ø	5.0
Freundlichkeit	5.0
Stellplatz	4.3
Verpflegung	2.5
Freizeit	4.7
Preis-Leistung	4.7
Mietunterkünfte	-

Geeignet für

Kinder b. 6 J.	5.0
Kinder b. 12 J.	5.0
Kinder b. 18 J.	5.0
Paare	5.0
Senioren	5.0
Gäste mit Zelt	5.0
Gäste mit Hund	5.0

Empfohlene Aktivitäten

- Wandern
- Mountainbiking
- Entspannen

31

Camping Grand St-Bernard

1946 Bourg-St-Pierre
+41 7937 09822
45.95281 | 7.20746

15.05. - 15.10.

HS: 33,10 € | NS: 33,10 €

Mehr Infos & Anfrage:
www.camping.info/17282

Baden in nat. Gewässer	k. A.
Pool/Hallenbad	100m
Spielplatz am Platz	✓
Hunde	✗
Skilift & Loipe	✗
WLAN	✓
Lebensmittel	✓
Brötchen am Platz	✓
Restaurant/Imbiss	100m
Ver-/Entsorgung Womo	✓
in den Ort	100m
Gesamt/Touristen	74/60
Mietunterkünfte	✗
Stellplätze vor Schranke	✗

- JETZT BEWERTEN!

Für diese Auswertung liegen leider noch nicht genügend Bewertungen vor.

Sei einer der Ersten, der diesen Campingplatz bewertet. Unter den Bewertern werden regelmäßig Gewinne verlost!

Mehr Infos dazu findest du in unserem allgemeinen Intro.

32

Camping des Glaciers SA

Route de Tsamodet 36
1944 La Fouly
+41 27 783 1826
45.93349 | 7.09669
1600m ü.M.

13.05. - 02.10.

HS: 36,50 € | NS: 30,00 €

Mehr Infos & Anfrage:
www.camping.info/17290

Baden im See	20km
Pool/Hallenbad	20/35km
Spielplatz am Platz	✓
Hunde willkommen	✓
Skilift/Loipe	500m/✓
WLAN	✓
Lebensmittel	✓
Brötchen am Platz	✓
Restaurant/Imbiss	500m/✓
Ver-/Entsorgung Womo	✓
in den Ort	300m
Gesamt/Touristen	318/298
Mietunterkünfte	✓
Stellplätze vor Schranke	✗

4.1 SEHR GUT
7 Bewertungen

Lage	5.0
Ruhe	4.7
Sanitäranlagen	3.7
Sauberkeit Ø	4.2
Freundlichkeit	4.2
Stellplatz	4.2
Verpflegung	3.3
Freizeit	4.5
Preis-Leistung	4.3
Mietunterkünfte	-

Geeignet für

Kinder b. 6 J.	3.5
Kinder b. 12 J.	4.0
Kinder b. 18 J.	4.3
Paare	4.8
Senioren	4.2
Gäste mit Zelt	4.7
Gäste mit Hund	5.0

Empfohlene Aktivitäten

- Wandern
- Entspannen
- Mountainbiking

SCHWEIZ

❹ Berner Oberland

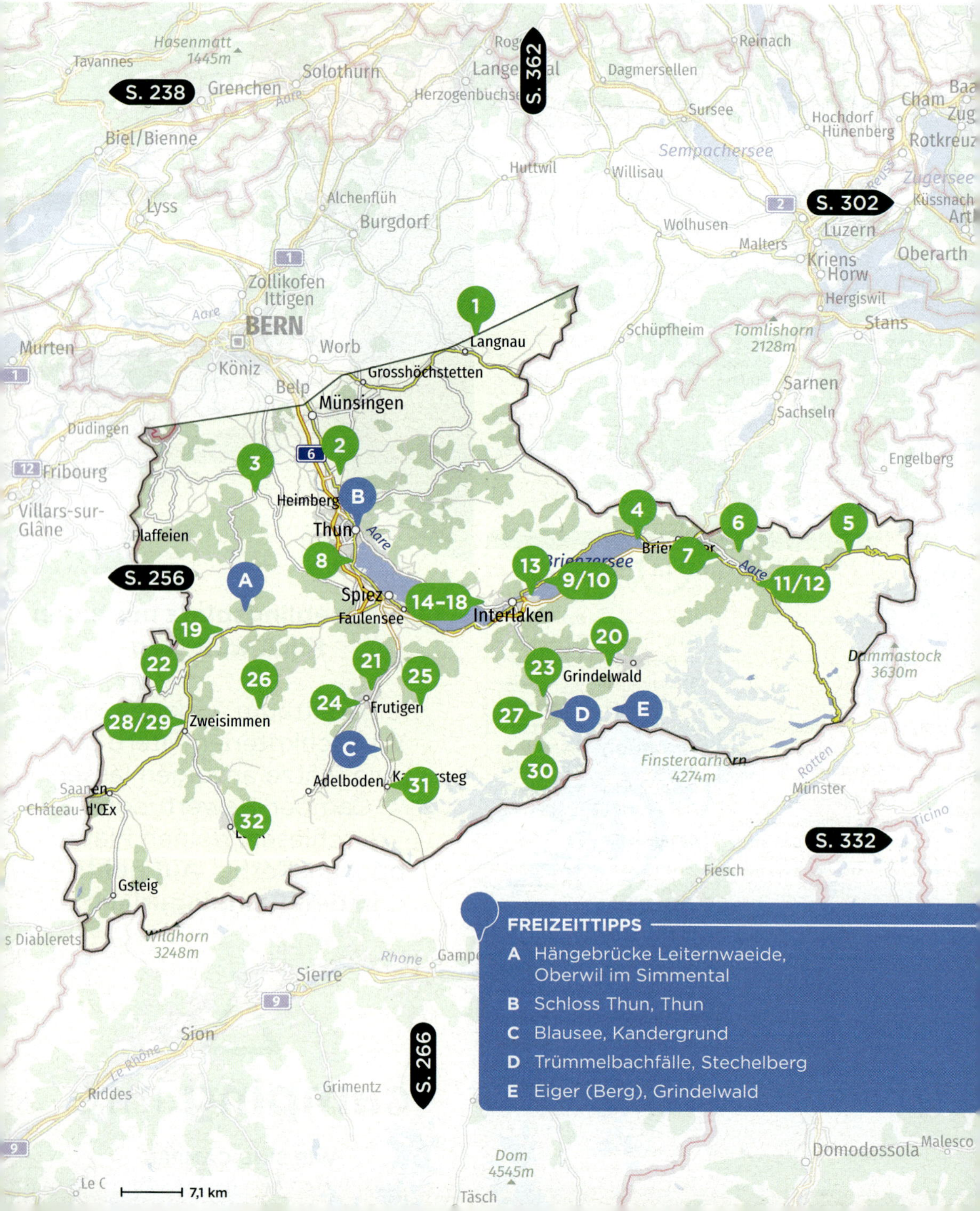

FREIZEITTIPPS

- **A** Hängebrücke Leiternwaeide, Oberwil im Simmental
- **B** Schloss Thun, Thun
- **C** Blausee, Kandergrund
- **D** Trümmelbachfälle, Stechelberg
- **E** Eiger (Berg), Grindelwald

	Platz	Seite	Bewertung	Öffnungszeiten	
1	Camping Mettlen	288	-	saisonal	
2	Camping Wydeli	288	4.0	saisonal	
3	Camping Burgistein	288	-	ganzjährig	✻
4	Camping Aaregg	289	4.6	saisonal	
5	Camping Gadmen	290	4.0	saisonal	
6	Camping Hofstatt-Derfli	290	4.6	saisonal	✻
7	Alpencamping	290	4.3	saisonal	✻
8	TCS Camping Gwatt Thunersee	291	4.3	saisonal	
9	Camping Talacker	291	4.9	saisonal	✻
10	Camping Au Lac Ringgenberg AG	291	4.8	ganzjährig	
11	Camping Grimselblick	291	4.6	ganzjährig	
12	Camping Grund	292	4.1	ganzjährig	✻
13	TCS Camping Bönigen-Interlaken	292	4.6	saisonal	
14	JungfrauCamp 5	292	4.8	ganzjährig	
15	Camping Lazy Rancho	294	4.9	saisonal	
16	Camping Hobby 3	294	4.8	saisonal	
17	MANOR FARM 1	293	4.0	ganzjährig	✻
18	Camping Alpenblick	295	4.0	ganzjährig	✻
19	Camping Arnist	294	4.7	ganzjährig	✻
20	Camp Holdrio	296	-	saisonal	
21	Frutigresort	296	4.0	ganzjährig	✻
22	Camping Jaunpass	296	5.0	ganzjährig	✻
23	Camping Jungfrau Lauterbrunnen	297	4.2	saisonal	✻
24	Camping Grassi	298	4.0	saisonal	✻
25	Camping Blüemlisalp	298	4.3	ganzjährig	✻
26	Camping Eggmatte	298	5.0	ganzjährig	✻
27	Camping Breithorn	299	4.5	ganzjährig	✻
28	Camping Fankhauser	299	5.0	ganzjährig	✻
29	Camping Vermeille	299	4.2	ganzjährig	✻
30	Camping Rütti	300	4.3	saisonal	
31	Camping Rendez-Vous	300	4.1	ganzjährig	✻
32	Camping Hasenweide	300	4.6	ganzjährig	✻

SCHWEIZER POSTKARTEN-IDYLLE

Wer die Ruhe und alpenländische Schönheit der Hauptstadt Bern hinter sich lässt und weiter in den Süden fährt, entdeckt das Berner Oberland. An jeder Ecke wartet hier ein Abziehbild des Schweizer Postkartenidylls. Genau das ist auch der Grund, warum diese Region zu den touristisch stärksten des Landes gehört und sich hier eine Vielzahl an Campingplätzen befindet. Große Seen und Berge sowie typisch schweizerische Dörfer prägen das Landschaftsbild.

Moosfluh, Aletsch Arena © swiss-image.ch/Dolores Rupa

CAMPING-HOTSPOTS: THUNERSEE UND BRIENZERSEE

Von Bern kommend, finden Camper schon nach nur 30 Kilometern tolle Urlaubsmöglichkeiten vor. Am Nordufer des Thunersees beginnt das Campinggebiet rund um die zwei großen Seen. Die Stadt Thun mit ihrer historischen Altstadt und dem Schloss aus dem 12. Jahrhundert bietet dabei ein erstes Ziel, perfekt für einen Tagesausflug. Zwischen Thuner- und Brienzersee befindet sich die Gemeinde Interlaken. Eingebettet in Berge und umgeben vom See zieht dieser Ort den Fokus des dortigen Tourismus auf sich. Mit rund zehn Campingplätzen rund um Interlaken findet jeder Camper genau den richtigen für sich.

VON BERGEN UND IHREN GESCHICHTEN

Mönch und Jungfrau, aber besonders die berühmte Nordwand des Eiger, gelten unter Bergsteigern als besondere Herausforderung. Wer diese Berge erkunden will, findet vor allem entlang der imposanten Gipfel alpine Campingplätze vor. Doch auch wer weniger ambitioniert im Berner Oberland unterwegs ist, wird garantiert von der Faszination erfasst, die von den schneebedeckten Gipfeln ausgeht. Denn nicht nur in der kalten Jahreszeit, wenn Wintersportler die Pisten und Wintercamping-Areale der Berner Alpen bevölkern, auch im Sommer hat die Region eine Menge zu bieten. Ausgedehnte Wandertouren und spannende Ausflüge mit dem Mountainbike sind hier ebenso möglich wie der extra Adrenalinkick beim River-Rafting und Paragliding. Auch für jene Gäste, die lieber die kulturelle und historische Bedeutung des Berner Oberlandes erkunden möchten, gibt es so einiges zu entdecken. Sei es bei einem Besuch im Talmuseum Lauterbrunnen oder bei einem Dorfrundgang in Meiringen mit Degustation von Haslitaler Spezialitäten. Selbst Fans großer Kriminalliteratur kommen dabei auf ihre Kosten: Das Sherlock Holmes Museum bietet einen umfassenden Einblick in das Leben des Meisterdetektivs.

Blick vom Rebberg auf Spiez
© swiss-image.ch/Andreas Gerth

FEIERN UND GENIESSEN

Wer einmal ein typisches Dorffest in den Schweizer Bergen erleben möchte, sollte sich am ersten Sonntag im August nach Mürren aufmachen. Beim großen Festumzug am Nachmittag sind nicht nur außergewöhnliche Gestalten, sondern auch prächtig geschmückte Rinder zu bestaunen. Ein solches Fest bietet auch die ideale Gelegenheit, einmal die kulinarischen Spezialitäten der Region zu probieren. Eine deftige Berner Platte oder ein leckerer Zwiebelkuchen sind eine gute Alternative zum Grillen auf dem Campingplatz. Zum Nachtisch oder Kaffee gibt es dann echte Berner Lebkuchen mit Haselnüssen oder süße Meitschibei, die aus einem Hefeteig und einer Füllung aus Nüssen hergestellt werden.

Saanenland im Berner Oberland © swiss-image.ch/Christof Sonderegger

TIPP DER REDAKTION

TCS Camping Bönigen-Interlaken

Bönigen b. Interlaken | Nr. 13 | Seite 292

Laut Gästen ideal geeignet zum:

- Wandern
- Schwimmen
- Radfahren

4.6

Karte auf Seite 284

	1 Camping Mettlen	2 Camping Wydeli	3 Camping Burgistein
			❄
Adresse	3553 Gohl	Wydeli 60 3671 Brenzikofen +41 31 771 11 41	Ober Elbschen 32 A 3664 Burgistein-Dorf +41 33 356 36 51
Koordinaten	46.96244 | 7.81047	46.81357 | 7.60838	46.79505 | 7.48089
Infos			
Öffnungszeiten	01.04. - 16.10.	01.05. - 15.09.	ganzjährig
Vergleichspreis	keine Angabe	HS: 32,80 € | NS: 28,00 €	HS: 29,30 € | NS: 37,00 €
Link	**Mehr Infos & Anfrage:** www.camping.info/27256	**Mehr Infos & Anfrage:** www.camping.info/17345	**Mehr Infos & Anfrage:** www.camping.info/22216
Ausstattung			
Freizeit	Baden in nat. Gewässer k. A. Pool & Hallenbad ✗ Spielplatz am Platz ✓	Baden im Fluss am Platz ✓ Pool/Hallenbad ✓/3km Spielplatz am Platz ✓	Baden in nat. Gewässer k. A. Hallenbad 15km Spielplatz am Platz ✓
Campingplatz	Hunde ✗ Skilift & Loipe keine Angabe WLAN keine Angabe	Hunde willkommen ✓ Skilift & Loipe ✗ WLAN ✗	Hunde erlaubt ✓ Skilift/Loipe 15km WLAN ✓
Versorgung	Lebensmittel k.A. Brötchen keine Angabe Restaurant & Imbiss ✗ Ver-/Entsorgung Womo ✗ in den Ort keine Angabe	Lebensmittel 500m Brötchen am Platz ✗ Restaurant & Imbiss ✓ Ver-/Entsorgung Womo ✓ in den Ort keine Angabe	Lebensmittel ✓ Brötchen am Platz ✓ Restaurant & Imbiss ✓ Ver-/Entsorgung Womo ✓ in den Ort 1km
Anzahl der Plätze	Gesamt keine Angabe Mietunterkünfte ✗ Stellplätze vor Schranke ✗	Gesamt/Touristen 90/15 Mietunterkünfte ✗ Stellplätze vor Schranke ✗	Gesamt/Touristen 50/10 Mietunterkünfte ✓ Stellplätze vor Schranke ✗

Camping Mettlen

\- **JETZT BEWERTEN!**

Für diese Auswertung liegen leider noch nicht genügend Bewertungen vor.

Sei einer der Ersten, der diesen Campingplatz bewertet. Unter den Bewertern werden regelmäßig Gewinne verlost!

Mehr Infos dazu findest du in unserem allgemeinen Intro.

Camping Wydeli

4.0 **SEHR GUT**
3 Bewertungen

Lage	4.0
Ruhe	4.3
Sanitäranlagen	4.3
Sauberkeit Ø	4.5
Freundlichkeit	5.0
Stellplatz	4.0
Verpflegung	3.3
Freizeit	3.7
Preis-Leistung	4.0
Mietunterkünfte	-

Geeignet für

Kinder b. 6 J.	5.0
Kinder b. 12 J.	5.0
Kinder b. 18 J.	5.0
Paare	5.0
Senioren	5.0
Gäste mit Zelt	5.0
Gäste mit Hund	5.0

Empfohlene Aktivitäten

- Radfahren
- Wandern
- Entspannen

Camping Burgistein

\- **JETZT BEWERTEN!**

Für diese Auswertung liegen leider noch nicht genügend Bewertungen vor.

Sei einer der Ersten, der diesen Campingplatz bewertet. Unter den Bewertern werden regelmäßig Gewinne verlost!

Mehr Infos dazu findest du in unserem allgemeinen Intro.

4 Camping Aaregg

Seestraße 28a
3855 Brienz
+41 33 951 18 43
www.aaregg.ch
mail@aaregg.ch

01.04. - 31.10.

HS: 62,00 € | NS: 53,00 €

Mehr Infos & Anfrage:
www.camping.info/17207

Baden im See am Platz	✓
Pool & Hallenbad	✗
Spielplatz am Platz	✓
Hunde willkommen	✓
Skilift & Loipe	keine Angabe
WLAN	✓
Lebensmittel	✓
Brötchen am Platz	✓
Restaurant & Imbiss	✓
Ver-/Entsorgung Womo	✓
in den Ort	1km
Gesamt/Touristen	220/160
Mietunterkünfte	✓
Stellplätze vor Schranke	✓

Der Familiencampingplatz liegt idyllisch am Brienzersee.

Lage & Stellplatz

Der Familiencampingplatz Aaregg liegt am östlichen Ufer des Brienzersees, idyllisch auf einer Halbinsel nahe Brienz. Der Platz bietet 40 Dauer-, 25 Saison- und 180 Touristenplätze. Die gepflegte Anlage ist ein kleines Paradies für Familien und Gäste, die gerne erholsame Ferien verbringen möchten.

Verpflegung

Für das leibliche Wohl sorgen das Restaurant „Aareggstube" mit Sonnenterrasse sowie der Campingshop mit einer Vielfalt an nützlichen Produkten. Zudem können in der Cafeteria jeden Morgen frische „Gipfeli" vom Bäcker genossen werden.

Sanitär

Modernste Sanitäranlagen mit freier Warmwasserbenutzung, Familienkabinen (Dusche, WC und Waschbecken), Babyraum mit Wickeltisch und Badewanne sowie liebevoll eingerichtete Kinderabteile mit Elefantenduschen bieten absoluten Komfort. Außerdem vorhanden: Waschmaschinen, Trockner und Spülmaschinen.

Freizeit

Für kleine Gäste gibt es einen großzügigen, fantasievollen Kinderspielplatz, Tischtennis, Kinderkino und einen Wasserspielplatz. Stand-up-Paddling-Boards können vor Ort gemietet werden. In naher Umgebung locken die Ausflugsziele Ballenberg, Brienzer Rothorn und eine Schifffahrt auf dem Brienzersee.

Erholsame Ferien.

Gepflegte Anlage.

4.6 SEHR GUT
58 Bewertungen

Lage	4.9
Ruhe	3.9
Sanitäranlagen	4.8
Sauberkeit Ø	4.7
Freundlichkeit	4.7
Stellplatz	4.3
Verpflegung	3.7
Freizeit	4.6
Preis-Leistung	3.9
Mietunterkünfte	4.4

Geeignet für

Kinder b. 12 J.	4.7
Gäste mit Zelt	4.6
Kinder b. 6 J.	4.5
Paare	4.5
Senioren	4.5
Gäste mit Hund	4.4
Kinder b. 18 J.	4.0

Empfohlene Aktivitäten

Wandern · Schwimmen · Kayak/Kanu · Radfahren

Mehr Infos

Karte auf Seite 284

	5	6	7
	Camping Gadmen	**Camping Hofstatt-Derfli**	**Alpencamping**
		✻	✻
	Obermad 343E 3863 Gadmen +41 339 751 230	Hofstatt 302e 6085 Hasliberg Goldern +41 33 971 37 07	Brünigstr. 47 3860 Meiringen +41 339 713 676
	46.7382 | 8.36194	46.73734 | 8.19564	46.73442 | 8.17146
		1050m ü.M.	600m ü.M.
Infos			
Öffnungszeiten	21.05. - 01.10.	01.06. - 15.10. 25.12. - 15.04.	01.05. - 30.10. 01.12. - 30.04.
Vergleichspreis	HS: 26,90 € | NS: 26,90 €	HS: 39,00 € | NS: 39,00 €	HS: 44,80 € | NS: 38,20 €
Link	**Mehr Infos & Anfrage:** www.camping.info/17210	**Mehr Infos & Anfrage:** www.camping.info/17215	**Mehr Infos & Anfrage:** www.camping.info/23175
Ausstattung			
Freizeit	Baden in nat. Gewässer: k. A.	Baden im See: 1km	Baden im See: 2km
	Pool & Hallenbad: ✗	Pool/Hallenbad: 14km	Pool/Hallenbad: ✓/1km
	Spielplatz am Platz: ✓	Spielplatz am Platz: ✓	Spielplatz am Platz: ✓
Campingplatz	Hunde willkommen: ✓	Hunde willkommen: ✓	Hunde erlaubt: ✓
	Skilift & Loipe: keine Angabe	Skilift/Loipe: 1km/✓	Skilift/Loipe: 1/2km
	WLAN: ✓	WLAN (begrenzt gratis): ✓	WLAN: ✓
Versorgung	Lebensmittel: k.A.	Lebensmittel: ✓	Lebensmittel: ✓
	Brötchen am Platz: ✓	Brötchen am Platz: ✓	Brötchen am Platz: ✓
	Restaurant & Imbiss: ✓	Restaurant/Imbiss: 300m/✓	Imbiss: ✓
	Ver-/Entsorgung Womo: ✓	Ver-/Entsorgung Womo: ✓	Ver-/Entsorgung Womo: ✓
	in den Ort: keine Angabe	in den Ort: 300m	im Ort: ✓
Anzahl der Plätze	Gesamt: keine Angabe	Gesamt/Touristen: 40/30	Gesamt/Touristen: 86/54
	Mietunterkünfte: ✓	Mietunterkünfte: ✓	Mietunterkünfte: ✗
	Stellplätze vor Schranke: ✗	Stellplätze vor Schranke: ✗	Stellplätze vor Schranke: ✓

	Camping Gadmen	Camping Hofstatt-Derfli	Alpencamping
Gesamt	4.0 SEHR GUT (3 Bewertungen)	4.6 SEHR GUT (8 Bewertungen)	4.3 SEHR GUT (18 Bewertungen)
Lage	4.0	4.8	4.2
Ruhe	3.3	4.4	4.0
Sanitäranlagen	4.0	4.9	4.8
Sauberkeit Ø	5.0	4.9	4.8
Freundlichkeit	5.0	4.9	4.4
Stellplatz	4.3	4.9	4.3
Verpflegung	3.7	3.9	3.7
Freizeit	4.0	4.8	4.4
Preis-Leistung	4.3	4.4	4.1
Mietunterkünfte	-	5.0	-
Geeignet für			
Kinder b. 6 J.	5.0	4.6	3.2
Kinder b. 12 J.	5.0	4.8	3.5
Kinder b. 18 J.	5.0	3.8	3.3
Paare	5.0	4.8	4.5
Senioren	4.5	4.7	4.9
Gäste mit Zelt	5.0	4.6	3.9
Gäste mit Hund	5.0	4.0	3.4
Empfohlene Aktivitäten	Klettern Radfahren Wandern	Wandern Entspannen Ski	Wandern Radfahren Mountainbiking

8 TCS Camping Gwatt Thunersee

Gwattstrasse 103
3645 Gwatt-Thun
+41 33 336 40 67

46.72806 | 7.62806
558m ü.M.

01.04. - 24.10.

HS: 69,30 € | NS: 46,80 €

Mehr Infos & Anfrage:
www.camping.info/17214

Baden im See am Platz	✓
Pool & Hallenbad	✗
Spielplatz am Platz	✓
Hunde willkommen	✓
Skilift & Loipe	✗
WLAN	✓
Lebensmittel	✓
Brötchen am Platz	✓
Restaurant & Imbiss	✓
Ver-/Entsorgung Womo	✓
in den Ort	100m
Gesamt/Touristen	112/70
Mietunterkünfte	✓
Stellplätze vor Schranke	✗

4.3 SEHR GUT
30 Bewertungen

Lage	4.8
Ruhe	4.0
Sanitäranlagen	4.1
Sauberkeit Ø	4.6
Freundlichkeit	4.6
Stellplatz	4.2
Verpflegung	4.0
Freizeit	4.5
Preis-Leistung	3.7
Mietunterkünfte	4.7

Geeignet für

Kinder b. 6 J.	4.6
Kinder b. 12 J.	4.5
Kinder b. 18 J.	4.1
Paare	4.5
Senioren	4.6
Gäste mit Zelt	4.8
Gäste mit Hund	4.5

Empfohlene Aktivitäten

- Wandern
- Schwimmen
- Radfahren

9 Camping Talacker

*

Rosswaldstrasse
3852 Ringgenberg bei Interlaken
+41 33 822 11 28

46.7075 | 7.9075
620m ü.M.

01.04. - 31.10.
01.11. - 31.12.

HS: 41,00 € | NS: 39,00 €

Mehr Infos & Anfrage:
www.camping.info/17238

Baden im See	500m
Pool/Hallenbad	2/6km
Spielplatz am Platz	✓
Hunde willkommen	✓
Skilift/Loipe	25/22km
WLAN	✓
Lebensmittel	✓
Brötchen am Platz	nur HS
Restaurant/Imbiss	2km/✓
Ver-/Entsorgung Womo	✓
im Ort	✓
Gesamt/Touristen	60/40
Mietunterkünfte	✗
Stellplätze vor Schranke	✗

4.9 SEHR GUT
33 Bewertungen

Lage	4.6
Ruhe	4.9
Sanitäranlagen	4.8
Sauberkeit Ø	5.0
Freundlichkeit	5.0
Stellplatz	4.6
Verpflegung	4.4
Freizeit	4.7
Preis-Leistung	4.7
Mietunterkünfte	-

Geeignet für

Kinder b. 6 J.	4.8
Kinder b. 12 J.	4.5
Kinder b. 18 J.	4.1
Paare	4.8
Senioren	4.8
Gäste mit Zelt	4.9
Gäste mit Hund	4.8

Empfohlene Aktivitäten

- Wandern
- Entspannen
- Mountainbiking

keine WOMOs über 10 m;
keine Jugendgruppen

10 Camping Au Lac Ringgenberg AG

Seestrasse 69
3852 Ringgenberg
+41 33 822 26 16

46.7074 | 7.91269

ganzjährig

HS: 35,00 €

Mehr Infos & Anfrage:
www.camping.info/26482

Baden im See am Platz	✓
Pool	2km
Spielplatz am Platz	✓
Hunde erlaubt	✓
Skilift & Loipe	keine Angabe
WLAN	✓
Lebensmittel	1km
Brötchen am Platz	nur HS
Restaurant am P.	✓
Ver-/Entsorgung Womo	✓
in den Ort	5km
Gesamt/Touristen	70/40
Mietunterkünfte	✗
Stellplätze vor Schranke	✗

4.8 SEHR GUT
5 Bewertungen

Lage	5.0
Ruhe	4.8
Sanitäranlagen	3.8
Sauberkeit Ø	4.8
Freundlichkeit	5.0
Stellplatz	4.6
Verpflegung	4.0
Freizeit	4.8
Preis-Leistung	4.4
Mietunterkünfte	-

Geeignet für

Kinder b. 6 J.	3.5
Kinder b. 12 J.	4.0
Kinder b. 18 J.	4.5
Paare	5.0
Senioren	4.7
Gäste mit Zelt	4.5
Gäste mit Hund	3.7

Empfohlene Aktivitäten

- Schwimmen
- Kayak/Kanu
- Wandern

11 Camping Grimselblick

Stapfenweg 5
3862 Innertkirchen
+41 33 971 82 87

46.70681 | 8.22593
625m ü.M.

ganzjährig

HS: 28,00 € | NS: 26,00 €

Mehr Infos & Anfrage:
www.camping.info/17216

Baden im Fluss	8km
Pool/Hallenbad	6km
Spielplatz am Platz	✓
Hunde	✗
Skilift/Loipe	6km
WLAN (gegen Gebühr)	✓
Lebensmittel	200m
Brötchen	keine Angabe
Restaurant/Imbiss	100m
Ver-/Entsorgung Womo	✓
in den Ort	100m
Gesamt	keine Angabe
Mietunterkünfte	✓
Stellplätze vor Schranke	✗

4.6 SEHR GUT
9 Bewertungen

Lage	4.6
Ruhe	4.3
Sanitäranlagen	4.4
Sauberkeit Ø	4.9
Freundlichkeit	5.0
Stellplatz	4.5
Verpflegung	4.1
Freizeit	4.2
Preis-Leistung	4.6
Mietunterkünfte	4.7

Geeignet für

Kinder b. 6 J.	3.9
Kinder b. 12 J.	4.2
Kinder b. 18 J.	4.6
Paare	4.6
Senioren	4.6
Gäste mit Zelt	4.8
Hunde n. erlaubt	-

Empfohlene Aktivitäten

- Wandern
- Mountainbiking
- Radfahren

Karte auf Seite 284

	12	13	14
	Camping Grund	**TCS Camping Bönigen-Interlaken**	**JungfrauCamp 5**
	✻		
	Grundstrasse 44 3862 Innertkirchen +41 33 971 44 09	Campingstrasse 14 3806 Bönigen b. Interlaken +41 33 822 11 43	Steindlerstraße 60 3800 Interlaken-Unterseen +41 76 295 05 11
	46.7024 | 8.22692	46.69194 | 7.89361 568m ü.M.	46.68689 | 7.83465 550m ü.M.
Infos			
Öffnungszeiten	ganzjährig	01.04. - 24.10.	ganzjährig
Vergleichspreis	HS: 34,90 € | NS: 29,60 €	HS: 57,20 € | NS: 44,60 €	HS: 38,40 € | NS: 32,60 €
Link	**Mehr Infos & Anfrage:** www.camping.info/17218	**Mehr Infos & Anfrage:** www.camping.info/17208	**Mehr Infos & Anfrage:** www.camping.info/17226
Ausstattung			
Freizeit	Baden im See 6km Pool/Hallenbad 6km Spielplatz 300m	Baden im See am Platz ✓ Pool/Hallenbad ✓/2km Spielplatz am Platz ✓	Baden im See 1km Pool/Hallenbad ✓/2km Spielplatz am Platz ✓
Campingplatz	Hunde erlaubt ✓ Skilift/Loipe 6/8km WLAN (gegen Gebühr) ✓	Hunde willkommen ✓ Skilift & Loipe keine Angabe WLAN ✓	Hunde ✗ Skilift & Loipe ✗ WLAN keine Angabe
Versorgung	Lebensmittel 300m Brötchen am Platz ✗ Restaurant/Imbiss 300m Ver-/Entsorgung Womo ✓ in den Ort 1km	Lebensmittel ✓ Brötchen am Platz ✓ Restaurant & Imbiss ✓ Ver-/Entsorgung Womo ✓ in den Ort 200m	Lebensmittel ✓ Brötchen am Platz ✓ Restaurant am P. ✓ Ver-/Entsorgung Womo ✓ in den Ort 1km
Anzahl der Plätze	Gesamt/Touristen 80/40 Mietunterkünfte ✓ Stellplätze vor Schranke ✗	Gesamt/Touristen 133/120 Mietunterkünfte ✓ Stellplätze vor Schranke ✗	Touristenplätze 108 Mietunterkünfte ✗ Stellplätze vor Schranke ✗

	Camping Grund	TCS Camping Bönigen-Interlaken	JungfrauCamp 5
Gesamt	4.1 SEHR GUT 9 Bewertungen	4.6 SEHR GUT 126 Bewertungen	4.8 SEHR GUT 5 Bewertungen
Lage	4.7	4.8	4.8
Ruhe	4.9	4.5	5.0
Sanitäranlagen	4.1	4.4	3.6
Sauberkeit Ø	4.8	4.7	4.6
Freundlichkeit	4.3	4.7	4.6
Stellplatz	4.1	4.3	4.4
Verpflegung	4.2	4.1	3.6
Freizeit	4.6	4.7	4.4
Preis-Leistung	4.2	4.3	4.0
Mietunterkünfte	4.5	4.7	-

Geeignet für

	Camping Grund	TCS Camping Bönigen-Interlaken	JungfrauCamp 5
Kinder b. 6 J.	4.3	4.4	4.6
Kinder b. 12 J.	4.3	4.5	4.2
Kinder b. 18 J.	4.3	4.2	3.8
Paare	4.7	4.6	4.8
Senioren	4.7	4.7	5.0
Gäste mit Zelt	4.8	4.6	4.6
Gäste mit Hund	4.8	4.4	
Hunde n. erlaubt			-

Empfohlene Aktivitäten

- Camping Grund: Wandern, Radfahren, Mountainbiking
- TCS Camping Bönigen-Interlaken: Wandern, Schwimmen, Radfahren
- JungfrauCamp 5: Wandern, Radfahren, Entspannen

17 MANOR FARM 1

Seestraße 201
CH-3800 Interlaken-Thunersee
+41 33 8222264
www.manorfarm.ch
info@manorfarm.ch

ganzjährig

HS: 55,00 € | NS: 40,00 €

Mehr Infos & Anfrage:
www.camping.info/17222

Baden im See am Platz	✓
Pool/Hallenbad	3km
Spielplatz am Platz	✓
Hunde willkommen	✓
Skilift/Loipe	10km
WLAN (begrenzt gratis)	✓
Lebensmittel	✓
Brötchen am Platz	✓
Restaurant & Imbiss	✓
Ver-/Entsorgung Womo	✓
in den Ort	2km
Gesamt/Touristen	530/220
Mietunterkünfte	✓
Stellplätze vor Schranke	✓

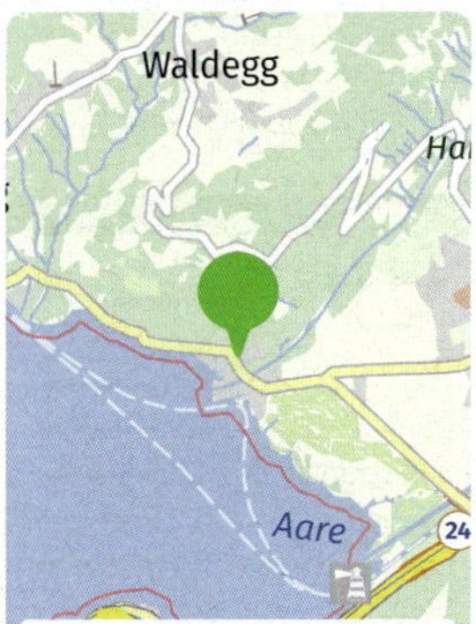

46.68166 | 7.81555
558m ü.M.

Am Ufer des Thunersees, umgeben von einer herrlichen Bergwelt.

Lage & Stellplatz

Der Campingplatz liegt direkt am Ufer des Thunersees, umgeben von einer herrlichen Bergwelt. Sämtliche Stellplätze verfügen über Stromanschlüsse, ein Großteil über Wasser- und Abwasseranschlüsse. Mit der Gästekarte erhält man kostenlosen Eintritt in das Freiluft- und Hallenbad in Interlaken (3 km).

Verpflegung

Im platzeigenen Laden findet man täglich ein breites Sortiment an nützlichen Artikeln sowie frisches Brot vom Dorfbäcker. Zum Betrieb gehören ferner zwei Restaurants, eines direkt am Areal und eines in 500 m Entfernung am See. Während der Hochsaison gibt es außerdem einen Imbiss.

Sanitär

Von April bis Oktober sind insgesamt fünf gepflegte Sanitärgebäude mit einem umfassenden Angebot an sanitären Einrichtungen geöffnet. Im Winter steht den Gästen das geheizte Hauptgebäude zur Verfügung.

Freizeit

Am Platz gibt es Kinderspielplätze, Tischtennis und Minigolf. Zudem genießt man gratis Zugang zu vier Stränden (Gras und Kies). In 500 m Entfernung befindet sich ein Verleih von Rädern, Kajaks und SUPs. Direkt vom Platz aus verläuft ein gut ausgebautes Wandernetz entlang des Sees, Bachs und Waldes.

Idyllisch gelegen.

Bade- und Ruderspaß pur.

4.0 SEHR GUT
27 Bewertungen

Lage	4.6
Ruhe	4.0
Sanitäranlagen	3.7
Sauberkeit Ø	3.9
Freundlichkeit	4.0
Stellplatz	4.1
Verpflegung	3.7
Freizeit	4.3
Preis-Leistung	3.5
Mietunterkünfte	3.2

Geeignet für

4.5 Kinder b. 12 J.
4.5 Paare
4.4 Senioren
4.4 Gäste mit Zelt
4.2 Kinder b. 18 J.
4.0 Kinder b. 6 J.
4.0 Gäste mit Hund

Empfohlene Aktivitäten

Wandern
Schwimmen
Radfahren
Kayak/Kanu

Mehr Infos

Karte auf Seite 284

	15 Camping Lazy Rancho	16 Camping Hobby 3	19 Camping Arnist
			*
	Lehnweg 6 3800 Interlaken-Unterseen +41 33 822 87 16	Lehnweg 16 3800 Interlaken-Unterseen +41 33 822 96 52	Mühlebühl 35E 3765 Oberwil im Simmental +41 33 783 16 83
	46.68556 | 7.83028 560m ü.M.	46.68423 | 7.8298 565m ü.M.	46.65479 | 7.43158
Infos			
Öffnungszeiten	18.04. - 13.10.	01.04. - 30.09.	ganzjährig
Vergleichspreis	HS: 45,60 € | NS: 30,60 €	HS: 43,40 € | NS: 33,50 €	HS: 23,00 € | NS: 23,00 €
Link	**Mehr Infos & Anfrage:** www.camping.info/17223	**Mehr Infos & Anfrage:** www.camping.info/17225	**Mehr Infos & Anfrage:** www.camping.info/23659
Ausstattung			
Freizeit	Baden im Fluss 500m Pool/Hallenbad ✓/1km Spielplatz am Platz ✓	Baden im See 1km Pool/Hallenbad ✓/3km Spielplatz am Platz ✓	Baden im Fluss 1km Pool/Hallenbad ✓/7km Spielplatz am Platz ✓
Campingplatz	Hunde willkommen ✓ Skilift/Loipe k. A./10km WLAN ✓	Hunde willkommen ✓ Skilift & Loipe ✗ WLAN ✓	Hunde willkommen ✓ Skilift/Loipe 3km/✓ WLAN ✓
Versorgung	Lebensmittel ✓ Brötchen am Platz ✓ Restaurant/Imbiss 500m/1km Ver-/Entsorgung Womo ✓ in den Ort 1km	Lebensmittel ✓ Brötchen am Platz ✓ Restaurant/Imbiss 300m Ver-/Entsorgung Womo ✓ in den Ort 1km	Lebensmittel k.A. Brötchen am Platz ✓ Restaurant/Imbiss 500m/✓ Ver-/Entsorgung Womo ✓ im Ort ✓
Anzahl der Plätze	Gesamt/Touristen 145/90 Mietunterkünfte ✓ Stellplätze vor Schranke ✗	Gesamt/Touristen 120/70 Mietunterkünfte ✗ Stellplätze vor Schranke ✗	Touristenplätze 30 Mietunterkünfte ✓ Stellplätze vor Schranke ✗

	Camping Lazy Rancho	Camping Hobby 3	Camping Arnist
Gesamt	4.9 SEHR GUT, 15 Bewertungen	4.8 SEHR GUT, 5 Bewertungen	4.7 SEHR GUT, 3 Bewertungen
Lage	4.9	4.8	4.7
Ruhe	4.7	5.0	4.7
Sanitäranlagen	4.9	4.6	4.3
Sauberkeit Ø	5.0	5.0	4.5
Freundlichkeit	5.0	5.0	5.0
Stellplatz	4.8	4.6	3.3
Verpflegung	4.2	3.8	2.7
Freizeit	4.8	4.0	3.7
Preis-Leistung	4.5	4.8	4.7
Mietunterkünfte	5.0	-	-
Geeignet für			
Kinder b. 6 J.	4.6	4.0	3.3
Kinder b. 12 J.	4.6	4.3	3.3
Kinder b. 18 J.	4.7	3.5	2.7
Paare	5.0	5.0	4.3
Senioren	5.0	5.0	4.3
Gäste mit Zelt	5.0	4.5	4.5
Gäste mit Hund	5.0	5.0	4.5
Empfohlene Aktivitäten	Wandern Paragleiten Mountainbiking	Radfahren Mountainbiking Wandern	Wandern Mountainbiking Entspannen

ANZEIGE

18 Camping Alpenblick

*

Seestrasse 130
3800 Unterseen-Interlaken
+41 33 822 77 57
www.camping-alpenblick.ch
info@camping-alpenblick.ch

ganzjährig

HS: 41,00 € | NS: 27,60 €

Mehr Infos & Anfrage:
www.camping.info/17224

Baden im See	80m
Pool/Hallenbad	2km
Spielplatz am Platz	✓
Hunde willkommen	✓
Skilift/Loipe	8km
WLAN	✓
Lebensmittel	✓
Brötchen am Platz	✓
Restaurant & Imbiss	✓
Ver-/Entsorgung Womo	✓
in den Ort	2km
Gesamt/Touristen	220/120
Mietunterkünfte	×
Stellplätze vor Schranke	×

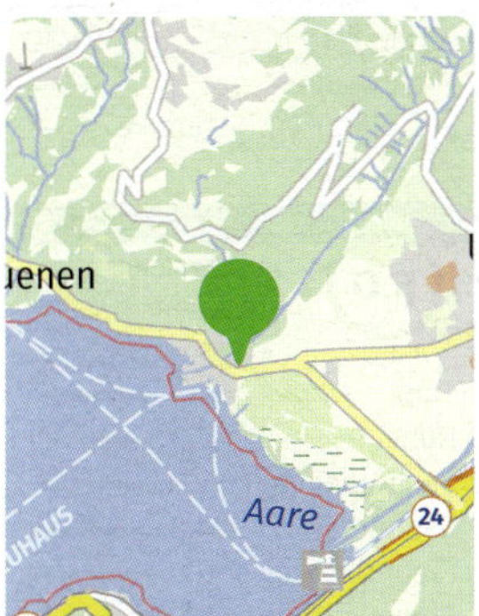

1 km
46.68008 | 7.81858
540m ü.M.

Wundervolle Aussicht auf die Bergwelt!

Lage & Stellplatz

Am Eingang zum Oberland, zwischen Thuner- und Brienzersee. Wer den Blick hebt, sieht nichts als Berge: die Berner Alpen, diese Pracht. Kein Wunder, zieht es viele in die Höhe, wenn das Abenteuer ruft. Aber sie kehren auch gerne zurück. Hierhin auf dem Camping Alpenblick, wo es einem an nichts fehlt.

Sanitär

Tipptopp sauber und hervorragend ausgestattet: Die Sanitäranlagen beim Camping Alpenblick erfüllen allerhöchste Campingansprüche – auf umweltfreundliche Weise natürlich.

Verpflegung

Traditionelle Schweizer Küche, feine Fleisch-Spezialitäten, aber auch vegane Gerichte – und es gilt: viele Zutaten aus der Region, mit Liebe zubereitet. Klar: Im Winter gibt's Fondue und Raclette.

Freizeit

Interlaken ist großartig – und ein idealer Ausgangsort für unzählige Ausflüge, Aktivitäten, Erlebnisse im Berner Oberland. Ganz gleich, ob die Campingurlauber hier Abenteuer, Erholung oder die perfekte Aussicht suchen.

Perfekt für alle Camper.

Relaxen in der schönen Lounge.

4.0 SEHR GUT
14 Bewertungen

Lage	3.6
Ruhe	3.1
Sanitäranlagen	4.8
Sauberkeit Ø	4.8
Freundlichkeit	4.5
Stellplatz	3.9
Verpflegung	3.4
Freizeit	4.3
Preis-Leistung	3.8
Mietunterkünfte	-

Geeignet für

4.7 Senioren

4.6	Paare
4.5	Gäste mit Zelt
4.2	Gäste mit Hund
4.1	Kinder b. 12 J.
4.1	Kinder b. 18 J.
3.7	Kinder b. 6 J.

Empfohlene Aktivitäten

Wandern · Schwimmen · Radfahren · Mountainbiking

Mehr Infos

Karte auf Seite 284

	20 Camp Holdrio	21 Frutigresort	22 Camping Jaunpass
		❄	❄
	Itramenstrasse 3818 Grindelwald +41 79 614 02 88	Sportweg 5 3714 Frutigen 0336726060	3766 Boltigen +41 33 773 69 53
	46.61975 | 8.00717 1100m ü.M.	46.59346 | 7.65466 800m ü.M.	46.59244 | 7.33749
Infos			
Öffnungszeiten	01.05. - 15.10.	ganzjährig	ganzjährig
Vergleichspreis	keine Angabe	HS: 39,00 € | NS: 32,00 €	HS: 24,00 € | NS: 24,00 €
Link	**Mehr Infos & Anfrage:** www.camping.info/25976	**Mehr Infos & Anfrage:** www.camping.info/27580	**Mehr Infos & Anfrage:** www.camping.info/17206
Ausstattung			
Freizeit	Baden in nat. Gewässer k. A. Pool/Hallenbad 5/6km Spielplatz ✗	Baden im Fluss 2km Pool & Hallenbad ✓ Spielplatz am Platz ✓	Baden in nat. Gewässer k. A. Pool/Hallenbad 20/15km Spielplatz am Platz ✓
Campingplatz	Hunde willkommen ✓ Skilift & Loipe ✗ WLAN ✗	Hunde erlaubt ✓ Skilift/Loipe 8/16km WLAN ✓	Hunde willkommen ✓ Skilift & Loipe ✓ WLAN (gratis) teilweise
Versorgung	Lebensmittel 5km Brötchen am Platz ✗ Restaurant & Imbiss ✗ Ver-/Entsorgung Womo ✗ in den Ort 8km	Lebensmittel ✓ Brötchen am Platz ✓ Restaurant & Imbiss ✓ Ver-/Entsorgung Womo ✓ in den Ort 1km	Lebensmittel ✓ Brötchen am Platz ✓ Restaurant/Imbiss 10m/✓ Ver-/Entsorgung Womo ✓ in den Ort 8km
Anzahl der Plätze	Touristenplätze 10 Mietunterkünfte ✗ Stellplätze vor Schranke ✗	Touristenplätze 75 Mietunterkünfte ✓ Stellplätze vor Schranke ✗	Gesamt/Touristen 130/30 Mietunterkünfte ✓ Stellplätze vor Schranke ✗

Camp Holdrio

- **JETZT BEWERTEN!**

Für diese Auswertung liegen leider noch nicht genügend Bewertungen vor.

Sei einer der Ersten, der diesen Campingplatz bewertet. Unter den Bewertern werden regelmäßig Gewinne verlost!

Mehr Infos dazu findest du in unserem allgemeinen Intro.

Frutigresort

4.0 **SEHR GUT**
6 Bewertungen

Lage	4.3
Ruhe	3.5
Sanitäranlagen	3.2
Sauberkeit Ø	4.7
Freundlichkeit	5.0
Stellplatz	3.3
Verpflegung	3.8
Freizeit	4.5
Preis-Leistung	4.8
Mietunterkünfte	-

Geeignet für

Kinder b. 6 J.	4.5
Kinder b. 12 J.	4.8
Kinder b. 18 J.	4.5
Paare	3.7
Senioren	3.7
Gäste mit Zelt	4.2
Gäste mit Hund	3.0

Empfohlene Aktivitäten

- Wandern
- Schwimmen
- Radfahren

Camping Jaunpass

5.0 **AUSGEZEICHNET**
3 Bewertungen

Lage	4.3
Ruhe	4.3
Sanitäranlagen	5.0
Sauberkeit Ø	4.8
Freundlichkeit	5.0
Stellplatz	5.0
Verpflegung	4.7
Freizeit	4.7
Preis-Leistung	4.7
Mietunterkünfte	-

Geeignet für

Kinder b. 6 J.	5.0
Kinder b. 12 J.	5.0
Kinder b. 18 J.	5.0
Paare	5.0
Senioren	5.0
Gäste mit Zelt	5.0
Gäste mit Hund	5.0

Empfohlene Aktivitäten

- Wandern
- Entspannen
- Ski

23 Camping Jungfrau Lauterbrunnen

✱
Weid 406
3822 Lauterbrunnen
+41 33 856 20 10
www.campingjungfrau.swiss
info@campingjungfrau.swiss

01.01. - 31.10.
18.12. - 31.12.
HS: 51,70 € | NS: 45,50 €

Mehr Infos & Anfrage:
www.camping.info/17233

Baden in nat. Gewässer	k. A.
Pool	800m
Spielplatz am Platz	✓
Hunde willkommen	✓
Skilift & Loipe	✓
WLAN	✓
Lebensmittel	✓
Brötchen	keine Angabe
Restaurant & Imbiss	✓
Ver-/Entsorgung Womo	✓
in den Ort	500m
Gesamt/Touristen	270/200
Mietunterkünfte	✓
Stellplätze vor Schranke	✗

1 km
46.58874 | 7.90826
800m ü.M.

Willkommen im Lauterbrunnental im Herzen der Jungfrauregion.

Lage & Stellplatz

Camping Jungfrau befindet sich am Dorfrand von Lauterbrunnen direkt unter dem 300 Meter hohen Staubbach Wasserfall. Am Fuße von Eiger, Mönch, Jungfrau und des Schilthorn Piz Gloria gelegen, ist der Platz der ideale Ausgangspunkt für herrliche Aktivferien in der Jungfrauregion.

Verpflegung

Am Platz gibt es einen kleinen Supermarkt für die Dinge des täglichen Bedarfs. Aber auch die Kulinarik kommt nicht zu kurz, denn im schönen Schweizer Restaurant „Weidstübli" & Pizzeria "Stall" findet man ganzjährig ein attraktives und umfassendes Angebot an traditionellen Speisen und Getränken.

Sanitär

Die Gäste nutzen die praktisch und komfortabel ausgerüsteten Sanitäranlagen, die alles bieten, was man benötigt. Babywickelraum, Waschmaschine und Trockner sowie barrierefreie WCs und Duschen sind vorhanden. Auf Sauberkeit wird bei den modernen Anlagen großen Wert gelegt.

Freizeit

Wanderwege und Mountainbikestrecken aller Schwierigkeitsklassen führen Sie zu Gipfeln und Seen. Die Region ist bekannt für zahlreiche Adventure Aktivitäten, wie Gleitschirmfliegen, Riverrafting und mehr. Im Winter können Sie Skifahren, Snowboarden, Winterwandern, Langlaufen und Schneeschuhlaufen.

Einkehr im urigen Restaurant.

Perfekt auch für Wintercamping!

4.2 SEHR GUT
24 Bewertungen

Lage	4.4
Ruhe	3.4
Sanitäranlagen	4.3
Sauberkeit Ø	4.3
Freundlichkeit	4.5
Stellplatz	4.2
Verpflegung	4.2
Freizeit	4.2
Preis-Leistung	3.6
Mietunterkünfte	2.0

Geeignet für

4.6 Gäste mit Hund
4.3 Paare
4.2 Senioren
4.1 Kinder b. 12 J.
4.1 Kinder b. 18 J.
3.8 Gäste mit Zelt
3.5 Kinder b. 6 J.

Empfohlene Aktivitäten

Wandern
Paragleiten
Mountainbiking
Ski

Mehr Infos

Karte auf Seite 284

	24	25	26
	Camping Grassi	**Camping Blüemlisalp**	**Camping Eggmatte**
	Grassiweg 60 3714 Frutigen +41 33 671 11 49 46.58135 | 7.64102 800m ü.M.	Griesalpstrasse 3723 Kiental +41 33 676 12 35 46.5811 | 7.7286 950m ü.M.	Eggmatte 8 3757 Schwenden im Diemtigtal +41 33 684 12 32 46.5759 | 7.4878
Infos			
Öffnungszeiten	01.04. - 31.12.	ganzjährig	ganzjährig
Vergleichspreis	HS: 37,50 € | NS: 32,00 €	keine Angabe	HS: 33,00 € | NS: 33,00 €
Link	**Mehr Infos & Anfrage:** www.camping.info/17209	**Mehr Infos & Anfrage:** www.camping.info/17230	**Mehr Infos & Anfrage:** www.camping.info/17240
Ausstattung			
Freizeit	Baden in nat. Gewässer k. A. Pool/Hallenbad 2km Spielplatz am Platz ✓	Baden in nat. Gewässer k. A. Pool & Hallenbad ✗ Spielplatz am Platz ✓	Baden in nat. Gewässer k. A. Pool & Hallenbad ✗ Spielplatz keine Angabe
Campingplatz	Hunde erlaubt ✓ Skilift 12km WLAN ✓	Hunde erlaubt Nur HS Skilift & Loipe ✓ WLAN ✓	Hunde erlaubt ✓ Skilift & Loipe ✓ WLAN ✓
Versorgung	Lebensmittel 1km Brötchen am Platz ✓ Restaurant/Imbiss 1km Ver-/Entsorgung Womo ✓ in den Ort 1km	Lebensmittel 500m Brötchen keine Angabe Restaurant am P. ✓ Ver-/Entsorgung Womo ✗ in den Ort 1km	Lebensmittel k.A. Brötchen keine Angabe Restaurant am P. ✓ Ver-/Entsorgung Womo ✗ in den Ort keine Angabe
Anzahl der Plätze	Gesamt/Touristen 140/65 Mietunterkünfte ✓ Stellplätze vor Schranke ✗	Gesamt keine Angabe Mietunterkünfte ✗ Stellplätze vor Schranke ✗	Gesamt keine Angabe Mietunterkünfte ✓ Stellplätze vor Schranke ✗

	Camping Grassi	Camping Blüemlisalp	Camping Eggmatte
Gesamt	4.0 SEHR GUT, 7 Bewertungen	4.3 SEHR GUT, 7 Bewertungen	5.0 AUSGEZEICHNET, 4 Bewertungen
Lage	4.6	4.7	5.0
Ruhe	4.9	5.0	5.0
Sanitäranlagen	3.7	3.7	5.0
Sauberkeit Ø	4.5	4.8	5.0
Freundlichkeit	4.4	4.3	5.0
Stellplatz	3.7	4.2	4.8
Verpflegung	1.7	4.6	3.3
Freizeit	4.4	4.2	4.8
Preis-Leistung	4.3	4.3	4.8
Mietunterkünfte	3.0	-	5.0
Geeignet für			
Kinder b. 6 J.	4.0	4.3	4.7
Kinder b. 12 J.	4.0	4.2	4.7
Kinder b. 18 J.	2.3	3.0	3.7
Paare	4.6	5.0	5.0
Senioren	4.6	5.0	5.0
Gäste mit Zelt	4.2	5.0	5.0
Gäste mit Hund	4.7	5.0	5.0

Empfohlene Aktivitäten	Camping Grassi	Camping Blüemlisalp	Camping Eggmatte
	Wandern	Wandern	Wandern
	Mountainbiking	Entspannen	Ski
	Entspannen	Mountainbiking	Cross Country

Camping Blüemlisalp: WOMOs über 9m nicht möglich

27 Camping Breithorn

Sandbach
3824 Stechelberg
+41 33 855 12 25
46.56797 | 7.90927

ganzjährig

HS: 28,50 €

Mehr Infos & Anfrage:
www.camping.info/17241

Baden in nat. Gewässer	k. A.
Pool/Hallenbad	4/20km
Spielplatz am Platz	✓
Hunde willkommen	✓
Skilift/Loipe	3km/✓
WLAN	✓
Lebensmittel	✓
Brötchen am Platz	✓
Restaurant/Imbiss	2km
Ver-/Entsorgung Womo	✓
in den Ort	3km
Gesamt/Touristen	80/35
Mietunterkünfte	✓
Stellplätze vor Schranke	✗

4.5 SEHR GUT
13 Bewertungen

Lage	4.7
Ruhe	4.9
Sanitäranlagen	4.2
Sauberkeit Ø	4.8
Freundlichkeit	4.6
Stellplatz	4.2
Verpflegung	3.8
Freizeit	4.4
Preis-Leistung	4.8
Mietunterkünfte	-

Geeignet für

Kinder b. 6 J.	5.0
Kinder b. 12 J.	5.0
Kinder b. 18 J.	5.0
Paare	4.9
Senioren	4.9
Gäste mit Zelt	4.7
Gäste mit Hund	4.7

Empfohlene Aktivitäten

- Wandern
- Paragleiten
- Radfahren

28 Camping Fankhauser

3770 Zweisimmen
+41 33 722 13 56
46.56334 | 7.37742

ganzjährig

HS: 32,90 € | NS: 32,90 €

Mehr Infos & Anfrage:
www.camping.info/17244

Baden im See am Platz	✓
Pool & Hallenbad	✗
Spielplatz am Platz	✓
Hunde erlaubt	✓
Skilift/Loipe	500m
WLAN	✓
Lebensmittel	50m
Brötchen	keine Angabe
Restaurant	500m
Ver-/Entsorgung Womo	✓
in den Ort	500m
Gesamt	keine Angabe
Mietunterkünfte	✗
Stellplätze vor Schranke	✗

5.0 AUSGEZEICHNET
4 Bewertungen

Lage	4.8
Ruhe	5.0
Sanitäranlagen	5.0
Sauberkeit Ø	5.0
Freundlichkeit	5.0
Stellplatz	4.5
Verpflegung	5.0
Freizeit	4.0
Preis-Leistung	5.0
Mietunterkünfte	-

Geeignet für

Kinder b. 6 J.	4.7
Kinder b. 12 J.	5.0
Kinder b. 18 J.	4.0
Paare	5.0
Senioren	5.0
Gäste mit Zelt	4.5
Gäste mit Hund	5.0

Empfohlene Aktivitäten

- Wandern
- Entspannen
- Angeln

29 Camping Vermeille

Ey-Gässli 2
3770 Zweisimmen
+41 33 722 19 40
46.56285 | 7.37855
950m ü.M.

ganzjährig

HS: 34,00 € | NS: 38,00 €

Mehr Infos & Anfrage:
www.camping.info/17243

Baden im Fluss am Platz	✓
Pool/Hallenbad	✓/15km
Spielplatz am Platz	✓
Hunde willkommen	✓
Skilift/Loipe	1km
WLAN	✓
Lebensmittel	300m
Brötchen am Platz	✗
Restaurant/Imbiss	300m
Ver-/Entsorgung Womo	✓
in den Ort	1km
Gesamt/Touristen	95/25
Mietunterkünfte	✓
Stellplätze vor Schranke	✗

4.2 SEHR GUT
5 Bewertungen

Lage	4.4
Ruhe	4.2
Sanitäranlagen	4.2
Sauberkeit Ø	5.0
Freundlichkeit	5.0
Stellplatz	3.8
Verpflegung	3.0
Freizeit	5.0
Preis-Leistung	4.8
Mietunterkünfte	5.0

Geeignet für

Kinder b. 6 J.	4.5
Kinder b. 12 J.	4.3
Kinder b. 18 J.	4.5
Paare	5.0
Senioren	5.0
Gäste mit Zelt	5.0
Gäste mit Hund	5.0

Empfohlene Aktivitäten

- Wandern
- Mountainbiking
- Entspannen

Karte auf Seite 284

	30	31	32
	Camping Rütti	**Camping Rendez-Vous**	**Camping Hasenweide**
		❄	❄
	Rütti 3824 Stechelberg +41 33 855 28 85	Hubleweg 3718 Kandersteg +41 33 675 15 34	Hasenweide 1 3775 Lenk +41 33 7332647
	46.54632 | 7.90143	46.49686 | 7.68359 1200m ü.M.	46.42834 | 7.47748
Infos			
Öffnungszeiten	01.05. - 30.09.	ganzjährig	ganzjährig
Vergleichspreis	HS: 26,50 € | NS: 26,50 €	HS: 40,00 € | NS: 30,00 €	HS: 29,40 € | NS: 29,40 €
Link	**Mehr Infos & Anfrage:** www.camping.info/17242	**Mehr Infos & Anfrage:** www.camping.info/17229	**Mehr Infos & Anfrage:** www.camping.info/17234
Ausstattung			
Freizeit	Baden in nat. Gewässer k. A.	Baden im See 3km	Baden in nat. Gewässer k. A.
	Pool & Hallenbad ✗	Pool/Hallenbad 800m/13km	Pool/Hallenbad 5km
	Spielplatz am Platz ✓	Spielplatz am Platz ✓	Spielplatz am Platz ✓
Campingplatz	Hunde erlaubt ✓	Hunde willkommen ✓	Hunde erlaubt ✓
	Skilift & Loipe keine Angabe	Skilift & Loipe ✓	Skilift/Loipe 2km/✓
	WLAN keine Angabe	WLAN ✓	WLAN (gegen Gebühr) ✓
Versorgung	Lebensmittel ✓	Lebensmittel ✓	Lebensmittel ✓
	Brötchen am Platz ✓	Brötchen am Platz ✓	Brötchen am Platz ✓
	Restaurant & Imbiss ✗	Restaurant & Imbiss ✓	Restaurant/Imbiss ✓/5km
	Ver-/Entsorgung Womo ✓	Ver-/Entsorgung Womo ✓	Ver-/Entsorgung Womo ✓
	in den Ort keine Angabe	in den Ort 800m	in den Ort 5km
Anzahl der Plätze	Gesamt/Touristen 105/100	Gesamt/Touristen 60/40	Gesamt/Touristen 110/55
	Mietunterkünfte ✗	Mietunterkünfte ✗	Mietunterkünfte ✓
	Stellplätze vor Schranke ✗	Stellplätze vor Schranke ✗	Stellplätze vor Schranke ✗

	Camping Rütti	Camping Rendez-Vous	Camping Hasenweide
Gesamt	4.3 SEHR GUT, 13 Bewertungen	4.1 SEHR GUT, 11 Bewertungen	4.6 SEHR GUT, 5 Bewertungen
Lage	4.9	4.5	4.4
Ruhe	4.4	4.9	5.0
Sanitäranlagen	3.6	3.9	4.2
Sauberkeit Ø	4.4	4.8	4.7
Freundlichkeit	4.4	5.0	5.0
Stellplatz	4.1	3.8	4.0
Verpflegung	3.3	3.9	3.2
Freizeit	4.5	4.6	3.8
Preis-Leistung	4.5	4.4	4.8
Mietunterkünfte	-	-	3.5
Geeignet für			
Kinder b. 6 J.	3.5	3.9	3.7
Kinder b. 12 J.	3.8	4.3	4.2
Kinder b. 18 J.	4.4	4.7	3.3
Paare	4.7	4.6	4.8
Senioren	4.2	4.2	4.8
Gäste mit Zelt	4.6	5.0	5.0
Gäste mit Hund	3.0	4.8	5.0
Empfohlene Aktivitäten	Wandern Klettern Mountainbiking	Wandern Cross Country Mountainbiking	Wandern Klettern Mountainbiking

Ein warmes Plätzchen
für dein Schätzchen
Hier findest du mit Sicherheit einen guten Platz
Bei einstellplatz.info findest du Platz für dein Gefährt. Ob Wohnwagen, Reisemobil, Boot, Motorrad oder Oldtimer, die passende Ein- oder Abstellmöglichkeit gibt es auch in deiner Nähe. Überdacht, frostsicher oder bewacht.
JETZT DEN BESTEN EINSTELLPLATZ FINDEN
einstellplatz.info
www.einstellplatz.info
eine Webseite von camping.info

SCHWEIZ

5 Zentralschweiz

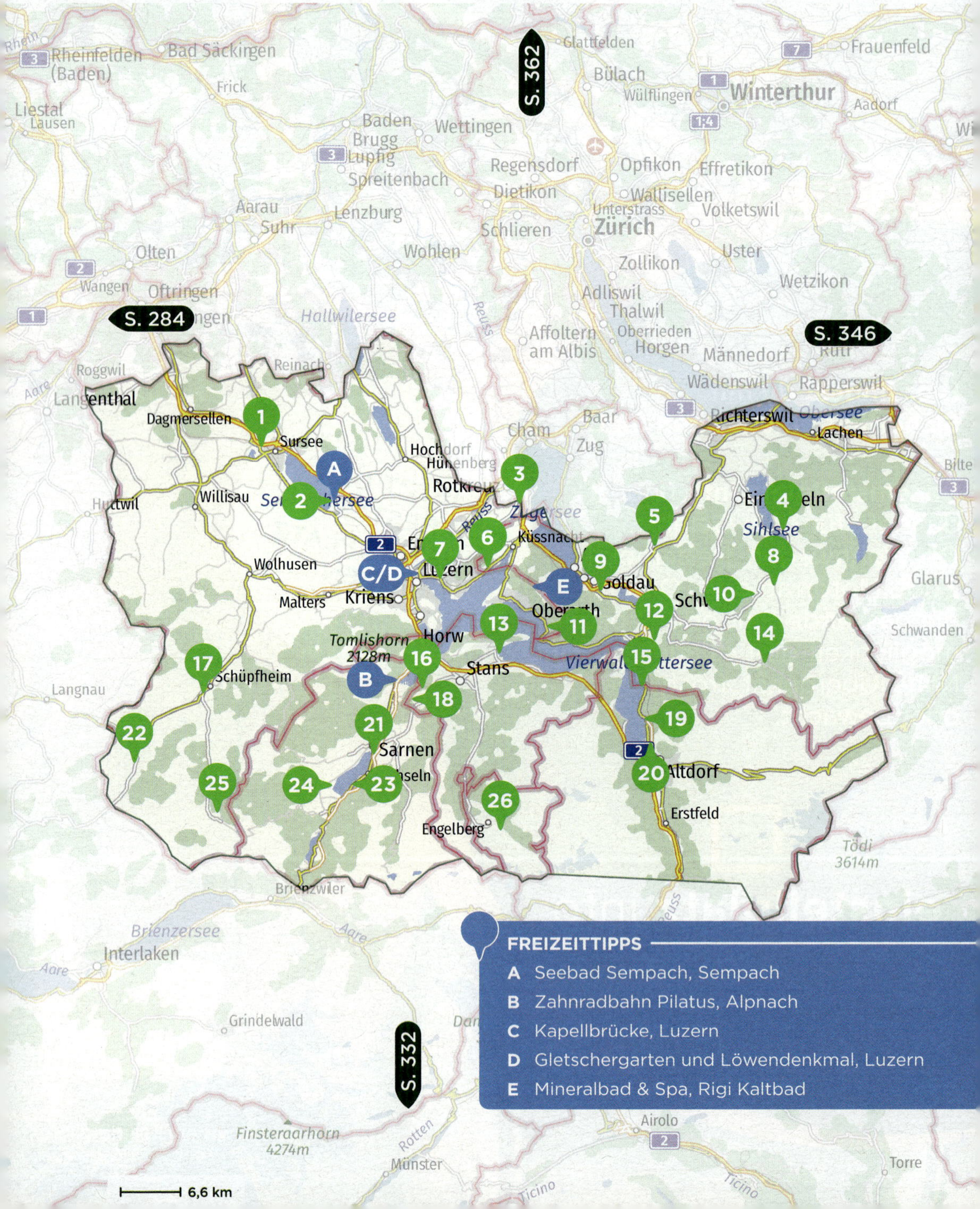

	Platz	Seite	Bewertung	Öffnungszeiten	
1	Camping Sursee Waldheim	306	4.2	saisonal	
2	TCS Camping Sempach	306	4.5	saisonal	
3	Erlebnisbauernhof & Camping Gerbe	307	3.2	saisonal	
4	Camping Euthal	306	-	saisonal	
5	Camping Kronematt	308	-	ganzjährig	✱
6	Seecamping Vierwaldstättersee Luzern Merlischachen	308	4.3	k. A.	
7	Camping International Lido Luzern	309	3.6	ganzjährig	✱
8	Camping Forellenhof	308	-	saisonal	✱
9	Camping Buosingen	310	-	ganzjährig	✱
10	Camping Oberiberg	310	-	ganzjährig	✱
11	Camping Vitznau	310	4.4	saisonal	
12	Ferienhof-Rüti	311	4.9	saisonal	
13	TCS Camping Buochs Vierwaldstättersee	311	4.1	saisonal	
14	Camping Husky-Lodge	311	-	saisonal	
15	Camping Bucheli	311	4.3	saisonal	
16	Camping Hostetten	312	4.0	saisonal	
17	Campingplatz Bad	312	-	k. A.	
18	Camping Ebnet	312	4.3	k. A.	✱
19	Camping Windsurfing Urnersee	314	-	saisonal	
20	Remo Camping	314	4.3	ganzjährig	✱
21	Camping Seefeld Park Sarnen	313	4.2	ganzjährig	✱
22	Camping Sternen	314	-	ganzjährig	✱
23	Camping Ewil	315	4.5	saisonal	✱
24	Camping International Giswil-Sarnersee	315	4.3	saisonal	
25	Camping Rischli	315	-	k. A.	
26	Camping Eienwäldli	315	4.6	ganzjährig	✱

Blick zum Reussdelta bei Seedorf am Urnersee © swiss-image.ch/Marcus Gyger

DER SCHÖNSTE SEE DER SCHWEIZ

Der Vierwaldstättersee liegt im Herzen der Schweiz und zählt zu den schönsten Flecken der Schweiz. Die Region rund um den See gilt als die Wiege der Eidgenossenschaft, schließlich wurde hier der Bund zwischen Urner, Schwyzer und Unterwaldner geschlossen. Camper sind vor allem vom herrlichen See begeistert, der von eindrucksvollen Bergen umgeben ist und mit besonders mildem Klima punktet. Die größte Stadt am See und kulturelles Zentrum der Region ist Luzern, das mit zahlreichen Sehenswürdigkeiten, Museen und Veranstaltungen lockt.

AKTIVE STUNDEN

Benannt nach den vier angrenzenden Waldstätten Uri, Unterwalden, Schwyz und Luzern, begeistert der Vierwaldstättersee mit seiner herrlichen Natur und den unzähligen Freizeitmöglichkeiten. Im Winter locken in der Umgebung die schönsten Skigebiete des Landes. Hunderte Pisten- und Loipen-Kilometer, Winterwanderwege und Rodelbahnen warten auf Wintersportfreunde. Im Sommer dient vor allem der See, dem Trinkwasserqualität bescheinigt wurde, der Erholung. Camper genießen wunderbare Stunden an den Stränden oder sie entdecken die spektakuläre Seenlandschaft mit dem Kanu. Taucher kommen am Vierwaldstättersee ebenfalls auf ihre Kosten: Zerklüftete Steilwände, Canyons und die abwechslungsreiche Unterwasserwelt laden zu ausgedehnten Tauchgängen ein. Unvergessen bleibt ein Schiffsausflug über den Vierwaldstättersee, der gut mit einer Wanderung oder einer Radtour in der malerischen Umgebung kombiniert werden kann.

Matterhorn Gotthard Bahn bei Grossboden, Andermatt
© swiss-image.ch/Jan Geerk

LUZERN – KULTURELLES ZENTRUM DER ZENTRALSCHWEIZ

Sehenswürdigkeiten gibt es rund um den Vierwaldstättersee zur Genüge. Eine besonders große Dichte ist dabei in Luzern zu finden: Wahrzeichen der Stadt ist die berühmte Kapellbrücke, die als älteste Holzbrücke Europas gilt. Am Ende des Bauwerks steht der Wasserturm aus dem 14. Jahrhundert, der in seiner langen Vergangenheit unter anderem als Folterraum und Gefängnis genutzt wurde und heute zu den meistfotografierten Denkmälern der Schweiz zählt. Unzählige Male abgelichtet wurden auch der in natürlichen Stein gehauene „Sterbende Löwe von Luzern", die barocke Jesuitenkirche, das im italienischen Renaissancestil erbaute Rathaus und das Kongresszentrum Luzern (KKL). Sehenswert sind zudem die Museen der Stadt, allen voran die Sammlung Rosengart, die Werke von Künstlern der klassischen Moderne zeigt, und das Verkehrshaus, das meistbesuchte Museum der Schweiz.

DIE STEILSTE ZAHNRADBAHN DER WELT

Seit 1889 führt die Pilatusbahn auf den berühmten Hausberg von Luzern, den Pilatus. Die maximale Steigung beträgt 48 Prozent und macht die Fahrt mit der Zahnradbahn zu einem einmaligen Erlebnis. Alternativ kann der Berg in weniger als vier Minuten mit der Luftseilbahn erklommen werden. Ein besonderes Highlight sind die Panorama-Sitzplätze im vorderen und hinteren Teil der Kabine, die ein Gefühl wie in einem Helikopter vermitteln. Am Gipfel angekommen stehen den Sportbegeisterten alle Wege offen: Wandern, Klettern, Mountainbiken sowie die Sommerrodelbahn sorgen für bestes Freizeitvergnügen. Großartige Ausblicke auf Luzern und die umliegende Bergwelt bietet die Aussichtsplattform, die sich direkt an der Bergstation befindet.

Nachtpanorama von Andermatt, Richtung Furkapass © swiss-image.ch/Jan Geerk

TIPP DER REDAKTION

Ferienhof Rüti

Morschach | Nr. 12 | Seite 311

Laut Gästen ideal geeignet zum:

- Wandern
- Entspannen
- Mountainbiken

4.9

Karte auf Seite 302

	1	2	4
	Camping Sursee Waldheim	**TCS Camping Sempach**	**Camping Euthal**
	Waldheim 1 6210 Sursee +41 41 921 11 61	Seelandstrasse 6 6204 Sempach +41 41 460 14 66	Euthalerstr. 10 8844 Euthal +41 795 017 673
	47.17491 | 8.08738 518m ü.M.	47.12456 | 8.1895 508m ü.M.	47.09696 | 8.81194
Infos			
Öffnungszeiten	28.03. - 25.10.	19.03. - 24.10.	01.05. - 31.10.
Vergleichspreis	HS: 29,00 € | NS: 26,50 €	HS: 59,80 € | NS: 43,60 €	HS: 35,00 € | NS: 35,00 €
Link	**Mehr Infos & Anfrage:** www.camping.info/17191	**Mehr Infos & Anfrage:** www.camping.info/17189	**Mehr Infos & Anfrage:** www.camping.info/17180
Ausstattung			
Freizeit	Baden im See 4km Pool/Hallenbad 12km Spielplatz am Platz ✓	Baden im See am Platz ✓ Pool & Hallenbad ✗ Spielplatz am Platz ✓	Baden im See am Platz ✓ Hallenbad 3km Spielplatz am Platz ✓
Campingplatz	Hunde willkommen ✓ Skilift & Loipe ✗ WLAN (gegen Gebühr) ✓	Hunde willkommen ✓ Skilift & Loipe ✗ WLAN ✓	Hunde ✗ Skilift/Loipe 4km WLAN ✓
Versorgung	Lebensmittel ✓ Brötchen am Platz ✓ Restaurant/Imbiss 1km/✓ Ver-/Entsorgung Womo ✓ in den Ort 2km	Lebensmittel ✓ Brötchen am Platz ✓ Restaurant & Imbiss ✓ Ver-/Entsorgung Womo ✓ in den Ort 800m	Lebensmittel 200m Brötchen am Platz ✗ Restaurant/Imbiss 100m Ver-/Entsorgung Womo ✓ in den Ort 3km
Anzahl der Plätze	Gesamt/Touristen 105/30 Mietunterkünfte ✓ Stellplätze vor Schranke ✗	Gesamt/Touristen 433/222 Mietunterkünfte ✓ Stellplätze vor Schranke ✗	Gesamt/Touristen 75/5 Mietunterkünfte ✗ Stellplätze vor Schranke ✗

	Camping Sursee Waldheim	TCS Camping Sempach	Camping Euthal
Gesamt	4.2 SEHR GUT, 31 Bewertungen	4.5 SEHR GUT, 136 Bewertungen	- JETZT BEWERTEN!
Lage	4.3	4.8	
Ruhe	4.4	4.1	
Sanitäranlagen	4.0	4.4	
Sauberkeit Ø	4.5	4.7	
Freundlichkeit	4.5	4.7	
Stellplatz	4.0	4.3	
Verpflegung	3.5	3.9	
Freizeit	3.6	4.3	
Preis-Leistung	4.0	4.0	
Mietunterkünfte	4.5	4.7	
Geeignet für			
Kinder b. 6 J.	4.0	4.7	
Kinder b. 12 J.	3.9	4.7	
Kinder b. 18 J.	3.2	4.3	
Paare	4.5	4.7	
Senioren	4.5	4.6	
Gäste mit Zelt	4.4	4.6	
Gäste mit Hund	4.5	4.2	

	Camping Sursee Waldheim	TCS Camping Sempach
Empfohlene Aktivitäten	Wandern Radfahren Entspannen	Schwimmen Radfahren Entspannen

Camping Euthal:

Für diese Auswertung liegen leider noch nicht genügend Bewertungen vor.

Sei einer der Ersten, der diesen Campingplatz bewertet. Unter den Bewertern werden regelmäßig Gewinne verlost!

Mehr Infos dazu findest du in unserem allgemeinen Intro.

3 Erlebnisbauernhof & Camping Gerbe

Gerbe 1
6344 Meierskappel
+41417904534
www.swiss-bauernhof.ch
info@swiss-bauernhof.ch

01.03. - 31.10.

HS: 29,00 € | NS: 28,80 €

Mehr Infos & Anfrage:
www.camping.info/22042

Baden im See	1km
Pool/Hallenbad	✓/10km
Spielplatz am Platz	✓
Hunde willkommen	✓
Skilift/Loipe	10/25km
WLAN	✓
Lebensmittel	✓
Brötchen am Platz	✓
Restaurant & Imbiss	✓
Ver-/Entsorgung Womo	✓
in den Ort	300m
Gesamt/Touristen	80/60
Mietunterkünfte	✗
Stellplätze vor Schranke	✗

1 km
47.12136 | 8.44586
450m ü.M.

Idyllischer Erlebnisbauernhof inmitten der Zentralschweiz. Blick auf Rigi.

Lage & Stellplatz

Der Erlebnisbauernhof Gerbe liegt in Meierskappel (Luzern) inmitten der Zentralschweiz und ist somit ein idealer Ausgangspunkt, um die gesamte Schweiz zu entdecken. Zwischen dem Zuger- und Vierwaldstättersee, am Fuße des Hausbergs Rigi, genießt man entspannende Ferien in der idyllischen Natur.

Verpflegung

Für die Verpflegung am Platz sorgen das gemütliche Restaurant mit hofeigenen, regionalen Produkten sowie der Hofladen mit Produkten des täglichen Bedarfs. Auch frisches Brot oder tolles Frühstück werden auf Bestellung geliefert. Die ländliche Atmosphäre genießt man am besten auf der großen Terrasse.

Sanitär

Der Campingplatz verfügt über neue, moderne und barrierefreie Sanitäranlagen. Diese umfassen unter anderem eine Waschmaschine, einen Trockner und kostenloses Warmwasser. Des Weiteren wird eine Ver- und Entsorgungsstation für Wohnmobile geboten.

Freizeit

Der Platz liegt zentral mitten in der Schweiz, in bester Verkehrslage. Von hier aus kann man die ganze Schweiz mit Tagesausflügen entdecken. Auf dem Erlebnisbauernhof wird es niemals langweilig – das Schwimmbad, der große Spielplatz mit Feuerstelle und viele Tiere bieten erlebnisreiche Urlaubstage.

Neue, moderne Sanitäranlagen.

Großes Schwimmbad am Platz.

3.2 GUT
17 Bewertungen

Lage	3.7
Ruhe	3.6
Sanitäranlagen	2.7
Sauberkeit Ø	3.5
Freundlichkeit	4.0
Stellplatz	3.3
Verpflegung	3.2
Freizeit	3.6
Preis-Leistung	3.8
Mietunterkünfte	-

Geeignet für

- 4.4 Gäste mit Hund
- 4.2 Gäste mit Zelt
- 4.1 Kinder b. 12 J.
- 3.3 Senioren
- 4.1 Kinder b. 6 J.
- 3.5 Paare
- 2.8 Kinder b. 18 J.

Empfohlene Aktivitäten

Wandern · Entspannen · Radfahren · Mountainbiking

Mehr Infos

Genießen Sie den Luxus der Natur, Produkte vom Hof im Hofladen erhältlich.

Karte auf Seite 302

5 Camping Kronematt

✻

Schlagstraße 60
6417 Sattel
+41 835 13 13
47.08131 | 8.6348

6 Seecamping Vierwaldstättersee Luzern Merlischachen

Luzernerstrasse 271
6402 Merlischachen / Luzern
+41 41 8500804
47.0618 | 8.40285
435m ü.M.

8 Camping Forellenhof

✻

Waagtalstrasse 94
8842 Unteriberg
+41 55 414 31 61
47.04461 | 8.80012

Infos	Camping Kronematt	Seecamping Vierwaldstättersee Luzern Merlischachen	Camping Forellenhof
Öffnungszeiten	ganzjährig	keine Angabe	01.06. - 22.09. 01.10. - 31.12.
Vergleichspreis	HS: 28,00 € | NS: 28,00 €	HS: 48,00 € | NS: 42,00 €	HS: 18,50 € | NS: 18,50 €
Link	**Mehr Infos & Anfrage:** www.camping.info/25770	**Mehr Infos & Anfrage:** www.camping.info/17184	**Mehr Infos & Anfrage:** www.camping.info/24603
Ausstattung			
Freizeit	Baden in nat. Gewässer k. A. Pool & Hallenbad ✗ Spielplatz am Platz ✓	Baden im See am Platz ✓ Pool & Hallenbad ✗ Spielplatz ✗	Baden im See 10km Pool/Hallenbad 1km Spielplatz keine Angabe
Campingplatz	Hunde erlaubt ✓ Skilift & Loipe ✓ WLAN (gegen Gebühr) ✓	Hunde ✗ Skilift & Loipe ✗ WLAN ✗	Hunde ✗ Skilift/Loipe 2km WLAN (gegen Gebühr) ✓
Versorgung	Lebensmittel ✓ Brötchen am Platz ✗ Restaurant & Imbiss ✓ Ver-/Entsorgung Womo ✓ im Ort ✓	Lebensmittel 600m Brötchen am Platz ✗ Restaurant 500m Ver-/Entsorgung Womo ✗ in den Ort 600m	Lebensmittel 1km Brötchen keine Angabe Restaurant/Imbiss 600m/1km Ver-/Entsorgung Womo ✓ in den Ort 1km
Anzahl der Plätze	Gesamt keine Angabe Mietunterkünfte ✗ Stellplätze vor Schranke ✗	Gesamt/Touristen 30/20 Mietunterkünfte ✗ Stellplätze vor Schranke ✗	Gesamt/Touristen 55/10 Mietunterkünfte ✗ Stellplätze vor Schranke ✗

Camping Kronematt

- **JETZT BEWERTEN!**

Für diese Auswertung liegen leider noch nicht genügend Bewertungen vor.

Sei einer der Ersten, der diesen Campingplatz bewertet. Unter den Bewertern werden regelmäßig Gewinne verlost!

Mehr Infos dazu findest du in unserem allgemeinen Intro.

Seecamping Vierwaldstättersee Luzern Merlischachen

4.3 **SEHR GUT**
11 Bewertungen

Lage	4.6
Ruhe	3.9
Sanitäranlagen	4.1
Sauberkeit Ø	5.0
Freundlichkeit	5.0
Stellplatz	4.1
Verpflegung	2.8
Freizeit	4.0
Preis-Leistung	3.8
Mietunterkünfte	-

Geeignet für

Kinder b. 6 J.	3.7
Kinder b. 12 J.	4.0
Kinder b. 18 J.	4.0
Paare	4.6
Senioren	4.4
Gäste mit Zelt	4.5
Hunde n. erlaubt	-

Empfohlene Aktivitäten

- Radfahren
- Wandern
- Kayak/Kanu

Camping Forellenhof

- **JETZT BEWERTEN!**

Für diese Auswertung liegen leider noch nicht genügend Bewertungen vor.

Sei einer der Ersten, der diesen Campingplatz bewertet. Unter den Bewertern werden regelmäßig Gewinne verlost!

Mehr Infos dazu findest du in unserem allgemeinen Intro.

7 Camping International Lido Luzern

*

Lidostrasse 19
6006 Luzern
+41 (0)41 370 21 46
www.camping-international.ch
luzern@camping-international.ch

ganzjährig

HS: 57,00 € | NS: 57,00 €

Mehr Infos & Anfrage:
www.camping.info/27107

Baden im See	100m
Pool/Hallenbad	100m/5km
Spielplatz	100m
Hunde willkommen	✓
Skilift/Loipe	15km
WLAN	✓
Lebensmittel	500m
Brötchen am Platz	nur HS
Restaurant/Imbiss	200m/✓
Ver-/Entsorgung Womo	✓
im Ort	✓
Gesamt/Touristen	250/150
Mietunterkünfte	✓
Stellplätze vor Schranke	✗

47.04998 | 8.33811
435m ü.M.

Der parkähnliche 4-Sterne-Campingplatz liegt abseits von Straßenlärm.

Lage & Stellplatz

Der parkähnlich angelegte 4-Sterne-Campingplatz liegt abseits von Straßenlärm, nur wenige Autominuten vom Stadtkern Luzern (direkte Busverbindung) und drei Gehminuten vom wunderschönen Vierwaldstättersee und Strandbad entfernt. Der Platz ist ganzjährig geöffnet und verfügt über tolle Stellplätze.

Verpflegung

Für das leibliche Wohl sorgt das Bistro auf dem Platz mit feinen Snacks und erfrischenden Getränken. Das Bistro verfügt innen und außen über genügend gemütliche Plätze. In unmittelbarer Nähe (0,3 km) gibt es einen Shop (6–22 Uhr) und einen Supermarkt mit einer großen Auswahl an Köstlichkeiten.

Sanitär

Der Platz verfügt über moderne sanitäre Anlagen mit guter Beleuchtung. Camper profitieren von genügend Waschbecken, einer Einzelwaschkabine sowie Duschen. Des Weiteren stehen Waschbecken, Föhne, Waschmaschinen und Trockner zur Verfügung. Die Betreiber legen großen Wert auf Sauberkeit und Hygiene.

Freizeit

Die zentrale Lage des Platzes ist ideal für Tagesausflüge in die Berge, zu Seen oder für einen Stadtbummel. In unmittelbarer Nähe locken das Verkehrshaus und das Strandbad Lido. Auch für sportliche Aktivitäten ist der Platz ideal. Vor Ort gibt es eine Tischtennisplatte und eine Grillstelle.

Großzügiger Zeltplatz.

Geselliger Grillplatz.

3.6 GUT
17 Bewertungen

Lage	4.4
Ruhe	4.1
Sanitäranlagen	3.7
Sauberkeit Ø	4.0
Freundlichkeit	3.6
Stellplatz	3.9
Verpflegung	2.5
Freizeit	4.2
Preis-Leistung	3.1
Mietunterkünfte	3.0

Geeignet für

4.9 Gäste mit Zelt

4.5	Paare
4.4	Senioren
4.2	Kinder b. 12 J.
4.2	Kinder b. 18 J.
3.9	Kinder b. 6 J.
3.8	Gäste mit Hund

Empfohlene Aktivitäten

Schwimmen · Sightseeing · Wandern · Kultur

Mehr Infos

Karte auf Seite 302

9 Camping Buosingen

❄

Gotthardstr. 84
6410 Goldau
+41 795 856 586
47.03787 | 8.56066

10 Camping Oberiberg

❄

Laucherenstrasse 30
8843 Oberiberg
+41 79 414 21 99
47.0362 | 8.77348

11 Camping Vitznau

Altdorfstraße 34
6354 Vitznau
+41 41 397 12 80
47.00592 | 8.48659
440m ü.M.

Infos

	9 Camping Buosingen	10 Camping Oberiberg	11 Camping Vitznau
Öffnungszeiten	ganzjährig	ganzjährig	28.03. - 04.10.
Vergleichspreis	HS: 18,30 € | NS: 18,30 €	HS: 30,00 € | NS: 30,00 €	HS: 44,00 € | NS: 37,00 €
Link	**Mehr Infos & Anfrage:** www.camping.info/22043	**Mehr Infos & Anfrage:** www.camping.info/17187	**Mehr Infos & Anfrage:** www.camping.info/17193

Ausstattung

	9 Camping Buosingen	10 Camping Oberiberg	11 Camping Vitznau
Freizeit	Baden im See: 2km Pool & Hallenbad: ✗ Spielplatz am Platz: ✓	Baden in nat. Gewässer: k. A. Pool & Hallenbad: ✗ Spielplatz am Platz: ✓	Baden im See: 500m Pool/Hallenbad: ✓/5km Spielplatz: 10m
Campingplatz	Hunde: ✗ Skilift & Loipe: keine Angabe WLAN: keine Angabe	Hunde erlaubt: ✓ Skilift: 1km WLAN (gegen Gebühr): ✓	Hunde willkommen: ✓ Skilift/Loipe: 20km WLAN: ✓
Versorgung	Lebensmittel: ✓ Brötchen: keine Angabe Restaurant & Imbiss: ✗ Ver-/Entsorgung Womo: ✗ in den Ort: 2km	Lebensmittel: ✓ Brötchen am Platz: ✗ Restaurant & Imbiss: ✓ Ver-/Entsorgung Womo: ✓ in den Ort: 500m	Lebensmittel: ✓ Brötchen am Platz: ✓ Restaurant/Imbiss: 500m/✓ Ver-/Entsorgung Womo: ✓ in den Ort: 10m
Anzahl der Plätze	Gesamt: 170 Mietunterkünfte: ✗ Stellplätze vor Schranke: ✗	Touristenplätze: 8 Mietunterkünfte: ✓ Stellplätze vor Schranke: ✗	Gesamt/Touristen: 140/70 Mietunterkünfte: ✓ Stellplätze vor Schranke: ✗

9 Camping Buosingen

- **JETZT BEWERTEN!**

Für diese Auswertung liegen leider noch nicht genügend Bewertungen vor.

Sei einer der Ersten, der diesen Campingplatz bewertet. Unter den Bewertern werden regelmäßig Gewinne verlost!

Mehr Infos dazu findest du in unserem allgemeinen Intro.

10 Camping Oberiberg

- **JETZT BEWERTEN!**

Für diese Auswertung liegen leider noch nicht genügend Bewertungen vor.

Sei einer der Ersten, der diesen Campingplatz bewertet. Unter den Bewertern werden regelmäßig Gewinne verlost!

Mehr Infos dazu findest du in unserem allgemeinen Intro.

11 Camping Vitznau

4.4 **SEHR GUT**
28 Bewertungen

Lage	4.6
Ruhe	4.3
Sanitäranlagen	4.4
Sauberkeit Ø	4.7
Freundlichkeit	4.5
Stellplatz	4.1
Verpflegung	3.6
Freizeit	4.4
Preis-Leistung	4.0
Mietunterkünfte	4.8

Geeignet für

Kinder b. 6 J.	3.9
Kinder b. 12 J.	4.0
Kinder b. 18 J.	3.9
Paare	4.8
Senioren	4.6
Gäste mit Zelt	4.6
Gäste mit Hund	4.3

Empfohlene Aktivitäten

- Wandern
- Schwimmen
- Entspannen

12 Ferienhof-Rüti

Rüti 4
6443 Morschach
+41 41 820 53 09
46.99045 | 8.6339
800m ü.M.

28.04. - 20.10.

HS: 32,00 € | NS: 32,00 €

Mehr Infos & Anfrage:
www.camping.info/23929

Baden im See	5km
Pool/Hallenbad	1km
Spielplatz am Platz	✓
Hunde	✗
Skilift	2km
WLAN	✓
Lebensmittel	✓
Brötchen am Platz	✓
Restaurant	500m
Ver-/Entsorgung Womo	✓
in den Ort	1km
Touristenplätze	20
Mietunterkünfte	✓
Stellplätze vor Schranke	✗

4.9 SEHR GUT
17 Bewertungen

Lage	4.6
Ruhe	4.6
Sanitäranlagen	4.1
Sauberkeit Ø	4.9
Freundlichkeit	5.0
Stellplatz	4.4
Verpflegung	3.5
Freizeit	4.2
Preis-Leistung	4.4
Mietunterkünfte	5.0

Geeignet für

Kinder b. 6 J.	4.7
Kinder b. 12 J.	4.7
Kinder b. 18 J.	3.7
Paare	4.4
Senioren	4.3
Gäste mit Zelt	4.7
Hunde n. erlaubt	-

Empfohlene Aktivitäten

- Wandern
- Entspannen
- Mountainbiking

keine Gruppen über 8 P.; schmale Bergstraße bei Anreise via Schwyz - Ibach

13 TCS Camping Buochs Vierwaldstättersee

Seefeld 4
6374 Buochs-Ennetbürgen
+41 41 620 34 74
46.97956 | 8.41842
465m ü.M.

01.04. - 24.10.

HS: 52,20 € | NS: 39,60 €

Mehr Infos & Anfrage:
www.camping.info/17178

Baden im See	200m
Pool & Hallenbad	✗
Spielplatz am Platz	✓
Hunde willkommen	✓
Skilift & Loipe	✗
WLAN	✓
Lebensmittel	200m
Brötchen am Platz	✓
Restaurant/Imbiss	100m
Ver-/Entsorgung Womo	✓
in den Ort	800m
Gesamt/Touristen	220/120
Mietunterkünfte	✓
Stellplätze vor Schranke	✗

4.1 SEHR GUT
49 Bewertungen

Lage	4.4
Ruhe	3.8
Sanitäranlagen	4.4
Sauberkeit Ø	4.7
Freundlichkeit	4.6
Stellplatz	4.0
Verpflegung	3.1
Freizeit	4.5
Preis-Leistung	3.9
Mietunterkünfte	4.0

Geeignet für

Kinder b. 6 J.	4.1
Kinder b. 12 J.	4.1
Kinder b. 18 J.	3.8
Paare	4.3
Senioren	4.3
Gäste mit Zelt	3.9
Gäste mit Hund	4.1

Empfohlene Aktivitäten

- Schwimmen
- Wandern
- Radfahren

14 Camping Husky-Lodge

Balm 40
6436 Muotathal
+41 41 831 81 50
46.97064 | 8.78863
650m ü.M.

01.05. - 31.10.

HS: 45,00 € | NS: 45,00 €

Mehr Infos & Anfrage:
www.camping.info/26419

Baden in nat. Gewässer	k. A.
Hallenbad	3km
Spielplatz am Platz	✓
Hunde willkommen	✓
Skilift/Loipe	10/3km
WLAN	✓
Lebensmittel	1km
Brötchen am Platz	✗
Restaurant am P.	✓
Ver-/Entsorgung Womo	✗
in den Ort	10km
Gesamt	keine Angabe
Mietunterkünfte	✓
Stellplätze vor Schranke	✗

- JETZT BEWERTEN!

Für diese Auswertung liegen leider noch nicht genügend Bewertungen vor.

Sei einer der Ersten, der diesen Campingplatz bewertet. Unter den Bewertern werden regelmäßig Gewinne verlost!

Mehr Infos dazu findest du in unserem allgemeinen Intro.

15 Camping Bucheli

Campingstrasse 2
6452 Sisikon
+41 79 387 07 51
46.94938 | 8.61944

01.04. - 31.10.

HS: 34,00 € | NS: 34,00 €

Mehr Infos & Anfrage:
www.camping.info/25092

Baden im See am Platz	✓
Pool & Hallenbad	✗
Spielplatz am Platz	✓
Hunde erlaubt	✓
Skilift & Loipe	✗
WLAN (gegen Gebühr)	✓
Lebensmittel	✓
Brötchen am Platz	✓
Restaurant & Imbiss	✓
Ver-/Entsorgung Womo	✓
im Ort	✓
Gesamt	keine Angabe
Mietunterkünfte	✗
Stellplätze vor Schranke	✗

4.3 SEHR GUT
3 Bewertungen

Lage	4.7
Ruhe	3.7
Sanitäranlagen	4.3
Sauberkeit Ø	5.0
Freundlichkeit	4.7
Stellplatz	2.3
Verpflegung	1.0
Freizeit	3.3
Preis-Leistung	3.7
Mietunterkünfte	-

Geeignet für

Kinder b. 6 J.	2.0
Kinder b. 12 J.	2.5
Kinder b. 18 J.	3.0
Paare	4.7
Senioren	4.7
Gäste mit Zelt	3.7
Gäste mit Hund	4.0

Empfohlene Aktivitäten

- Schwimmen
- Wandern
- Kayak/Kanu

Karte auf Seite 302

	16	17	18
	Camping Hostetten	**Campingplatz Bad**	**Camping Ebnet**
	Hostetten 6372 Ennetmoos	6170 Schüpfheim	Ebnet 1 6372 Ennetmoos
	46.9464 | 8.3113	46.94139 | 8.0069	46.93663 | 8.29874
Infos			
Öffnungszeiten	01.04. - 31.10.	keine Angabe	keine Angabe
Vergleichspreis	HS: 23,00 €	keine Angabe	HS: 20,00 € | NS: 20,00 €
Link	**Mehr Infos & Anfrage:** www.camping.info/24150	**Mehr Infos & Anfrage:** www.camping.info/25652	**Mehr Infos & Anfrage:** www.camping.info/26072
Ausstattung			
Freizeit	Baden in nat. Gewässer: k. A. Pool & Hallenbad: ✗ Spielplatz: keine Angabe	Baden in nat. Gewässer: k. A. Pool & Hallenbad: ✗ Spielplatz: keine Angabe	Baden in nat. Gewässer: k. A. Pool/Hallenbad: 8/3km Spielplatz: ✗
Campingplatz	Hunde erlaubt: Nur HS Skilift & Loipe: keine Angabe WLAN: ✓	Hunde: ✗ Skilift & Loipe: keine Angabe WLAN: keine Angabe	Hunde erlaubt: ✓ Skilift/Loipe: 12km WLAN: ✓
Versorgung	Lebensmittel: k.A. Brötchen am Platz: ✗ Restaurant & Imbiss: ✗ Ver-/Entsorgung Womo: ✗ in den Ort: keine Angabe	Lebensmittel: k.A. Brötchen: keine Angabe Restaurant & Imbiss: ✗ Ver-/Entsorgung Womo: ✗ in den Ort: keine Angabe	Lebensmittel: 2km Brötchen am Platz: ✗ Restaurant/Imbiss: 1/2km Ver-/Entsorgung Womo: ✗ in den Ort: 8km
Anzahl der Plätze	Gesamt: keine Angabe Mietunterkünfte: ✗ Stellplätze vor Schranke: ✗	Gesamt: keine Angabe Mietunterkünfte: ✗ Stellplätze vor Schranke: ✗	Gesamt/Touristen: 8/5 Mietunterkünfte: ✓ Stellplätze vor Schranke: ✗

Camping Hostetten – 4.0 SEHR GUT, 4 Bewertungen

Lage	4.7
Ruhe	5.0
Sanitäranlagen	3.7
Sauberkeit Ø	4.8
Freundlichkeit	5.0
Stellplatz	3.0
Verpflegung	1.7
Freizeit	3.3
Preis-Leistung	4.3
Mietunterkünfte	-

Geeignet für

Kinder b. 6 J.	1.0
Kinder b. 12 J.	4.0
Kinder b. 18 J.	3.0
Paare	5.0
Senioren	4.0
Gäste mit Zelt	4.3
Gäste mit Hund	4.3

Empfohlene Aktivitäten

- Wandern
- Entspannen
- Mountainbiking

Campingplatz Bad – - JETZT BEWERTEN!

Für diese Auswertung liegen leider noch nicht genügend Bewertungen vor.

Sei einer der Ersten, der diesen Campingplatz bewertet. Unter den Bewertern werden regelmäßig Gewinne verlost!

Mehr Infos dazu findest du in unserem allgemeinen Intro.

Camping Ebnet – 4.3 SEHR GUT, 3 Bewertungen

Lage	4.7
Ruhe	4.3
Sanitäranlagen	3.7
Sauberkeit Ø	4.2
Freundlichkeit	5.0
Stellplatz	4.0
Verpflegung	3.0
Freizeit	4.0
Preis-Leistung	4.0
Mietunterkünfte	5.0

Geeignet für

Kinder b. 6 J.	4.0
Kinder b. 12 J.	4.0
Kinder b. 18 J.	3.3
Paare	4.7
Senioren	4.0
Gäste mit Zelt	4.3
Gäste mit Hund	4.0

Empfohlene Aktivitäten

- Mountainbiking
- Radfahren
- Wandern

21 Camping Seefeld Park Sarnen

Seestrasse 20
6060 Sarnen
+41 41 666 57 88
www.seefeldpark.ch
welcome@seefeldpark.ch

ganzjährig

HS: 59,00 € | NS: 42,00 €

Mehr Infos & Anfrage:
www.camping.info/23930

Baden im See am Platz	✓
Pool/Hallenbad	✓/4km
Spielplatz	500m
Hunde erlaubt	nur NS
Skilift/Loipe	17/20km
WLAN	✓
Lebensmittel	✓
Brötchen am Platz	✓
Restaurant/Imbiss	✓/500m
Ver-/Entsorgung Womo im Ort	✓
Gesamt/Touristen	182/94
Mietunterkünfte	✓
Stellplätze vor Schranke	✓

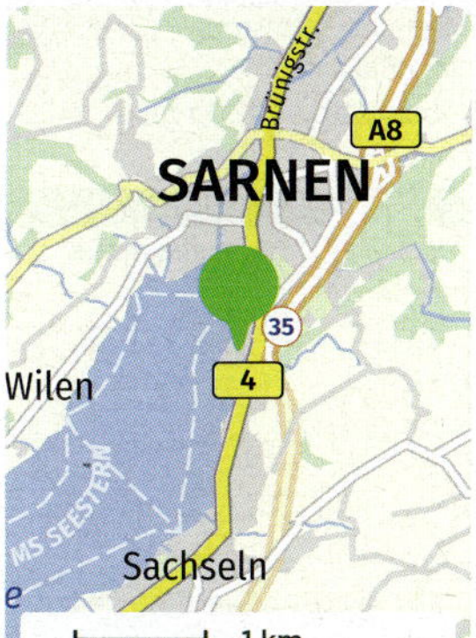

46.88377 | 8.24354
470m ü.M.

Von Herzen willkommen und ...einfach Gast sein... im Seefeld Park Sarnen!

Lage & Stellplatz

Einfach Gast sein: mit diesem Leitbild sorgt das Team vom Seefeld, damit sich die Gäste rundum wohlfühlen. Die moderne Gesamtanlage, direkt am schönen Sarnersee gelegen, wurde 2011 neu eröffnet. Knapp 100 Touristenplätze, eine schöne Zeltwiese und über 15 Mietobjekte lassen keine Wünsche offen.

Verpflegung

Im Camping Shop finden die Campinggäste alles für den täglichen Bedarf, frisches Brot und Spezialitäten der Region. Von April bis Oktober ist das Restaurant Seefeld geöffnet. In der frei zugänglichen Campinglounge kann die Küche inkl. Gasgrill benutzt werden. Schöne Grillplätze sind frei zugänglich.

Sanitär

Ein großzügiges Sanitärgebäude und eine Beautyzone im Hauptgebäude (inkl. IV) Dusche/WC, Kinder-WC, Wickelraum, Hundedusche und Chemieausguss decken alle persönlichen Bedürfnisse bestens ab und sind im Preis inklusive. Waschmaschine und Trockner/ Trocknungsraum gegen Gebühr.

Freizeit

Das solarbeheizte Erlebnisbad ist von Mai bis September geöffnet, die Campinggäste haben freien Eintritt. Campen – baden – paddeln – relaxen – fischen – wandern – biken – klettern – spielen... Das Freizeitparadies Obwalden erwartet die Urlauber im Herzen der Schweiz, direkt im und um den Campingplatz.

Beheiztes Erlebnisbad inklusive.

Natur pur im Herzen der Schweiz.

4.2 SEHR GUT
80 Bewertungen

Lage	4.7
Ruhe	3.7
Sanitäranlagen	4.0
Sauberkeit Ø	4.4
Freundlichkeit	4.2
Stellplatz	4.1
Verpflegung	3.7
Freizeit	4.5
Preis-Leistung	3.6
Mietunterkünfte	4.1

Geeignet für

- 4.4 Kinder b. 12 J.
- 4.3 Kinder b. 6 J.
- 4.3 Paare
- 4.3 Senioren
- 4.2 Kinder b. 18 J.
- 3.9 Gäste mit Zelt
- 3.2 Gäste mit Hund

Empfohlene Aktivitäten

Schwimmen | Wandern | Radfahren | Entspannen

Mehr Infos

Neu: „Online buchen" und sich damit den Wunschplatz sichern!

Karte auf Seite 302

	19 Camping Windsurfing Urnersee	20 Remo Camping	22 Camping Sternen
		❄	❄
	Unterer Winkel 11 6454 Flüelen +41 870 92 22	Flüelerstrasse 112 6460 Altdorf +41 41 870 85 41	6196 Marbach
	46.91527 | 8.62281	46.89285 | 8.62792 480m ü.M.	46.8732 | 7.908 852m ü.M.
Infos			
Öffnungszeiten	10.04. - 31.10.	ganzjährig	ganzjährig
Vergleichspreis	keine Angabe	HS: 27,50 € | NS: 27,50 €	keine Angabe
Link	**Mehr Infos & Anfrage:** www.camping.info/25099	**Mehr Infos & Anfrage:** www.camping.info/17177	**Mehr Infos & Anfrage:** www.camping.info/25102
Ausstattung			
Freizeit	Baden im See am Platz ✓ Pool & Hallenbad ✗ Spielplatz am Platz ✓	Baden im See 2km Pool/Hallenbad 10m Spielplatz ✗	Baden in nat. Gewässer k. A. Pool & Hallenbad ✗ Spielplatz keine Angabe
Campingplatz	Hunde willkommen ✓ Skilift & Loipe keine Angabe WLAN keine Angabe	Hunde willkommen ✓ Skilift 500m WLAN ✓	Hunde willkommen ✓ Skilift & Loipe keine Angabe WLAN keine Angabe
Versorgung	Lebensmittel k.A. Brötchen keine Angabe Restaurant & Imbiss ✗ Ver-/Entsorgung Womo ✗ in den Ort 1km	Lebensmittel 1km Brötchen am Platz ✓ Restaurant/Imbiss ✓/100m Ver-/Entsorgung Womo ✓ in den Ort 1km	Lebensmittel k.A. Brötchen keine Angabe Restaurant & Imbiss ✗ Ver-/Entsorgung Womo ✗ in den Ort 1km
Anzahl der Plätze	Touristenplätze 15 Mietunterkünfte ✗ Stellplätze vor Schranke ✗	Gesamt/Touristen 50/22 Mietunterkünfte ✗ Stellplätze vor Schranke ✗	Gesamt/Touristen 175/15 Mietunterkünfte ✗ Stellplätze vor Schranke ✗

19 – Camping Windsurfing Urnersee

- JETZT BEWERTEN!

Für diese Auswertung liegen leider noch nicht genügend Bewertungen vor.

Sei einer der Ersten, der diesen Campingplatz bewertet. Unter den Bewertern werden regelmäßig Gewinne verlost!

Mehr Infos dazu findest du in unserem allgemeinen Intro.

20 – Remo Camping

4.3 SEHR GUT
17 Bewertungen

Lage	4.1
Ruhe	2.8
Sanitäranlagen	4.5
Sauberkeit Ø	4.8
Freundlichkeit	4.9
Stellplatz	4.1
Verpflegung	3.8
Freizeit	3.6
Preis-Leistung	4.5
Mietunterkünfte	-

Geeignet für

Kinder b. 6 J.	4.0
Kinder b. 12 J.	4.1
Kinder b. 18 J.	4.0
Paare	4.6
Senioren	4.5
Gäste mit Zelt	4.5
Gäste mit Hund	4.8

Empfohlene Aktivitäten

- Wandern
- Radfahren
- Sightseeing

22 – Camping Sternen

- JETZT BEWERTEN!

Für diese Auswertung liegen leider noch nicht genügend Bewertungen vor.

Sei einer der Ersten, der diesen Campingplatz bewertet. Unter den Bewertern werden regelmäßig Gewinne verlost!

Mehr Infos dazu findest du in unserem allgemeinen Intro.

23 Camping Ewil

❄

Brünigstrasse 258
6072 Sachseln
+41 41 666 32 70

46.8558 | 8.21517

01.05. - 30.09.

HS: 35,60 €

Mehr Infos & Anfrage:
www.camping.info/25600

Baden im See am Platz	✓
Pool & Hallenbad	✗
Spielplatz	✗
Hunde erlaubt	✓
Skilift & Loipe	✗
WLAN (begrenzt gratis)	✓
Lebensmittel	✓
Brötchen am Platz	nur HS
Restaurant/Imbiss	50m/✓
Ver-/Entsorgung Womo	✓
im Ort	✓
Gesamt	keine Angabe
Mietunterkünfte	✗
Stellplätze vor Schranke	✗

4.5 SEHR GUT
4 Bewertungen

Lage	4.2
Ruhe	3.5
Sanitäranlagen	3.8
Sauberkeit Ø	4.8
Freundlichkeit	4.8
Stellplatz	3.8
Verpflegung	2.7
Freizeit	3.8
Preis-Leistung	4.2
Mietunterkünfte	-

Geeignet für

Kinder b. 6 J.	3.0
Kinder b. 12 J.	3.0
Kinder b. 18 J.	3.0
Paare	4.8
Senioren	5.0
Gäste mit Zelt	2.5
Gäste mit Hund	4.0

Empfohlene Aktivitäten

- Radfahren
- Wandern
- Entspannen

24 Camping International Giswil-Sarnersee

Campingstrasse 11
6074 Giswil

46.85377 | 8.1882

01.04. - 15.10.

keine Angabe

Mehr Infos & Anfrage:
www.camping.info/27101

Baden im See am Platz	✓
Pool & Hallenbad	✗
Spielplatz am Platz	✓
Hunde willkommen	✓
Skilift & Loipe	keine Angabe
WLAN	keine Angabe
Lebensmittel	✓
Brötchen am Platz	✓
Restaurant & Imbiss	✓
Ver-/Entsorgung Womo	✗
in den Ort	2km
Gesamt/Touristen	150/90
Mietunterkünfte	✓
Stellplätze vor Schranke	✗

4.3 SEHR GUT
6 Bewertungen

Lage	4.3
Ruhe	4.0
Sanitäranlagen	4.7
Sauberkeit Ø	4.8
Freundlichkeit	5.0
Stellplatz	4.2
Verpflegung	3.8
Freizeit	4.2
Preis-Leistung	4.0
Mietunterkünfte	-

Geeignet für

Kinder b. 6 J.	3.7
Kinder b. 12 J.	4.3
Kinder b. 18 J.	4.0
Paare	4.7
Senioren	4.0
Gäste mit Zelt	3.0
Gäste mit Hund	4.3

Empfohlene Aktivitäten

- Radfahren
- Schwimmen
- Wandern

25 Camping Rischli

6174 Sörenberg

46.82629 | 8.024

keine Angabe

keine Angabe

Mehr Infos & Anfrage:
www.camping.info/17192

Baden in nat. Gewässer	k. A.
Pool & Hallenbad	✗
Spielplatz	keine Angabe
Hunde	✗
Skilift & Loipe	keine Angabe
WLAN	keine Angabe
Lebensmittel	k.A.
Brötchen	keine Angabe
Restaurant & Imbiss	✗
Ver-/Entsorgung Womo	✗
in den Ort	keine Angabe
Gesamt	keine Angabe
Mietunterkünfte	✗
Stellplätze vor Schranke	✗

- JETZT BEWERTEN!

Für diese Auswertung liegen leider noch nicht genügend Bewertungen vor.

Sei einer der Ersten, der diesen Campingplatz bewertet. Unter den Bewertern werden regelmäßig Gewinne verlost!

Mehr Infos dazu findest du in unserem allgemeinen Intro.

26 Camping Eienwäldli

❄

Wasserfallstrasse 108
6390 Engelberg
+41 41 637 19 49

46.80944 | 8.4225
1000m ü.M.

ganzjährig

HS: 37,10 € | NS: 33,70 €

Mehr Infos & Anfrage:
www.camping.info/17179

Baden in nat. Gewässer	k. A.
Pool/Hallenbad	2km/✓
Spielplatz am Platz	✓
Hunde willkommen	✓
Skilift/Loipe	500m/✓
WLAN	✓
Lebensmittel	✓
Brötchen am Platz	✓
Restaurant & Imbiss	✓
Ver-/Entsorgung Womo	✓
in den Ort	1km
Gesamt/Touristen	220/120
Mietunterkünfte	✓
Stellplätze vor Schranke	✗

4.6 SEHR GUT
29 Bewertungen

Lage	4.6
Ruhe	4.6
Sanitäranlagen	4.6
Sauberkeit Ø	4.8
Freundlichkeit	4.6
Stellplatz	4.5
Verpflegung	4.6
Freizeit	4.7
Preis-Leistung	4.2
Mietunterkünfte	5.0

Geeignet für

Kinder b. 6 J.	4.7
Kinder b. 12 J.	4.7
Kinder b. 18 J.	4.3
Paare	4.8
Senioren	4.7
Gäste mit Zelt	4.8
Gäste mit Hund	4.5

Empfohlene Aktivitäten

- Wandern
- Entspannen
- Wellness

keine WOMOs über 10 m

SCHWEIZ

❻ Tessin

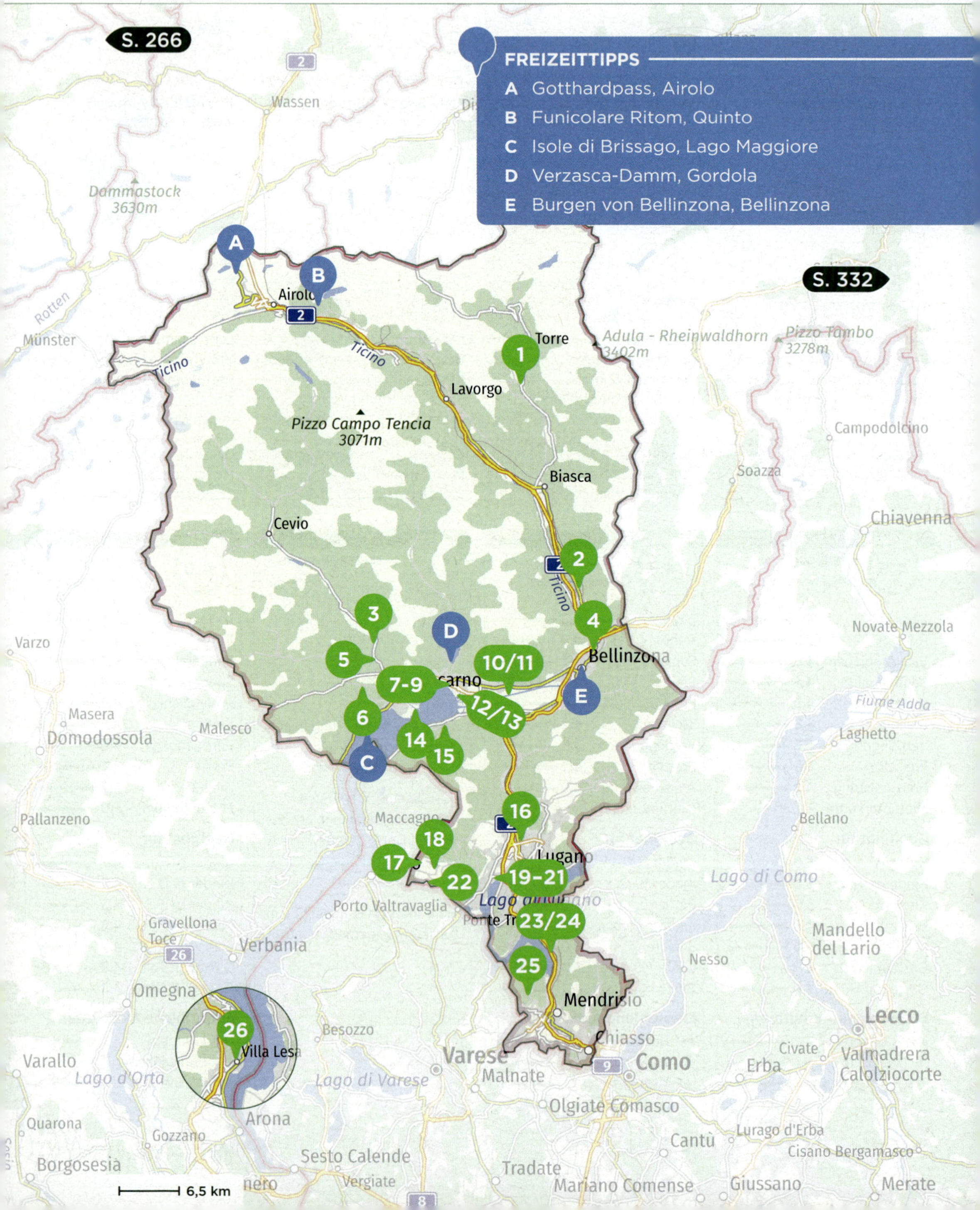

	Platz	Seite	Bewertung	Öffnungszeiten	
1	Camping Aquarossa	320	4.4	ganzjährig	✱
2	Camping Al Censo	320	3.8	saisonal	
3	TCS Camping Gordevio – Maggiatal	320	4.2	saisonal	
4	Camping Bellinzona	321	3.7	saisonal	
5	Camping Piccolo Paradiso	321	3.8	saisonal	
6	Camping Melezza	321	4.5	saisonal	
7	Campeggio Lido Mappo	321	3.9	saisonal	
8	Camping Tamaro Resort	322	4.0	saisonal	
9	Caravan Camping Miralago SA	322	4.0	ganzjährig	✱
10	Camping Isola	322	3.6	saisonal	✱
11	Camping Riarena	323	4.2	saisonal	
12	Camping Lago Maggiore	324	3.7	saisonal	
13	Campofelice Camping Village	325	4.4	saisonal	
14	Camping Delta	324	3.6	saisonal	
15	Camping Bellavista (Vira-Tessin)	324	4.0	saisonal	
16	Camping Moretto	326	4.0	saisonal	
17	Camping Al Laghetto	326	-	saisonal	
18	Campeggio al parco d'oro	326	5.0	saisonal	
19	Camping Lugano Lake	327	4.5	saisonal	
20	Camping La Palma	327	3.4	k. A.	
21	TCS Camping Lugano-Muzzano	327	3.8	ganzjährig	✱
22	Camping Tresiana	328	4.0	saisonal	
23	Camping Monte Generoso	328	3.6	saisonal	
24	Camping Paradiso Lago	329	3.6	saisonal	
25	Camping Monte San Giorgio	328	3.8	saisonal	
26	Camping Solcio	331	2.6	saisonal	

Kleiner Hafen mit farbiger Häuserzeile am Lago Maggiore © swiss-image.ch/Jan Geerk

EIN HAUCH VON MITTELMEER IM SÜDEN DER SCHWEIZ

Das Tessin versprüht nicht nur klimatisch ein südliches Ambiente, auch die Amtssprache dieses Kantons ist Italienisch. Das camping-touristische Herzstück des Tessins bilden der Luganersee, auch Lago di Lugano, und der Lago Maggiore. Im Tessin findet man aber auch viele Dörfer, die sich durch einfache Bauweise und eine ländliche, ruhige Lebensart einen sehr ursprünglichen Charme erhalten. Das mediterrane Klima sorgt für warme Sommer und milde Winter und bietet so zu jeder Jahreszeit Sport- und Freizeitmöglichkeiten für jeden Geschmack. Neben den herrlichen Gewässern locken auch die Hausberge der Stadt Lugano, der Monte San Salvatore und der Monte Brè, die Camper an. Ein Highlight für Naturliebhaber ist der Monte San Giorgio, der von der UNESCO zum Weltnaturerbe ernannt wurde.

HISTORISCHE STADTZENTREN UND MITTELALTERLICHE FESTUNGEN

Die größte Stadt des Tessins ist Lugano, das sich äußerst charmant präsentiert. Das italienische Flair, der historische Stadtkern, die exklusiven Museen und die schönen Bauten im lombardischen Stil laden zum Verweilen ein. Als bauliches Highlight der Stadt gilt die Kathedrale San Lorenzo, die mit ihrer lombardischen Renaissance-Fassade und den zahlreichen Fresken begeistert. Beeindruckend sind auch die Burgen von Bellinzona, die im gleichnamigen Hauptort des Tessins liegen. Die mittelalterlichen Bauten zählen zu den wichtigsten Befestigungsanlagen in den Alpen und wurden von der UNESCO zum Welterbe ernannt. Besonders imposant präsentiert sich das Castelgrande, das über Bellinzona thront und herrliche Ausblicke verspricht. Historische Gebäude prägen auch Ascona, den tiefstgelegenen Ort der Schweiz am Nordufer des Lago Maggiore. In der Altstadt warten kleine Gassen, wunderschöne Gebäude und die aus dem 16. Jahrhundert stammende San Pietro e Paolo-Kirche darauf, entdeckt zu werden.

Brunnen vor Hintergrund dem Pizzo di campello
© swiss-image.ch/Jan Geerk

Villa Bedretto, Bedrettotal © swiss-image.ch/Jan Geerk

VERZASCATAL

Eine ausgewaschene Felslandschaft, ein smaragdgrüner Fluss und üppige Wälder – mit diesen Attributen punktet das Verzascatal. Dank der abwechslungsreichen Wege, die an rustikalen Gebäuden, kleinen Kapellen, romantischen Wasserfällen und weiten Blumenwiesen vorbeiführen, kommt hier garantiert keine Langeweile auf. Unterwegs laden kleine Naturpools mit kristallklarem Wasser zum Baden und Planschen ein. Besonders wagemutige Besucher können an der Verzasca-Staumauer den „007-Bungy-Jump“ wagen.

FESTIVALS UND SCHWEIZERISCH-ITALIENISCHE KÜCHE

Lugano ist das kulturelle Zentrum des Tessins und lockt das ganze Jahr über mit verschiedensten Veranstaltungen. Das Lugano Festival, das von April bis Juni stattfindet, widmet sich in erster Linie der klassischen Musik, während das im Sommer stattfindende „Lugano Estival Jazz“ zahlreiche Open-Air-Konzerte des gleichnamigen Musikstils bietet. Ganz im Zeichen der Ess- und Weinkultur der Region steht das Festa d'Autunno im Oktober, im Zuge dessen die typischen Produkte der Region präsentiert werden. Dazu zählen natürlich diverse Käsesorten, aber auch die traditionellen Wurstwaren, das Trockenfleisch, der fette Speck Lardo oder der Tessiner Wein, der zum größten Teil aus Rotweintrauben gekeltert ist.

TIPP DER REDAKTION

Campofelice Camping Village

Tenero | Nr. 13 | Seite 325

Laut Gästen ideal geeignet zum:

- Schwimmen
- Wandern
- Radfahren

4.4

Karte auf Seite 316

	1	2	3
	Camping Aquarossa	**Camping Al Censo**	**TCS Camping Gordevio – Maggiatal**
		al campeggio 2	
	6716 Aquarossa	6702 Claro	6672 Gordevio
	+41 91 871 16 03	+41 91 863 17 53	+41 91 753 14 44
	46.45966 | 8.9422	46.26583 | 9.01805	46.22102 | 8.74199
			290m ü.M.
Infos			
Öffnungszeiten	ganzjährig	20.03. - 15.10.	01.04. - 24.10.
Vergleichspreis	HS: 40,20 € | NS: 40,20 €	HS: 47,30 € | NS: 42,00 €	HS: 63,40 € | NS: 46,30 €
Link	**Mehr Infos & Anfrage:** www.camping.info/22021	**Mehr Infos & Anfrage:** www.camping.info/22020	**Mehr Infos & Anfrage:** www.camping.info/17330
Ausstattung			
Freizeit	Baden in nat. Gewässer k. A.	Baden in nat. Gewässer k. A.	Baden im Fluss am Platz ✓
	Pool & Hallenbad ✗	Pool am Platz ✓	Pool/Hallenbad ✓/9km
	Spielplatz am Platz ✓	Spielplatz am Platz ✓	Spielplatz am Platz ✓
Campingplatz	Hunde erlaubt ✓	Hunde erlaubt ✓	Hunde willkommen ✓
	Skilift & Loipe keine Angabe	Skilift & Loipe ✗	Skilift & Loipe ✗
	WLAN keine Angabe	WLAN ✓	WLAN ✓
Versorgung	Lebensmittel 2km	Lebensmittel ✓	Lebensmittel ✓
	Brötchen keine Angabe	Brötchen am Platz ✓	Brötchen am Platz ✓
	Restaurant 2km	Restaurant am P. ✓	Restaurant am P. ✓
	Ver-/Entsorgung Womo ✓	Ver-/Entsorgung Womo ✓	Ver-/Entsorgung Womo ✓
	in den Ort 1km	in den Ort 1km	in den Ort 500m
Anzahl der Plätze	Gesamt/Touristen 70/40	Gesamt/Touristen 120/90	Gesamt/Touristen 240/208
	Mietunterkünfte ✓	Mietunterkünfte ✗	Mietunterkünfte ✓
	Stellplätze vor Schranke ✗	Stellplätze vor Schranke ✓	Stellplätze vor Schranke ✗

	Camping Aquarossa	Camping Al Censo	TCS Camping Gordevio – Maggiatal
Gesamt	4.4 SEHR GUT, 7 Bewertungen	3.8 GUT, 8 Bewertungen	4.2 SEHR GUT, 40 Bewertungen
Lage	4.1	4.5	4.5
Ruhe	4.6	3.9	4.2
Sanitäranlagen	4.1	3.0	4.3
Sauberkeit Ø	4.8	4.0	4.3
Freundlichkeit	4.7	4.0	4.5
Stellplatz	4.1	3.4	3.9
Verpflegung	3.8	2.8	4.1
Freizeit	4.0	3.4	4.2
Preis-Leistung	4.2	3.1	3.9
Mietunterkünfte	3.8	-	4.8
Geeignet für			
Kinder b. 6 J.	4.0	3.2	4.4
Kinder b. 12 J.	4.0	3.5	4.6
Kinder b. 18 J.	3.8	3.2	4.1
Paare	4.4	4.2	4.5
Senioren	4.2	4.2	4.1
Gäste mit Zelt	4.4	4.3	4.8
Gäste mit Hund	4.3	4.0	4.1
Empfohlene Aktivitäten	Wandern	Wandern	Wandern
	Entspannen	Entspannen	Schwimmen
	Mountainbiking	Radfahren	Entspannen

4 Camping Bellinzona

Via San Gottardo 131
6500 Bellinzona
+41 91 829 11 18

46.21193 | 9.03827
350m ü.M.

04.04. - 01.11.

HS: 50,00 € | NS: 40,00 €

Mehr Infos & Anfrage:
www.camping.info/17325

Baden in nat. Gewässer	k. A.
Pool/Hallenbad	✓/2km
Spielplatz am Platz	✓
Hunde willkommen	✓
Skilift & Loipe	✗
WLAN	✓
Lebensmittel	✓
Brötchen am Platz	✓
Restaurant & Imbiss	✓
Ver-/Entsorgung Womo	✓
in den Ort	500m
Gesamt/Touristen	65/38
Mietunterkünfte	✓
Stellplätze vor Schranke	✗

3.7 **GUT** 11 Bewertungen

Lage	3.8
Ruhe	2.9
Sanitäranlagen	3.9
Sauberkeit Ø	4.5
Freundlichkeit	4.8
Stellplatz	3.8
Verpflegung	4.0
Freizeit	3.6
Preis-Leistung	2.9
Mietunterkünfte	5.0

Geeignet für

Kinder b. 6 J.	3.2
Kinder b. 12 J.	3.4
Kinder b. 18 J.	3.3
Paare	4.0
Senioren	4.0
Gäste mit Zelt	4.5
Gäste mit Hund	4.5

Empfohlene Aktivitäten

- Wandern
- Kultur
- Radfahren

5 Camping Piccolo Paradiso

Via Cantonale 13
6670 Avegno
+41 91 796 15 81

46.20077 | 8.74374
290m ü.M.

23.03. - 31.10.

HS: 52,00 € | NS: 41,00 €

Mehr Infos & Anfrage:
www.camping.info/17324

Baden im Fluss am Platz	✓
Pool/Hallenbad	7km
Spielplatz am Platz	✓
Hunde willkommen	✓
Skilift & Loipe	✗
WLAN	✓
Lebensmittel	✓
Brötchen am Platz	✓
Restaurant & Imbiss	✓
Ver-/Entsorgung Womo	✓
in den Ort	5km
Gesamt/Touristen	300/250
Mietunterkünfte	✓
Stellplätze vor Schranke	✗

3.8 **GUT** 22 Bewertungen

Lage	4.4
Ruhe	3.6
Sanitäranlagen	3.6
Sauberkeit Ø	4.1
Freundlichkeit	3.9
Stellplatz	3.7
Verpflegung	3.8
Freizeit	4.3
Preis-Leistung	3.6
Mietunterkünfte	3.6

Geeignet für

Kinder b. 6 J.	3.7
Kinder b. 12 J.	3.9
Kinder b. 18 J.	3.7
Paare	4.0
Senioren	3.6
Gäste mit Zelt	4.0
Gäste mit Hund	4.3

Empfohlene Aktivitäten

- Wandern
- Entspannen
- Radfahren

6 Camping Melezza

via Arbigo 88
6616 Losone
+41 791 6563

46.17738 | 8.72921
200m ü.M.

23.03. - 26.10.

HS: 54,00 € | NS: 41,00 €

Mehr Infos & Anfrage:
www.camping.info/17332

Baden im Fluss am Platz	✓
Pool/Hallenbad	✓/5km
Spielplatz am Platz	✓
Hunde willkommen	✓
Skilift & Loipe	✗
WLAN	✓
Lebensmittel	✓
Brötchen am Platz	✓
Restaurant & Imbiss	✓
Ver-/Entsorgung Womo	✓
in den Ort	1km
Gesamt/Touristen	213/146
Mietunterkünfte	✓
Stellplätze vor Schranke	✗

4.5 **SEHR GUT** 21 Bewertungen

Lage	4.4
Ruhe	3.7
Sanitäranlagen	4.4
Sauberkeit Ø	4.7
Freundlichkeit	4.8
Stellplatz	4.3
Verpflegung	4.4
Freizeit	4.5
Preis-Leistung	4.2
Mietunterkünfte	4.8

Geeignet für

Kinder b. 6 J.	4.5
Kinder b. 12 J.	4.6
Kinder b. 18 J.	4.3
Paare	4.5
Senioren	4.5
Gäste mit Zelt	4.4
Gäste mit Hund	4.9

Empfohlene Aktivitäten

- Wandern
- Radfahren
- Schwimmen

keine WOMOs über 8.5 m; keine Party- oder Jugendgruppen

7 Campeggio Lido Mappo

Via Mappo
6598 Tenero
+41 91 745 14 37

46.17703 | 8.84434

23.03. - 21.10.

HS: 50,00 € | NS: 32,00 €

Mehr Infos & Anfrage:
www.camping.info/22206

Baden im See am Platz	✓
Pool/Hallenbad	500m
Spielplatz am Platz	✓
Hunde	✗
Skilift & Loipe	keine Angabe
WLAN	✓
Lebensmittel	✓
Brötchen am Platz	✓
Restaurant & Imbiss	✓
Ver-/Entsorgung Womo	✓
in den Ort	500m
Gesamt/Touristen	450/357
Mietunterkünfte	✓
Stellplätze vor Schranke	✗

3.9 **GUT** 34 Bewertungen

Lage	4.7
Ruhe	3.7
Sanitäranlagen	3.9
Sauberkeit Ø	4.2
Freundlichkeit	3.9
Stellplatz	4.0
Verpflegung	3.9
Freizeit	3.9
Preis-Leistung	3.7
Mietunterkünfte	3.7

Geeignet für

Kinder b. 6 J.	4.2
Kinder b. 12 J.	4.0
Kinder b. 18 J.	3.3
Paare	4.4
Senioren	4.6
Gäste mit Zelt	4.0
Hunde n. erlaubt	-

Empfohlene Aktivitäten

- Wandern
- Schwimmen
- Radfahren

Karte auf Seite 316

	8 Camping Tamaro Resort	9 Caravan Camping Miralago SA	10 Camping Isola
		❄	❄
	Via Mappo 32 6598 Tenero +41 91 745 21 61	Via Roncaccio 20 6598 Tenero +41 91 745 12 55	Al Gaggioletto 3 6515 Gudo +41 91 859 3244
	46.17516 | 8.84436 192m ü.M.	46.17288 | 8.84663	46.17033 | 8.93214
Infos			
Öffnungszeiten	13.03. - 31.10.	ganzjährig	15.01. - 15.12.
Vergleichspreis	HS: 68,00 € | NS: 41,00 €	HS: 50,00 € | NS: 40,00 €	HS: 32,00 € | NS: 32,00 €
Link	**Mehr Infos & Anfrage:** www.camping.info/17341	**Mehr Infos & Anfrage:** www.camping.info/17339	**Mehr Infos & Anfrage:** www.camping.info/22019
Ausstattung			
Freizeit	Baden im See am Platz ✓ Pool/Hallenbad ✓/5km Spielplatz am Platz ✓	Baden im See am Platz ✓ Pool/Hallenbad ✓/6km Spielplatz am Platz ✓	Baden im See 7km Pool am Platz ✓ Spielplatz am Platz ✓
Campingplatz	Hunde ✗ Skilift/Loipe 50km WLAN ✓	Hunde willkommen ✓ Skilift & Loipe ✗ WLAN ✓	Hunde erlaubt ✓ Skilift/Loipe ✗/k. A. WLAN ✓
Versorgung	Lebensmittel ✓ Brötchen am Platz ✓ Restaurant & Imbiss ✓ Ver-/Entsorgung Womo ✓ in den Ort 1km	Lebensmittel ✓ Brötchen am Platz ✓ Restaurant & Imbiss ✓ Ver-/Entsorgung Womo ✓ in den Ort 1km	Lebensmittel ✓ Brötchen am Platz ✓ Restaurant am P. ✓ Ver-/Entsorgung Womo ✓ in den Ort 1km
Anzahl der Plätze	Gesamt/Touristen 405/118 Mietunterkünfte ✓ Stellplätze vor Schranke ✗	Touristenplätze 108 Mietunterkünfte ✓ Stellplätze vor Schranke ✓	Gesamt/Touristen 250/175 Mietunterkünfte ✓ Stellplätze vor Schranke ✗

	Camping Tamaro Resort	Caravan Camping Miralago SA	Camping Isola
Bewertung	4.0 SEHR GUT 88 Bewertungen	4.0 SEHR GUT 61 Bewertungen	3.6 GUT 10 Bewertungen
Lage	4.5	4.6	3.9
Ruhe	3.6	3.8	4.0
Sanitäranlagen	4.1	4.2	2.7
Sauberkeit Ø	4.3	4.7	3.3
Freundlichkeit	3.8	4.4	4.0
Stellplatz	4.0	4.2	3.6
Verpflegung	4.2	3.9	3.7
Freizeit	4.2	4.1	3.9
Preis-Leistung	3.4	3.4	3.6
Mietunterkünfte	3.0	4.3	5.0
Geeignet für			
Kinder b. 6 J.	4.2	4.2	3.5
Kinder b. 12 J.	4.2	4.3	3.6
Kinder b. 18 J.	4.0	4.0	3.4
Paare	4.2	4.4	4.2
Senioren	4.2	4.3	3.8
Gäste mit Zelt	3.8	4.4	4.2
Hunde n. erlaubt / Gäste mit Hund	-	4.6	4.8
Empfohlene Aktivitäten	Schwimmen Radfahren Entspannen	Schwimmen Wandern Radfahren	Radfahren Schwimmen Wandern

11 Camping Riarena

Via Campeggio 1
6516 Cugnasco
+41 (0)91 859 16 88
www.campingriarena.ch
info@campingriarena.ch

18.03. - 23.10.

HS: 60,00 € | NS: 40,00 €

Mehr Infos & Anfrage:
www.camping.info/17328

Baden im See	7km
Pool/Hallenbad	✓/5km
Spielplatz am Platz	✓
Hunde	✗
Skilift & Loipe	✗
WLAN	✓
Lebensmittel	✓
Brötchen am Platz	✓
Restaurant & Imbiss	✓
Ver-/Entsorgung Womo	✓
in den Ort	keine Angabe
Gesamt/Touristen	210/105
Mietunterkünfte	✓
Stellplätze vor Schranke	✗

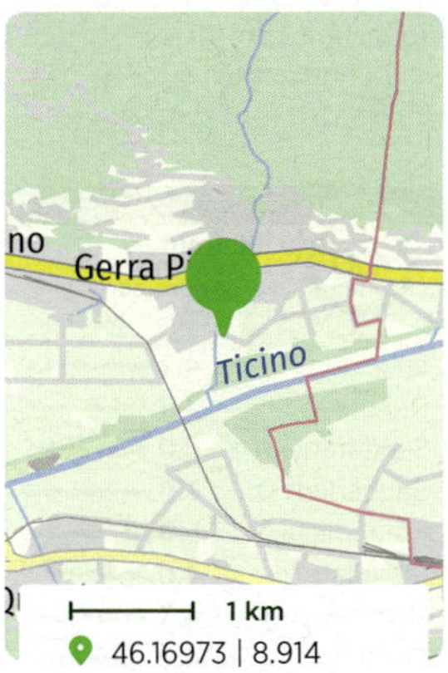

46.16973 | 8.914
205m ü.M.

Camping Riarena ist ein naturnaher, ruhiger und familienfreundlicher Platz.

Lage & Stellplatz

Camping Riarena liegt im schönen Tessin zwischen Bellinzona und Tenero, nahe einem Naturschutzgebiet und herrlichen Spazierwegen. Der zentral gelegene Campingplatz ist gut erreichbar und befindet sich direkt am Bach „Riarena". Der Fluss „Ticino" ist ebenfalls nur ein paar Schritte entfernt.

Verpflegung

Camper genießen den exklusiven Brötchenservice. Das platzeigene Restaurant mit schöner Sonnenterrasse bietet verschiedenste Köstlichkeiten (z. B. auch glutenfreie Menüs) – für jeden Geschmack ist garantiert das Passende dabei. Im Campingladen gibt es alles für einen gelungenen Urlaub.

Sanitär

Die sanitären Anlagen umfassen u. a. geschlechtergetrennte WC- und Duschräume, einen separaten Wickel- und Badebereich für Babys und Kinder sowie ein barrierefreies WC und Dusche. Ein Wasseranschluss für Leitungswasser, ein Abfluss für Abwasser und Chemie-WCs stehen ebenfalls zur Verfügung.

Freizeit

Langeweile? Nicht auf Camping Riarena! Dank der großzügigen Poolanlage und dem schönen Spielplatz kommen alle auf ihre Kosten. Zudem hat Tessin einiges zu bieten – von Kanufahren, über Fahrradtouren und Wanderungen bis zum Klettern oder Canyoning ist für jeden die richtige Aktivität dabei.

Großzügiger Poolbereich mit Bar.

Restaurant, Rezeption und Shop.

4.2 SEHR GUT
45 Bewertungen

Lage	4.0
Ruhe	3.7
Sanitäranlagen	4.1
Sauberkeit Ø	4.5
Freundlichkeit	4.4
Stellplatz	3.8
Verpflegung	4.3
Freizeit	4.2
Preis-Leistung	4.2
Mietunterkünfte	3.8

Geeignet für

4.4 Gäste mit Hund

4.1	Kinder b. 6 J.
4.1	Senioren
4.0	Gäste mit Zelt
4.1	Paare
4.0	Kinder b. 12 J.
-	Gäste mit Hund nicht erlaubt

Empfohlene Aktivitäten

Wandern · Radfahren · Schwimmen · Entspannen

Mehr Infos

Keine Jugendlichen ohne Begleitung. Hunde nur mit Membercard von H-und.ch.

Karte auf Seite 316

	12	14	15
	Camping Lago Maggiore	**Camping Delta**	**Camping Bellavista (Vira-Tessin)**
	Via Lido 4 6598 Tenero +41 91 745 1848	Via Respini 27 6600 Locarno +41 (0)91 751 60 81	Via Cantonale 88 6574 Vira +41 91 795 14 77
	46.16912 | 8.85348	46.15566 | 8.80071 193m ü.M.	46.14277 | 8.83865 200m ü.M.
Infos			
Öffnungszeiten	15.03. - 31.10.	01.03. - 31.10.	12.04. - 13.10. 21.06. - 18.08.
Vergleichspreis	HS: 47,50 € | NS: 31,10 €	HS: 77,00 € | NS: 49,00 €	HS: 50,00 € | NS: 40,00 €
Link	**Mehr Infos & Anfrage:** www.camping.info/17340	**Mehr Infos & Anfrage:** www.camping.info/17331	**Mehr Infos & Anfrage:** www.camping.info/17343

Ausstattung

	Camping Lago Maggiore	Camping Delta	Camping Bellavista
Freizeit	Baden im See am Platz ✓ Pool/Hallenbad 2/5km Spielplatz am Platz ✓	Baden im See am Platz ✓ Pool/Hallenbad 500m Spielplatz am Platz ✓	Baden im See am Platz ✓ Pool/Hallenbad 6km Spielplatz 100m
Campingplatz	Hunde ✗ Skilift & Loipe keine Angabe WLAN ✓	Hunde ✗ Skilift/Loipe 3/30km WLAN ✓	Hunde erlaubt nur NS Skilift & Loipe ✗ WLAN ✓
Versorgung	Lebensmittel k.A. Brötchen am Platz ✓ Restaurant & Imbiss ✓ Ver-/Entsorgung Womo ✓ in den Ort 2km	Lebensmittel ✓ Brötchen am Platz ✓ Restaurant & Imbiss ✓ Ver-/Entsorgung Womo ✓ in den Ort 1km	Lebensmittel 200m Brötchen am Platz ✓ Restaurant/Imbiss 100m Ver-/Entsorgung Womo ✓ in den Ort 200m
Anzahl der Plätze	Gesamt/Touristen 400/280 Mietunterkünfte ✓ Stellplätze vor Schranke ✗	Gesamt/Touristen 300/255 Mietunterkünfte ✓ Stellplätze vor Schranke ✗	Touristenplätze 28 Mietunterkünfte ✗ Stellplätze vor Schranke ✗

	Camping Lago Maggiore	Camping Delta	Camping Bellavista
Gesamt	3.7 GUT 18 Bewertungen	3.6 GUT 53 Bewertungen	4.0 SEHR GUT 4 Bewertungen
Lage	4.6	4.6	4.2
Ruhe	3.4	3.8	2.8
Sanitäranlagen	3.5	3.6	4.0
Sauberkeit Ø	4.4	3.8	5.0
Freundlichkeit	4.1	3.4	5.0
Stellplatz	3.8	3.5	4.0
Verpflegung	3.7	3.7	4.3
Freizeit	3.8	3.8	4.0
Preis-Leistung	3.5	2.4	4.2
Mietunterkünfte	2.5	3.2	-

Geeignet für

	Camping Lago Maggiore	Camping Delta	Camping Bellavista
Kinder b. 6 J.	3.5	3.6	3.5
Kinder b. 12 J.	3.9	3.9	3.5
Kinder b. 18 J.	3.2	3.5	3.0
Paare	4.4	3.9	4.0
Senioren	4.1	4.0	4.0
Gäste mit Zelt	4.0	3.5	4.0
Hunde n. erlaubt	-	-	
Gäste mit Hund			4.0

Empfohlene Aktivitäten

Camping Lago Maggiore	Camping Delta	Camping Bellavista
Entspannen	Schwimmen	Radfahren
Radfahren	Radfahren	Kayak/Kanu
Wandern	Wandern	Schwimmen

Camping Delta: Unbegleitete Jugendliche erst ab 18 J.; keine Schulen und Gruppen in HS

Camping Bellavista: Gruppen nur in der NS ab mind. 3 Nächte, ideal für WOMOs mit max. 6 m

13 Campofelice Camping Village

Via Brere 7
6598 Tenero
+41 91 745 14 17
www.campofelice.ch
info@campofelice.ch

03.03. - 06.11.

HS: 63,00 € | NS: 45,00 €

Mehr Infos & Anfrage:
www.camping.info/17342

Baden im See am Platz	✓
Pool & Hallenbad	✓
Spielplatz am Platz	✓
Hunde	✗
Skilift & Loipe	✗
WLAN	✓
Lebensmittel	✓
Brötchen am Platz	✓
Restaurant & Imbiss	✓
Ver-/Entsorgung Womo	✓
in den Ort	1km
Gesamt/Touristen	707/583
Mietunterkünfte	✓
Stellplätze vor Schranke	✗

1 km
46.1675 | 8.855
196m ü.M.

Traumhafte Lage am Ufer des Lago Maggiore.

Lage & Stellplatz

Der Platz liegt direkt am Lago Maggiore, in unmittelbarer Nähe der Mündung des Flusses Verzasca und des Naturschutzgebiets. Die 707 Stellplätze verfügen alle über Strom und kostenloses WLAN, 371 davon über Wasser- und Abwasseranschlüsse sowie Kabel-TV. Zudem gibt es über 90 neue Mieteinrichtungen.

Verpflegung

Auf dem Campingareal befindet sich ein Restaurant/Pizzeria, welches mediterrane Spezialitäten und Holzofenpizzen serviert. Des Weiteren stehen den Campern ein neues Bistrot-Cafè, ein Strand-Kiosk, eine Pool-Bar, eine Gelateria sowie ein Lebensmittelmarkt mit vielen lokalen Produkten zur Verfügung.

Sanitär

Die Gäste schätzen besonders die moderne, gepflegte und geheizte Sanitäranlage – es stehen ihnen behindertengerechte Einrichtungen, Babywickelräume mit Badewanne und ein Familienbereich zur Verfügung. Waschmaschinen, Wäschetrockner und Spülmaschinen können gegen Gebühr genutzt werden.

Freizeit

Campofelice bietet ein vielseitiges Unterhaltungsprogramm für alle Generationen. Neben dem über 400 Meter langem Sandstrand, einem Bootshafen, dem Aquapark, dem Sportareal, der Vermietung von Wassersportausrüstung und Minigolf erwartet die Gäste die neue Pool- und Wellnesslandschaft mit Fitnessraum.

Neue Pool- & Wellnesslandschaft.

Stellplätze direkt am Wasser.

4.4 SEHR GUT
107 Bewertungen

Lage	4.7
Ruhe	3.7
Sanitäranlagen	4.7
Sauberkeit Ø	4.8
Freundlichkeit	4.6
Stellplatz	4.5
Verpflegung	4.0
Freizeit	4.5
Preis-Leistung	3.6
Mietunterkünfte	4.7

Geeignet für

- 4.6 Kinder b. 6 J.
- 4.6 Kinder b. 12 J.
- 4.5 Gäste mit Zelt
- 4.2 Paare
- 4.2 Senioren
- 4.0 Kinder b. 18 J.
- - Gäste mit Hund nicht erlaubt

Empfohlene Aktivitäten

Schwimmen, Wandern, Radfahren, Kayak/Kanu

Mehr Infos

Für WOMOs bis 12 m geeignet; keine Gruppen, keine Hunde erlaubt.

Karte auf Seite 316

	16	17	18
	Camping Moretto	**Camping Al Laghetto**	**Campeggio al parco d'oro**
	Via Moretto 3 6944 Cureglia +41 91 966 76 62	via al Laghetto 1 6999 Astano +41 91 608 12 46	Strada Cantonale 6999 Astano +41 91 608 12 82
	46.03247 | 8.94102	46.01325 | 8.80801 685m ü.M.	46.00826 | 8.8226
Infos			
Öffnungszeiten	05.04. - 31.10.	04.04. - 15.10.	01.05. - 16.10.
Vergleichspreis	HS: 42,00 € | NS: 35,80 €	HS: 36,30 € | NS: 36,30 €	HS: 34,00 € | NS: 34,00 €
Link	**Mehr Infos & Anfrage:** www.camping.info/17329	**Mehr Infos & Anfrage:** www.camping.info/22157	**Mehr Infos & Anfrage:** www.camping.info/22158
Ausstattung			
Freizeit	Baden im See 5km Pool/Hallenbad 5/2km Spielplatz ✗	Baden im See am Platz ✓ Pool & Hallenbad ✗ Spielplatz ✗	Baden im See 1km Pool/Hallenbad 3/18km Spielplatz am Platz ✓
Campingplatz	Hunde willkommen ✓ Skilift & Loipe ✗ WLAN (gegen Gebühr) ✓	Hunde willkommen ✓ Skilift & Loipe ✗ WLAN ✓	Hunde erlaubt ✓ Skilift & Loipe ✗ WLAN ✓
Versorgung	Lebensmittel 500m Brötchen am Platz nur HS Restaurant/Imbiss ✓/400m Ver-/Entsorgung Womo ✓ in den Ort 300m	Lebensmittel 10km Brötchen am Platz ✓ Restaurant/Imbiss 5km Ver-/Entsorgung Womo ✗ in den Ort 700m	Lebensmittel ✓ Brötchen am Platz ✓ Imbiss ✓ Ver-/Entsorgung Womo ✓ in den Ort 1km
Anzahl der Plätze	Gesamt/Touristen 100/60 Mietunterkünfte ✓ Stellplätze vor Schranke ✗	Gesamt/Touristen 35/10 Mietunterkünfte ✓ Stellplätze vor Schranke ✗	Gesamt/Touristen 72/60 Mietunterkünfte ✓ Stellplätze vor Schranke ✗

	Camping Moretto	Camping Al Laghetto	Campeggio al parco d'oro
Bewertung	4.0 SEHR GUT, 14 Bewertungen	- JETZT BEWERTEN!	5.0 AUSGEZEICHNET, 3 Bewertungen
Lage	4.0		5.0
Ruhe	4.4		4.7
Sanitäranlagen	3.4		5.0
Sauberkeit Ø	4.5		5.0
Freundlichkeit	4.8		4.7
Stellplatz	3.4		5.0
Verpflegung	3.5		4.3
Freizeit	3.5		4.5
Preis-Leistung	3.6		4.3
Mietunterkünfte	3.3		-
Geeignet für			
Kinder b. 6 J.	3.0		4.0
Kinder b. 12 J.	3.0		4.5
Kinder b. 18 J.	3.1		5.0
Paare	4.8		5.0
Senioren	4.5		4.5
Gäste mit Zelt	4.2		4.0
Gäste mit Hund	4.1		2.0
Empfohlene Aktivitäten	Mountainbiking Radfahren Wandern		Wandern Mountainbiking Entspannen

Camping Al Laghetto: Für diese Auswertung liegen leider noch nicht genügend Bewertungen vor.

Sei einer der Ersten, der diesen Campingplatz bewertet. Unter den Bewertern werden regelmäßig Gewinne verlost!

Mehr Infos dazu findest du in unserem allgemeinen Intro.

19 Camping Lugano Lake

Via Molinazzo 9
6982 Agno
+41 79 695 78 94
45.99576 | 8.90683
280m ü.M.

01.04. - 31.10.
HS: 50,00 € | NS: 43,00 €
Mehr Infos & Anfrage: www.camping.info/23074

Baden im See am Platz	✓
Pool & Hallenbad	✗
Spielplatz am Platz	✓
Hunde erlaubt	✓
Skilift & Loipe	✗
WLAN	✓
Lebensmittel	✓
Brötchen am Platz	✓
Imbiss	✓
Ver-/Entsorgung Womo	✓
im Ort	✓
Gesamt/Touristen	270/180
Mietunterkünfte	✗
Stellplätze vor Schranke	✗

4.5 SEHR GUT – 12 Bewertungen

Lage	4.6
Ruhe	3.6
Sanitäranlagen	4.5
Sauberkeit Ø	4.8
Freundlichkeit	4.9
Stellplatz	4.5
Verpflegung	4.3
Freizeit	4.5
Preis-Leistung	4.2
Mietunterkünfte	-

Geeignet für

Kinder b. 6 J.	4.1
Kinder b. 12 J.	4.1
Kinder b. 18 J.	4.5
Paare	4.5
Senioren	4.5
Gäste mit Zelt	4.7
Gäste mit Hund	4.5

Empfohlene Aktivitäten

- Schwimmen
- Radfahren
- Wandern

20 Camping La Palma

Via Molinazzo 21
6982 Agno
+41 91 605 25 61
45.99506 | 8.90434

keine Angabe
keine Angabe
Mehr Infos & Anfrage: www.camping.info/17322

Baden in nat. Gewässer	k. A.
Pool & Hallenbad	✗
Spielplatz	keine Angabe
Hunde	✗
Skilift & Loipe	keine Angabe
WLAN	keine Angabe
Lebensmittel	k.A.
Brötchen	keine Angabe
Restaurant & Imbiss	✗
Ver-/Entsorgung Womo	✗
in den Ort	keine Angabe
Gesamt	keine Angabe
Mietunterkünfte	✗
Stellplätze vor Schranke	✗

3.4 GUT – 11 Bewertungen

Lage	4.0
Ruhe	3.3
Sanitäranlagen	3.5
Sauberkeit Ø	3.5
Freundlichkeit	3.6
Stellplatz	3.5
Verpflegung	3.3
Freizeit	3.3
Preis-Leistung	2.5
Mietunterkünfte	-

Geeignet für

Kinder b. 6 J.	2.9
Kinder b. 12 J.	3.2
Kinder b. 18 J.	3.0
Paare	3.9
Senioren	3.0
Gäste mit Zelt	3.4
Hunde n. erlaubt	-

Empfohlene Aktivitäten

- Schwimmen
- Entspannen
- Wandern

21 TCS Camping Lugano-Muzzano

Via alla Foce 14
6933 Muzzano
+41 91 994 77 88
45.99472 | 8.90916
275m ü.M.

ganzjährig
HS: 66,10 € | NS: 51,70 €
Mehr Infos & Anfrage: www.camping.info/17336

Baden im See am Platz	✓
Pool/Hallenbad	✓/6km
Spielplatz am Platz	✓
Hunde willkommen	✓
Skilift & Loipe	✗
WLAN	✓
Lebensmittel	✓
Brötchen am Platz	✓
Restaurant & Imbiss	✓
Ver-/Entsorgung Womo	✓
in den Ort	1km
Gesamt/Touristen	250/210
Mietunterkünfte	✓
Stellplätze vor Schranke	✗

3.8 GUT – 59 Bewertungen

Lage	4.1
Ruhe	3.3
Sanitäranlagen	3.6
Sauberkeit Ø	4.2
Freundlichkeit	4.1
Stellplatz	3.8
Verpflegung	3.5
Freizeit	3.8
Preis-Leistung	3.2
Mietunterkünfte	4.4

Geeignet für

Kinder b. 6 J.	4.2
Kinder b. 12 J.	4.0
Kinder b. 18 J.	3.4
Paare	3.9
Senioren	4.2
Gäste mit Zelt	4.0
Gäste mit Hund	4.4

Empfohlene Aktivitäten

- Schwimmen
- Wandern
- Entspannen

Karte auf Seite 316

	22	23	25
	Camping Tresiana	**Camping Monte Generoso**	**Camping Monte San Giorgio**
	Via Cantonale 21 6998 Montéggio +41 91 608 33 42	Via Tannini 12 6818 Melano +41 91 649 83 33	Via ala Caraa 2 6866 Meride +41 91 646 43 30
	45.99081 | 8.81596	45.92811 | 8.97667	45.88801 | 8.94962
Infos	255m ü.M.	270m ü.M.	585m ü.M.
Öffnungszeiten	27.03. - 23.10.	28.03. - 24.10.	10.04. - 22.09.
Vergleichspreis	HS: 46,00 € | NS: 38,80 €	HS: 54,00 € | NS: 48,00 €	HS: 47,50 €
Link	**Mehr Infos & Anfrage:** www.camping.info/23073	**Mehr Infos & Anfrage:** www.camping.info/17334	**Mehr Infos & Anfrage:** www.camping.info/17335

Ausstattung

	Camping Tresiana	Camping Monte Generoso	Camping Monte San Giorgio
Freizeit	Baden im Fluss am Platz ✓ Pool/Hallenbad ✓/5km Spielplatz am Platz ✓	Baden im See am Platz ✓ Pool/Hallenbad 3/20km Spielplatz am Platz ✓	Baden in nat. Gewässer k. A. Pool/Hallenbad ✓/15km Spielplatz am Platz ✓
Campingplatz	Hunde willkommen ✓ Skilift & Loipe ✗ WLAN (gegen Gebühr) teilweise	Hunde willkommen ✓ Skilift/Loipe 90/87km WLAN ✓	Hunde willkommen ✓ Skilift & Loipe ✗ WLAN ✓
Versorgung	Lebensmittel ✓ Brötchen am Platz ✓ Restaurant & Imbiss ✓ Ver-/Entsorgung Womo ✓ in den Ort 200m	Lebensmittel ✓ Brötchen am Platz ✓ Restaurant/Imbiss 500m/✓ Ver-/Entsorgung Womo ✓ in den Ort 1km	Lebensmittel 2km Brötchen am Platz ✓ Restaurant & Imbiss ✗ Ver-/Entsorgung Womo ✓ in den Ort 1km
Anzahl der Plätze	Gesamt/Touristen 120/85 Mietunterkünfte ✓ Stellplätze vor Schranke ✗	Gesamt/Touristen 139/88 Mietunterkünfte ✓ Stellplätze vor Schranke ✗	Touristenplätze 95 Mietunterkünfte ✗ Stellplätze vor Schranke ✗

	Camping Tresiana	Camping Monte Generoso	Camping Monte San Giorgio
Bewertung	4.0 SEHR GUT 37 Bewertungen	3.6 GUT 19 Bewertungen	3.8 GUT 6 Bewertungen
Lage	4.2	4.4	3.5
Ruhe	4.3	3.0	4.3
Sanitäranlagen	4.2	3.2	3.7
Sauberkeit Ø	4.6	4.5	4.5
Freundlichkeit	4.4	4.6	4.4
Stellplatz	3.8	3.9	3.5
Verpflegung	3.3	3.2	2.8
Freizeit	4.1	3.1	3.2
Preis-Leistung	3.6	3.2	2.8
Mietunterkünfte	4.0	4.0	-
Geeignet für			
Kinder b. 6 J.	4.2	3.7	4.5
Kinder b. 12 J.	4.5	3.7	4.2
Kinder b. 18 J.	3.6	3.4	4.5
Paare	4.6	4.4	3.5
Senioren	4.7	4.5	3.5
Gäste mit Zelt	4.4	4.2	4.5
Gäste mit Hund	4.7	4.5	3.5
Empfohlene Aktivitäten	Wandern Entspannen Radfahren	Schwimmen Wandern Entspannen	Wandern Entspannen Mountainbiking
Hinweis	keine WOMOs über 10 m	Für WOMOs bis ca. 9 m geeignet; keine Minderjährigen ohne Begleitung	

24 Camping Paradiso Lago

via Pedreta 26
6818 Melano
+41 91 6482979
www.camping-paradiso.ch
info@camping-paradiso.ch

06.04. - 29.10.

HS: 54,00 € | NS: 48,00 €

Mehr Infos & Anfrage:
www.camping.info/23075

Baden in nat. Gewässer	k. A.
Pool/Hallenbad	5/10km
Spielplatz am Platz	✓
Hunde	✗
Skilift & Loipe	✗
WLAN	✓
Lebensmittel	✓
Brötchen am Platz	✓
Restaurant/Imbiss	✓/1km
Ver-/Entsorgung Womo	✓
in den Ort	100m
Gesamt/Touristen	200/140
Mietunterkünfte	✗
Stellplätze vor Schranke	✗

Wunderschön und direkt am Luganersee gelegener Campingplatz.

Lage & Stellplatz

Der familienfreundliche Platz mit lockerem Baumbestand und Stellplätzen direkt am Wasser liegt am bezaubernden Ufer des Luganersees. Somit ist er der ideale Platz für Familien und Touristen mit Wunsch nach erholsamen ebenso wie sportlichen Ferien. Auch ein Stopp auf dem Weg nach Italien lohnt sich.

Verpflegung

Direkt vor Ort gibt es einen kleinen Einkaufsladen mit Verkauf von Getränken, Brot, Wein und Souvenirs. Auf dem Platz befinden sich auch eine Bar und ein Restaurant mit feinen und vielfältigen Menüs. Das Restaurant verfügt innen und außen über gemütliche Sitzplätze mit tollem Seeblick.

Sanitär

Der Campingplatz verfügt über zwei gepflegte, saubere Sanitäranlagen mit Duschen, Waschbecken, Spülbecken (mit Warm- und Kaltwasser), Waschmaschine, Trockner sowie chemischen Toiletten. Warmwasser ist kostenlos. Eine komplette Camper-Service Station ist ebenfalls vorhanden.

Freizeit

Zahlreiche regionale Freizeitangebote, die unmittelbare Nähe zu einem großen Wandergebiet und der direkte Seezugang bieten den Campinggästen abwechslungsreiche und unvergessliche Ferien. Der Platz trumpft mit Stand Up Paddling, Vermietung von E-Bikes, schönem Kinderspielplatz und Gleitschirmfliegen.

1 km
45.92379 | 8.97944
272m ü.M.

Abwechslungsreicher Spielplatz.

Viele Wassersportmöglichkeiten.

3.6 GUT
19 Bewertungen

Lage	3.9
Ruhe	2.4
Sanitäranlagen	3.8
Sauberkeit Ø	4.6
Freundlichkeit	4.3
Stellplatz	4.0
Verpflegung	3.2
Freizeit	3.8
Preis-Leistung	3.2
Mietunterkünfte	-

Geeignet für

4.6	Senioren
4.5	Gäste mit Zelt
4.2	Paare
4.1	Kinder b. 12 J.
4.0	Kinder b. 6 J.
3.3	Kinder b. 18 J.
-	Gäste mit Hund nicht erlaubt

Empfohlene Aktivitäten

Schwimmen · Wandern · Motorboot · Entspannen

Mehr Infos

26 Camping Solcio

Via al Campeggio
28040 Solcio di Lesa

www.campingsolcio.com
info@campingsolcio.com

14.03. - 15.10.

HS: k.A. | NS: k.A.

Mehr Infos & Anfrage:
www.camping.info/919

Baden in nat. Gewässer	k. A.
Pool & Hallenbad	✗
Spielplatz am Platz	✓
Hunde willkommen	✓
Skilift & Loipe	keine Angabe
WLAN	✓
Lebensmittel	500m
Brötchen	keine Angabe
Restaurant/Imbiss	✓/500m
Ver-/Entsorgung Womo	✓
in den Ort	keine Angabe
Gesamt	95
Mietunterkünfte	✓
Stellplätze vor Schranke	✗

1 km

45.815 | 8.55

Schöne Stellplätze mitten im Grünen.

Lage & Stellplatz

Der Campingplatz bietet komfortable und geräumige Stellplätze mit Stromanschluss und liegt direkt am Lago Maggiore. Der Platz ist ideal für Familien und für alle, die Spaß am Camping in der Natur lieben. Auch Hunde sind auf dem Platz erlaubt.

Sanitär

Die komfortablen Sanitäranlagen bieten genügend Toiletten und Duschen mit Warmwasser und werden vom Team oft gereinigt.

Verpflegung

Im Restaurant werden die Gäste mit typisch italienischen Spezialitäten wie knuspriger Pizza oder leckerer Pasta verwöhnt.

Freizeit

Direkt am Campingplatz gibt es eine Badestelle zum Lago Maggiore, wo die Gäste sich abkühlen können und auch Freunde von Motorbooten glücklich werden. Im Juli und August gibt es Animation für Groß und Klein, einen Baby Club und spannende Sportturniere.

Badestelle am Lago Maggiore.

Gemütliches Restaurant.

2.6 UNBEFRIEDIGEND
8 Bewertungen

Lage	3.4
Ruhe	3.1
Sanitäranlagen	3.3
Sauberkeit Ø	4.3
Freundlichkeit	4.3
Stellplatz	2.4
Verpflegung	3.7
Freizeit	2.6
Preis-Leistung	2.6
Mietunterkünfte	-

Geeignet für

4.3 Gäste mit Zelt

Gäste mit Hund	4.0
Paare	3.3
Senioren	3.2
Kinder b. 12 J.	2.7
Kinder b. 18 J.	2.7
Kinder b. 6 J.	2.5

Empfohlene Aktivitäten

Segeln
Schwimmen
Kultur
Tauchen

Mehr Infos

SCHWEIZ

❼ Graubünden

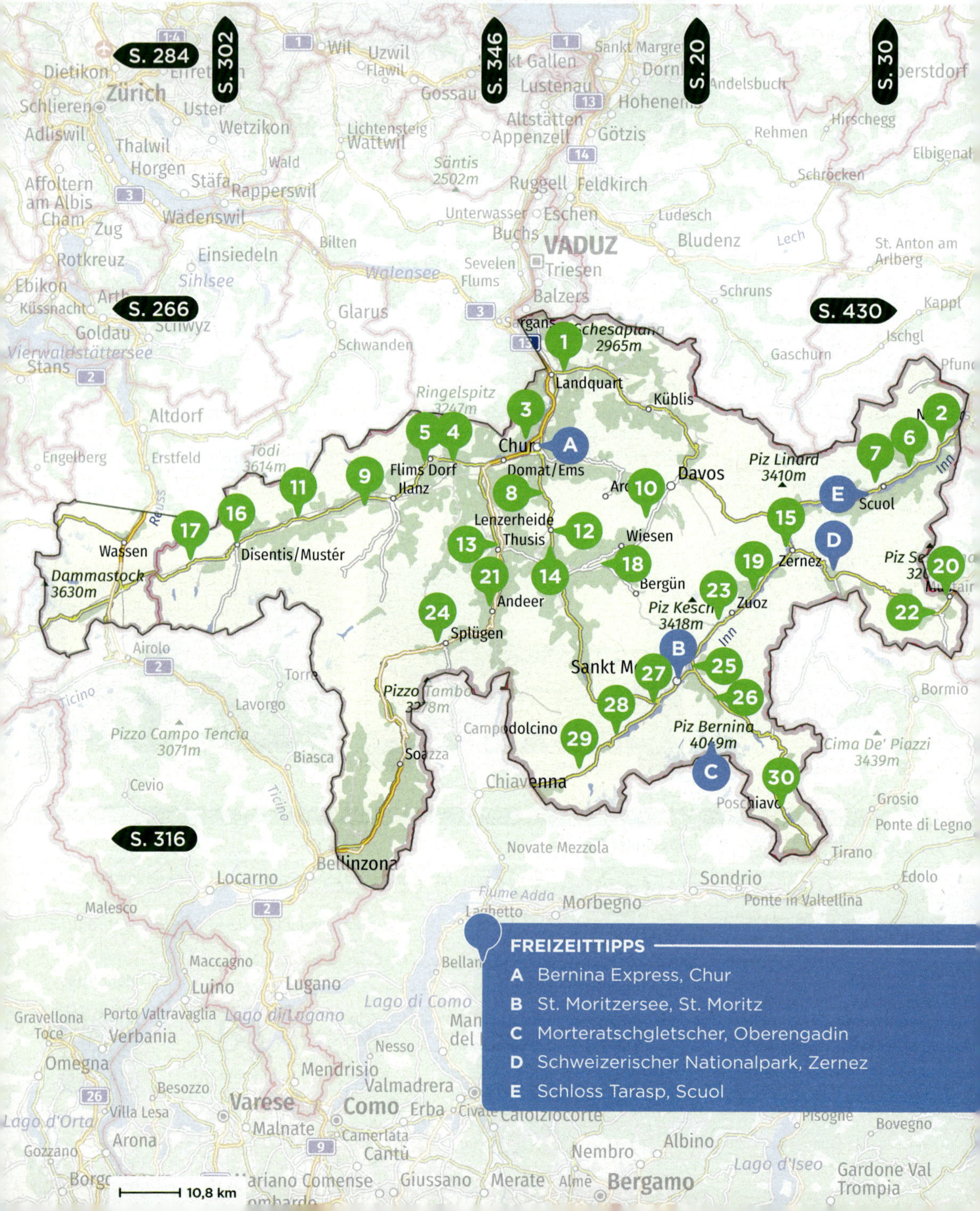

	Platz	Seite	Bewertung		Öffnungszeiten	
1	Waldcamping Landquart	336	4.3	◯	saisonal	✻
2	Camping Arina	336	4.0	◯	saisonal	
3	Camping Obere Au	336	3.3	◯	ganzjährig	✻
4	Camping Trin	337	3.9	◯	ganzjährig	✻
5	Camping Flims	337	3.4	◯	ganzjährig	✻
6	Camping Sur En	337	3.3	◯	ganzjährig	✻
7	TCS Camping Scuol	337	4.4	◯	saisonal	✻
8	Camping Pradafenz	338	4.6	◯	saisonal	✻
9	Panorama-Camping Surcuolm	338	4.3	◯	ganzjährig	✻
10	RinerLodge Camping	338	3.8	◯	saisonal	✻
11	Camping Trun	339	4.8	◯	saisonal	
12	Camping Gravas	339	4.0	◯	ganzjährig	✻
13	TCS Camping Thusis – Viamala	339	4.7	◯	saisonal	✻
14	Camping St. Cassian	339	4.5	◯	ganzjährig	✻
15	Camping Cul	340	4.2	◯	saisonal	
16	TCS Camping Disentis	340	4.6	◯	saisonal	
17	Camping Viva	340	4.3	◯	ganzjährig	✻
18	Camping Islas Filisur	342	4.0	◯	saisonal	
19	Camping Chapella	342	4.5	◯	saisonal	
20	Camping Muglin	341	4.8	◯	saisonal	
21	Camping Andeer	342	4.4	◯	ganzjährig	✻
22	Camping Pè da Munt	343	4.3	◯	saisonal	
23	Camping Madulain	343	4.5	◯	saisonal	✻ ϟ
24	Camping Splügen	343	3.9	◯	ganzjährig	✻
25	TCS Camping Samedan	343	4.2	◯	saisonal	✻
26	Camping Morteratsch	344	4.6	◯	ganzjährig	✻
27	Camping Silvaplana	344	4.2	◯	saisonal	
28	Camping Plan Curtinac	344	4.0	◯	saisonal	
29	Camping Mulina	345	4.2	◯	saisonal	
30	Camping Cavresc	345	4.1	◯	ganzjährig	✻

✻ Wintercamping FKK Textilfrei (ganz/teilweise) Ecocamping Award ϟ Onlinebuchung

Silvaplanersees in Richtung Piz Corvatsch
© swiss-image.ch/Stefan Gruenig

MALERISCHE BERGDÖRFER UND MONDÄNE PROMI-ORTE

Majestätische Berge, idyllische Täler und kristallklare Seen – eine Kulisse wie geschaffen für romantische Heimatfilme und weltberühmte Romane. So präsentiert sich Graubünden seinen Campinggästen. Doch die Region zwischen Maienfeld im Norden und Poschiavo im Süden hat weitaus mehr zu bieten als Heidi-Romantik und Hüttenzauber.

So vielfältig und abwechslungsreich wie die eindrucksvolle Landschaft mit ihren 937 Gipfeln, 615 Seen und 150 Tälern sind auch die Bewohner des größten Kantons der Schweiz. Die etwa 195.000 Bündner leben nicht nur in abgeschiedenen, malerischen Bergdörfern, sondern auch in mondänen Skiorten wie Davos und St. Moritz. Besonders im Winter, wenn Menschen aus aller Welt in die Region strömen, vermischen sich hier die drei Amtssprachen Graubündens – Deutsch, Italienisch und Rätoromanisch – mit allerlei anderen Idiomen.

Graubünden hat jedoch nicht nur im Winter, sondern auch im Sommer eine Menge zu bieten: Wanderer und Bergsteiger kommen in den Schweizer Alpen ebenso auf ihre Kosten wie Mountainbiker und Golfer. Und natürlich werden auch all diejenigen nicht enttäuscht, die nach der guten alten Zeit suchen und auf den Spuren von Heidi und Geissenpeter wandeln möchten.

Snowboarden im Neuschnee, Laax, Graubünden © swiss-image.ch/Pierre Ekmann

URLAUB BEI HEIDI IN DEN BERGEN

Auf dem Heidipfad von Pardiel und im Heididorf in Maienfeld erhalten die Besucher einen authentischen Eindruck vom Leben in einem Schweizer Bergdorf des 19. Jahrhunderts. Mindestens genauso viel Flair wie die touristischen Heidi-Hotspots haben jedoch so malerische Bergdörfer wie Tschlin oder Splügen zu bieten. Auch wenn hier auf den ersten Blick die Zeit ebenfalls stehen geblieben zu sein scheint - hinter den historischen Fassaden verstecken sich nicht selten moderne Einrichtungen. Deshalb muss auch auf den Campingplätzen in Graubünden auf zeitgemäße Standards nicht verzichtet werden. Ruhe und Entspannung bei hohem Komfort sind in dieser Umgebung garantiert. Die einzigartige Natur auf ausgedehnten Wandertouren zu erkunden, ist ein ebenso aufregendes Erlebnis, wie eine Fahrt mit der Rhätischen Bahn auf einer ihrer spektakulären Strecken.

KULTURELLE UND NATÜRLICHE SCHÄTZE

Gleich drei Attraktionen Graubündens wurden von der UNESCO in die Liste des Welterbes aufgenommen. Neben den kühnen Bahn-Viadukten auf der Albula- und der Berninalinie zählt dazu auch das Benediktinerinnenkloster St. Johann in Müstair. Das mittelalterliche Kloster aus der Karolingerzeit besticht durch den hervorragenden Erhaltungszustand seiner über 1.200 Jahre alten Fresken. Eine weltweit einzigartige geologische Formation ist oberhalb von Flims Laax zu bewundern. Die Tschingelhörner mit ihren deutlich zu erkennenden Zacken und Linien geben einen eindrucksvollen Einblick in die geologischen Prozesse bei der Entstehung von Gebirgen. Auch dies war der UNESCO eine Auszeichnung wert.

Richtung Viamala Schlucht © swiss-image.ch/Nico Schaerer

Wer bei so viel Natur und Kultur hungrig wird, für den hält Graubünden eine beeindruckende kulinarische Vielfalt bereit. Unbedingt probieren sollte man Capuns, ein traditionelles Gericht, bei dem eine Füllung aus Spätzleteig und Fleisch in Mangoldblätter gewickelt und in Milch gekocht wird. Nicht weniger schmackhaft sind die Pizzoccheri, eine Pasta-Art aus Buchweizen, die besonders im Puschlav auf den Tisch kommen und bei einem Campingurlaub in Graubünden nicht verschmäht werden sollten.

TIPP DER REDAKTION

TCS Camping Disentis

Disentis | Nr. 16 | Seite 340

Laut Gästen ideal geeignet zum:

- Wandern
- Entspannen
- Mountainbiken

4.6

Karte auf Seite 332

	1 Waldcamping Landquart	2 Camping Arina	3 Camping Obere Au
	❄ Ganda 21 7302 Landquart +41 (0) 81 322 39 55 46.97051 | 9.59341 555m ü.M.	Hauptstraße 153 7558 Strada +41 81 866 32 24 46.86286 | 10.43432 1075m ü.M.	❄ Felsenaustrass 61 7000 Chur +41 81 284 22 83 46.8619 | 9.5073
Infos			
Öffnungszeiten	18.03. - 28.10. 05.12. - 17.03.	01.05. - 31.10.	ganzjährig
Vergleichspreis	HS: 42,80 € | NS: 35,40 €	HS: 32,00 € | NS: 24,10 €	HS: 39,20 € | NS: 39,20 €
Link	**Mehr Infos & Anfrage:** www.camping.info/17136	**Mehr Infos & Anfrage:** www.camping.info/17150	**Mehr Infos & Anfrage:** www.camping.info/17130
Ausstattung			
Freizeit	Baden im See 25km Pool/Hallenbad ✓/9km Spielplatz am Platz ✓	Baden im Fluss 200m Pool/Hallenbad ✓/15km Spielplatz am Platz ✓	Baden im Fluss 500m Pool & Hallenbad ✗ Spielplatz am Platz ✓
Campingplatz	Hunde willkommen ✓ Skilift/Loipe 3km WLAN ✓	Hunde willkommen ✓ Skilift/Loipe 15km/✓ WLAN ✓	Hunde erlaubt ✓ Skilift & Loipe ✗ WLAN (gegen Gebühr) ✓
Versorgung	Lebensmittel 200m Brötchen am Platz ✓ Restaurant & Imbiss ✓ Ver-/Entsorgung Womo ✓ in den Ort 3km	Lebensmittel 100m Brötchen am Platz nur HS Restaurant/Imbiss 100m Ver-/Entsorgung Womo ✓ in den Ort 300m	Lebensmittel ✓ Brötchen am Platz ✓ Restaurant & Imbiss ✓ Ver-/Entsorgung Womo ✓ in den Ort 600m
Anzahl der Plätze	Gesamt/Touristen 130/30 Mietunterkünfte ✓ Stellplätze vor Schranke ✓	Touristenplätze 40 Mietunterkünfte ✓ Stellplätze vor Schranke ✓	Gesamt/Touristen 140/100 Mietunterkünfte ✗ Stellplätze vor Schranke ✓
Bewertung	4.3 SEHR GUT 25 Bewertungen	4.0 SEHR GUT 5 Bewertungen	3.3 GUT 22 Bewertungen
Lage	4.1	4.2	3.4
Ruhe	3.5	4.2	3.1
Sanitäranlagen	4.5	3.2	4.2
Sauberkeit Ø	4.8	4.0	4.2
Freundlichkeit	4.7	4.0	3.8
Stellplatz	3.9	3.8	3.2
Verpflegung	3.2	3.5	3.4
Freizeit	3.5	3.2	3.3
Preis-Leistung	4.2	4.0	3.3
Mietunterkünfte	5.0	3.0	-
Geeignet für			
Kinder b. 6 J.	4.0	3.3	3.0
Kinder b. 12 J.	4.0	4.0	3.1
Kinder b. 18 J.	3.7	3.3	3.3
Paare	4.3	4.3	3.8
Senioren	4.2	4.7	4.0
Gäste mit Zelt	4.3	4.0	5.0
Gäste mit Hund	4.6	4.0	3.0
Empfohlene Aktivitäten	Radfahren Wandern Mountainbiking	Radfahren Wandern Entspannen	Wandern Radfahren Sightseeing

4 Camping Trin

Via Geraglia 2
7016 Trin-Mulin
+41 76 440 19 93
46.82776 | 9.34715
800m ü.M.

ganzjährig
HS: 36,70 € | NS: 36,70 €
Mehr Infos & Anfrage:
www.camping.info/24630

Baden im See am Platz	✓
Pool & Hallenbad	✗
Spielplatz am Platz	✓
Hunde willkommen	✓
Skilift/Loipe	5km/✓
WLAN	✓
Lebensmittel	✓
Brötchen am Platz	nur HS
Restaurant & Imbiss	✓
Ver-/Entsorgung Womo	✓
in den Ort	1km
Gesamt/Touristen	120/100
Mietunterkünfte	✓
Stellplätze vor Schranke	✗

3.9 GUT
10 Bewertungen

Lage	4.4
Ruhe	4.1
Sanitäranlagen	4.0
Sauberkeit Ø	3.4
Freundlichkeit	4.3
Stellplatz	3.7
Verpflegung	3.3
Freizeit	3.7
Preis-Leistung	3.7
Mietunterkünfte	3.5

Geeignet für

Kinder b. 6 J.	4.1
Kinder b. 12 J.	4.4
Kinder b. 18 J.	4.3
Paare	3.8
Senioren	3.6
Gäste mit Zelt	4.7
Gäste mit Hund	4.8

Empfohlene Aktivitäten
- Wandern
- Mountainbiking
- Radfahren

5 Camping Flims

via Prau la Selva 4
7018 Flims-Waldhaus
+41 81 911 15 75
46.82443 | 9.28198
1100m ü.M.

ganzjährig
HS: 40,00 € | NS: 35,00 €
Mehr Infos & Anfrage:
www.camping.info/17135

Baden im See	1km
Pool/Hallenbad	10/2km
Spielplatz am Platz	✓
Hunde willkommen	✓
Skilift/Loipe	1km
WLAN	✓
Lebensmittel	✓
Brötchen am Platz	✓
Restaurant/Imbiss	200m/✓
Ver-/Entsorgung Womo	✓
in den Ort	200m
Gesamt/Touristen	140/60
Mietunterkünfte	✓
Stellplätze vor Schranke	✓

3.4 GUT
11 Bewertungen

Lage	4.2
Ruhe	3.6
Sanitäranlagen	3.7
Sauberkeit Ø	4.1
Freundlichkeit	4.1
Stellplatz	3.3
Verpflegung	2.8
Freizeit	4.6
Preis-Leistung	3.3
Mietunterkünfte	3.3

Geeignet für

Kinder b. 6 J.	4.2
Kinder b. 12 J.	4.5
Kinder b. 18 J.	4.5
Paare	4.7
Senioren	3.1
Gäste mit Zelt	4.0
Gäste mit Hund	4.2

Empfohlene Aktivitäten
- Wandern
- Mountainbiking
- Klettern

für WOMOs bis 7,5 m empfohlen; im Winter Schneeketten mitführen

6 Camping Sur En

Sur En 336
7554 Sent
+41 818 663 544
46.81857 | 10.36667
1120m ü.M.

ganzjährig
HS: 35,20 € | NS: 31,40 €
Mehr Infos & Anfrage:
www.camping.info/17146

Baden im Fluss am Platz	✓
Pool/Hallenbad	✓/7km
Spielplatz am Platz	✓
Hunde willkommen	✓
Skilift/Loipe	7km/✓
WLAN	✓
Lebensmittel	✓
Brötchen am Platz	✓
Restaurant & Imbiss	✓
Ver-/Entsorgung Womo	✓
in den Ort	4km
Gesamt/Touristen	120/80
Mietunterkünfte	✓
Stellplätze vor Schranke	✓

3.3 GUT
27 Bewertungen

Lage	4.2
Ruhe	3.8
Sanitäranlagen	4.2
Sauberkeit Ø	4.6
Freundlichkeit	3.2
Stellplatz	3.4
Verpflegung	3.3
Freizeit	4.2
Preis-Leistung	3.2
Mietunterkünfte	5.0

Geeignet für

Kinder b. 6 J.	4.0
Kinder b. 12 J.	4.3
Kinder b. 18 J.	4.3
Paare	4.1
Senioren	4.4
Gäste mit Zelt	4.4
Gäste mit Hund	5.0

Empfohlene Aktivitäten
- Wandern
- Entspannen
- Mountainbiking

7 TCS Camping Scuol

Gurlaina
7550 Scuol
+41 81 864 15 01
46.79605 | 10.2898
1250m ü.M.

13.05. - 24.10.
12.12. - 05.04.
HS: 55,50 € | NS: 42,90 €
Mehr Infos & Anfrage:
www.camping.info/17145

Baden im Fluss	1km
Pool/Hallenbad	1km
Spielplatz am Platz	✓
Hunde willkommen	✓
Skilift/Loipe	3/1km
WLAN	✓
Lebensmittel	✓
Brötchen am Platz	✓
Restaurant & Imbiss	✓
Ver-/Entsorgung Womo	✓
in den Ort	500m
Gesamt/Touristen	237/180
Mietunterkünfte	✓
Stellplätze vor Schranke	✓

4.4 SEHR GUT
42 Bewertungen

Lage	4.5
Ruhe	4.6
Sanitäranlagen	4.9
Sauberkeit Ø	4.7
Freundlichkeit	4.4
Stellplatz	4.4
Verpflegung	3.7
Freizeit	4.7
Preis-Leistung	4.0
Mietunterkünfte	4.5

Geeignet für

Kinder b. 6 J.	4.5
Kinder b. 12 J.	4.5
Kinder b. 18 J.	4.5
Paare	4.7
Senioren	4.3
Gäste mit Zelt	4.4
Gäste mit Hund	4.1

Empfohlene Aktivitäten
- Wandern
- Mountainbiking
- Wellness

Karte auf Seite 332

	8 Camping Pradafenz	9 Panorama-Camping Surcuolm	10 RinerLodge Camping
	❄ Girabodawäg 24 7075 Churwalden +41 81 382 19 21 46.77739 | 9.53999 1250m ü.M.	❄ Via Prinzipala 11 7138 Surcuolm +41 81 933 32 23 46.7605 | 9.14398	❄ Landwasserstrasse 64 7277 Davos Glaris +41 81 417 00 33 46.74402 | 9.77919 1450m ü.M.
Infos			
Öffnungszeiten	25.05. - 31.10. 15.12. - 10.04.	ganzjährig	01.06. - 30.10. 01.12. - 05.04.
Vergleichspreis	HS: 34,80 € | NS: 34,80 €	HS: 42,00 € | NS: 42,00 €	HS: 46,00 € | NS: 40,00 €
Link	**Mehr Infos & Anfrage:** www.camping.info/17131	**Mehr Infos & Anfrage:** www.camping.info/23127	**Mehr Infos & Anfrage:** www.camping.info/24493
Ausstattung			
Freizeit	Baden im See 3km Pool/Hallenbad 100m/3km Spielplatz 100m	Baden in nat. Gewässer k. A. Hallenbad 9km Spielplatz am Platz ✓	Baden im See 10km Hallenbad 8km Spielplatz am Platz ✓
Campingplatz	Hunde willkommen ✓ Skilift/Loipe ✓/3km WLAN ✓	Hunde erlaubt ✓ Skilift ✓ WLAN ✓	Hunde willkommen ✓ Skilift/Loipe ✓/1km WLAN (gratis) teilweise
Versorgung	Lebensmittel 100m Brötchen am Platz ✓ Restaurant & Imbiss ✓ Ver-/Entsorgung Womo ✓ in den Ort 300m	Lebensmittel ✓ Brötchen am Platz ✓ Restaurant & Imbiss ✓ Ver-/Entsorgung Womo ✓ in den Ort 9km	Lebensmittel 8km Brötchen am Platz ✓ Restaurant & Imbiss ✓ Ver-/Entsorgung Womo ✓ in den Ort 3km
Anzahl der Plätze	Gesamt/Touristen 160/50 Mietunterkünfte ✗ Stellplätze vor Schranke ✗	Gesamt 60 Mietunterkünfte ✓ Stellplätze vor Schranke ✗	Touristenplätze 84 Mietunterkünfte ✓ Stellplätze vor Schranke ✓

	Camping Pradafenz	Panorama-Camping Surcuolm	RinerLodge Camping
Gesamt	4.6 SEHR GUT, 14 Bewertungen	4.3 SEHR GUT, 6 Bewertungen	3.8 GUT, 6 Bewertungen
Lage	4.7	4.7	3.7
Ruhe	4.2	5.0	3.2
Sanitäranlagen	5.0	4.3	3.5
Sauberkeit Ø	5.0	4.7	3.2
Freundlichkeit	4.9	4.8	4.7
Stellplatz	4.3	3.8	3.0
Verpflegung	3.8	3.6	3.0
Freizeit	4.2	4.3	4.8
Preis-Leistung	4.5	3.8	3.5
Mietunterkünfte	-	5.0	-
Geeignet für			
Kinder b. 6 J.	4.3	3.7	5.0
Kinder b. 12 J.	4.2	4.0	5.0
Kinder b. 18 J.	4.2	4.0	5.0
Paare	4.7	4.2	4.5
Senioren	4.6	4.7	4.0
Gäste mit Zelt	3.5	1.0	2.0
Gäste mit Hund	5.0	4.3	4.5
Empfohlene Aktivitäten	Wandern Mountainbiking Ski	Mountainbiking Wandern Ski	Wandern Mountainbiking Ski

keine WOMOs ab 10m; Schlepphilfe bei eisigen Straßen,Gruppen nur beschränkt

11 Camping Trun

Via Campadi 2
7166 Trun
+41 81 544 56 97

46.74107 | 8.99423
861m ü.M.

29.03. - 31.10.

HS: 38,60 € | NS: 33,50 €

Mehr Infos & Anfrage:
www.camping.info/21992

Baden im Fluss am Platz	✓
Hallenbad	1km
Spielplatz	500m
Hunde willkommen	✓
Skilift/Loipe	10/2km
WLAN	✓
Lebensmittel	1km
Brötchen am Platz	✓
Restaurant & Imbiss	✓
Ver-/Entsorgung Womo	✓
in den Ort	1km
Gesamt/Touristen	120/40
Mietunterkünfte	✓
Stellplätze vor Schranke	✗

4.8 SEHR GUT
6 Bewertungen

Lage	4.8
Ruhe	4.8
Sanitäranlagen	4.7
Sauberkeit Ø	5.0
Freundlichkeit	5.0
Stellplatz	4.5
Verpflegung	4.5
Freizeit	4.5
Preis-Leistung	4.5
Mietunterkünfte	5.0

Geeignet für

Kinder b. 6 J.	4.5
Kinder b. 12 J.	5.0
Kinder b. 18 J.	5.0
Paare	4.8
Senioren	4.8
Gäste mit Zelt	5.0
Gäste mit Hund	4.3

Empfohlene Aktivitäten

- Wandern
- Radfahren
- Mountainbiking

12 Camping Gravas

*

Gravas 6
7078 Lenzerheide
+41 81 384 23 35

46.7225 | 9.555
1473m ü.M.

ganzjährig

HS: 47,00 € | NS: 46,00 €

Mehr Infos & Anfrage:
www.camping.info/17139

Baden im See	1km
Pool/Hallenbad	8/1km
Spielplatz am Platz	✓
Hunde willkommen	✓
Skilift & Loipe	✓
WLAN	✓
Lebensmittel	500m
Brötchen am Platz	nur HS
Restaurant/Imbiss	500m
Ver-/Entsorgung Womo	✓
in den Ort	1km
Gesamt/Touristen	110/35
Mietunterkünfte	✗
Stellplätze vor Schranke	✗

4.0 SEHR GUT
7 Bewertungen

Lage	4.4
Ruhe	3.8
Sanitäranlagen	3.9
Sauberkeit Ø	4.8
Freundlichkeit	4.8
Stellplatz	3.7
Verpflegung	2.8
Freizeit	4.3
Preis-Leistung	3.8
Mietunterkünfte	-

Geeignet für

Kinder b. 6 J.	3.5
Kinder b. 12 J.	3.7
Kinder b. 18 J.	4.0
Paare	5.0
Senioren	5.0
Gäste mit Zelt	5.0
Gäste mit Hund	5.0

Empfohlene Aktivitäten

- Wandern
- Mountainbiking
- Radfahren

13 TCS Camping Thusis – Viamala

*

Pantunweg
7430 Thusis
+41 81 651 24 72

46.69881 | 9.44496
720m ü.M.

19.03. - 24.10.

HS: 51,30 € | NS: 42,30 €

Mehr Infos & Anfrage:
www.camping.info/17151

Baden in nat. Gewässer	k. A.
Pool/Hallenbad	500m/15km
Spielplatz am Platz	✓
Hunde willkommen	✓
Skilift/Loipe	10/15km
WLAN	✓
Lebensmittel	500m
Brötchen	keine Angabe
Restaurant & Imbiss	✓
Ver-/Entsorgung Womo	✓
in den Ort	800m
Gesamt/Touristen	100/60
Mietunterkünfte	✓
Stellplätze vor Schranke	✗

4.7 SEHR GUT
82 Bewertungen

Lage	4.4
Ruhe	4.3
Sanitäranlagen	4.8
Sauberkeit Ø	4.9
Freundlichkeit	4.9
Stellplatz	4.4
Verpflegung	4.1
Freizeit	4.4
Preis-Leistung	4.4
Mietunterkünfte	4.7

Geeignet für

Kinder b. 6 J.	4.5
Kinder b. 12 J.	4.6
Kinder b. 18 J.	4.5
Paare	4.8
Senioren	4.7
Gäste mit Zelt	4.5
Gäste mit Hund	4.6

Empfohlene Aktivitäten

- Wandern
- Entspannen
- Radfahren

14 Camping St. Cassian

*

Voia Principal 106
7083 Lenz /bei LENZERHEIDE
+41 81 384 24 72

46.69858 | 9.55827
1420m ü.M.

ganzjährig

HS: 34,90 € | NS: 34,90 €

Mehr Infos & Anfrage:
www.camping.info/17137

Baden im See	3km
Pool/Hallenbad	2km
Spielplatz am Platz	✓
Hunde willkommen	✓
Skilift/Loipe	1km/✓
WLAN (begrenzt gratis)	✓
Lebensmittel	1km
Brötchen am Platz	✓
Restaurant & Imbiss	✓
Ver-/Entsorgung Womo	✓
in den Ort	1km
Gesamt/Touristen	170/70
Mietunterkünfte	✓
Stellplätze vor Schranke	✓

4.5 SEHR GUT
11 Bewertungen

Lage	4.4
Ruhe	4.6
Sanitäranlagen	3.5
Sauberkeit Ø	4.7
Freundlichkeit	4.7
Stellplatz	3.9
Verpflegung	3.9
Freizeit	4.6
Preis-Leistung	4.5
Mietunterkünfte	4.0

Geeignet für

Kinder b. 6 J.	3.9
Kinder b. 12 J.	4.6
Kinder b. 18 J.	4.1
Paare	4.8
Senioren	4.4
Gäste mit Zelt	4.2
Gäste mit Hund	4.8

Empfohlene Aktivitäten

- Wandern
- Entspannen
- Cross Country

Karte auf Seite 332

	15 Camping Cul	16 TCS Camping Disentis	17 Camping Viva
			❄
	Madinas s/n 7530 Zernez +41 818 561 462 46.69758 | 10.08694	Via Fontanivas 9 7180 Disentis +41 81 947 44 22 46.69649 | 8.85364 1100m ü.M.	Via Prau Cumin 11 7189 Rueras Sedrun +41 79 126 80 61 46.67269 | 8.75347 1400m ü.M.
Infos			
Öffnungszeiten	15.05. - 18.10.	23.04. - 26.09.	ganzjährig
Vergleichspreis	HS: 35,30 € | NS: 33,00 €	HS: 56,40 € | NS: 42,10 €	HS: 42,00 € | NS: 34,00 €
Link	**Mehr Infos & Anfrage:** www.camping.info/23053	**Mehr Infos & Anfrage:** www.camping.info/17133	**Mehr Infos & Anfrage:** www.camping.info/25602
Ausstattung			
Freizeit	Baden im Fluss am Platz ✓ Pool/Hallenbad 500m Spielplatz am Platz ✓	Baden im Fluss am Platz ✓ Hallenbad 8km Spielplatz am Platz ✓	Baden im See 1km Pool/Hallenbad 3km Spielplatz am Platz ✓
Campingplatz	Hunde willkommen ✓ Skilift & Loipe ✗ WLAN ✓	Hunde willkommen ✓ Skilift & Loipe ✗ WLAN ✓	Hunde willkommen ✓ Skilift/Loipe 1km/✓ WLAN (gratis) teilweise
Versorgung	Lebensmittel ✓ Brötchen am Platz ✓ Restaurant & Imbiss ✓ Ver-/Entsorgung Womo ✓ in den Ort 500m	Lebensmittel ✓ Brötchen am Platz ✓ Restaurant & Imbiss ✓ Ver-/Entsorgung Womo ✓ in den Ort 2km	Lebensmittel 2km Brötchen am Platz ✓ Restaurant am P. ✓ Ver-/Entsorgung Womo ✗ in den Ort 1km
Anzahl der Plätze	Gesamt/Touristen 340/300 Mietunterkünfte ✓ Stellplätze vor Schranke ✗	Gesamt/Touristen 173/134 Mietunterkünfte ✓ Stellplätze vor Schranke ✗	Gesamt/Touristen 40/30 Mietunterkünfte ✓ Stellplätze vor Schranke ✓

	Camping Cul	TCS Camping Disentis	Camping Viva
Gesamt	4.2 SEHR GUT, 22 Bewertungen	4.6 SEHR GUT, 62 Bewertungen	4.3 SEHR GUT, 6 Bewertungen
Lage	4.8	4.7	4.7
Ruhe	4.7	4.3	4.7
Sanitäranlagen	3.9	4.4	3.8
Sauberkeit Ø	4.2	4.6	4.2
Freundlichkeit	4.5	4.9	4.8
Stellplatz	4.2	4.4	3.7
Verpflegung	3.4	4.5	3.8
Freizeit	4.2	4.5	4.2
Preis-Leistung	3.9	4.2	4.0
Mietunterkünfte	4.0	4.7	5.0
Geeignet für			
Kinder b. 6 J.	3.7	4.6	4.7
Kinder b. 12 J.	3.7	4.8	4.7
Kinder b. 18 J.	3.3	4.3	4.0
Paare	4.6	4.6	4.5
Senioren	4.7	4.4	4.0
Gäste mit Zelt	4.5	4.7	4.0
Gäste mit Hund	4.1	4.7	4.5
Empfohlene Aktivitäten	Wandern Radfahren Mountainbiking	Wandern Entspannen Mountainbiking	Wandern Mountainbiking Cross Country

Zwischensaison geschlossen: 01.04. - 08.05 und 26.10 - 04.12.

20 Camping Muglin

Via Muglin 223
7537 Müstair
+41 81 858 59 90
www.campingmuglin.ch
info@campingmuglin.ch

08.05. - 25.10.

HS: 32,00 € | NS: 32,00 €

Mehr Infos & Anfrage:
www.camping.info/24662

Baden im Fluss am Platz	✓
Pool/Hallenbad	12km/500m
Spielplatz am Platz	✓
Hunde willkommen	✓
Skilift/Loipe	9/5km
WLAN	✓
Lebensmittel	400m
Brötchen am Platz	✓
Restaurant/Imbiss	400m/✓
Ver-/Entsorgung Womo	✓
in den Ort	300m
Gesamt/Touristen	92/65
Mietunterkünfte	✓
Stellplätze vor Schranke	✗

46.62416 | 10.4493

Die großzügigen Standplätze bieten einen herrlichen Ausblick auf die Berge.

Lage & Stellplatz

Natur pur im UNESCO-Biosphärenreservat Val Müstair: Am Fuße des schweizerischen Nationalparks ist aus dem alten Bauernhof der Familie Zangerle ein idyllischer Campingplatz am Ufer des Rambachs entstanden. Die Standplätze sind großzügig und mit Wasser- und Abwasser, Strom und WLAN ausgestattet.

Verpflegung

Im gemütlichen Bistro werden typische Bistrospeisen und Getränke serviert. Auf der schönen Sonnenterrasse können Campinggäste die ruhige Lage am Rambach genießen. Im Dorf gibt es gute Einkaufsmöglichkeiten sowie mehrere Restaurants mit einheimischen Spezialitäten.

Sanitär

Die modernen Sanitäranlagen beinhalten geschlechtergetrennte Bereiche mit Duschen, Waschkabinen, Waschbecken und Toiletten. Des Weiteren verfügt der Platz über eine behindertengerechte Dusche sowie WC, einen Wickelraum, Spülbecken, Waschmaschine, Trockner, Servicestation und Ausguss.

Freizeit

Der Campingplatz ist der ideale Ausgangspunkt zum Wandern, Biken, Spazieren oder um das UNESCO-Welterbe Kloster St. Johann zu besuchen. Eine besondere Attraktion ist die authentische Saunalandschaft auf dem ehemaligen Heustock. Auch ein sehr schöner Kinderspielplatz befindet sich auf dem Platz.

Kinderspielplatz.

Der Alpabzug im Dorf.

4.8 SEHR GUT
29 Bewertungen

Lage	4.7
Ruhe	4.7
Sanitäranlagen	4.7
Sauberkeit Ø	5.0
Freundlichkeit	4.9
Stellplatz	4.7
Verpflegung	4.0
Freizeit	4.4
Preis-Leistung	4.6
Mietunterkünfte	-

Geeignet für

- 4.8 Paare
- 4.7 Senioren
- 4.6 Kinder b. 12 J.
- 4.6 Gäste mit Zelt
- 4.6 Gäste mit Hund
- 4.5 Kinder b. 6 J.
- 4.1 Kinder b. 18 J.

Empfohlene Aktivitäten

Wandern | Radfahren | Entspannen | Mountainbiking

Mehr Infos

Karte auf Seite 332

	18 Camping Islas Filisur	19 Camping Chapella	21 Camping Andeer
			✱
	Via Prasairas 1 7477 Filisur GR +41 814 041 647	Chapella 7526 Cinuos-chel +41 81 854 12 06	Sut Baselgia 120 c 7440 Andeer +41 81 661 14 53
	46.67179 | 9.67465	46.6325 | 10.015	46.6064 | 9.42634
	980m ü.M.		1000m ü.M.
Infos			
Öffnungszeiten	01.04. - 31.10.	01.05. - 31.10.	ganzjährig
Vergleichspreis	HS: 31,00 € | NS: 31,00 €	HS: 30,50 € | NS: 30,50 €	HS: 38,00 € | NS: 38,00 €
Link	**Mehr Infos & Anfrage:** www.camping.info/17134	**Mehr Infos & Anfrage:** www.camping.info/17132	**Mehr Infos & Anfrage:** www.camping.info/17127
Ausstattung			
Freizeit	Baden in nat. Gewässer k. A. Pool/Hallenbad ✓/3km Spielplatz am Platz ✓	Baden im Fluss am Platz ✓ Pool/Hallenbad 8km Spielplatz am Platz ✓	Baden im Fluss 200m Pool/Hallenbad 100m Spielplatz 500m
Campingplatz	Hunde willkommen ✓ Skilift & Loipe ✗ WLAN ✓	Hunde willkommen ✓ Skilift & Loipe ✗ WLAN ✓	Hunde willkommen ✓ Skilift/Loipe 10km WLAN ✓
Versorgung	Lebensmittel 2km Brötchen am Platz ✓ Restaurant & Imbiss ✓ Ver-/Entsorgung Womo ✓ in den Ort 2km	Lebensmittel 2km Brötchen am Platz nur HS Restaurant/Imbiss 1km/✓ Ver-/Entsorgung Womo ✓ in den Ort keine Angabe	Lebensmittel 300m Brötchen am Platz ✗ Restaurant/Imbiss 300m/✓ Ver-/Entsorgung Womo ✓ im Ort ✓
Anzahl der Plätze	Gesamt/Touristen 100/50 Mietunterkünfte ✓ Stellplätze vor Schranke ✗	Gesamt/Touristen 100/80 Mietunterkünfte ✓ Stellplätze vor Schranke ✗	Gesamt/Touristen 100/40 Mietunterkünfte ✓ Stellplätze vor Schranke ✗

	18 Camping Islas Filisur	19 Camping Chapella	21 Camping Andeer
Gesamt	4.0 SEHR GUT 9 Bewertungen	4.5 SEHR GUT 13 Bewertungen	4.4 SEHR GUT 10 Bewertungen
Lage	4.4	4.6	4.2
Ruhe	4.4	4.6	4.1
Sanitäranlagen	4.0	4.6	4.0
Sauberkeit Ø	4.3	4.8	4.4
Freundlichkeit	4.5	4.9	4.5
Stellplatz	3.9	4.4	4.0
Verpflegung	3.8	3.0	3.7
Freizeit	4.1	4.4	4.7
Preis-Leistung	4.0	4.8	4.3
Mietunterkünfte	4.2	5.0	-
Geeignet für			
Kinder b. 6 J.	3.9	4.2	4.8
Kinder b. 12 J.	4.3	4.4	4.8
Kinder b. 18 J.	4.4	4.0	4.5
Paare	4.6	4.5	4.2
Senioren	4.4	4.4	4.8
Gäste mit Zelt	3.8	4.9	4.5
Gäste mit Hund	5.0	4.6	5.0
Empfohlene Aktivitäten	Wandern Entspannen Radfahren	Wandern Radfahren Mountainbiking	Wandern Wellness Radfahren

22 Camping Pè da Munt

Via Umbrail
7536 Sta. Maria - Val Müstair
+41 81 858 71 33

46.59688 | 10.42574
1440m ü.M.

19.05. - 06.10.

HS: 34,00 € | NS: 34,00 €

Mehr Infos & Anfrage:
www.camping.info/17149

Baden im Fluss am Platz	✓
Pool/Hallenbad	10/5km
Spielplatz am Platz	✓
Hunde willkommen	✓
Skilift & Loipe	✗
WLAN	✓
Lebensmittel	✓
Brötchen am Platz	✓
Restaurant & Imbiss	✓
Ver-/Entsorgung Womo	✓
in den Ort	500m
Gesamt	50
Mietunterkünfte	✗
Stellplätze vor Schranke	✗

4.3 SEHR GUT
12 Bewertungen

Lage	4.5
Ruhe	4.6
Sanitäranlagen	3.8
Sauberkeit Ø	4.4
Freundlichkeit	4.1
Stellplatz	4.1
Verpflegung	3.1
Freizeit	4.0
Preis-Leistung	4.0
Mietunterkünfte	-

Geeignet für

Kinder b. 6 J.	3.8
Kinder b. 12 J.	4.1
Kinder b. 18 J.	3.5
Paare	4.3
Senioren	3.7
Gäste mit Zelt	4.7
Gäste mit Hund	4.3

Empfohlene Aktivitäten

- Wandern
- Motorrad
- Mountainbiking

23 Camping Madulain

Via Vallatscha 115
7523 Madulain
+41 (0)81 8540161

46.58762 | 9.93998
1697m ü.M.

01.06. - 24.10.
24.12. - 18.04.

HS: 38,40 € | NS: 34,70 €

Mehr Infos & online buchen:
www.camping.info/21996

Baden im See	15km
Pool/Hallenbad	14/9km
Spielplatz	200m
Hunde willkommen	✓
Skilift/Loipe	1km/300m
WLAN	✓
Lebensmittel	1km
Brötchen am Platz	✓
Restaurant/Imbiss	1km/✓
Ver-/Entsorgung Womo	✓
im Ort	✓
Gesamt/Touristen	40/30
Mietunterkünfte	✓
Stellplätze vor Schranke	✗

4.5 SEHR GUT
20 Bewertungen

Lage	4.5
Ruhe	4.3
Sanitäranlagen	4.6
Sauberkeit Ø	4.7
Freundlichkeit	4.9
Stellplatz	4.1
Verpflegung	3.1
Freizeit	4.3
Preis-Leistung	4.2
Mietunterkünfte	4.7

Geeignet für

Kinder b. 6 J.	3.2
Kinder b. 12 J.	3.8
Kinder b. 18 J.	3.8
Paare	4.4
Senioren	4.4
Gäste mit Zelt	4.8
Gäste mit Hund	5.0

Empfohlene Aktivitäten

- Wandern
- Mountainbiking
- Entspannen

für große WOMOs Reservierung empfohlen; keine Jugendgruppen

24 Camping Splügen

Campingstrasse 18
7435 Splügen
+41 81 664 14 76

46.54908 | 9.31365
1457m ü.M.

ganzjährig

HS: 40,00 € | NS: 35,00 €

Mehr Infos & Anfrage:
www.camping.info/17147

Baden im Fluss	200m
Pool/Hallenbad	10km
Spielplatz am Platz	✓
Hunde willkommen	✓
Skilift/Loipe	500m/✓
WLAN	✓
Lebensmittel	✓
Brötchen am Platz	✓
Restaurant/Imbiss	500m/✓
Ver-/Entsorgung Womo	✓
in den Ort	500m
Gesamt/Touristen	90/35
Mietunterkünfte	✓
Stellplätze vor Schranke	✗

3.9 GUT
12 Bewertungen

Lage	3.8
Ruhe	3.9
Sanitäranlagen	4.0
Sauberkeit Ø	4.2
Freundlichkeit	4.4
Stellplatz	3.7
Verpflegung	3.4
Freizeit	4.2
Preis-Leistung	3.8
Mietunterkünfte	4.5

Geeignet für

Kinder b. 6 J.	4.5
Kinder b. 12 J.	4.8
Kinder b. 18 J.	4.8
Paare	5.0
Senioren	4.0
Gäste mit Zelt	3.8
Gäste mit Hund	5.0

Empfohlene Aktivitäten

- Wandern
- Ski
- Cross Country

25 TCS Camping Samedan

Via da Puntraschigna 56
7503 Samedan
+41 81 842 81 97

46.51042 | 9.87901
1750m ü.M.

13.05. - 10.10.
27.11. - 13.04.

HS: 47,60 € | NS: 38,60 €

Mehr Infos & Anfrage:
www.camping.info/17143

Baden im See	3km
Pool & Hallenbad	✗
Spielplatz am Platz	✓
Hunde willkommen	✓
Skilift/Loipe	3km/✓
WLAN	✓
Lebensmittel	✓
Brötchen am Platz	✓
Restaurant/Imbiss	2km/✓
Ver-/Entsorgung Womo	✓
in den Ort	2km
Gesamt/Touristen	115/65
Mietunterkünfte	✓
Stellplätze vor Schranke	✗

4.2 SEHR GUT
13 Bewertungen

Lage	4.3
Ruhe	3.5
Sanitäranlagen	3.9
Sauberkeit Ø	4.5
Freundlichkeit	4.8
Stellplatz	4.0
Verpflegung	3.0
Freizeit	4.5
Preis-Leistung	3.7
Mietunterkünfte	4.0

Geeignet für

Kinder b. 6 J.	4.3
Kinder b. 12 J.	4.4
Kinder b. 18 J.	4.1
Paare	4.7
Senioren	4.6
Gäste mit Zelt	4.3
Gäste mit Hund	4.7

Empfohlene Aktivitäten

- Wandern
- Mountainbiking
- Radfahren

Karte auf Seite 332

	26 Camping Morteratsch	27 Camping Silvaplana	28 Camping Plan Curtinac
	❄ Plauns 13, 7504 Pontresina, +41 81 842 62 85	via bos-cha, 7513 Silvaplana, +41 81 8288492	Isola 8, 7516 Maloja, +41 818243181
	46.46078 | 9.93498	46.45572 | 9.79274	46.40541 | 9.71017
	1860m ü.M.	1800m ü.M.	1817m ü.M.
Infos			
Öffnungszeiten	ganzjährig	13.05. - 16.10.	01.06. - 30.09.
Vergleichspreis	HS: 39,00 € | NS: 39,00 €	HS: 42,00 € | NS: 42,00 €	HS: 41,00 € | NS: 41,00 €
Link	**Mehr Infos & Anfrage:** www.camping.info/17142	**Mehr Infos & Anfrage:** www.camping.info/21994	**Mehr Infos & Anfrage:** www.camping.info/21995
Ausstattung			
Freizeit	Baden im See am Platz ✓	Baden im See am Platz ✓	Baden im See am Platz ✓
	Pool/Hallenbad 3km	Pool & Hallenbad ✗	Hallenbad 15km
	Spielplatz am Platz ✓	Spielplatz am Platz ✓	Spielplatz 1km
Campingplatz	Hunde willkommen ✓	Hunde willkommen ✓	Hunde erlaubt ✓
	Skilift/Loipe 3km/✓	Skilift & Loipe ✗	Skilift & Loipe ✗
	WLAN ✓	WLAN ✓	WLAN ✓
Versorgung	Lebensmittel ✓	Lebensmittel ✓	Lebensmittel 1km
	Brötchen am Platz ✓	Brötchen am Platz ✓	Brötchen am Platz ✓
	Restaurant/Imbiss 1km/✓	Restaurant & Imbiss ✓	Restaurant & Imbiss ✓
	Ver-/Entsorgung Womo ✓	Ver-/Entsorgung Womo ✓	Ver-/Entsorgung Womo ✓
	in den Ort 3km	im Ort ✓	in den Ort 1km
Anzahl der Plätze	Gesamt/Touristen 280/200	Gesamt/Touristen 220/130	Gesamt/Touristen 110/100
	Mietunterkünfte ✓	Mietunterkünfte ✗	Mietunterkünfte ✓
	Stellplätze vor Schranke ✗	Stellplätze vor Schranke ✗	Stellplätze vor Schranke ✗

	Morteratsch	Silvaplana	Plan Curtinac
Gesamt	4.6 SEHR GUT, 45 Bewertungen	4.2 SEHR GUT, 14 Bewertungen	4.0 SEHR GUT, 7 Bewertungen
Lage	4.8	4.5	4.6
Ruhe	4.8	4.0	4.7
Sanitäranlagen	4.6	4.4	4.0
Sauberkeit Ø	4.8	4.5	4.4
Freundlichkeit	4.7	4.6	4.7
Stellplatz	4.4	3.7	2.7
Verpflegung	4.2	3.9	3.3
Freizeit	4.7	4.6	3.9
Preis-Leistung	4.4	4.3	3.4
Mietunterkünfte	4.7	-	-
Geeignet für			
Kinder b. 6 J.	4.2	3.8	2.8
Kinder b. 12 J.	4.6	4.1	3.4
Kinder b. 18 J.	4.4	4.4	3.6
Paare	4.8	4.4	4.3
Senioren	4.6	4.1	3.0
Gäste mit Zelt	4.6	3.9	3.7
Gäste mit Hund	4.4	4.2	4.0
Empfohlene Aktivitäten	Wandern, Mountainbiking, Entspannen	Wandern, Surfen, Kayak/Kanu	Wandern, Mountainbiking, Angeln

ⓘ WOMOs ab 8 m nur mit Reservierung (Camping Morteratsch)

29 Camping Mulina

7603 Vicosoprano
+41 81 822 10 35
46.35674 | 9.63065

01.05. - 31.10.
HS: 27,50 € | NS: 27,50 €
Mehr Infos & Anfrage:
www.camping.info/21997

Baden in nat. Gewässer	k. A.
Pool & Hallenbad	✗
Spielplatz	keine Angabe
Hunde erlaubt	✓
Skilift & Loipe	keine Angabe
WLAN	keine Angabe
Lebensmittel	✓
Brötchen am Platz	nur HS
Imbiss	✓
Ver-/Entsorgung Womo	✓
in den Ort	600m
Gesamt	keine Angabe
Mietunterkünfte	✗
Stellplätze vor Schranke	✗

4.2 SEHR GUT
5 Bewertungen

Lage	4.8
Ruhe	4.4
Sanitäranlagen	4.0
Sauberkeit Ø	4.9
Freundlichkeit	5.0
Stellplatz	4.2
Verpflegung	3.0
Freizeit	3.2
Preis-Leistung	4.0
Mietunterkünfte	-

Geeignet für

Kinder b. 6 J.	4.2
Kinder b. 12 J.	4.2
Kinder b. 18 J.	3.8
Paare	4.8
Senioren	4.0
Gäste mit Zelt	5.0
Gäste mit Hund	-

Empfohlene Aktivitäten

- Klettern
- Wandern
- Entspannen

30 Camping Cavresc

✱
Via dal Canton
7746 Le Prese
+41 81 844 02 59
46.29472 | 10.08

ganzjährig
HS: 45,50 € | NS: 38,20 €
Mehr Infos & Anfrage:
www.camping.info/17138

Baden im See	1km
Pool/Hallenbad	✓/5km
Spielplatz am Platz	✓
Hunde erlaubt	✓
Skilift & Loipe	✗
WLAN	✓
Lebensmittel	✓
Brötchen am Platz	✓
Restaurant & Imbiss	✓
Ver-/Entsorgung Womo	✓
in den Ort	keine Angabe
Gesamt/Touristen	80/60
Mietunterkünfte	✓
Stellplätze vor Schranke	✗

4.1 SEHR GUT
9 Bewertungen

Lage	4.6
Ruhe	4.7
Sanitäranlagen	4.4
Sauberkeit Ø	4.8
Freundlichkeit	4.9
Stellplatz	4.1
Verpflegung	3.7
Freizeit	4.2
Preis-Leistung	4.1
Mietunterkünfte	-

Geeignet für

Kinder b. 6 J.	4.0
Kinder b. 12 J.	4.4
Kinder b. 18 J.	4.1
Paare	4.6
Senioren	4.9
Gäste mit Zelt	4.3
Gäste mit Hund	4.0

Empfohlene Aktivitäten

- Wandern
- Mountainbiking
- Entspannen

SCHWEIZ

8 Ostschweiz und Liechtenstein

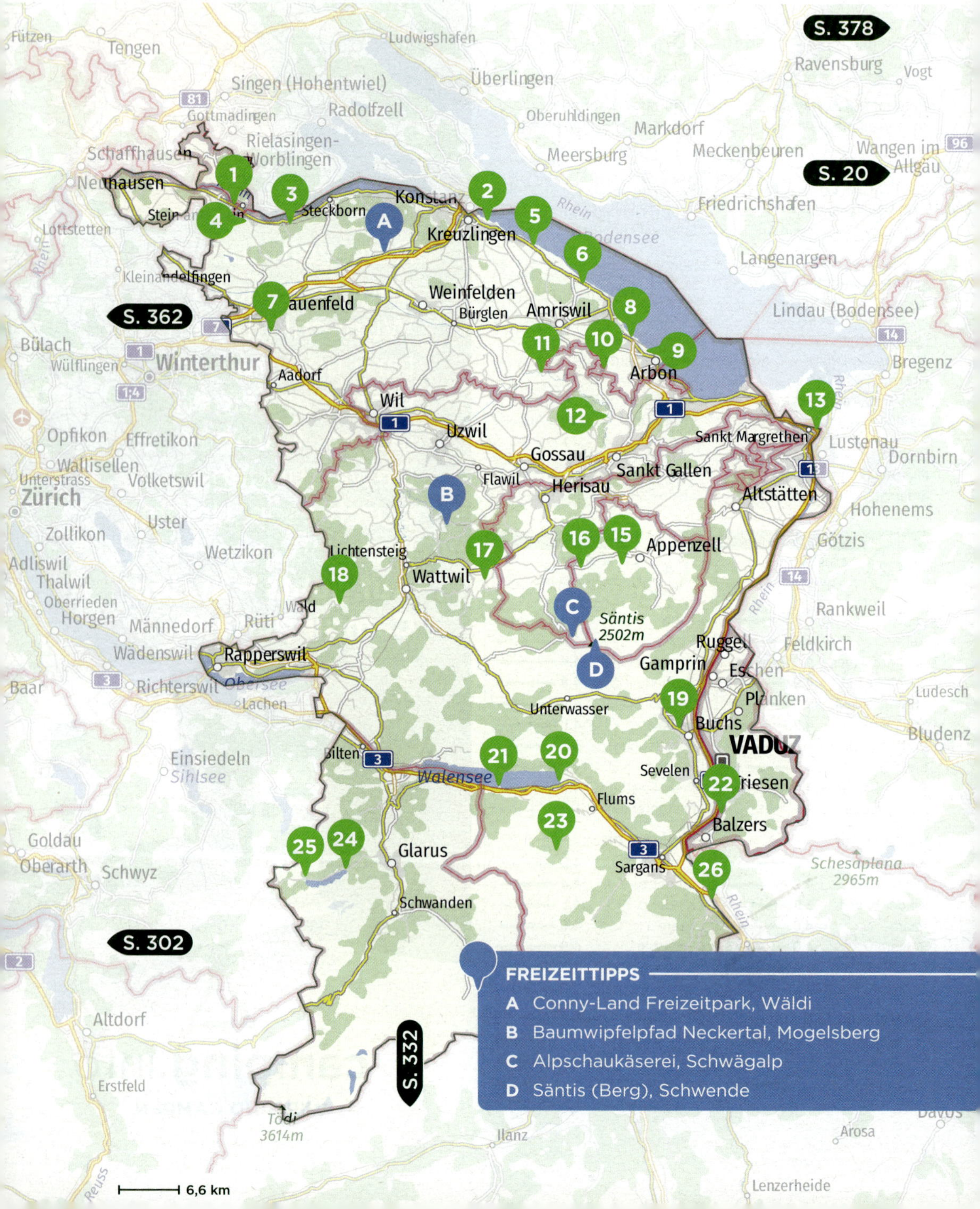

FREIZEITTIPPS

- **A** Conny-Land Freizeitpark, Wäldi
- **B** Baumwipfelpfad Neckertal, Mogelsberg
- **C** Alpschaukäserei, Schwägalp
- **D** Säntis (Berg), Schwende

	Platz	Seite	Bewertung	Öffnungszeiten	
1	Camping Wagenhausen	351	4.6	saisonal	
2	Camping Fischerhaus	353	3.7	saisonal	
3	Camping Guldifuss	350	4.1	k. A.	
4	Camping Hüttenberg	350	4.8	saisonal	Award
5	Camping Ruderbaum	350	3.6	saisonal	
6	Campingplatz Amriswil	352	4.7	k. A.	
7	Camping Aumühle	352	4.6	saisonal	
8	Camping Seehorn	352	4.8	saisonal	
9	Campingplatz Buchhorn	354	3.3	saisonal	
10	Camping beim Bauer Manser	354	4.7	saisonal	
11	Camping Leutswil	354	-	k. A.	
12	Camping St. Gallen-Wittenbach	355	3.4	saisonal	
13	Camping Bruggerhorn	355	3.6	saisonal	
15	Camping Eischen	357	3.6	ganzjährig	*
16	Camping Jakobsbad	355	4.6	ganzjährig	*
17	Camping Bächli	356	4.9	ganzjährig	*
18	Camping Atzmännig	356	3.8	ganzjährig	*
19	Camping Werdendenberg SG	356	3.0	saisonal	
20	See-Camping	358	3.9	saisonal	
21	Camping am Walensee	358	3.9	saisonal	
22	Camping Mittagsspitze	359	3.4	ganzjährig	*
23	Camping Höfli	358	-	ganzjährig	*
24	Camping Güntlenau	360	4.2	saisonal	
25	Camping Vorauen	360	3.9	saisonal	
26	Camping Giessenpark	360	3.3	ganzjährig	*

* Wintercamping   FKK Textilfrei (ganz/teilweise)   Ecocamping   Award   Onlinebuchung

Stauberenkanzel im Appenzellerland © swiss-image.ch/Thomas Senf

CAMPING SÜDLICH DES BODENSEES

Die Region der Ostschweiz und Liechtensteins hat viele Gesichter. Die Region um Schaffhausen mit dem berühmten Rheinfall gehört ebenso dazu wie St. Gallen mit dem Bodensee oder die sanften Hügel des Appenzellerlandes. So vielfältig wie die Landschaften der Region sind auch die Aktivitäten, die dafür sorgen, dass bei einem Campingurlaub so schnell keine Langeweile aufkommt. Wanderfreunde genießen im Sommer spektakuläre Ausblicke auf dem Alpenpanorama-Weg oder freuen sich über kulturelle Kleinode, die sie auf der „Kulturspur" Appenzellerland entdecken. Wer statt auf Schusters Rappen lieber auf dem Drahtesel oder mit echter Pferdestärke unterwegs ist, wird hier ebenfalls nicht enttäuscht. Sowohl die Ostschweiz als auch Liechtenstein halten nicht nur in der warmen Jahreszeit, sondern auch im Winter viele Überraschungen bereit. Rasante Abfahrten in der Region Toggenburg oder im Heidiland sorgen bei Alpin-Skifans für Begeisterung.

Rheinfall bei Schaffhausen © swiss-image.ch/Beat Mueller

HOHE WASSERFÄLLE UND TIEFE SCHLUCHTEN

Ähnlich vielfältig wie die Freizeitangebote sind auch die kulturellen und natürlichen Schätze der Ostschweiz. Zu den beeindruckendsten Naturschauspielen, nicht nur der Schweiz, zählt der Rheinfall bei Neuhausen, der größte Wasserfall Europas. Pro Sekunde stürzen hier 700.000 Liter Wasser über eine 150 m breite Klippe in die Tiefe. Auch bei einem Besuch in der Taminaschlucht in Pfäfers spielt Wasser eine entscheidende Rolle. Eine warme Thermalquelle sorgt bereits seit ihrer Entdeckung im Jahr 1240 dafür, dass die Menschen gerne hierherkommen. Schon der berühmte Arzt Paracelsus war von der heilenden Wirkung des Wassers überzeugt und wurde deshalb zum ersten Badearzt in Pfäfers.

Kathedrale St.Gallen © swiss-image.ch

DEN BODENSEE ZU FÜSSEN

Nicht nur an Wasserfällen und in tiefen Schluchten, sondern auch über den Wolken hat die Ostschweiz ihren ganz besonderen Reiz. Wer mit der Schwebebahn auf den 2.502 hohen Säntis fährt, dem liegt die Bodenseeregion im wahrsten Sinne des Wortes zu Füßen. Nach einer 10-minütigen Reise durch die Wolken erwarten euch als Besucher spektakuläre Aussichten. Der NaturErlebnispark Schwägalp/Säntis ermöglicht nicht nur die Begegnung mit einer eindrucksvollen Landschaft, sondern auch mit der Kultur und den Traditionen der Region, die auf fünf verschiedenen Themenwegen eindrucksvoll dargestellt wird.

NICHTS FÜR KALORIENZÄHLER

Bei einem Urlaub in der Ostschweiz kann die Campingküche durchaus öfter mal kalt bleiben. Die kulinarischen Highlights der Region sind es wert, ausgiebig probiert zu werden. Die St. Galler Bratwurst aus zartem Kalbfleisch und Schweinespeck gehört bereits seit 1432 zu den bevorzugten Spezialitäten, nicht nur in der Bodenseeregion. Aber auch der berühmte, würzige Appenzeller Käse sorgt nicht erst seit gestern für Begeisterung. In jedem Fall besser als fettige Kartoffelchips sind die Thurgauer Öpfelringli – die luftgetrockneten Apfelringe sind der ideale Snack für den kleinen Hunger zwischendurch.

TIPP DER REDAKTION

Camping Hüttenberg

Eschenz | Nr. 4 | Seite 350

Laut Gästen ideal geeignet zum:
- Entspannen
- Radfahren
- Wandern

4.8

Karte auf Seite 346

	3 Camping Guldifuss	4 Camping Hüttenberg	5 Camping Ruderbaum
	Guldifussstraße 1 8265 Mammern +41 52 741 13 20 47.64575 | 8.92392	Hüttenberg 3 8264 Eschenz +41 527412337 47.6444 | 8.86 478m ü.M.	Im Ruderbaum 3 8595 Altnau +41 71 695 29 65 47.62281 | 9.26468
Infos			
Öffnungszeiten	keine Angabe	12.04. - 18.10.	01.04. - 31.10.
Vergleichspreis	HS: 22,00 €	HS: 38,50 € | NS: 34,80 €	HS: 29,00 € | NS: 29,00 €
Link	**Mehr Infos & Anfrage:** www.camping.info/17168	**Mehr Infos & Anfrage:** www.camping.info/17160	**Mehr Infos & Anfrage:** www.camping.info/17153
Ausstattung			
Freizeit	Baden in nat. Gewässer k. A.	Baden im See 3km	Baden im See 500m
	Pool & Hallenbad ✗	Pool/Hallenbad ✓/20km	Pool & Hallenbad ✗
	Spielplatz ✗	Spielplatz am Platz ✓	Spielplatz am Platz ✓
Campingplatz	Hunde erlaubt ✓	Hunde willkommen ✓	Hunde willkommen ✓
	Skilift/Loipe ✗/k. A.	Skilift & Loipe ✗	Skilift & Loipe ✗
	WLAN ✓	WLAN (gratis) teilweise	WLAN teilweise
Versorgung	Lebensmittel 600m	Lebensmittel ✓	Lebensmittel 2km
	Brötchen keine Angabe	Brötchen am Platz ✓	Brötchen am Platz nur HS
	Restaurant & Imbiss ✓	Restaurant & Imbiss ✓	Restaurant 100m
	Ver-/Entsorgung Womo ✗	Ver-/Entsorgung Womo ✓	Ver-/Entsorgung Womo ✗
	in den Ort 600m	in den Ort 2km	in den Ort 2km
Anzahl der Plätze	Gesamt/Touristen 105/11	Gesamt/Touristen 330/60	Gesamt/Touristen 280/50
	Mietunterkünfte ✗	Mietunterkünfte ✓	Mietunterkünfte ✓
	Stellplätze vor Schranke ✗	Stellplätze vor Schranke ✓	Stellplätze vor Schranke ✗

	Camping Guldifuss	Camping Hüttenberg	Camping Ruderbaum
Gesamt	4.1 SEHR GUT, 7 Bewertungen	4.8 SEHR GUT, 1329 Bewertungen	3.6 GUT, 10 Bewertungen
Lage	4.6	4.5	4.5
Ruhe	3.7	4.7	3.3
Sanitäranlagen	3.6	4.7	4.3
Sauberkeit Ø	4.1	4.9	3.9
Freundlichkeit	4.4	4.9	3.8
Stellplatz	3.9	4.7	2.9
Verpflegung	4.0	4.3	2.6
Freizeit	3.5	4.4	4.1
Preis-Leistung	3.8	4.5	3.2
Mietunterkünfte	-	4.8	3.7
Geeignet für			
Kinder b. 6 J.	4.0	4.7	3.6
Kinder b. 12 J.	4.0	4.7	3.8
Kinder b. 18 J.	3.3	4.2	3.9
Paare	4.3	4.7	4.0
Senioren	4.0	4.7	4.0
Gäste mit Zelt	4.7	4.5	3.8
Gäste mit Hund	4.0	4.4	4.7
Empfohlene Aktivitäten	Schwimmen Radfahren Segeln	Entspannen Radfahren Wandern	Radfahren Schwimmen Angeln

Camping Hüttenberg: WOMOs bis 8 m; vor Schranke WOMOs bis 10 m

1 Camping Wagenhausen

Hauptstrasse 82
8259 Wagenhausen
+41 52 741 42 71
www.campingwagenhausen.ch
info@campingwagenhausen.ch

26.03. - 31.10.

HS: 41,00 € | NS: 32,00 €

Mehr Infos & Anfrage:
www.camping.info/17169

Baden im Fluss am Platz	✓
Pool/Hallenbad	✓/20km
Spielplatz am Platz	✓
Hunde willkommen	✓
Skilift & Loipe	✗
WLAN	✓
Lebensmittel	✓
Brötchen am Platz	✓
Restaurant & Imbiss	✓
Ver-/Entsorgung Womo	✓
in den Ort	1km
Gesamt/Touristen	280/50
Mietunterkünfte	✓
Stellplätze vor Schranke	✗

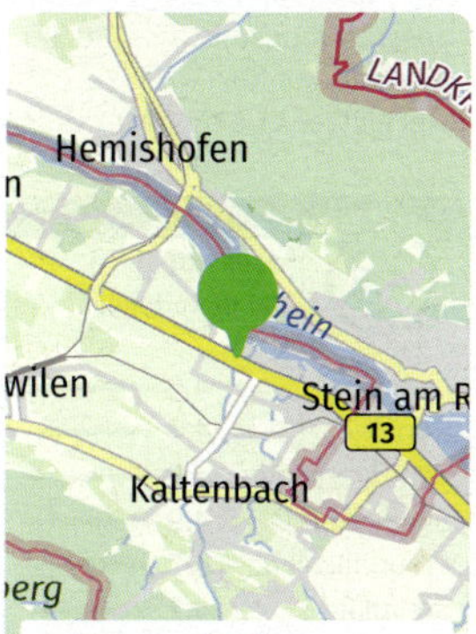

1 km
47.66235 | 8.8406
405m ü.M.

Camping Wagenhausen aus der Luft, direkt am Rhein.

Lage & Stellplatz

Der moderne Campingplatz liegt im Kanton Thurgau direkt am wunderschönen Rhein, ganz in der Nähe des Bodensees. Für Gäste stehen neben den 240 Dauerplätzen 40 schön gestaltete Touristenstellplätze auf grüner Wiese mit Stromanschluss für Mobilheime bereit.

Verpflegung

Auf dem Camping Wagenhausen erlebt man Camping von seiner attraktivsten Seite mit modernster Infrastruktur, vielfältiger Gastronomie und unzähligen Übernachtungsmöglichkeiten. Der Platz verfügt über ein eigenes, regional bekanntes Restaurant und einen Shop mit frischem Brot vom lokalen Bäcker.

Sanitär

Der Campingplatz ist bekannt für seine moderne und großzügige Infrastruktur und sehr saubere, beheizte Sanitäranlagen mit Einzelduschkabinen. Zudem stehen Waschmaschinen, Wäschetrockner sowie Ausgüsse für chemische Toiletten zur Verfügung. Auf dem Platz können sich alle Gäste wie Zuhause fühlen.

Freizeit

Der Platz verfügt über eine großzügige Poolanlage, einen eigenen Minigolfplatz und kostenloses WLAN. Zudem ist er Ausgangspunkt für verschiedenste Freizeitaktivitäten wie Biken, Wandern, Besuchen von Sehenswürdigkeiten, Rudern, Joggen, Schifffahrten, Baden, Grillen, Skaten, Segeln oder Reiten.

Urige Zirkuswagen zum Schlafen.

Moderne, beheizte Poolanlage.

4.6 SEHR GUT
12 Bewertungen

Lage	4.7
Ruhe	4.2
Sanitäranlagen	4.8
Sauberkeit Ø	4.8
Freundlichkeit	4.7
Stellplatz	4.4
Verpflegung	4.5
Freizeit	4.3
Preis-Leistung	4.2
Mietunterkünfte	3.7

Geeignet für

5.0	Senioren
4.7	Paare
4.3	Gäste mit Zelt
3.9	Kinder b. 12 J.
3.8	Kinder b. 6 J.
3.6	Gäste mit Hund
3.5	Kinder b. 18 J.

Empfohlene Aktivitäten

Radfahren
Entspannen
Schwimmen
Kayak/Kanu

Mehr Infos

Karte auf Seite 346

	6	7	8
	Campingplatz Amriswil	**Camping Aumühle**	**Camping Seehorn**
	Stranbadstrasse 8592 Uttwil	Aumühle 8500 Frauenfeld +41 52 721 08 68	Wiedehorn 9 9322 Egnach +41 71 477 10 06
	47.58938 | 9.33367	47.54081 | 8.8989 417m ü.M.	47.53664 | 9.39859 400m ü.M.
Infos			
Öffnungszeiten	keine Angabe	01.04. - 31.10.	01.03. - 31.10.
Vergleichspreis	keine Angabe	HS: 36,00 € | NS: 41,00 €	HS: 45,00 € | NS: 34,00 €
Link	**Mehr Infos & Anfrage:** www.camping.info/27094	**Mehr Infos & Anfrage:** www.camping.info/22012	**Mehr Infos & Anfrage:** www.camping.info/17158
Ausstattung			
Freizeit	Baden im See am Platz ✓	Baden im Fluss am Platz ✓	Baden im See am Platz ✓
	Pool & Hallenbad ✗	Pool/Hallenbad 5km	Pool/Hallenbad 5/10km
	Spielplatz am Platz ✓	Spielplatz am Platz ✓	Spielplatz am Platz ✓
Campingplatz	Hunde ✗	Hunde willkommen ✓	Hunde willkommen ✓
	Skilift & Loipe keine Angabe	Skilift/Loipe 20/53km	Skilift & Loipe ✗
	WLAN keine Angabe	WLAN ✓	WLAN (gegen Gebühr) ✓
Versorgung	Lebensmittel k.A.	Lebensmittel 2km	Lebensmittel ✓
	Brötchen keine Angabe	Brötchen am Platz ✓	Brötchen am Platz ✓
	Restaurant am P. ✓	Restaurant/Imbiss 2km	Restaurant/Imbiss 200m/✓
	Ver-/Entsorgung Womo ✗	Ver-/Entsorgung Womo ✗	Ver-/Entsorgung Womo ✓
	in den Ort keine Angabe	in den Ort 2km	in den Ort 1km
Anzahl der Plätze	Gesamt keine Angabe	Gesamt/Touristen 35/14	Gesamt/Touristen 250/80
	Mietunterkünfte ✓	Mietunterkünfte ✗	Mietunterkünfte ✓
	Stellplätze vor Schranke ✗	Stellplätze vor Schranke ✗	Stellplätze vor Schranke ✓

	6	7	8
Gesamt	4.7 SEHR GUT, 3 Bewertungen	4.6 SEHR GUT, 5 Bewertungen	4.8 SEHR GUT, 94 Bewertungen
Lage	4.7	4.6	4.6
Ruhe	4.7	4.6	4.4
Sanitäranlagen	4.7	3.8	4.9
Sauberkeit Ø	5.0	4.8	4.9
Freundlichkeit	5.0	5.0	4.7
Stellplatz	4.3	4.4	4.7
Verpflegung	4.3	4.4	4.2
Freizeit	4.7	4.2	4.3
Preis-Leistung	4.0	4.6	4.6
Mietunterkünfte	5.0	-	4.9
Geeignet für			
Kinder b. 6 J.	5.0	5.0	4.6
Kinder b. 12 J.	5.0	4.3	4.6
Kinder b. 18 J.	4.3	3.5	4.1
Paare	5.0	5.0	4.7
Senioren	4.5	5.0	4.7
Gäste mit Zelt	4.7	4.7	4.6
Hunde n. erlaubt / Gäste mit Hund	Hunde n. erlaubt -	Gäste mit Hund 5.0	Gäste mit Hund 4.5
Empfohlene Aktivitäten	Radfahren Schwimmen Wandern	Radfahren Entspannen Wandern	Radfahren Schwimmen Entspannen

2 Camping Fischerhaus

Promenadenstraße 52
8280 Kreuzlingen
+41 71 688 49 03
www.camping-fischerhaus.ch
info@camping-fischerhaus.ch

01.04. - 22.10.

HS: 42,00 € | NS: 42,00 €

Mehr Infos & Anfrage:
www.camping.info/17165

Baden im See am Platz	✓
Pool/Hallenbad	100m/1km
Spielplatz am Platz	✓
Hunde	×
Skilift/Loipe	30km
WLAN	✓
Lebensmittel	✓
Brötchen am Platz	✓
Restaurant & Imbiss	✓
Ver-/Entsorgung Womo	✓
in den Ort	100m
Gesamt/Touristen	225/120
Mietunterkünfte	✓
Stellplätze vor Schranke	×

1 km
47.6471 | 9.19891
400m ü.M.

Der Camping Fischerhaus liegt wunderschön am Bodensee.

Lage & Stellplatz

Ein Platz mit speziellem Ambiente – direkt am Wasser. Seine einmalige Lage direkt am Bodensee hat diesen Platz zu einem Geheimtipp unter Campern gemacht. Der neu angegliederte Grillplatz sorgt für echte Campingatmosphäre. Duschen, WLAN, Strom und der Eintritt ins Freibad Hörnli: alles inklusive!

Verpflegung

Im umfangreichen Camping-Shop gibt es alles Notwendige zur Verpflegung, Snacks sowie Gas zu kaufen. Nach einem ereignisreichen Tag lässt sich der Abend dann wunderbar auf der Terrasse des Restaurants „Fischerhaus" mit attraktivem Biergarten am See ausklingen.

Sanitär

Der Campingplatz Fischerhaus hat 2019 sein neues Sanitärgebäude eröffnet. Der Platz verfügt über gratis Warmwasserduschen, WCs mit Behinderten-WC, Waschräume, Geschirr- & Textilwaschbecken, Waschmaschine und Trockner, Stromnetz für Sanitärtrakt und Wohnwagen sowie eine Entsorgungsstation für Camper.

Freizeit

Die attraktive Lage ist für Wassersportler ein besonderes Highlight und das große Angebot reicht von Segeln, Tauchen, Schwimmen bis zu Kanu-, Surf- und Wasserski. Der spannende Naturspielplatz im Bachbereich ist ein Highlight für Familien und Kinder. Das Strandbad „Hörnli" liegt direkt nebenan.

Großzügiger Spielplatz.

Gemütliche Fischerhäuser.

3.7 GUT
18 Bewertungen

Lage	4.1
Ruhe	3.5
Sanitäranlagen	3.6
Sauberkeit Ø	4.1
Freundlichkeit	3.9
Stellplatz	3.5
Verpflegung	3.2
Freizeit	4.2
Preis-Leistung	3.9
Mietunterkünfte	4.0

Geeignet für

4.5 Senioren

4.4 Kinder b. 6 J.	4.2 Paare	3.6 Gäste mit Zelt
4.2 Kinder b. 12 J.	3.8 Kinder b. 18 J.	- Gäste mit Hund nicht erlaubt

Empfohlene Aktivitäten

Radfahren | Schwimmen | Spazieren | Kulinarik

Mehr Infos

5% Rabatt in der Nebensaison, 11 Zimmer (50 Bett) ab 29.- pro Person/Nacht.

Karte auf Seite 346

	9	10	11
	Campingplatz Buchhorn	**Camping beim Bauer Manser**	**Camping Leutswil**
	Philosophenweg 17 9320 Arbon +41 71 446 65 45 47.52433 | 9.42061	Täschliberg 5 9315 Winden +41 71 477 22 91 47.51038 | 9.36155 470m ü.M.	9220 Leutswil b. Bischofszell +41 71 422 63 98 47.50209 | 9.27506 400m ü.M.
Infos			
Öffnungszeiten	01.04. - 01.10.	01.04. - 31.10.	keine Angabe
Vergleichspreis	HS: 32,10 € | NS: 32,10 €	HS: 33,50 € | NS: 33,50 €	HS: 26,00 € | NS: 31,00 €
Link	**Mehr Infos & Anfrage:** www.camping.info/23054	**Mehr Infos & Anfrage:** www.camping.info/22155	**Mehr Infos & Anfrage:** www.camping.info/22014
Ausstattung			
Freizeit	Baden im See am Platz ✓ Pool am Platz ✓ Spielplatz am Platz ✓	Baden im See 5km Pool/Hallenbad 10km Spielplatz am Platz ✓	Baden im Fluss am Platz ✓ Pool/Hallenbad 3/25km Spielplatz am Platz ✓
Campingplatz	Hunde ✗ Skilift & Loipe ✗ WLAN (gegen Gebühr) ✓	Hunde willkommen ✓ Skilift & Loipe ✗ WLAN ✓	Hunde willkommen ✓ Skilift/Loipe 42km WLAN (begrenzt gratis) ✓
Versorgung	Lebensmittel ✓ Brötchen am Platz ✓ Restaurant/Imbiss 300m/✓ Ver-/Entsorgung Womo ✓ in den Ort 2km	Lebensmittel ✓ Brötchen am Platz ✓ Restaurant 1km Ver-/Entsorgung Womo ✓ in den Ort 2km	Lebensmittel 3km Brötchen am Platz ✗ Restaurant/Imbiss 3km/✓ Ver-/Entsorgung Womo ✓ in den Ort 3km
Anzahl der Plätze	Gesamt/Touristen 80/47 Mietunterkünfte ✗ Stellplätze vor Schranke ✗	Touristenplätze 30 Mietunterkünfte ✓ Stellplätze vor Schranke ✗	Gesamt/Touristen 55/15 Mietunterkünfte ✓ Stellplätze vor Schranke ✗

	9	10	11
Gesamt	3.3 GUT 26 Bewertungen	4.7 SEHR GUT 37 Bewertungen	- JETZT BEWERTEN!
Lage	4.5	4.6	
Ruhe	3.4	4.8	
Sanitäranlagen	3.7	4.6	
Sauberkeit Ø	4.5	4.9	
Freundlichkeit	3.1	4.8	
Stellplatz	3.2	4.5	
Verpflegung	2.7	3.7	
Freizeit	3.5	4.4	
Preis-Leistung	3.0	4.4	
Mietunterkünfte	-	4.8	

Geeignet für

	9	10
Kinder b. 6 J.	3.3	4.9
Kinder b. 12 J.	3.8	4.8
Kinder b. 18 J.	3.0	3.5
Paare	3.4	4.5
Senioren	4.1	4.4
Gäste mit Zelt	4.2	4.9
Hunde n. erlaubt	-	
Gäste mit Hund		4.7

Empfohlene Aktivitäten

- 9: Schwimmen, Radfahren, Kayak/Kanu
- 10: Radfahren, Entspannen, Wandern

11: Für diese Auswertung liegen leider noch nicht genügend Bewertungen vor.

Sei einer der Ersten, der diesen Campingplatz bewertet. Unter den Bewertern werden regelmäßig Gewinne verlost!

Mehr Infos dazu findest du in unserem allgemeinen Intro.

10: keine WOMOs über 12 m; keine Jugend- oder Partygruppen

12 Camping St. Gallen-Wittenbach

Leebrücke
9304 Bernhardzell
+41 71 298 49 69
47.46129 | 9.36554

01.04. - 01.10.
HS: 32,00 € | NS: 30,50 €
Mehr Infos & Anfrage:
www.camping.info/23055

Baden im Fluss am Platz	✓
Pool/Hallenbad	2km
Spielplatz am Platz	✓
Hunde willkommen	✓
Skilift & Loipe	✗
WLAN (gratis)	teilweise
Lebensmittel	2km
Brötchen am Platz	✓
Restaurant/Imbiss	2km/✓
Ver-/Entsorgung Womo	✓
in den Ort	2km
Gesamt/Touristen	90/70
Mietunterkünfte	✓
Stellplätze vor Schranke	✗

3.4 GUT
11 Bewertungen

Lage	3.5
Ruhe	4.5
Sanitäranlagen	3.5
Sauberkeit Ø	4.5
Freundlichkeit	4.0
Stellplatz	3.5
Verpflegung	2.8
Freizeit	2.6
Preis-Leistung	3.4
Mietunterkünfte	3.5

Geeignet für

Kinder b. 6 J.	3.7
Kinder b. 12 J.	3.7
Kinder b. 18 J.	3.3
Paare	4.2
Senioren	4.0
Gäste mit Zelt	3.2
Gäste mit Hund	4.0

Empfohlene Aktivitäten

- Entspannen
- Radfahren
- Wandern

13 Camping Bruggerhorn

Bruggerhorn 1
9430 St. Margarethen
+41 71 744 2201
47.45105 | 9.65691
402m ü.M.

01.04. - 31.10.
HS: 33,00 € | NS: 33,00 €
Mehr Infos & Anfrage:
www.camping.info/22015

Baden im See am Platz	✓
Pool am Platz	✓
Spielplatz am Platz	✓
Hunde	✗
Skilift & Loipe	✗
WLAN	teilweise
Lebensmittel	✗
Brötchen am Platz	✗
Restaurant & Imbiss	✓
Ver-/Entsorgung Womo	✗
in den Ort	2km
Touristenplätze	30
Mietunterkünfte	✗
Stellplätze vor Schranke	✗

3.6 GUT
7 Bewertungen

Lage	4.0
Ruhe	3.4
Sanitäranlagen	2.7
Sauberkeit Ø	3.6
Freundlichkeit	4.0
Stellplatz	3.1
Verpflegung	3.2
Freizeit	3.8
Preis-Leistung	3.7
Mietunterkünfte	-

Geeignet für

Kinder b. 6 J.	3.0
Kinder b. 12 J.	3.6
Kinder b. 18 J.	3.4
Paare	3.3
Senioren	3.2
Gäste mit Zelt	1.5
Hunde n. erlaubt	-

Empfohlene Aktivitäten

- Radfahren
- Schwimmen
- Wandern

12-14 Uhr keine Einfahrt möglich

16 Camping Jakobsbad

❄

Anker
9108 Gonten
+41 71 794 11 31
47.32042 | 9.32892

ganzjährig
HS: 28,20 € | NS: 28,20 €
Mehr Infos & Anfrage:
www.camping.info/17163

Baden in nat. Gewässer	k. A.
Pool & Hallenbad	✗
Spielplatz am Platz	✓
Hunde erlaubt	✓
Skilift	✓
WLAN (gegen Gebühr)	✓
Lebensmittel	✓
Brötchen am Platz	✓
Restaurant & Imbiss	✗
Ver-/Entsorgung Womo	✗
in den Ort	1km
Gesamt	keine Angabe
Mietunterkünfte	✗
Stellplätze vor Schranke	✓

4.6 SEHR GUT
25 Bewertungen

Lage	4.7
Ruhe	4.7
Sanitäranlagen	4.4
Sauberkeit Ø	5.0
Freundlichkeit	5.0
Stellplatz	4.4
Verpflegung	3.4
Freizeit	4.7
Preis-Leistung	4.9
Mietunterkünfte	-

Geeignet für

Kinder b. 6 J.	4.0
Kinder b. 12 J.	4.3
Kinder b. 18 J.	3.9
Paare	4.8
Senioren	4.8
Gäste mit Zelt	4.8
Gäste mit Hund	4.6

Empfohlene Aktivitäten

- Wandern
- Mountainbiking
- Entspannen

Karte auf Seite 346

	17	18	19
	Camping Bächli	**Camping Atzmännig**	**Camping Werdendenberg SG**
	❄	❄	
	Wisstrasse 9 9633 Bächli - Hemberg +41 71 377 11 47	Atzmännigstraße 8638 Goldingen +41 55 284 64 34	Marktplatz 11 9470 Buchs +41 81 756 15 07
	47.30656 | 9.19485 850m ü.M.	47.28528 | 8.99561	47.16574 | 9.46516 450m ü.M.
Infos			
Öffnungszeiten	ganzjährig	ganzjährig	18.03. - 20.10.
Vergleichspreis	HS: 26,00 € | NS: 26,00 €	HS: 26,50 € | NS: 26,50 €	HS: 39,00 € | NS: 33,00 €
Link	**Mehr Infos & Anfrage:** www.camping.info/23056	**Mehr Infos & Anfrage:** www.camping.info/17162	**Mehr Infos & Anfrage:** www.camping.info/22017
Ausstattung			
Freizeit	Baden im Fluss 800m Pool & Hallenbad ✗ Spielplatz am Platz ✓	Baden im See 10km Pool/Hallenbad 5km Spielplatz am Platz ✓	Baden in nat. Gewässer k. A. Pool/Hallenbad 2km Spielplatz 200m
Campingplatz	Hunde willkommen ✓ Skilift/Loipe 5/4km WLAN ✓	Hunde erlaubt ✓ Skilift/Loipe ✓/9km WLAN ✗	Hunde willkommen ✓ Skilift & Loipe ✗ WLAN ✓
Versorgung	Lebensmittel 200m Brötchen am Platz ✓ Restaurant 100m Ver-/Entsorgung Womo ✓ in den Ort 4km	Lebensmittel 2km Brötchen am Platz ✓ Restaurant & Imbiss ✓ Ver-/Entsorgung Womo ✓ in den Ort 2km	Lebensmittel 200m Brötchen am Platz ✗ Restaurant 100m Ver-/Entsorgung Womo ✓ in den Ort 500m
Anzahl der Plätze	Gesamt/Touristen 70/40 Mietunterkünfte ✓ Stellplätze vor Schranke ✗	Gesamt/Touristen 200/10 Mietunterkünfte ✓ Stellplätze vor Schranke ✗	Gesamt/Touristen 35/20 Mietunterkünfte ✓ Stellplätze vor Schranke ✗

	Camping Bächli	Camping Atzmännig	Camping Werdendenberg SG
Gesamt	4.9 SEHR GUT – 9 Bewertungen	3.8 GUT – 4 Bewertungen	3.0 GUT – 4 Bewertungen
Lage	4.3	3.5	3.8
Ruhe	4.6	4.0	1.5
Sanitäranlagen	4.8	3.8	2.0
Sauberkeit Ø	5.0	4.5	3.5
Freundlichkeit	4.9	4.7	3.3
Stellplatz	4.4	3.2	2.8
Verpflegung	3.8	2.5	1.5
Freizeit	4.4	4.0	2.8
Preis-Leistung	4.6	3.8	2.5
Mietunterkünfte	5.0	-	-
Geeignet für			
Kinder b. 6 J.	4.8	3.2	1.0
Kinder b. 12 J.	4.2	3.8	1.5
Kinder b. 18 J.	3.8	3.7	1.5
Paare	4.7	4.0	3.0
Senioren	4.5	3.5	4.0
Gäste mit Zelt	4.2	-	3.0
Gäste mit Hund	4.6	-	1.0
Empfohlene Aktivitäten	Wandern Mountainbiking Entspannen	Wandern Cross Country Radfahren	Radfahren Wandern

15 Camping Eischen

❄

Kaustrasse 123
9050 Appenzell
+41 71 787 50 30
www.eischen.ch
info@eischen.ch

ganzjährig

HS: 32,00 € | NS: 32,00 €

Mehr Infos & Anfrage:
www.camping.info/17154

Baden in nat. Gewässer	k. A.
Pool & Hallenbad	✓
Spielplatz am Platz	✓
Hunde willkommen	✓
Skilift/Loipe	250m/✓
WLAN	✓
Lebensmittel	✓
Brötchen am Platz	✓
Restaurant & Imbiss	✓
Ver-/Entsorgung Womo	✓
in den Ort	3km
Gesamt/Touristen	100/40
Mietunterkünfte	✓
Stellplätze vor Schranke	✗

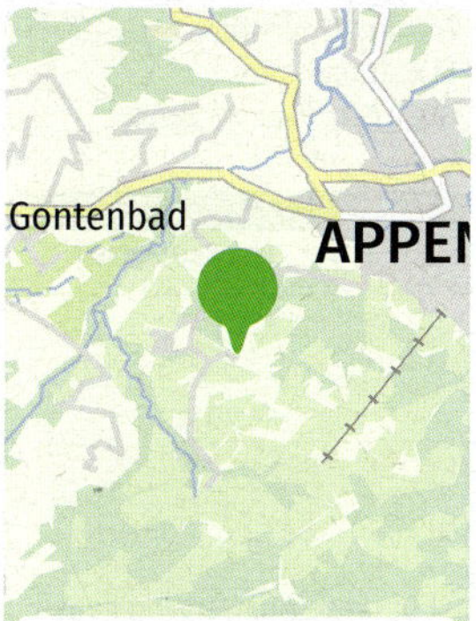

1 km
47.3224 | 9.38668
1040m ü.M.

Wundervolle Aussicht auf das Appenzellerland.

Lage & Stellplatz

Der Campingplatz befindet sich 3 km oberhalb von Appenzell auf 1.040 m über Meer. Das ganze Jahr über bietet der gepflegte Platz eine wundervolle Sicht über das ganze Appenzellerland, Vorarlberg und den Säntis. Abseits von Lärm und Stress tankt man hier wieder neue Energie für den Alltag.

Verpflegung

Der Landgasthof Eischen begrüßt die Urlauber im traditionellen Appenzeller Restaurant mit einer einladenden Terrasse am Fuße des Säntismassives und des Kronbergs. Des Weiteren erreicht man in acht Minuten das Appenzell mit diversen Einkaufmöglichkeiten.

Sanitär

Top ausgestattet mit gepflegten Sanitärbereich, Trockner, Waschmaschinen, Geschirrspüler, freiem WLAN auf dem ganzen Areal, Chemietoilettenausguss, etc. Ein toller Wellnessbereich mit Bio-Sauna, Finnen-Sauna, Dampfbad, Ruheraum, Schwimmbad mit Panoramaverglasung und einen Outdoor-Whirlpool.

Freizeit

Das Appenzellerland hat viel zu bieten. Hier wird noch Tradition gepflegt und die sanfte Landschaft lädt zu vielerlei Aktivitäten ein, die der ganzen Familie oder Freunden von Aktivferien Spaß machen. Auf dem vielfältigen Spielplatz können die Kinder toben und Spaß haben.

Landgasthof und Wellnessbereich.

Großzügiger Spielplatz.

3.6 GUT
25 Bewertungen

Lage	4.4
Ruhe	4.1
Sanitäranlagen	4.0
Sauberkeit Ø	4.2
Freundlichkeit	4.0
Stellplatz	3.0
Verpflegung	3.9
Freizeit	3.7
Preis-Leistung	3.4
Mietunterkünfte	3.0

Geeignet für

4.2 Senioren

4.1 Paare
3.5 Gäste mit Hund
3.2 Kinder b. 6 J.
3.6 Gäste mit Zelt
3.3 Kinder b. 12 J.
2.9 Kinder b. 18 J.

Empfohlene Aktivitäten

Wandern
Wellness
Mountainbiking
Entspannen

Mehr Infos

Karte auf Seite 346

	20 See-Camping	21 Camping am Walensee	23 Camping Höfli
	Walenseestraße 50 8880 Walenstadt +41 81 735 18 96 47.11725 | 9.3005	Strandbodenstrasse 16 8877 Murg +41 81 738 15 30 47.11516 | 9.21513 422m ü.M.	8896 Flumserberg +41 81 733 19 40 47.05079 | 9.29415
Infos			
Öffnungszeiten	30.03. - 30.09.	01.04. - 15.10.	ganzjährig
Vergleichspreis	HS: 35,00 € | NS: 30,00 €	HS: 51,50 € | NS: 37,50 €	HS: 16,50 € | NS: 16,50 €
Link	**Mehr Infos & Anfrage:** www.camping.info/17170	**Mehr Infos & Anfrage:** www.camping.info/22013	**Mehr Infos & Anfrage:** www.camping.info/17161
Ausstattung			
Freizeit	Baden im See am Platz ✓ Pool/Hallenbad 25km Spielplatz am Platz ✓	Baden im See am Platz ✓ Hallenbad 16km Spielplatz 300m	Baden im See 20km Pool/Hallenbad 25/3km Spielplatz keine Angabe
Campingplatz	Hunde ✗ Skilift 25km WLAN (begrenzt gratis) teilweise	Hunde erlaubt ✓ Skilift/Loipe ✗/k. A. WLAN ✓	Hunde willkommen ✓ Skilift/Loipe 3km WLAN (gegen Gebühr) ✓
Versorgung	Lebensmittel ✗ Brötchen am Platz nur HS Restaurant 1km Ver-/Entsorgung Womo ✓ in den Ort 1km	Lebensmittel 300m Brötchen am Platz ✓ Restaurant/Imbiss 300m/✓ Ver-/Entsorgung Womo ✓ in den Ort 10m	Lebensmittel k.A. Brötchen am Platz ✗ Restaurant 200m Ver-/Entsorgung Womo ✗ in den Ort keine Angabe
Anzahl der Plätze	Gesamt/Touristen 170/70 Mietunterkünfte ✗ Stellplätze vor Schranke ✓	Gesamt/Touristen 42/21 Mietunterkünfte ✗ Stellplätze vor Schranke ✗	Gesamt/Touristen 80/5 Mietunterkünfte ✗ Stellplätze vor Schranke ✗

See-Camping

3.9 GUT – 8 Bewertungen

Lage	4.6
Ruhe	3.8
Sanitäranlagen	3.6
Sauberkeit Ø	3.8
Freundlichkeit	3.0
Stellplatz	3.7
Verpflegung	2.4
Freizeit	3.7
Preis-Leistung	4.0
Mietunterkünfte	-

Geeignet für

Kinder b. 6 J.	3.8
Kinder b. 12 J.	4.0
Kinder b. 18 J.	4.2
Paare	4.1
Senioren	4.4
Gäste mit Zelt	3.8
Hunde n. erlaubt	-

Empfohlene Aktivitäten

- Wandern
- Schwimmen
- Radfahren

Camping am Walensee

3.9 GUT – 23 Bewertungen

Lage	4.8
Ruhe	3.8
Sanitäranlagen	3.9
Sauberkeit Ø	4.0
Freundlichkeit	3.8
Stellplatz	3.9
Verpflegung	3.2
Freizeit	3.8
Preis-Leistung	3.3
Mietunterkünfte	-

Geeignet für

Kinder b. 6 J.	3.3
Kinder b. 12 J.	3.7
Kinder b. 18 J.	3.2
Paare	4.4
Senioren	4.3
Gäste mit Zelt	4.1
Gäste mit Hund	3.2

Empfohlene Aktivitäten

- Schwimmen
- Wandern
- Kayak/Kanu

Camping Höfli

- JETZT BEWERTEN!

Für diese Auswertung liegen leider noch nicht genügend Bewertungen vor.

Sei einer der Ersten, der diesen Campingplatz bewertet. Unter den Bewertern werden regelmäßig Gewinne verlost!

Mehr Infos dazu findest du in unserem allgemeinen Intro.

22 Camping Mittagsspitze

*

Sägastrasse 29
9495 Triesen
+423 392 26 88
www.campingtriesen.li
info@campingtriesen.li

ganzjährig

HS: 45,00 € | NS: 41,00 €

Mehr Infos & Anfrage:
www.camping.info/22018

Baden im Fluss am Platz	✓
Pool/Hallenbad	✓/3km
Spielplatz am Platz	✓
Hunde erlaubt	✓
Skilift/Loipe	15/12km
WLAN (gratis)	teilweise
Lebensmittel	1km
Brötchen am Platz	nur HS
Restaurant am P.	✓
Ver-/Entsorgung Womo	✓
in den Ort	3km
Gesamt/Touristen	50/70
Mietunterkünfte	✓
Stellplätze vor Schranke	✗

1 km
47.08611 | 9.52583
400m ü.M.

Am Fuße von der Mittagsspitze gelegen befinden sich die Sonnenterrassen.

Lage & Stellplatz

Der Campingplatz liegt am Fuße des Berges Mittagsspitze, mitten in der Natur, umgeben von zahlreichen Wander- und Radwegen. Die Stellplätze befinden sich auf Terrassen mit Grasuntergrund und Gras-Kiesuntergrund. Fast alle Stellplätze haben eine hervorragende Sicht auf die umliegenden Berge.

Sanitär

Es gibt zwei gepflegte Sanitäranlagen. Jede Anlage ist ausgestattet mit Waschbecken, WCs, Duschen, Waschmaschinen, Trockner, Abwaschzeile und Ablagefläche.

Verpflegung

Vor Ort gibt es einen Campingshop mit Brotservice am Morgen und den wichtigsten Lebensmitteln. Zudem befindet sich ein Restaurant mit wunderbarer Terrasse auf dem Platz. Ein größerer Supermarkt ist in Gehdistanz (25 Minuten) zu finden.

Freizeit

Der Campingplatz bietet die perfekte Ausgangslage für Wanderungen, Fahrrad- und Bikerouten. Direkt vor Ort gibt es ein Freibad (Sommersaison) sowie zwei Spielplätze. In Gehdistanz (10 Minuten zu Fuß) befindet sich zudem ein großer Erlebnisspielplatz, ein Seilpark sowie eine Tennisanlage.

Freibad mit Alpenpanorama.

Jede Terrasse bietet Aussicht.

3.4 GUT
10 Bewertungen

Lage	3.8
Ruhe	3.3
Sanitäranlagen	3.0
Sauberkeit Ø	3.5
Freundlichkeit	3.3
Stellplatz	3.3
Verpflegung	2.7
Freizeit	3.0
Preis-Leistung	2.8
Mietunterkünfte	1.0

Geeignet für

3.9	Paare
3.8	Senioren
3.3	Kinder b. 6 J.
3.2	Kinder b. 12 J.
3.5	Gäste mit Zelt
3.3	Kinder b. 18 J.
3.0	Gäste mit Hund

Empfohlene Aktivitäten

Wandern · Radfahren · Kultur · Mountainbiking

Mehr Infos

Karte auf Seite 346

	24	25	26
	Camping Güntlenau	**Camping Vorauen**	**Camping Giessenpark**
	8750 Klöntal 0041 55 640 44 08 47.03035 | 9.00239	hinten am See 8750 Klöntal +41 55 640 48 59 47.02485 | 8.94561	Seestrasse 41 7310 Bad Ragaz +41 81 661 23 45 47.0052 | 9.51268
Infos			
Öffnungszeiten	01.05. - 30.09.	01.05. - 30.09.	ganzjährig
Vergleichspreis	HS: 28,80 € | NS: 28,80 €	HS: 29,00 € | NS: 25,00 €	HS: 44,10 € | NS: 40,10 €
Link	**Mehr Infos & Anfrage:** www.camping.info/24092	**Mehr Infos & Anfrage:** www.camping.info/24091	**Mehr Infos & Anfrage:** www.camping.info/17155
Ausstattung			
Freizeit	Baden im See am Platz ✓ Hallenbad 7km Spielplatz am Platz ✓	Baden im See am Platz ✓ Pool & Hallenbad ✗ Spielplatz am Platz ✓	Baden im See 21km Pool/Hallenbad ✓/2km Spielplatz am Platz ✓
Campingplatz	Hunde willkommen ✓ Skilift & Loipe ✗ WLAN ✗	Hunde erlaubt ✓ Skilift & Loipe ✗ WLAN ✗	Hunde erlaubt ✓ Skilift/Loipe 3/8km WLAN ✓
Versorgung	Lebensmittel k.A. Brötchen am Platz ✓ Restaurant & Imbiss ✓ Ver-/Entsorgung Womo ✓ in den Ort keine Angabe	Lebensmittel ✓ Brötchen am Platz ✓ Restaurant & Imbiss ✓ Ver-/Entsorgung Womo ✓ in den Ort keine Angabe	Lebensmittel 400m Brötchen am Platz nur HS Restaurant & Imbiss ✓ Ver-/Entsorgung Womo ✓ in den Ort 400m
Anzahl der Plätze	Gesamt/Touristen 120/40 Mietunterkünfte ✗ Stellplätze vor Schranke ✗	Gesamt/Touristen 120/30 Mietunterkünfte ✓ Stellplätze vor Schranke ✗	Gesamt/Touristen 85/48 Mietunterkünfte ✓ Stellplätze vor Schranke ✗

	24	25	26
Gesamt	4.2 SEHR GUT, 12 Bewertungen	3.9 GUT, 31 Bewertungen	3.3 GUT, 21 Bewertungen
Lage	4.7	4.6	3.9
Ruhe	4.5	4.0	3.2
Sanitäranlagen	4.2	3.5	4.1
Sauberkeit Ø	4.5	3.8	4.5
Freundlichkeit	4.2	3.5	3.9
Stellplatz	3.5	3.6	3.0
Verpflegung	4.1	3.5	2.9
Freizeit	3.9	3.6	3.9
Preis-Leistung	4.4	3.7	2.6
Mietunterkünfte	-	2.8	4.0
Geeignet für			
Kinder b. 6 J.	4.0	4.2	4.0
Kinder b. 12 J.	4.2	4.1	3.8
Kinder b. 18 J.	4.0	3.5	3.1
Paare	4.0	4.1	3.7
Senioren	3.7	4.0	3.5
Gäste mit Zelt	4.4	4.1	3.2
Gäste mit Hund	4.7	3.8	4.1
Empfohlene Aktivitäten	Wandern Kayak/Kanu Schwimmen	Wandern Schwimmen Angeln	Schwimmen Wandern Radfahren

SCHWEIZ

9 Nordwestschweiz

	Platz	Seite	Bewertung	Öffnungszeiten	
1	Camping Schaffhausen	**366**	**4.0**	saisonal	
2	Campingplatz Gütighausen	**366**	**4.3**	saisonal	
3	Campingplatz Oberfeld	**366**	**-**	saisonal	
4	TCS Camping Flaach am Rhein	**367**	**4.3**	saisonal	
5	Camping Bachtalen	**367**	**-**	saisonal	
6	Camping Waldesruh	**367**	**4.0**	saisonal	
7	Camping am Schützenweiher	**367**	**4.4**	ganzjährig	❄
8	Camping Frick	**368**	**4.0**	saisonal	
9	Camping Waldhort	**368**	**4.4**	saisonal	
10	Camping Wildberg	**368**	**3.3**	ganzjährig	❄
11	Camping Rank	**369**	**-**	ganzjährig	
12	Camping de l'Allaine	**369**	**-**	saisonal	
13	Camping Saland	**369**	**-**	ganzjährig	❄
14	Campingplatz Sulz	**369**	**4.5**	saisonal	
15	Camping Le Chandelier	**370**	**-**	ganzjährig	❄
16	Camping Les Grottes	**370**	**4.4**	saisonal	
17	Camping La Grande Ecluse	**370**	**3.7**	saisonal	
18	Camping Maurholz	**371**	**4.2**	saisonal	
19	Naturfreunde Zeltplatz am Greifensee / Aschbach	**371**	**-**	saisonal	
20	Campingplatz Rausenbach	**371**	**4.9**	saisonal	
21	Campingplatz Auslikon	**371**	**-**	saisonal	
22	Camping Tariche	**372**	**4.7**	ganzjährig	
23	Camping Wiggerspitz	**372**	**3.4**	saisonal	
24	Camping Reussbrücke	**372**	**4.0**	saisonal	
25	Camping Türlersee	**373**	**4.7**	saisonal	
26	Camping Sihlwald	**373**	**3.3**	saisonal	
27	Camping Municipal	**373**	**3.3**	saisonal	
28	Camping Sous-la-Neuvevie	**373**	**4.4**	k. A.	
29	Camping Les Cerneux	**374**	**4.0**	saisonal	❄
30	Camping le Creux-des-Biches	**374**	**-**	saisonal	
31	TCS Camping Solothurn	**374**	**4.0**	ganzjährig	❄
32	TCS Camping Zug	**375**	**4.1**	saisonal	
33	Camping Unteraegeri	**375**	**4.0**	ganzjährig	❄

❄ Wintercamping **FKK** Textilfrei (ganz/teilweise) Ecocamping Award Onlinebuchung

ZÜRICH – DAS WISSENSCHAFTLICHE ZENTRUM DES LANDES

Zürich mit seinen rund 400.000 Einwohnern ist nicht nur die größte Stadt der Schweiz, sondern auch das wirtschaftliche, gesellschaftliche und wissenschaftliche Zentrum des Landes. Darüber hinaus hat die Stadt an der Limmat auch kulturell eine ganze Menge zu bieten.

Bei einem Rundgang durch die malerische Altstadt fällt besonders das idyllische Niederdörfli auf. Die urigen Cafés in den schmalen Gassen und auf den kleinen Plätzen mit ihren Brunnen sind beliebte Orte für eine kurze Rast nach einem Einkaufsbummel auf der Bahnhofstraße oder einer Besichtigungstour durch die Stadt. Ebenfalls recht beliebt bei Besuchern und Einheimischen ist das Bauschänzli, das zu den Überresten der alten Stadtbefestigung gehört. Heute gibt es hier eine gemütliche Gartenwirtschaft, in der man Zürcher Spezialitäten und den Blick über den Fluss genießen kann.

STADT MIT HOHER LEBENSQUALITÄT

Zürich ist regelmäßig auf der Liste der lebenswertesten Städte des Globus zu finden. Dazu trägt nicht zuletzt auch die attraktive Landschaft der Umgebung bei. Vom Hausberg der Stadt, dem 871 m hohen Uetliberg, genießen Wanderer einen fantastischen Blick über die Stadt und den gleichnamigen See bis hin zu den beeindruckenden Gipfeln der Alpen. Neben Wanderern sind hier auch Mountainbiker und Hobbyastronomen anzutreffen, die sich auf dem Planetenweg über die Besonderheiten unseres Sonnensystems informieren. Nach solch einer Erkundungstour ist ein entspannter Schiffsausflug auf dem Zürichsee genau das Richtige. An heißen Sommertagen bringt ein Sprung in die kühlen Fluten die ersehnte Abkühlung. In den Abendstunden lockt dann das vielfältige kulturelle Leben der Stadt: Ganz nach dem persönlichen Geschmack stehen vielleicht eine Aufführung im eleganten Opernhaus oder ein Poetry-Slam im alternativen Kulturzentrum „Rote Fabrik" auf dem Programm.

Sonnenuntergang beim Passwang, Ramiswil
© swiss-image.ch/Jan Geerk

Limmat mit Schipfe im Fruehling © swiss-image.ch/Jan Geerk

BASEL, DIE PERLE DER NORDWESTSCHWEIZ

Neben den zahlreichen Burgen im Kanton Aargau, wie etwa dem Schloss Lenzburg oder der Habsburg, bietet besonders die Stadt Basel in der Nordwestschweiz zahlreiche Sehenswürdigkeiten. Aufgrund ihrer Lage im Dreiländereck Deutschland, Frankreich und der Schweiz herrscht in Basel eine kosmopolitische Atmosphäre. Diese ist nicht nur während der berühmten Basler Fasnacht zu spüren, sondern auch tagtäglich in den zahlreichen Restaurants und Cafés der malerischen Altstadt. Bei einem Stadtrundgang entdecken die Besucher neben historischen Gebäuden wie dem Münster, dem Rathaus und der Barfüsserkirche auch Bauten moderner Architekten, die sich harmonisch in das Stadtbild einfügen, sowie gut erhaltene Häuser aus dem 15. Jahrhundert. Ebenso bunt präsentiert sich die gastronomische Szene der Stadt. Besonders in den alten Zunfthäusern kommen traditionelle Gerichte wie der Lummelbraten oder die Basler Mehlsuppe auf den Tisch. Ein guter Grund, die Camping-Küche einmal kalt zu lassen.

TIPP DER REDAKTION

Campingplatz Sulz

Sulz | Nr. 14 | Seite 369

Laut Gästen ideal geeignet zum:

- Entspannen
- Schwimmen
- Radfahren

4.5

Karte auf Seite 362

	1	2	3
	Camping Schaffhausen	**Campingplatz Gütighausen**	**Campingplatz Oberfeld**
	Hauptstrasse 96 c 8246 Langwiesen +41 52 659 3300 47.68709 | 8.65628	8478 Gütighausen +41 792 918 907 47.58834 | 8.74071	Talacherweg 5 5330 Bad Zurzach +41 79 909 68 49 47.58239 | 8.30813
Infos			
Öffnungszeiten	07.05. - 14.10.	02.04. - 30.10.	01.04. - 31.10.
Vergleichspreis	HS: 40,00 € | NS: 32,50 €	HS: 27,00 € | NS: 27,00 €	HS: 33,00 € | NS: 33,00 €
Link	**Mehr Infos & Anfrage:** www.camping.info/22009	**Mehr Infos & Anfrage:** www.camping.info/26438	**Mehr Infos & Anfrage:** www.camping.info/23058
Ausstattung			
Freizeit	Baden im Fluss am Platz ✓	Baden in nat. Gewässer k. A.	Baden im Fluss am Platz ✓
	Pool am Platz ✓	Pool & Hallenbad ✗	Pool & Hallenbad ✗
	Spielplatz am Platz ✓	Spielplatz am Platz ✓	Spielplatz keine Angabe
Campingplatz	Hunde ✗	Hunde willkommen ✓	Hunde willkommen ✓
	Skilift & Loipe ✗	Skilift & Loipe keine Angabe	Skilift & Loipe ✗
	WLAN ✓	WLAN ✗	WLAN ✓
Versorgung	Lebensmittel 1km	Lebensmittel 1km	Lebensmittel ✓
	Brötchen am Platz ✓	Brötchen am Platz ✓	Brötchen am Platz ✓
	Restaurant & Imbiss ✓	Restaurant & Imbiss ✗	Restaurant am P. ✓
	Ver-/Entsorgung Womo ✓	Ver-/Entsorgung Womo ✗	Ver-/Entsorgung Womo ✗
	in den Ort 800m	in den Ort 1km	in den Ort 1km
Anzahl der Plätze	Gesamt/Touristen 108/70	Touristenplätze 60	Gesamt/Touristen 150/17
	Mietunterkünfte ✗	Mietunterkünfte ✗	Mietunterkünfte ✗
	Stellplätze vor Schranke ✗	Stellplätze vor Schranke ✗	Stellplätze vor Schranke ✗

1 Camping Schaffhausen

4.0 – SEHR GUT – 21 Bewertungen

Lage	4.6
Ruhe	4.0
Sanitäranlagen	3.8
Sauberkeit Ø	3.9
Freundlichkeit	4.2
Stellplatz	3.9
Verpflegung	3.3
Freizeit	3.9
Preis-Leistung	3.6
Mietunterkünfte	-

Geeignet für

Kinder b. 6 J.	4.1
Kinder b. 12 J.	4.3
Kinder b. 18 J.	4.2
Paare	4.6
Senioren	4.3
Gäste mit Zelt	4.3
Hunde n. erlaubt	-

Empfohlene Aktivitäten

- Radfahren
- Schwimmen
- Kayak/Kanu

2 Campingplatz Gütighausen

4.3 – SEHR GUT – 6 Bewertungen

Lage	4.8
Ruhe	5.0
Sanitäranlagen	3.7
Sauberkeit Ø	4.3
Freundlichkeit	4.3
Stellplatz	3.8
Verpflegung	3.2
Freizeit	4.2
Preis-Leistung	4.7
Mietunterkünfte	-

Geeignet für

Kinder b. 6 J.	4.2
Kinder b. 12 J.	5.0
Kinder b. 18 J.	5.0
Paare	4.8
Senioren	4.4
Gäste mit Zelt	4.8
Gäste mit Hund	3.5

Empfohlene Aktivitäten

- Radfahren
- Kayak/Kanu
- Wandern

3 Campingplatz Oberfeld

- – JETZT BEWERTEN!

Für diese Auswertung liegen leider noch nicht genügend Bewertungen vor.

Sei einer der Ersten, der diesen Campingplatz bewertet. Unter den Bewertern werden regelmäßig Gewinne verlost!

Mehr Infos dazu findest du in unserem allgemeinen Intro.

4 TCS Camping Flaach am Rhein

Steubisallmend 4
8416 Flaach
+41 52 318 14 13
47.57926 | 8.58123
350m ü.M.

01.04. - 24.10.

HS: 57,60 € | NS: 45,00 €

Mehr Infos & Anfrage:
www.camping.info/17172

Baden im Fluss am Platz	✓
Pool/Hallenbad	✓/8km
Spielplatz am Platz	✓
Hunde willkommen	✓
Skilift & Loipe	✗
WLAN	✓
Lebensmittel	✓
Brötchen am Platz	✓
Restaurant & Imbiss	✓
Ver-/Entsorgung Womo	✓
in den Ort	3km
Gesamt/Touristen	250/140
Mietunterkünfte	✓
Stellplätze vor Schranke	✗

4.3 SEHR GUT
47 Bewertungen

Lage	4.5
Ruhe	4.2
Sanitäranlagen	4.5
Sauberkeit Ø	4.6
Freundlichkeit	4.4
Stellplatz	4.3
Verpflegung	3.5
Freizeit	4.2
Preis-Leistung	3.6
Mietunterkünfte	4.4

Geeignet für

Kinder b. 6 J.	4.3
Kinder b. 12 J.	4.4
Kinder b. 18 J.	4.2
Paare	4.5
Senioren	4.4
Gäste mit Zelt	4.6
Gäste mit Hund	4.4

Empfohlene Aktivitäten

- Radfahren
- Schwimmen
- Wandern

5 Camping Bachtalen

4313 Möhlin
0041 79 407 99 71
47.57556 | 7.83778

01.04. - 31.10.

HS: 33,90 € | NS: 33,90 €

Mehr Infos & Anfrage:
www.camping.info/22006

Baden in nat. Gewässer	k. A.
Hallenbad	✓
Spielplatz am Platz	✓
Hunde erlaubt	✓
Skilift & Loipe	✗
WLAN (gratis)	teilweise
Lebensmittel	500m
Brötchen	keine Angabe
Imbiss	✓
Ver-/Entsorgung Womo	✓
in den Ort	keine Angabe
Gesamt/Touristen	70/20
Mietunterkünfte	✗
Stellplätze vor Schranke	✗

- JETZT BEWERTEN!

Für diese Auswertung liegen leider noch nicht genügend Bewertungen vor.

Sei einer der Ersten, der diesen Campingplatz bewertet. Unter den Bewertern werden regelmäßig Gewinne verlost!

Mehr Infos dazu findest du in unserem allgemeinen Intro.

6 Camping Waldesruh

Hintere Egg 115
5276 Wil AG / Mettauertal
+41 62 875 22 63
47.56326 | 8.1371
450m ü.M.

15.03. - 15.11.

HS: 30,90 € | NS: 30,90 €

Mehr Infos & Anfrage:
www.camping.info/17200

Baden im Fluss	3km
Pool/Hallenbad	9/15km
Spielplatz am Platz	✓
Hunde erlaubt	✓
Skilift/Loipe	21/40km
WLAN (begrenzt gratis)	✓
Lebensmittel	✓
Brötchen am Platz	✓
Restaurant & Imbiss	✓
Ver-/Entsorgung Womo	✓
in den Ort	1km
Gesamt/Touristen	90/30
Mietunterkünfte	✓
Stellplätze vor Schranke	✗

4.0 SEHR GUT
8 Bewertungen

Lage	4.8
Ruhe	4.6
Sanitäranlagen	4.5
Sauberkeit Ø	4.4
Freundlichkeit	3.9
Stellplatz	3.8
Verpflegung	3.5
Freizeit	3.9
Preis-Leistung	3.9
Mietunterkünfte	2.0

Geeignet für

Kinder b. 6 J.	2.5
Kinder b. 12 J.	3.0
Kinder b. 18 J.	3.0
Paare	3.5
Senioren	3.3
Gäste mit Zelt	3.4
Gäste mit Hund	3.2

Empfohlene Aktivitäten

- Wandern
- Radfahren
- Motorrad

7 Camping am Schützenweiher

✱

Eichliwaldstraße 4
8400 Winterthur
+41 52 212 52 60
47.51971 | 8.71635
500m ü.M.

ganzjährig

HS: 34,00 € | NS: 34,00 €

Mehr Infos & Anfrage:
www.camping.info/22011

Baden im Teich	1km
Pool/Hallenbad	900m/2km
Spielplatz am Platz	✓
Hunde willkommen	✓
Skilift & Loipe	✗
WLAN	✓
Lebensmittel	200m
Brötchen am Platz	✗
Restaurant/Imbiss	100m
Ver-/Entsorgung Womo	✓
in den Ort	200m
Gesamt/Touristen	70/40
Mietunterkünfte	✗
Stellplätze vor Schranke	✗

4.4 SEHR GUT
21 Bewertungen

Lage	4.5
Ruhe	3.9
Sanitäranlagen	4.0
Sauberkeit Ø	4.7
Freundlichkeit	4.8
Stellplatz	4.0
Verpflegung	2.5
Freizeit	4.2
Preis-Leistung	4.2
Mietunterkünfte	-

Geeignet für

Kinder b. 6 J.	3.9
Kinder b. 12 J.	4.0
Kinder b. 18 J.	3.8
Paare	4.5
Senioren	4.5
Gäste mit Zelt	4.3
Gäste mit Hund	4.4

Empfohlene Aktivitäten

- Kultur
- Sightseeing
- Wandern

keine WOMOs ab 9 m

Karte auf Seite 362

	8	9	10
	Camping Frick	**Camping Waldhort**	**Camping Wildberg**
			❄
	Juraweg 21 5070 Frick +41 628 713 700	Heideweg 16 4153 Reinach BL +41 61 711 64 29	In der Weid 8489 Wildberg +41 52 385 33 88
	47.50068 | 8.01901 350m ü.M.	47.49921 | 7.60296	47.43428 | 8.82762
Infos			
Öffnungszeiten	01.04. - 31.10.	01.03. - 27.10.	ganzjährig
Vergleichspreis	HS: 26,50 € | NS: 26,50 €	HS: 47,00 € | NS: 47,00 €	HS: 25,00 € | NS: 25,00 €
Link	**Mehr Infos & Anfrage:** www.camping.info/17198	**Mehr Infos & Anfrage:** www.camping.info/22004	**Mehr Infos & Anfrage:** www.camping.info/17176
Ausstattung			
Freizeit	Baden im See 5km	Baden in nat. Gewässer k. A.	Baden im See 10km
	Pool & Hallenbad ✓	Pool/Hallenbad ✓/8km	Pool 5km
	Spielplatz am Platz ✓	Spielplatz am Platz ✓	Spielplatz am Platz ✓
Campingplatz	Hunde erlaubt ✓	Hunde willkommen ✓	Hunde erlaubt ✓
	Skilift & Loipe ✗	Skilift & Loipe ✗	Skilift & Loipe keine Angabe
	WLAN ✗	WLAN ✓	WLAN keine Angabe
Versorgung	Lebensmittel ✓	Lebensmittel ✓	Lebensmittel ✓
	Brötchen am Platz ✓	Brötchen am Platz ✓	Brötchen am Platz ✓
	Restaurant/Imbiss 100m/✓	Restaurant/Imbiss 300m/✓	Restaurant 2km
	Ver-/Entsorgung Womo ✓	Ver-/Entsorgung Womo ✓	Ver-/Entsorgung Womo ✗
	in den Ort 1km	in den Ort 1km	in den Ort 15km
Anzahl der Plätze	Gesamt/Touristen 100/25	Gesamt/Touristen 230/95	Gesamt/Touristen 145/30
	Mietunterkünfte ✓	Mietunterkünfte ✗	Mietunterkünfte ✓
	Stellplätze vor Schranke ✗	Stellplätze vor Schranke ✗	Stellplätze vor Schranke ✗

	Camping Frick	Camping Waldhort	Camping Wildberg
Gesamt	4.0 SEHR GUT, 3 Bewertungen	4.4 SEHR GUT, 16 Bewertungen	3.3 GUT, 3 Bewertungen
Lage	4.0	4.5	5.0
Ruhe	3.5	4.3	3.3
Sanitäranlagen	3.0	4.3	5.0
Sauberkeit Ø	3.0	4.5	5.0
Freundlichkeit	3.0	4.7	3.7
Stellplatz	3.5	4.7	3.3
Verpflegung	3.0	4.0	4.5
Freizeit	4.0	4.5	3.0
Preis-Leistung	3.0	4.3	3.7
Mietunterkünfte	3.0	-	-
Geeignet für			
Kinder b. 6 J.	4.0	4.7	5.0
Kinder b. 12 J.	4.0	4.5	5.0
Kinder b. 18 J.	4.0	4.6	5.0
Paare	4.0	4.9	5.0
Senioren	3.0	4.9	5.0
Gäste mit Zelt	4.0	4.4	5.0
Gäste mit Hund	3.0	4.3	5.0
Empfohlene Aktivitäten	Radfahren Schwimmen Kulinarik	Sightseeing Entspannen Kultur	Wandern Mountainbiking Entspannen

11 Camping Rank

Baselstr. 5
4243 Dittingen
+41 794 179 282

47.43065 | 7.51101

ganzjährig

HS: 34,40 € | NS: 34,40 €

Mehr Infos & Anfrage:
www.camping.info/22005

Baden in nat. Gewässer	k. A.
Pool/Hallenbad	2/10km
Spielplatz am Platz	✓
Hunde	✗
Skilift & Loipe	✗
WLAN (gegen Gebühr)	✓
Lebensmittel	✓
Brötchen am Platz	✓
Restaurant/Imbiss	100m/✓
Ver-/Entsorgung Womo	✗
in den Ort	500m
Gesamt	keine Angabe
Mietunterkünfte	✓
Stellplätze vor Schranke	✗

\- **JETZT BEWERTEN!**

Für diese Auswertung liegen leider noch nicht genügend Bewertungen vor.

Sei einer der Ersten, der diesen Campingplatz bewertet. Unter den Bewertern werden regelmäßig Gewinne verlost!

Mehr Infos dazu findest du in unserem allgemeinen Intro.

12 Camping de l'Allaine

Chemin des Bains
2900 Porrentruy
+41 32 466 93 32

47.41707 | 7.08852

01.04. - 31.10.

HS: 19,00 € | NS: 19,00 €

Mehr Infos & Anfrage:
www.camping.info/17264

Baden in nat. Gewässer	k. A.
Pool/Hallenbad	✓/500m
Spielplatz am Platz	✓
Hunde erlaubt	nur NS
Skilift & Loipe	✗
WLAN	✗
Lebensmittel	100m
Brötchen am Platz	✗
Restaurant/Imbiss	200m
Ver-/Entsorgung Womo	✓
in den Ort	200m
Gesamt/Touristen	25/12
Mietunterkünfte	✓
Stellplätze vor Schranke	✗

\- **JETZT BEWERTEN!**

Für diese Auswertung liegen leider noch nicht genügend Bewertungen vor.

Sei einer der Ersten, der diesen Campingplatz bewertet. Unter den Bewertern werden regelmäßig Gewinne verlost!

Mehr Infos dazu findest du in unserem allgemeinen Intro.

13 Camping Saland

❄

Auwisstraße 35
8493 Saland

47.39069 | 8.85921

ganzjährig

HS: 33,50 € | NS: 33,50 €

Mehr Infos & Anfrage:
www.camping.info/17175

Baden im Fluss am Platz	✓
Pool & Hallenbad	✗
Spielplatz am Platz	✓
Hunde erlaubt	✓
Skilift & Loipe	✗
WLAN (gegen Gebühr)	✓
Lebensmittel	✓
Brötchen am Platz	✓
Restaurant & Imbiss	✓
Ver-/Entsorgung Womo	✓
in den Ort	1km
Gesamt	keine Angabe
Mietunterkünfte	✗
Stellplätze vor Schranke	✗

\- **JETZT BEWERTEN!**

Für diese Auswertung liegen leider noch nicht genügend Bewertungen vor.

Sei einer der Ersten, der diesen Campingplatz bewertet. Unter den Bewertern werden regelmäßig Gewinne verlost!

Mehr Infos dazu findest du in unserem allgemeinen Intro.

14 Campingplatz Sulz

Reussstrasse 5
5444 Sulz
+41 79 6607 426

47.37658 | 8.3108
345m ü.M.

15.03. - 31.10.

HS: 26,60 € | NS: 26,60 €

Mehr Infos & Anfrage:
www.camping.info/23059

Baden im Fluss am Platz	✓
Pool am Platz	✓
Spielplatz am Platz	✓
Hunde willkommen	✓
Skilift & Loipe	✗
WLAN (gegen Gebühr)	✓
Lebensmittel	✓
Brötchen am Platz	✓
Restaurant am P.	✓
Ver-/Entsorgung Womo	✓
in den Ort	2km
Gesamt/Touristen	190/35
Mietunterkünfte	✓
Stellplätze vor Schranke	✗

4.5 **SEHR GUT**
8 Bewertungen

Lage	4.7
Ruhe	4.7
Sanitäranlagen	3.9
Sauberkeit Ø	4.3
Freundlichkeit	5.0
Stellplatz	4.1
Verpflegung	4.6
Freizeit	4.0
Preis-Leistung	4.6
Mietunterkünfte	5.0

Geeignet für

Kinder b. 6 J.	3.8
Kinder b. 12 J.	3.8
Kinder b. 18 J.	4.2
Paare	4.3
Senioren	4.2
Gäste mit Zelt	4.4
Gäste mit Hund	5.0

Empfohlene Aktivitäten

- Entspannen
- Schwimmen
- Radfahren

Karte auf Seite 362

	15 Camping Le Chandelier	16 Camping Les Grottes	17 Camping La Grande Ecluse
	❄ Lorette 1, 2882 St. Ursanne, +41 79 251 24 32	Les Grottes 78C, 2912 Réclère-Roche-d'Or, +41 324 766 155	2800 Delémont, +41 32 422 75 98
	47.36573 | 7.1668	47.35925 | 6.91701	47.356 | 7.336
	420m ü.M.	650m ü.M.	
Infos			
Öffnungszeiten	ganzjährig	01.04. - 15.11.	01.04. - 05.10.
Vergleichspreis	HS: 35,10 € | NS: 35,10 €	HS: 30,00 € | NS: 30,00 €	HS: 30,10 € | NS: 30,10 €
Link	**Mehr Infos & Anfrage:** www.camping.info/17269	**Mehr Infos & Anfrage:** www.camping.info/17266	**Mehr Infos & Anfrage:** www.camping.info/17248
Ausstattung			
Freizeit	Baden im Fluss am Platz ✓	Baden im Fluss 1km	Baden im Teich am Platz ✓
	Pool & Hallenbad ✗	Pool/Hallenbad 16km	Pool & Hallenbad ✗
	Spielplatz am Platz ✓	Spielplatz am Platz ✓	Spielplatz keine Angabe
Campingplatz	Hunde erlaubt ✓	Hunde willkommen ✓	Hunde erlaubt ✓
	Skilift & Loipe ✗	Skilift & Loipe ✗	Skilift & Loipe keine Angabe
	WLAN ✓	WLAN (gratis) teilweise	WLAN keine Angabe
Versorgung	Lebensmittel ✗	Lebensmittel 2km	Lebensmittel ✓
	Brötchen keine Angabe	Brötchen am Platz nur HS	Brötchen am Platz ✓
	Restaurant am P. ✓	Restaurant & Imbiss ✓	Restaurant am P. ✓
	Ver-/Entsorgung Womo ✗	Ver-/Entsorgung Womo ✓	Ver-/Entsorgung Womo ✓
	in den Ort 800m	in den Ort 1km	in den Ort keine Angabe
Anzahl der Plätze	Gesamt/Touristen 15/6	Gesamt/Touristen 30/20	Gesamt/Touristen 65/35
	Mietunterkünfte ✓	Mietunterkünfte ✓	Mietunterkünfte ✗
	Stellplätze vor Schranke ✓	Stellplätze vor Schranke ✗	Stellplätze vor Schranke ✗

15 – Bewertung: - JETZT BEWERTEN!

Für diese Auswertung liegen leider noch nicht genügend Bewertungen vor.

Sei einer der Ersten, der diesen Campingplatz bewertet. Unter den Bewertern werden regelmäßig Gewinne verlost!

Mehr Infos dazu findest du in unserem allgemeinen Intro.

16 – 4.4 SEHR GUT (5 Bewertungen)

Lage	4.0
Ruhe	5.0
Sanitäranlagen	4.2
Sauberkeit Ø	5.0
Freundlichkeit	4.2
Stellplatz	3.2
Verpflegung	2.5
Freizeit	3.6
Preis-Leistung	4.4
Mietunterkünfte	5.0

Geeignet für

Kinder b. 6 J.	4.7
Kinder b. 12 J.	3.7
Kinder b. 18 J.	3.5
Paare	4.5
Senioren	4.5
Gäste mit Zelt	5.0
Gäste mit Hund	5.0

Empfohlene Aktivitäten

- Radfahren
- Wandern
- Entspannen

17 – 3.7 GUT (3 Bewertungen)

Lage	4.0
Ruhe	2.7
Sanitäranlagen	3.7
Sauberkeit Ø	4.2
Freundlichkeit	3.3
Stellplatz	3.5
Verpflegung	5.0
Freizeit	4.0
Preis-Leistung	3.5
Mietunterkünfte	-

Geeignet für

Kinder b. 6 J.	-
Kinder b. 12 J.	3.0
Kinder b. 18 J.	5.0
Paare	5.0
Senioren	5.0
Gäste mit Zelt	5.0
Gäste mit Hund	5.0

Empfohlene Aktivitäten

- Wandern
- Reiten
- Motorrad

18 Camping Maurholz

Murholz 1
8124 Maur
+41 44 980 0266
47.35541 | 8.65886

01.04. - 20.10.
HS: 42,00 € | NS: 37,00 €
Mehr Infos & Anfrage:
www.camping.info/17173

Baden im See am Platz	✓
Hallenbad	10km
Spielplatz am Platz	✓
Hunde willkommen	✓
Skilift & Loipe	✗
WLAN	✓
Lebensmittel	✓
Brötchen am Platz	✓
Restaurant/Imbiss	1km/✓
Ver-/Entsorgung Womo	✓
in den Ort	1km
Gesamt/Touristen	50/25
Mietunterkünfte	✓
Stellplätze vor Schranke	✗

4.2 SEHR GUT
25 Bewertungen

Lage	4.3
Ruhe	4.0
Sanitäranlagen	3.8
Sauberkeit Ø	4.5
Freundlichkeit	4.3
Stellplatz	4.0
Verpflegung	4.4
Freizeit	4.2
Preis-Leistung	4.0
Mietunterkünfte	3.8

Geeignet für

Kinder b. 6 J.	4.1
Kinder b. 12 J.	4.3
Kinder b. 18 J.	3.8
Paare	4.4
Senioren	4.2
Gäste mit Zelt	4.3
Gäste mit Hund	4.2

Empfohlene Aktivitäten

- Radfahren
- Schwimmen
- Kayak/Kanu

19 Naturfreunde Zeltplatz am Greifensee / Aschbach

Aschbach 20
8124 Maur
+41 77 447 16 38
47.35319 | 8.66353
430m ü.M.

01.05. - 31.08.
HS: 24,00 € | NS: 24,00 €
Mehr Infos & Anfrage:
www.camping.info/24099

Baden im See am Platz	✓
Pool/Hallenbad	8km
Spielplatz	✗
Hunde	✗
Skilift & Loipe	✗
WLAN	✗
Lebensmittel	3km
Brötchen am Platz	✗
Restaurant/Imbiss	3/2km
Ver-/Entsorgung Womo	✗
in den Ort	3km
Gesamt/Touristen	40/8
Mietunterkünfte	✗
Stellplätze vor Schranke	✗

- JETZT BEWERTEN!

Für diese Auswertung liegen leider noch nicht genügend Bewertungen vor.

Sei einer der Ersten, der diesen Campingplatz bewertet. Unter den Bewertern werden regelmäßig Gewinne verlost!

Mehr Infos dazu findest du in unserem allgemeinen Intro.

20 Campingplatz Rausenbach

Rausenbachweg 8
8124 Maur
+41 44 98 00 959
47.34619 | 8.67069
435m ü.M.

01.04. - 31.10.
HS: 30,00 € | NS: 30,00 €
Mehr Infos & Anfrage:
www.camping.info/25528

Baden im See am Platz	✓
Pool	300m
Spielplatz am Platz	✓
Hunde willkommen	✓
Skilift & Loipe	✗
WLAN	✓
Lebensmittel	1km
Brötchen am Platz	✓
Restaurant & Imbiss	✓
Ver-/Entsorgung Womo	✓
in den Ort	1km
Gesamt/Touristen	110/30
Mietunterkünfte	✓
Stellplätze vor Schranke	✗

4.9 SEHR GUT
8 Bewertungen

Lage	4.7
Ruhe	4.9
Sanitäranlagen	4.7
Sauberkeit Ø	4.8
Freundlichkeit	5.0
Stellplatz	4.4
Verpflegung	4.6
Freizeit	4.4
Preis-Leistung	4.7
Mietunterkünfte	4.7

Geeignet für

Kinder b. 6 J.	4.8
Kinder b. 12 J.	4.8
Kinder b. 18 J.	3.8
Paare	4.8
Senioren	5.0
Gäste mit Zelt	5.0
Gäste mit Hund	4.2

Empfohlene Aktivitäten

- Radfahren
- Schwimmen
- Entspannen

21 Campingplatz Auslikon

8331 Auslikon
47.34312 | 8.79105

01.04. - 31.10.
keine Angabe
Mehr Infos & Anfrage:
www.camping.info/27097

Baden im See am Platz	✓
Pool & Hallenbad	✗
Spielplatz am Platz	✓
Hunde	✗
Skilift & Loipe	keine Angabe
WLAN	✓
Lebensmittel	✓
Brötchen	keine Angabe
Restaurant & Imbiss	✗
Ver-/Entsorgung Womo	✗
in den Ort	keine Angabe
Gesamt	300
Mietunterkünfte	✗
Stellplätze vor Schranke	✗

- JETZT BEWERTEN!

Für diese Auswertung liegen leider noch nicht genügend Bewertungen vor.

Sei einer der Ersten, der diesen Campingplatz bewertet. Unter den Bewertern werden regelmäßig Gewinne verlost!

Mehr Infos dazu findest du in unserem allgemeinen Intro.

Karte auf Seite 362

	22	23	24
	Camping Tariche	**Camping Wiggerspitz**	**Camping Reussbrücke**
	Route de Tariche 2883 Saint-Ursanne +41 32 433 46 19 47.33412 | 7.14067 448m ü.M.	Hofmattstr. 40 4663 Aarburg +41 62 791 58 10 47.31619 | 7.89486	Muristrasse 34 8913 Ottenbach +41 44 761 20 22 47.28 | 8.395
Infos			
Öffnungszeiten	ganzjährig	30.03. - 15.10.	04.04. - 10.10.
Vergleichspreis	HS: 29,30 € | NS: 29,30 €	keine Angabe	HS: 41,50 € | NS: 31,00 €
Link	**Mehr Infos & Anfrage:** www.camping.info/17262	**Mehr Infos & Anfrage:** www.camping.info/22007	**Mehr Infos & Anfrage:** www.camping.info/17174
Ausstattung			
Freizeit	Baden im Fluss am Platz ✓ Hallenbad 15km Spielplatz am Platz ✓	Baden im Fluss am Platz ✓ Pool am Platz ✓ Spielplatz am Platz ✓	Baden im Fluss am Platz ✓ Pool/Hallenbad ✓/1km Spielplatz am Platz ✓
Campingplatz	Hunde erlaubt ✓ Skilift & Loipe ✗ WLAN ✓	Hunde willkommen ✓ Skilift & Loipe ✗ WLAN (gegen Gebühr) ✓	Hunde willkommen ✓ Skilift & Loipe ✗ WLAN (gegen Gebühr) ✓
Versorgung	Lebensmittel 6km Brötchen am Platz ✓ Restaurant & Imbiss ✓ Ver-/Entsorgung Womo ✓ in den Ort 6km	Lebensmittel ✓ Brötchen am Platz ✗ Restaurant & Imbiss ✓ Ver-/Entsorgung Womo ✓ in den Ort 500m	Lebensmittel ✓ Brötchen am Platz ✓ Restaurant & Imbiss ✓ Ver-/Entsorgung Womo ✓ in den Ort 700m
Anzahl der Plätze	Gesamt/Touristen 33/15 Mietunterkünfte ✓ Stellplätze vor Schranke ✓	Gesamt/Touristen 85/50 Mietunterkünfte ✓ Stellplätze vor Schranke ✗	Gesamt/Touristen 105/25 Mietunterkünfte ✓ Stellplätze vor Schranke ✗

	Camping Tariche	Camping Wiggerspitz	Camping Reussbrücke
Gesamt	4.7 SEHR GUT (9 Bewertungen)	3.4 GUT (10 Bewertungen)	4.0 SEHR GUT (11 Bewertungen)
Lage	4.9	3.2	4.0
Ruhe	4.8	2.3	4.0
Sanitäranlagen	4.1	3.6	3.4
Sauberkeit Ø	4.7	4.5	4.2
Freundlichkeit	5.0	3.9	4.5
Stellplatz	4.3	3.4	3.3
Verpflegung	4.3	3.1	4.4
Freizeit	4.8	2.4	3.7
Preis-Leistung	4.6	3.4	3.6
Mietunterkünfte	4.7	1.0	5.0
Geeignet für			
Kinder b. 6 J.	4.0	2.3	3.5
Kinder b. 12 J.	4.4	2.5	4.5
Kinder b. 18 J.	4.4	2.3	4.5
Paare	5.0	3.4	4.7
Senioren	5.0	3.8	4.5
Gäste mit Zelt	4.8	4.0	4.8
Gäste mit Hund	4.4	3.9	4.4
Empfohlene Aktivitäten	Kayak/Kanu Wandern Entspannen	Radfahren Wandern Sightseeing	Radfahren Wandern Entspannen

25 Camping Türlersee

8915 Hausen

47.26793 | 8.50974

01.04. - 07.10.

keine Angabe

Mehr Infos & Anfrage: www.camping.info/27096

Baden im See am Platz	✓
Pool & Hallenbad	✗
Spielplatz am Platz	✓
Hunde	✗
Skilift & Loipe	keine Angabe
WLAN	keine Angabe
Lebensmittel	k.A.
Brötchen	keine Angabe
Restaurant & Imbiss	✓
Ver-/Entsorgung Womo	✗
in den Ort	keine Angabe
Gesamt	keine Angabe
Mietunterkünfte	✗
Stellplätze vor Schranke	✗

4.7 SEHR GUT – 3 Bewertungen

Lage	4.3
Ruhe	4.0
Sanitäranlagen	4.0
Sauberkeit Ø	4.3
Freundlichkeit	4.7
Stellplatz	4.3
Verpflegung	4.7
Freizeit	4.7
Preis-Leistung	4.7
Mietunterkünfte	-

Geeignet für

Kinder b. 6 J.	5.0
Kinder b. 12 J.	4.3
Kinder b. 18 J.	5.0
Paare	4.5
Senioren	4.5
Gäste mit Zelt	4.7
Hunde n. erlaubt	-

Empfohlene Aktivitäten

- Schwimmen
- Radfahren
- Wandern

26 Camping Sihlwald

Tabletenstraße
8135 Sihlwald
+41 44 720 04 34

47.26398 | 8.56038

15.04. - 15.10.

HS: 28,50 € | NS: 28,50 €

Mehr Infos & Anfrage: www.camping.info/22008

Baden in nat. Gewässer	k. A.
Hallenbad	4km
Spielplatz	keine Angabe
Hunde erlaubt	✓
Skilift & Loipe	keine Angabe
WLAN	keine Angabe
Lebensmittel	✓
Brötchen am Platz	✓
Restaurant/Imbiss	400m/✓
Ver-/Entsorgung Womo	✗
in den Ort	4km
Gesamt/Touristen	80/48
Mietunterkünfte	✗
Stellplätze vor Schranke	✗

3.3 GUT – 9 Bewertungen

Lage	3.8
Ruhe	3.5
Sanitäranlagen	2.9
Sauberkeit Ø	3.8
Freundlichkeit	4.0
Stellplatz	2.8
Verpflegung	2.2
Freizeit	3.8
Preis-Leistung	3.2
Mietunterkünfte	-

Geeignet für

Kinder b. 6 J.	3.5
Kinder b. 12 J.	3.5
Kinder b. 18 J.	2.5
Paare	4.2
Senioren	4.0
Gäste mit Zelt	3.4
Gäste mit Hund	3.4

Empfohlene Aktivitäten

- Radfahren
- Wandern
- Entspannen

27 Camping Municipal

2354 Goumois
+41 79 314 19 38

47.26156 | 6.95175

01.04. - 31.10.

HS: 10,10 € | NS: 10,10 €

Mehr Infos & Anfrage: www.camping.info/17251

Baden im Fluss am Platz	✓
Pool & Hallenbad	✗
Spielplatz	✗
Hunde erlaubt	✓
Skilift & Loipe	✗
WLAN	✗
Lebensmittel	600m
Brötchen	keine Angabe
Restaurant	400m
Ver-/Entsorgung Womo	✗
in den Ort	400m
Gesamt/Touristen	35/17
Mietunterkünfte	✓
Stellplätze vor Schranke	✗

3.3 GUT – 3 Bewertungen

Lage	4.0
Ruhe	4.3
Sanitäranlagen	2.3
Sauberkeit Ø	3.1
Freundlichkeit	4.0
Stellplatz	2.7
Verpflegung	1.5
Freizeit	3.5
Preis-Leistung	4.7
Mietunterkünfte	-

Geeignet für

Kinder b. 6 J.	1.5
Kinder b. 12 J.	3.0
Kinder b. 18 J.	3.0
Paare	4.0
Senioren	4.5
Gäste mit Zelt	2.0
Gäste mit Hund	5.0

Empfohlene Aktivitäten

- Radfahren
- Angeln
- Kayak/Kanu

28 Camping Sous-la-Neuvevie

2350 Saignelégier
+41 32 951 10 82

47.25357 | 7.01883

keine Angabe

HS: 34,80 € | NS: 34,80 €

Mehr Infos & Anfrage: www.camping.info/17267

Baden in nat. Gewässer	k. A.
Pool & Hallenbad	✗
Spielplatz	keine Angabe
Hunde erlaubt	✓
Skilift & Loipe	keine Angabe
WLAN	keine Angabe
Lebensmittel	k.A.
Brötchen	keine Angabe
Restaurant & Imbiss	✗
Ver-/Entsorgung Womo	✗
in den Ort	3km
Gesamt	keine Angabe
Mietunterkünfte	✓
Stellplätze vor Schranke	✗

4.4 SEHR GUT – 7 Bewertungen

Lage	4.7
Ruhe	4.7
Sanitäranlagen	3.5
Sauberkeit Ø	4.2
Freundlichkeit	4.8
Stellplatz	3.5
Verpflegung	2.8
Freizeit	4.3
Preis-Leistung	4.7
Mietunterkünfte	4.0

Geeignet für

Kinder b. 6 J.	4.8
Kinder b. 12 J.	4.3
Kinder b. 18 J.	4.2
Paare	4.7
Senioren	4.2
Gäste mit Zelt	5.0
Gäste mit Hund	5.0

Empfohlene Aktivitäten

- Wandern
- Radfahren
- Reiten

Karte auf Seite 362

	29	30	31
	Camping Les Cerneux	**Camping le Creux-des-Biches**	**TCS Camping Solothurn**
	❄		❄
	2345 Les Breuleux +41 32 486 96 66	Creux-des-Biches 2340 Le Noirmont +41 79 449 12 32	Glutzenhofstrasse 5 4500 Solothurn +41 32 621 89 35
	47.21216 | 7.03343 1006m ü.M.	47.20546 | 6.94538	47.19833 | 7.52305 400m ü.M.
Infos			
Öffnungszeiten	01.05. - 31.10. 17.12. - 30.04.	01.05. - 31.10.	ganzjährig
Vergleichspreis	HS: 38,00 € | NS: 32,00 €	HS: 23,00 € | NS: 23,00 €	HS: 55,80 € | NS: 43,20 €
Link	**Mehr Infos & Anfrage:** www.camping.info/17259	**Mehr Infos & Anfrage:** www.camping.info/26223	**Mehr Infos & Anfrage:** www.camping.info/17199
Ausstattung			
Freizeit	Baden im Teich am Platz ✓ Pool/Hallenbad 10km Spielplatz am Platz ✓	Baden in nat. Gewässer k. A. Pool & Hallenbad ✗ Spielplatz keine Angabe	Baden im Fluss am Platz ✓ Pool/Hallenbad 300m/3km Spielplatz am Platz ✓
Campingplatz	Hunde willkommen ✓ Skilift/Loipe 2km/✓ WLAN ✗	Hunde ✗ Skilift & Loipe ✗ WLAN keine Angabe	Hunde willkommen ✓ Loipe 10km WLAN ✓
Versorgung	Lebensmittel ✓ Brötchen am Platz ✓ Restaurant & Imbiss ✓ Ver-/Entsorgung Womo ✓ in den Ort 3km	Lebensmittel k.A. Brötchen keine Angabe Restaurant & Imbiss ✗ Ver-/Entsorgung Womo ✗ in den Ort 1km	Lebensmittel ✓ Brötchen am Platz ✓ Restaurant & Imbiss ✓ Ver-/Entsorgung Womo ✓ in den Ort 2km
Anzahl der Plätze	Gesamt/Touristen 90/45 Mietunterkünfte ✓ Stellplätze vor Schranke ✓	Gesamt keine Angabe Mietunterkünfte ✗ Stellplätze vor Schranke ✗	Gesamt/Touristen 202/150 Mietunterkünfte ✓ Stellplätze vor Schranke ✗

Camping Les Cerneux

4.0 SEHR GUT
20 Bewertungen

Lage	4.7
Ruhe	4.8
Sanitäranlagen	3.8
Sauberkeit Ø	4.0
Freundlichkeit	4.0
Stellplatz	3.9
Verpflegung	3.7
Freizeit	4.1
Preis-Leistung	3.9
Mietunterkünfte	3.5

Geeignet für

Kinder b. 6 J.	4.3
Kinder b. 12 J.	4.3
Kinder b. 18 J.	3.8
Paare	4.6
Senioren	4.2
Gäste mit Zelt	4.6
Gäste mit Hund	4.8

Empfohlene Aktivitäten

- Wandern
- Radfahren
- Reiten

Camping le Creux-des-Biches

- JETZT BEWERTEN!

Für diese Auswertung liegen leider noch nicht genügend Bewertungen vor.

Sei einer der Ersten, der diesen Campingplatz bewertet. Unter den Bewertern werden regelmäßig Gewinne verlost!

Mehr Infos dazu findest du in unserem allgemeinen Intro.

TCS Camping Solothurn

4.0 SEHR GUT
58 Bewertungen

Lage	4.6
Ruhe	3.8
Sanitäranlagen	4.2
Sauberkeit Ø	4.5
Freundlichkeit	4.3
Stellplatz	4.1
Verpflegung	4.0
Freizeit	4.4
Preis-Leistung	3.8
Mietunterkünfte	4.9

Geeignet für

Kinder b. 6 J.	3.9
Kinder b. 12 J.	4.1
Kinder b. 18 J.	4.1
Paare	4.3
Senioren	4.3
Gäste mit Zelt	4.3
Gäste mit Hund	4.5

Empfohlene Aktivitäten

- Schwimmen
- Wandern
- Radfahren

32 TCS Camping Zug

Chamer Fussweg 36
6300 Zug
+41 41 741 84 22

47.17779 | 8.4939
425m ü.M.

01.04. - 17.10.

HS: 44,10 € | NS: 37,00 €

Mehr Infos & Anfrage:
www.camping.info/17197

Baden im See am Platz	✓
Pool/Hallenbad	6km
Spielplatz am Platz	✓
Hunde willkommen	✓
Skilift & Loipe	✗
WLAN	✓
Lebensmittel	✓
Brötchen am Platz	✓
Restaurant & Imbiss	✓
Ver-/Entsorgung Womo	✓
in den Ort	500m
Gesamt/Touristen	72/35
Mietunterkünfte	✗
Stellplätze vor Schranke	✗

4.1 SEHR GUT
61 Bewertungen

Lage	4.2
Ruhe	3.3
Sanitäranlagen	3.9
Sauberkeit Ø	4.5
Freundlichkeit	4.6
Stellplatz	3.9
Verpflegung	3.9
Freizeit	4.3
Preis-Leistung	4.2
Mietunterkünfte	-

Geeignet für

Kinder b. 6 J.	4.0
Kinder b. 12 J.	4.3
Kinder b. 18 J.	4.0
Paare	4.5
Senioren	4.3
Gäste mit Zelt	3.8
Gäste mit Hund	4.3

Empfohlene Aktivitäten

- Radfahren
- Schwimmen
- Spazieren

33 Camping Unteraegeri

❄

Wilbrunnenstrasse 81
6314 Unteraegeri
+41 41 750 39 28

47.1276 | 8.59215
740m ü.M.

ganzjährig

HS: 38,00 € | NS: 32,50 €

Mehr Infos & Anfrage:
www.camping.info/22041

Baden im See am Platz	✓
Pool/Hallenbad	1/6km
Spielplatz am Platz	✓
Hunde	✗
Skilift	12km
WLAN	✓
Lebensmittel	✓
Brötchen am Platz	✓
Restaurant & Imbiss	✓
Ver-/Entsorgung Womo	✓
in den Ort	1km
Gesamt/Touristen	280/150
Mietunterkünfte	✗
Stellplätze vor Schranke	✗

4.0 SEHR GUT
26 Bewertungen

Lage	4.7
Ruhe	4.4
Sanitäranlagen	4.0
Sauberkeit Ø	4.7
Freundlichkeit	4.5
Stellplatz	3.9
Verpflegung	3.9
Freizeit	4.0
Preis-Leistung	4.0
Mietunterkünfte	-

Geeignet für

Kinder b. 6 J.	3.8
Kinder b. 12 J.	4.2
Kinder b. 18 J.	3.6
Paare	4.6
Senioren	4.8
Gäste mit Zelt	4.6
Hunde n. erlaubt	-

Empfohlene Aktivitäten

- Schwimmen
- Radfahren
- Wandern

ⓘ keine WOMOs ab 9 m; Jugendgruppen nur mit schriftl. Erlaubnis Erwachsener

CAMPING IN DEN BAYERISCHEN ALPEN

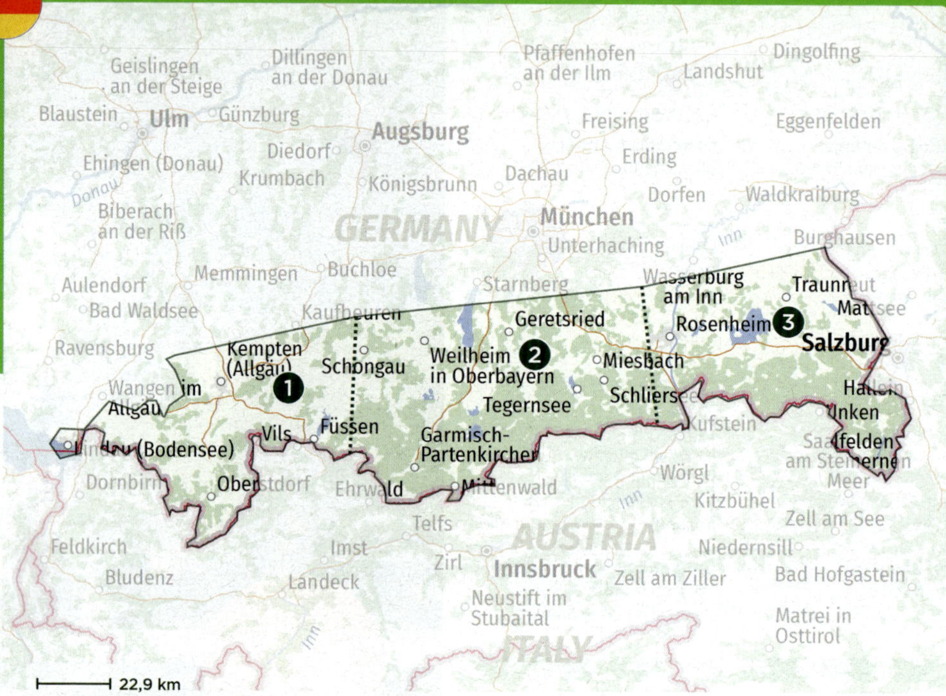

REGIONEN

Das Gebiet der Alpen auf deutschem Boden erstreckt sich von den Allgäuer Alpen im Westen bis zu den Berchtesgadener Alpen im Osten. Entlang der österreichischen Grenze befinden sich die höchsten Gipfel Deutschlands, allen voran die Zugspitze. Aber auch die Seen im bayerischen Alpenvorland ziehen Camper stark an. Von den 6,4 Millionen Campingnächtigungen in Bayern im Jahr 2019, welches damit zum beliebtesten Bundesland für Camper in Deutschland zählt, fällt ein beträchtlicher Teil in das Alpengebiet. Mit über einem Drittel der Campingplätze des gesamten Bundeslandes ist das Gebiet vom Königssee bis zum Bodensee für Camper bestens erschlossen. Die Ausstattung der dortigen Camping-Areale zählt europaweit zu den hochwertigsten. Mit einer durchschnittlichen Gästebewertung auf camping.info von 4,09 spiegelt sich diese Qualität wider. Dank gut ausgebauter Autobahnen und Straßen sind die Bayerischen Alpen von allen Seiten bestens erreichbar.

Länderinformationen:

- Hauptstadt: Berlin (Bayern: München)
- Einwohner: 83 Mio. (Bayern: 13 Mio.)
- Währung: Euro
- Sprache: Deutsch
- Bayern auf camping.info: www.camping.info/deutschland/bayern

Reise-Informationen:

Höchstgeschwindigkeiten			
PKW, Wohnmobil bis 3,5t*	50	100	130
Wohnwagen-Gespanne**	50	80	80
Wohnmobil über 3,5 t	50	80	100
Wohnmobil über 7,5 t	50	60	80

* empfohlene Richtgeschwindigkeit
** bis 3,5 t mit „Plakette" außerorts und auf Autobahn 100 km/h

Lichtpflicht am Tag: Abblendlicht am Tag keine Pflicht, wird aber empfohlen (Pflicht für Motorräder); in Tunneln herrscht Lichtpflicht für alle Fahrer.

Im Auto/Wohnmobil mitzuführen: Warndreieck, eine Warnweste pro Person (muss bei Verlassen des Fahrzeuges bei Panne oder Unfall getragen werden), Verbandskasten.

Mautsystem und Straßengebühren: Maut für LKW ab 7,5 t und teilweise in Tunneln; Umweltzonen in den Zentren vieler deutscher Städte mit Fahrverbot je nach Beschilderung; Schadstoffausstoß des Fahrzeugs bestimmt Erhalt einer grünen, gelben oder roten Plakette.

Weitere Hinweise: auf der Autobahn gilt die Rettungsgasse; bei winterlichen Witterungsbedingungen darf nur mit Winterreifen gefahren werden; Schneeketten erlaubt (max. 50 km/h); Spikes sind verboten; Promillegrenze: 0,5 Promille; absolutes Alkoholverbot (0,0 Promille) für Fahranfänger in der Probezeit und Fahrer bis einschl. 21 Jahre.

Einreise: Deutschland ist Mitglied des Schengen-Raums; Grenzkontrollen können trotzdem stattfinden. Mitzuführen ist ein Reisepass oder ein gültiger Personalausweis, Kinder benötigen ein eigenes Ausweisdokument.

Haustiere: EU-Heimtierausweis mit Kennzeichnung des Tieres (durch Mikrochip oder Tätowierung) nötig, gültige Tollwutimpfung muss eingetragen sein; max. Aufenthaltsdauer mit Kampfhunden 4 Wochen (Maulkorbpflicht).

Notrufnummern:

- internationale Notrufnummer: 112
- Feuerwehr: 112
- Polizei: 110
- Rettung: 112

DEUTSCHLAND

❶ Allgäuer Alpen

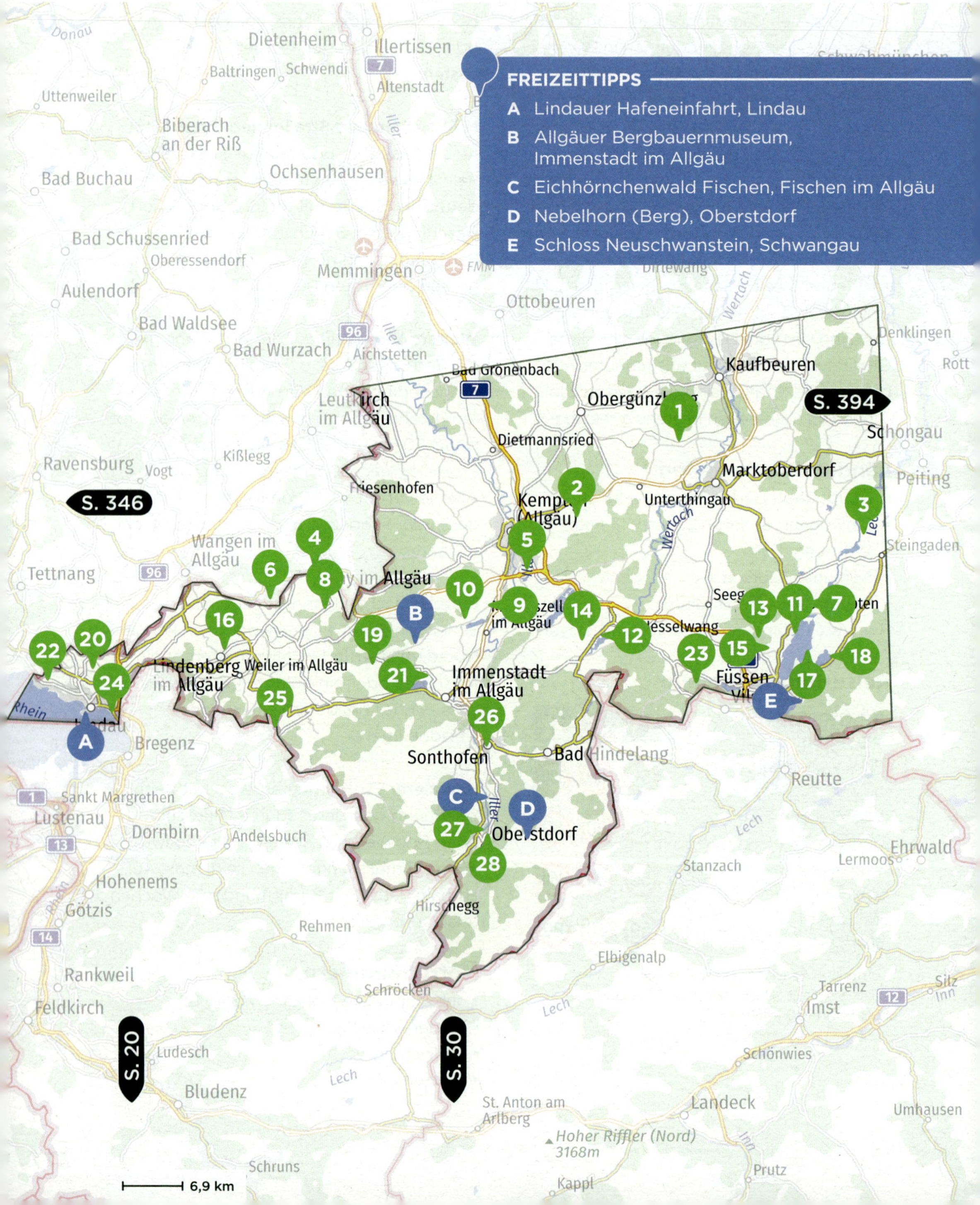

FREIZEITTIPPS

- **A** Lindauer Hafeneinfahrt, Lindau
- **B** Allgäuer Bergbauernmuseum, Immenstadt im Allgäu
- **C** Eichhörnchenwald Fischen, Fischen im Allgäu
- **D** Nebelhorn (Berg), Oberstdorf
- **E** Schloss Neuschwanstein, Schwangau

	Platz	Seite	Bewertung	Öffnungszeiten	
1	Camping Elbsee	383	4.6	ganzjährig	✱
2	Ferienhof & Baumhaushotel Allgäu GbR	382	-	k. A.	
3	Via Claudia Camping	382	4.5	ganzjährig	✱ Award
4	Waldbad Camping Isny	382	4.3	saisonal	
5	Camping Öschlesee	384	4.0	ganzjährig	✱
6	Ferienhof Maurus	384	4.2	saisonal	
7	Campingplatz Seewang	384	4.5	ganzjährig	✱
8	Camping Sonnenbuckl	385	4.7	saisonal	✱
9	Insel Camping am See mit Ferienwohnung / Allgäu	385	4.7	ganzjährig	✱
10	Camping Zeh am See	385	4.4	ganzjährig	✱
11	Camping Magdalena	385	4.2	saisonal	
12	Camping-Grüntensee-International	386	4.0	ganzjährig	✱
13	Camping Guggemos	386	4.5	saisonal	
14	Camping Waldesruh	386	4.3	saisonal	✱
15	Camping Hopfensee	388	4.8	saisonal	✱ Award
16	Camping Alpenblick	388	4.2	ganzjährig	✱ Onlinebuchung
17	Camping Brunnen	387	4.4	ganzjährig	✱
18	Camping Bannwaldsee	388	3.7	ganzjährig	✱
19	Campingplatz Wiederhofen	389	4.0	ganzjährig	✱
20	Campingpark Gitzenweiler Hof	389	4.0	ganzjährig	✱
21	Alpsee Camping	389	3.9	saisonal	✱
22	Camping Eschbach	389	4.0	saisonal	
23	Camping Pfronten	390	4.6	saisonal	
24	Park-Camping Lindau	390	4.2	saisonal	
25	Camping-Aach bei Oberstaufen	390	3.8	ganzjährig	✱
26	IllerCamping	392	4.0	saisonal	✱
27	rubi-camp Oberstdorf	391	4.1	saisonal	✱
28	Camping Oberstdorf	391	4.3	ganzjährig	✱

✱ Wintercamping FKK Textilfrei (ganz/teilweise) Ecocamping Award Onlinebuchung

EINE URIGE OASE FÜR CAMPINGLIEBHABER

„De Esel kennt ma an de Ohre, de Ochs am Brülla." Traditionell, bodenständig und humorvoll bringen die Allgäuer vieles auf den Punkt. So eigenständig wie der Dialekt, so unverwechselbar stellt sich dieses Urlaubsziel im Süden Deutschlands dar. Die Allgäuer Alpen befinden sich im idyllischen Länderdreieck zwischen Bayern, Tirol und Vorarlberg, was eine geschmackvolle Melange an ländertypischen Einflüssen erahnen lässt. Hier erwarten Naturfreunde herrlich grüne Täler, imposante Berggipfel und glasklare Gewässer, die zu einem ruhevollen Stelldichein bitten. Wer würde eine solche Einladung ins bayerische Paradies ausschlagen wollen?

NATÜRLICHE SCHÄTZE UND KULTURELLE KLEINODE

In sechs weitläufigen Naturschutzgebieten ist es ein Leichtes, mit allen Sinnen in die hiesige Flora und Fauna einzutauchen. Naturdenkmäler wie der Lechfall oder die Scheidegger Wasserfälle im Westallgäu bieten beeindruckende Anblicke und sind ideal für kurzweilige Wanderungen. Als Raststätten auf dem Weg durch das Allgäuer Grün bieten sich die prunkvollen Schlösser und Burgen an, die Touristen aus aller Welt zu begeistern verstehen. Zu diesen altertümlichen Hotspots zählt beispielsweise die Waldburg nahe der gleichnamigen Ortschaft, das Schloss Meersburg am Bodensee und die Bachritterburg in der Gemeinde Kanzach. Selbstverständlich darf im Rahmen dieser Aufzählung das sagenumwobene Schloss Neuschwanstein bei Füssen im Schwangau nicht fehlen, welches zusammen mit dem Schloss Hohenschwangau als eine der beliebtesten Sehenswürdigkeiten Bayerns und ganz Deutschlands gilt. Hier residierte einst der Märchenkönig des Freistaates, König Ludwig der II. von Bayern, um dessen Tod im Starnberger See sich bis heute zahlreiche Mythen und Legenden ranken.

St. Coloman Kirche © Dominik Haf

GENUSS UND ERHOLUNG

Schloss Neuschwanstein im Winter
© BAYERN TOURISMUS Marketing GmbH

Campingurlauber finden in den Allgäuer Alpen neben unzähligen Angeboten und Sehenswürdigkeiten auch viele Möglichkeiten zum Genießen und Erholen vor. Wellnessbehandlungen mit bayerischem Bier, der Genuss von Moorbädern oder das Abtauchen in heilende Thermalbäder eignen sich hierfür besonders gut. Sorgsam gepflegte Wanderwege laden zu ausgedehnten Spaziergängen und Touren ein, während Gipfelstürmer das Erklimmen von Kletterpfaden nicht missen werden. In der kalten Jahreszeit warten unzählige Loipen und Pisten auf begeisterte Wintercamper. Althergebrachte Brauchtümer wie beispielsweise der Fasnatziestag in Staufen oder das Egga Spiel in Sonthofen stehen stellvertretend für die Fülle an Festen in dieser traditionsreichen Region. Gourmets lassen sich im Allgäu gerne von einem bunt gemischtes Potpourri aus Kässpatzen, Krautkrapfen, Knöpfle und Maultaschen überzeugen – und genießen dazu natürlich ein gemütliches Weißbier.

Lindauer Hafen © BAYERN TOURISMUS Marketing GmbH

TIPP DER REDAKTION

Camping Hopfensee

Füssen – Hopfen am See | Nr. 15 | Seite 388

Laut Gästen ideal geeignet zum:

- Wandern
- Schwimmen
- Radfahren

4.5

Karte auf Seite 378

	2	3	4
	Ferienhof & Baumhaushotel Allgäu GbR	**Via Claudia Camping**	**Waldbad Camping Isny**
	Kaisersmad 6 87488 Betzigau	Via Claudia 6 86983 Lechbruck +49 8862 8426	Lohbauerstraße 59 - 69 88316 Isny +49 7562 2389
	47.72741 | 10.40779 850m ü.M.	47.71198 | 10.81834 737m ü.M.	47.67782 | 10.0301 750m ü.M.
Infos			
Öffnungszeiten	keine Angabe	ganzjährig	27.03. - 07.11.
Vergleichspreis	HS: 30,50 € | NS: 30,50 €	HS: 36,40 € | NS: 29,40 €	HS: 32,50 € | NS: 29,50 €
Link	**Mehr Infos & Anfrage:** www.camping.info/27605	**Mehr Infos & Anfrage:** www.camping.info/19085	**Mehr Infos & Anfrage:** www.camping.info/19120
Ausstattung			
Freizeit	Baden im See 5km Pool & Hallenbad ✗ Spielplatz am Platz ✓	Baden im See am Platz ✓ Pool/Hallenbad 12/20km Spielplatz am Platz ✓	Baden im See am Platz ✓ Pool/Hallenbad 15/5km Spielplatz am Platz ✓
Campingplatz	Hunde erlaubt Nur HS Skilift/Loipe k. A./1km WLAN (gratis) teilweise	Hunde willkommen ✓ Skilift/Loipe 10/3km WLAN (gegen Gebühr) ✓	Hunde willkommen ✓ Skilift & Loipe keine Angabe WLAN (gegen Gebühr) ✓
Versorgung	Lebensmittel k.A. Brötchen keine Angabe Restaurant & Imbiss ✗ Ver-/Entsorgung Womo ✗ in den Ort 3km	Lebensmittel ✓ Brötchen am Platz ✓ Restaurant & Imbiss ✓ Ver-/Entsorgung Womo ✓ in den Ort 1km	Lebensmittel 1km Brötchen am Platz ✓ Restaurant & Imbiss ✓ Ver-/Entsorgung Womo ✓ in den Ort 1km
Anzahl der Plätze	Touristenplätze 4 Mietunterkünfte ✗ Stellplätze vor Schranke ✗	Gesamt/Touristen 800/500 Mietunterkünfte ✓ Stellplätze vor Schranke ✓	Touristenplätze 50 Mietunterkünfte ✓ Stellplätze vor Schranke ✗

Ferienhof & Baumhaushotel Allgäu GbR

- **JETZT BEWERTEN!**

Für diese Auswertung liegen leider noch nicht genügend Bewertungen vor.

Sei einer der Ersten, der diesen Campingplatz bewertet. Unter den Bewertern werden regelmäßig Gewinne verlost!

Mehr Infos dazu findest du in unserem allgemeinen Intro.

Via Claudia Camping

4.5 **SEHR GUT** 778 Bewertungen

Lage	4.6
Ruhe	4.5
Sanitäranlagen	4.5
Sauberkeit Ø	4.6
Freundlichkeit	4.7
Stellplatz	4.4
Verpflegung	3.8
Freizeit	4.3
Preis-Leistung	4.2
Mietunterkünfte	4.4

Geeignet für

Kinder b. 6 J.	4.5
Kinder b. 12 J.	4.5
Kinder b. 18 J.	4.1
Paare	4.6
Senioren	4.5
Gäste mit Zelt	4.5
Gäste mit Hund	4.6

Empfohlene Aktivitäten

- Wandern
- Radfahren
- Entspannen

Waldbad Camping Isny

4.3 **SEHR GUT** 54 Bewertungen

Lage	4.6
Ruhe	4.6
Sanitäranlagen	4.0
Sauberkeit Ø	4.4
Freundlichkeit	4.4
Stellplatz	4.2
Verpflegung	3.3
Freizeit	3.9
Preis-Leistung	4.2
Mietunterkünfte	4.2

Geeignet für

Kinder b. 6 J.	4.4
Kinder b. 12 J.	4.5
Kinder b. 18 J.	3.9
Paare	4.6
Senioren	4.6
Gäste mit Zelt	4.4
Gäste mit Hund	4.7

Empfohlene Aktivitäten

- Wandern
- Schwimmen
- Radfahren

AWARD 2021

1 Camping Elbsee

Am Elbsee 3
87648 Aitrang
+49 8343 248
www.elbsee.eu
info@elbsee.de

ganzjährig

HS: 38,10 € | NS: 31,70 €

Mehr Infos & Anfrage:
www.camping.info/19104

Baden im See	200m
Pool/Hallenbad	12km
Spielplatz am Platz	✓
Hunde willkommen	✓
Skilift/Loipe	30km/✓
WLAN (gegen Gebühr)	✓
Lebensmittel	✓
Brötchen am Platz	✓
Restaurant/Imbiss	200m/✓
Ver-/Entsorgung Womo	✓
in den Ort	2km
Gesamt/Touristen	300/120
Mietunterkünfte	✓
Stellplätze vor Schranke	✓

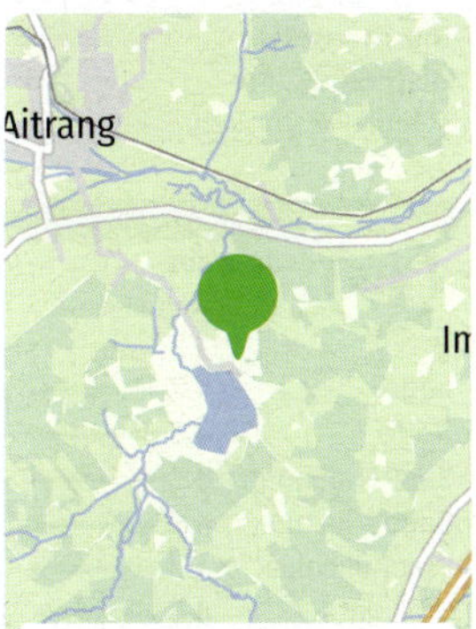

1 km
47.80321 | 10.55409
751m ü.M.

5-Sterne-Camping, Hotel und Ferienwohnungen für Groß, Klein, Jung und Alt.

Lage & Stellplatz

Idyllisch liegt der Campingplatz im Allgäuer Voralpenland in einem Landschaftsschutzgebiet zwischen Wiesen und Wäldern am Ufer des Elbsees. Der Platz mit seinem angrenzenden 3-Sterne-Superior-Hotel und Ferienwohnungen ist teilweise in Terrassen angelegt und die Stellplätze sind naturnah gestaltet.

Verpflegung

Für einen guten Start in den Tag sorgt das angebotene kulinarische Schlemmerfrühstück. Tagsüber und abends gibt es die Möglichkeit, im nahe gelegenen „Elbsee Restaurant" stets frisch zubereitete Köstlichkeiten zu genießen. Der Laden am Platz hat auch regionale Produkte im Sortiment.

Sanitär

Die hochwertigen, komfortablen und modernen Sanitäranlagen in zwei Gebäuden sind mit Mietbädern, einem Kinderbad mit Familienkabine, Wickelraum und Babybadewanne sowie barrierefreien Zugängen ausgestattet. Für Hunde ist auch eine separate Hundedusche vorhanden.

Freizeit

Der Wellnessbereich und die umfangreichen Freizeitmöglichkeiten direkt am Platz, bieten genauso viel Spaß wie die Ausflugsziele in der Umgebung (z. B. das Schloss Neuschwanstein oder die Wieskirche Steingaden). Ebenfalls zu empfehlen sind die ausgedehnten Rad- und Wanderwege in der Region.

Entspannen im Wellnessbereich.

3-Sterne-Hotel direkt am Platz.

4.6 SEHR GUT
139 Bewertungen

Lage	4.4
Ruhe	4.8
Sanitäranlagen	4.6
Sauberkeit Ø	4.8
Freundlichkeit	4.7
Stellplatz	4.4
Verpflegung	4.1
Freizeit	4.1
Preis-Leistung	4.4
Mietunterkünfte	4.2

Geeignet für

4.8 Senioren
4.7 Gäste mit Hund
4.4 Kinder b. 6 J.
4.3 Gäste mit Zelt
4.6 Paare
4.3 Kinder b. 12 J.
3.6 Kinder b. 18 J.

Empfohlene Aktivitäten

Wandern · Schwimmen · Entspannen · Radfahren

Mehr Infos

Jugendgruppen nur beschränkt zugelassen.

Karte auf Seite 378

	5	6	7
	Camping Öschlesee	**Ferienhof Maurus**	**Campingplatz Seewang**
	Moos 1 87477 Sulzberg +49 8376 93040 47.675 | 10.33444 715m ü.M.	In der Höll 1 88167 Röthenbach +49 8383 617 47.65248 | 9.96424	Tiefental 1 87669 Rieden +49 8367 406 47.64332 | 10.73127 788m ü.M.
Infos			
Öffnungszeiten	ganzjährig	01.05. - 15.09.	ganzjährig
Vergleichspreis	HS: 27,00 € | NS: 27,00 €	HS: 15,00 € | NS: 15,00 €	HS: 31,90 € | NS: 27,90 €
Link	**Mehr Infos & Anfrage:** www.camping.info/19089	**Mehr Infos & Anfrage:** www.camping.info/23800	**Mehr Infos & Anfrage:** www.camping.info/24645
Ausstattung			
Freizeit	Baden im See 250m Pool/Hallenbad 7km Spielplatz am Platz ✓	Baden in nat. Gewässer k. A. Pool/Hallenbad 6/10km Spielplatz keine Angabe	Baden im See am Platz ✓ Pool & Hallenbad ✗ Spielplatz am Platz ✓
Campingplatz	Hunde willkommen ✓ Skilift 13km WLAN ✓	Hunde ✗ Skilift & Loipe keine Angabe WLAN keine Angabe	Hunde willkommen ✓ Skilift/Loipe 20km/✓ WLAN (gegen Gebühr) ✓
Versorgung	Lebensmittel 1km Brötchen am Platz nur HS Restaurant & Imbiss ✓ Ver-/Entsorgung Womo ✓ in den Ort 1km	Lebensmittel ✗ Brötchen keine Angabe Restaurant & Imbiss ✗ Ver-/Entsorgung Womo ✗ in den Ort 1km	Lebensmittel ✓ Brötchen am Platz ✓ Restaurant & Imbiss ✓ Ver-/Entsorgung Womo ✓ in den Ort 1km
Anzahl der Plätze	Gesamt/Touristen 250/100 Mietunterkünfte ✗ Stellplätze vor Schranke ✗	Touristenplätze 20 Mietunterkünfte ✓ Stellplätze vor Schranke ✗	Touristenplätze 108 Mietunterkünfte ✓ Stellplätze vor Schranke ✓

	Camping Öschlesee	Ferienhof Maurus	Campingplatz Seewang
Gesamt	4.0 SEHR GUT, 42 Bewertungen	4.2 SEHR GUT, 8 Bewertungen	4.5 SEHR GUT, 67 Bewertungen
Lage	4.2	4.4	4.7
Ruhe	3.8	4.9	4.5
Sanitäranlagen	4.2	2.9	4.3
Sauberkeit Ø	4.2	3.8	4.6
Freundlichkeit	4.6	4.8	4.7
Stellplatz	3.8	3.9	4.3
Verpflegung	3.6	2.4	3.6
Freizeit	3.8	3.8	4.5
Preis-Leistung	4.0	4.4	4.4
Mietunterkünfte	-	-	4.7
Geeignet für			
Kinder b. 6 J.	4.0	4.8	3.7
Kinder b. 12 J.	4.2	4.4	4.0
Kinder b. 18 J.	3.8	2.7	3.8
Paare	4.4	4.2	4.7
Senioren	4.4	4.0	4.7
Gäste mit Zelt	4.1	4.0	4.4
Gäste mit Hund / Hunde n. erlaubt	Gäste mit Hund 4.2	Hunde n. erlaubt -	Gäste mit Hund 4.2
Empfohlene Aktivitäten	Wandern Schwimmen Radfahren	Wandern Mountainbiking Entspannen	Wandern Schwimmen Radfahren

Camping Öschlesee: Schranke in HS 12-14 Uhr und 22-7 Uhr geschlossen, keine Partygruppen

8 Camping Sonnenbuckl

Riedholz 16
88167 Riedholz bei Maierhöfen
+49 8383 383

47.64219 | 10.03915
750m ü.M.

01.06. - 31.10.
06.12. - 31.05.
HS: 27,60 € | NS: 27,60 €
Mehr Infos & Anfrage:
www.camping.info/19116

Baden in nat. Gewässer	k. A.
Pool am Platz	✓
Spielplatz	✗
Hunde willkommen	✓
Skilift	500m
WLAN	✓
Lebensmittel	✓
Brötchen am Platz	nur HS
Restaurant am P.	✓
Ver-/Entsorgung Womo	✓
in den Ort	3km
Gesamt/Touristen	37/15
Mietunterkünfte	✗
Stellplätze vor Schranke	✓

4.7 SEHR GUT
14 Bewertungen

Lage	4.8
Ruhe	4.9
Sanitäranlagen	4.1
Sauberkeit Ø	4.8
Freundlichkeit	5.0
Stellplatz	4.3
Verpflegung	4.5
Freizeit	4.7
Preis-Leistung	4.6
Mietunterkünfte	-

Geeignet für

Kinder b. 6 J.	4.2
Kinder b. 12 J.	4.4
Kinder b. 18 J.	4.2
Paare	5.0
Senioren	5.0
Gäste mit Zelt	4.9
Gäste mit Hund	4.6

Empfohlene Aktivitäten

- Wandern
- Mountainbiking
- Entspannen

9 Insel Camping am See mit Ferienwohnung / Allgäu

Insel 32 3/4
87448 Waltenhofen / Memhölz
+49 8379 881

47.6404 | 10.2786
745m ü.M.

ganzjährig
HS: 23,00 € | NS: 19,00 €
Mehr Infos & Anfrage:
www.camping.info/19087

Baden im See am Platz	✓
Pool/Hallenbad	8km
Spielplatz am Platz	✓
Hunde erlaubt	nur NS
Skilift/Loipe	10km/✓
WLAN	✓
Lebensmittel	✓
Brötchen am Platz	✓
Restaurant & Imbiss	✓
Ver-/Entsorgung Womo	✓
in den Ort	4km
Gesamt/Touristen	100/60
Mietunterkünfte	✓
Stellplätze vor Schranke	✓

4.7 SEHR GUT
173 Bewertungen

Lage	4.8
Ruhe	4.7
Sanitäranlagen	4.4
Sauberkeit Ø	4.8
Freundlichkeit	4.9
Stellplatz	4.5
Verpflegung	3.7
Freizeit	4.4
Preis-Leistung	4.7
Mietunterkünfte	4.8

Geeignet für

Kinder b. 6 J.	4.7
Kinder b. 12 J.	4.5
Kinder b. 18 J.	4.1
Paare	4.8
Senioren	4.8
Gäste mit Zelt	4.6
Gäste mit Hund	4.4

Empfohlene Aktivitäten

- Wandern
- Schwimmen
- Entspannen

10 Camping Zeh am See

Burgstraße 27
87448 Niedersonthofen
+49 8379 7077

47.63009 | 10.24572
730m ü.M.

ganzjährig
HS: 28,00 € | NS: 25,00 €
Mehr Infos & Anfrage:
www.camping.info/19086

Baden im See am Platz	✓
Pool/Hallenbad	10/7km
Spielplatz am Platz	✓
Hunde willkommen	✓
Skilift/Loipe	10km/✓
WLAN	✓
Lebensmittel	✓
Brötchen am Platz	nur HS
Restaurant & Imbiss	✓
Ver-/Entsorgung Womo	✓
in den Ort	400m
Gesamt/Touristen	110/60
Mietunterkünfte	✗
Stellplätze vor Schranke	✗

4.4 SEHR GUT
121 Bewertungen

Lage	4.6
Ruhe	4.6
Sanitäranlagen	4.6
Sauberkeit Ø	4.7
Freundlichkeit	4.5
Stellplatz	4.0
Verpflegung	3.8
Freizeit	4.3
Preis-Leistung	4.3
Mietunterkünfte	-

Geeignet für

Kinder b. 6 J.	4.2
Kinder b. 12 J.	4.2
Kinder b. 18 J.	3.9
Paare	4.6
Senioren	4.6
Gäste mit Zelt	4.3
Gäste mit Hund	4.4

Empfohlene Aktivitäten

- Wandern
- Schwimmen
- Radfahren

keine WOMOs ab 8 m

11 Camping Magdalena

Bachtalstraße 10
87669 Osterreinen
+49 8362 49 31

47.61568 | 10.72371
814m ü.M.

01.04. - 31.10.
HS: 25,40 € | NS: 22,90 €
Mehr Infos & Anfrage:
www.camping.info/19105

Baden im See am Platz	✓
Pool/Hallenbad	8km
Spielplatz am Platz	✓
Hunde willkommen	✓
Loipe	500m
WLAN (begrenzt gratis)	✓
Lebensmittel	100m
Brötchen am Platz	✓
Restaurant & Imbiss	✓
Ver-/Entsorgung Womo	✓
in den Ort	1km
Gesamt/Touristen	120/80
Mietunterkünfte	✓
Stellplätze vor Schranke	✗

4.2 SEHR GUT
28 Bewertungen

Lage	4.7
Ruhe	4.2
Sanitäranlagen	4.3
Sauberkeit Ø	4.4
Freundlichkeit	4.5
Stellplatz	3.7
Verpflegung	3.9
Freizeit	4.2
Preis-Leistung	4.3
Mietunterkünfte	4.3

Geeignet für

Kinder b. 6 J.	4.1
Kinder b. 12 J.	4.2
Kinder b. 18 J.	3.8
Paare	4.5
Senioren	4.0
Gäste mit Zelt	4.3
Gäste mit Hund	4.3

Empfohlene Aktivitäten

- Schwimmen
- Wandern
- Segeln

Karte auf Seite 378

	12	13	14
	Camping-Grüntensee-International	**Camping Guggemos**	**Camping Waldesruh**
	❄		❄
	Grüntenseestraße 41 87497 Wertach +49 8365 375	Uferstr. 42 87629 Füssen +49 8362 3334	Bahnhofstraße 19 87497 Wertach +49 8365 1004
	47.61055 | 10.44611 887m ü.M.	47.60947 | 10.66851	47.609 | 10.41755 915m ü.M.
Infos			
Öffnungszeiten	ganzjährig	01.04. - 01.11.	01.01. - 08.11. 25.11. - 31.12.
Vergleichspreis	HS: 35,60 € | NS: 35,60 €	HS: 24,40 € | NS: 24,40 €	HS: 29,60 € | NS: 28,10 €
Link	**Mehr Infos & Anfrage:** www.camping.info/19091	**Mehr Infos & Anfrage:** www.camping.info/23801	**Mehr Infos & Anfrage:** www.camping.info/19090
Ausstattung			
Freizeit	Baden im See am Platz ✓ Pool/Hallenbad 3km Spielplatz am Platz ✓	Baden im See am Platz ✓ Pool & Hallenbad ✗ Spielplatz keine Angabe	Baden im See 1km Pool/Hallenbad 1/7km Spielplatz am Platz ✓
Campingplatz	Hunde willkommen ✓ Skilift/Loipe 100m/✓ WLAN ✓	Hunde ✗ Skilift & Loipe keine Angabe WLAN keine Angabe	Hunde willkommen ✓ Skilift/Loipe 1km/✓ WLAN ✓
Versorgung	Lebensmittel ✓ Brötchen am Platz ✓ Restaurant & Imbiss ✓ Ver-/Entsorgung Womo ✓ in den Ort 3km	Lebensmittel ✗ Brötchen am Platz ✓ Restaurant & Imbiss ✗ Ver-/Entsorgung Womo ✓ in den Ort keine Angabe	Lebensmittel 500m Brötchen am Platz ✓ Restaurant/Imbiss 500m Ver-/Entsorgung Womo ✓ in den Ort 500m
Anzahl der Plätze	Gesamt/Touristen 320/180 Mietunterkünfte ✓ Stellplätze vor Schranke ✓	Gesamt keine Angabe Mietunterkünfte ✓ Stellplätze vor Schranke ✗	Gesamt/Touristen 150/40 Mietunterkünfte ✓ Stellplätze vor Schranke ✗

	12	13	14
Gesamt	4.0 SEHR GUT 108 Bewertungen	4.5 SEHR GUT 15 Bewertungen	4.3 SEHR GUT 23 Bewertungen
Lage	4.5	4.7	4.5
Ruhe	4.0	4.5	4.7
Sanitäranlagen	4.2	4.2	4.4
Sauberkeit Ø	4.2	4.7	4.8
Freundlichkeit	4.3	4.7	4.9
Stellplatz	3.7	4.2	4.1
Verpflegung	3.7	3.2	3.2
Freizeit	4.2	4.6	4.3
Preis-Leistung	3.7	4.5	4.6
Mietunterkünfte	3.7	5.0	5.0
Geeignet für			
Kinder b. 6 J.	4.3	4.2	4.1
Kinder b. 12 J.	4.2	4.3	4.3
Kinder b. 18 J.	3.7	3.6	3.8
Paare	4.3	4.9	4.7
Senioren	4.1	4.8	4.7
Gäste mit Zelt	4.1	4.6	3.6
Gäste mit Hund / Hunde n. erlaubt	Gäste mit Hund 4.4	Hunde n. erlaubt -	Gäste mit Hund 4.6
Empfohlene Aktivitäten	Wandern Radfahren Schwimmen	Wandern Radfahren Entspannen	Wandern Radfahren Entspannen

12: Außerdem Wohnmobilstellplatz am Wildbach; Zeltplatz; Ferienwohnungen.

14: keine WOMOs ab 8,5 m; Jugendgruppen nur mit Erwachsenen

17 Camping Brunnen

*

Seestraße 81
87645 Brunnen
+49 8362 8273
www.camping-brunnen.de
info@camping-brunnen.de

ganzjährig

HS: 44,10 € | NS: 38,10 €

Mehr Infos & Anfrage:
www.camping.info/19103

Baden im See am Platz	✓
Pool/Hallenbad	3km
Spielplatz am Platz	✓
Hunde willkommen	✓
Skilift/Loipe	3km/✓
WLAN	✓
Lebensmittel	✓
Brötchen am Platz	✓
Restaurant & Imbiss	✓
Ver-/Entsorgung Womo	✓
in den Ort	2km
Gesamt/Touristen	330/275
Mietunterkünfte	×
Stellplätze vor Schranke	×

47.59741 | 10.73741
800m ü.M.

Campingplatz direkt am Forggensee. Lädt zum Baden und Wassersport ein!

Lage & Stellplatz

Beeindruckende Lage unmittelbar am Forggensee mit Panoramablick zum weltberühmten Königsschloss Neuschwanstein. Im Sommer wie Winter geöffnet, bieten die 300 Stellplätze des 5-Sterne-Campingplatzes ideale Urlaubsmöglichkeiten im Königswinkel zu Füßen der Allgäuer Berge.

Verpflegung

Bayerische Gemütlichkeit erwartet die Gäste im Restaurant mit Biergarten! Hier kann man sich mit heimischen Spezialitäten aus dem Allgäu sowie bayerischen Schmankerln herzhaft verwöhnen lassen. Backwaren, Lebensmittel und alle Artikel des täglichen Bedarfs sind im Minimarkt am Platz erhältlich.

Sanitär

Die Sanitärbereiche sind neu gebaut, zeichnen sich durch höchsten Komfort aus und umfassen Fußbodenheizung, Einzelduschen, Mietkabinen mit Endreinigung, behindertengerechte Ausstattung, Babybad, Wickelraum, Waschmaschinen, Trockner, Spülküche mit Spülmaschine und ein Hundebad mit Hundedusche.

Freizeit

Das Allgäu verspricht Freizeitspaß vom Feinsten, das ganze Jahr hindurch für Aktive, Ruhesuchende und Familien: Baden, Stand-up-Paddling, Segeln, Angeln, Radfahren, Bergwandern, Reiten, Gleitschirmfliegen, Golf, Thermal- und Schwimmbäder sowie alle Skisportarten im Winter lassen keine Wünsche offen.

365 Tage im Jahr geöffnet.

Schöner, uriger Wellnessbereich.

4.4 SEHR GUT
246 Bewertungen

Lage	4.8
Ruhe	4.4
Sanitäranlagen	4.3
Sauberkeit Ø	4.5
Freundlichkeit	4.3
Stellplatz	4.3
Verpflegung	3.8
Freizeit	4.5
Preis-Leistung	3.9
Mietunterkünfte	-

Geeignet für

4.6 Paare

- 4.6 Senioren
- 4.5 Gäste mit Hund
- 4.2 Kinder b. 12 J.
- 4.1 Kinder b. 6 J.
- 3.9 Gäste mit Zelt
- 3.7 Kinder b. 18 J.

Empfohlene Aktivitäten

Wandern · Radfahren · Schwimmen · Entspannen

Mehr Infos

Wellnessbereich, Mietkabinen, Zelthügel, Kinder bis 1 Jahr campen gratis.

Karte auf Seite 378

	15 Camping Hopfensee	16 Camping Alpenblick	18 Camping Bannwaldsee
	Fischerbichl 17 87629 Füssen - Hopfen am See +49 8362 917710 47.5994 | 10.68318 800m ü.M.	Schreckenmanklitz 18 88171 Weiler-Simmerberg +49 8381 3447 47.59936 | 9.90097	Münchener Straße 151 87645 Schwangau +49 8362 93000 47.59241 | 10.77196 800m ü.M.
Infos			
Öffnungszeiten	15.12. - 03.11.	ganzjährig	ganzjährig
Vergleichspreis	keine Angabe	HS: 26,70 € | NS: 22,10 €	HS: 33,80 € | NS: 28,80 €
Link	**Mehr Infos & Anfrage:** www.camping.info/19101	**Mehr Infos & online buchen:** www.camping.info/19117	**Mehr Infos & Anfrage:** www.camping.info/19102
Ausstattung			
Freizeit	Baden im See am Platz ✓ Hallenbad ✓ Spielplatz am Platz ✓	Baden in nat. Gewässer k. A. Pool/Hallenbad 2/1km Spielplatz am Platz ✓	Baden im See am Platz ✓ Pool/Hallenbad 3km Spielplatz am Platz ✓
Campingplatz	Hunde willkommen ✓ Skilift & Loipe ✓ WLAN ✓	Hunde erlaubt ✓ Skilift 2km WLAN ✓	Hunde willkommen ✓ Skilift/Loipe 2km/✓ WLAN ✓
Versorgung	Lebensmittel ✓ Brötchen am Platz ✓ Restaurant & Imbiss ✓ Ver-/Entsorgung Womo ✓ im Ort ✓	Lebensmittel 500m Brötchen am Platz ✓ Restaurant & Imbiss ✓ Ver-/Entsorgung Womo ✓ in den Ort 500m	Lebensmittel ✓ Brötchen am Platz ✓ Restaurant & Imbiss ✓ Ver-/Entsorgung Womo ✓ in den Ort 3km
Anzahl der Plätze	Touristenplätze 376 Mietunterkünfte ✓ Stellplätze vor Schranke ✗	Gesamt/Touristen 190/90 Mietunterkünfte ✓ Stellplätze vor Schranke ✗	Gesamt/Touristen 650/450 Mietunterkünfte ✓ Stellplätze vor Schranke ✓

	Camping Hopfensee	Camping Alpenblick	Camping Bannwaldsee
Gesamt	4.8 SEHR GUT, 570 Bewertungen	4.2 SEHR GUT, 72 Bewertungen	3.7 GUT, 224 Bewertungen
Lage	4.8	4.3	4.5
Ruhe	4.3	4.3	3.3
Sanitäranlagen	4.8	3.6	3.4
Sauberkeit Ø	4.8	4.3	3.7
Freundlichkeit	4.8	4.5	3.9
Stellplatz	4.6	4.0	3.7
Verpflegung	4.1	3.7	3.9
Freizeit	4.7	4.2	4.2
Preis-Leistung	4.3	4.2	3.5
Mietunterkünfte	4.7	4.8	3.7
Geeignet für			
Kinder b. 6 J.	4.8	4.6	4.0
Kinder b. 12 J.	4.8	4.4	4.0
Kinder b. 18 J.	4.4	3.5	3.8
Paare	4.8	4.5	4.3
Senioren	4.7	4.2	4.2
Gäste mit Zelt	2.9	4.1	3.8
Gäste mit Hund	4.7	4.3	3.9
Empfohlene Aktivitäten	Wandern Schwimmen Radfahren	Wandern Entspannen Mountainbiking	Wandern Schwimmen Radfahren

Camping Hopfensee: AWARD 2021

19 Campingplatz Wiederhofen

Zur Thaler Höhe 12
87547 Missen-Wilhams

47.58732 | 10.11265

ganzjährig

HS: 21,10 €

Mehr Infos & Anfrage: www.camping.info/24373

Baden in nat. Gewässer	k. A.
Pool	1km
Spielplatz	✗
Hunde willkommen	✓
Skilift & Loipe	✓
WLAN (begrenzt gratis)	✓
Lebensmittel	k.A.
Brötchen am Platz	nur HS
Restaurant & Imbiss	✓
Ver-/Entsorgung Womo	✓
in den Ort	keine Angabe
Gesamt	keine Angabe
Mietunterkünfte	✗
Stellplätze vor Schranke	✓

4.0 SEHR GUT – 6 Bewertungen

Lage	4.8
Ruhe	5.0
Sanitäranlagen	3.7
Sauberkeit Ø	4.6
Freundlichkeit	5.0
Stellplatz	3.7
Verpflegung	3.7
Freizeit	4.2
Preis-Leistung	4.8
Mietunterkünfte	-

Geeignet für

Kinder b. 6 J.	4.0
Kinder b. 12 J.	3.7
Kinder b. 18 J.	2.0
Paare	4.5
Senioren	4.7
Gäste mit Zelt	4.0
Gäste mit Hund	4.7

Empfohlene Aktivitäten

- Wandern
- Entspannen
- Mountainbiking

20 Campingpark Gitzenweiler Hof

Gitzenweiler 88
88131 Lindau (Bodensee)
+49 8382 / 9494-0

47.58457 | 9.70472
450m ü.M.

ganzjährig

HS: 36,00 € | NS: 31,00 €

Mehr Infos & Anfrage: www.camping.info/19113

Baden im See	6km
Pool/Hallenbad	✓/5km
Spielplatz am Platz	✓
Hunde willkommen	✓
Skilift/Loipe	30/17km
WLAN (gegen Gebühr)	teilweise
Lebensmittel	✓
Brötchen am Platz	✓
Restaurant & Imbiss	✓
Ver-/Entsorgung Womo	✓
in den Ort	1km
Gesamt/Touristen	700/350
Mietunterkünfte	✓
Stellplätze vor Schranke	✓

4.0 SEHR GUT – 500 Bewertungen

Lage	4.0
Ruhe	3.6
Sanitäranlagen	4.1
Sauberkeit Ø	4.2
Freundlichkeit	4.4
Stellplatz	3.8
Verpflegung	4.1
Freizeit	4.3
Preis-Leistung	3.8
Mietunterkünfte	4.2

Geeignet für

Kinder b. 6 J.	4.6
Kinder b. 12 J.	4.5
Kinder b. 18 J.	3.8
Paare	3.8
Senioren	3.6
Gäste mit Zelt	4.3
Gäste mit Hund	4.3

Empfohlene Aktivitäten

- Wandern
- Schwimmen
- Radfahren

keine WOMOs ab 10 Meter; keine Jugendgruppen

21 Alpsee Camping

Seestraße 25
87509 Immenstadt-Bühl
+49 8323 7726

47.57257 | 10.19321
720m ü.M.

23.03. - 31.12.

keine Angabe

Mehr Infos & Anfrage: www.camping.info/19092

Baden im See am Platz	✓
Pool/Hallenbad	1/3km
Spielplatz am Platz	✓
Hunde willkommen	✓
Skilift/Loipe	3km/✓
WLAN	✓
Lebensmittel	✓
Brötchen am Platz	✓
Restaurant/Imbiss	500m
Ver-/Entsorgung Womo	✓
in den Ort	2km
Touristenplätze	180
Mietunterkünfte	✗
Stellplätze vor Schranke	✗

3.9 GUT – 180 Bewertungen

Lage	4.6
Ruhe	4.1
Sanitäranlagen	4.6
Sauberkeit Ø	4.3
Freundlichkeit	4.4
Stellplatz	3.7
Verpflegung	3.2
Freizeit	4.3
Preis-Leistung	3.7
Mietunterkünfte	-

Geeignet für

Kinder b. 6 J.	3.8
Kinder b. 12 J.	4.0
Kinder b. 18 J.	3.9
Paare	4.5
Senioren	4.6
Gäste mit Zelt	3.6
Gäste mit Hund	4.5

Empfohlene Aktivitäten

- Wandern
- Schwimmen
- Radfahren

22 Camping Eschbach

Höhenstrasse 16
88142 Wasserburg
+49 8382 887715

47.56848 | 9.63912

18.05. - 20.09.

HS: 42,00 € | NS: 42,00 €

Mehr Infos & Anfrage: www.camping.info/19115

Baden im See	80m
Pool	200m
Spielplatz	80m
Hunde	✗
Skilift & Loipe	keine Angabe
WLAN	✗
Lebensmittel	100m
Brötchen	keine Angabe
Restaurant/Imbiss	100m
Ver-/Entsorgung Womo	✓
im Ort	✓
Gesamt/Touristen	52/42
Mietunterkünfte	✗
Stellplätze vor Schranke	✗

4.0 SEHR GUT – 33 Bewertungen

Lage	4.6
Ruhe	4.3
Sanitäranlagen	4.4
Sauberkeit Ø	4.8
Freundlichkeit	4.4
Stellplatz	4.0
Verpflegung	2.8
Freizeit	3.8
Preis-Leistung	3.7
Mietunterkünfte	-

Geeignet für

Kinder b. 6 J.	3.8
Kinder b. 12 J.	3.4
Kinder b. 18 J.	3.0
Paare	4.1
Senioren	4.5
Gäste mit Zelt	4.0
Hunde n. erlaubt	-

Empfohlene Aktivitäten

- Radfahren
- Schwimmen
- Entspannen

Karte auf Seite 378

	23 Camping Pfronten	24 Park-Camping Lindau	25 Camping-Aach bei Oberstaufen
			ganzjährig geöffnet (Schneeflocken-Symbol)
	Tiroler Straße 184 87459 Pfronten-Steinach 08363 8353	Fraunhoferstraße 20 88131 Lindau-Zech +49 8382 8899999	Aach 1 87534 Oberstaufen +49 8386 363
	47.56357 | 10.57839	47.53782 | 9.73113	47.52314 | 9.9737
	850m ü.M.	401m ü.M.	600m ü.M.
Infos			
Öffnungszeiten	11.05. - 04.10.	26.03. - 07.11.	ganzjährig
Vergleichspreis	HS: 25,50 € | NS: 25,50 €	HS: 43,00 € | NS: 36,00 €	keine Angabe
Link	**Mehr Infos & Anfrage:** www.camping.info/19088	**Mehr Infos & Anfrage:** www.camping.info/19114	**Mehr Infos & Anfrage:** www.camping.info/19094
Ausstattung			
Freizeit	Baden in nat. Gewässer: k. A. Pool/Hallenbad: 3km Spielplatz am Platz: ✓	Baden im See am Platz: ✓ Pool: 2km Spielplatz am Platz: ✓	Baden im See: 15km Pool/Hallenbad: 5km Spielplatz am Platz: ✓
Campingplatz	Hunde willkommen: ✓ Skilift & Loipe: keine Angabe WLAN (gratis): teilweise	Hunde erlaubt: ✓ Skilift & Loipe: keine Angabe WLAN: ✓	Hunde willkommen: ✓ Skilift/Loipe: 5km/✓ WLAN: ✓
Versorgung	Lebensmittel: ✓ Brötchen am Platz: ✓ Restaurant: 250m Ver-/Entsorgung Womo: ✓ in den Ort: 2km	Lebensmittel: ✓ Brötchen am Platz: ✓ Restaurant & Imbiss: ✓ Ver-/Entsorgung Womo: ✓ in den Ort: 500m	Lebensmittel: ✓ Brötchen am Platz: ✓ Restaurant & Imbiss: ✓ Ver-/Entsorgung Womo: ✓ im Ort: ✓
Anzahl der Plätze	Touristenplätze: 100 Mietunterkünfte: ✗ Stellplätze vor Schranke: ✗	Touristenplätze: 205 Mietunterkünfte: ✗ Stellplätze vor Schranke: ✓	Gesamt/Touristen: 120/40 Mietunterkünfte: ✓ Stellplätze vor Schranke: ✓
Bewertung	4.6 SEHR GUT 45 Bewertungen	4.2 SEHR GUT 242 Bewertungen	3.8 GUT 11 Bewertungen
Lage	4.8	4.6	4.2
Ruhe	4.5	3.9	4.2
Sanitäranlagen	4.0	4.4	3.2
Sauberkeit Ø	4.8	4.5	4.2
Freundlichkeit	4.9	4.2	5.0
Stellplatz	4.0	4.0	3.7
Verpflegung	3.5	4.1	3.9
Freizeit	4.4	4.4	4.7
Preis-Leistung	4.7	4.1	4.3
Mietunterkünfte	-	-	4.0
Geeignet für			
Kinder b. 6 J.	4.0	4.3	4.3
Kinder b. 12 J.	3.9	4.3	4.6
Kinder b. 18 J.	3.8	4.0	4.6
Paare	4.7	4.6	4.6
Senioren	4.7	4.6	4.5
Gäste mit Zelt	4.2	4.6	4.5
Gäste mit Hund	4.7	4.3	5.0
Empfohlene Aktivitäten	Wandern Radfahren Mountainbiking	Radfahren Schwimmen Wandern	Wandern Ski Cross Country
		keine WOMOs ab 9 m	

27

rubi-camp Oberstdorf

❄

Rubinger Straße 34
87561 Oberstdorf
+49 8322 959202

47.42379 | 10.27782
800m ü.M.

01.05. - 10.11.
15.12. - 30.04.

HS: 40,00 € | NS: 32,00 €

Mehr Infos & Anfrage:
www.camping.info/19096

Baden in nat. Gewässer	k. A.
Pool/Hallenbad	2/1km
Spielplatz am Platz	✓
Hunde erlaubt	✓
Skilift/Loipe	1km/✓
WLAN (begrenzt gratis)	✓
Lebensmittel	✓
Brötchen am Platz	✓
Restaurant am P.	✓
Ver-/Entsorgung Womo	✓
in den Ort	1km
Touristenplätze	100
Mietunterkünfte	✗
Stellplätze vor Schranke	✗

4.1 SEHR GUT
150 Bewertungen

Lage	4.5
Ruhe	4.3
Sanitäranlagen	4.3
Sauberkeit Ø	4.3
Freundlichkeit	4.2
Stellplatz	4.3
Verpflegung	3.4
Freizeit	4.4
Preis-Leistung	3.8
Mietunterkünfte	-

Geeignet für

Kinder b. 6 J.	3.6
Kinder b. 12 J.	3.6
Kinder b. 18 J.	3.7
Paare	4.6
Senioren	4.7
Gäste mit Zelt	3.9
Gäste mit Hund	4.4

Empfohlene Aktivitäten

- Wandern
- Radfahren
- Entspannen

ⓘ Strom nach Verbrauch 0,70 €/kWh. Anschlusswert 16 A.

28

Camping Oberstdorf

❄

Rubingerstraße 16
87561 Oberstdorf
+49 8322 6525

47.42307 | 10.27691
813m ü.M.

ganzjährig

HS: 26,10 €

Mehr Infos & Anfrage:
www.camping.info/19095

Baden im See	1km
Pool/Hallenbad	5/1km
Spielplatz am Platz	✓
Hunde willkommen	✓
Skilift/Loipe	1km/500m
WLAN	✓
Lebensmittel	1km
Brötchen am Platz	nur HS
Restaurant & Imbiss	✓
Ver-/Entsorgung Womo	✓
in den Ort	1km
Gesamt/Touristen	150/100
Mietunterkünfte	✗
Stellplätze vor Schranke	✗

4.3 SEHR GUT
50 Bewertungen

Lage	4.2
Ruhe	3.3
Sanitäranlagen	4.4
Sauberkeit Ø	4.7
Freundlichkeit	4.9
Stellplatz	4.1
Verpflegung	4.1
Freizeit	4.5
Preis-Leistung	4.5
Mietunterkünfte	-

Geeignet für

Kinder b. 6 J.	3.9
Kinder b. 12 J.	3.9
Kinder b. 18 J.	4.0
Paare	4.7
Senioren	4.7
Gäste mit Zelt	4.4
Gäste mit Hund	4.7

Empfohlene Aktivitäten

- Wandern
- Mountainbiking
- Klettern

26 IllerCamping

*

Sinwagstraße 2
87527 Sonthofen
+49 8321 2350
www.illercamping.de
info@illercamping.de

01.01. - 01.11.
15.12. - 31.12.
HS: 26,00 € | NS: 26,00 €

Mehr Infos & Anfrage:
www.camping.info/19093

Baden im See	1km
Pool/Hallenbad	500m
Spielplatz am Platz	✓
Hunde willkommen	✓
Skilift/Loipe	4km/500m
WLAN	✓
Lebensmittel	300m
Brötchen am Platz	✓
Restaurant & Imbiss	✓
Ver-/Entsorgung Womo	✗
im Ort	✓
Gesamt/Touristen	70/40
Mietunterkünfte	✓
Stellplätze vor Schranke	✗

Spaß für die Kleinen am „platzeigenen" Wasserlauf.

Lage & Stellplatz

„IllerCamping" befindet sich in Sonthofen und ist vom 01.01. bis 01.11. und vom 15. bis 31.12. p.a. geöffnet. Sonthofen ist die südlichste Stadt Deutschlands. Direkt an der Iller und der Sinwag gelegen, verfügt der Campingplatz über 70 Stellplätze, die eine Größe von ca. 70 bis 140 m² aufweisen. Die Stellplätze haben Wasser-, Abwasser- sowie Stromanschluss (230 V/10 A) und sind eben und großzügig bemessen, sodass selbst große Campingfahrzeuge abgestellt werden können. In unmittelbarer Nähe ist das Freizeitbad „Wonnemar", das von den Campinggästen zum ermäßigten Eintritt benutzt werden kann.

Sanitär

Die Sanitäranlagen sind sowohl bei den Damen als auch bei den Herren ausreichend mit Duschen, Einzelwaschkabinen und Waschbecken bemessen. Im Damenbereich gibt es außerdem einen Babywickeltisch. Die Toilettenräume sind von den Dusch- und Waschräumen getrennt. Darüber hinaus existiert ein großer behindertengerechter Dusch- und Waschraum mit WC und separatem Zugang. Ein Wasch- und Trockenraum mit Waschmaschine und Trockner sowie ein „Hauswirtschaftsraum" mit Spüle und Kochgelegenheiten runden das umfassende Angebot ab.

Baden im Sonthofer See.

Blick auf die Allgäuer Berge.

1 km
47.50526 | 10.27507
760m ü.M.

Keine WOMOs ab 9 m.

Luftaufnahme des südlichen Platzteils mit Blick auf die Hörnerkette.

Verpflegung

Das Bistro des Campingplatzes bietet Speisen (Tagesangebote) und Getränke, die auch hervorragend auf der Terrasse genossen werden können. In lediglich 5 Gehminuten erreicht man einen Supermarkt, einen Metzger, eine Apotheke und ein medizinisches Versorgungszentrum mit diversen Fachärzten. Nur wenige Schritte weiter befindet sich bereits die Sonthofer Fußgängerzone mit umfassenden Einkaufsmöglichkeiten sowie vielfältigen Gastronomiebetrieben der Oberallgäuer Kreisstadt.

Freizeit

Das „Freizeitland Sonthofen" bietet eine Sportarena, ein Freizeitbad, die Kinder- und Jugendfreizeitanlage „Biberhof" und eine Tennisanlage. Den 18-Loch-Golfplatz der Sonnenalp – einer der schönsten in Deutschland – erreicht man mit dem Auto in 10 Minuten. Auf dem Campingplatz ist die Canyoning- und Raftingstation „Splashing A" integriert. Unmittelbar am Platz beginnen auch die Wander- und Radlmöglichkeiten auf dem Illerdamm, der ausschließlich für Wanderer und Radler geschaffen wurde. Nordische und alpine Wintersportler können in der Umgebung außerdem zahlreiche Loipen und Skipisten erkunden.

4.0

Preiswerter Campingplatz in unmittelbarer Nähe zu Sonthofen. Schöner Blick auf die Berge. Auf unserem Stellplatz hat uns die vorbeiführende, viel befahrene Straße nicht gestört. Die Sanitäranlagen sind sauber und können, wie auch Spülküche usw., nur mit Chip betreten werden. Brötchenservice ist vorhanden. Steiniger Boden, am besten Stahlheringe benutzen.

Klaus H.

Klaus campt schon seit 1983 und ist mit dem Wohnwagen unterwegs. Am Camping schätzt er besonders die Freiheit, heute hier und morgen dort zu sein. Er war im August 2018 auf dem Platz.

Übernachten im Fass.

Abenteuerliches Rafting.

4.0 **SEHR GUT**
40 Bewertungen

Lage	4.2
Ruhe	3.6
Sanitäranlagen	4.2
Sauberkeit Ø	4.2
Freundlichkeit	4.0
Stellplatz	3.7
Verpflegung	3.7
Freizeit	4.4
Preis-Leistung	4.1
Mietunterkünfte	4.7

Geeignet für

4.7	Senioren
4.4	Paare
4.4	Gäste mit Hund
3.7	Kinder b. 18 J.
3.6	Kinder b. 12 J.
3.4	Gäste mit Zelt
3.2	Kinder b. 6 J.

Empfohlene Aktivitäten

Wandern · Radfahren · Mountainbiking · Kayak/Kanu

Mehr Infos

DEUTSCHLAND

❷ Bayerische Voralpen – rund um den Starnberger See

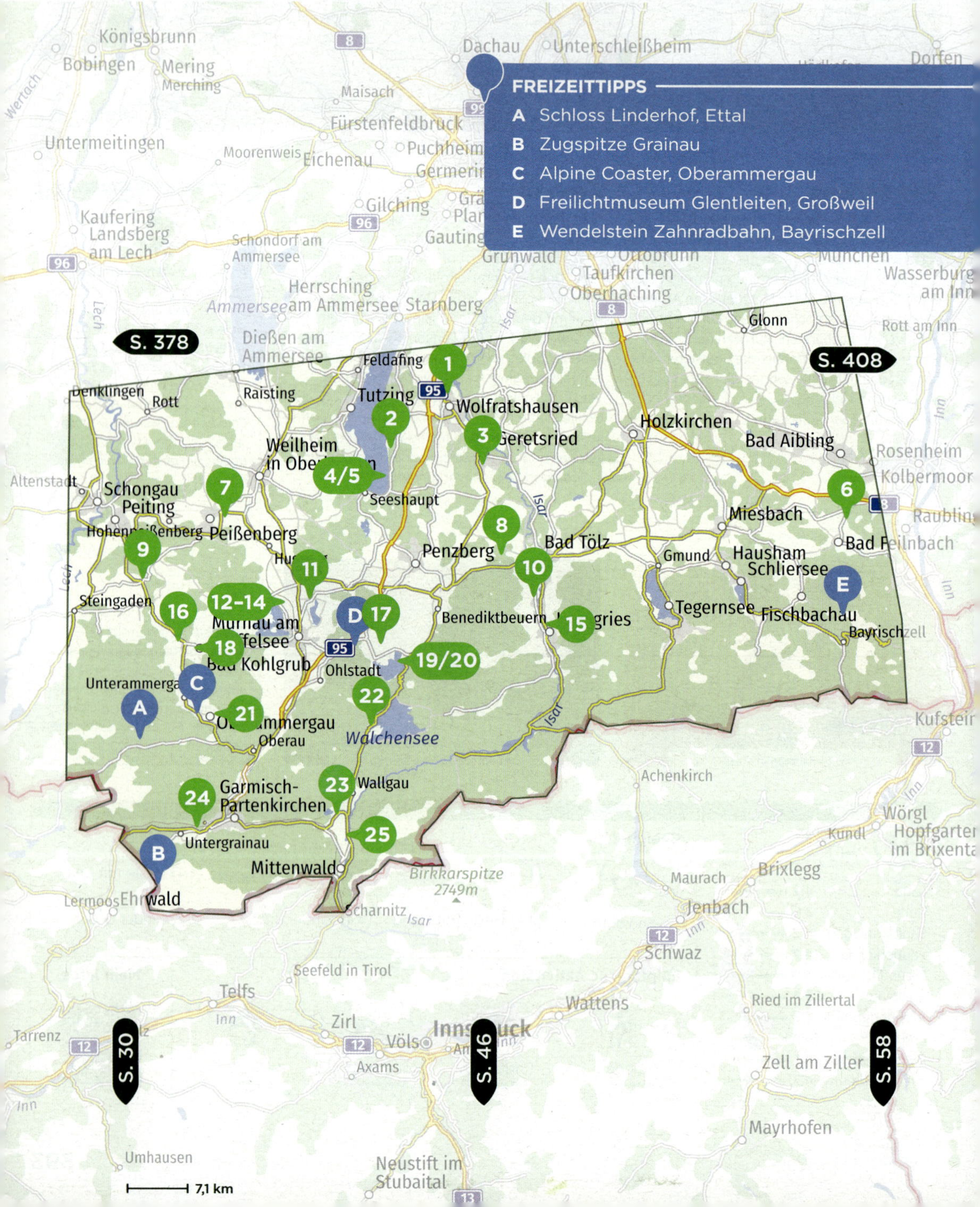

FREIZEITTIPPS

- **A** Schloss Linderhof, Ettal
- **B** Zugspitze Grainau
- **C** Alpine Coaster, Oberammergau
- **D** Freilichtmuseum Glentleiten, Großweil
- **E** Wendelstein Zahnradbahn, Bayrischzell

	Platz	Seite	Bewertung	Öffnungszeiten	
1	Campingplatz Wolfratshausen	398	4.1	ganzjährig	✱
2	Camping Ambach am See	398	-	saisonal	✱
3	Campingplatz Königsdorf am Bibisee	398	4.1	ganzjährig	✱
4	Campingplatz beim Fischer	399	4.2	saisonal	
5	Camping Seeshaupt	399	4.5	saisonal	👍
6	Kaiser Camping Outdoor Resort	399	4.5	saisonal	✱ 👍
7	Campingplatz Ammertal	399	3.9	ganzjährig	✱
8	Campingplatz Demmelhof	400	4.9	ganzjährig	✱ 👍
9	Terrassen-Camping am Richterbichl	400	3.6	ganzjährig	✱
10	Alpen-Camping Arzbach	400	3.9	k. A.	✱
11	Camping Brugger am Riegsee	401	4.1	saisonal	
12	Camping Aichalehof	401	3.8	saisonal	
13	Camping Insel Buchau	401	-	saisonal	
14	Camping Halbinsel Burg	401	4.2	saisonal	
15	Lenggrieser Bergcamping	402	4.6	ganzjährig	✱
16	Naturfreundehaus Saulgrub	402	-	saisonal	
17	KlosterGut Schlehdorf	402	-	k. A.	✱
18	Campingoase Fam. Reindl Bad Kohlgrub	403	4.4	ganzjährig	✱
19	Campingplatz Renken am Kochelsee	403	4.7	saisonal	
20	Camping Kesselberg	403	4.1	saisonal	
21	Campingpark Oberammergau	404	4.1	saisonal	✱
22	Camping Walchensee	404	4.2	saisonal	
23	Alpen-Caravanpark Tennsee	406	4.3	ganzjährig	✱
24	Camping Resort Zugspitze	405	4.6	ganzjährig	✱ 👍
25	Naturcampingpark Isarhorn	404	3.8	saisonal	✱

Der Eibsee am Fuße der Zugspitze © BAYERN TOURISMUS Marketing GmbH

EIN BELIEBTER NATURSCHATZ

Nur wenige Kilometer von der Landeshauptstadt München entfernt, liegt ein Naturschatz verborgen, der viele Camper lockt. Dieses grüne Gebiet umfasst einige der beliebtesten süddeutschen Urlaubsziele, wie den glasklaren Tegernsee, das Ski-Eldorado Garmisch-Partenkirchen, den Starnberger See und das majestätische Ammergebirge, das ambitionierte Bergsteiger frohlocken lässt.

BAYERISCHER CHARME

Die Ferienregion Tegernsee-Schliersee zeichnet sich durch malerische Landschaften, idyllische Gemeinden und eine reichhaltige Kultur aus. Selbstverständlich eignet sich die Umgebung hervorragend für sportliche Aktivitäten, die Wanderungen, Wassersport, Kletterausflüge sowie Rad- und Mountainbiketouren einschließen. Skifahrer und Langläufer dürfen sich auf bestens präparierte Pisten und Loipen freuen. Garmisch-Partenkirchen gilt als besonderes Highlight für Sportsfreunde: Als unverzichtbarer Austragungsort hochrangiger Events, wie dem jährlichen Neujahrsspringen oder dem Alpinen Skiweltcup, hat der Ort internationalen

Ruf. Gleichzeitig beheimatete diese Gemeinde bedeutende Künstler und große Denker - zahlreiche Institutionen und Anlagen, wie der Michael-Ende-Kurpark oder das Richard-Strauss-Konservatorium, stellen hierfür stille Zeugen dar.

Der Waxenstein bei Grainau

STARNBERGER SEE

Der Starnberger See ist Deutschlands zweitwasserreichster See. 20 Kilometer seines Ufers sind öffentlich zugänglich, die Campingplätze befinden sich auf der südlichen Seite. Bei klarer Sicht steht einem herrlichen Blick weit über die angrenzenden Gebirgsketten bis hin zur Zugspitze nichts im Wege. Neben diesem Idyll hütet der See auch ein legendenumwobenes Geheimnis: In seinen Fluten verstarb einst König Ludwig II. von Bayern, der als Märchenkönig in die Geschichte einging. Bis heute sind dessen Bauten einzigartig und deren Besuch ein Muss für alle Architektur- und Geschichtsliebhaber.

AMMERGEBIRGE UND WETTERSTEINGEBIRGE

Unweit des Starnberger Sees befindet sich das Ammergebirge, das neben einer prächtigen Natur zahlreiche Destinationen für alle Altersklassen beheimatet. Gleiches gilt für das Wettersteingebirge, das beispielsweise mit dem Königshaus am Schachen ein ideales Wanderziel bietet. Wer aufregende Gebirgsschluchten sucht, dem wird die imposante Partnachklamm gefallen. Gegen knurrende Mägen wirkt das reichhaltige kulinarische Angebot in den urig eingerichteten Berghütten oder Wirtshäusern Wunder. Dabei mundet das vor Ort gebraute Bier in Verbindung mit regionalen Köstlichkeiten wie Sauerkraut, Kartoffelsalat, Schweinsripperl und Haxen ganz besonders.

Zugspitze

TIPP DER REDAKTION

Campingplatz Renken am Kochelsee

Kochel am See | Nr. 19 | Seite 403

Laut Gästen ideal geeignet zum:

- Wandern
- Schwimmen
- Angeln

4.7

Karte auf Seite 394

	1 Campingplatz Wolfratshausen	2 Camping Ambach am See	3 Campingplatz Königsdorf am Bibisee
	❄	❄	❄
	Badstraße 2 82515 Wolfratshausen +49 8171 78795	Am Schwaiblbach 3 82541 Münsing 08177546	Zum Lindenrain 8 82549 Königsdorf +49 8171 81580
	47.90824 | 11.41834	47.85444 | 11.3385	47.83778 | 11.46944
Infos			
Öffnungszeiten	ganzjährig	01.01. - 25.12.	ganzjährig
Vergleichspreis	HS: 26,00 € | NS: 26,00 €	HS: 42,00 € | NS: 36,00 €	HS: 24,00 € | NS: 22,00 €
Link	**Mehr Infos & Anfrage:** www.camping.info/19026	**Mehr Infos & Anfrage:** www.camping.info/30266	**Mehr Infos & Anfrage:** www.camping.info/19029
Ausstattung			
Freizeit	Baden im Teich am Platz ✓ Pool & Hallenbad ✗ Spielplatz am Platz ✓	Baden in nat. Gewässer k. A. Pool & Hallenbad ✗ Spielplatz am Platz ✓	Baden im See am Platz ✓ Pool/Hallenbad 500m/3km Spielplatz am Platz ✓
Campingplatz	Hunde erlaubt ✓ Skilift & Loipe keine Angabe WLAN ✓	Hunde erlaubt ✓ Skilift & Loipe keine Angabe WLAN ✓	Hunde erlaubt ✓ Skilift/Loipe 6km/✓ WLAN ✓
Versorgung	Lebensmittel 2km Brötchen keine Angabe Restaurant am P. ✓ Ver-/Entsorgung Womo ✓ in den Ort 500m	Lebensmittel ✓ Brötchen am Platz ✓ Restaurant & Imbiss ✗ Ver-/Entsorgung Womo ✓ in den Ort 6km	Lebensmittel ✓ Brötchen am Platz ✓ Restaurant & Imbiss ✓ Ver-/Entsorgung Womo ✓ in den Ort 1km
Anzahl der Plätze	Gesamt/Touristen 45/30 Mietunterkünfte ✓ Stellplätze vor Schranke ✗	Gesamt/Touristen 260/77 Mietunterkünfte ✓ Stellplätze vor Schranke ✗	Gesamt/Touristen 400/100 Mietunterkünfte ✗ Stellplätze vor Schranke ✗

1 Campingplatz Wolfratshausen

4.1 SEHR GUT
26 Bewertungen

Lage	4.0
Ruhe	4.4
Sanitäranlagen	4.1
Sauberkeit Ø	4.4
Freundlichkeit	4.7
Stellplatz	3.7
Verpflegung	3.8
Freizeit	4.0
Preis-Leistung	4.2
Mietunterkünfte	4.7

Geeignet für

Kinder b. 6 J.	3.8
Kinder b. 12 J.	3.6
Kinder b. 18 J.	3.7
Paare	4.4
Senioren	4.5
Gäste mit Zelt	4.5
Gäste mit Hund	4.4

Empfohlene Aktivitäten

- Radfahren
- Sightseeing
- Wandern

2 Camping Ambach am See

- JETZT BEWERTEN!

Für diese Auswertung liegen leider noch nicht genügend Bewertungen vor.

Sei einer der Ersten, der diesen Campingplatz bewertet. Unter den Bewertern werden regelmäßig Gewinne verlost!

Mehr Infos dazu findest du in unserem allgemeinen Intro.

3 Campingplatz Königsdorf am Bibisee

4.1 SEHR GUT
15 Bewertungen

Lage	4.3
Ruhe	4.4
Sanitäranlagen	4.2
Sauberkeit Ø	4.3
Freundlichkeit	4.3
Stellplatz	4.1
Verpflegung	3.8
Freizeit	3.7
Preis-Leistung	4.3
Mietunterkünfte	-

Geeignet für

Kinder b. 6 J.	3.9
Kinder b. 12 J.	4.1
Kinder b. 18 J.	3.3
Paare	4.6
Senioren	4.1
Gäste mit Zelt	4.1
Gäste mit Hund	4.3

Empfohlene Aktivitäten

- Radfahren
- Entspannen
- Schwimmen

4

Campingplatz beim Fischer

Buchscharnstraße 10
82541 Münsing/St. Heinrich
+49 8801 802

47.82652 | 11.33939
590m ü.M.

15.03. - 30.09.
01.10. - 30.11.

HS: 30,50 € | NS: 27,70 €

Mehr Infos & Anfrage:
www.camping.info/19028

Baden im See	200m
Pool/Hallenbad	200m/15km
Spielplatz am Platz	✓
Hunde erlaubt	✓
Skilift/Loipe	4/3km
WLAN (gegen Gebühr)	✓
Lebensmittel	✓
Brötchen am Platz	nur HS
Restaurant/Imbiss	200/300m
Ver-/Entsorgung Womo	✓
in den Ort	4km
Gesamt/Touristen	151/76
Mietunterkünfte	✓
Stellplätze vor Schranke	✗

4.2 SEHR GUT
71 Bewertungen

Lage	4.2
Ruhe	4.1
Sanitäranlagen	4.1
Sauberkeit Ø	4.4
Freundlichkeit	4.7
Stellplatz	4.0
Verpflegung	3.4
Freizeit	4.1
Preis-Leistung	4.3
Mietunterkünfte	4.4

Geeignet für

Kinder b. 6 J.	4.1
Kinder b. 12 J.	4.1
Kinder b. 18 J.	3.7
Paare	4.3
Senioren	4.5
Gäste mit Zelt	4.5
Gäste mit Hund	4.2

Empfohlene Aktivitäten

- Schwimmen
- Radfahren
- Segeln

5

Camping Seeshaupt

St.-Heinricher-Straße 127
82402 Seeshaupt
+49 880 191 468 80

47.82058 | 11.32355
597m ü.M.

01.04. - 30.09.

HS: 46,50 € | NS: 39,50 €

Mehr Infos & Anfrage:
www.camping.info/19017

Baden im See am Platz	✓
Hallenbad	9km
Spielplatz	keine Angabe
Hunde willkommen	✓
Skilift & Loipe	✗
WLAN (gegen Gebühr)	✓
Lebensmittel	2km
Brötchen am Platz	nur HS
Restaurant/Imbiss	500m/✓
Ver-/Entsorgung Womo	✓
in den Ort	2km
Gesamt/Touristen	130/70
Mietunterkünfte	✓
Stellplätze vor Schranke	✗

4.5 SEHR GUT
263 Bewertungen

Lage	4.6
Ruhe	4.5
Sanitäranlagen	4.6
Sauberkeit Ø	4.7
Freundlichkeit	4.6
Stellplatz	4.6
Verpflegung	4.0
Freizeit	4.3
Preis-Leistung	4.1
Mietunterkünfte	4.7

Geeignet für

Kinder b. 6 J.	4.1
Kinder b. 12 J.	4.1
Kinder b. 18 J.	3.9
Paare	4.7
Senioren	4.7
Gäste mit Zelt	4.0
Gäste mit Hund	3.4

Empfohlene Aktivitäten

- Schwimmen
- Radfahren
- Segeln

keine Jugendgruppen ab 5 Personen

6

Kaiser Camping Outdoor Resort

Reithof 2
83075 Bad Feilnbach
+49 806 688 4400

47.78876 | 12.00512
522m ü.M.

01.03. - 08.11.
22.12. - 09.01.

HS: 29,00 € | NS: 25,00 €

Mehr Infos & Anfrage:
www.camping.info/19030

Baden im Fluss am Platz	✓
Pool/Hallenbad	✓/7km
Spielplatz am Platz	✓
Hunde erlaubt	✓
Skilift/Loipe	14/6km
WLAN	✓
Lebensmittel	✓
Brötchen am Platz	✓
Restaurant & Imbiss	✓
Ver-/Entsorgung Womo	✓
in den Ort	1km
Gesamt/Touristen	650/370
Mietunterkünfte	✗
Stellplätze vor Schranke	✗

4.5 SEHR GUT
426 Bewertungen

Lage	4.7
Ruhe	4.5
Sanitäranlagen	4.4
Sauberkeit Ø	4.5
Freundlichkeit	4.8
Stellplatz	4.5
Verpflegung	4.2
Freizeit	4.6
Preis-Leistung	4.5
Mietunterkünfte	-

Geeignet für

Kinder b. 6 J.	4.7
Kinder b. 12 J.	4.7
Kinder b. 18 J.	4.1
Paare	4.7
Senioren	4.6
Gäste mit Zelt	4.5
Gäste mit Hund	4.5

Empfohlene Aktivitäten

- Wandern
- Radfahren
- Entspannen

AWARD 2021

7

Campingplatz Ammertal

Badstraße 51
82380 Peißenberg
+49 8803 2797

47.78718 | 11.08474
584m ü.M.

ganzjährig

HS: 22,80 € | NS: 21,70 €

Mehr Infos & Anfrage:
www.camping.info/19015

Baden im See am Platz	✓
Pool/Hallenbad	2km
Spielplatz am Platz	✓
Hunde willkommen	✓
Skilift & Loipe	✗
WLAN (gegen Gebühr)	✓
Lebensmittel	2km
Brötchen am Platz	nur HS
Restaurant & Imbiss	✓
Ver-/Entsorgung Womo	✗
in den Ort	3km
Gesamt/Touristen	200/100
Mietunterkünfte	✓
Stellplätze vor Schranke	✗

3.9 GUT
30 Bewertungen

Lage	4.1
Ruhe	4.2
Sanitäranlagen	3.6
Sauberkeit Ø	4.5
Freundlichkeit	4.8
Stellplatz	3.9
Verpflegung	2.9
Freizeit	4.0
Preis-Leistung	4.0
Mietunterkünfte	4.2

Geeignet für

Kinder b. 6 J.	4.3
Kinder b. 12 J.	4.4
Kinder b. 18 J.	3.6
Paare	4.5
Senioren	4.6
Gäste mit Zelt	4.3
Gäste mit Hund	4.8

Empfohlene Aktivitäten

- Radfahren
- Wandern
- Schwimmen

Karte auf Seite 394

	8	9	10
	Campingplatz Demmelhof	**Terrassen-Camping am Richterbichl**	**Alpen-Camping Arzbach**
	Stallau 148 83646 Bad Tölz-Stallau +49 8041 8121	Solder 1 82401 Rottenbuch +49 8867 1500	Alpenbadstraße 20 83646 Arzbach +49 8042 84 08
	47.74978 | 11.49989 720m ü.M.	47.72709 | 10.96623 763m ü.M.	47.70769 | 11.5496
Infos			
Öffnungszeiten	ganzjährig	ganzjährig	keine Angabe
Vergleichspreis	HS: 31,00 € | NS: 31,00 €	HS: 22,00 € | NS: 22,00 €	keine Angabe
Link	**Mehr Infos & Anfrage:** www.camping.info/19069	**Mehr Infos & Anfrage:** www.camping.info/19016	**Mehr Infos & Anfrage:** www.camping.info/19068
Ausstattung			
Freizeit	Baden im See am Platz ✓ Pool/Hallenbad 5km Spielplatz am Platz ✓	Baden im Teich am Platz ✓ Pool/Hallenbad 4/8km Spielplatz am Platz ✓	Baden in nat. Gewässer k. A. Pool & Hallenbad ✗ Spielplatz keine Angabe
Campingplatz	Hunde willkommen ✓ Skilift/Loipe 600m WLAN (gegen Gebühr) ✓	Hunde erlaubt ✓ Skilift/Loipe 6km/✓ WLAN (gegen Gebühr) ✓	Hunde ✗ Skilift & Loipe keine Angabe WLAN keine Angabe
Versorgung	Lebensmittel 2km Brötchen am Platz nur HS Restaurant & Imbiss ✓ Ver-/Entsorgung Womo ✓ in den Ort 3km	Lebensmittel ✓ Brötchen am Platz nur HS Restaurant/Imbiss 500m/✓ Ver-/Entsorgung Womo ✓ in den Ort 500m	Lebensmittel k.A. Brötchen keine Angabe Restaurant & Imbiss ✗ Ver-/Entsorgung Womo ✗ in den Ort 500m
Anzahl der Plätze	Gesamt/Touristen 130/65 Mietunterkünfte ✓ Stellplätze vor Schranke ✓	Gesamt/Touristen 100/60 Mietunterkünfte ✓ Stellplätze vor Schranke ✓	Gesamt keine Angabe Mietunterkünfte ✗ Stellplätze vor Schranke ✗
Bewertung	4.9 SEHR GUT 306 Bewertungen	3.6 GUT 20 Bewertungen	3.9 GUT 27 Bewertungen
Lage	4.8	3.8	4.5
Ruhe	4.4	3.6	4.4
Sanitäranlagen	4.8	3.6	3.8
Sauberkeit Ø	4.9	4.0	4.0
Freundlichkeit	5.0	3.5	4.5
Stellplatz	4.6	4.0	3.6
Verpflegung	4.5	3.6	4.3
Freizeit	4.7	4.2	4.0
Preis-Leistung	4.8	4.1	4.2
Mietunterkünfte	4.9	4.2	-
Geeignet für			
Kinder b. 6 J.	4.8	3.6	4.2
Kinder b. 12 J.	4.8	3.9	4.0
Kinder b. 18 J.	4.6	3.6	3.5
Paare	4.8	4.3	4.4
Senioren	4.8	4.2	4.4
Gäste mit Zelt	4.7	3.8	3.8
Gäste mit Hund / Hunde n. erlaubt	Gäste mit Hund 4.8	Gäste mit Hund 3.8	Hunde n. erlaubt -
Empfohlene Aktivitäten	Wandern Radfahren Entspannen	Wandern Radfahren Entspannen	Wandern Radfahren Mountainbiking

WOMOs ab 7,50 m: normaler Campingplatzpreis; extra Jugendplatz vorhanden.

11

Camping Brugger am Riegsee

Seestrasse 2
82447 Spatzenhausen/OT Hofheim
+49 8847 728
47.70646 | 11.21642
750m ü.M.

30.03. - 20.10.
HS: 31,00 € | NS: 25,40 €
Mehr Infos & Anfrage:
www.camping.info/19018

Baden im See am Platz	✓
Hallenbad	15km
Spielplatz am Platz	✓
Hunde willkommen	✓
Skilift/Loipe	6/3km
WLAN	✓
Lebensmittel	✓
Brötchen am Platz	✓
Restaurant & Imbiss	✓
Ver-/Entsorgung Womo	✓
in den Ort	1km
Gesamt/Touristen	420/120
Mietunterkünfte	✗
Stellplätze vor Schranke	✓

4.1 **SEHR GUT**
72 Bewertungen

Lage	4.7
Ruhe	4.4
Sanitäranlagen	4.2
Sauberkeit Ø	4.3
Freundlichkeit	4.3
Stellplatz	3.8
Verpflegung	3.7
Freizeit	4.1
Preis-Leistung	4.0
Mietunterkünfte	-

Geeignet für

Kinder b. 6 J.	4.2
Kinder b. 12 J.	4.3
Kinder b. 18 J.	3.8
Paare	4.4
Senioren	4.4
Gäste mit Zelt	4.0
Gäste mit Hund	4.1

Empfohlene Aktivitäten

- Schwimmen
- Wandern
- Radfahren

12

Camping Aichalehof

Aichalehof 4
82449 Uffing am Staffelsee
+49 8846 211
47.69861 | 11.15861

01.05. - 30.09.
HS: 24,50 € | NS: 24,50 €
Mehr Infos & Anfrage:
www.camping.info/19023

Baden im See am Platz	✓
Pool & Hallenbad	✗
Spielplatz am Platz	✓
Hunde erlaubt	Nur HS
Skilift & Loipe	keine Angabe
WLAN	teilweise
Lebensmittel	✓
Brötchen am Platz	✓
Restaurant am P.	✓
Ver-/Entsorgung Womo	✓
in den Ort	1km
Gesamt/Touristen	400/120
Mietunterkünfte	✗
Stellplätze vor Schranke	✗

3.8 **GUT**
20 Bewertungen

Lage	4.4
Ruhe	3.3
Sanitäranlagen	4.0
Sauberkeit Ø	4.3
Freundlichkeit	4.0
Stellplatz	3.1
Verpflegung	3.1
Freizeit	4.2
Preis-Leistung	3.7
Mietunterkünfte	-

Geeignet für

Kinder b. 6 J.	3.9
Kinder b. 12 J.	4.0
Kinder b. 18 J.	3.4
Paare	3.9
Senioren	3.7
Gäste mit Zelt	4.1
Gäste mit Hund	4.0

Empfohlene Aktivitäten

- Schwimmen
- Kayak/Kanu
- Wandern

13

Camping Insel Buchau

Insel Buchau
82418 Seehausen am Staffelsee
47.69206 | 11.17263

05.04. - 15.10.
keine Angabe
Mehr Infos & Anfrage:
www.camping.info/23267

Baden in nat. Gewässer	k. A.
Pool & Hallenbad	✗
Spielplatz	keine Angabe
Hunde	✗
Skilift & Loipe	keine Angabe
WLAN	keine Angabe
Lebensmittel	k.A.
Brötchen	keine Angabe
Restaurant & Imbiss	✗
Ver-/Entsorgung Womo	✗
in den Ort	keine Angabe
Gesamt	keine Angabe
Mietunterkünfte	✗
Stellplätze vor Schranke	✗

- **JETZT BEWERTEN!**

Für diese Auswertung liegen leider noch nicht genügend Bewertungen vor.

Sei einer der Ersten, der diesen Campingplatz bewertet. Unter den Bewertern werden regelmäßig Gewinne verlost!

Mehr Infos dazu findest du in unserem allgemeinen Intro.

14

Camping Halbinsel Burg

Burgweg 41
82418 Seehausen a. Staffelsee
+49 8841 9870
47.68476 | 11.17792

01.01. - 02.11.
HS: 30,20 € | NS: 22,10 €
Mehr Infos & Anfrage:
www.camping.info/22393

Baden im See am Platz	✓
Pool/Hallenbad	1/19km
Spielplatz am Platz	✓
Hunde	✗
Skilift	27km
WLAN	✗
Lebensmittel	✓
Brötchen am Platz	✓
Restaurant am P.	✓
Ver-/Entsorgung Womo	✓
in den Ort	1km
Gesamt/Touristen	150/130
Mietunterkünfte	✗
Stellplätze vor Schranke	✗

4.2 **SEHR GUT**
33 Bewertungen

Lage	4.8
Ruhe	4.5
Sanitäranlagen	3.7
Sauberkeit Ø	4.1
Freundlichkeit	4.4
Stellplatz	4.1
Verpflegung	4.4
Freizeit	4.3
Preis-Leistung	4.4
Mietunterkünfte	-

Geeignet für

Kinder b. 6 J.	4.0
Kinder b. 12 J.	4.4
Kinder b. 18 J.	4.1
Paare	4.6
Senioren	4.5
Gäste mit Zelt	4.3
Hunde n. erlaubt	-

Empfohlene Aktivitäten

- Schwimmen
- Radfahren
- Wandern

Karte auf Seite 394

15 Lenggrieser Bergcamping

*

Gilgenhöfe 4
83661 Lenggries
080425640602

47.68037 | 11.5631
750m ü.M.

16 Naturfreundehaus Saulgrub

Achelestraße 11
82442 Saulgrub
+49 88451715

47.66414 | 11.02038

17 KlosterGut Schlehdorf

*

Kirchstrasse 15
82444 Schlehdorf
088519291980

47.65838 | 11.3191
604m ü.M.

Infos

	15 Lenggrieser Bergcamping	16 Naturfreundehaus Saulgrub	17 KlosterGut Schlehdorf
Öffnungszeiten	ganzjährig	01.05. - 31.10.	keine Angabe
Vergleichspreis	HS: 30,00 € | NS: 30,00 €	HS: 22,50 €	HS: 35,00 € | NS: 35,00 €
Link	**Mehr Infos & Anfrage:** www.camping.info/27492	**Mehr Infos & Anfrage:** www.camping.info/23803	**Mehr Infos & Anfrage:** www.camping.info/30157

Ausstattung

	15 Lenggrieser Bergcamping	16 Naturfreundehaus Saulgrub	17 KlosterGut Schlehdorf
Freizeit	Baden im Fluss 500m Pool/Hallenbad 1km Spielplatz am Platz ✓	Baden in nat. Gewässer k. A. Hallenbad 8km Spielplatz am Platz ✓	Baden im See 100m Pool 6km Spielplatz 100m
Campingplatz	Hunde willkommen ✓ Skilift/Loipe 800m/✓ WLAN ✓	Hunde erlaubt ✓ Skilift & Loipe keine Angabe WLAN keine Angabe	Hunde erlaubt ✓ Skilift/Loipe 5km/100m WLAN (gratis) teilweise
Versorgung	Lebensmittel 500m Brötchen am Platz ✓ Restaurant am P. ✓ Ver-/Entsorgung Womo ✓ in den Ort 500m	Lebensmittel 1km Brötchen keine Angabe Restaurant am P. ✓ Ver-/Entsorgung Womo ✗ in den Ort 1km	Lebensmittel 100m Brötchen am Platz ✗ Restaurant 100m Ver-/Entsorgung Womo ✗ in den Ort 100m
Anzahl der Plätze	Touristenplätze 24 Mietunterkünfte ✓ Stellplätze vor Schranke ✗	Gesamt keine Angabe Mietunterkünfte ✗ Stellplätze vor Schranke ✗	Gesamt 3 Mietunterkünfte ✗ Stellplätze vor Schranke ✓

15 Lenggrieser Bergcamping

4.6 SEHR GUT
22 Bewertungen

Lage	4.6
Ruhe	4.7
Sanitäranlagen	4.8
Sauberkeit Ø	4.8
Freundlichkeit	4.8
Stellplatz	3.9
Verpflegung	4.2
Freizeit	4.4
Preis-Leistung	4.1
Mietunterkünfte	5.0

Geeignet für

Kinder b. 6 J.	3.7
Kinder b. 12 J.	3.8
Kinder b. 18 J.	3.6
Paare	4.8
Senioren	4.3
Gäste mit Zelt	3.2
Gäste mit Hund	4.8

Empfohlene Aktivitäten

- Wandern
- Radfahren
- Mountainbiking

16 Naturfreundehaus Saulgrub

- JETZT BEWERTEN!

Für diese Auswertung liegen leider noch nicht genügend Bewertungen vor.

Sei einer der Ersten, der diesen Campingplatz bewertet. Unter den Bewertern werden regelmäßig Gewinne verlost!

Mehr Infos dazu findest du in unserem allgemeinen Intro.

17 KlosterGut Schlehdorf

- JETZT BEWERTEN!

Für diese Auswertung liegen leider noch nicht genügend Bewertungen vor.

Sei einer der Ersten, der diesen Campingplatz bewertet. Unter den Bewertern werden regelmäßig Gewinne verlost!

Mehr Infos dazu findest du in unserem allgemeinen Intro.

18

Campingoase Fam. Reindl Bad Kohlgrub

❄

Sonnen 93
82433 Bad Kohlgrub
+49 8845 74100

47.65833 | 11.04306
960m ü.M.

ganzjährig

HS: 20,00 € | NS: 18,00 €

Mehr Infos & Anfrage:
www.camping.info/19022

Baden in nat. Gewässer	k. A.
Pool/Hallenbad	8km/150m
Spielplatz am Platz	✓
Hunde willkommen	✓
Skilift	✓
WLAN	teilweise
Lebensmittel	1km
Brötchen	keine Angabe
Restaurant/Imbiss	100m
Ver-/Entsorgung Womo	✓
in den Ort	1km
Gesamt	16
Mietunterkünfte	✓
Stellplätze vor Schranke	×

4.4 SEHR GUT
7 Bewertungen

Lage	4.6
Ruhe	5.0
Sanitäranlagen	3.7
Sauberkeit Ø	4.4
Freundlichkeit	4.9
Stellplatz	3.7
Verpflegung	4.7
Freizeit	4.2
Preis-Leistung	4.9
Mietunterkünfte	5.0

Geeignet für

Kinder b. 6 J.	4.2
Kinder b. 12 J.	4.0
Kinder b. 18 J.	3.3
Paare	4.5
Senioren	4.5
Gäste mit Zelt	4.0
Gäste mit Hund	4.7

Empfohlene Aktivitäten

- Wandern
- Mountainbiking
- Wellness

Hauptsaison von
01.05.2020 - 31.10.2020

19

Campingplatz Renken am Kochelsee

Mittenwalder Strasse 106
82431 Kochel am See
+49 8851 615505

47.63968 | 11.35422
605m ü.M.

30.05. - 01.11.

HS: 26,00 € | NS: 26,00 €

Mehr Infos & Anfrage:
www.camping.info/22183

Baden im See am Platz	✓
Pool/Hallenbad	2km
Spielplatz am Platz	✓
Hunde willkommen	✓
Skilift/Loipe	2/1km
WLAN (gratis)	teilweise
Lebensmittel	2km
Brötchen am Platz	✓
Restaurant/Imbiss	1km/✓
Ver-/Entsorgung Womo	✓
in den Ort	2km
Gesamt/Touristen	50/40
Mietunterkünfte	✓
Stellplätze vor Schranke	×

4.7 SEHR GUT
36 Bewertungen

Lage	4.3
Ruhe	3.6
Sanitäranlagen	4.2
Sauberkeit Ø	4.7
Freundlichkeit	5.0
Stellplatz	4.5
Verpflegung	4.4
Freizeit	4.7
Preis-Leistung	4.7
Mietunterkünfte	4.0

Geeignet für

Kinder b. 6 J.	4.4
Kinder b. 12 J.	4.7
Kinder b. 18 J.	4.3
Paare	4.6
Senioren	4.4
Gäste mit Zelt	4.7
Gäste mit Hund	4.8

Empfohlene Aktivitäten

- Wandern
- Schwimmen
- Angeln

20

Camping Kesselberg

Altjoch 2 1/2
82431 Kochel am See
+49 8851 464

47.63773 | 11.34779
600m ü.M.

24.04. - 04.10.

HS: 25,00 € | NS: 25,00 €

Mehr Infos & Anfrage:
www.camping.info/19020

Baden im See am Platz	✓
Pool/Hallenbad	4km
Spielplatz am Platz	✓
Hunde erlaubt	✓
Skilift/Loipe	×/k. A.
WLAN	✓
Lebensmittel	✓
Brötchen am Platz	✓
Restaurant & Imbiss	✓
Ver-/Entsorgung Womo	✓
in den Ort	4km
Gesamt/Touristen	100/65
Mietunterkünfte	✓
Stellplätze vor Schranke	×

4.1 SEHR GUT
35 Bewertungen

Lage	4.7
Ruhe	4.1
Sanitäranlagen	3.4
Sauberkeit Ø	4.2
Freundlichkeit	4.5
Stellplatz	3.8
Verpflegung	4.2
Freizeit	4.4
Preis-Leistung	4.3
Mietunterkünfte	2.7

Geeignet für

Kinder b. 6 J.	4.5
Kinder b. 12 J.	4.5
Kinder b. 18 J.	4.4
Paare	4.6
Senioren	4.1
Gäste mit Zelt	4.4
Gäste mit Hund	4.1

Empfohlene Aktivitäten

- Wandern
- Schwimmen
- Kayak/Kanu

Karte auf Seite 394

	21	22	25
	Campingpark Oberammergau	**Camping Walchensee**	**Naturcampingpark Isarhorn**
	❄		❄
	Ettalerstraße 56b 82487 Oberammergau +49 8822 94105	Lobisau 8 82432 Walchensee	Am Horn 4 82481 Mittenwald +49 8823 5216
	47.59027 | 11.07018	47.58291 | 11.31012 800m ü.M.	47.47322 | 11.27604
Infos			
Öffnungszeiten	01.01. - 25.10. 20.12. - 07.11.	01.05. - 16.10.	16.12. - 31.10.
Vergleichspreis	HS: 32,00 € | NS: 25,00 €	HS: 33,00 € | NS: 33,00 €	HS: 28,00 € | NS: 25,90 €
Link	**Mehr Infos & Anfrage:** www.camping.info/17867	**Mehr Infos & Anfrage:** www.camping.info/19021	**Mehr Infos & Anfrage:** www.camping.info/17855
Ausstattung			
Freizeit	Baden im Fluss 1km Pool/Hallenbad 1/2km Spielplatz keine Angabe	Baden im See am Platz ✓ Pool/Hallenbad 16/18km Spielplatz am Platz ✓	Baden im Fluss am Platz ✓ Pool/Hallenbad 4km Spielplatz am Platz ✓
Campingplatz	Hunde willkommen ✓ Skilift/Loipe 2km/✓ WLAN ✓	Hunde erlaubt ✓ Skilift 500m WLAN (gegen Gebühr) teilweise	Hunde willkommen ✓ Skilift/Loipe 4/10km WLAN ✓
Versorgung	Lebensmittel 2km Brötchen am Platz ✓ Restaurant/Imbiss 100m Ver-/Entsorgung Womo ✓ in den Ort 800m	Lebensmittel ✓ Brötchen am Platz ✓ Restaurant/Imbiss 500m/✓ Ver-/Entsorgung Womo ✓ in den Ort 500m	Lebensmittel ✓ Brötchen am Platz ✓ Restaurant & Imbiss ✓ Ver-/Entsorgung Womo ✓ in den Ort 3km
Anzahl der Plätze	Gesamt/Touristen 120/80 Mietunterkünfte ✓ Stellplätze vor Schranke ✓	Gesamt/Touristen 120/75 Mietunterkünfte ✗ Stellplätze vor Schranke ✗	Gesamt/Touristen 300/180 Mietunterkünfte ✓ Stellplätze vor Schranke ✗

	21	22	25
Gesamt	**4.1** SEHR GUT, 58 Bewertungen	**4.2** SEHR GUT, 50 Bewertungen	**3.8** GUT, 100 Bewertungen
Lage	4.5	4.7	4.3
Ruhe	3.8	4.1	3.8
Sanitäranlagen	4.2	3.6	3.8
Sauberkeit Ø	4.5	4.1	3.7
Freundlichkeit	4.7	4.4	3.8
Stellplatz	4.1	4.0	3.6
Verpflegung	3.6	3.7	3.3
Freizeit	4.3	4.5	4.2
Preis-Leistung	4.2	4.4	3.8
Mietunterkünfte	4.5	-	3.9
Geeignet für			
Kinder b. 6 J.	3.8	4.2	3.7
Kinder b. 12 J.	3.8	4.3	3.8
Kinder b. 18 J.	3.7	4.0	3.8
Paare	4.4	4.6	4.4
Senioren	4.5	4.6	4.0
Gäste mit Zelt	3.9	4.7	4.1
Gäste mit Hund	4.5	4.1	3.8
Empfohlene Aktivitäten	Wandern Radfahren Entspannen	Wandern Schwimmen Radfahren	Wandern Klettern Radfahren

24 Camping Resort Zugspitze

Griesener Straße 9
82491 Grainau
+49 8821 94 39 115
www.perfect-camping.de
office@perfect-camping.de

ganzjährig

HS: 55,60 € | NS: 41,60 €

Mehr Infos & Anfrage:
www.camping.info/25531

Baden im See	8km
Pool/Hallenbad	2km
Spielplatz am Platz	✓
Hunde willkommen	✓
Skilift/Loipe	3km
WLAN	✓
Lebensmittel	✓
Brötchen am Platz	✓
Restaurant/Imbiss	250m/✓
Ver-/Entsorgung Womo	✓
in den Ort	500m
Gesamt	126
Mietunterkünfte	✓
Stellplätze vor Schranke	✗

1 km
47.47736 | 11.05353
760m ü.M.

Panorama-Aussicht auf das Wettersteingebirge im Camping Resort Zugspitze.

Lage & Stellplatz

Top ausgestatteter 5-Sterne-Platz mit 125 großen Komfort-Stellplätzen mit Ver-/Entsorgung, auf Wunsch Privatbad, bayr. Berghütten und Schlaffässern. Für Kinder gibt es Babybad, Wickeltisch & einen Spielplatz. Hunde sind willkommen. Wellness vom Feinsten in der modernen Sauna- und Fitnesslandschaft.

Verpflegung

Im Bistro Alpspitzblick kann man Frühstück, Kaffee und Kuchen genießen, gemütliche Grillabende verbringen oder sich kulinarische Schmankerl im Restaurant Schmölzer Wirt schmecken lassen. Die Urlauber schätzen das stilvolle Angebot und erleben gemütliches alpenländisches und doch modernes Ambiente.

Sanitär

Den Gästen stehen hochmoderne Sanitäranlagen mit großzügigen Einzelduschen und Umkleidemöglichkeit, ein barrierefreies Bad, Waschmaschine und Trockner, eine Spülküche mit Gästekühlschrank zur Verfügung oder 50 Premiumstellplätze mit Privatbad (Dusche, WC, Waschbecken; beheizbar) zur Alleinbenutzung.

Freizeit

Grainau bietet eine Vielfalt an Rad- und Wanderwegen, Pisten und Loipen für jeden Anspruch. Höhepunkte sind die Zugspitze, die Aussichtsplattform AlpSpix oder Höllental- und Partnachklamm. Viele Vorteile und Vergünstigungen mit der Gästekarte von Grainau. Hauseigener Skishuttle zur Kreuzeckbahn.

Entspannung in der Sauna.

Gemütliche Schlaffässer.

4.6 SEHR GUT
454 Bewertungen

Lage	4.6
Ruhe	4.2
Sanitäranlagen	4.7
Sauberkeit Ø	4.7
Freundlichkeit	4.8
Stellplatz	4.6
Verpflegung	4.3
Freizeit	4.6
Preis-Leistung	4.1
Mietunterkünfte	4.7

Geeignet für

4.8 Paare

4.7	Senioren
4.2	Gäste mit Hund
4.0	Kinder b. 18 J.
3.8	Kinder b. 12 J.
3.6	Kinder b. 6 J.
3.1	Gäste mit Zelt

Empfohlene Aktivitäten

Wandern · Entspannen · Mountainbiking · Radfahren

Mehr Infos

Bitte bei der Anfrage große Fahrzeuge und/oder Anhänger angeben.

AWARD 2021

23 Alpen-Caravanpark Tennsee

*

Am Tennsee 1
82494 Klais-Krün
+49 8825 170
www.camping-tennsee.de
info@camping-tennsee.de

ganzjährig

HS: 38,00 € | NS: 34,00 €

Mehr Infos & Anfrage:
www.camping.info/19025

Baden im See	2km
Hallenbad	16km
Spielplatz am Platz	✓
Hunde erlaubt	✓
Skilift/Loipe	400m
WLAN (gegen Gebühr)	✓
Lebensmittel	✓
Brötchen am Platz	✓
Restaurant & Imbiss	✓
Ver-/Entsorgung Womo	✓
in den Ort	2km
Touristenplätze	250
Mietunterkünfte	✓
Stellplätze vor Schranke	✓

Alpen-Caravanpark mit grandioser Aussicht auf die Alpenwelt Karwendel.

Lage & Stellplatz

Der Alpen-Caravanpark Tennsee liegt optimal zwischen Garmisch und Mittenwald. Vom Platz aus genießt man den traumhaften Blick auf die Zugspitze und das Karwendel. Für Gäste gibt es Terrassen- und Komfortstellplätze (inklusive Gasanschluss) sowie 37 Wohnmobilstellplätze mit allen Anschlüssen und modernster Technik. Hier erholt man sich in einer der schönsten Urlaubslandschaften der Bayerischen Alpen. In gesunder Luft und intakter Umwelt genießen die Urlauber den Rundblick auf die majestätischen Berggipfel. Stille Bergseen, Almweiden und die legendären Buckelwiesen sind die direkten Nachbarn.

Sanitär

Die Benutzung der Sanitäranlagen gehobenen Standards erfolgt für alle Gäste ohne Aufpreis (auch für Reisemobile). Zusätzlich zu den Duschen, Waschkabinen und Badezimmern gibt es noch ein behindertengerechtes Bad sowie ein Babybad, die beide vom Parterre leicht zugänglich sind. 44 Familien-Badekabinen (abschließbar) mit Dusche, Bidet, Waschbecken u. WC können während der Aufenthaltsdauer gemietet werden. Frisierplätze mit Trockenhauben stehen allen Gästen im Bad Foyer bzw. bei den Einzel-Waschkabinen zur Verfügung. Entspannte und gepflegte Urlaubstage stehen hier im Vordergrund.

Bayerische & int. Spezialitäten.

Alpen-Caravanpark im Winter.

47.48944 | 11.25556
935m ü.M.

Ecocamping, günstige Winterpauschalen, Seniorenangebote, Familienpauschalen

Der Reisemobilhafen mit 37 Wohnmobilstellplätzen mit allen Anschlüssen und modernster Technik.

Verpflegung

Der gut sortierte Laden mit täglich frischen Semmeln (auch sonntags) bietet alles für den täglichen Bedarf wie Zeitungen, Lebensmittel, Getränke und auch Campingartikel. Das Restaurant „Beim Mini“ bietet eine reichhaltige Speisekarte mit bayerischen Spezialitäten und internationalen Gerichten. Auf der schönen Sonnenterrasse können die Gäste Kaffee und Kuchen genießen. Frisch gebratene Hähnchen und Schweinshaxen gibt es an der Grillstation und sind immer sehr beliebt. Die Gastronomie im Alpen-Caravanpark Tennsee hat einen hohen Stellenwert. Lassen auch Sie sich davon überzeugen.

Freizeit

In einer der schönsten Bergregionen Bayerns bieten sich vom Platz aus tolle Wander- und Radtouren an (für jeden Anspruch). Vor Ort können auch E-Bikes ausgeliehen werden, um die idyllische Umgebung zu erkunden. Die umliegenden Seen ermöglichen schöne Badeausflüge. Viele weitere Ausflugsziele wie z. B. die Zugspitze, diverse Museen etc. lassen sich von hier aus entdecken. Wintercamping bietet zahlreiche Möglichkeiten für einen Ski- oder Langlauf-Ausflug. Das gut gepflegte Loipennetz oder Abfahrtsskilauf in den nahen Wintersportzentren bietet Winter Spaß für jeden. Das Platzteam berät Sie gerne.

5.0

Schöner Platz! Wir waren im Oktober hier. Ein sehr schön gelegener Campingplatz mit Bergpanorama. Restaurant und Waschhaus sind sehr gut. Die Duschen sind groß. Es sind auch viele Duschen und Toiletten vorhanden. Und Mietbäder gibt es auch. Vom Platz aus kann man super wandern und Garmisch ist auch nicht weit. Ein tolles Ausflugsziel ist die Zugspitze! Uns hat es hier gut gefallen. Und das Personal ist sehr nett. Wir können diesen Platz empfehlen!

Melanie S.

Melanie und ihr Partner haben 2007 ihren ersten Wohnwagen gekauft. Sie lieben es unabhängig zu sein und nette Leute kennenzulernen. Campen ist für sie Freiheit! Sie waren im Oktober 2020 auf dem Campingplatz.

Stilvolle Mietappartements.

Kinderspielplatz und Spielburg.

4.3 SEHR GUT

170 Bewertungen

Lage	4.5
Ruhe	4.2
Sanitäranlagen	4.4
Sauberkeit Ø	4.6
Freundlichkeit	4.5
Stellplatz	4.2
Verpflegung	4.3
Freizeit	4.3
Preis-Leistung	4.0
Mietunterkünfte	4.5

Geeignet für

Paare	4.7
Senioren	4.7
Gäste mit Hund	4.5
Kinder b. 6 J.	4.0
Kinder b. 12 J.	4.0
Kinder b. 18 J.	3.7
Gäste mit Zelt	3.6

Empfohlene Aktivitäten

Wandern · Radfahren · Entspannen · Mountainbiking

Mehr Infos

DEUTSCHLAND

❸ Bayerische Alpen Ost – rund um den Chiemsee

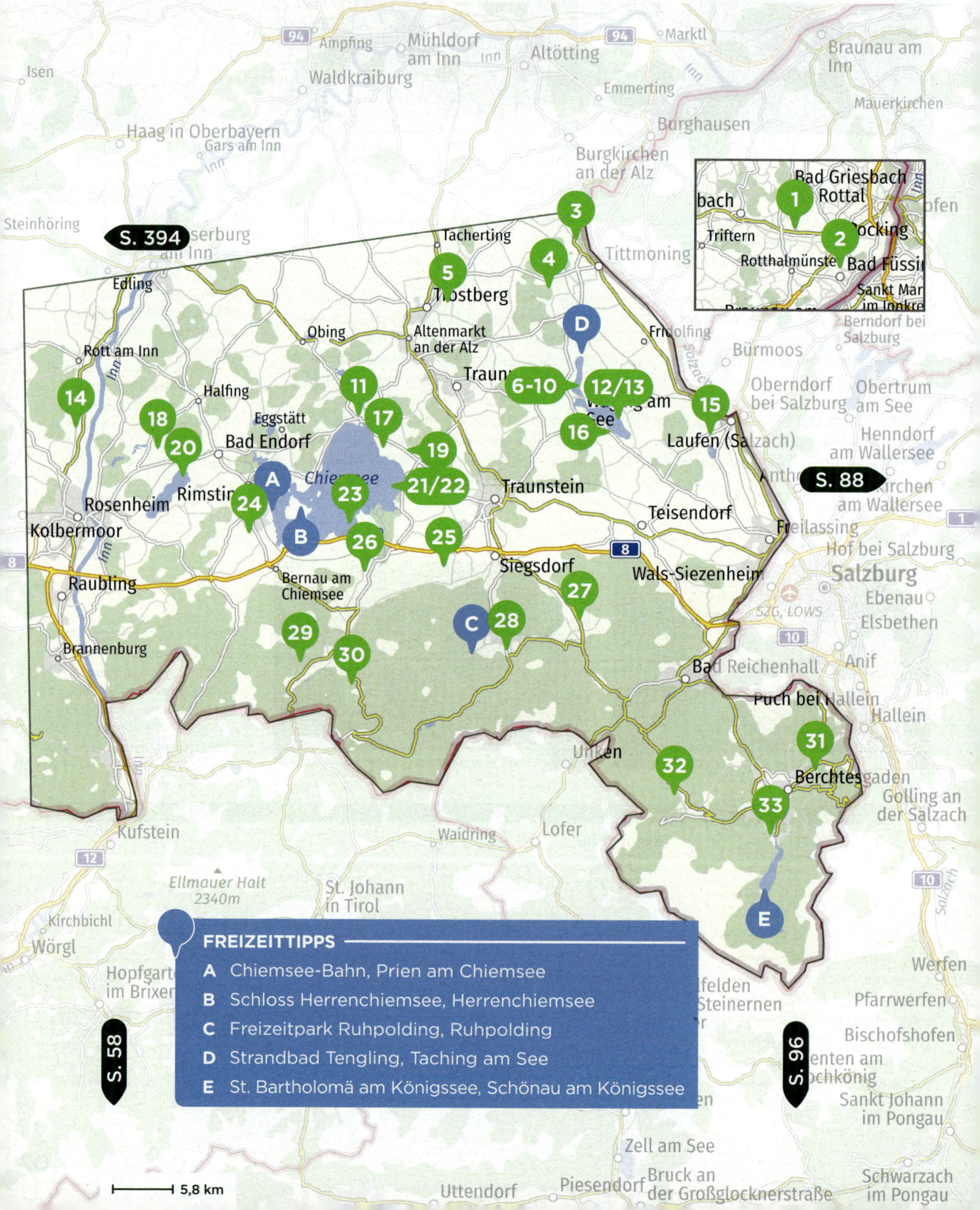

FREIZEITTIPPS

- **A** Chiemsee-Bahn, Prien am Chiemsee
- **B** Schloss Herrenchiemsee, Herrenchiemsee
- **C** Freizeitpark Ruhpolding, Ruhpolding
- **D** Strandbad Tengling, Taching am See
- **E** St. Bartholomä am Königssee, Schönau am Königssee

	Platz	Seite	Bewertung	Öffnungszeiten	
1	Kur- & Feriencamping Holmernhof Dreiquellenbad	412	4.7	ganzjährig	Wintercamping, Award
2	Camping Holmernhof	414	4.8	ganzjährig	Wintercamping, Award
3	Camping Seebauer	416	3.9	saisonal	
4	Ferienparadies Huber-Hof	416	-	k. A.	
5	Camping Oberhofer	416	-	saisonal	
6	Seecamping Taching am See	417	4.3	saisonal	
7	Camping Tettenhausen	417	4.0	ganzjährig	Wintercamping
8	Ferienparadies Gut Horn	417	4.4	saisonal	
9	Strandcamping Waging am See	418	4.1	ganzjährig	Wintercamping
10	Camping Schwanenplatz	417	4.7	saisonal	Award
11	Camping Kupferschmiede	420	3.7	saisonal	
12	Camping Strandbad Bootsverleih Wagner	420	4.6	saisonal	
13	Camping Stadler	420	4.2	saisonal	
14	Campingplatz Erlensee OHG	421	4.0	ganzjährig	Wintercamping
15	Frechn Hof	421	-	saisonal	
16	Camping Ferienpark Hainz am See	421	4.6	saisonal	
17	Campingplatz Seehäusl	421	4.4	ganzjährig	
18	Camping Alpenblick	422	-	k. A.	
19	Jugend u. Fam. Zeltplatz Chieming	422	-	saisonal	
20	Camping Stein	422	4.3	saisonal	
21	Camping Möwenplatz	423	3.7	saisonal	
22	Chiemsee Strandcamping	423	4.0	saisonal	
23	Chiemsee-Camping Rödlgries	423	4.2	saisonal	
24	Camping Hofbauer	423	3.9	saisonal	
25	Campingplatz Wagnerhof	424	4.1	saisonal	Wintercamping
26	Bauernhof Steiner	424	4.2	saisonal	
27	Camping Lindlbauer	424	4.6	saisonal	Wintercamping
28	Camping Ortnerhof	425	4.6	k. A.	Wintercamping
29	Camping Zellersee	425	3.8	saisonal	
30	Camping Litzelau	426	3.9	ganzjährig	Wintercamping
31	Camping-Resort Allweglehen	427	4.5	ganzjährig	Wintercamping, Award
32	Camping Simonhof	426	4.7	saisonal	Wintercamping
33	Camping-Grafenlehen	426	3.7	ganzjährig	Wintercamping

Schloss Herrenchiemsee © Deutsche Alpenstraße

VOM INN INS CHIEMGAU BIS AN DEN KÖNIGSEE

Auch der östliche Teil der Bayerischen Alpen stellt ein Paradies für Naturliebhaber und Outdoorfreunde dar. Die unverwechselbare Landschaft, deren Antlitz von Seen, Weiden und Berggipfeln geprägt ist, birgt ohne Zweifel einen Höhepunkt beim Campen in und rund um die Alpen.

DAS BAYERISCHE MEER UND DER CHIEMGAU

Der Chiemsee, liebevoll auch bayerisches Meer genannt, ist der drittgrößte See Deutschlands. Er ist bei Campern aufgrund seiner schönen Lage am Alpenrand, seinen vielen Wassersportmöglichkeiten und natürlich wegen seines großen Angebots an Campingplätzen besonders beliebt. Ein Muss im Rahmen eines Campingurlaubs im Chiemgau ist der Besuch der Herreninsel am Chiemsee. Unter anderem findet man dort das Schloss Herrenchiemsee des Märchenkönigs Ludwig II., welches dem Schloss von Versailles nachempfunden ist. Rund um den Chiemsee befinden sich noch zahlreiche kleinere Seen wie der Simssee – ebenfalls mit einladenden Campingmöglichkeiten.

WAGING UND RUPERTIWINKEL

Ein Stück östlich vom Chiemsee liegen der Waginger See und der Tachinger See. Auch der Waginger See ist ein Hotspot der Camping-Szene und schon seit jeher Inbegriff des deutschen Sommertourismus. Die geografische und kulturelle Nähe dieser Gegend zu Salzburg erkennt man auch an dessen Bezeichnung als „Rupertiwinkel", was auf den ersten Bischof von Salzburg zurückzuführen ist.

Kehlsteinhaus © Deutsche Alpenstraße

Ruhpolding im Herbst © BAYERN TOURISMUS Marketing GmbH

MAJESTÄTISCH CAMPEN AM FUSSE DES WATZMANN

Weiter südlich gelangt man nach Bad Reichenhall mit seinen beliebten Thermen und weiter ins Berchtesgadener Land. Kaum ein anderes Fotomotiv in Bayern wird öfters geknipst als die Wallfahrtskapelle St. Bartholomä am Königssee - nicht ohne Grund, erscheint die Gegend doch optisch wie ein Bilderbuch. Das smaragdgrüne Wasser des Königssees, das ausreichend Stoff für Seemannsgarn und Märchen bietet, bildet dabei natürlich einen besonderen optischen Leckerbissen. Aber auch von den Bergen und Bergbahnen der Umgebung bieten sich atemberaubend schöne Blicke ins Tal. Man erzählt sich, dass einst der böse König Watzmann die Leute tyrannisiert habe. Zur Strafe für seine scheußlichen Taten wurden er und seine Familie von Gott zu Gestein verwandelt. So entstand der wohl imposanteste Berg der Region, der Watzmann, dem der Liedermacher Wolfgang Ambros in seinem gleichnamigen Stück ein Denkmal der Popkultur setzte. Zudem gilt das Massiv unter Bergsteigern als der schönste Berg der Welt. Das Berchtesgadener Land hat übrigens auch im Winter schöne Campingmöglichkeiten parat.

Königssee Berchtesgadener Land
© Deutsche Alpenstraße

TIPP DER REDAKTION

Camping Simonhof

Ramsau | Nr. 32 | Seite 426

Laut Gästen ideal geeignet zum:

- Wandern
- Entspannen
- Mountainbiken

4.7

1 Kur- & Feriencamping Holmernhof Dreiquellenbad

Singham 40
94086 Bad Griesbach
+49 8532 96130
www.camping-bad-griesbach.de
info@camping-bad-griesbach.de

ganzjährig

HS: 41,20 € | NS: 41,20 €

Mehr Infos & Anfrage:
www.camping.info/19189

Baden im Teich am Platz	✓
Pool & Hallenbad	✓
Spielplatz am Platz	✓
Hunde erlaubt	✓
Skilift & Loipe	✗
WLAN	✓
Lebensmittel	✓
Brötchen am Platz	✓
Restaurant & Imbiss	✓
Ver-/Entsorgung Womo	✓
in den Ort	500m
Touristenplätze	195
Mietunterkünfte	✓
Stellplätze vor Schranke	✓

Das Thermalhallenbad mit 34° C warmen Wasser lädt zum Entspannen ein.

Lage & Stellplatz

Der Kur- & Feriencamping Holmernhof Dreiquellenbad im niederbayerischen Bäderdreieck ist mehr als nur eine 5-Sterne Campinganlage! Den Tag selbst gestalten, im Grünen leben und den Luxus der eigenen vier Wände genießen. Dass die Gäste diese Philosophie hier voll ausleben können, zeigt das besondere Service-Angebot. Entspannte Ruhe oder aktiver Lifestyle, amüsantes Miteinander oder eine Pause für Solisten – das ist die Vorstellung einer unvergesslichen Urlaubs-Vielfalt am Holmernhof Dreiquellenbad. Ohne Stress und mit kurzen Wegen können die Urlauber ihre Kur oder den Urlaub hier erleben.

Sanitär

Die Optik der Sanitäranlagen spricht eigentlich für sich. Doch auch in puncto Funktionalität und Umweltverträglichkeit lassen sie keine Wünsche offen. Jedenfalls waren sie dem ADAC den Innovationspreis wert. Und wenn die Gäste noch ungestörter sein wollen als in den Einzelwaschkabinen, dann können sie einfach ein privates Bad beziehen – auf dem Holmernhof Dreiquellenbad kein Problem. Beide Sanitärgebäude bieten genügend Platz und Privatsphäre. Sanitärgebäude 1 findet man direkt am unteren Ende der Campinganlage, Sanitärgebäude 2 im mittleren Bereich – so sind kurze Wege garantiert.

AWARD 2021 camping.info

Member of LeadingCampings

Premium Camps

Deutscher Camping-Club e.V. DCC DCC-Vorteilsplatz

ECO CAMPING UMWELT MANAGEMENT

Gasthaus „Zur Leipspeis".

Harmonische Ruheräume.

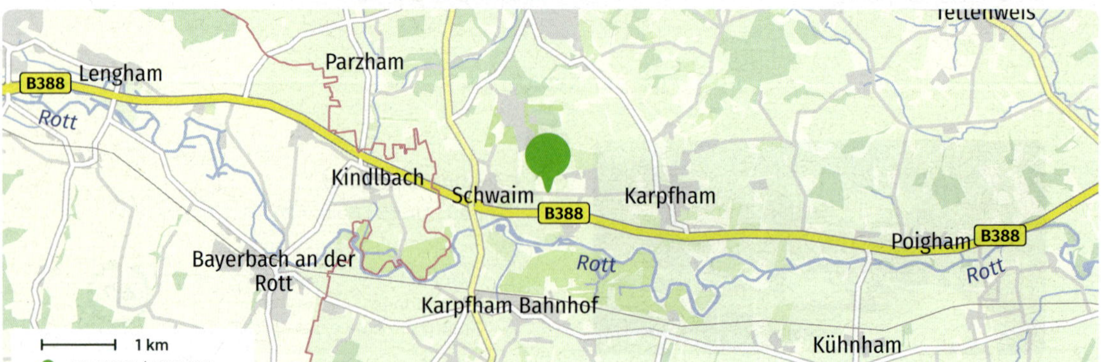

1 km
48.42031 | 13.19238
339m ü.M.

AWARD 2021

Das Sole-Außenbecken mit einer 4 % Salzlösung inmitten der herrlichen Natur des Rottals lädt zum Entspannen oder zur Wassergymnastik ein.

Verpflegung

Das zünftige Gasthaus „Zur Leibspeis" lädt zum Schlemmen ein: Im gemütlichen Gastraum, im Wintergarten, im Jagdhäusl, auf der sonnigen Biergartenterrasse und zeitweise im Erlebnisstadl Tenne werden regionale Spezialitäten und bayerische Schmankerl serviert – hergestellt aus Produkten der Region. Für das Team von Platz gehören Campingurlaub und eine hervorragendes Gastroangebot, gepaart mit regionalen Speisen und Gerichten zusammen. Für Nachhaltigkeit in der Region, zum Schutz und Erhalt der wunderbaren Umgebung und um den Gästen zu zeigen, wie gut Niederbayern schmeckt.

Freizeit

Genießen Sie die wohltuende Wirkung des warmen, mineralhaltigen Thermal-Heilwassers aus der regionalen Vital-Therme Reichersberg, die sich z. B. für Indikationen rund um den Bewegungsapparat sowie für Rheuma eignet. Ein großzügig gestalteter Eingangsbereich mit geräumigen Umkleiden und komfortablen Duschen empfängt die Urlauber und Kurgäste in der Thermal-Vital-Oase. Die Salzgrotte und der Ruheraum mit offenem Kamin komplettieren das breite Angebot und bieten die perfekte Entspannung. Dies alles steht den Gästen zeitlich unbegrenzt und ohne Kosten zur Verfügung.

5.0

Urlaub wie man sich ihn vorstellt. Wir haben die Zeit auf dem Campingplatz sehr genossen. Die Plätze sind groß, so konnten wir mit unserem etwas längeren Wohnmobil ohne Probleme stehen. Das Personal ist super freundlich und hilfsbereit. Die Therapeuten und das Team sind professionell und kompetent. Die Badelandschaft ist sehr schön und gelungen. Wir kommen bestimmt wieder.

Ingo W.

Ingo ist leidenschaftlicher Camper und hat den Holmernhof Dreiquellenbad im Oktober 2021 besucht.

Therme und Saunalandschaft inkl.

Thermal-Whirlpool.

4.7 **SEHR GUT**
548 Bewertungen

Lage	4.1
Ruhe	4.4
Sanitäranlagen	4.7
Sauberkeit Ø	4.7
Freundlichkeit	4.7
Stellplatz	4.5
Verpflegung	4.6
Freizeit	4.4
Preis-Leistung	4.5
Mietunterkünfte	4.5

Geeignet für

4.8 Senioren

4.6	Paare
4.4	Gäste mit Hund
3.4	Gäste mit Zelt
3.2	Kinder b. 12 J.
3.2	Kinder b. 18 J.
3.0	Kinder b. 6 J.

Empfohlene Aktivitäten

Wellness · Entspannen · Radfahren · Wandern

Mehr Infos

2 Camping Holmernhof

Am Tennispark 10
94072 Bad Füssing
+49 8531 24740
www.holmernhof.de
info@holmernhof-camping.de

ganzjährig

HS: 38,60 € | NS: 37,90 €

Mehr Infos & Anfrage:
www.camping.info/19186

Baden in nat. Gewässer	k. A.
Pool/Hallenbad	✓/350m
Spielplatz am Platz	✓
Hunde	✗
Skilift & Loipe	keine Angabe
WLAN	✓
Lebensmittel	✓
Brötchen am Platz	✓
Restaurant/Imbiss	✓/1km
Ver-/Entsorgung Womo	✓
in den Ort	300m
Touristenplätze	160
Mietunterkünfte	✓
Stellplätze vor Schranke	✓

Mit kurzen Wegen findet man alles zentral an einem Ort am Holmernhof.

Lage & Stellplatz

Direkt am Ortseingang von Bad Füssing befindet sich die Campinganlage Holmernhof in ruhiger und erholsamer Lage. Fußläufig ist alles Wichtige in Bad Füssing erreichbar. Jeder der 160 touristischen Stellplätze ist ausgerüstet mit frostsicherem Wasser- und Abwasseranschluss, Chemikalientoilettenentleerungs- und spülmöglichkeit, Stromanschluss, Fernsehanschluss, Telefonanschluss (ISDN und analog) und Gasanschluss (mit jeweils 10 Meter Gasschlauch), Internetanschluss über T-DSL. Als besonderen Service bietet der Platz auf allen Stellplätzen Flüssiggas-Anschlüsse an.

Sanitär

Moderne und optisch wunderschön ausgestattete Sanitärgebäude bieten alles, was man für einen entspannten Campingurlaub in Bad Füssing benötigt. Einzeln, abschließbare und geräumige Duschen stehen zur Verfügung wie zusätzlich luxuriöse Einzelwaschplätze, Duschen mit Hotelcharakter, wohnlich eingerichtete Mietbäder und behindertengerechte Toiletten mit Waschbecken und Dusche. Für die Kleinen gibt es ein Kinderbad, Babybad mit Babywannenbrause und Wickeltisch. Ansonsten sind ein Bügelraum, Trockenraum, Wäscheraum mit Waschmaschinen, Wäschetrockner, Wäschespülbecken, Koch- und Spülküche vorhanden.

UMWELT MANAGEMENT

AWARD 2021

UM WELT PAKT

Der urige Biergarten Seinerzeit.

Sanitäranlagen.

1 km
48.35849 | 13.30675
320m ü.M.

AWARD 2021

Modernste Sanitäranlagen empfangen Campinggäste und lassen keine Wünsche offen, um sich während des Aufenthaltes wohlzufühlen.

Verpflegung

Da auf dem Platz Wert auf Traditionen gelegt wird, wurde der Biergarten aus alten Materialien errichtet: Das Oberteil des Biergartenhäuschens wurde aus einem Blockhaus aus dem Jahre 1837 gefertigt, das liebevoll an einer alten Hofstelle abgetragen und original wieder aufgebaut wurde. Die traditionelle Holzkegelbahn wurde aus mehreren alten Scheunen aus den Baujahren um 1800 errichtet, die per Hand Brett für Brett abgetragen wurden. Im nur ca. 150 m entfernten Tennis-Camping-Restaurant werden den Gästen herzhafte Speisen serviert.

Freizeit

In nur 150 m Entfernung finden Gäste den Camping Tennispark. Ob gutes oder schlechtes Wetter – man kann jederzeit den Vorteil nutzen, in unmittelbarer Nähe ein kleines Match zu spielen. Nur ein paar wenige Schritte sind es, die die Urlauber vom Platz gehen, um ins (für Campinggäste) kostenlose Sportfreibad mit Wasserrutsche, Sport- und Springerbecken und kreisförmigen Wildbach zu gelangen. Naturbelassene Natur machen eine Radltour auf dem Holmernhof so besonders. Die Radwege entlang der Flüsse Rott und Inn und das Hügelland des Rottals ist ein ideales Naturparadies für kleine und große Radler.

5.0

Wir waren das erste und nicht das letzte Mal im Holmernhof, ein sehr schöner sauberer und ruhiger Campingplatz. Liegt sehr zentral. Sanitäre Einrichtungen sehr schön modern und sauber. Der angrenzende Biergarten ist sehr idyllisch und man kann sehr gut essen. Wir waren 2 Wochen auf dem Campingplatz Holmernhof und kommen nächstes Jahr bestimmt wieder.

Bärbel H.

Bärbel hat mit ihrer Familie Urlaub im Wohnwagen gemacht, als die Kinder noch klein waren. Dank Corona haben sie wieder einen Wohnwagen gekauft und sind sehr zufrieden. Sie waren im September 2021 auf dem Platz.

Bestens ausgebaute Radwege.

Großzügige Stellplätze.

4.8 **SEHR GUT**
575 Bewertungen

Lage	4.5
Ruhe	4.4
Sanitäranlagen	4.9
Sauberkeit Ø	4.8
Freundlichkeit	4.8
Stellplatz	4.9
Verpflegung	4.3
Freizeit	4.7
Preis-Leistung	4.6
Mietunterkünfte	5.0

Geeignet für

- 4.9 Senioren
- 4.8 Paare
- 3.4 Kinder b. 6 J.
- 3.0 Gäste mit Zelt
- 3.5 Kinder b. 12 J.
- 3.3 Kinder b. 18 J.
- - Gäste mit Hund nicht erlaubt

Empfohlene Aktivitäten

Radfahren · Wellness · Schwimmen · Entspannen

Mehr Infos

Karte auf Seite 408

	3 **Camping Seebauer**	4 **Ferienparadies Huber-Hof**	5 **Camping Oberhofer**
	Furth 9 84529 Tittmoning +49 8683 1216 48.07275 | 12.73945	Ollerding 2 84529 Tittmoning 48.04039 | 12.71545	Rohrigham 5 83308 Trostberg-Rohrigham +49 8621 3819 48.02833 | 12.59194 527m ü.M.
Infos			
Öffnungszeiten	01.04. - 15.10.	keine Angabe	01.04. - 30.09.
Vergleichspreis	HS: 25,00 € | NS: 25,00 €	keine Angabe	HS: 16,00 €
Link	**Mehr Infos & Anfrage:** www.camping.info/19077	**Mehr Infos & Anfrage:** www.camping.info/25220	**Mehr Infos & Anfrage:** www.camping.info/19045
Ausstattung			
Freizeit	Baden im See am Platz ✓ Pool/Hallenbad ✓/15km Spielplatz am Platz ✓	Baden in nat. Gewässer k. A. Pool & Hallenbad ✗ Spielplatz keine Angabe	Baden in nat. Gewässer k. A. Pool/Hallenbad 4/10km Spielplatz am Platz ✓
Campingplatz	Hunde erlaubt ✓ Skilift & Loipe ✗ WLAN ✓	Hunde ✗ Skilift & Loipe keine Angabe WLAN keine Angabe	Hunde erlaubt ✓ Skilift/Loipe ✗/k. A. WLAN ✗
Versorgung	Lebensmittel 3km Brötchen am Platz ✓ Restaurant/Imbiss 100m Ver-/Entsorgung Womo ✓ in den Ort 3km	Lebensmittel k.A. Brötchen keine Angabe Restaurant & Imbiss ✗ Ver-/Entsorgung Womo ✗ in den Ort keine Angabe	Lebensmittel 4km Brötchen am Platz ✗ Restaurant/Imbiss 4km Ver-/Entsorgung Womo ✗ in den Ort 3km
Anzahl der Plätze	Gesamt/Touristen 150/70 Mietunterkünfte ✓ Stellplätze vor Schranke ✗	Gesamt keine Angabe Mietunterkünfte ✗ Stellplätze vor Schranke ✗	Gesamt/Touristen 20/13 Mietunterkünfte ✗ Stellplätze vor Schranke ✗

Camping Seebauer

3.9 GUT
14 Bewertungen

Lage	4.4
Ruhe	4.7
Sanitäranlagen	4.1
Sauberkeit Ø	4.2
Freundlichkeit	4.1
Stellplatz	4.0
Verpflegung	3.0
Freizeit	3.7
Preis-Leistung	3.8
Mietunterkünfte	-

Geeignet für

Kinder b. 6 J.	4.4
Kinder b. 12 J.	3.9
Kinder b. 18 J.	3.0
Paare	4.3
Senioren	4.3
Gäste mit Zelt	4.0
Gäste mit Hund	3.5

Empfohlene Aktivitäten

- Schwimmen
- Radfahren
- Entspannen

Ferienparadies Huber-Hof

- **JETZT BEWERTEN!**

Für diese Auswertung liegen leider noch nicht genügend Bewertungen vor.

Sei einer der Ersten, der diesen Campingplatz bewertet. Unter den Bewertern werden regelmäßig Gewinne verlost!

Mehr Infos dazu findest du in unserem allgemeinen Intro.

Camping Oberhofer

- **JETZT BEWERTEN!**

Für diese Auswertung liegen leider noch nicht genügend Bewertungen vor.

Sei einer der Ersten, der diesen Campingplatz bewertet. Unter den Bewertern werden regelmäßig Gewinne verlost!

Mehr Infos dazu findest du in unserem allgemeinen Intro.

6 Seecamping Taching am See

Am Strandbad 1
83373 Taching am See
+49 8681 9548
47.96206 | 12.73211
445m ü.M.

01.04. - 15.10.
HS: 24,95 € | NS: 19,45 €
Mehr Infos & Anfrage:
www.camping.info/19059

Baden im See am Platz	✓
Pool/Hallenbad	15/20km
Spielplatz am Platz	✓
Hunde willkommen	✓
Skilift & Loipe	✗
WLAN	✓
Lebensmittel	500m
Brötchen am Platz	✓
Restaurant & Imbiss	✓
Ver-/Entsorgung Womo	✓
in den Ort	500m
Gesamt/Touristen	196/98
Mietunterkünfte	✓
Stellplätze vor Schranke	✗

4.3 SEHR GUT
42 Bewertungen

Lage	4.6
Ruhe	4.5
Sanitäranlagen	3.8
Sauberkeit Ø	4.5
Freundlichkeit	4.6
Stellplatz	3.9
Verpflegung	3.2
Freizeit	4.1
Preis-Leistung	4.6
Mietunterkünfte	4.3

Geeignet für

Kinder b. 6 J.	4.5
Kinder b. 12 J.	4.5
Kinder b. 18 J.	3.7
Paare	4.7
Senioren	4.8
Gäste mit Zelt	4.6
Gäste mit Hund	4.4

Empfohlene Aktivitäten
- Schwimmen
- Wandern
- Radfahren

keine WOMOs ab 8 m; Gruppen nur mit Reservierung

7 Camping Tettenhausen

Hauptstraße 2
83329 Waging-Tettenhausen
+49 868 116 22
47.9532 | 12.7522

ganzjährig
HS: 23,50 € | NS: 21,50 €
Mehr Infos & Anfrage:
www.camping.info/19048

Baden im See am Platz	✓
Pool & Hallenbad	✗
Spielplatz am Platz	✓
Hunde erlaubt	✓
Skilift & Loipe	keine Angabe
WLAN	keine Angabe
Lebensmittel	✓
Brötchen am Platz	✓
Restaurant am P.	✓
Ver-/Entsorgung Womo	✗
in den Ort	500m
Gesamt/Touristen	130/90
Mietunterkünfte	✗
Stellplätze vor Schranke	✗

4.0 SEHR GUT
14 Bewertungen

Lage	4.7
Ruhe	3.8
Sanitäranlagen	4.0
Sauberkeit Ø	4.3
Freundlichkeit	4.5
Stellplatz	3.9
Verpflegung	4.6
Freizeit	4.4
Preis-Leistung	4.2
Mietunterkünfte	-

Geeignet für

Kinder b. 6 J.	4.4
Kinder b. 12 J.	4.4
Kinder b. 18 J.	4.0
Paare	4.5
Senioren	4.3
Gäste mit Zelt	4.0
Gäste mit Hund	4.7

Empfohlene Aktivitäten
- Schwimmen
- Radfahren
- Wandern

8 Ferienparadies Gut Horn

Gut Horn 2
83329 Waging am See
+49 8681 227
47.94638 | 12.75638
462m ü.M.

01.03. - 30.11.
HS: 29,40 € | NS: 28,00 €
Mehr Infos & Anfrage:
www.camping.info/19049

Baden im See am Platz	✓
Pool/Hallenbad	16km
Spielplatz am Platz	✓
Hunde willkommen	✓
Skilift/Loipe	25/10km
WLAN (gegen Gebühr)	✓
Lebensmittel	✓
Brötchen am Platz	✓
Restaurant & Imbiss	✓
Ver-/Entsorgung Womo	✓
in den Ort	1km
Gesamt/Touristen	350/250
Mietunterkünfte	✓
Stellplätze vor Schranke	✗

4.4 SEHR GUT
167 Bewertungen

Lage	4.7
Ruhe	4.0
Sanitäranlagen	4.6
Sauberkeit Ø	4.6
Freundlichkeit	4.5
Stellplatz	4.0
Verpflegung	4.3
Freizeit	4.1
Preis-Leistung	4.4
Mietunterkünfte	4.4

Geeignet für

Kinder b. 6 J.	4.4
Kinder b. 12 J.	4.4
Kinder b. 18 J.	4.0
Paare	4.6
Senioren	4.5
Gäste mit Zelt	4.5
Gäste mit Hund	4.4

Empfohlene Aktivitäten
- Schwimmen
- Radfahren
- Wandern

10 Camping Schwanenplatz

Am Schwanenplatz 1
83329 Waging / Gaden
+49 8681 281
47.9368 | 12.76106
445m ü.M.

29.04. - 03.10.
HS: 31,00 € | NS: 24,60 €
Mehr Infos & Anfrage:
www.camping.info/19050

Baden im See am Platz	✓
Hallenbad	25km
Spielplatz am Platz	✓
Hunde	✗
Skilift & Loipe	✗
WLAN	✓
Lebensmittel	1km
Brötchen am Platz	✓
Restaurant & Imbiss	✓
Ver-/Entsorgung Womo	✓
in den Ort	1km
Gesamt/Touristen	240/155
Mietunterkünfte	✗
Stellplätze vor Schranke	✗

4.7 SEHR GUT
690 Bewertungen

Lage	4.8
Ruhe	4.6
Sanitäranlagen	4.7
Sauberkeit Ø	4.8
Freundlichkeit	4.8
Stellplatz	4.7
Verpflegung	3.9
Freizeit	4.6
Preis-Leistung	4.6
Mietunterkünfte	-

Geeignet für

Kinder b. 6 J.	4.6
Kinder b. 12 J.	4.5
Kinder b. 18 J.	3.8
Paare	4.7
Senioren	4.8
Gäste mit Zelt	4.4
Hunde n. erlaubt	-

Empfohlene Aktivitäten
- Schwimmen
- Radfahren
- Wandern

Komfortplätze mit Frisch- und Abwasser. Jugendgruppen nicht zugelassen.

9 Strandcamping Waging am See

*

Am See 1
83329 Waging a. See
+49 8681 552
www.strandcamp.de
info@strandcamp.de

ganzjährig

HS: 44,00 € | NS: 29,00 €

Mehr Infos & Anfrage:
www.camping.info/19051

Baden im See am Platz	✓
Pool/Hallenbad	20km
Spielplatz am Platz	✓
Hunde willkommen	✓
Skilift/Loipe	25/10km
WLAN (gegen Gebühr)	✓
Lebensmittel	✓
Brötchen am Platz	✓
Restaurant & Imbiss	✓
Ver-/Entsorgung Womo	✓
in den Ort	500m
Touristenplätze	700
Mietunterkünfte	✓
Stellplätze vor Schranke	✓

Member of LeadingCampings

WAGINGER SEE

Luftaufnahme vom Strandcamping Waging am See.

Lage & Stellplatz

Ein Leading-Campingplatz mit 5-Sterne-Auszeichnung im Herzen des bayerischen Alpenvorlands: Der parkähnlich angelegte Platz liegt direkt am Waginger See und bietet schöne Ausblicke auf die umliegenden Hügel des Chiemgaus. Zahlreiche Stellplatzkategorien stehen den Gästen zur Auswahl bereit. Diese reichen von 80 m² messenden Standardplätzen bis zu 200 m² großen Super-Comfort-Stellplätzen mit Wasser- und Abwasseranschluss. Die Stellplätze liegen unter großem, alten Baumbestand und bieten alle eine schöne Rasenfläche. Von zahlreichen Stellplätzen hat man einen schönen Blick auf den See.

Sanitär

„Strandcamping Waging am See" verfügt über drei gepflegte Sanitäranlagen. Eine davon wurde im Juni 2019 komplett neu eröffnet. Es stehen großzügige und modern eingerichtete Duschkabinen mit Waschbecken, großer Dusche, Ablagemöglichkeiten, Sitzgelegenheit und Spiegel zur Verfügung. Die einzelnen Toiletten sind durch feste Wände getrennt. Auf unschöne Trennwände wurde hier gänzlich verzichtet. 17 private Mietbadezimmer können je nach Wunsch gebucht werden. In jedem Sanitärgebäude befindet sich auch eine barrierefreie Sanitäreinrichtung.

Radweg entlang des Sees.

Stellplatz direkt am Wasser.

Panoramaaufnahme mit Blick auf den Waginger See und die umliegenden Berge.

Verpflegung

Direkt am Campingplatz befindet sich eine große Gastronomie mit gutbürgerlicher, bayerischer Küche. Die Seeterrasse bietet Platz für zahlreiche Gäste und offenbart tolle Blicke über den Waginger See. Im platzeigenen Biergarten mit Imbiss gibt es bayerische Schmankerl vom Grill sowie einfache und preiswerte Imbissgerichte. Außerdem befinden sich eine Wein-Lounge sowie ein Fußball-Pub am Platz. Der gut sortierte, platzeigene Supermarkt mit Bäckerei und Frischetheke ist eine Bereicherung für jeden Campinggast. Im nächsten Ort findet man außerdem einige große Supermärkte bekannter Ketten.

Freizeit

Der große platzeigene Badepark am Ufer des Waginger Sees zählt zu den schönsten Naturfreibädern Bayerns. Mehrere Kinderspielplätze, ein Nichtschwimmerbereich und eine große Badeplattform sind im Badepark zu finden. In den Sommermonaten bietet der Platz täglich Kinder- und Sportanimation. Geführte Wander-, Berg- und Mountainbike-Touren erfreuen sich großer Beliebtheit. Im Jahr 2016 eröffnete hier Europas erste 18-Loch Fußballgolf Anlage auf einem Campingplatz. Die nähere Umgebung bietet darüber hinaus zahlreiche Ausflugsmöglichkeiten (z. B. Salzburg 20 km, Burghausen 20 km, Chiemsee 20 km).

5.0

Sehr schöner Platz in toller Lage. Durch Zufall im letzten Jahr gesehen und für dieses Jahr gebucht. Wir wurden nicht enttäuscht. Für mich einer der schönsten CP in Deutschland und in dieser wunderschönen Region. Einchecken problemlos und schnell, der Stellplatz genügend groß zum Rangieren. Sauberkeit, Sanitär, Freizeitmöglichkeiten gerne 5 Sterne. Wir hatten eine richtig tolle Zeit und kommen gerne wieder.

Klemens P.

Klemens campt seit 6 Jahren, angefangen mit einem alten Dethleffs Camper und jetzt unterwegs im Lmc Wohnwagen. Campen ist für Klemens die große Freiheit! Er war im Juli 2021 auf dem Campingplatz.

Seeblick direkt vom Stellplatz.

Moderne Sanitäreinrichtung.

4.1 **SEHR GUT**
377 Bewertungen

Lage	4.6
Ruhe	3.7
Sanitäranlagen	4.2
Sauberkeit Ø	4.2
Freundlichkeit	4.4
Stellplatz	4.1
Verpflegung	4.1
Freizeit	4.2
Preis-Leistung	3.9
Mietunterkünfte	4.0

Geeignet für

4.4 Paare

4.4 Gäste mit Hund
4.3 Senioren
4.2 Gäste mit Zelt
4.3 Kinder b. 12 J.
4.2 Kinder b. 6 J.
3.9 Kinder b. 18 J.

Empfohlene Aktivitäten

Schwimmen
Radfahren
Wandern
Entspannen

Mehr Infos

Karte auf Seite 408

	11	12	13
	Camping Kupferschmiede	**Camping Strandbad Bootsverleih Wagner**	**Camping Stadler**
	Trostbergerstraße 4 83339 Arlaching +49 8667 1266 47.92955 | 12.49343	Strandbadstraße 7 83367 Petting +49 86 86 98 44 77 47.92898 | 12.80208	Strandbadstraße 11 83367 Petting +49 8686 8037 47.92826 | 12.80253
Infos			
Öffnungszeiten	01.04. - 03.10.	01.05. - 31.10.	01.04. - 10.10.
Vergleichspreis	HS: 24,40 € | NS: 22,90 €	HS: 24,50 € | NS: 22,50 €	HS: 30,00 € | NS: 25,00 €
Link	**Mehr Infos & Anfrage:** www.camping.info/19053	**Mehr Infos & Anfrage:** www.camping.info/26431	**Mehr Infos & Anfrage:** www.camping.info/19057
Ausstattung			
Freizeit	Baden im See am Platz ✓ Pool/Hallenbad 1km Spielplatz am Platz ✓	Baden im See am Platz ✓ Pool/Hallenbad 15/25km Spielplatz am Platz ✓	Baden im See am Platz ✓ Hallenbad 25km Spielplatz am Platz ✓
Campingplatz	Hunde erlaubt ✓ Skilift & Loipe ✗ WLAN (gegen Gebühr) ✓	Hunde willkommen ✓ Skilift & Loipe ✗ WLAN ✓	Hunde erlaubt ✓ Skilift & Loipe keine Angabe WLAN (gegen Gebühr) ✓
Versorgung	Lebensmittel ✓ Brötchen am Platz ✓ Restaurant & Imbiss ✓ Ver-/Entsorgung Womo ✓ in den Ort 500m	Lebensmittel 1km Brötchen am Platz nur HS Restaurant & Imbiss ✓ Ver-/Entsorgung Womo ✓ in den Ort 3km	Lebensmittel 1km Brötchen am Platz ✓ Restaurant/Imbiss 200m Ver-/Entsorgung Womo ✓ in den Ort 3km
Anzahl der Plätze	Gesamt/Touristen 221/80 Mietunterkünfte ✗ Stellplätze vor Schranke ✗	Gesamt/Touristen 63/23 Mietunterkünfte ✓ Stellplätze vor Schranke ✓	Gesamt/Touristen 50/25 Mietunterkünfte ✓ Stellplätze vor Schranke ✗

	Camping Kupferschmiede	Camping Strandbad Bootsverleih Wagner	Camping Stadler
Gesamt	3.7 GUT (37 Bewertungen)	4.6 SEHR GUT (20 Bewertungen)	4.2 SEHR GUT (13 Bewertungen)
Lage	4.1	4.9	4.7
Ruhe	2.9	4.5	4.6
Sanitäranlagen	3.2	4.2	3.3
Sauberkeit Ø	4.1	4.7	4.5
Freundlichkeit	4.5	4.7	4.7
Stellplatz	3.8	4.3	3.9
Verpflegung	3.7	3.9	2.8
Freizeit	3.9	4.2	3.9
Preis-Leistung	4.1	4.5	4.1
Mietunterkünfte	-	4.5	5.0
Geeignet für			
Kinder b. 6 J.	3.3	4.2	4.5
Kinder b. 12 J.	3.6	4.2	4.3
Kinder b. 18 J.	3.6	3.9	3.1
Paare	4.0	4.7	4.6
Senioren	3.9	4.5	4.8
Gäste mit Zelt	4.2	4.3	4.6
Gäste mit Hund	4.2	4.5	4.1
Empfohlene Aktivitäten	Schwimmen Radfahren Wandern	Schwimmen Radfahren Entspannen	Wandern Schwimmen Entspannen

14

Campingplatz Erlensee OHG

❄

Rosenheimer Straße 63
83135 Schechen
+49 8039 16 95

47.92465 | 12.13693
447m ü.M.

ganzjährig

HS: 33,00 € | NS: 28,00 €

Mehr Infos & Anfrage:
www.camping.info/19033

Baden im See am Platz	✓
Pool & Hallenbad	✗
Spielplatz	✗
Hunde erlaubt	✓
Skilift & Loipe	✗
WLAN (gegen Gebühr)	✓
Lebensmittel	800m
Brötchen am Platz	✗
Restaurant	100m
Ver-/Entsorgung Womo	✓
in den Ort	1km
Gesamt/Touristen	170/50
Mietunterkünfte	✗
Stellplätze vor Schranke	✓

4.0 SEHR GUT
22 Bewertungen

Lage	4.0
Ruhe	4.1
Sanitäranlagen	4.0
Sauberkeit Ø	4.3
Freundlichkeit	4.4
Stellplatz	3.9
Verpflegung	4.0
Freizeit	3.2
Preis-Leistung	4.2
Mietunterkünfte	-

Geeignet für

Kinder b. 6 J.	3.4
Kinder b. 12 J.	2.8
Kinder b. 18 J.	2.7
Paare	4.4
Senioren	4.7
Gäste mit Zelt	4.3
Gäste mit Hund	4.6

Empfohlene Aktivitäten

- Entspannen
- Schwimmen
- Radfahren

15

Frechn Hof

Moosham 44
83410 Laufen

47.92174 | 12.91298
480m ü.M.

01.04. - 31.10.

keine Angabe

Mehr Infos & Anfrage:
www.camping.info/25219

Baden in nat. Gewässer	k. A.
Pool & Hallenbad	✗
Spielplatz	keine Angabe
Hunde erlaubt	✓
Skilift & Loipe	keine Angabe
WLAN	keine Angabe
Lebensmittel	k.A.
Brötchen	keine Angabe
Restaurant & Imbiss	✗
Ver-/Entsorgung Womo	✗
in den Ort	1km
Gesamt	3
Mietunterkünfte	✗
Stellplätze vor Schranke	✗

- JETZT BEWERTEN!

Für diese Auswertung liegen leider noch nicht genügend Bewertungen vor.

Sei einer der Ersten, der diesen Campingplatz bewertet. Unter den Bewertern werden regelmäßig Gewinne verlost!

Mehr Infos dazu findest du in unserem allgemeinen Intro.

16

Camping Ferienpark Hainz am See

Hainz am See 2
83367 Petting
+49 8686 287

47.9211 | 12.7936
442m ü.M.

15.05. - 15.09.

HS: 32,40 € | NS: 27,60 €

Mehr Infos & Anfrage:
www.camping.info/19058

Baden im See am Platz	✓
Pool/Hallenbad	16/18km
Spielplatz am Platz	✓
Hunde	✗
Skilift/Loipe	✗/k. A.
WLAN	✓
Lebensmittel	2km
Brötchen am Platz	✓
Restaurant	2km
Ver-/Entsorgung Womo	✗
in den Ort	2km
Touristenplätze	50
Mietunterkünfte	✗
Stellplätze vor Schranke	✗

4.6 SEHR GUT
22 Bewertungen

Lage	4.9
Ruhe	5.0
Sanitäranlagen	4.6
Sauberkeit Ø	4.8
Freundlichkeit	4.5
Stellplatz	4.6
Verpflegung	3.4
Freizeit	3.9
Preis-Leistung	4.6
Mietunterkünfte	-

Geeignet für

Kinder b. 6 J.	4.2
Kinder b. 12 J.	4.0
Kinder b. 18 J.	3.3
Paare	4.6
Senioren	4.7
Gäste mit Zelt	4.2
Hunde n. erlaubt	-

Empfohlene Aktivitäten

- Schwimmen
- Radfahren
- Entspannen

17

Campingplatz Seehäusl

Beim Seehäusl 1
83339 Chieming-Stöttham
+49 8664 303

47.90222 | 12.52025
530m ü.M.

ganzjährig

HS: 32,50 € | NS: 24,50 €

Mehr Infos & Anfrage:
www.camping.info/23213

Baden im See am Platz	✓
Pool/Hallenbad	10km
Spielplatz	1km
Hunde willkommen	✓
Skilift/Loipe	20/12km
WLAN (begrenzt gratis)	✓
Lebensmittel	1km
Brötchen am Platz	✓
Restaurant/Imbiss	✓/1km
Ver-/Entsorgung Womo	✓
in den Ort	500m
Gesamt/Touristen	50/44
Mietunterkünfte	✗
Stellplätze vor Schranke	✗

4.4 SEHR GUT
131 Bewertungen

Lage	4.8
Ruhe	4.5
Sanitäranlagen	3.8
Sauberkeit Ø	4.3
Freundlichkeit	4.6
Stellplatz	3.9
Verpflegung	4.3
Freizeit	4.3
Preis-Leistung	4.4
Mietunterkünfte	-

Geeignet für

Kinder b. 6 J.	4.3
Kinder b. 12 J.	4.3
Kinder b. 18 J.	3.9
Paare	4.6
Senioren	4.5
Gäste mit Zelt	4.3
Gäste mit Hund	4.6

Empfohlene Aktivitäten

- Schwimmen
- Radfahren
- Wandern

Karte auf Seite 408

	18	19	20
	Camping Alpenblick	**Jugend u. Fam. Zeltplatz Chieming**	**Camping Stein**
	Grölking 1 83139 Grölking +49 8053 3247 47.89722 | 12.24166	Oberhochstätter Str. 3 83339 Chieming +49 160 946 687 15 47.88639 | 12.53873	See 10 83093 Bad Endorf +49 8053 9349 47.88472 | 12.26861 460m ü.M.
Infos			
Öffnungszeiten	keine Angabe	08.04. - 19.12.	15.04. - 06.10.
Vergleichspreis	keine Angabe	keine Angabe	HS: 32,00 € | NS: 26,00 €
Link	**Mehr Infos & Anfrage:** www.camping.info/19034	**Mehr Infos & Anfrage:** www.camping.info/24986	**Mehr Infos & Anfrage:** www.camping.info/19032
Ausstattung			
Freizeit	Baden in nat. Gewässer k. A. Pool & Hallenbad ✗ Spielplatz keine Angabe	Baden im See 500m Hallenbad 15km Spielplatz 1km	Baden im See am Platz ✓ Pool/Hallenbad 4km Spielplatz am Platz ✓
Campingplatz	Hunde ✗ Skilift & Loipe keine Angabe WLAN keine Angabe	Hunde ✗ Skilift & Loipe keine Angabe WLAN ✗	Hunde erlaubt nur NS Skilift & Loipe ✗ WLAN (gegen Gebühr) ✓
Versorgung	Lebensmittel k.A. Brötchen keine Angabe Restaurant & Imbiss ✗ Ver-/Entsorgung Womo ✗ in den Ort keine Angabe	Lebensmittel 1km Brötchen am Platz ✓ Restaurant 500m Ver-/Entsorgung Womo ✗ in den Ort 800m	Lebensmittel ✓ Brötchen am Platz nur HS Restaurant/Imbiss 2km Ver-/Entsorgung Womo ✓ in den Ort 4km
Anzahl der Plätze	Gesamt keine Angabe Mietunterkünfte ✗ Stellplätze vor Schranke ✗	Touristenplätze 5 Mietunterkünfte ✓ Stellplätze vor Schranke ✓	Gesamt/Touristen 140/65 Mietunterkünfte ✓ Stellplätze vor Schranke ✓

Camping Alpenblick

- **JETZT BEWERTEN!**

Für diese Auswertung liegen leider noch nicht genügend Bewertungen vor.

Sei einer der Ersten, der diesen Campingplatz bewertet. Unter den Bewertern werden regelmäßig Gewinne verlost!

Mehr Infos dazu findest du in unserem allgemeinen Intro.

Jugend u. Fam. Zeltplatz Chieming

- **JETZT BEWERTEN!**

Für diese Auswertung liegen leider noch nicht genügend Bewertungen vor.

Sei einer der Ersten, der diesen Campingplatz bewertet. Unter den Bewertern werden regelmäßig Gewinne verlost!

Mehr Infos dazu findest du in unserem allgemeinen Intro.

Camping Stein

4.3 **SEHR GUT**
100 Bewertungen

Lage	4.7
Ruhe	4.3
Sanitäranlagen	4.1
Sauberkeit Ø	4.3
Freundlichkeit	4.4
Stellplatz	4.2
Verpflegung	3.2
Freizeit	3.9
Preis-Leistung	4.3
Mietunterkünfte	3.9

Geeignet für

Kinder b. 6 J.	4.5
Kinder b. 12 J.	4.4
Kinder b. 18 J.	3.6
Paare	4.5
Senioren	4.5
Gäste mit Zelt	4.5
Gäste mit Hund	3.8

Empfohlene Aktivitäten

- Schwimmen
- Wandern
- Radfahren

keine WOMOs ab 8 m; max. Höhe von Bad Endorf kommend 2,65 m; keine Gruppen

21 Camping Möwenplatz

Grabenstätter Straße 18
83339 Chieming
+49 8664 361
47.88056 | 12.53282

01.04. - 01.10.

HS: 22,50 € | NS: 22,50 €

Mehr Infos & Anfrage: www.camping.info/19052

Baden im See am Platz	✓
Pool & Hallenbad	✗
Spielplatz am Platz	✓
Hunde	✗
Skilift & Loipe	✗
WLAN	✗
Lebensmittel	✓
Brötchen am Platz	✓
Restaurant/Imbiss	500m
Ver-/Entsorgung Womo	✗
in den Ort	800m
Gesamt/Touristen	65/40
Mietunterkünfte	✓
Stellplätze vor Schranke	✗

3.7 GUT – 27 Bewertungen

Lage	3.8
Ruhe	2.2
Sanitäranlagen	3.7
Sauberkeit Ø	4.6
Freundlichkeit	4.5
Stellplatz	3.8
Verpflegung	2.7
Freizeit	3.7
Preis-Leistung	3.8
Mietunterkünfte	4.8

Geeignet für

Kinder b. 6 J.	3.4
Kinder b. 12 J.	3.3
Kinder b. 18 J.	3.0
Paare	4.1
Senioren	4.1
Gäste mit Zelt	2.2
Hunde n. erlaubt	-

Empfohlene Aktivitäten

- Schwimmen
- Radfahren
- Wandern

22 Chiemsee Strandcamping

Am Chiemsee 1
83355 Grabenstätt/Unterhochstätt
+49 8664 500
47.87649 | 12.5286
520m ü.M.

01.04. - 03.10.

HS: 31,50 € | NS: 24,50 €

Mehr Infos & Anfrage: www.camping.info/19055

Baden im See am Platz	✓
Hallenbad	20km
Spielplatz am Platz	✓
Hunde willkommen	✓
Skilift & Loipe	✗
WLAN	✓
Lebensmittel	✓
Brötchen am Platz	✓
Restaurant/Imbiss	1km/✓
Ver-/Entsorgung Womo	✓
in den Ort	1km
Gesamt/Touristen	120/80
Mietunterkünfte	✗
Stellplätze vor Schranke	✗

4.0 SEHR GUT – 55 Bewertungen

Lage	4.3
Ruhe	3.0
Sanitäranlagen	4.0
Sauberkeit Ø	4.2
Freundlichkeit	4.5
Stellplatz	3.9
Verpflegung	3.5
Freizeit	4.1
Preis-Leistung	4.1
Mietunterkünfte	-

Geeignet für

Kinder b. 6 J.	4.0
Kinder b. 12 J.	4.2
Kinder b. 18 J.	4.0
Paare	4.4
Senioren	4.2
Gäste mit Zelt	4.1
Gäste mit Hund	4.1

Empfohlene Aktivitäten

- Schwimmen
- Radfahren
- Wandern

23 Chiemsee-Camping Rödlgries

Rödlgries 1
83236 Übersee
+49 8642 470
47.84219 | 12.47188
520m ü.M.

01.04. - 31.10.

HS: 35,00 € | NS: 32,00 €

Mehr Infos & Anfrage: www.camping.info/19039

Baden im See am Platz	✓
Pool/Hallenbad	15/18km
Spielplatz am Platz	✓
Hunde	✗
Skilift & Loipe	✗
WLAN (gegen Gebühr)	✓
Lebensmittel	3km
Brötchen	keine Angabe
Restaurant	2km
Ver-/Entsorgung Womo	✗
in den Ort	3km
Gesamt/Touristen	510/330
Mietunterkünfte	✗
Stellplätze vor Schranke	✗

4.2 SEHR GUT – 157 Bewertungen

Lage	4.4
Ruhe	3.5
Sanitäranlagen	4.4
Sauberkeit Ø	4.6
Freundlichkeit	4.1
Stellplatz	4.4
Verpflegung	3.5
Freizeit	4.3
Preis-Leistung	4.0
Mietunterkünfte	-

Geeignet für

Kinder b. 6 J.	4.4
Kinder b. 12 J.	4.3
Kinder b. 18 J.	3.9
Paare	4.5
Senioren	4.5
Gäste mit Zelt	4.3
Hunde n. erlaubt	-

Empfohlene Aktivitäten

- Schwimmen
- Radfahren
- Wandern

keine WOMOs ab 7,5 m; bevorzugt keine Zeltcamper und Jugendgruppen

24 Camping Hofbauer

Bernauerstraße 110
83209 Prien am Chiemsee
+49 8051 4136
47.83892 | 12.35104
530m ü.M.

01.04. - 27.10.

HS: 26,30 € | NS: 22,00 €

Mehr Infos & Anfrage: www.camping.info/19035

Baden im See	1km
Pool/Hallenbad	✓/3km
Spielplatz am Platz	✓
Hunde willkommen	✓
Skilift/Loipe	✗/k. A.
WLAN	✓
Lebensmittel	600m
Brötchen am Platz	✓
Restaurant am P.	✓
Ver-/Entsorgung Womo	✓
in den Ort	1km
Gesamt/Touristen	120/80
Mietunterkünfte	✓
Stellplätze vor Schranke	✗

3.9 GUT – 48 Bewertungen

Lage	3.6
Ruhe	3.5
Sanitäranlagen	3.6
Sauberkeit Ø	4.2
Freundlichkeit	4.7
Stellplatz	3.9
Verpflegung	3.9
Freizeit	4.1
Preis-Leistung	4.0
Mietunterkünfte	4.9

Geeignet für

Kinder b. 6 J.	3.8
Kinder b. 12 J.	3.8
Kinder b. 18 J.	3.3
Paare	4.1
Senioren	4.5
Gäste mit Zelt	3.9
Gäste mit Hund	4.4

Empfohlene Aktivitäten

- Radfahren
- Wandern
- Entspannen

Karte auf Seite 408

	25	26	27
	Campingplatz Wagnerhof	**Bauernhof Steiner**	**Camping Lindlbauer**
	✻		✻
	Campingstraße 11 83346 Bergen am Hochfelln +49 8662 85 57	Almfischer 11 83236 Übersee 086421383	Kreuzfeldstraße 44 83334 Inzell +49 8665 928 99 88
	47.81274 | 12.58884 550m ü.M.	47.80934 | 12.49116	47.76667 | 12.75403 700m ü.M.
Infos			
Öffnungszeiten	16.12. - 14.11.	01.03. - 30.11.	01.01. - 06.11. 19.12. - 31.12.
Vergleichspreis	HS: 28,50 € | NS: 24,00 €	keine Angabe	HS: 29,20 € | NS: 29,20 €
Link	**Mehr Infos & Anfrage:** www.camping.info/19054	**Mehr Infos & Anfrage:** www.camping.info/25217	**Mehr Infos & Anfrage:** www.camping.info/24093
Ausstattung			
Freizeit	Baden im Teich am Platz ✓ Pool/Hallenbad ✓/15km Spielplatz am Platz ✓	Baden in nat. Gewässer k. A. Pool & Hallenbad ✗ Spielplatz keine Angabe	Baden im See 200m Pool/Hallenbad 200m Spielplatz am Platz ✓
Campingplatz	Hunde willkommen ✓ Skilift/Loipe 2km/✓ WLAN (gegen Gebühr) ✓	Hunde ✗ Skilift & Loipe keine Angabe WLAN keine Angabe	Hunde willkommen ✓ Skilift/Loipe 4km/✓ WLAN (gegen Gebühr) ✓
Versorgung	Lebensmittel ✓ Brötchen am Platz nur HS Restaurant/Imbiss 500m Ver-/Entsorgung Womo ✓ im Ort ✓	Lebensmittel k.A. Brötchen keine Angabe Restaurant & Imbiss ✗ Ver-/Entsorgung Womo ✗ in den Ort keine Angabe	Lebensmittel 500m Brötchen am Platz ✓ Restaurant/Imbiss 100m Ver-/Entsorgung Womo ✓ in den Ort 300m
Anzahl der Plätze	Gesamt/Touristen 150/130 Mietunterkünfte ✓ Stellplätze vor Schranke ✗	Touristenplätze 37 Mietunterkünfte ✗ Stellplätze vor Schranke ✗	Gesamt/Touristen 91/81 Mietunterkünfte ✓ Stellplätze vor Schranke ✓

	25	26	27
Gesamt	4.1 SEHR GUT – 30 Bewertungen	4.2 SEHR GUT – 18 Bewertungen	4.6 SEHR GUT – 138 Bewertungen
Lage	4.3	4.7	4.7
Ruhe	4.6	4.2	4.7
Sanitäranlagen	3.6	4.1	4.9
Sauberkeit Ø	4.2	4.7	4.9
Freundlichkeit	4.1	5.0	4.7
Stellplatz	4.1	4.0	4.4
Verpflegung	3.2	3.9	3.7
Freizeit	4.2	4.6	4.5
Preis-Leistung	3.7	4.6	4.3
Mietunterkünfte	3.7	-	4.7
Geeignet für			
Kinder b. 6 J.	4.1	4.0	4.1
Kinder b. 12 J.	3.8	4.2	4.2
Kinder b. 18 J.	3.4	4.2	3.7
Paare	4.4	4.8	4.8
Senioren	4.5	4.8	4.8
Gäste mit Zelt	4.0	1.2	4.3
Gäste mit Hund / Hunde n. erlaubt	Gäste mit Hund 4.4	Hunde n. erlaubt -	Gäste mit Hund 4.6
Empfohlene Aktivitäten	Wandern Radfahren Schwimmen	Radfahren Wandern Mountainbiking	Wandern Entspannen Radfahren

28 Camping Ortnerhof

*

Ort 5
83324 Ruhpolding
+49 8663 1764

47.74247 | 12.66347
670m ü.M.

keine Angabe

HS: 31,30 € | NS: 29,60 €
Mehr Infos & Anfrage:
www.camping.info/19047

Baden im See	10km
Pool/Hallenbad	3km
Spielplatz am Platz	✓
Hunde	✗
Skilift/Loipe	3km/✓
WLAN (gegen Gebühr)	✓
Lebensmittel	1km
Brötchen am Platz	✓
Restaurant/Imbiss	1/3km
Ver-/Entsorgung Womo	✓
in den Ort	3km
Gesamt/Touristen	180/100
Mietunterkünfte	✓
Stellplätze vor Schranke	✓

4.6 SEHR GUT
75 Bewertungen

Lage	4.6
Ruhe	4.7
Sanitäranlagen	4.7
Sauberkeit Ø	4.9
Freundlichkeit	4.8
Stellplatz	4.3
Verpflegung	3.3
Freizeit	4.5
Preis-Leistung	4.4
Mietunterkünfte	4.4

Geeignet für

Kinder b. 6 J.	4.5
Kinder b. 12 J.	4.4
Kinder b. 18 J.	4.2
Paare	4.7
Senioren	4.7
Gäste mit Zelt	4.4
Hunde n. erlaubt	-

Empfohlene Aktivitäten

- Wandern
- Radfahren
- Mountainbiking

keine WOMOs ab 9 m;
keine Jugendgruppen

29 Camping Zellersee

Zellersee Weg 3
83259 Schleching
+49 864 998 6719

47.73506 | 12.41485
565m ü.M.

01.05. - 30.09.

HS: 33,00 € | NS: 29,00 €
Mehr Infos & Anfrage:
www.camping.info/19044

Baden im See am Platz	✓
Pool/Hallenbad	7/15km
Spielplatz am Platz	✓
Hunde	✗
Skilift/Loipe	3km/100m
WLAN (gegen Gebühr)	✓
Lebensmittel	✓
Brötchen am Platz	nur HS
Restaurant/Imbiss	500m/✓
Ver-/Entsorgung Womo	✓
in den Ort	2km
Gesamt/Touristen	90/75
Mietunterkünfte	✓
Stellplätze vor Schranke	✗

3.8 GUT
16 Bewertungen

Lage	4.1
Ruhe	3.8
Sanitäranlagen	3.8
Sauberkeit Ø	4.4
Freundlichkeit	3.9
Stellplatz	3.4
Verpflegung	2.6
Freizeit	4.1
Preis-Leistung	3.8
Mietunterkünfte	3.5

Geeignet für

Kinder b. 6 J.	3.8
Kinder b. 12 J.	4.0
Kinder b. 18 J.	3.3
Paare	4.4
Senioren	4.5
Gäste mit Zelt	4.3
Hunde n. erlaubt	-

Empfohlene Aktivitäten

- Wandern
- Klettern
- Schwimmen

Karte auf Seite 408

	30 Camping Litzelau	32 Camping Simonhof	33 Camping-Grafenlehen
	❄ Litzelau 4 83246 Oberwössen bei Reit im Winkl +49 8640 8704 47.71728 | 12.4788 550m ü.M.	❄ Alte Reichenhaller Straße 110 83486 Ramsau +49 8657 284 47.62722 | 12.86972 860m ü.M.	❄ Königser Fussweg 71 83471 Königsee +49 865 265 544 88 47.59516 | 12.98641
Infos			
Öffnungszeiten	ganzjährig	01.04. - 31.10. 15.12. - 15.01.	ganzjährig
Vergleichspreis	HS: 24,60 € | NS: 24,60 €	HS: 34,60 € | NS: 28,60 €	HS: 31,00 € | NS: 31,00 €
Link	**Mehr Infos & Anfrage:** www.camping.info/19042	**Mehr Infos & Anfrage:** www.camping.info/19065	**Mehr Infos & Anfrage:** www.camping.info/19063
Ausstattung			
Freizeit	Baden im Fluss am Platz ✓ Pool 8km Spielplatz am Platz ✓	Baden im See 2km Pool/Hallenbad 12/18km Spielplatz am Platz ✓	Baden im See 500m Pool/Hallenbad 800m/6km Spielplatz am Platz ✓
Campingplatz	Hunde willkommen ✓ Skilift/Loipe 8/1km WLAN ✓	Hunde erlaubt ✓ Skilift 4km WLAN (gegen Gebühr) ✓	Hunde erlaubt ✓ Skilift/Loipe 400m WLAN (begrenzt gratis) ✓
Versorgung	Lebensmittel 1km Brötchen keine Angabe Restaurant am P. ✓ Ver-/Entsorgung Womo ✓ in den Ort 2km	Lebensmittel ✓ Brötchen am Platz ✓ Imbiss ✓ Ver-/Entsorgung Womo ✓ in den Ort 4km	Lebensmittel ✓ Brötchen am Platz ✓ Restaurant am P. ✓ Ver-/Entsorgung Womo ✓ in den Ort 800m
Anzahl der Plätze	Touristenplätze 80 Mietunterkünfte ✓ Stellplätze vor Schranke ✓	Gesamt/Touristen 110/75 Mietunterkünfte ✓ Stellplätze vor Schranke ✗	Gesamt/Touristen 200/170 Mietunterkünfte ✓ Stellplätze vor Schranke ✗

	Camping Litzelau	Camping Simonhof	Camping-Grafenlehen
Gesamt	3.9 GUT, 19 Bewertungen	4.7 SEHR GUT, 160 Bewertungen	3.7 GUT, 88 Bewertungen
Lage	4.3	4.8	4.6
Ruhe	4.3	4.7	4.2
Sanitäranlagen	3.4	4.6	3.5
Sauberkeit Ø	3.9	4.8	4.0
Freundlichkeit	4.4	4.8	4.4
Stellplatz	3.6	4.4	3.8
Verpflegung	3.7	3.7	3.3
Freizeit	4.1	4.5	4.5
Preis-Leistung	4.1	4.6	3.8
Mietunterkünfte	4.5	4.7	3.6
Geeignet für			
Kinder b. 6 J.	3.5	4.4	3.1
Kinder b. 12 J.	3.8	4.4	3.4
Kinder b. 18 J.	3.7	4.0	3.6
Paare	4.6	4.8	4.5
Senioren	4.6	4.7	4.5
Gäste mit Zelt	4.2	4.9	4.0
Gäste mit Hund	4.4	4.8	4.4
Empfohlene Aktivitäten	Wandern Entspannen Radfahren	Wandern Entspannen Mountainbiking	Wandern Klettern Mountainbiking

ANZEIGE

31 Camping-Resort Allweglehen

Allweggasse 4
83471 Berchtesgaden
+49 8652 2396
www.allweglehen.de
urlaub@allweglehen.de

ganzjährig

HS: 49,70 € | NS: 46,10 €

Mehr Infos & Anfrage:
www.camping.info/19062

Baden im See	5km
Pool/Hallenbad	✓/3km
Spielplatz am Platz	✓
Hunde willkommen	✓
Skilift/Loipe	3/1km
WLAN	✓
Lebensmittel	✓
Brötchen am Platz	✓
Restaurant & Imbiss	✓
Ver-/Entsorgung Womo	✓
in den Ort	3km
Gesamt/Touristen	150/140
Mietunterkünfte	✓
Stellplätze vor Schranke	✓

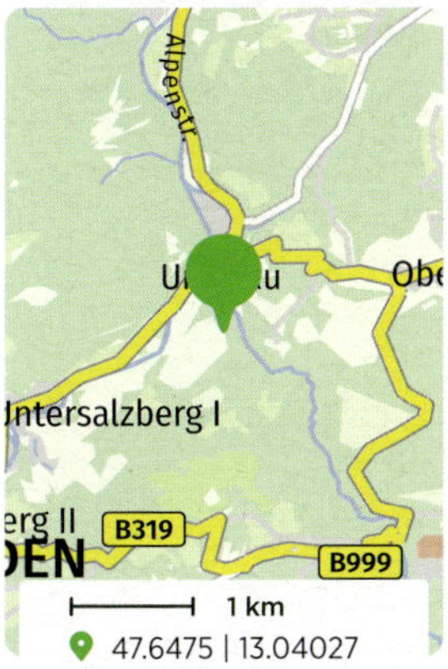

47.6475 | 13.04027
590m ü.M.

Terrassencamping mit Aussicht. Direkt am Alpen-Nationalpark Berchtesgaden.

Lage & Stellplatz

Ran an den Berg: Am Rande des Nationalpark Berchtesgaden genießen die Gäste alpines Wellness- und Campingerlebnis in Caravan, Zelt, Camper, Chalet, Kaser, Wood-Lodge oder Campingfass auf terrassierten Luxus-Panoramastellplätzen, inklusive direktem Blick auf den Watzmann.

Verpflegung

Das gemütliche Traditionsrestaurant am Platz ist mit 100 Sitzplätzen beliebter Treffpunkt und bietet vielseitige Gerichte aus gut bürgerlicher Küche, auch für romantische Stunden zu zweit im Kaminzimmer. Brötchen-Service für Frühstück und weitere Dinge für den Campingalltag bietet der eigene Kiosk.

Sanitär

5-Sterne-Panorama-Sanitärhaus mit Fußbodenheizung, Mietbädern, barrierefreier und kinderfreundlicher Ausstattung. Relaxen in exklusiver Alpen Wellness-Oase mit ganzjährig beheiztem Außenpool, zwei Saunen, Ruheraum, Teebar, Saunagarten und bei medizinischen Massagen, Kosmetik. Infrarotkabine ab 2022.

Freizeit

Vielseitige Entdeckungen in der Region: Salzbergwerk, Obersalzberg, Kehlstein, Königssee, Jenner, Watzmann, das Haus der Berge in Berchtesgaden oder im Winter auf Ski-Tour gehen. Der eigene Shuttle Service fährt diverse Skigebiete und Loipen an. Außerdem E Bikes und E-KFZ zur Vermietung.

Urlaub mit Kristalleffekt.

Wohnen in allen Formen.

4.5 SEHR GUT
320 Bewertungen

Lage	4.7
Ruhe	4.4
Sanitäranlagen	4.5
Sauberkeit Ø	4.5
Freundlichkeit	4.7
Stellplatz	4.3
Verpflegung	4.4
Freizeit	4.6
Preis-Leistung	4.2
Mietunterkünfte	4.7

Geeignet für

4.7 Paare

- 4.6 Gäste mit Hund
- 4.5 Gäste mit Zelt
- 4.3 Kinder b. 12 J.
- 4.3 Senioren
- 4.1 Kinder b. 6 J.
- 4.1 Kinder b. 18 J.

Empfohlene Aktivitäten

Wandern · Entspannen · Mountainbiking · Klettern

Mehr Infos

Ecocamping, extra Wohnmobilstellplatz, Aktivprogramm, Wintercamping.

AWARD 2021

CAMPING IN SÜDTIROL-TRENTINO

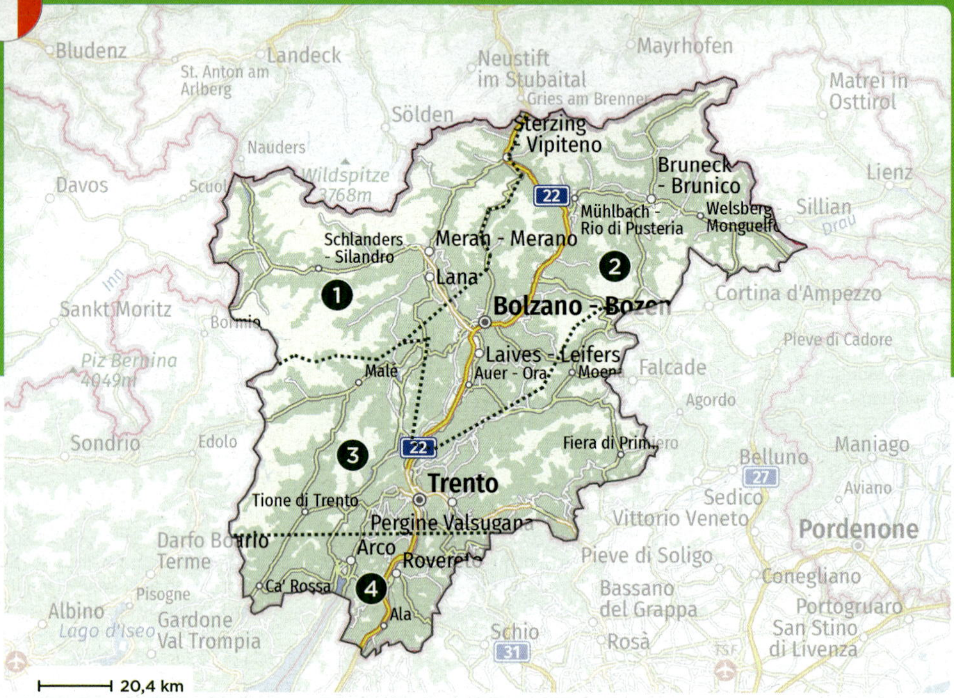

REGIONEN

Die nördlichsten Provinzen Italiens bestechen durch ihre Vielseitigkeit: Mediterranes Klima kombiniert mit den markanten Silhouetten der Dolomiten und den hügeligen Obstgärten sind typisch für Südtirol und Trentino. Klare Bergseen locken genauso wie der saubere Gardasee, der mit seinem nördlichen Ufer in Trentino liegt. Die Vielzahl an Urlaubsmöglichkeiten war auch förderlich für die Entstehung zahlreicher Campingmöglichkeiten, insbesondere an den wichtigsten touristischen Orten. Jährlich zieht es viele Camper in die Täler Südtirols. Trentino bietet mit seinen warmen Seen etwas Kontrast zu den südlichen Ausläufern der Alpen. Zwar ist der nördliche Teil des Gardasees auch noch mit Bergen umgeben, diese sind jedoch weit weniger dominant als noch in den Dolomiten. Unter den europäischen Campingplätzen zählen jene in Südtirol-Trentino zu den qualitativ hochwertigsten – dies zeigt sich auch in den Gästebewertungen auf camping.info, die einen Durchschnitt von 4,14 Sternen erreichen.

Länderinformationen:

- Hauptstadt: Rom (Südtirol: Bozen, Trentino: Trient)
- Einwohner: 60 Mio. (Südtirol: 533.400, Trentino: 542.700)
- Währung: Euro
- Sprachen in Südtirol-Trentino: Deutsch, Italienisch, Ladinisch
- Südtirol-Trentino auf camping.info: www.camping.info/italien/südtirol-trentino

Reise-Informationen:

PKW, Wohnmobil bis 3,5t	50	90	110	130
Gespann mit schwerem Anhänger (Klasse B)*	50	70	70	80
Wohnmobil über 3,5 t	50	80	80	100

* Hierbei gibt es Unterschiede, je nach Führerscheinklasse.

Lichtpflicht am Tag: außerorts sowie in Tunneln besteht Lichtpflicht für alle Fahrer; für Motorräder auch im Ortsgebiet.

Im Auto/Wohnmobil mitzuführen: Warndreieck, Warnwesten für alle Insassen (muss bei Verlassen des Fahrzeuges bei Panne oder Unfall getragen werden);

Mautsystem und Straßengebühren: Auf dem Festland sind alle Autobahnen mautpflichtig (ausgenommen die A3 Salero-Reggio di Calabria); keine Maut auf Schnellstraßen. Mautsystem nach Kategorien je nach Höhe und Anzahl der Achsen; teilweise Pauschalbetrag.

Weitere Hinweise: keine allgemeine Regelung bzgl. Winterreifen, unbedingt vor Fahrtantritt genau erkundigen. Winterreifenpflicht auf manchen Straßen (Stadt Bozen, Brennerautobahn) vom 15.11. bis 15.04., im restlichen Südtirol nur bei winterlichen Fahrverhältnissen, Schneeketten erlaubt (max. 50 km/h), Spikes vom 15.11. bis 15.03. erlaubt (nur bei Fahrzeugen bis zu 3,5 t Gesamtgewicht). Promillegrenze: Für Berufskraftfahrer und Personen, die noch keine drei Jahre im Besitz ihrer Fahrerlaubnis sind, gilt absolutes Alkoholverbot (0,0 Promille); ansonsten liegt die Grenze bei 0,5 Promille.

Einreise: Italien ist Mitglied des Schengen-Raums; Grenzkontrollen können trotzdem vorkommen; Kontrollen werden an den Grenzen zu der Schweiz (Personen- und Warenkontrollen) und zu Slowenien (Personenkontrollen) durchgeführt. Mitzuführen ist ein Reisepass oder ein gültiger Personalausweis, Kinder benötigen ein eigenes Ausweisdokument.

Haustiere: EU-Heimtierausweis mit Kennzeichnung des Tieres (durch Mikrochip oder Tätowierung) nötig, gültige Tollwutimpfung muss eingetragen sein; Leinen- und Maulkorbpflicht.

Notrufnummern:

- internationale Notrufnummer: 112
- Feuerwehr: 115
- Polizei: 112/113
- Rettung: 118 oder 112

ITALIEN

❶ Südtirol West

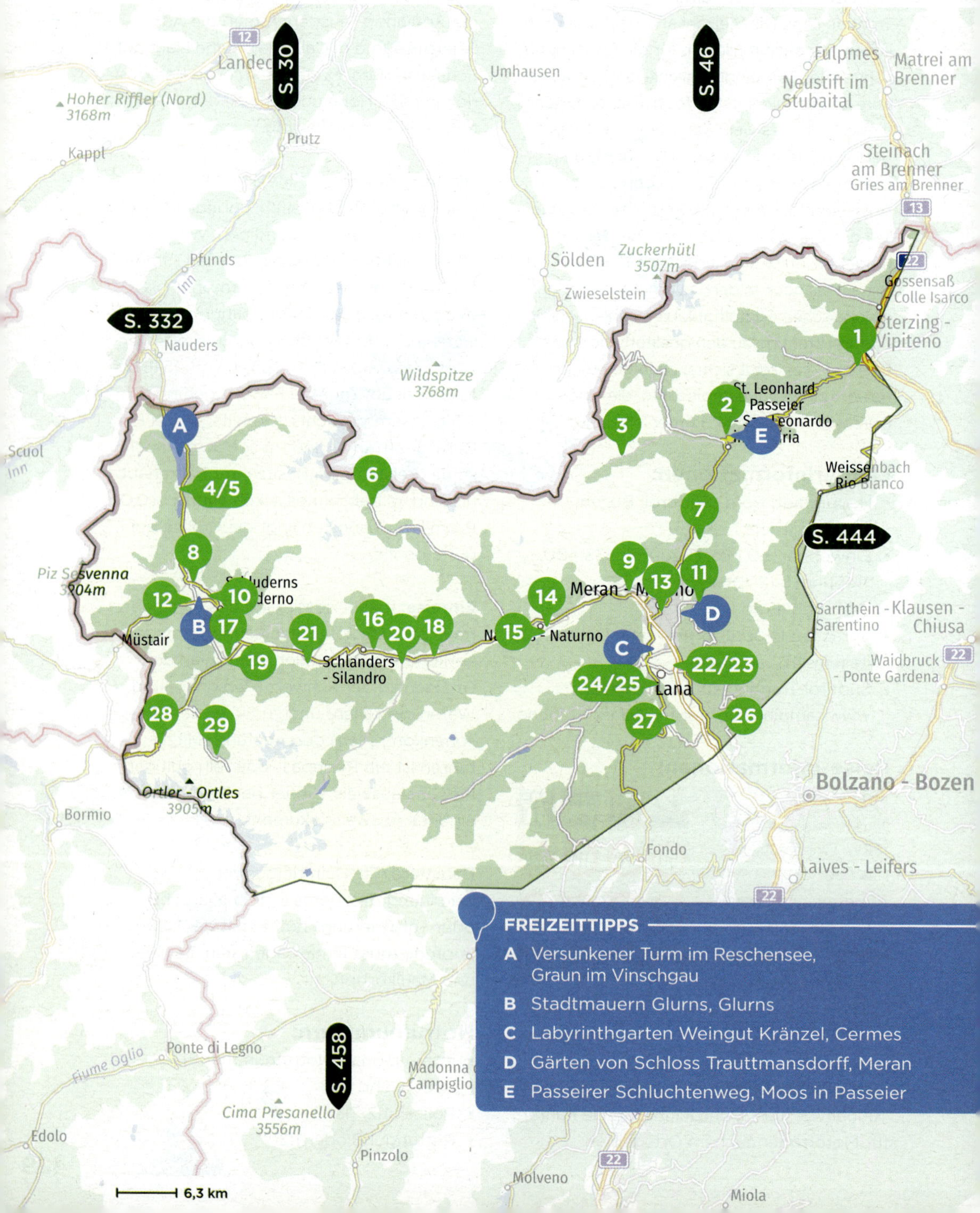

	Platz	Seite	Bewertung		Öffnungszeiten	
1	Camping Gilfenklamm	434	3.1		saisonal	✱
2	Camping Zögghof	434	4.9		ganzjährig	✱
3	Camping Bergkristall	434	4.9		ganzjährig	✱
4	Camping Thöni	435	4.6		saisonal	✱
5	Camping Zum See	435	4.6		ganzjährig	✱
6	CaravanPark Schnals - Senales	435	4.2		saisonal	✱
7	Camping Passeier Meran	435	4.2		saisonal	
8	Camping Mals	436	4.7		saisonal	
9	Camping Via Claudia Augusta	436	4.4		saisonal	
10	Camping Gloria Vallis	436	4.9		saisonal	
11	Camping Hermitage	437	4.1		saisonal	
12	Camping im Park - Glurns	437	4.2		saisonal	
13	Live Meran Camping	437	5.0		saisonal	
14	Camping Adler - Adults Only	437	4.8		saisonal	
15	Waldcamping Naturns	438	4.8		saisonal	
16	Camping Vogelsang	438	4.7		saisonal	
17	Camping Kiefernhain	438	4.3		saisonal	
18	Camping Latsch an der Etsch	439	3.9		saisonal	✱
19	Camping Sägemühle mit Residence	439	4.7		saisonal	✱
20	Camping Goldrain Cevedale	439	4.0		saisonal	
21	Camping Badlerhof	439	4.8		saisonal	
22	Luxury Camping Schlosshof*****	442	4.8		saisonal	Award
23	Camping Arquin	442	4.4		saisonal	Award
24	Camping Völlan	442	4.4		saisonal	
25	Alpin Fitness Waldcamping Völlan	440	4.7		saisonal	
26	Camping Ganthaler	443	4.3		saisonal	
27	Naturcaravanpark Camping Tisens	443	4.7		ganzjährig	
28	Camping Trafoi	443	4.2		saisonal	
29	Alpina Mountain Camping	443	4.7		k. A.	

✱ Wintercamping FKK Textilfrei (ganz/teilweise) Ecocamping Award Onlinebuchung

Pulverturm über Meran © IDM Südtirol/Clemens Zahn

URLAUBSZIEL FÜR JEDE JAHRESZEIT

Südtirol ist nicht nur eine der größten Provinzen Italiens, sie gehört mit 17.000 km Wanderwegen, 176 natürlichen Seen und 27 Skigebieten auch zu den wenigen Regionen, in denen sich der Tourismus sowohl im Sommer als auch im Winter stark präsentiert. Zahlreiche Campingplätze mit einer hervorragenden Infrastruktur im Meraner Land oder im Vinschgau sorgen für einen traumhaften Campingurlaub.

DER VINSCHGAU – VIELFÄLTIGE KULTURREGION

Der Vinschgau, der oberste Teil des Etschtals, hat eine Fülle an landschaftlichen und kulturellen Attraktionen zu bieten. Beginnend beim Reschenpass an der österreichischen Grenze zieht er sich bis kurz vor Meran. Mit einer Höhe von 3.905 m überragt der Ortler als höchster Berg Südtirols die Region. Begleitet von einsamen Gletscherseen und der faszinierenden Flora und Fauna genießen Camper Wanderungen in alpinen Hochregionen. Bei Wanderern und Mountainbikern gleichermaßen beliebt sind die beiden Naturparks Stilfser Joch und Texelgruppe. Ebenfalls zu empfehlen ist der reizvolle Vinschger Höhenweg, der von Staben bis zur Etschquelle in der Nähe des Reschenpasses verläuft. Das eindrucksvolle Wahrzeichen des Vinschgaus befindet sich in der Gemeinde Graun: Als der Reschensee im Jahr 1950 aufgestaut wurde, versank das gesamte Dorf Alt-Graun in seinen Fluten, die Spitze des ehemaligen Kirchturms ragt bis heute geheimnisvoll aus dem See

Schloss Lebenberg über Tscherms
© IDM Südtirol/Clemens Zahn

und ist im Sommer wie auch im Winter ein beliebtes Motiv. Weitere sehenswerte Ausflugsziele in der Region sind das Messner Mountain Museum Ortles in der Gemeinde Sulden, die St. Benedikt-Kirche in Mals und das Schloss Juval in Naturns. Allen Wintercampern stehen im Skiverbund „Ortler Skiarena" insgesamt 15 Skigebiete mit mehr als 330 Pistenkilometern zur Verfügung.

DAS MERANER LAND

Mildes Klima und reizvolle Landschaften warten im Meraner Land auf Campingurlauber. Die vielfältigen Freizeitmöglichkeiten der Region könnten sich kaum gegensätzlicher gestalten: Während im Etschtal beschauliche Wanderwege und Radwege warten, eignen sich die alpinen Hochgebirgsregionen hervorragend für alle Kletterer und Aktivurlauber. Der Naturpark Texelgruppe bietet mit dem Meraner Höhenweg eine spektakuläre Wanderroute, welche das Bergmassiv nahezu vollständig umrundet. Abgesehen davon findet man hier zahlreiche Burgen, Schlösser und Ruinen vor. Die Burgendörfer Tisens und Prissian bestechen nicht nur durch sechs Burgen und Schlösser in ihrem Gemeindegebiet, sondern sind darüber hinaus für ihre hervorragenden Weine bekannt. Das Zentrum der Region bildet jedoch die Kurstadt Meran – die zweitgrößte Stadt Südtirols wird Kulturinteressierten vor allem aufgrund des prächtigen Kurhauses und des malerischen Schloss Trauttmansdorff ein Begriff sein. Beide gelten neben der Passerpromenade als wahre Touristenmagnete. Gesehen haben sollte man auch das Schloss Tirol im gleichnamigen Dorf oberhalb von Meran. Zudem lädt die Therme Meran mit ihrem radonhaltigen Wasser und umfangreichen Wellnessangeboten zu entspannten Momenten vor der allgegenwärtigen hochalpinen Bergkulisse ein.

Algunder Waalweg © IDM Südtirol/Stefan Schütz

TIPP DER REDAKTION

Camping Zögghof

Sankt Leonhard in Passeier | Nr. 2 | Seite 434

Laut Gästen ideal geeignet zum:

- Wandern
- Mountainbiken
- Radfahren

4.9

Karte auf Seite 430

	1 Camping Gilfenklamm	2 Camping Zögghof	3 Camping Bergkristall
	*	*	*
	Jaufenstr. 2b 39040 Racines +39 0472 779132	Mooserstrasse 31A 39015 Sankt Leonhard in Passeier +39 335 1050440	Platt 103 A 39013 Moos in Passeier 0039 389 0670606
	46.88304 | 11.40826	46.81656 | 11.2399	46.80159 | 11.10485
	960m ü.M.	700m ü.M.	1500m ü.M.
Infos			
Öffnungszeiten	04.04. - 25.10. 04.12. - 07.01.	ganzjährig	ganzjährig
Vergleichspreis	HS: 26,00 € | NS: 22,00 €	HS: 35,90 € | NS: 27,90 €	HS: 35,00 € | NS: 27,00 €
Link	**Mehr Infos & Anfrage:** www.camping.info/1279	**Mehr Infos & Anfrage:** www.camping.info/26539	**Mehr Infos & Anfrage:** www.camping.info/27443
Ausstattung			
Freizeit	Baden in nat. Gewässer: k. A. Pool/Hallenbad: 3km Spielplatz am Platz: ✓	Baden im See: 500m Pool/Hallenbad: ✓/20km Spielplatz am Platz: ✓	Baden in nat. Gewässer: k. A. Pool & Hallenbad: ✗ Spielplatz am Platz: ✓
Campingplatz	Hunde willkommen: ✓ Skilift: 5km WLAN: ✓	Hunde willkommen: ✓ Skilift/Loipe: 20/15km WLAN: ✓	Hunde willkommen: ✓ Skilift: 2km WLAN: ✓
Versorgung	Lebensmittel: ✓ Brötchen am Platz: nur HS Restaurant am P.: ✓ Ver-/Entsorgung Womo: ✓ in den Ort: 4km	Lebensmittel: 800m Brötchen am Platz: ✓ Restaurant & Imbiss: ✓ Ver-/Entsorgung Womo: ✓ in den Ort: 800m	Lebensmittel: 2km Brötchen am Platz: ✓ Restaurant/Imbiss: 200m Ver-/Entsorgung Womo: ✓ in den Ort: 40km
Anzahl der Plätze	Gesamt/Touristen: 300/120 Mietunterkünfte: ✓ Stellplätze vor Schranke: ✗	Gesamt: 38 Mietunterkünfte: ✓ Stellplätze vor Schranke: ✗	Touristenplätze: 30 Mietunterkünfte: ✗ Stellplätze vor Schranke: ✗

	Camping Gilfenklamm	Camping Zögghof	Camping Bergkristall
Gesamt	3.1 GUT 26 Bewertungen	4.9 SEHR GUT 30 Bewertungen	4.9 SEHR GUT 14 Bewertungen
Lage	3.0	4.7	4.9
Ruhe	2.0	4.3	4.9
Sanitäranlagen	3.2	4.9	4.9
Sauberkeit Ø	3.6	4.9	5.0
Freundlichkeit	4.0	5.0	5.0
Stellplatz	2.9	4.8	4.9
Verpflegung	3.5	4.5	4.9
Freizeit	2.8	4.8	4.8
Preis-Leistung	3.5	4.6	4.9
Mietunterkünfte	3.0	4.8	-
Geeignet für			
Kinder b. 6 J.	2.1	4.1	4.7
Kinder b. 12 J.	2.7	4.3	4.8
Kinder b. 18 J.	2.5	4.4	4.7
Paare	3.4	4.9	4.8
Senioren	3.5	4.6	4.7
Gäste mit Zelt	3.3	4.2	4.1
Gäste mit Hund	3.6	4.7	4.8
Empfohlene Aktivitäten	Wandern Radfahren Mountainbiking	Wandern Mountainbiking Radfahren	Wandern Entspannen Mountainbiking

Immer wieder Spezialangebote verfügbar.

4 Camping Thöni

❄

Landstraße 83
39027 St. Valentin a.d.H. Graun
+39 0473 634020
46.76983 | 10.5322

01.05. - 15.11.
15.12. - 30.04.
HS: 25,50 € | NS: 22,50 €
Mehr Infos & Anfrage:
www.camping.info/1524

Baden im See	500m
Pool/Hallenbad	5km
Spielplatz am Platz	✓
Hunde erlaubt	✓
Skilift/Loipe	200/50m
WLAN (gegen Gebühr)	✓
Lebensmittel	200m
Brötchen am Platz	✓
Restaurant	200m
Ver-/Entsorgung Womo	✓
in den Ort	200m
Touristenplätze	30
Mietunterkünfte	✗
Stellplätze vor Schranke	✓

4.6 SEHR GUT
20 Bewertungen

Lage	4.6
Ruhe	4.2
Sanitäranlagen	4.6
Sauberkeit Ø	4.8
Freundlichkeit	4.8
Stellplatz	4.1
Verpflegung	3.7
Freizeit	4.7
Preis-Leistung	4.7
Mietunterkünfte	-

Geeignet für

Kinder b. 6 J.	3.5
Kinder b. 12 J.	3.8
Kinder b. 18 J.	3.8
Paare	4.7
Senioren	4.9
Gäste mit Zelt	3.8
Gäste mit Hund	4.3

Empfohlene Aktivitäten
- Wandern
- Radfahren
- Entspannen

5 Camping Zum See

❄

Kirchgasse 26
39027 St. Valentin auf der Haide
+39 0473 634576
46.76454 | 10.53254
1450m ü.M.

ganzjährig
HS: 27,00 € | NS: 22,00 €
Mehr Infos & Anfrage:
www.camping.info/24951

Baden im See	300m
Pool/Hallenbad	5km
Spielplatz am Platz	✓
Hunde erlaubt	✓
Skilift/Loipe	✓/200m
WLAN	✓
Lebensmittel	100m
Brötchen am Platz	✗
Restaurant & Imbiss	✓
Ver-/Entsorgung Womo	✓
in den Ort	5km
Touristenplätze	40
Mietunterkünfte	✗
Stellplätze vor Schranke	✓

4.6 SEHR GUT
18 Bewertungen

Lage	4.6
Ruhe	4.3
Sanitäranlagen	5.0
Sauberkeit Ø	5.0
Freundlichkeit	4.8
Stellplatz	4.2
Verpflegung	4.0
Freizeit	4.2
Preis-Leistung	4.6
Mietunterkünfte	-

Geeignet für

Kinder b. 6 J.	3.5
Kinder b. 12 J.	3.8
Kinder b. 18 J.	3.7
Paare	4.8
Senioren	4.9
Gäste mit Zelt	3.7
Gäste mit Hund	4.6

Empfohlene Aktivitäten
- Wandern
- Radfahren
- Mountainbiking

6 CaravanPark Schnals – Senales

❄

Kurzras
39020 Schnalstal
+39 0473 662171
46.75642 | 10.78198
2000m ü.M.

29.06. - 31.10.
01.11. - 03.05.
HS: 31,00 € | NS: 25,00 €
Mehr Infos & Anfrage:
www.camping.info/23396

Baden in nat. Gewässer	k. A.
Pool/Hallenbad	14km/200m
Spielplatz	200m
Hunde willkommen	✓
Skilift/Loipe	✓/200m
WLAN	✓
Lebensmittel	200m
Brötchen am Platz	✗
Restaurant/Imbiss	200m
Ver-/Entsorgung Womo	✓
in den Ort	100m
Touristenplätze	90
Mietunterkünfte	✗
Stellplätze vor Schranke	✗

4.2 SEHR GUT
27 Bewertungen

Lage	4.7
Ruhe	4.0
Sanitäranlagen	4.5
Sauberkeit Ø	4.4
Freundlichkeit	4.0
Stellplatz	4.0
Verpflegung	3.6
Freizeit	4.0
Preis-Leistung	3.8
Mietunterkünfte	-

Geeignet für

Kinder b. 6 J.	3.3
Kinder b. 12 J.	3.4
Kinder b. 18 J.	3.9
Paare	4.5
Senioren	4.4
Gäste mit Zelt	2.5
Gäste mit Hund	4.2

Empfohlene Aktivitäten
- Ski
- Wandern
- Klettern

7 Camping Passeier Meran

Pseirerstr. 10
39010 Saltaus - St. Martin
+39 0473 645454
46.72828 | 11.20213
500m ü.M.

28.03. - 15.11.
HS: 33,50 € | NS: 28,50 €
Mehr Infos & Anfrage:
www.camping.info/22239

Baden in nat. Gewässer	k. A.
Pool am Platz	✓
Spielplatz am Platz	✓
Hunde willkommen	✓
Skilift/Loipe	9/30km
WLAN (gegen Gebühr)	✓
Lebensmittel	✓
Brötchen am Platz	✓
Restaurant/Imbiss	200m
Ver-/Entsorgung Womo	✓
in den Ort	200m
Touristenplätze	130
Mietunterkünfte	✓
Stellplätze vor Schranke	✗

4.2 SEHR GUT
114 Bewertungen

Lage	4.4
Ruhe	4.3
Sanitäranlagen	4.2
Sauberkeit Ø	4.4
Freundlichkeit	4.5
Stellplatz	4.0
Verpflegung	3.7
Freizeit	4.3
Preis-Leistung	4.2
Mietunterkünfte	4.3

Geeignet für

Kinder b. 6 J.	3.9
Kinder b. 12 J.	3.9
Kinder b. 18 J.	3.7
Paare	4.6
Senioren	4.6
Gäste mit Zelt	4.2
Gäste mit Hund	4.4

Empfohlene Aktivitäten
- Wandern
- Radfahren
- Mountainbiking

keine WOMOs ab 12 m

Karte auf Seite 430

	8	9	10
	Camping Mals	**Camping Via Claudia Augusta**	**Camping Gloria Vallis**
	Bahnhofstraße 51 39024 Mals im Vinschgau - Südtirol +39 0473 835179 46.68401 | 10.55 1000m ü.M.	Marktgasse 14 39022 Algund bei Meran +39 0473 223060 46.68109 | 11.11465 330m ü.M.	Wiesenweg 5 39020 Glurns +39 0473 835160 46.67327 | 10.56983 920m ü.M.
Infos			
Öffnungszeiten	15.03. - 05.11.	17.03. - 04.11.	01.04. - 01.11.
Vergleichspreis	HS: 42,40 € | NS: 30,40 €	HS: 38,00 € | NS: 32,00 €	HS: 46,60 € | NS: 39,50 €
Link	**Mehr Infos & Anfrage:** www.camping.info/1270	**Mehr Infos & Anfrage:** www.camping.info/23036	**Mehr Infos & Anfrage:** www.camping.info/1519
Ausstattung			
Freizeit	Baden in nat. Gewässer k. A. Pool/Hallenbad 200m Spielplatz am Platz ✓	Baden in nat. Gewässer k. A. Pool am Platz ✓ Spielplatz am Platz ✓	Baden im Teich am Platz ✓ Pool/Hallenbad 2km Spielplatz am Platz ✓
Campingplatz	Hunde willkommen ✓ Skilift/Loipe 7km WLAN ✓	Hunde willkommen ✓ Skilift & Loipe ✗ WLAN ✓	Hunde willkommen ✓ Skilift 10km WLAN ✓
Versorgung	Lebensmittel 1km Brötchen am Platz ✓ Restaurant/Imbiss 200/100m Ver-/Entsorgung Womo ✓ in den Ort 1km	Lebensmittel 150m Brötchen am Platz ✗ Restaurant 100m Ver-/Entsorgung Womo ✓ in den Ort 300m	Lebensmittel ✓ Brötchen am Platz ✓ Restaurant & Imbiss ✓ Ver-/Entsorgung Womo ✓ in den Ort 1km
Anzahl der Plätze	Touristenplätze 75 Mietunterkünfte ✗ Stellplätze vor Schranke ✗	Touristenplätze 50 Mietunterkünfte ✗ Stellplätze vor Schranke ✗	Touristenplätze 100 Mietunterkünfte ✓ Stellplätze vor Schranke ✓

	Camping Mals	Camping Via Claudia Augusta	Camping Gloria Vallis
Gesamt	4.7 SEHR GUT, 36 Bewertungen	4.4 SEHR GUT, 100 Bewertungen	4.9 SEHR GUT, 116 Bewertungen
Lage	4.6	4.7	4.7
Ruhe	4.1	4.3	4.6
Sanitäranlagen	4.8	4.4	5.0
Sauberkeit Ø	4.9	4.5	5.0
Freundlichkeit	4.9	4.3	4.9
Stellplatz	4.6	4.3	4.8
Verpflegung	3.4	3.1	4.6
Freizeit	4.4	4.4	4.5
Preis-Leistung	4.1	4.1	4.6
Mietunterkünfte	-	-	4.9
Geeignet für			
Kinder b. 6 J.	3.8	3.5	3.5
Kinder b. 12 J.	3.9	3.7	3.5
Kinder b. 18 J.	3.4	3.7	3.7
Paare	4.8	4.8	4.9
Senioren	4.8	4.7	4.9
Gäste mit Zelt	4.7	4.1	4.7
Gäste mit Hund	4.6	4.4	4.8
Empfohlene Aktivitäten	Radfahren Wandern Entspannen	Wandern Radfahren Entspannen	Wandern Radfahren Entspannen
		keine WOMOs über 9 m	für WOMOS bis 9,5 m geeignet; Jugendgruppen nur beschränkt erwünscht

11 Camping Hermitage

Via Val di Nova, Naifweg 29
39012 Meran-Merano
+39 0473 860911
46.67126 | 11.2037
590m ü.M.

01.05. - 30.11.
01.12. - 10.01.
HS: 39,20 € | NS: 30,20 €
Mehr Infos & Anfrage:
www.camping.info/23290

Baden im See	25km
Pool & Hallenbad	✓
Spielplatz am Platz	✓
Hunde willkommen	✓
Skilift	300m
WLAN	✓
Lebensmittel	1km
Brötchen am Platz	✓
Restaurant & Imbiss	✓
Ver-/Entsorgung Womo	✓
in den Ort	3km
Touristenplätze	97
Mietunterkünfte	✓
Stellplätze vor Schranke	✗

4.1 SEHR GUT
61 Bewertungen

Lage	4.5
Ruhe	3.6
Sanitäranlagen	4.1
Sauberkeit Ø	4.5
Freundlichkeit	4.0
Stellplatz	3.9
Verpflegung	3.4
Freizeit	4.3
Preis-Leistung	4.0
Mietunterkünfte	4.2

Geeignet für

Kinder b. 6 J.	3.4
Kinder b. 12 J.	3.9
Kinder b. 18 J.	3.9
Paare	4.6
Senioren	4.4
Gäste mit Zelt	3.6
Gäste mit Hund	4.4

Empfohlene Aktivitäten

- Wandern
- Mountainbiking
- Entspannen

12 Camping im Park - Glurns

Parkweg 1
39020 Glurns
+39 0473 424017 (Camping)
46.67044 | 10.54592
907m ü.M.

30.04. - 29.10.
HS: 24,50 € | NS: 22,50 €
Mehr Infos & Anfrage:
www.camping.info/26521

Baden in nat. Gewässer	k. A.
Pool/Hallenbad	1km
Spielplatz	500m
Hunde willkommen	✓
Skilift/Loipe	13/18km
WLAN	✓
Lebensmittel	500m
Brötchen am Platz	✗
Restaurant/Imbiss	500m
Ver-/Entsorgung Womo	✓
in den Ort	500m
Touristenplätze	60
Mietunterkünfte	✗
Stellplätze vor Schranke	✗

4.2 SEHR GUT
16 Bewertungen

Lage	4.6
Ruhe	4.2
Sanitäranlagen	3.6
Sauberkeit Ø	4.3
Freundlichkeit	4.6
Stellplatz	3.8
Verpflegung	2.9
Freizeit	4.5
Preis-Leistung	4.6
Mietunterkünfte	-

Geeignet für

Kinder b. 6 J.	2.9
Kinder b. 12 J.	3.3
Kinder b. 18 J.	3.8
Paare	4.9
Senioren	4.5
Gäste mit Zelt	4.8
Gäste mit Hund	4.5

Empfohlene Aktivitäten

- Wandern
- Radfahren
- Entspannen

13 Live Meran Camping

Piave Straße 48
39012 Meran
0039 0473 426388
46.66382 | 11.15863

15.03. - 10.01.
HS: 65,00 €
Mehr Infos & Anfrage:
www.camping.info/30104

Baden in nat. Gewässer	k. A.
Pool am Platz	✓
Spielplatz	keine Angabe
Hunde erlaubt	✓
Skilift/Loipe	7km
WLAN	✓
Lebensmittel	100m
Brötchen am Platz	✓
Restaurant/Imbiss	100m/✓
Ver-/Entsorgung Womo	✗
in den Ort	100m
Touristenplätze	91
Mietunterkünfte	✓
Stellplätze vor Schranke	✗

5.0 AUSGEZEICHNET
4 Bewertungen

Lage	5.0
Ruhe	4.3
Sanitäranlagen	5.0
Sauberkeit Ø	5.0
Freundlichkeit	5.0
Stellplatz	5.0
Verpflegung	3.5
Freizeit	4.3
Preis-Leistung	4.7
Mietunterkünfte	5.0

Geeignet für

Kinder b. 6 J.	4.0
Kinder b. 12 J.	4.0
Kinder b. 18 J.	4.0
Paare	5.0
Senioren	4.5
Gäste mit Zelt	1.0
Gäste mit Hund	5.0

Empfohlene Aktivitäten

- Kultur
- Radfahren
- Wandern

14 Camping Adler - Adults Only

Lidostraße 14
39025 Naturns
+39 0473 667242
46.64765 | 11.00704
528m ü.M.

03.07. - 07.11.
HS: 42,10 € | NS: 40,10 €
Mehr Infos & Anfrage:
www.camping.info/1269

Baden in nat. Gewässer	k. A.
Pool/Hallenbad	400m/✓
Spielplatz	✗
Hunde willkommen	✓
Skilift/Loipe	30km
WLAN	✓
Lebensmittel	✓
Brötchen am Platz	✓
Restaurant/Imbiss	200m
Ver-/Entsorgung Womo	✓
in den Ort	50m
Touristenplätze	50
Mietunterkünfte	✓
Stellplätze vor Schranke	✗

4.8 SEHR GUT
79 Bewertungen

Lage	4.9
Ruhe	4.7
Sanitäranlagen	4.9
Sauberkeit Ø	4.9
Freundlichkeit	4.9
Stellplatz	4.7
Verpflegung	4.5
Freizeit	4.8
Preis-Leistung	4.7
Mietunterkünfte	4.9

Geeignet für

Kinder b. 6 J.	4.2
Kinder b. 12 J.	4.4
Kinder b. 18 J.	4.6
Paare	4.9
Senioren	4.9
Gäste mit Zelt	4.5
Gäste mit Hund	4.4

Empfohlene Aktivitäten

- Wandern
- Schwimmen
- Wellness

für WOMOs bis 8 m geeignet; nur für Erwachsene; Mindestalter 16 J.

Karte auf Seite 430

	15 **Waldcamping Naturns**	16 **Camping Vogelsang**	17 **Camping Kiefernhain**
	Dornsbergweg 8 39025 Naturns +39 0473 667298 46.64235 | 11.00891 550m ü.M.	Vogelsangstr. 27 39028 Schlanders +39 328 4690064 46.62702 | 10.78655	Kiefernhainweg 37 39026 Prad am Stilfserjoch +39 0473 616422 46.62494 | 10.59339 900m ü.M.
Infos			
Öffnungszeiten	10.03. - 08.11.	01.04. - 08.11.	01.05. - 02.10.
Vergleichspreis	HS: 50,00 € | NS: 0,00 €	HS: 39,70 € | NS: 37,70 €	HS: 45,10 € | NS: 37,10 €
Link	**Mehr Infos & Anfrage:** www.camping.info/22213	**Mehr Infos & Anfrage:** www.camping.info/27118	**Mehr Infos & Anfrage:** www.camping.info/1280
Ausstattung			
Freizeit	Baden im See 8km Pool/Hallenbad 600m/✓ Spielplatz am Platz ✓	Baden im Fluss 100m Pool/Hallenbad 200m/6km Spielplatz 300m	Baden im See 25km Pool/Hallenbad ✓/2km Spielplatz am Platz ✓
Campingplatz	Hunde willkommen ✓ Skilift/Loipe 25km WLAN ✓	Hunde willkommen ✓ Skilift 30km WLAN ✓	Hunde willkommen ✓ Skilift & Loipe ✗ WLAN ✓
Versorgung	Lebensmittel ✓ Brötchen am Platz ✓ Restaurant/Imbiss 200m Ver-/Entsorgung Womo ✓ in den Ort 500m	Lebensmittel ✓ Brötchen am Platz ✓ Restaurant/Imbiss 300m/✓ Ver-/Entsorgung Womo ✓ in den Ort keine Angabe	Lebensmittel 300m Brötchen am Platz ✓ Restaurant/Imbiss 200m Ver-/Entsorgung Womo ✓ in den Ort 500m
Anzahl der Plätze	Touristenplätze 160 Mietunterkünfte ✓ Stellplätze vor Schranke ✗	Touristenplätze 75 Mietunterkünfte ✗ Stellplätze vor Schranke ✗	Touristenplätze 180 Mietunterkünfte ✗ Stellplätze vor Schranke ✗

	15	16	17
Gesamt	4.8 SEHR GUT, 121 Bewertungen	4.7 SEHR GUT, 39 Bewertungen	4.3 SEHR GUT, 40 Bewertungen
Lage	4.7	4.7	4.5
Ruhe	4.6	4.6	4.3
Sanitäranlagen	4.8	4.7	4.5
Sauberkeit Ø	4.9	4.8	4.8
Freundlichkeit	4.8	4.9	4.7
Stellplatz	4.5	4.5	4.3
Verpflegung	3.6	3.8	3.4
Freizeit	4.5	4.7	4.3
Preis-Leistung	4.1	4.4	3.9
Mietunterkünfte	4.4	-	-
Geeignet für			
Kinder b. 6 J.	4.3	4.3	4.3
Kinder b. 12 J.	4.4	4.4	4.5
Kinder b. 18 J.	4.0	4.5	4.1
Paare	4.8	5.0	4.5
Senioren	4.7	4.7	4.2
Gäste mit Zelt	4.3	4.5	4.7
Gäste mit Hund	4.5	4.7	4.4
Empfohlene Aktivitäten	Wandern Radfahren Mountainbiking	Wandern Mountainbiking Radfahren	Wandern Schwimmen Radfahren

18 Camping Latsch an der Etsch

❄

Reichstraße 4
39021 Latsch
+39 0473 623217

46.62194 | 10.86388
639m ü.M.

01.01. - 10.11.
06.12. - 31.12.

HS: 45,00 € | NS: 42,00 €

Mehr Infos & Anfrage:
www.camping.info/1281

Baden im Fluss am Platz	✓
Pool & Hallenbad	✓
Spielplatz am Platz	✓
Hunde willkommen	✓
Skilift/Loipe	35/15km
WLAN (begrenzt gratis)	✓
Lebensmittel	✓
Brötchen am Platz	✓
Restaurant & Imbiss	✓
Ver-/Entsorgung Womo	✓
in den Ort	1km
Gesamt/Touristen	100/95
Mietunterkünfte	✓
Stellplätze vor Schranke	✗

3.9 GUT
50 Bewertungen

Lage	3.9
Ruhe	3.3
Sanitäranlagen	4.5
Sauberkeit Ø	4.6
Freundlichkeit	4.4
Stellplatz	4.0
Verpflegung	3.9
Freizeit	4.2
Preis-Leistung	3.6
Mietunterkünfte	3.8

Geeignet für

Kinder b. 6 J.	3.5
Kinder b. 12 J.	3.9
Kinder b. 18 J.	3.7
Paare	4.2
Senioren	4.3
Gäste mit Zelt	3.6
Gäste mit Hund	3.9

Empfohlene Aktivitäten

- Wandern
- Radfahren
- Mountainbiking

für WOMOs bis 10 m geeignet

19 Camping Sägemühle mit Residence

❄

Dornweg 12
39026 Prad am Stilfserjoch
+39 0473 616078

46.61769 | 10.59554
915m ü.M.

01.04. - 06.11.
20.12. - 31.03.

HS: 48,20 € | NS: 44,20 €

Mehr Infos & Anfrage:
www.camping.info/1271

Baden im See	50km
Pool & Hallenbad	✓
Spielplatz am Platz	✓
Hunde willkommen	✓
Skilift/Loipe	8/16km
WLAN	✓
Lebensmittel	✓
Brötchen am Platz	✓
Restaurant & Imbiss	✓
Ver-/Entsorgung Womo	✓
in den Ort	200m
Touristenplätze	150
Mietunterkünfte	✓
Stellplätze vor Schranke	✗

4.7 SEHR GUT
203 Bewertungen

Lage	4.6
Ruhe	4.3
Sanitäranlagen	4.8
Sauberkeit Ø	4.8
Freundlichkeit	4.7
Stellplatz	4.5
Verpflegung	4.3
Freizeit	4.5
Preis-Leistung	4.2
Mietunterkünfte	4.7

Geeignet für

Kinder b. 6 J.	4.5
Kinder b. 12 J.	4.5
Kinder b. 18 J.	4.1
Paare	4.7
Senioren	4.7
Gäste mit Zelt	4.3
Gäste mit Hund	4.7

Empfohlene Aktivitäten

- Wandern
- Radfahren
- Mountainbiking

20 Camping Goldrain Cevedale

Vinschgauerstrasse 59
39021 Goldrain
+39 391 4327283

46.61761 | 10.81858

14.03. - 30.10.

HS: 35,50 € | NS: 28,50 €

Mehr Infos & Anfrage:
www.camping.info/26142

Baden in nat. Gewässer	k. A.
Pool/Hallenbad	✓/3km
Spielplatz am Platz	✓
Hunde erlaubt	✓
Skilift & Loipe	✗
WLAN	✓
Lebensmittel	✓
Brötchen am Platz	✓
Restaurant/Imbiss	250m
Ver-/Entsorgung Womo	✓
in den Ort	500m
Touristenplätze	51
Mietunterkünfte	✗
Stellplätze vor Schranke	✗

4.0 SEHR GUT
14 Bewertungen

Lage	4.3
Ruhe	4.0
Sanitäranlagen	4.5
Sauberkeit Ø	4.2
Freundlichkeit	4.1
Stellplatz	3.6
Verpflegung	3.1
Freizeit	3.8
Preis-Leistung	3.8
Mietunterkünfte	-

Geeignet für

Kinder b. 6 J.	3.2
Kinder b. 12 J.	3.2
Kinder b. 18 J.	3.1
Paare	4.5
Senioren	4.6
Gäste mit Zelt	4.2
Gäste mit Hund	4.4

Empfohlene Aktivitäten

- Radfahren
- Wandern
- Mountainbiking

21 Camping Badlerhof

Kugelgasse 4b
39023 Laas - Lasa
+39 0473 628011

46.6155 | 10.6981
868m ü.M.

25.03. - 07.11.

HS: 37,10 € | NS: 33,10 €

Mehr Infos & Anfrage:
www.camping.info/22571

Baden in nat. Gewässer	k. A.
Pool/Hallenbad	500m/5km
Spielplatz am Platz	✓
Hunde willkommen	✓
Skilift & Loipe	✗
WLAN	✓
Lebensmittel	100m
Brötchen am Platz	✗
Restaurant/Imbiss	100m/✓
Ver-/Entsorgung Womo	✓
im Ort	✓
Touristenplätze	35
Mietunterkünfte	✗
Stellplätze vor Schranke	✗

4.8 SEHR GUT
47 Bewertungen

Lage	4.5
Ruhe	4.0
Sanitäranlagen	4.9
Sauberkeit Ø	4.8
Freundlichkeit	4.9
Stellplatz	4.6
Verpflegung	4.1
Freizeit	4.4
Preis-Leistung	4.5
Mietunterkünfte	-

Geeignet für

Kinder b. 6 J.	3.9
Kinder b. 12 J.	4.0
Kinder b. 18 J.	3.8
Paare	4.7
Senioren	4.7
Gäste mit Zelt	4.2
Gäste mit Hund	4.2

Empfohlene Aktivitäten

- Wandern
- Radfahren
- Mountainbiking

25 Alpin Fitness Waldcamping Völlan

Feldweg 25
39011 Völlan/Lana bei Meran
+39 0473 568138
www.alpinfitness-waldcamping.it
info@alpinfitness-waldcamping.it

08.04. - 06.11.

HS: 43,00 € | NS: 33,00 €

Mehr Infos & Anfrage:
www.camping.info/1295

Baden im See	30km
Pool/Hallenbad	✓/10km
Spielplatz am Platz	✓
Hunde willkommen	✓
Skilift & Loipe	✗
WLAN	✓
Lebensmittel	1km
Brötchen am Platz	✓
Restaurant/Imbiss	1km/✓
Ver-/Entsorgung Womo	✓
in den Ort	1km
Touristenplätze	60
Mietunterkünfte	✓
Stellplätze vor Schranke	✗

Blick auf den Pool und herrliches Panorama.

Lage & Stellplatz

Umgeben von einer Bilderbuchkulisse liegt der Campingplatz in der 2,5 ha großen hügeligen Waldlandschaft über dem Etschtal. In traumhaft schöner Lage, mit Blick auf die zauberhafte Bergwelt der Dolomiten, werden sowohl schattige Waldplätze als auch sonnige Terrassenplätze angeboten. Die Campingstellplätze weisen eine Größe von 60 bis 120 m^2 auf, sind mit Stromanschlüssen und teilweise auch Wasseranschlüssen ausgestattet. Kostenloses WLAN am gesamten Campingplatzgelände. Besonders Naturliebhaber kommen hier voll auf ihre Kosten. Für Hunde gibt es einen Hundepfad mit Hundeschwimmbad.

Sanitär

Den Gästen stehen zwei Sanitärgebäude zur Verfügung. Das Sanitärhaus 1 wurde im Frühjahr 2019 neu eröffnet. Es ist ausgestattet mit geräumigen Einzelwaschkabinen mit Regendusche und Waschbecken. Des Weiteren verfügt es über getrennte WCs und einen großzügig modernen Waschtisch mit mehreren Waschbecken samt Ablage. Im selben Gebäude befindet sich der Geschirrspülraum. Seit März 2021 werden den Gästen vier neue Privatmietbäder geboten. Jedes Bad ist ausgestattet mit Dusche, WC und Waschbereich. Außerdem gibt es einen Raum mit Waschmaschinen und Wäschetrockner.

Schöne Terrassenplätze.

Privatmietbad.

1 km
46.59656 | 11.14813
680m ü.M.

Keine WOMOs ab 9 m;
keine Motorradgruppen.

Luftaufnahme des Campingplatzes in Bilderbuchkulisse.

Verpflegung

Zur Ausstattung gehören die hauseigene Bar sowie das liebevoll eingerichtete kleine Einkaufsgeschäft. Ein morgendlicher Brötchenservice steht den Gästen zu Verfügung. Zentral gelegen, mitten auf dem Campingareal, befindet sich die urige Grillhütte. In den Sommermonaten ist sie ein beliebter Treffpunkt bei den wöchentlich organisierten Grill- und Pizza-Abenden.

Freizeit

Besonders beliebt ist das großzügig angelegte Freischwimmbad. Den kleinen Campern wird am Waldspielplatz jede Menge Spiel und Spaß geboten. Sportlich-aktive Gäste kommen auch auf ihre Kosten, denn durch die gute Lage ist der Alpin Fitness Waldcamping Völlan ein idealer Ausgangspunkt für Wanderungen, Nordic Walking und Mountainbike-Touren. Interne Wege laden ein zu entspannenden Spaziergängen zu den Aussichtspunkten. Von Mai bis Oktober kostenloser Bike-Shuttle nach Lana und Retour. Der verkehrsgünstige Standort erlaubt es außerdem, die nahe gelegenen Städte Meran und Bozen zu besichtigen.

5.0

Wir waren in diesem Sommer zum ersten, aber nicht zum letzten Mal auf diesem wunderschönen Campingplatz und sind absolut begeistert von diesem. Der Platz ist von dem Besitzer sehr schön gestaltet, wird mit viel Liebe gepflegt und ist sehr sauber! Die neuen Sanitäranlagen mit Loungemusik sind der Hammer! Ein riesiges Freibad und ein schöner Spielplatz runden das Angebot für Groß und Klein ab. Die Grill- und Pizzaabende an der Grillhütte haben uns sehr gut gefallen und das Essen war sehr lecker. Die Besitzer und deren Mitarbeiter waren zur jederzeit sehr freundlich.

Christian S.

Christian und Silke campen mit ihren Zwillingen Anna und Justus im Wohnwagen. Egal ob am Meer, in den Bergen oder um die Ecke zu Hause – Familiencamping ist herrlich! Sie waren im Juli 2021 auf dem Platz.

Pizzaabend.

Waldspielplatz.

4.7 **SEHR GUT**
127 Bewertungen

Lage	4.7
Ruhe	4.8
Sanitäranlagen	4.3
Sauberkeit Ø	4.8
Freundlichkeit	4.9
Stellplatz	4.5
Verpflegung	3.7
Freizeit	4.4
Preis-Leistung	4.6
Mietunterkünfte	4.8

Geeignet für

- 4.9 Paare
- 4.8 Gäste mit Hund
- 4.7 Gäste mit Zelt
- 4.5 Senioren
- 4.4 Kinder b. 12 J.
- 4.3 Kinder b. 6 J.
- 4.2 Kinder b. 18 J.

Empfohlene Aktivitäten

Wandern · Entspannen · Schwimmen · Mountainbiking

Mehr Infos

Karte auf Seite 430

	22	23	24
	Luxury Camping Schlosshof*****	**Camping Arquin**	**Camping Völlan**
	👍	👍	
	Jaufenstraße 10 39011 Lana +39 0473 561469	Feldgatterweg 25 39011 Lana +39 0473 561187	Zehentweg 6 39011 Völlan +39 0473 568 056
	46.61194 | 11.16861 320m ü.M.	46.61112 | 11.17406 280m ü.M.	46.59871 | 11.14634 650m ü.M.
Infos			
Öffnungszeiten	01.03. - 15.11.	01.03. - 10.11. 02.12. - 06.01.	07.04. - 07.11.
Vergleichspreis	HS: 48,00 € | NS: 48,00 €	HS: 48,00 € | NS: 40,00 €	HS: 42,80 € | NS: 30,30 €
Link	**Mehr Infos & Anfrage:** www.camping.info/1292	**Mehr Infos & Anfrage:** www.camping.info/1268	**Mehr Infos & Anfrage:** www.camping.info/1334
Ausstattung			
Freizeit	Baden im See 20km Pool & Hallenbad ✓ Spielplatz am Platz ✓	Baden im See 20km Pool/Hallenbad ✓/5km Spielplatz am Platz ✓	Baden im Teich 2km Pool/Hallenbad ✓/5km Spielplatz am Platz ✓
Campingplatz	Hunde willkommen ✓ Loipe 3km WLAN ✓	Hunde willkommen ✓ Skilift/Loipe 25km WLAN ✓	Hunde willkommen ✓ Skilift & Loipe ✗ WLAN (gegen Gebühr) ✓
Versorgung	Lebensmittel 200m Brötchen am Platz ✓ Restaurant & Imbiss ✓ Ver-/Entsorgung Womo ✓ in den Ort 500m	Lebensmittel ✓ Brötchen am Platz ✓ Restaurant & Imbiss ✓ Ver-/Entsorgung Womo ✓ in den Ort 500m	Lebensmittel ✓ Brötchen am Platz ✓ Restaurant/Imbiss 500m Ver-/Entsorgung Womo ✓ in den Ort 1km
Anzahl der Plätze	Touristenplätze 135 Mietunterkünfte ✓ Stellplätze vor Schranke ✗	Touristenplätze 110 Mietunterkünfte ✗ Stellplätze vor Schranke ✓	Touristenplätze 50 Mietunterkünfte ✗ Stellplätze vor Schranke ✗

	Luxury Camping Schlosshof	Camping Arquin	Camping Völlan
Gesamt	4.8 SEHR GUT 2523 Bewertungen	4.4 SEHR GUT 526 Bewertungen	4.4 SEHR GUT 37 Bewertungen
Lage	4.5	4.4	4.1
Ruhe	4.5	4.2	4.4
Sanitäranlagen	4.9	4.6	4.6
Sauberkeit Ø	4.9	4.7	4.8
Freundlichkeit	4.9	4.4	4.9
Stellplatz	4.6	4.4	4.0
Verpflegung	4.5	4.1	3.8
Freizeit	4.6	4.3	3.9
Preis-Leistung	4.5	4.2	4.1
Mietunterkünfte	4.6	-	-
Geeignet für			
Kinder b. 6 J.	4.2	3.8	3.4
Kinder b. 12 J.	4.2	3.9	3.6
Kinder b. 18 J.	4.0	3.7	3.6
Paare	4.8	4.7	4.7
Senioren	4.8	4.7	4.5
Gäste mit Zelt	3.8	4.1	4.3
Gäste mit Hund	4.4	4.4	4.5
Empfohlene Aktivitäten	Wandern Radfahren Entspannen	Wandern Radfahren Entspannen	Wandern Entspannen Mountainbiking
	keine WOMOs ab 12 m; für Jugendgruppen nicht geeignet	AWARD 2021	

26 Camping Ganthaler

Meranerstr. 50
39018 Terlan/Vilpian
+39 0471 678716

46.56766 | 11.2236

15.03. - 06.11.

HS: 35,00 € | NS: 28,00 €

Mehr Infos & Anfrage: www.camping.info/1278

Baden im See	20km
Pool/Hallenbad	✓/12km
Spielplatz	1km
Hunde erlaubt	✓
Skilift & Loipe	keine Angabe
WLAN	✓
Lebensmittel	1km
Brötchen am Platz	✓
Restaurant & Imbiss	✓
Ver-/Entsorgung Womo	✓
in den Ort	1km
Touristenplätze	29
Mietunterkünfte	✗
Stellplätze vor Schranke	✓

4.3 SEHR GUT – 19 Bewertungen

Lage	4.2
Ruhe	3.9
Sanitäranlagen	3.8
Sauberkeit Ø	4.6
Freundlichkeit	4.6
Stellplatz	3.8
Verpflegung	4.2
Freizeit	3.8
Preis-Leistung	3.9
Mietunterkünfte	-

Geeignet für

Kinder b. 6 J.	3.3
Kinder b. 12 J.	3.6
Kinder b. 18 J.	3.1
Paare	4.5
Senioren	4.6
Gäste mit Zelt	4.3
Gäste mit Hund	4.0

Empfohlene Aktivitäten

- Wandern
- Tennis
- Radfahren

27 Naturcaravanpark Camping Tisens

39010 Tisens bei Meran
+39 0473 927131

46.56267 | 11.17696

ganzjährig

HS: 34,40 € | NS: 34,40 €

Mehr Infos & Anfrage: www.camping.info/22142

Baden in nat. Gewässer	k. A.
Pool am Platz	✓
Spielplatz am Platz	✓
Hunde willkommen	✓
Skilift & Loipe	✗
WLAN	✓
Lebensmittel	✓
Brötchen am Platz	✓
Restaurant & Imbiss	✓
Ver-/Entsorgung Womo	✓
in den Ort	200m
Touristenplätze	99
Mietunterkünfte	✓
Stellplätze vor Schranke	✓

4.7 SEHR GUT – 222 Bewertungen

Lage	4.7
Ruhe	4.7
Sanitäranlagen	4.7
Sauberkeit Ø	4.8
Freundlichkeit	4.8
Stellplatz	4.5
Verpflegung	4.4
Freizeit	4.4
Preis-Leistung	4.5
Mietunterkünfte	4.4

Geeignet für

Kinder b. 6 J.	4.5
Kinder b. 12 J.	4.5
Kinder b. 18 J.	4.2
Paare	4.8
Senioren	4.7
Gäste mit Zelt	4.4
Gäste mit Hund	4.8

Empfohlene Aktivitäten

- Wandern
- Schwimmen
- Entspannen

28 Camping Trafoi

Dreibrunnenweg 1
39020 Trafoi
+39 0473 611533

46.54366 | 10.50754

10.06. - 20.09.

HS: 31,20 € | NS: 28,20 €

Mehr Infos & Anfrage: www.camping.info/1293

Baden in nat. Gewässer	k. A.
Hallenbad	1km
Spielplatz	✗
Hunde erlaubt	✓
Skilift & Loipe	keine Angabe
WLAN	✗
Lebensmittel	✓
Brötchen am Platz	✓
Restaurant/Imbiss	1km
Ver-/Entsorgung Womo	✗
in den Ort	1km
Gesamt/Touristen	100/97
Mietunterkünfte	✗
Stellplätze vor Schranke	✗

4.2 SEHR GUT – 8 Bewertungen

Lage	4.8
Ruhe	4.9
Sanitäranlagen	4.2
Sauberkeit Ø	4.6
Freundlichkeit	4.7
Stellplatz	4.4
Verpflegung	3.4
Freizeit	3.1
Preis-Leistung	4.1
Mietunterkünfte	-

Geeignet für

Kinder b. 6 J.	3.3
Kinder b. 12 J.	3.8
Kinder b. 18 J.	4.0
Paare	4.5
Senioren	4.2
Gäste mit Zelt	4.3
Gäste mit Hund	4.2

Empfohlene Aktivitäten

- Wandern
- Radfahren
- Mountainbiking

29 Alpina Mountain Camping

Sulden 111
39029 Sulden am Ortler

46.53009 | 10.58277

keine Angabe

keine Angabe

Mehr Infos & Anfrage: www.camping.info/28126

Baden in nat. Gewässer	k. A.
Pool & Hallenbad	✗
Spielplatz	keine Angabe
Hunde	✗
Skilift & Loipe	keine Angabe
WLAN	keine Angabe
Lebensmittel	k.A.
Brötchen	keine Angabe
Restaurant & Imbiss	✗
Ver-/Entsorgung Womo	✗
in den Ort	keine Angabe
Gesamt	keine Angabe
Mietunterkünfte	✗
Stellplätze vor Schranke	✗

4.7 SEHR GUT – 3 Bewertungen

Lage	5.0
Ruhe	5.0
Sanitäranlagen	5.0
Sauberkeit Ø	5.0
Freundlichkeit	5.0
Stellplatz	5.0
Verpflegung	5.0
Freizeit	5.0
Preis-Leistung	5.0
Mietunterkünfte	-

Geeignet für

Kinder b. 6 J.	-
Kinder b. 12 J.	-
Kinder b. 18 J.	-
Paare	5.0
Senioren	-
Gäste mit Zelt	2.0
Hunde n. erlaubt	-

Empfohlene Aktivitäten

- Klettern
- Wandern
- Mountainbiking

ITALIEN

❷ Südtirol Ost

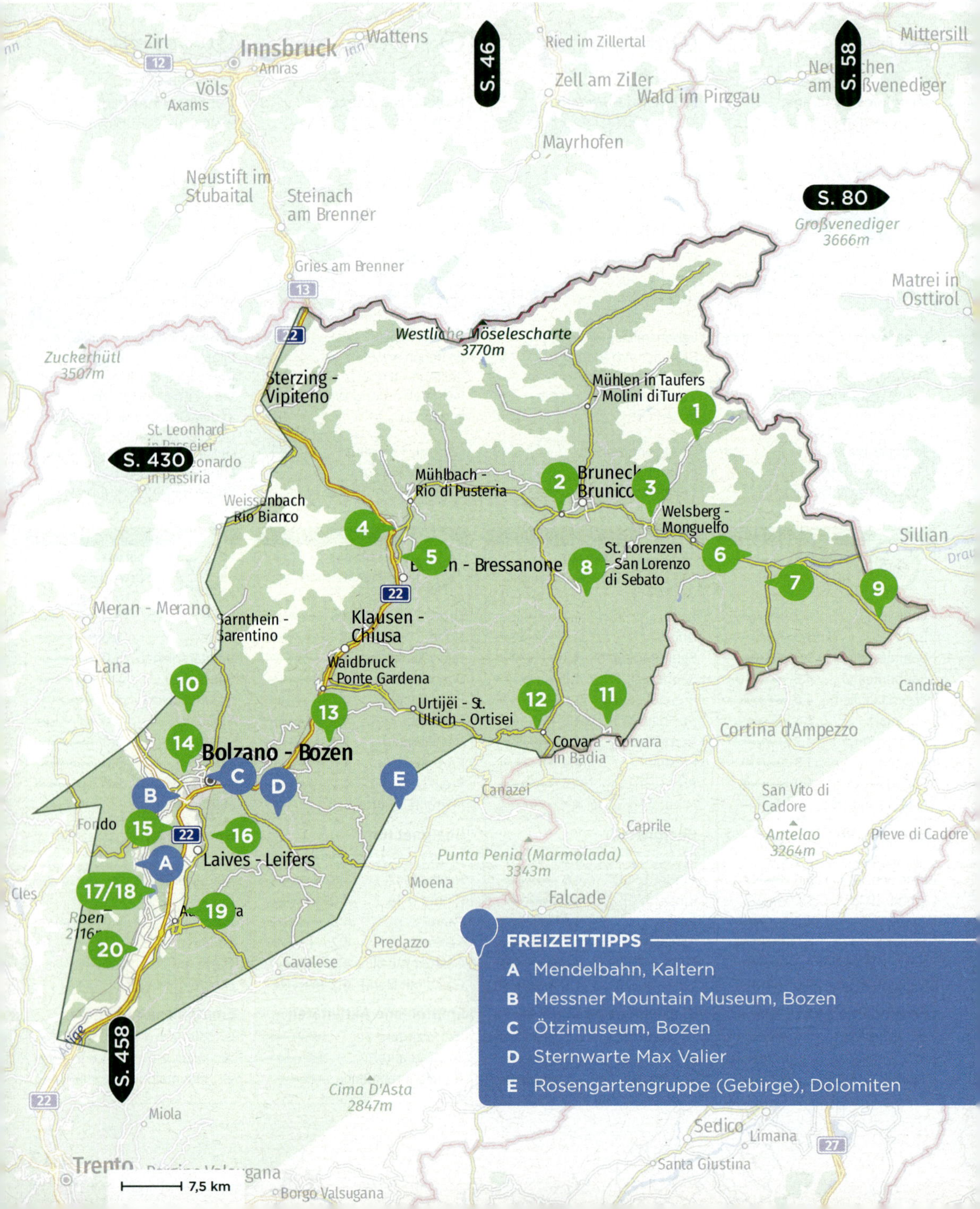

FREIZEITTIPPS

- **A** Mendelbahn, Kaltern
- **B** Messner Mountain Museum, Bozen
- **C** Ötzimuseum, Bozen
- **D** Sternwarte Max Valier
- **E** Rosengartengruppe (Gebirge), Dolomiten

	Platz	Seite	Bewertung	Öffnungszeiten	
1	Camping Antholz	448	4.4	ganzjährig	✻
2	Campeggio Ansitz Wildberg	448	4.6	saisonal	✻
3	Camping Residence Corones	448	4.3	saisonal	✻
4	Camping Vahrner See	450	3.1	saisonal	
5	Camping Löwenhof	450	3.3	saisonal	✻
6	Camping Olympia	449	4.6	ganzjährig	✻
7	Camping Toblacher See	450	4.6	saisonal	✻
8	Camping AL PLAN - Dolomites	451	4.4	saisonal	✻
9	Caravan Park Sexten	452	4.7	ganzjährig	✻ 👍
10	Camping Chalet Natur Idyll Salten	451	4.6	saisonal	✻
11	Camping Sass Dlacia	451	4.1	saisonal	✻
12	Camping Colfosco	451	3.9	saisonal	✻
13	Camping Seiser Alm	455	4.8	saisonal	✻ 👍
14	Camping Moosbauer	454	4.6	saisonal	👍
15	Camping Montiggl	454	5.0	saisonal	
16	Camping-Park Steiner Südtirol	457	4.6	saisonal	
17	Camping Gretl am See	454	3.4	saisonal	
18	Camping St. Josef am Kalterer See	456	3.6	saisonal	
19	Camping Markushof ****	456	4.3	saisonal	
20	Camping Obstgarten	456	4.8	saisonal	

✻ Wintercamping FKK Textilfrei (ganz/teilweise) Ecocamping 👍 Award Onlinebuchung

Skiabfahrt auf der Seiser Alm © IDM Südtirol/Clemens Zahn

OUTDOOR-FANS AUFGEPASST

Mit seinen schroffen Felsgipfeln, sauberen Bergseen und grünen Hochalmen zieht der östliche Teil Südtirols vor allem die Naturliebhaber und die Outdoor-Fans unter den Campern an. Neben den Dolomiten, die seit 2009 zum Welterbe der UNESCO gehören, stellen mittelalterliche Burgen und Schlösser beliebte Ausflugsziele für Jung und Alt dar. Im Winter zählen Skifahren, Langlaufen und Rodeln zu den beliebtesten Tätigkeiten in der Region.

PUSTERTAL, EISACKTAL UND TAUFERER AHRNTAL

Am charakteristischsten für die Region sind natürlich die markanten Gebirgszüge der Dolomiten. Im Süden des eindrucksvollen Pustertales liegt der Naturpark Sextner Dolomiten mit den mächtigen Felstürmen der Drei Zinnen. Hier können kletterbegeisterte Camper ihr Können auf knapp 3.000 m Höhe unter Beweis stellen. Im Pustertal findet man zudem viele kristallklare Bergseen (zum Beispiel den Pragser Wildsee) sowie die größte steinerne Sonnenuhr der Welt, die Sextner Sonnenuhr. Auch der Toblacher Wildpark und das Schloss Rodenegg gehören zu den touristischen Anziehungspunkten des Südtiroler Ostens. Unvergessliche Naturerlebnisse bieten eine Tour auf dem Pustertal-Radweg sowie die wunderbaren Naturrodelbahnen in Antholz, Olang und Bruneck. In Bruneck können weitere Attraktionen bestaunt werden, darunter das Messner Mountain Museum Ripa im Schloss Bruneck oder die Stadtgasse – eine der schönsten Einkaufsstraßen in Südtirol. Das Eisacktal eignet sich ebenfalls perfekt für Wanderungen und Ausflüge aller Art. Als absolutes Paradies für Naturliebhaber gilt das romantische Villnösstal, einmalige Innenstädte mit historischen Bauwerken gibt es in den Städten Sterzing, Klausen und Brixen zu bewundern und im Nordosten Südtirols liegt schließlich das Tauferer Ahrntal. Am Südrand der Zillertaler Alpen findet man zahlreiche landschaftliche Highlights wie den Naturpark Rieserferner-Ahrn, die atemberaubenden Reinbach-Wasserfälle oder den tiefblauen Klaussee auf einer Höhe von 2.162 Metern.

Wackerer Lacke im Eisacktal
© IDM Südtirol/Helmuth Rier

SEEN, STÄDTE UND SKIGEBIETE

Kalterer See © IDM Südtirol/Clemens Zahn

Die Gegend weiter südlich ist gekennzeichnet durch idyllische Landschaften, in denen mediterranes Lebensgefühl und hochalpines Flair einander begegnen. Eppan, Tramin und Kaltern sind Weindörfer mit großer Tradition, in denen die besten Weine Südtirols zu finden sind. Auf einer Länge von 40 km verläuft die bekannte Südtiroler Weinstraße durch den Süden der Provinz und begeistert nicht nur Weinkenner. Zum Baden lädt unter anderem der Kalterer See ein. Beliebte Ziele für leidenschaftliche Wanderer sind beispielsweise der Kalterer Höhenweg, die Bletterbachschlucht in Aldein und die Seiser Alm. Als Europas größte Hochalm bietet die Seiser Alm nicht nur ein Netz von mehr als 350 km markierten Wanderwegen, sondern ebenso eine unvergessliche Naturkulisse und anspruchsvolle Klettersteige. Für interessante Ausflüge in der Region ist ebenfalls gesorgt, wobei die Landeshauptstadt Bozen diesbezüglich hervorsticht. Ein mittelalterliches Stadtzentrum, das bekannte Schloss Runkelstein, der Dom Maria Himmelfahrt oder das Südtiroler Archäologiemuseum, wo seit 1998 die Gletschermumie „Ötzi" zu bestaunen ist – Bozen fasziniert mit einem vielfältigen Angebot. Schneesichere Skigebiete sind im weltweit größten Skiverbund „Dolomiti Superski" garantiert. In erster Linie sind es die bekannten Wintersportregionen Alta Badia und Gröden, die mit spektakulären Pisten und modernen Liftanlagen für einen erlebnisreichen Winterurlaub sorgen.

Schneebedeckte Rosengartengruppe in den Dolomiten
© IDM Südtirol/Frieder Blickle

TIPP DER REDAKTION

Campeggio Ansitz Wildberg

Sankt Lorenzen | Nr. 2 | Seite 448

Laut Gästen ideal geeignet zum:

- Wandern
- Radfahren
- Entspannen

4.6

Karte auf Seite 444

	1	2	3
	Camping Antholz	**Campeggio Ansitz Wildberg**	**Camping Residence Corones**
	✻ Obertaler Str. 10 39030 Antholz +39 0474 492204 46.86449 | 12.10955 1250m ü.M.	✻ Dorfstraße 9 39030 Sankt Lorenzen +39 0474 474 080 46.78137 | 11.8986 850m ü.M.	✻ Gepaiden 13 39030 Rasen/Antholz +39 0474 496490 46.77564 | 12.03734 1040m ü.M.
Infos			
Öffnungszeiten	ganzjährig	28.04. - 04.11. 01.12. - 03.11.	01.01. - 19.04. 20.05. - 25.10.
Vergleichspreis	HS: 33,20 € | NS: 22,20 €	HS: 39,40 € | NS: 23,40 €	HS: 47,00 € | NS: 35,00 €
Link	**Mehr Infos & Anfrage:** www.camping.info/1267	**Mehr Infos & Anfrage:** www.camping.info/1294	**Mehr Infos & Anfrage:** www.camping.info/1276
Ausstattung			
Freizeit	Baden im See 5km Pool/Hallenbad 11/25km Spielplatz am Platz ✓	Baden im See 5km Pool am Platz ✓ Spielplatz am Platz ✓	Baden im See 14km Pool/Hallenbad ✓/15km Spielplatz am Platz ✓
Campingplatz	Hunde erlaubt ✓ Skilift/Loipe 13km/✓ WLAN ✓	Hunde willkommen ✓ Skilift/Loipe 3km WLAN (gegen Gebühr) ✓	Hunde willkommen ✓ Skilift/Loipe 5/2km WLAN ✓
Versorgung	Lebensmittel 500m Brötchen am Platz ✓ Restaurant & Imbiss ✓ Ver-/Entsorgung Womo ✓ in den Ort 500m	Lebensmittel 500m Brötchen am Platz ✗ Restaurant/Imbiss 500m Ver-/Entsorgung Womo ✓ in den Ort 500m	Lebensmittel ✓ Brötchen am Platz ✓ Restaurant & Imbiss ✓ Ver-/Entsorgung Womo ✓ in den Ort 2km
Anzahl der Plätze	Gesamt/Touristen 160/100 Mietunterkünfte ✓ Stellplätze vor Schranke ✗	Touristenplätze 100 Mietunterkünfte ✓ Stellplätze vor Schranke ✗	Touristenplätze 160 Mietunterkünfte ✓ Stellplätze vor Schranke ✓
	4.4 SEHR GUT 43 Bewertungen	**4.6** SEHR GUT 68 Bewertungen	**4.3** SEHR GUT 60 Bewertungen
Lage	4.6	4.7	4.4
Ruhe	4.4	4.2	4.7
Sanitäranlagen	4.6	4.6	4.5
Sauberkeit Ø	4.7	4.7	4.7
Freundlichkeit	4.7	4.9	4.5
Stellplatz	4.3	4.3	4.3
Verpflegung	4.3	3.1	3.9
Freizeit	4.3	4.6	4.4
Preis-Leistung	4.4	4.4	4.2
Mietunterkünfte	5.0	4.6	4.5
Geeignet für			
Kinder b. 6 J.	4.0	4.8	4.0
Kinder b. 12 J.	4.2	4.7	4.0
Kinder b. 18 J.	4.0	3.9	3.6
Paare	4.8	4.7	4.6
Senioren	4.7	4.7	4.7
Gäste mit Zelt	4.3	4.6	4.3
Gäste mit Hund	4.3	4.4	4.5
Empfohlene Aktivitäten	Wandern Mountainbiking Entspannen	Wandern Radfahren Entspannen	Wandern Radfahren Entspannen

Camping Residence Corones: für WOMOs bis 10 m empfohlen; keine Jugendgruppen

6 Camping Olympia

Camping 1
39034 Toblach
+39 0474 972147
www.camping-olympia.com
info@camping-olympia.com

ganzjährig

HS: 48,20 € | NS: 33,70 €

Mehr Infos & Anfrage:
www.camping.info/1289

Baden im Teich	3km
Pool/Hallenbad	✓/6km
Spielplatz am Platz	✓
Hunde willkommen	✓
Skilift/Loipe	1km/✓
WLAN	✓
Lebensmittel	✓
Brötchen am Platz	✓
Restaurant & Imbiss	✓
Ver-/Entsorgung Womo	✓
in den Ort	1km
Gesamt/Touristen	290/230
Mietunterkünfte	✓
Stellplätze vor Schranke	✗

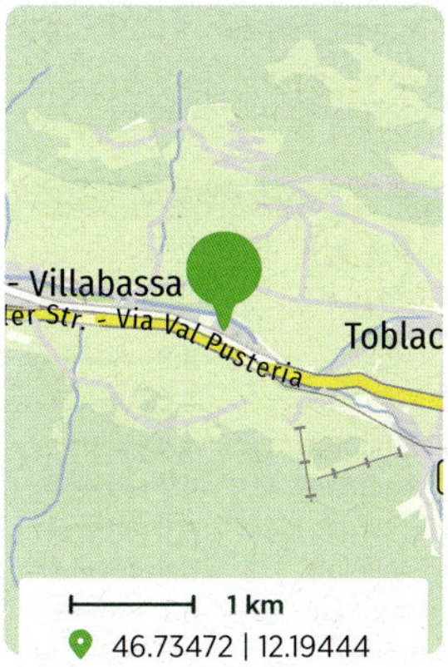

46.73472 | 12.19444

Campingplatz von oben.

Lage & Stellplatz

Der 4-Sterne-Campingplatz liegt in der Dolomitenregion Drei Zinnen. Idealer Ausgangspunkt für Wanderungen, Spaziergänge und Fahrradtouren, da er direkt an einen Hauptfahrradweg angebunden ist. Die Stellplätze bestehen aus Rasen und Schotter und verfügen über Strom, TV und Wasser-/Abwasseranschluss.

Verpflegung

Kulinarisch verwöhnen lassen kann man sich im Restaurant „Samyr". Regionale typische Gerichte sowie schmackhafte Pizzen runden das Angebot ab. Im platzeigenen Supermarkt findet man frische Brötchen, Nahrungsmittel sowie Campingzubehör.

Sanitär

Die Sanitäranlagen sind von höchster Qualität, sauber und in ausreichender Anzahl vorhanden. Für die kleinsten Gästen stehen Babyrooms bereit; die Sanitärgebäude sind auch für Menschen mit Behinderungen konzipiert. Geschirrwaschraum, Waschsalon und separates Hundebad sind ebenfalls vorhanden.

Freizeit

Hier gibt es Kinderanimation in der Hochsaison. Fast ganzjährig werden geführte Wanderungen angeboten (4x/Woche); in den Sommermonaten zusätzlich geführte Mountainbike-Touren (3x/Woche). Eigener Tierpark: auf ca. 1.000 m^2 lebt eine große Tierfamilie mit Ponys, Ziegen, Hasen, Erdmännchen u. v. m.

Campingplatz in der Nacht.

Beheiztes Schwimmbad im Sommer.

4.6 SEHR GUT
223 Bewertungen

Lage	4.5
Ruhe	4.5
Sanitäranlagen	4.6
Sauberkeit Ø	4.8
Freundlichkeit	4.9
Stellplatz	4.5
Verpflegung	4.6
Freizeit	4.4
Preis-Leistung	4.5
Mietunterkünfte	4.6

Geeignet für

4.7 Senioren

- 4.6 Paare
- 4.6 Gäste mit Hund
- 4.5 Kinder b. 6 J.
- 4.5 Kinder b. 12 J.
- 4.5 Gäste mit Zelt
- 4.3 Kinder b. 18 J.

Empfohlene Aktivitäten

Wandern · Radfahren · Mountainbiking · Entspannen

Mehr Infos

Karte auf Seite 444

	4	5	7
	Camping Vahrner See	**Camping Löwenhof**	**Camping Toblacher See**
		❄	❄
	Vahrner See Weg 6 39040 Vahrn +39 0472 832169	Brennerstraße 60 39040 Vahrn/ Brixen +39 0472 836216	Toblacher See 3 39034 Toblach +39 0474 97 31 38
	46.7612 | 11.63447	46.73472 | 11.64555	46.70625 | 12.21757
Infos			
Öffnungszeiten	01.04. - 12.10.	28.03. - 30.10. 27.11. - 06.01.	25.12. - 31.10.
Vergleichspreis	HS: 26,00 € | NS: 23,00 €	HS: 39,50 € | NS: 39,50 €	HS: 43,70 € | NS: 31,70 €
Link	**Mehr Infos & Anfrage:** www.camping.info/1282	**Mehr Infos & Anfrage:** www.camping.info/1285	**Mehr Infos & Anfrage:** www.camping.info/1283
Ausstattung			
Freizeit	Baden im See 500m Pool/Hallenbad 6km Spielplatz am Platz ✓	Baden in nat. Gewässer k. A. Pool & Hallenbad ✓ Spielplatz am Platz ✓	Baden im See am Platz ✓ Pool/Hallenbad 6km Spielplatz keine Angabe
Campingplatz	Hunde erlaubt ✓ Skilift 9km WLAN ✗	Hunde erlaubt ✓ Skilift 8km WLAN ✓	Hunde willkommen ✓ Skilift/Loipe 3km/✓ WLAN ✓
Versorgung	Lebensmittel ✓ Brötchen am Platz ✓ Restaurant & Imbiss ✓ Ver-/Entsorgung Womo ✗ in den Ort 2km	Lebensmittel ✓ Brötchen am Platz ✓ Restaurant & Imbiss ✓ Ver-/Entsorgung Womo ✓ in den Ort 500m	Lebensmittel ✓ Brötchen am Platz ✓ Restaurant & Imbiss ✓ Ver-/Entsorgung Womo ✓ in den Ort 3km
Anzahl der Plätze	Gesamt/Touristen 70/60 Mietunterkünfte ✓ Stellplätze vor Schranke ✗	Gesamt/Touristen 50/40 Mietunterkünfte ✓ Stellplätze vor Schranke ✗	Touristenplätze 125 Mietunterkünfte ✗ Stellplätze vor Schranke ✗

	Camping Vahrner See	Camping Löwenhof	Camping Toblacher See
Bewertung	**3.1** GUT, 14 Bewertungen	**3.3** GUT, 29 Bewertungen	**4.6** SEHR GUT, 139 Bewertungen
Lage	3.5	3.8	4.8
Ruhe	1.9	3.3	4.6
Sanitäranlagen	2.7	2.8	4.4
Sauberkeit Ø	3.9	3.0	4.7
Freundlichkeit	4.2	3.3	4.8
Stellplatz	2.9	3.2	4.4
Verpflegung	3.8	3.6	4.1
Freizeit	3.3	4.0	4.5
Preis-Leistung	3.6	2.7	4.3
Mietunterkünfte	4.0	5.0	-
Geeignet für			
Kinder b. 6 J.	3.4	2.8	3.9
Kinder b. 12 J.	3.6	2.9	4.2
Kinder b. 18 J.	3.4	2.9	4.3
Paare	3.8	3.9	4.8
Senioren	3.3	3.9	4.7
Gäste mit Zelt	4.0	3.7	4.5
Gäste mit Hund	3.7	3.8	4.7
Empfohlene Aktivitäten	Radfahren Wandern Schwimmen	Wandern Radfahren Mountainbiking	Wandern Mountainbiking Radfahren

8 Camping AL PLAN – Dolomites

Via Catarina Lanz 63
39030 S. Vigilio di Marebbe
+39 0474 50 16 94
46.69472 | 11.93833
1200m ü.M.

01.01. - 13.04.
29.05. - 04.10.
HS: 40,70 € | NS: 32,70 €
Mehr Infos & Anfrage:
www.camping.info/1266

Baden in nat. Gewässer	k. A.
Pool & Hallenbad	✗
Spielplatz am Platz	✓
Hunde willkommen	✓
Skilift/Loipe	1km/✓
WLAN	✓
Lebensmittel	300m
Brötchen am Platz	✗
Restaurant & Imbiss	✓
Ver-/Entsorgung Womo	✓
in den Ort	500m
Gesamt/Touristen	80/60
Mietunterkünfte	✓
Stellplätze vor Schranke	✗

4.4 SEHR GUT
16 Bewertungen

Lage	4.8
Ruhe	4.6
Sanitäranlagen	4.4
Sauberkeit Ø	4.5
Freundlichkeit	4.8
Stellplatz	3.6
Verpflegung	3.9
Freizeit	4.4
Preis-Leistung	4.1
Mietunterkünfte	4.0

Geeignet für

Kinder b. 6 J.	3.5
Kinder b. 12 J.	3.8
Kinder b. 18 J.	3.6
Paare	4.2
Senioren	4.3
Gäste mit Zelt	4.0
Gäste mit Hund	4.2

Empfohlene Aktivitäten
- Wandern
- Mountainbiking
- Radfahren

keine WOMOs ab 8 m

10 Camping Chalet Natur Idyll Salten

Flaaser Straße 26/C
39050 Jenesien
46.566 | 11.309
1300m ü.M.

01.04. - 04.11.
20.12. - 08.01.
keine Angabe
Mehr Infos & Anfrage:
www.camping.info/27481

Baden in nat. Gewässer	k. A.
Pool & Hallenbad	✗
Spielplatz am Platz	✓
Hunde willkommen	✓
Skilift	20km
WLAN	teilweise
Lebensmittel	✓
Brötchen am Platz	✓
Restaurant am P.	✓
Ver-/Entsorgung Womo	✓
in den Ort	4km
Gesamt	37
Mietunterkünfte	✓
Stellplätze vor Schranke	✗

4.6 SEHR GUT
17 Bewertungen

Lage	4.8
Ruhe	4.9
Sanitäranlagen	4.9
Sauberkeit Ø	4.9
Freundlichkeit	4.8
Stellplatz	4.4
Verpflegung	4.1
Freizeit	4.4
Preis-Leistung	4.2
Mietunterkünfte	4.5

Geeignet für

Kinder b. 6 J.	3.0
Kinder b. 12 J.	3.3
Kinder b. 18 J.	3.2
Paare	4.9
Senioren	4.4
Gäste mit Zelt	4.1
Gäste mit Hund	4.9

Empfohlene Aktivitäten
- Wandern
- Entspannen
- Mountainbiking

11 Camping Sass Dlacia

Sciarè 11
39036 San Cassiano in Badia
+39 0471 849527
46.55417 | 11.96997
1670m ü.M.

01.05. - 31.10.
01.12. - 30.04.
HS: 48,80 € | NS: 29,80 €
Mehr Infos & Anfrage:
www.camping.info/1291

Baden im See	10km
Hallenbad	5km
Spielplatz	✗
Hunde willkommen	✓
Skilift/Loipe	1km/✓
WLAN	✓
Lebensmittel	✓
Brötchen am Platz	✓
Restaurant & Imbiss	✓
Ver-/Entsorgung Womo	✓
in den Ort	3km
Touristenplätze	300
Mietunterkünfte	✓
Stellplätze vor Schranke	✓

4.1 SEHR GUT
16 Bewertungen

Lage	4.7
Ruhe	4.2
Sanitäranlagen	3.7
Sauberkeit Ø	4.8
Freundlichkeit	4.4
Stellplatz	3.9
Verpflegung	3.8
Freizeit	4.1
Preis-Leistung	3.5
Mietunterkünfte	4.5

Geeignet für

Kinder b. 6 J.	3.7
Kinder b. 12 J.	3.7
Kinder b. 18 J.	3.8
Paare	4.5
Senioren	4.2
Gäste mit Zelt	4.8
Gäste mit Hund	4.6

Empfohlene Aktivitäten
- Wandern
- Klettern
- Mountainbiking

12 Camping Colfosco

strada Sorega, 15
39033 Corvara
+39 0471 836515
46.55013 | 11.85973
1600m ü.M.

09.06. - 26.09.
03.12. - 02.04.
HS: 39,70 € | NS: 34,50 €
Mehr Infos & Anfrage:
www.camping.info/1275

Baden in nat. Gewässer	k. A.
Pool/Hallenbad	500m/5km
Spielplatz am Platz	✓
Hunde erlaubt	✓
Skilift/Loipe	200m
WLAN	✓
Lebensmittel	✓
Brötchen am Platz	✓
Restaurant/Imbiss	300m/✓
Ver-/Entsorgung Womo	✓
in den Ort	900m
Gesamt/Touristen	145/130
Mietunterkünfte	✓
Stellplätze vor Schranke	✗

3.9 GUT
19 Bewertungen

Lage	4.7
Ruhe	4.3
Sanitäranlagen	4.3
Sauberkeit Ø	4.5
Freundlichkeit	4.2
Stellplatz	3.9
Verpflegung	2.7
Freizeit	4.3
Preis-Leistung	3.7
Mietunterkünfte	3.7

Geeignet für

Kinder b. 6 J.	2.8
Kinder b. 12 J.	3.3
Kinder b. 18 J.	3.7
Paare	4.6
Senioren	4.3
Gäste mit Zelt	3.6
Gäste mit Hund	2.8

Empfohlene Aktivitäten
- Wandern
- Ski
- Klettern

9 Caravan Park Sexten

St. Josefstr. 54
39030 Sexten
+39 0474 710444
www.caravanparksexten.it
info@caravanparksexten.it

ganzjährig

HS: 58,50 € | NS: 39,50 €

Mehr Infos & Anfrage:
www.camping.info/1273

Baden im See	18km
Pool & Hallenbad	✓
Spielplatz am Platz	✓
Hunde willkommen	✓
Skilift/Loipe	1/3km
WLAN	✓
Lebensmittel	✓
Brötchen am Platz	✓
Restaurant & Imbiss	✓
Ver-/Entsorgung Womo	✓
in den Ort	3km
Touristenplätze	268
Mietunterkünfte	✓
Stellplätze vor Schranke	✓

Der Herbst am Caravan Park Sexten.

Lage & Stellplatz

Vor der großartigen Felsenkulisse der Bergsonnenuhr, mitten im Naturpark der Sextner Dolomiten, liegt der Caravan Park Sexten auf 1.520 Metern. Auf 7 ha breitet sich eine Anlage aus, die sich einerseits nahtlos in das ursprüngliche Landschaftsbild einfügt und andererseits alle erdenklichen Annehmlichkeiten für mobile Urlauber bietet. Stellplätze mit Kies- und Rasenbelag, Strom- und Wasserversorgung, Sanitäranlagen mit Familienbädern und eine Wellnessanlage mit Hallenbad, Kneipp Parcour und Saunawelt. Unter verschiedenen Stellplätzen kann für jeden Anspruch der richtige ausgewählt werden.

Sanitär

Auf dem Campingplatz stehen den Gästen drei sanitäre Einrichtungen zur Verfügung: Waldbad, Bauernbad und Kristallbad. Alle bieten große Duschen mit Vorraum, Bereiche für die persönliche Hygiene, Spülecke für das Geschirr sowie Wäscherei mit Waschmaschinen und Wäschetrocknern. Und das ist noch nicht alles: Selbstverständlich genießen die Urlauber auch den Luxus eines privaten Badezimmers. Die Mietbadezimmer garantieren Privatsphäre und Funktionalität. Wer auch im Bad das Besondere schätzt, bucht die modernen privaten Badezimmer Sextner Sonnenuhr mit spektakulärem Blick auf die Dolomitengipfel.

LeadingCampings

ADAC Superplatz 2018 im ADAC Campingführer

2020 Travellers' Choice Tripadvisor

Luxuriöse Mietbadezimmer.

Wasserwelt.

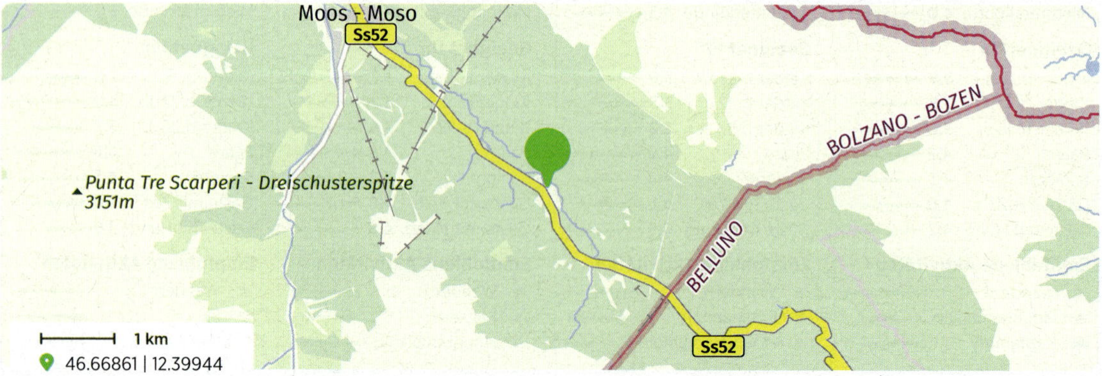

46.66861 | 12.39944
1510m ü.M.

Strom + Kurtaxe sind beim Preis nicht inklusive.

AWARD 2021

Panorama mit Blick auf den Caravan Park Sexten und die Sextner Sonnenuhr.

Verpflegung

Vom kulinarischen Angebot vor Ort wird man nicht nur satt, sondern erfährt zusätzlich ein Erlebnis für alle Sinne. Jede der vorhandenen Küchen ist unverfälscht, originell, frisch und innovativ. Das „Restaurant Patzenfeld" verwöhnt seine Gäste mit sorgfältig und liebevoll ausgewählten Menüs sowie mit Gaumenfreuden à la carte. Die Taverne „Sextner Almhütte" bedient jeden Geschmack – zur Auswahl stehen u. a. erlesene Weine, Südtiroler Gerichte und original italienische Pizza. In der exklusiven „Chef's Table" wird Ihnen ein exquisites 7-Gänge-Gourmet-Menü samt raffiniertem Wine-Pairing serviert.

Freizeit

Der Blick auf die Drei Zinnen schwingt noch lange als angenehme Erinnerung in den Gedanken nach, die unverwechselbare Flora und Fauna erstaunt Laien und Neugierige und die Möglichkeiten in dieser herrlich unberührten Ecke Südtirols sind schier unendlich. Im Sommer stehen Wander-, Kletter- und Mountainbiketouren sowie ein aktives Animationsprogramm für Kinder bereit. Im Winter freut man sich auf Schneewanderungen, Pferdeschlittenfahrten und das Skifahren, Snowboarden oder Langlaufen in der Skiarea des „Dolomiti Superski".

5.0

Beeindruckend. Es war wunderschön, die Natur, das Essen, Spa... ganz einfach Land und Leute einwandfrei. Verschiedene Restaurants bieten für jeden etwas, auch für den Feinschmecker. Schwimmbad und Sauna außergewöhnlich, so toll habe ich das noch nie gesehen.

Rupert H.

Rupert campt mit seiner Partnerin im eigenen Fahrzeug seit 2008 und vorher schon in Mobiles auf Campingplätzen. Für sie ist es ganz einfach: Camping ist eben ihr Ding. Sie waren im Oktober 2020 auf dem Platz.

Taverne „Sextner Almhütte".

Leading 600 Stellplatz.

4.7 **SEHR GUT**
2749 Bewertungen

Lage	4.6
Ruhe	4.6
Sanitäranlagen	4.8
Sauberkeit Ø	4.7
Freundlichkeit	4.7
Stellplatz	4.7
Verpflegung	4.5
Freizeit	4.4
Preis-Leistung	4.2
Mietunterkünfte	4.6

Geeignet für

4.8 Paare

4.7	Senioren
4.6	Gäste mit Hund
4.3	Kinder b. 12 J.
4.3	Kinder b. 18 J.
4.1	Kinder b. 6 J.
3.9	Gäste mit Zelt

Empfohlene Aktivitäten

Wandern
Wellness
Entspannen
Mountainbiking

Mehr Infos

Karte auf Seite 444

	14	15	17
	Camping Moosbauer	**Camping Montiggl**	**Camping Gretl am See**
	👍		
	Moritzinger Weg 83 39100 Bozen +39 0471 91 84 92	Montigglerstraße 62A 39057 Eppan an der Weinstraße 0039 0471 662320	Weinstraße 18 39052 Kaltern +39 0471 960244
	46.50294 | 11.29981 200m ü.M.	46.43964 | 11.28267 487m ü.M.	46.3825 | 11.25806 200m ü.M.
Infos			
Öffnungszeiten	13.03. - 06.11.	01.04. - 04.11.	16.03. - 15.11.
Vergleichspreis	HS: 49,30 € | NS: 43,30 €	HS: 42,70 € | NS: 34,70 €	HS: 37,40 € | NS: 31,40 €
Link	**Mehr Infos & Anfrage:** www.camping.info/1288	**Mehr Infos & Anfrage:** www.camping.info/27685	**Mehr Infos & Anfrage:** www.camping.info/1333
Ausstattung			
Freizeit	Baden im See 8km Pool/Hallenbad ✓/4km Spielplatz am Platz ✓	Baden im Teich am Platz ✓ Pool am Platz ✓ Spielplatz am Platz ✓	Baden im See am Platz ✓ Pool am Platz ✓ Spielplatz am Platz ✓
Campingplatz	Hunde willkommen ✓ Skilift 25km WLAN (gegen Gebühr) ✓	Hunde willkommen ✓ Skilift 35km WLAN ✓	Hunde erlaubt nur NS Skilift & Loipe ✗ WLAN (begrenzt gratis) ✓
Versorgung	Lebensmittel ✓ Brötchen am Platz ✓ Restaurant & Imbiss ✓ Ver-/Entsorgung Womo ✓ in den Ort 3km	Lebensmittel ✓ Brötchen am Platz ✓ Restaurant & Imbiss ✓ Ver-/Entsorgung Womo ✓ in den Ort 4km	Lebensmittel ✓ Brötchen am Platz ✓ Restaurant am P. ✓ Ver-/Entsorgung Womo ✓ in den Ort keine Angabe
Anzahl der Plätze	Touristenplätze 80 Mietunterkünfte ✗ Stellplätze vor Schranke ✗	Touristenplätze 80 Mietunterkünfte ✗ Stellplätze vor Schranke ✓	Touristenplätze 80 Mietunterkünfte ✗ Stellplätze vor Schranke ✗

	Camping Moosbauer	Camping Montiggl	Camping Gretl am See
Gesamt	4.6 SEHR GUT, 417 Bewertungen	5.0 AUSGEZEICHNET, 20 Bewertungen	3.4 GUT, 37 Bewertungen
Lage	4.3	4.7	4.5
Ruhe	3.9	4.7	3.7
Sanitäranlagen	4.9	5.0	3.4
Sauberkeit Ø	4.9	5.0	4.0
Freundlichkeit	4.9	5.0	4.1
Stellplatz	4.3	4.9	3.5
Verpflegung	4.5	4.7	3.6
Freizeit	4.3	4.5	4.2
Preis-Leistung	4.2	4.2	3.2
Mietunterkünfte	-	-	-
Geeignet für			
Kinder b. 6 J.	4.2	4.0	3.9
Kinder b. 12 J.	4.3	4.1	4.1
Kinder b. 18 J.	4.0	3.6	3.8
Paare	4.8	5.0	4.3
Senioren	4.7	4.8	4.3
Gäste mit Zelt	3.9	3.9	3.6
Gäste mit Hund	3.9	4.0	4.0
Empfohlene Aktivitäten	Wandern Radfahren Entspannen	Mountainbiking Wandern Schwimmen	Wandern Schwimmen Radfahren

AWARD 2021 (Camping Moosbauer)

13 Camping Seiser Alm

Dolomiten Weg 10
39050 Völs am Schlern
+39 0471 706459
www.camping-seiseralm.com
info@camping-seiseralm.com

01.01. - 02.11.

HS: 58,50 € | NS: 33,50 €

Mehr Infos & Anfrage:
www.camping.info/1525

Baden im See	1km
Pool am Platz	✓
Spielplatz am Platz	✓
Hunde erlaubt	✓
Skilift/Loipe	2km
WLAN	✓
Lebensmittel	✓
Brötchen	keine Angabe
Restaurant am P.	✓
Ver-/Entsorgung Womo	✓
in den Ort	3km
Touristenplätze	150
Mietunterkünfte	✓
Stellplätze vor Schranke	✓

46.53312 | 11.53356
950m ü.M.

Camping Seiser Alm in atemberaubender Dolomitenlandschaft.

Lage & Stellplatz

Unverfälscht und echt: Camping Seiser Alm ist dort, wo die Natur zum Greifen nahe liegt – in einer einzigartigen Landschaft in mitten UNESCO-Welterbe Dolomiten. Ein Zusammenspiel von atemberaubenden Ausblicken, wohltuender Stille und dem Duft der Natur.

Sanitär

Moderne Anlagen und Wohlfühlambiente im „Dolomiten BAD" erwartet die Gäste im Hygienebereich. Stilvoll und charmant eingerichtet und mit vielen liebevoll in Szene gesetzten Details präsentieren sich die sanitären Einrichtungen.

Verpflegung

Qualität, frische, regionale Herkunft und viel Selbstgemachtes. Wer diese mit mit dem Team der Seiser Alm teilen möchte, "isst" hier genau richtig. Feinschmecker können von der Speisekarte aus der Südtiroler und mediterranen Küche wählen.

Freizeit

Hier erwartet den Campinggäste ein „wahres" Dolomitenflair – Urlaub auf der Seiser Alm: ein Traum für Aktivurlauber und alle, die gerne in der Natur sind!

Abend-Restaurant „Zur Quelle".

Dolomiten Lodge Sommer & Winter.

4.8 SEHR GUT
1741 Bewertungen

Lage	4.7
Ruhe	4.6
Sanitäranlagen	4.9
Sauberkeit Ø	4.9
Freundlichkeit	4.8
Stellplatz	4.6
Verpflegung	4.3
Freizeit	4.5
Preis-Leistung	4.3
Mietunterkünfte	4.4

Geeignet für

Paare	4.8
Senioren	4.5
Gäste mit Hund	4.5
Kinder b. 12 J.	4.4
Gäste mit Zelt	4.3
Kinder b. 6 J.	4.2
Kinder b. 18 J.	4.2

Empfohlene Aktivitäten

Wandern · Mountainbiking · Entspannen · Klettern

Mehr Infos

Camping Seiser Alm in atemberaubender Dolomitenlandschaft.

AWARD 2021

Karte auf Seite 444

	18	19	20
	Camping St. Josef am Kalterer See	**Camping Markushof ******	**Camping Obstgarten**
	St. Josef 75 39052 Kaltern +39 0471 960170 46.37232 | 11.25266	Via Statale 12 19 39040 Ora +39 0471 810025 46.34823 | 11.30024 240m ü.M.	Breitbach 9 39040 Kurtatsch +39 0471 880709 46.3044 | 11.22287 240m ü.M.
Infos			
Öffnungszeiten	29.03. - 03.11.	01.06. - 24.10.	03.04. - 08.11.
Vergleichspreis	HS: 30,40 € | NS: 28,40 €	HS: 48,00 € | NS: 40,00 €	HS: 41,00 € | NS: 35,00 €
Link	**Mehr Infos & Anfrage:** www.camping.info/1290	**Mehr Infos & Anfrage:** www.camping.info/1286	**Mehr Infos & Anfrage:** www.camping.info/23172
Ausstattung			
Freizeit	Baden im See am Platz ✓ Pool & Hallenbad ✗ Spielplatz am Platz ✓	Baden im See 4km Pool am Platz ✓ Spielplatz 1km	Baden im Teich am Platz ✓ Pool/Hallenbad ✓/20km Spielplatz am Platz ✓
Campingplatz	Hunde erlaubt ✓ Skilift & Loipe ✗ WLAN ✓	Hunde ✗ Skilift & Loipe ✗ WLAN ✓	Hunde ✗ Skilift & Loipe ✗ WLAN ✓
Versorgung	Lebensmittel ✓ Brötchen am Platz ✓ Restaurant & Imbiss ✓ Ver-/Entsorgung Womo ✓ in den Ort 3km	Lebensmittel 50m Brötchen am Platz ✗ Restaurant am P. ✓ Ver-/Entsorgung Womo ✓ in den Ort 50m	Lebensmittel ✓ Brötchen am Platz ✓ Restaurant/Imbiss 50/100m Ver-/Entsorgung Womo ✓ in den Ort 800m
Anzahl der Plätze	Touristenplätze 120 Mietunterkünfte ✗ Stellplätze vor Schranke ✗	Touristenplätze 58 Mietunterkünfte ✓ Stellplätze vor Schranke ✗	Touristenplätze 25 Mietunterkünfte ✗ Stellplätze vor Schranke ✓

	18	19	20
Bewertung	3.6 GUT, 69 Bewertungen	4.3 SEHR GUT, 64 Bewertungen	4.8 SEHR GUT, 44 Bewertungen
Lage	4.0	4.2	4.4
Ruhe	3.3	4.2	4.4
Sanitäranlagen	4.1	4.6	4.9
Sauberkeit Ø	4.2	4.7	5.0
Freundlichkeit	4.3	4.0	5.0
Stellplatz	3.4	4.2	4.5
Verpflegung	4.0	3.8	3.6
Freizeit	3.7	4.1	4.2
Preis-Leistung	3.8	4.3	4.4
Mietunterkünfte	-	4.0	-
Geeignet für			
Kinder b. 6 J.	3.5	2.6	4.0
Kinder b. 12 J.	3.7	2.5	3.9
Kinder b. 18 J.	3.5	2.5	3.6
Paare	4.2	4.6	4.7
Senioren	4.1	4.7	4.8
Gäste mit Zelt	3.9	3.5	4.3
Gäste mit Hund / Hunde n. erlaubt	Gäste mit Hund 3.9	Hunde n. erlaubt -	Hunde n. erlaubt -
Empfohlene Aktivitäten	Schwimmen Wandern Radfahren	Wandern Radfahren Entspannen	Wandern Radfahren Mountainbiking

keine WOMOs ab 9 m, keine Gruppen

16 Camping-Park Steiner Südtirol

Kennedystr. 32
39055 Leifers
+39 04 71 950105
www.campingsteiner.com
info@campingsteiner.com

26.03. - 06.11.

HS: 49,50 € | NS: 40,50 €

Mehr Infos & Anfrage:
www.camping.info/1272

Baden im See	18km
Pool & Hallenbad	✓
Spielplatz am Platz	✓
Hunde	✗
Skilift & Loipe	✗
WLAN	✓
Lebensmittel	✓
Brötchen am Platz	✓
Restaurant & Imbiss	✓
Ver-/Entsorgung Womo	✓
in den Ort	500m
Touristenplätze	170
Mietunterkünfte	✓
Stellplätze vor Schranke	✓

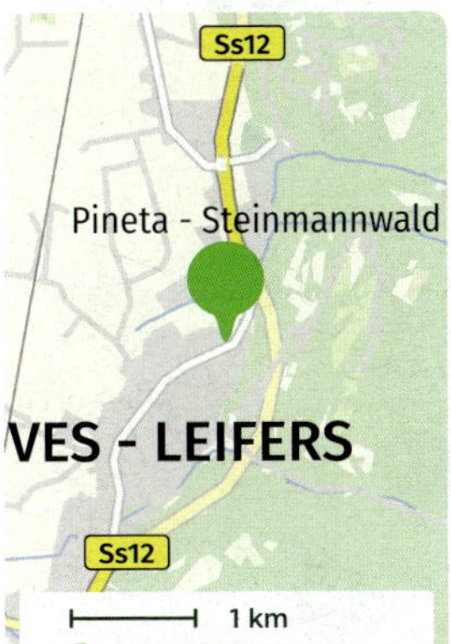

46.42995 | 11.3436
250m ü.M.

300 Sonnentage in Südtirols wärmster Region.

Lage & Stellplatz

Der Campingpark liegt im Wein- und Apfelparadies Südtirols, etwa 8 km südlich von Bozen (gute, kostenlose Busverbindung/Seilbahnen). Zwischen Ulmenbäumen oder romantisch unter Weinlauben sind 180 parzellierte Stellplätze eingerichtet; einige mit 12 m Länge oder bis zu 120 m² für Reisemobile.

Verpflegung

Morgens ist frisch gebackenes Brot vom Bäcker im Minimarkt erhältlich. Im Café kann ein cremiger Cappuccino mit Apfelstrudel genossen werden. Abends stehen das À-la-carte-Restaurant mit Sonnenterrasse oder die Pizzeria am Platz zur Auswahl - auch Takeaway. Wöchentlich finden Weinverkostungen statt.

Sanitär

Den Gästen stehen zwei gepflegte Sanitärgebäude mit je 12 Duschen und WCs, einem barrierefreien Bad (Dusche, WC, Waschbecken), Einzelwaschkabinen, Waschmaschinen und Trockner sowie Wäschewaschbecken und Geschirrspülbecken zur Verfügung. Alle Sanitärräume werden mehrmals täglich gereinigt.

Freizeit

Die hervorragende Lage bietet sich für gemütliche Radtouren in der Ebene bis zum Kalterer See, nach Bozen oder Meran und bis zum Gardasee an. E-Bike- & Trekking-Bike-Verleih direkt am Platz. Neu: Mit der kostenlosen Bozen Card Plus erhält man gratis Mobilität (Bus/Zug/Seilbahn) und Museumseintritte.

Neu: Hallenbad mit Babybecken.

Campen unter Weinreben.

4.6 SEHR GUT
50 Bewertungen

Lage	4.4
Ruhe	3.7
Sanitäranlagen	4.4
Sauberkeit Ø	4.4
Freundlichkeit	4.6
Stellplatz	4.4
Verpflegung	4.4
Freizeit	4.4
Preis-Leistung	3.9
Mietunterkünfte	4.3

Geeignet für

4.8	Senioren
4.7	Paare
4.3	Gäste mit Zelt
3.8	Kinder b. 18 J.
4.3	Kinder b. 6 J.
4.2	Kinder b. 12 J.
-	Gäste mit Hund nicht erlaubt

Empfohlene Aktivitäten

Wandern
Radfahren
Mountainbiking
Schwimmen

Mehr Infos

Keine Jugendgruppen; WOMOs max. 10m, CamperClean, TeslaLadestation, Fitness

ITALIEN

❸ Trentino Nord

FREIZEITTIPPS

- **A** Tovelsee, Tovel
- **B** Kathedrale von Trient, Trento
- **C** Castello del Buonconsiglio, Trento
- **D** Lido di Levico, Levico Terme
- **E** Arte Sella Outdoormuseum, Borgo Valsugana

	Platz	Seite	Bewertung	Öffnungszeiten	
1	Campeggio Miravalle	462	4.2	saisonal	✱
2	Campeggio Marmolada	462	3.6	saisonal	✱
3	Area Sosta Camper Castelfondo	462	-	k. A.	
4	Camping Catinaccio Rosengarten	463	4.7	saisonal	✱ ϟ
5	Camping Park Baita Dolomiti	464	4.3	saisonal	
6	Camping Vidor Family & Wellness Resort	464	4.8	saisonal	✱ ϟ 👍
7	Camping Val di Sole	464	-	saisonal	✱
8	Camping Fiemme Village	465	-	saisonal	✱
9	Camping Castelpietra	465	4.7	saisonal	✱
10	Camping Parco Adamello	465	4.0	ganzjährig	✱
11	Camping Calavise	465	-	saisonal	✱
12	Campeggio Parco Vacanze Cane` in Fiore	466	-	ganzjährig	✱
13	Camping Valmalene	466	-	k. A.	
14	Camping Castel Tesino	466	-	k. A.	
15	Agritur Montibeller	467	-	k. A.	
16	Camping San Cristoforo	467	4.4	saisonal	
17	Camping Punta Indiani	467	3.5	saisonal	
18	Camping Daino	467	3.9	saisonal	
19	Lago Levico Camping Village	468	4.0	saisonal	
20	Camping Fleiola	468	4.3	saisonal	
21	Campeggio Penisola Verde	468	3.8	saisonal	
22	Camping Mario Village	469	4.6	saisonal	
23	Camping Spiaggia	469	4.2	saisonal	
24	Camping Due Laghi	469	3.1	saisonal	ϟ
25	Camping Riviera	469	-	saisonal	
26	Campeggio Belvedere	470	4.7	saisonal	
27	Camping Punta Lago	470	4.5	saisonal	
28	Campeggio Al Pescatore	470	4.1	saisonal	
29	Camping Gajole	471	4.5	saisonal	

VON DEN DOLOMITEN BIS ZUM GARDASEE

Das Trentino ist eine der reizvollsten und seenreichsten Regionen Italiens. Das beliebte Urlaubsgebiet erstreckt sich dabei von den eindrucksvollen Bergen der Dolomiten bis zum populären Gardasee. Egal ob Wandern, Skifahren, Baden oder Sightseeing – die Möglichkeiten in der Ganzjahresdestination scheinen unbegrenzt. Neben den vielen klaren Seen und modernen Skigebieten verzaubern auch große National- und Naturparks Campinggäste aus ganz Europa.

Blick auf den Tobliner See mit Burg © Trentino Sviluppo – Turismo e Promozione/Marco Simonini

THERMEN, SEEN UND SIGHTSEEING

Der Kurort Levico Terme erfreut sich vor allem aufgrund seiner heilenden Quellen und der beiden Thermen Levico und Vetriolo großer Beliebtheit. Neben umfangreichen Wellnessangeboten gibt es allerdings noch viel mehr zu entdecken. Beispielsweise den Levico See – ein malerischer See, der die Form eines norwegischen Fjordes aufweist und sich hervorragend zum Schwimmen, Segeln und Angeln eignet. Wenige Kilometer westlich davon liegt der Caldonazzosee, der größte See im Trentino. Badegäste schätzen in erster Linie seine angenehmen Temperaturen. Rund um die beiden Seen findet man zahlreiche Campingplätze. Für einen ereignisreichen Ausflug empfiehlt sich die Landeshauptstadt Trient am Fuße des Monte Bondone. Zu Trients wichtigsten Sehenswürdigkeiten zählen das Schloss Buonconsiglio, der Domplatz mit dem barocken Neptunbrunnen und das unterirdisch gelegene Archäologiemuseum. Auch die einmalige Atmosphäre des berühmten Weihnachtsmarktes sollte man auf keinen Fall verpassen, falls man zur passenden Zeit hier urlaubt. Andere interessante Reiseziele befinden sich im Nordosten des Trentino: Aktive Camper fühlen sich in San Martino di Castrozza besonders wohl, denn hier warten mit dem Naturpark Paneveggio und dem Abenteuerpark „Agility Forest" gleich zwei Highlights. In Predazzo wird Bewegung ebenfalls großgeschrieben: Im Sommer zählen Wandern, Mountainbiken und Trekking zu den beliebtesten Aktivitäten, während im Winter optimale Bedingungen für Skifahrer und Langläufer vorherrschen. Als Oase des Wohlbefindens entpuppt sich hingegen der Ort Pozza di Fassa, wo zwei Thermalbäder die pure Erholung gewährleisten.

NATURPARKS UND WINTERSPORTORTE

Luftaufnahme der Pale di San Martino-Gruppe
© Trentino Sviluppo – Turismo e Promozione/Pio Geminiani

Die Thermen von Comano und die Zugänge zum Naturpark Adamello-Brenta zeichnen die Ferienregion Brenta-Dolomiten aus. Die renommierten Thermen sind berühmt für ihre Quellen, die Linderung und Heilung von Hautkrankheiten versprechen. Besonders wird diese Region auch durch die Brenta-Dolomiten: Als einzige Dolomitengruppe westlich des Flusslaufs der Etsch unterteilen sie sich in drei Gebirgsgruppen, die allesamt durch ihre landschaftliche Schönheit überzeugen. Die gesamten Brenta-Dolomiten liegen im Naturpark Adamello-Brenta, dem größten Naturschutzgebiet des Trentino. Auf einer Fläche von 620 km² bietet der Park zahlreiche Flüsse, Wasserfälle, Bergseen und eine große Artenvielfalt. In einer geschützten Talsenke zwischen der Brenta-Gruppe und der Adamello-Presanella-Gruppe liegen die bekannten Wintersportorte Pinzolo und Madonna di Campiglio. Unbegrenztes Skivergnügen garantiert die „Ski Arena Campiglio“ mit insgesamt 150 km bestens präparierten Pisten, 57 modernen Liftanlagen und vier Snowparks. Weiter nördlich befindet sich das Val di Sole Tal mit den beliebten Orten Dimaro, Pejo und Rabbi. Als touristische Schätze des Gebiets gelten der Nationalpark Stilfserjoch mit seiner reichhaltigen alpinen Flora und Fauna, die Thermen von Pejo und Rabbi sowie der Wildwasserbach Noce, der das Tal durchfließt und ein Paradies für diverse Flusssportarten darstellt.

Nacht am Passo Rolle © Trentino Sviluppo – Turismo e Promozione/Alessandro Gardin

TIPP DER REDAKTION

Camping Vidor Family & Wellness Resort

Sén Jan di Fassa | Nr. 6 | Seite 464

Laut Gästen ideal geeignet zum:

- Wandern
- Wellness
- Ski

4.8

Karte auf Seite 458

	1	2	3
	Campeggio Miravalle	**Campeggio Marmolada**	**Area Sosta Camper Castelfondo**
	❄	❄	
	streda de greva 39 38032 Campitello di Fassa +39 0462 750502	Via Pareda 60 38032 Canazei +39 0462 601660	Via Alfonso Lamarmora 38020 Castelfondo
	46.47396 | 11.74109 1440m ü.M.	46.4731 | 11.77569	46.45843 | 11.13194
Infos			
Öffnungszeiten	01.06. - 30.09. 01.12. - 30.03.	01.01. - 11.04. 30.05. - 12.10.	keine Angabe
Vergleichspreis	HS: 39,40 € | NS: 29,40 €	HS: 37,40 € | NS: 37,40 €	keine Angabe
Link	**Mehr Infos & Anfrage:** www.camping.info/1327	**Mehr Infos & Anfrage:** www.camping.info/1325	**Mehr Infos & Anfrage:** www.camping.info/28025
Ausstattung			
Freizeit	Baden im Fluss am Platz ✓ Pool/Hallenbad 2km Spielplatz am Platz ✓	Baden in nat. Gewässer k. A. Pool/Hallenbad 200m Spielplatz keine Angabe	Baden in nat. Gewässer k. A. Pool & Hallenbad ✗ Spielplatz keine Angabe
Campingplatz	Hunde willkommen ✓ Skilift/Loipe 200m/✓ WLAN (gegen Gebühr) ✓	Hunde erlaubt ✓ Skilift/Loipe 100/200m WLAN keine Angabe	Hunde ✗ Skilift & Loipe keine Angabe WLAN keine Angabe
Versorgung	Lebensmittel ✓ Brötchen am Platz nur HS Restaurant/Imbiss 100m Ver-/Entsorgung Womo ✓ in den Ort 100m	Lebensmittel 500m Brötchen keine Angabe Restaurant 50m Ver-/Entsorgung Womo ✗ in den Ort 100m	Lebensmittel k.A. Brötchen keine Angabe Restaurant & Imbiss ✗ Ver-/Entsorgung Womo ✗ in den Ort keine Angabe
Anzahl der Plätze	Gesamt/Touristen 182/160 Mietunterkünfte ✓ Stellplätze vor Schranke ✗	Gesamt/Touristen 250/150 Mietunterkünfte ✗ Stellplätze vor Schranke ✗	Gesamt keine Angabe Mietunterkünfte ✗ Stellplätze vor Schranke ✗

	Campeggio Miravalle	Campeggio Marmolada
Gesamt	4.2 **SEHR GUT** 9 Bewertungen	3.6 **GUT** 7 Bewertungen
Lage	4.3	4.1
Ruhe	4.6	3.2
Sanitäranlagen	4.6	2.9
Sauberkeit Ø	4.7	4.0
Freundlichkeit	4.4	4.2
Stellplatz	4.1	3.7
Verpflegung	3.1	3.7
Freizeit	4.1	3.4
Preis-Leistung	3.9	3.3
Mietunterkünfte	1.0	-
Geeignet für		
Kinder b. 6 J.	3.6	2.3
Kinder b. 12 J.	4.1	3.0
Kinder b. 18 J.	3.9	3.3
Paare	4.4	3.8
Senioren	4.3	3.7
Gäste mit Zelt	3.7	3.0
Gäste mit Hund	4.2	4.0

	Campeggio Miravalle	Campeggio Marmolada
Empfohlene Aktivitäten	Wandern Radfahren Mountainbiking	Mountainbiking Entspannen Radfahren

Area Sosta Camper Castelfondo: - **JETZT BEWERTEN!**

Für diese Auswertung liegen leider noch nicht genügend Bewertungen vor.

Sei einer der Ersten, der diesen Campingplatz bewertet. Unter den Bewertern werden regelmäßig Gewinne verlost!

Mehr Infos dazu findest du in unserem allgemeinen Intro.

4 Camping Catinaccio Rosengarten

Strada de Pucia 4
38036 San Giovanni di Fassa
+39 0462 763305
www.catinacciorosengarten.com
info@catinacciorosengarten.com

04.06. - 09.10.
03.12. - 10.04.
HS: 35,00 € | NS: 28,90 €
Mehr Infos & online buchen:
www.camping.info/1316

Baden in nat. Gewässer	✗
Pool/Hallenbad	50m
Spielplatz	200m
Hunde willkommen	✓
Skilift/Loipe	1km/✓
WLAN	✓
Lebensmittel	200m
Brötchen am Platz	✓
Restaurant/Imbiss	100/200m
Ver-/Entsorgung Womo	✓
in den Ort	200m
Gesamt/Touristen	214/114
Mietunterkünfte	✓
Stellplätze vor Schranke	✗

1 km
46.42634 | 11.68613
1300m ü.M.

Sauna, Dampfbad und Privatsanitär auf dem Campingplatz.

Lage & Stellplatz

Der Campingplatz Catinaccio Rosengarten befindet sich in San Giovanni di Fassa, auf 1.320 m Höhe in den Dolomiten. Er liegt 200 m vom Dorfzentrum entfernt, das gut mit dem Fahrrad erreichbar ist. Die Plätze sind 70 m² bis 90 m² groß, einige auch mit Abwasseranschluss. NEU: Chalets 2-6 Personen.

Verpflegung

Der Campingplatz ist mit einer Bar für Frühstück, Aperitifs und leckeren Imbissen ausgestattet. Außerdem können täglich frisches Brot und Milch bestellt werden. Den Gästen stehen außerdem köstliche Pizzen und belegte Brötchen sowie kalte Speisen zur Verfügung.

Sanitär

Die Sanitäranlagen sind modern und komfortabel und bieten den Gästen höchsten Luxus und Sauberkeit. Ein Kinderbereich ist ebenfalls vorhanden. Der Anspruch des Platzes lautet „Bessere Sanitäranlagen als in einem 5-Sterne-Hotel". Es gibt auch die Möglichkeit Privatbäder zu mieten – ganz wie zu Hause.

Freizeit

Der Campingplatz Catinaccio Rosengarten verspricht Erholung: Entspannen Sie in der Sauna mit Dampfbad oder in der Tee-Ecke. Nur 100 m entfernt liegen die „QC Therme Dolomiti" und „Therme Dolomia". Dort warten Spezialpreise für die Gäste. Fahrradweg und Wandermöglichkeiten starten direkt vom Platz!

Die Top-Sanitäranlage.

Relaxen und Sonne auf dem Platz.

4.7 SEHR GUT
76 Bewertungen

Lage	4.7
Ruhe	4.6
Sanitäranlagen	4.8
Sauberkeit Ø	4.8
Freundlichkeit	4.8
Stellplatz	4.3
Verpflegung	4.4
Freizeit	4.1
Preis-Leistung	4.4
Mietunterkünfte	4.4

Geeignet für

- 4.8 Senioren
- 4.7 Paare
- 4.4 Kinder b. 12 J.
- 4.3 Kinder b. 6 J.
- 4.7 Gäste mit Hund
- 4.4 Gäste mit Zelt
- 4.3 Kinder b. 18 J.

Empfohlene Aktivitäten

Wandern · Spazieren · Radfahren · Ski

Mehr Infos

Weitere Öffnungszeiten:
03.12.2021 – 05.04.2022.
NEUE CHALETS

Karte auf Seite 458

	5	6	7
	Camping Park Baita Dolomiti	**Camping Vidor Family & Wellness Resort**	**Camping Val di Sole**
	V. Ces.Battisti 18 38010 Sarnonico +39 (0) 463 830109 46.42138 | 11.13955	Strada Ruf de Ruacia 15 38036 Sén Jan di Fassa +39 0462 760022 46.42083 | 11.70813 1400m ü.M.	Dossi di Cavia 3 38024 Péjo +39 (0) 463 753177 46.35877 | 10.68149 1250m ü.M.
Infos			
Öffnungszeiten	26.05. - 30.09.	01.06. - 02.11. 07.12. - 01.06.	01.06. - 05.11. 01.12. - 05.05.
Vergleichspreis	HS: 37,50 € | NS: 37,50 €	HS: 47,20 € | NS: 29,20 €	HS: 30,00 € | NS: 25,00 €
Link	**Mehr Infos & Anfrage:** www.camping.info/1313	**Mehr Infos & online buchen:** www.camping.info/1522	**Mehr Infos & Anfrage:** www.camping.info/22851
Ausstattung			
Freizeit	Baden im See 15km Pool am Platz ✓ Spielplatz am Platz ✓	Baden in nat. Gewässer ✗ Pool & Hallenbad ✓ Spielplatz am Platz ✓	Baden in nat. Gewässer k. A. Pool & Hallenbad ✗ Spielplatz am Platz ✓
Campingplatz	Hunde willkommen ✓ Skilift & Loipe ✗ WLAN ✓	Hunde willkommen ✓ Skilift/Loipe ✓/1km WLAN ✓	Hunde willkommen ✓ Skilift/Loipe 2km WLAN ✓
Versorgung	Lebensmittel 100m Brötchen am Platz ✗ Restaurant/Imbiss ✓/1km Ver-/Entsorgung Womo ✓ in den Ort 1km	Lebensmittel ✓ Brötchen am Platz ✓ Restaurant & Imbiss ✓ Ver-/Entsorgung Womo ✓ in den Ort 1km	Lebensmittel ✓ Brötchen am Platz ✓ Restaurant & Imbiss ✓ Ver-/Entsorgung Womo ✓ in den Ort 1km
Anzahl der Plätze	Touristenplätze 160 Mietunterkünfte ✓ Stellplätze vor Schranke ✗	Gesamt/Touristen 180/165 Mietunterkünfte ✓ Stellplätze vor Schranke ✓	Gesamt/Touristen 160/80 Mietunterkünfte ✓ Stellplätze vor Schranke ✗

	Camping Park Baita Dolomiti	Camping Vidor Family & Wellness Resort	Camping Val di Sole
Gesamt	4.3 SEHR GUT, 3 Bewertungen	4.8 SEHR GUT, 657 Bewertungen	- JETZT BEWERTEN!
Lage	4.7	4.7	
Ruhe	4.7	4.8	
Sanitäranlagen	4.0	4.9	
Sauberkeit Ø	4.5	4.9	
Freundlichkeit	4.7	4.8	
Stellplatz	4.0	4.7	
Verpflegung	3.3	4.7	
Freizeit	4.3	4.7	
Preis-Leistung	4.7	4.5	
Mietunterkünfte	-	4.8	
Geeignet für			
Kinder b. 6 J.	4.0	4.7	
Kinder b. 12 J.	4.3	4.8	
Kinder b. 18 J.	4.3	4.5	
Paare	4.7	4.7	
Senioren	4.7	4.7	
Gäste mit Zelt	4.3	4.4	
Gäste mit Hund	4.7	4.6	
Empfohlene Aktivitäten	Wandern Radfahren Schwimmen	Wandern Wellness Ski	

Camping Val di Sole: Für diese Auswertung liegen leider noch nicht genügend Bewertungen vor.

Sei einer der Ersten, der diesen Campingplatz bewertet. Unter den Bewertern werden regelmäßig Gewinne verlost!

Mehr Infos dazu findest du in unserem allgemeinen Intro.

AWARD 2021

8 Camping Fiemme Village

Via Cece 16
38037 Bellamonte di Predazzo
+39 (0) 462 576180

46.31055 | 11.66048
1373m ü.M.

28.05. - 26.09.
18.12. - 29.01.

HS: 48,20 € | NS: 26,20 €

Mehr Infos & Anfrage:
www.camping.info/1309

Baden im See	7km
Pool/Hallenbad	✓/6km
Spielplatz am Platz	✓
Hunde willkommen	✓
Skilift/Loipe	600m/15km
WLAN (gratis)	teilweise
Lebensmittel	500m
Brötchen am Platz	✓
Restaurant & Imbiss	✓
Ver-/Entsorgung Womo	✓
in den Ort	3km
Gesamt/Touristen	250/150
Mietunterkünfte	✓
Stellplätze vor Schranke	✓

- JETZT BEWERTEN!

Für diese Auswertung liegen leider noch nicht genügend Bewertungen vor.

Sei einer der Ersten, der diesen Campingplatz bewertet. Unter den Bewertern werden regelmäßig Gewinne verlost!

Mehr Infos dazu findest du in unserem allgemeinen Intro.

9 Camping Castelpietra

Loc. Castelpietra 1
38054 Tonadico di Primiero
+39 (0) 439 62426

46.19623 | 11.8655

01.06. - 16.10.
01.12. - 25.04.

HS: 26,20 € | NS: 21,90 €

Mehr Infos & Anfrage:
www.camping.info/1311

Baden im Teich	300m
Pool/Hallenbad	4km
Spielplatz am Platz	✓
Hunde	✗
Skilift/Loipe	15/4km
WLAN	✓
Lebensmittel	✓
Brötchen am Platz	✓
Restaurant/Imbiss	300m/✓
Ver-/Entsorgung Womo	✗
in den Ort	4km
Gesamt/Touristen	131/30
Mietunterkünfte	✓
Stellplätze vor Schranke	✗

4.7 SEHR GUT
3 Bewertungen

Lage	4.7
Ruhe	5.0
Sanitäranlagen	4.3
Sauberkeit Ø	5.0
Freundlichkeit	5.0
Stellplatz	4.3
Verpflegung	4.3
Freizeit	4.0
Preis-Leistung	4.7
Mietunterkünfte	5.0

Geeignet für

Kinder b. 6 J.	1.0
Kinder b. 12 J.	3.0
Kinder b. 18 J.	4.0
Paare	4.5
Senioren	4.3
Gäste mit Zelt	3.0
Hunde n. erlaubt	-

10 Camping Parco Adamello

38086 Carisolo bei Pinzolo
+39 0465 501793

46.16577 | 10.75003

ganzjährig

HS: 35,90 € | NS: 29,90 €

Mehr Infos & Anfrage:
www.camping.info/22854

Baden im Fluss am Platz	✓
Pool & Hallenbad	✗
Spielplatz am Platz	✓
Hunde erlaubt	✓
Skilift/Loipe	1km/✓
WLAN	✓
Lebensmittel	✓
Brötchen am Platz	✗
Restaurant am P.	✓
Ver-/Entsorgung Womo	✓
in den Ort	1km
Gesamt/Touristen	165/125
Mietunterkünfte	✓
Stellplätze vor Schranke	✗

4.0 SEHR GUT
3 Bewertungen

Lage	4.0
Ruhe	5.0
Sanitäranlagen	4.0
Sauberkeit Ø	4.5
Freundlichkeit	4.0
Stellplatz	3.5
Verpflegung	4.0
Freizeit	3.5
Preis-Leistung	4.0
Mietunterkünfte	-

Geeignet für

Kinder b. 6 J.	4.0
Kinder b. 12 J.	4.0
Kinder b. 18 J.	4.0
Paare	4.0
Senioren	5.0
Gäste mit Zelt	-
Gäste mit Hund	5.0

Empfohlene Aktivitäten

- Wandern
- Motorrad
- Mountainbiking

11 Camping Calavise

Villaggio Sass Maor 36
38050 Imer
+39 (0) 439 67468

46.14424 | 11.79867

01.06. - 31.10.
08.12. - 30.04.

HS: 25,90 € | NS: 21,90 €

Mehr Infos & Anfrage:
www.camping.info/1310

Baden im Fluss am Platz	✓
Pool/Hallenbad	✓/5km
Spielplatz am Platz	✓
Hunde erlaubt	✓
Skilift/Loipe	15km/✓
WLAN	✓
Lebensmittel	500m
Brötchen am Platz	✗
Restaurant/Imbiss	1km/500m
Ver-/Entsorgung Womo	✗
in den Ort	1km
Gesamt/Touristen	150/127
Mietunterkünfte	✓
Stellplätze vor Schranke	✗

- JETZT BEWERTEN!

Für diese Auswertung liegen leider noch nicht genügend Bewertungen vor.

Sei einer der Ersten, der diesen Campingplatz bewertet. Unter den Bewertern werden regelmäßig Gewinne verlost!

Mehr Infos dazu findest du in unserem allgemeinen Intro.

Karte auf Seite 458

	12	13	14
	Campeggio Parco Vacanze Cane` in Fiore ✻	**Camping Valmalene**	**Camping Castel Tesino**
	al fiore - Miola 3 38042 Baselga di Pinè +39 (0) 461 558270	38050 Pievo Tesino +39 0461/594214	Località Sottomolizza 1 38053 Castello Tesino +39 338 449 0234
	46.12016 | 11.26094	46.1118 | 11.61443	46.06775 | 11.63275
Infos			
Öffnungszeiten	ganzjährig	keine Angabe	keine Angabe
Vergleichspreis	HS: 20,10 €	keine Angabe	HS: 30,00 € | NS: 28,00 €
Link	**Mehr Infos & Anfrage:** www.camping.info/1315	**Mehr Infos & Anfrage:** www.camping.info/24670	**Mehr Infos & Anfrage:** www.camping.info/26534
Ausstattung			
Freizeit	Baden in nat. Gewässer k. A. Hallenbad 15km Spielplatz am Platz ✓	Baden in nat. Gewässer k. A. Pool & Hallenbad ✗ Spielplatz keine Angabe	Baden in nat. Gewässer k. A. Pool am Platz ✓ Spielplatz am Platz ✓
Campingplatz	Hunde willkommen ✓ Skilift & Loipe keine Angabe WLAN ✓	Hunde ✗ Skilift & Loipe keine Angabe WLAN keine Angabe	Hunde willkommen ✓ Skilift & Loipe ✗ WLAN ✓
Versorgung	Lebensmittel k.A. Brötchen keine Angabe Restaurant & Imbiss ✓ Ver-/Entsorgung Womo ✓ in den Ort 1km	Lebensmittel k.A. Brötchen keine Angabe Restaurant & Imbiss ✗ Ver-/Entsorgung Womo ✗ in den Ort keine Angabe	Lebensmittel ✓ Brötchen am Platz ✓ Restaurant am P. ✓ Ver-/Entsorgung Womo ✗ in den Ort keine Angabe
Anzahl der Plätze	Gesamt/Touristen 115/40 Mietunterkünfte ✓ Stellplätze vor Schranke ✗	Gesamt keine Angabe Mietunterkünfte ✗ Stellplätze vor Schranke ✗	Touristenplätze 67 Mietunterkünfte ✓ Stellplätze vor Schranke ✗
	- **JETZT BEWERTEN!**	- **JETZT BEWERTEN!**	- **JETZT BEWERTEN!**
	Für diese Auswertung liegen leider noch nicht genügend Bewertungen vor. Sei einer der Ersten, der diesen Campingplatz bewertet. Unter den Bewertern werden regelmäßig Gewinne verlost! Mehr Infos dazu findest du in unserem allgemeinen Intro.	Für diese Auswertung liegen leider noch nicht genügend Bewertungen vor. Sei einer der Ersten, der diesen Campingplatz bewertet. Unter den Bewertern werden regelmäßig Gewinne verlost! Mehr Infos dazu findest du in unserem allgemeinen Intro.	Für diese Auswertung liegen leider noch nicht genügend Bewertungen vor. Sei einer der Ersten, der diesen Campingplatz bewertet. Unter den Bewertern werden regelmäßig Gewinne verlost! Mehr Infos dazu findest du in unserem allgemeinen Intro.

15 Agritur Montibeller

Via Prose 1
38050 Roncegno Terme
0461764355
46.04661 | 11.41176

keine Angabe

HS: 28,00 | NS: 22,00

Mehr Infos & Anfrage:
www.camping.info/27385

Baden in nat. Gewässer	k. A.
Pool & Hallenbad	✗
Spielplatz	keine Angabe
Hunde erlaubt	✓
Skilift & Loipe	keine Angabe
WLAN (begrenzt gratis)	✓
Lebensmittel	k.A.
Brötchen	keine Angabe
Restaurant am P.	✓
Ver-/Entsorgung Womo	✗
in den Ort	keine Angabe
Gesamt	15
Mietunterkünfte	✓
Stellplätze vor Schranke	✗

- JETZT BEWERTEN!

Für diese Auswertung liegen leider noch nicht genügend Bewertungen vor.

Sei einer der Ersten, der diesen Campingplatz bewertet. Unter den Bewertern werden regelmäßig Gewinne verlost!

Mehr Infos dazu findest du in unserem allgemeinen Intro.

Hunde nur auf Anfrage

16 Camping San Cristoforo

Via dei Pescatori 49
38057 San Cristoforo al Lago
+39 (0) 461 329642
46.0386 | 11.2366
453m ü.M.

14.05. - 13.09.

HS: 43,00 € | NS: 24,50 €

Mehr Infos & Anfrage:
www.camping.info/25702

Baden im See	50m
Pool/Hallenbad	✓/5km
Spielplatz am Platz	✓
Hunde willkommen	✓
Skilift	15km
WLAN (gratis)	teilweise
Lebensmittel	500m
Brötchen am Platz	✓
Restaurant & Imbiss	✓
Ver-/Entsorgung Womo	✓
in den Ort	2km
Gesamt/Touristen	154/90
Mietunterkünfte	✓
Stellplätze vor Schranke	✗

4.4 SEHR GUT
5 Bewertungen

Lage	4.2
Ruhe	4.0
Sanitäranlagen	3.6
Sauberkeit Ø	3.8
Freundlichkeit	5.0
Stellplatz	3.2
Verpflegung	4.4
Freizeit	4.2
Preis-Leistung	4.6
Mietunterkünfte	4.0

Geeignet für

Kinder b. 6 J.	4.2
Kinder b. 12 J.	4.2
Kinder b. 18 J.	3.0
Paare	4.5
Senioren	4.0
Gäste mit Zelt	4.0
Gäste mit Hund	3.8

Empfohlene Aktivitäten

- Radfahren
- Schwimmen
- Wandern

17 Camping Punta Indiani

di Mezzo Lago Valcanover 2
38057 Pergine
+39 (0) 461 548062
46.02783 | 11.23294
450m ü.M.

13.05. - 30.09.

HS: 46,00 € | NS: 23,00 €

Mehr Infos & Anfrage:
www.camping.info/1314

Baden im See am Platz	✓
Pool/Hallenbad	4km
Spielplatz am Platz	✓
Hunde willkommen	✓
Skilift & Loipe	✗
WLAN (gegen Gebühr)	✓
Lebensmittel	100m
Brötchen am Platz	✗
Restaurant/Imbiss	100m
Ver-/Entsorgung Womo	✗
im Ort	✓
Touristenplätze	115
Mietunterkünfte	✓
Stellplätze vor Schranke	✗

3.5 GUT
11 Bewertungen

Lage	4.1
Ruhe	3.5
Sanitäranlagen	3.3
Sauberkeit Ø	3.8
Freundlichkeit	4.1
Stellplatz	3.6
Verpflegung	2.6
Freizeit	3.5
Preis-Leistung	3.3
Mietunterkünfte	3.8

Geeignet für

Kinder b. 6 J.	3.8
Kinder b. 12 J.	4.1
Kinder b. 18 J.	3.5
Paare	4.4
Senioren	4.4
Gäste mit Zelt	4.2
Gäste mit Hund	2.3

Empfohlene Aktivitäten

- Schwimmen
- Wandern
- Kayak/Kanu

18 Camping Daino

Daino 43
38070 Pietramurata
+39 0464 507451
46.02411 | 10.9432
123m ü.M.

01.03. - 31.10.

HS: 25,00 € | NS: 25,00 €

Mehr Infos & Anfrage:
www.camping.info/22855

Baden im Fluss	700m
Pool am Platz	✓
Spielplatz am Platz	✓
Hunde willkommen	✓
Skilift & Loipe	✗
WLAN (gegen Gebühr)	✓
Lebensmittel	200m
Brötchen am Platz	✓
Imbiss	✓
Ver-/Entsorgung Womo	✓
in den Ort	1km
Gesamt	50
Mietunterkünfte	✗
Stellplätze vor Schranke	✗

3.9 GUT
8 Bewertungen

Lage	3.9
Ruhe	3.2
Sanitäranlagen	3.6
Sauberkeit Ø	4.0
Freundlichkeit	4.3
Stellplatz	3.5
Verpflegung	3.8
Freizeit	3.8
Preis-Leistung	4.0
Mietunterkünfte	-

Geeignet für

Kinder b. 6 J.	4.0
Kinder b. 12 J.	4.4
Kinder b. 18 J.	4.0
Paare	4.2
Senioren	4.0
Gäste mit Zelt	3.8
Gäste mit Hund	5.0

Empfohlene Aktivitäten

- Klettern
- Mountainbiking
- Schwimmen

Karte auf Seite 458

	19	20	21
	Lago Levico Camping Village	**Camping Fleiola**	**Campeggio Penisola Verde**
	Pleina 5 38056 Levico Terme +39 0461 706491	Viale Trento 42 38050 Calceranica al Lago +39 0461 723153	V. Penisola verde 5 38050 Calceranica la Lago +39 0461 723272
	46.00858 | 11.285 460m ü.M.	46.00688 | 11.24514	46.00637 | 11.24706 460m ü.M.
Infos			
Öffnungszeiten	13.04. - 13.10.	15.04. - 30.09.	05.05. - 17.09.
Vergleichspreis	HS: 43,00 € | NS: 28,00 €	HS: 40,00 € | NS: 32,00 €	HS: 39,00 € | NS: 27,00 €
Link	**Mehr Infos & Anfrage:** www.camping.info/1301	**Mehr Infos & Anfrage:** www.camping.info/1320	**Mehr Infos & Anfrage:** www.camping.info/1329
Ausstattung			
Freizeit	Baden im See am Platz ✓ Pool/Hallenbad ✓/1km Spielplatz am Platz ✓	Baden im See am Platz ✓ Pool/Hallenbad 7km Spielplatz am Platz ✓	Baden im See am Platz ✓ Pool & Hallenbad × Spielplatz am Platz ✓
Campingplatz	Hunde willkommen ✓ Skilift/Loipe ×/k. A. WLAN ✓	Hunde willkommen ✓ Skilift & Loipe × WLAN ✓	Hunde willkommen ✓ Skilift & Loipe × WLAN ✓
Versorgung	Lebensmittel ✓ Brötchen am Platz ✓ Restaurant & Imbiss ✓ Ver-/Entsorgung Womo ✓ in den Ort 1km	Lebensmittel ✓ Brötchen am Platz ✓ Restaurant/Imbiss 300m/✓ Ver-/Entsorgung Womo ✓ in den Ort 300m	Lebensmittel 300m Brötchen am Platz ✓ Restaurant/Imbiss 200/300m Ver-/Entsorgung Womo ✓ in den Ort 300m
Anzahl der Plätze	Gesamt 415 Mietunterkünfte ✓ Stellplätze vor Schranke ✓	Touristenplätze 108 Mietunterkünfte ✓ Stellplätze vor Schranke ×	Touristenplätze 129 Mietunterkünfte × Stellplätze vor Schranke ×

	19	20	21
Gesamtbewertung	4.0 SEHR GUT, 98 Bewertungen	4.3 SEHR GUT, 14 Bewertungen	3.8 GUT, 6 Bewertungen
Lage	4.6	4.7	4.5
Ruhe	3.8	3.9	3.5
Sanitäranlagen	3.7	4.4	3.7
Sauberkeit Ø	4.0	4.8	3.9
Freundlichkeit	4.5	4.4	4.6
Stellplatz	4.1	3.9	3.8
Verpflegung	3.8	3.4	3.0
Freizeit	4.4	4.2	3.6
Preis-Leistung	3.8	4.2	3.7
Mietunterkünfte	4.4	5.0	-
Geeignet für			
Kinder b. 6 J.	4.4	3.8	4.0
Kinder b. 12 J.	4.4	3.1	4.0
Kinder b. 18 J.	3.9	3.1	2.3
Paare	4.2	4.6	3.8
Senioren	4.3	4.7	4.0
Gäste mit Zelt	4.2	4.2	3.0
Gäste mit Hund	4.4	3.3	4.5
Empfohlene Aktivitäten	Schwimmen Wandern Radfahren	Schwimmen Radfahren Wandern	Radfahren Wandern Schwimmen

22 Camping Mario Village

Via Lungolago 4
38052 Caldonazzo
+39 0461 723341

46.00479 | 11.26072
480m ü.M.

12.05. - 26.09.

HS: 74,00 € | NS: 24,00 €

Mehr Infos & Anfrage:
www.camping.info/1324

Baden im See	200m
Pool/Hallenbad	✓/5km
Spielplatz am Platz	✓
Hunde willkommen	✓
Skilift & Loipe	✗
WLAN (gratis)	teilweise
Lebensmittel	2km
Brötchen am Platz	✓
Restaurant am P.	✓
Ver-/Entsorgung Womo	✓
in den Ort	2km
Touristenplätze	157
Mietunterkünfte	✓
Stellplätze vor Schranke	✗

4.6 SEHR GUT
68 Bewertungen

Lage	4.6
Ruhe	4.1
Sanitäranlagen	4.6
Sauberkeit Ø	4.7
Freundlichkeit	4.8
Stellplatz	4.4
Verpflegung	4.1
Freizeit	4.5
Preis-Leistung	4.5
Mietunterkünfte	4.4

Geeignet für

Kinder b. 6 J.	4.7
Kinder b. 12 J.	4.7
Kinder b. 18 J.	4.2
Paare	4.8
Senioren	4.5
Gäste mit Zelt	4.5
Gäste mit Hund	4.2

Empfohlene Aktivitäten

- Schwimmen
- Radfahren
- Wandern

23 Camping Spiaggia

Viale Venezia 14
38050 Calceranica al Lago
+39 0461 723037

46.00433 | 11.26011
460m ü.M.

18.04. - 21.09.

HS: 42,00 € | NS: 24,00 €

Mehr Infos & Anfrage:
www.camping.info/24878

Baden im See am Platz	✓
Pool & Hallenbad	✗
Spielplatz am Platz	✓
Hunde willkommen	✓
Skilift & Loipe	✗
WLAN	✓
Lebensmittel	✓
Brötchen am Platz	✓
Restaurant/Imbiss	100m/✓
Ver-/Entsorgung Womo	✓
in den Ort	1km
Touristenplätze	110
Mietunterkünfte	✓
Stellplätze vor Schranke	✗

4.2 SEHR GUT
8 Bewertungen

Lage	4.4
Ruhe	4.1
Sanitäranlagen	4.1
Sauberkeit Ø	4.4
Freundlichkeit	4.7
Stellplatz	4.0
Verpflegung	3.4
Freizeit	3.8
Preis-Leistung	4.1
Mietunterkünfte	5.0

Geeignet für

Kinder b. 6 J.	4.2
Kinder b. 12 J.	4.2
Kinder b. 18 J.	3.5
Paare	4.5
Senioren	4.6
Gäste mit Zelt	4.2
Gäste mit Hund	5.0

Empfohlene Aktivitäten

- Wandern
- Radfahren
- Schwimmen

24 Camping Due Laghi

Via Claudia Augusta 29
38056 Lévico Terme
+39 0461 706 290

46.0043 | 11.28844
520m ü.M.

20.05. - 09.09.

HS: 42,00 € | NS: 27,00 €

Mehr Infos & online buchen:
www.camping.info/22860

Baden im See	500m
Pool/Hallenbad	✓/1km
Spielplatz am Platz	✓
Hunde willkommen	✓
Skilift & Loipe	✗
WLAN (gratis)	teilweise
Lebensmittel	✓
Brötchen am Platz	✓
Restaurant & Imbiss	✓
Ver-/Entsorgung Womo	✓
in den Ort	1km
Gesamt/Touristen	450/300
Mietunterkünfte	✓
Stellplätze vor Schranke	✓

3.1 GUT
7 Bewertungen

Lage	3.9
Ruhe	2.3
Sanitäranlagen	2.6
Sauberkeit Ø	3.0
Freundlichkeit	4.6
Stellplatz	3.4
Verpflegung	3.6
Freizeit	4.0
Preis-Leistung	3.4
Mietunterkünfte	2.5

Geeignet für

Kinder b. 6 J.	4.3
Kinder b. 12 J.	4.5
Kinder b. 18 J.	3.5
Paare	3.7
Senioren	3.7
Gäste mit Zelt	4.0
Gäste mit Hund	3.5

Empfohlene Aktivitäten

- Radfahren
- Mountainbiking
- Schwimmen

25 Camping Riviera

Venezia 10
38050 Calceranica
+39 (0) 461 724464

46.00381 | 11.25842
400m ü.M.

29.04. - 01.10.

HS: 38,40 € | NS: 19,40 €

Mehr Infos & Anfrage:
www.camping.info/25151

Baden im See am Platz	✓
Pool & Hallenbad	✗
Spielplatz am Platz	✓
Hunde willkommen	✓
Skilift & Loipe	✗
WLAN	✓
Lebensmittel	1km
Brötchen am Platz	nur HS
Restaurant/Imbiss	✓/200m
Ver-/Entsorgung Womo	✗
in den Ort	1km
Gesamt	133
Mietunterkünfte	✓
Stellplätze vor Schranke	✗

- JETZT BEWERTEN!

Für diese Auswertung liegen leider noch nicht genügend Bewertungen vor.

Sei einer der Ersten, der diesen Campingplatz bewertet. Unter den Bewertern werden regelmäßig Gewinne verlost!

Mehr Infos dazu findest du in unserem allgemeinen Intro.

Karte auf Seite 458

	26	27	28
	Campeggio Belvedere	**Camping Punta Lago**	**Campeggio Al Pescatore**
	Viale Venezia 6	Via Lungo Lago 72	Via dei Pescatori 1
	38050 Calceranica al Lago	38050 Calceranica al Lago	38050 Calceranica al Lago
	+39 0461 72323	+39 0461 723229	+39 0461 723062
	46.0033 | 11.2575	46.00262 | 11.25474	46.00234 | 11.25465
		480m ü.M.	
Infos			
Öffnungszeiten	20.04. - 23.09.	28.04. - 15.09.	07.05. - 11.09.
Vergleichspreis	HS: 27,90 € | NS: 21,50 €	HS: 38,00 € | NS: 19,00 €	HS: 40,40 € | NS: 36,40 €
Link	**Mehr Infos & Anfrage:** www.camping.info/1306	**Mehr Infos & Anfrage:** www.camping.info/1518	**Mehr Infos & Anfrage:** www.camping.info/1299
Ausstattung			
Freizeit	Baden im See am Platz ✓	Baden im See am Platz ✓	Baden im See am Platz ✓
	Pool & Hallenbad ✗	Hallenbad 4km	Pool/Hallenbad ✓/5km
	Spielplatz am Platz ✓	Spielplatz am Platz ✓	Spielplatz am Platz ✓
Campingplatz	Hunde erlaubt ✓	Hunde willkommen ✓	Hunde erlaubt ✓
	Skilift & Loipe keine Angabe	Skilift & Loipe ✗	Skilift & Loipe ✗
	WLAN (gegen Gebühr) ✓	WLAN (begrenzt gratis) ✓	WLAN ✓
Versorgung	Lebensmittel ✓	Lebensmittel 1km	Lebensmittel ✓
	Brötchen am Platz ✓	Brötchen am Platz nur HS	Brötchen am Platz ✓
	Restaurant & Imbiss ✓	Restaurant/Imbiss 100m/✓	Restaurant am P. ✓
	Ver-/Entsorgung Womo ✓	Ver-/Entsorgung Womo ✓	Ver-/Entsorgung Womo ✓
	in den Ort 1km	in den Ort 1km	im Ort ✓
Anzahl der Plätze	Gesamt/Touristen 110/90	Gesamt/Touristen 160/155	Gesamt/Touristen 244/200
	Mietunterkünfte ✗	Mietunterkünfte ✓	Mietunterkünfte ✗
	Stellplätze vor Schranke ✗	Stellplätze vor Schranke ✗	Stellplätze vor Schranke ✗

	Campeggio Belvedere	Camping Punta Lago	Campeggio Al Pescatore
Gesamt	4.7 **SEHR GUT** 9 Bewertungen	4.5 **SEHR GUT** 20 Bewertungen	4.1 **SEHR GUT** 16 Bewertungen
Lage	4.4	4.5	4.3
Ruhe	4.3	3.9	3.8
Sanitäranlagen	4.1	4.7	3.9
Sauberkeit Ø	4.8	4.8	4.2
Freundlichkeit	4.3	4.6	4.7
Stellplatz	4.3	4.3	3.9
Verpflegung	4.0	3.8	4.1
Freizeit	4.3	4.3	4.0
Preis-Leistung	4.3	4.5	4.4
Mietunterkünfte	-	4.4	-
Geeignet für			
Kinder b. 6 J.	4.2	4.3	4.6
Kinder b. 12 J.	4.2	4.4	4.7
Kinder b. 18 J.	3.7	4.2	4.2
Paare	4.4	4.4	4.6
Senioren	4.5	4.5	4.5
Gäste mit Zelt	5.0	4.5	4.6
Gäste mit Hund	4.5	4.2	4.1
Empfohlene Aktivitäten	Wandern	Schwimmen	Schwimmen
	Schwimmen	Wandern	Wandern
	Radfahren	Radfahren	Radfahren

29 Camping Gajole

Loc. Soravigo
32030 Arsie
+39 (0) 439 58505
www.campinggajole.it
info@campinggajole.it

01.05. - 30.09.
HS: 44,00 € | NS: 28,00 €
Mehr Infos & Anfrage:
www.camping.info/1394

Baden in nat. Gewässer	k. A.
Pool & Hallenbad	✗
Spielplatz	keine Angabe
Hunde erlaubt	✓
Skilift & Loipe	keine Angabe
WLAN	keine Angabe
Lebensmittel	k.A.
Brötchen	keine Angabe
Restaurant & Imbiss	✗
Ver-/Entsorgung Womo	✗
in den Ort	3km
Gesamt	150
Mietunterkünfte	✗
Stellplätze vor Schranke	✗

45.96844 | 11.76628

Der Campingplatz liegt direkt am See und ist von Natur umgeben.

Lage & Stellplatz

Der Campingplatz liegt mitten im Grünen in der Provinz Belluno, am Ufer des ruhigen Corlo-Sees. Er wurde um moderne Einrichtungen erweitert und ist ein strategischer Ausgangspunkt für Kunststädte wie Belluno und Feltre oder für Ausflüge in die Hochebenen von Asiago und den Dolomiten Nationalpark.

Verpflegung

Mitten auf dem Platz finden die Gäste einen kleinen Mini-Markt, der mit Lebensmitteln sowie Produkten für den täglichen Bedarf ausgestattet ist.

Sanitär

Der Campingplatz verfügt über drei Serviceblöcke mit vielen Duschen, Waschbecken, Geschirrspülbecken sowie Toiletten. Den Gästen stehen eine Waschküche, ein behindertengerechtes Bad und eine Station für Chemie-Toiletten zur Verfügung, ebenso Abwasser- und Wasserversorgung für Wohnmobile.

Freizeit

Auf dem Platz gibt es einen Mini-Tennisplatz, eine Tischtennisplatte sowie einen Spielplatz für Kinder. Im See können die Gäste baden, die Umgebung zu Fuß und mit dem Fahrrad erkunden und in 1 km Entfernung kann man Tretboote, SUP-Boards, Kanus und Elektroboote mieten.

Eins von drei Serviceblöcken.

Coco Houses zum Wohnen.

4.5 SEHR GUT
24 Bewertungen

Lage	4.8
Ruhe	4.9
Sanitäranlagen	4.7
Sauberkeit Ø	4.7
Freundlichkeit	4.7
Stellplatz	4.4
Verpflegung	3.4
Freizeit	4.0
Preis-Leistung	4.5
Mietunterkünfte	-

Geeignet für

- 4.9 Gäste mit Zelt
- 4.8 Paare
- 4.8 Senioren
- 4.5 Gäste mit Hund
- 3.8 Kinder b. 12 J.
- 3.6 Kinder b. 6 J.
- 3.0 Kinder b. 18 J.

Empfohlene Aktivitäten

Wandern | Schwimmen | Radfahren | Entspannen

Mehr Infos

Auf allen gängigen Kommunikationswegen zu erreichen. Hunde erlaubt.

ITALIEN

❹ Trentino Süd

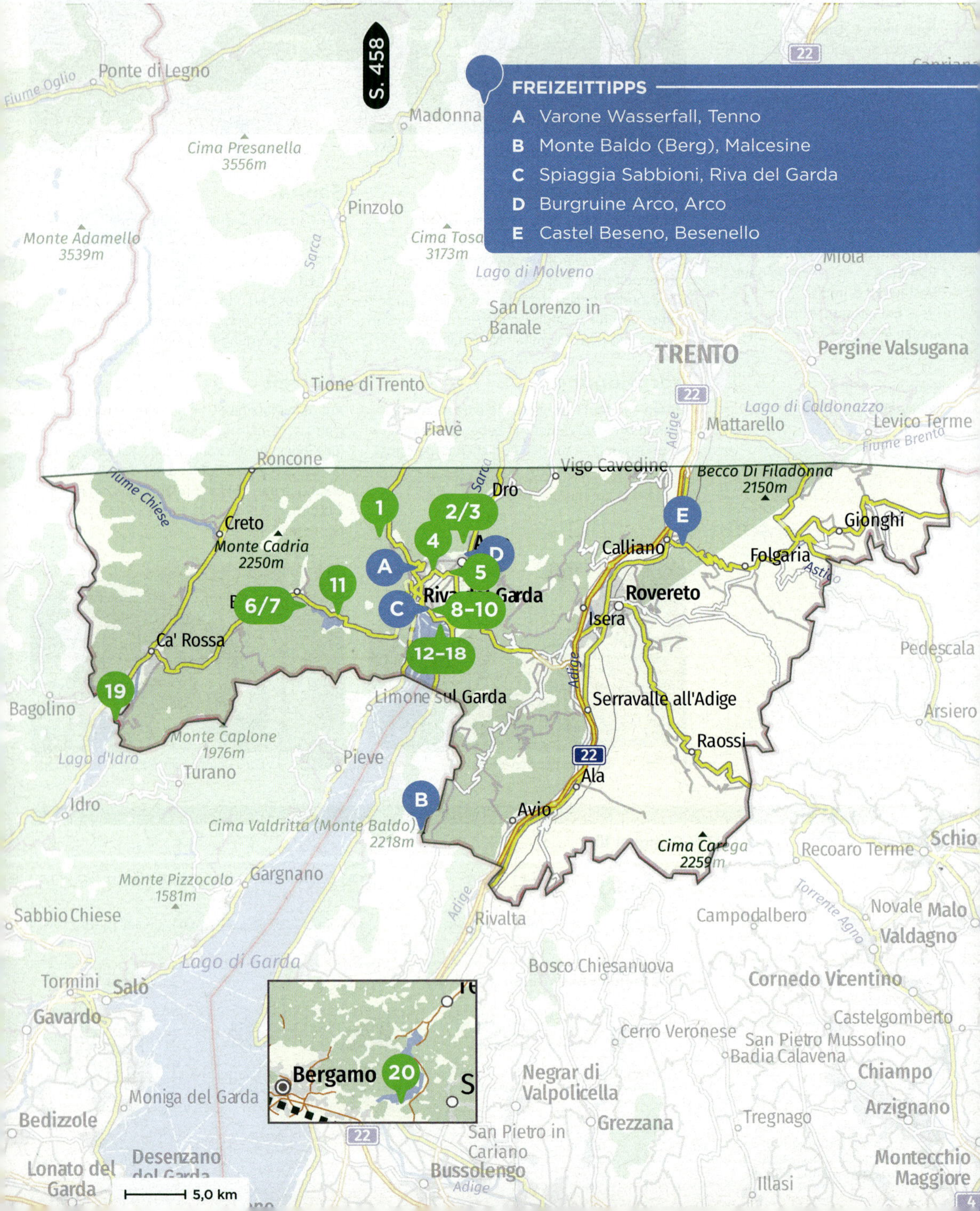

	Platz	Seite	Bewertung		Öffnungszeiten	
1	Campeggio Lago di Tenno	476	4.7	◯	saisonal	
2	Camping Zoo	476	3.9	◯	saisonal	
3	Campeggio Arco	476	3.4	◯	saisonal	
4	Ab&c Arco Bed and Camping	477	4.8	◯	saisonal	
5	Altogarda Agricamp	477	-	◯	k. A.	
6	Camping Azzurro am Ledrosee	477	4.1	◯	saisonal	
7	Campeggio Al Lago	477	3.3	◯	saisonal	
8	Camping Brione	478	3.3	◯	saisonal	
9	Camping Garda	478	-	◯	k. A.	
10	Campeggio Bavaria	478	3.0	◯	saisonal	
11	Family Wellness Camping al Sole	479	3.5	◯	saisonal	
12	Camping Grumèl	479	-	◯	ganzjährig	*
13	Camping Bellavista	479	3.2	◯	saisonal	
14	Campeggio Maroadi	479	4.0	◯	saisonal	
15	Campeggio Arco Lido	480	3.0	◯	saisonal	
16	Campeggio Europa	480	3.0	◯	saisonal	
17	Camper Stop Torbole	480	4.5	◯	k. A.	
18	Camping Al Porto - Casa Tonelli	481	3.8	◯	saisonal	
19	Camping Miralago	481	4.4	◯	saisonal	
20	Camping Del Sole	482	3.6	◯	saisonal	

Torbole am Gardasee © Trentino Sviluppo – Turismo e Promozione/Carlo Baroni

AB AN DEN STRAND

Auch wenn sich große Teile des Gardasees in den Regionen Lombardei und Venetien befinden, reicht auch der Süden des Trentino bis an dessen Wasser. Rund um den See gibt es unzählige Strände und Badebuchten, die mit großflächigen Liegewiesen und schönen Badestegen glänzen. Für Familien sind besonders die Strände von Riva del Garda und am Ledrosee zu empfehlen, einem der klarsten Seen im Trentino.

DIE PERLE DES GARDASEES

Der Gardasee ist mit einer Fläche von ca. 368 km^2 nicht nur der größte See Italiens, sondern gleichzeitig auch der bekannteste. Aufgrund seiner optimalen Erreichbarkeit zählt er zu den bevorzugten Urlaubsgebieten bei Campern aus dem deutschsprachigen Raum. Zum Gebiet des Trentino gehört jedoch nur der nördlichste Teil des Sees. Charakterisiert wird die Region durch die hohen Berge auf der einen und das mediterrane Klima auf der anderen Seite. Wegen der vorherrschenden Windverhältnisse ist der nördliche Bereich des Gardasees als DER Treffpunkt für Surfer und Segler bekannt. Alle Ortschaften rund um das Nordufer sind durch eine Uferpromenade miteinander verbunden und laden zu ausgedehnten Spaziergängen ein. Neben Badegästen und Surfern wissen auch Wanderer, Kletterer und Mountainbiker die Vorzüge der Region zu schätzen. Der größte und bekannteste Ort am Seeufer ist Riva del Garda, der häufig als „die Perle des Gardasees" bezeichnet wird. Malerische Buchten und Häfen sowie eine elegante Seepromenade zeichnen den Ort aus. Doch auch die Inviolata-Kirche aus dem Jahre 1611 und die Wasserburg „Rocca di Riva del Garda" aus dem Jahre 1124 sollte man sich nicht entgehen lassen. Gegenüber der Wasserburg, mitten in der Altstadt, befindet sich das „Reptiland", das mit lebenden Pythons, Giftschlangen und Skorpionen für staunende Gesichter sorgt.

Surfer am Gardasee bei Torbole © Trentino Sviluppo – Turismo e Promozione/Alexander Debiasi

GARDASEE UND LEDROSEE

Nur wenige Kilometer von Riva del Garda entfernt liegen weitere interessante Urlaubsorte. Als Zentrum des Klettersports erweist sich der Ort Arco: In diesem viel besuchten Gebiet sind zahlreiche Felsen zum Sport- und Alpinklettern zu finden. Ein Naturerlebnis der besonderen Art bietet hingegen der Varone-Wasserfall, wo das Wasser des Tenno-Sees durch eine Felsenschlucht 98 m weit in die Tiefe stürzt. Das kleine Örtchen Torbole wiederum gehört zu den besten Surfrevieren Europas. Das ehemalige Fischerdorf hat sich mittlerweile komplett auf junge, sportliche Gäste spezialisiert und verfügt sogar über einen eigenen Strandabschnitt nur für Surfer. Wenige Minuten vom Ortszentrum entfernt, befindet sich der Abenteuerpark „Busatte Adventure“. Knapp 10 km westlich des Gardasees liegt mit dem Ledrosee ein weiterer wunderbarer Badesee mit großzügigen Outdoor-Möglichkeiten. Das idyllische Ledrotal eignet sich hervorragend für ausgiebige Wanderungen oder Mountainbiketouren. Bekanntheit erlangte das Tal jedoch durch das kleine Pfahlbaumuseum, das die Hauptattraktion des Ortes Ledro darstellt. Im Jahr 1929 wurden bei Ausgrabungen an den Ufern des Ledrosees ca. 10.000 Pfähle und Statuen aus der Bronzezeit gefunden. Diese können heute im „Museo delle Palafitte“ bewundert werden.

TIPP DER REDAKTION

Ab&c Arco Bed & Camping

Arco | Nr. 4 | Seite 477

Laut Gästen ideal geeignet zum:

- Wandern
- Radfahren
- Mountainbiken

4.8

Karte auf Seite 472

	1 Campeggio Lago di Tenno	2 Camping Zoo	3 Campeggio Arco
	Loc. Lago di Tenno 7 38060 Tenno Trento +39 (0) 464 502053 45.93475 | 10.81081 600m ü.M.	Via Legionari Cecoslovacchi 24 38062 Arco +39 0464 516232 45.93218 | 10.89273	Loc. Prabi 38062 Arco +39 0464 517491 45.9275 | 10.8925
Infos			
Öffnungszeiten	08.04. - 30.09.	15.02. - 15.11.	20.03. - 07.11.
Vergleichspreis	HS: 31,40 € | NS: 24,40 €	HS: 33,00 € | NS: 30,00 €	HS: 35,90 € | NS: 29,90 €
Link	**Mehr Infos & Anfrage:** www.camping.info/26161	**Mehr Infos & Anfrage:** www.camping.info/25149	**Mehr Infos & Anfrage:** www.camping.info/1303
Ausstattung			
Freizeit	Baden im See am Platz ✓ Pool & Hallenbad ✗ Spielplatz keine Angabe	Baden im Fluss am Platz ✓ Pool am Platz ✓ Spielplatz am Platz ✓	Baden im Fluss am Platz ✓ Pool/Hallenbad ✓/5km Spielplatz am Platz ✓
Campingplatz	Hunde willkommen ✓ Skilift & Loipe keine Angabe WLAN ✓	Hunde willkommen ✓ Skilift & Loipe keine Angabe WLAN (gegen Gebühr) ✓	Hunde willkommen ✓ Skilift & Loipe ✗ WLAN ✓
Versorgung	Lebensmittel k.A. Brötchen am Platz ✓ Restaurant/Imbiss 100m/✓ Ver-/Entsorgung Womo ✓ in den Ort 1km	Lebensmittel ✓ Brötchen am Platz ✓ Restaurant/Imbiss 500m Ver-/Entsorgung Womo ✓ in den Ort 2km	Lebensmittel ✓ Brötchen am Platz ✓ Restaurant & Imbiss ✓ Ver-/Entsorgung Womo ✓ in den Ort 800m
Anzahl der Plätze	Touristenplätze 61 Mietunterkünfte ✓ Stellplätze vor Schranke ✗	Gesamt 257 Mietunterkünfte ✓ Stellplätze vor Schranke ✗	Touristenplätze 232 Mietunterkünfte ✓ Stellplätze vor Schranke ✗

	Campeggio Lago di Tenno	Camping Zoo	Campeggio Arco
Bewertung	4.7 SEHR GUT, 3 Bewertungen	3.9 GUT, 9 Bewertungen	3.4 GUT, 12 Bewertungen
Lage	4.7	4.4	4.3
Ruhe	4.3	3.6	3.0
Sanitäranlagen	3.7	3.6	3.2
Sauberkeit Ø	4.2	3.9	3.5
Freundlichkeit	5.0	4.0	3.7
Stellplatz	4.0	3.8	3.4
Verpflegung	3.5	3.4	3.4
Freizeit	4.7	4.7	4.8
Preis-Leistung	4.0	4.0	2.8
Mietunterkünfte	-	4.0	-
Geeignet für			
Kinder b. 6 J.	4.7	4.2	3.1
Kinder b. 12 J.	4.7	4.4	4.1
Kinder b. 18 J.	4.0	4.1	4.2
Paare	5.0	4.4	4.5
Senioren	4.3	3.7	3.4
Gäste mit Zelt	4.3	4.4	4.7
Gäste mit Hund	5.0	4.2	3.0
Empfohlene Aktivitäten	Wandern Radfahren Schwimmen	Klettern Mountainbiking Radfahren	Klettern Radfahren Wandern

4 Ab&c Arco Bed and Camping

Via Croseta 22
38062 Arco
+39 327 6637960

45.91232 | 10.86603
200m ü.M.

22.03. - 14.11.

HS: 33,00 € | NS: 29,00 €

Mehr Infos & Anfrage:
www.camping.info/24821

Baden im See	4km
Pool am Platz	✓
Spielplatz am Platz	✓
Hunde willkommen	✓
Skilift	15km
WLAN	✓
Lebensmittel	400m
Brötchen am Platz	✗
Restaurant/Imbiss	400/500m
Ver-/Entsorgung Womo	✓
in den Ort	1km
Touristenplätze	19
Mietunterkünfte	✓
Stellplätze vor Schranke	✗

4.8 SEHR GUT
43 Bewertungen

Lage	4.4
Ruhe	4.5
Sanitäranlagen	4.7
Sauberkeit Ø	4.8
Freundlichkeit	4.9
Stellplatz	4.7
Verpflegung	4.0
Freizeit	4.5
Preis-Leistung	4.7
Mietunterkünfte	4.8

Geeignet für

Kinder b. 6 J.	4.4
Kinder b. 12 J.	4.4
Kinder b. 18 J.	4.4
Paare	4.8
Senioren	4.6
Gäste mit Zelt	4.8
Gäste mit Hund	4.3

Empfohlene Aktivitäten

- Radfahren
- Mountainbiking
- Klettern

5 Altogarda Agricamp

Via Mantova
38062 Arco

45.9101 | 10.8819

keine Angabe

keine Angabe

Mehr Infos & Anfrage:
www.camping.info/27272

Baden in nat. Gewässer	k. A.
Pool & Hallenbad	✗
Spielplatz	keine Angabe
Hunde	✗
Skilift & Loipe	keine Angabe
WLAN	keine Angabe
Lebensmittel	k.A.
Brötchen	keine Angabe
Restaurant & Imbiss	✗
Ver-/Entsorgung Womo	✗
in den Ort	keine Angabe
Gesamt	keine Angabe
Mietunterkünfte	✗
Stellplätze vor Schranke	✗

- JETZT BEWERTEN!

Für diese Auswertung liegen leider noch nicht genügend Bewertungen vor.

Sei einer der Ersten, der diesen Campingplatz bewertet. Unter den Bewertern werden regelmäßig Gewinne verlost!

Mehr Infos dazu findest du in unserem allgemeinen Intro.

6 Camping Azzurro am Ledrosee

Via Alzer 5
38067 Pieve di Ledro
+39 0464 591276

45.88499 | 10.73109
650m ü.M.

25.04. - 30.09.

HS: 36,00 € | NS: 24,00 €

Mehr Infos & Anfrage:
www.camping.info/1304

Baden im See am Platz	✓
Pool am Platz	✓
Spielplatz am Platz	✓
Hunde willkommen	✓
Skilift & Loipe	✗
WLAN	✓
Lebensmittel	50m
Brötchen am Platz	✓
Restaurant/Imbiss	100m
Ver-/Entsorgung Womo	✓
in den Ort	300m
Touristenplätze	120
Mietunterkünfte	✓
Stellplätze vor Schranke	✓

4.1 SEHR GUT
16 Bewertungen

Lage	4.7
Ruhe	4.4
Sanitäranlagen	3.7
Sauberkeit Ø	4.5
Freundlichkeit	4.8
Stellplatz	4.1
Verpflegung	4.0
Freizeit	4.2
Preis-Leistung	4.2
Mietunterkünfte	4.7

Geeignet für

Kinder b. 6 J.	4.1
Kinder b. 12 J.	4.3
Kinder b. 18 J.	3.8
Paare	4.9
Senioren	4.7
Gäste mit Zelt	4.4
Gäste mit Hund	4.8

Empfohlene Aktivitäten

- Schwimmen
- Mountainbiking
- Wandern

7 Campeggio Al Lago

Via Alzer 7
38067 Ledro
+39 0464 591250

45.88333 | 10.73166
660m ü.M.

22.04. - 02.10.

HS: 36,40 € | NS: 22,40 €

Mehr Infos & Anfrage:
www.camping.info/1298

Baden im See am Platz	✓
Pool & Hallenbad	✗
Spielplatz am Platz	✓
Hunde willkommen	✓
Skilift & Loipe	keine Angabe
WLAN	✓
Lebensmittel	✓
Brötchen am Platz	✓
Imbiss	✓
Ver-/Entsorgung Womo	✓
im Ort	✓
Gesamt	105
Mietunterkünfte	✓
Stellplätze vor Schranke	✗

3.3 GUT
6 Bewertungen

Lage	4.5
Ruhe	3.8
Sanitäranlagen	3.0
Sauberkeit Ø	4.0
Freundlichkeit	4.4
Stellplatz	3.2
Verpflegung	3.6
Freizeit	4.2
Preis-Leistung	3.2
Mietunterkünfte	4.0

Geeignet für

Kinder b. 6 J.	3.8
Kinder b. 12 J.	4.3
Kinder b. 18 J.	4.3
Paare	3.7
Senioren	3.7
Gäste mit Zelt	4.0
Gäste mit Hund	4.0

Empfohlene Aktivitäten

- Schwimmen
- Radfahren
- Entspannen

Karte auf Seite 472

	8	9	10
	Camping Brione	**Camping Garda**	**Campeggio Bavaria**
	Via Brione 32 38066 Riva del Garda +39 0464 520885	Via Brione 30/B 38066 Riva del Garda	Viale Rovereto 100 38066 Riva del Garda +39 0464 552524
	45.8812 | 10.86242	45.88027 | 10.86113	45.88004 | 10.85598
Infos			
Öffnungszeiten	01.04. - 16.10.	keine Angabe	24.03. - 02.11.
Vergleichspreis	HS: 34,50 € | NS: 27,00 €	HS: 31,70 €	HS: 33,40 € | NS: 27,40 €
Link	**Mehr Infos & Anfrage:** www.camping.info/1328	**Mehr Infos & Anfrage:** www.camping.info/24589	**Mehr Infos & Anfrage:** www.camping.info/1305
Ausstattung			
Freizeit	Baden im See 600m Pool/Hallenbad ✓/1km Spielplatz am Platz ✓	Baden im See am Platz ✓ Pool & Hallenbad ✗ Spielplatz keine Angabe	Baden im See am Platz ✓ Pool & Hallenbad ✗ Spielplatz am Platz ✓
Campingplatz	Hunde erlaubt ✓ Skilift & Loipe ✗ WLAN (gegen Gebühr) ✓	Hunde ✗ Skilift & Loipe keine Angabe WLAN (gegen Gebühr) ✓	Hunde erlaubt ✓ Skilift & Loipe keine Angabe WLAN (gegen Gebühr) ✓
Versorgung	Lebensmittel ✓ Brötchen am Platz ✓ Restaurant/Imbiss 500m/✓ Ver-/Entsorgung Womo ✓ in den Ort 2km	Lebensmittel 300m Brötchen keine Angabe Restaurant/Imbiss 300m Ver-/Entsorgung Womo ✓ im Ort ✓	Lebensmittel ✗ Brötchen keine Angabe Restaurant am P. ✓ Ver-/Entsorgung Womo ✓ im Ort ✓
Anzahl der Plätze	Touristenplätze 121 Mietunterkünfte ✓ Stellplätze vor Schranke ✗	Gesamt keine Angabe Mietunterkünfte ✗ Stellplätze vor Schranke ✗	Touristenplätze 73 Mietunterkünfte ✗ Stellplätze vor Schranke ✗

Camping Brione: 3.3 GUT – 9 Bewertungen

Lage	3.9
Ruhe	2.8
Sanitäranlagen	3.5
Sauberkeit Ø	4.4
Freundlichkeit	4.0
Stellplatz	3.1
Verpflegung	2.0
Freizeit	4.0
Preis-Leistung	2.9
Mietunterkünfte	-

Geeignet für

Kinder b. 6 J.	3.1
Kinder b. 12 J.	3.4
Kinder b. 18 J.	3.4
Paare	4.1
Senioren	3.9
Gäste mit Zelt	3.8
Gäste mit Hund	5.0

Empfohlene Aktivitäten

- Wandern
- Schwimmen
- Klettern

Camping Garda: - JETZT BEWERTEN!

Für diese Auswertung liegen leider noch nicht genügend Bewertungen vor.

Sei einer der Ersten, der diesen Campingplatz bewertet. Unter den Bewertern werden regelmäßig Gewinne verlost!

Mehr Infos dazu findest du in unserem allgemeinen Intro.

Campeggio Bavaria: 3.0 GUT – 12 Bewertungen

Lage	4.4
Ruhe	2.6
Sanitäranlagen	3.2
Sauberkeit Ø	3.9
Freundlichkeit	4.3
Stellplatz	2.6
Verpflegung	3.7
Freizeit	4.1
Preis-Leistung	2.7
Mietunterkünfte	-

Geeignet für

Kinder b. 6 J.	3.0
Kinder b. 12 J.	3.7
Kinder b. 18 J.	3.7
Paare	3.7
Senioren	3.1
Gäste mit Zelt	5.0
Gäste mit Hund	-

Empfohlene Aktivitäten

- Mountainbiking
- Surfen
- Klettern

11 Family Wellness Camping al Sole

Via Maffei 127
38067 Ledro
+393492236361
45.87834 | 10.76575
600m ü.M.

27.03. - 02.11.
HS: 37,40 € | NS: 25,40 €
Mehr Infos & Anfrage:
www.camping.info/1302

Baden im See am Platz	✓
Pool/Hallenbad	✓/10km
Spielplatz am Platz	✓
Hunde willkommen	✓
Skilift & Loipe	✗
WLAN (begrenzt gratis)	✓
Lebensmittel	✓
Brötchen am Platz	✓
Restaurant & Imbiss	✓
Ver-/Entsorgung Womo	✓
in den Ort	1km
Gesamt/Touristen	200/190
Mietunterkünfte	✓
Stellplätze vor Schranke	✗

3.5 GUT
20 Bewertungen

Lage	4.4
Ruhe	3.5
Sanitäranlagen	3.0
Sauberkeit Ø	3.1
Freundlichkeit	3.9
Stellplatz	3.3
Verpflegung	4.0
Freizeit	3.8
Preis-Leistung	3.3
Mietunterkünfte	-

Geeignet für

Kinder b. 6 J.	3.8
Kinder b. 12 J.	3.9
Kinder b. 18 J.	3.4
Paare	4.0
Senioren	3.8
Gäste mit Zelt	3.8
Gäste mit Hund	4.1

Empfohlene Aktivitäten

- Wandern
- Schwimmen
- Radfahren

12 Camping Grumèl

Via Strada Rivana 46
38069 Nago (municipality of Nago-Torbole sul Garda)
+39 3284522753
45.8779 | 10.89797
240m ü.M.

ganzjährig
HS: 28,00 € | NS: 24,00 €
Mehr Infos & Anfrage:
www.camping.info/28024

Baden im See	3km
Hallenbad	7km
Spielplatz	keine Angabe
Hunde willkommen	✓
Skilift & Loipe	✗
WLAN	✓
Lebensmittel	500m
Brötchen am Platz	✗
Restaurant/Imbiss	500m
Ver-/Entsorgung Womo	✓
in den Ort	500m
Touristenplätze	6
Mietunterkünfte	✓
Stellplätze vor Schranke	✓

- JETZT BEWERTEN!

Für diese Auswertung liegen leider noch nicht genügend Bewertungen vor.

Sei einer der Ersten, der diesen Campingplatz bewertet. Unter den Bewertern werden regelmäßig Gewinne verlost!

Mehr Infos dazu findest du in unserem allgemeinen Intro.

13 Camping Bellavista

38069 Tórbole
+39 0464 505644
45.87723 | 10.86634

31.03. - 10.04.
25.04. - 04.10.
HS: 35,90 € | NS: 31,40 €
Mehr Infos & Anfrage:
www.camping.info/22861

Baden im See am Platz	✓
Pool/Hallenbad	6/4km
Spielplatz	keine Angabe
Hunde erlaubt	✓
Skilift & Loipe	keine Angabe
WLAN	✓
Lebensmittel	100m
Brötchen am Platz	✓
Restaurant/Imbiss	100m
Ver-/Entsorgung Womo	✓
in den Ort	1km
Touristenplätze	110
Mietunterkünfte	✓
Stellplätze vor Schranke	✗

3.2 GUT
19 Bewertungen

Lage	4.4
Ruhe	2.8
Sanitäranlagen	4.3
Sauberkeit Ø	4.4
Freundlichkeit	2.9
Stellplatz	3.4
Verpflegung	3.7
Freizeit	4.7
Preis-Leistung	3.2
Mietunterkünfte	4.0

Geeignet für

Kinder b. 6 J.	3.4
Kinder b. 12 J.	3.3
Kinder b. 18 J.	3.4
Paare	4.2
Senioren	4.2
Gäste mit Zelt	4.0
Gäste mit Hund	3.9

Empfohlene Aktivitäten

- Surfen
- Schwimmen
- Wandern

14 Campeggio Maroadi

Via Gardesana 13
38069 Torbole
+39 0464 505175
45.87574 | 10.86859

14.03. - 05.11.
HS: 26,70 €
Mehr Infos & Anfrage:
www.camping.info/1326

Baden im See am Platz	✓
Pool/Hallenbad	4km
Spielplatz am Platz	✓
Hunde erlaubt	✓
Skilift/Loipe	✗/k. A.
WLAN	✓
Lebensmittel	✓
Brötchen am Platz	✓
Restaurant & Imbiss	✓
Ver-/Entsorgung Womo	✓
in den Ort	500m
Touristenplätze	255
Mietunterkünfte	✓
Stellplätze vor Schranke	✗

4.0 SEHR GUT
38 Bewertungen

Lage	4.5
Ruhe	3.4
Sanitäranlagen	3.9
Sauberkeit Ø	4.3
Freundlichkeit	4.2
Stellplatz	3.6
Verpflegung	3.8
Freizeit	4.6
Preis-Leistung	3.9
Mietunterkünfte	3.8

Geeignet für

Kinder b. 6 J.	3.8
Kinder b. 12 J.	4.2
Kinder b. 18 J.	4.4
Paare	4.4
Senioren	3.7
Gäste mit Zelt	4.3
Gäste mit Hund	4.2

Empfohlene Aktivitäten

- Mountainbiking
- Surfen
- Radfahren

Karte auf Seite 472

	15	16	17
	Campeggio Arco Lido	**Campeggio Europa**	**Camper Stop Torbole**
	Via Linfano 80 38062 Arco +39 0464 505077	Via al Cor 04 38069 Torbole +39 0464 505888	38069 Torbole sul Garda
	45.87398 | 10.8675	45.8728 | 10.8715	45.87259 | 10.8727
Infos			
Öffnungszeiten	01.04. - 05.10.	01.04. - 06.11.	keine Angabe
Vergleichspreis	HS: 33,60 € | NS: 26,80 €	HS: 35,40 € | NS: 30,40 €	keine Angabe
Link	**Mehr Infos & Anfrage:** www.camping.info/1331	**Mehr Infos & Anfrage:** www.camping.info/1319	**Mehr Infos & Anfrage:** www.camping.info/27053
Ausstattung			
Freizeit	Baden im See am Platz ✓ Pool/Hallenbad 5/3km Spielplatz am Platz ✓	Baden im See am Platz ✓ Pool/Hallenbad 4km Spielplatz am Platz ✓	Baden in nat. Gewässer k. A. Pool & Hallenbad ✗ Spielplatz keine Angabe
Campingplatz	Hunde erlaubt ✓ Skilift & Loipe ✗ WLAN ✓	Hunde willkommen ✓ Loipe 500m WLAN (gegen Gebühr) teilweise	Hunde ✗ Skilift & Loipe keine Angabe WLAN keine Angabe
Versorgung	Lebensmittel ✓ Brötchen am Platz ✓ Restaurant/Imbiss 1km/✓ Ver-/Entsorgung Womo ✓ in den Ort 1km	Lebensmittel 1km Brötchen am Platz ✗ Restaurant/Imbiss 300m Ver-/Entsorgung Womo ✓ in den Ort 400m	Lebensmittel k.A. Brötchen keine Angabe Restaurant & Imbiss ✗ Ver-/Entsorgung Womo ✗ in den Ort keine Angabe
Anzahl der Plätze	Touristenplätze 170 Mietunterkünfte ✗ Stellplätze vor Schranke ✗	Touristenplätze 100 Mietunterkünfte ✗ Stellplätze vor Schranke ✓	Gesamt keine Angabe Mietunterkünfte ✗ Stellplätze vor Schranke ✗

	Campeggio Arco Lido	Campeggio Europa	Camper Stop Torbole
Gesamt	3.0 GUT, 8 Bewertungen	3.0 GUT, 16 Bewertungen	4.5 SEHR GUT, 4 Bewertungen
Lage	4.9	4.5	4.2
Ruhe	3.4	3.2	3.8
Sanitäranlagen	2.4	2.5	4.5
Sauberkeit Ø	3.1	3.2	4.5
Freundlichkeit	3.3	2.8	5.0
Stellplatz	3.4	3.1	4.0
Verpflegung	3.7	1.8	3.8
Freizeit	4.3	4.2	4.5
Preis-Leistung	3.1	2.9	4.2
Mietunterkünfte	-	-	-
Geeignet für			
Kinder b. 6 J.	3.4	3.6	4.7
Kinder b. 12 J.	3.4	3.7	5.0
Kinder b. 18 J.	3.8	3.8	5.0
Paare	4.0	4.0	4.5
Senioren	3.4	3.6	4.5
Gäste mit Zelt	4.5	3.9	1.0
Gäste mit Hund / Hunde n. erlaubt	4.5	2.3	- (Hunde n. erlaubt)
Empfohlene Aktivitäten	Wandern Mountainbiking Surfen	Surfen Mountainbiking Segeln	Segeln Surfen Schwimmen

18 Camping Al Porto – Casa Tonelli

Al Cor 3
38069 Torbole sul Garda
+39 0464 505891
45.87137 | 10.87279

05.04. - 03.11.

HS: 39,00 € | NS: 28,00 €

Mehr Infos & Anfrage:
www.camping.info/1300

Baden im See am Platz	✓
Pool & Hallenbad	✗
Spielplatz am Platz	✓
Hunde willkommen	✓
Skilift & Loipe	✗
WLAN	✓
Lebensmittel	300m
Brötchen am Platz	✓
Restaurant/Imbiss	100/300m
Ver-/Entsorgung Womo	✓
in den Ort	keine Angabe
Touristenplätze	88
Mietunterkünfte	✓
Stellplätze vor Schranke	✗

3.8 GUT
12 Bewertungen

Lage	4.3
Ruhe	2.7
Sanitäranlagen	3.8
Sauberkeit Ø	4.0
Freundlichkeit	4.2
Stellplatz	3.5
Verpflegung	2.9
Freizeit	4.2
Preis-Leistung	3.9
Mietunterkünfte	4.3

Geeignet für

Kinder b. 6 J.	4.1
Kinder b. 12 J.	3.6
Kinder b. 18 J.	4.0
Paare	4.2
Senioren	3.5
Gäste mit Zelt	4.4
Gäste mit Hund	4.8

Empfohlene Aktivitäten

- Surfen
- Mountainbiking
- Wandern

19 Camping Miralago

Porto Camarelle 3
38080 Baitoni di Bondone
+39 3498832999
45.80277 | 10.53504
365m ü.M.

01.04. - 31.10.

HS: 40,00 € | NS: 28,00 €

Mehr Infos & Anfrage:
www.camping.info/1516

Baden im See am Platz	✓
Pool/Hallenbad	3km
Spielplatz am Platz	✓
Hunde willkommen	✓
Skilift & Loipe	✗
WLAN	✓
Lebensmittel	1km
Brötchen am Platz	✓
Restaurant & Imbiss	✓
Ver-/Entsorgung Womo	✗
in den Ort	500m
Touristenplätze	66
Mietunterkünfte	✗
Stellplätze vor Schranke	✗

4.4 SEHR GUT
16 Bewertungen

Lage	4.7
Ruhe	4.0
Sanitäranlagen	4.0
Sauberkeit Ø	4.2
Freundlichkeit	4.3
Stellplatz	3.9
Verpflegung	3.7
Freizeit	3.9
Preis-Leistung	3.9
Mietunterkünfte	-

Geeignet für

Kinder b. 6 J.	4.5
Kinder b. 12 J.	4.4
Kinder b. 18 J.	4.2
Paare	4.7
Senioren	4.3
Gäste mit Zelt	4.1
Gäste mit Hund	4.3

Empfohlene Aktivitäten

- Schwimmen
- Surfen
- Wandern

20 Camping Del Sole

Via per Rovato 26
25049 Iseo
+39 (0) 309 80288
www.campingdelsole.it
info@campingdelsole.it

14.04. - 16.10.

HS: 55,00 € | NS: 37,00 €

Mehr Infos & Anfrage:
www.camping.info/1508

Baden im See am Platz	✓
Pool am Platz	✓
Spielplatz am Platz	✓
Hunde erlaubt	✓
Skilift	40km
WLAN	✓
Lebensmittel	✓
Brötchen am Platz	✓
Restaurant & Imbiss	✓
Ver-/Entsorgung Womo	✓
in den Ort	1km
Gesamt/Touristen	209/153
Mietunterkünfte	✓
Stellplätze vor Schranke	✗

Blick auf den Iseosee mit schattigen Bereichen, die Spaß und Sport bieten.

Lage & Stellplatz

Camping del Sole ist ein vollständig von Grün umgebener 5-Sterne-Campingplatz mit Blick auf den Iseo-See, der sich über eine Fläche von 65.000 Quadratmetern erstreckt und 5 Gehminuten vom historischen Zentrum der Stadt Iseo entfernt liegt. Auf dem Platz finden die Gäste große, schattige Bereiche zum Entspannen, Bereiche für Unterhaltung und Sport, mit besonderem Augenmerk auf die Kleinen. Der Campingplatz verfügt über 6 Stellplatzkategorien, von Standardplätzen mit 3 Ampere und 7x7 Metern bis zu den großen Stellplätzen mit Wasser- und Abwasseranschluss, 6 Ampere und 12x10 Metern.

Sanitär

Camping Del Sole verfügt über zwei Sanitäranlagen, die dreimal täglich desinfiziert und gereinigt werden. Im Hauptgebäude finden Sie neben zahlreichen geräumigen Duschen und Waschbecken ein eigenes Sanitär für Kinder, eine Waschküche und Chemie-Toiletten. An den Ufern des Sees gibt es zusätzlich Duschen und Waschbecken für die Aktivitäten am Strand und am See. Für alle Camper steht eine kostenlose Service-Tankstelle zur Verfügung.

Viele Sportplätze.

Morgenaktivität am See.

1 km
45.655 | 10.036
190m ü.M.

Es werden nur Hunde mittlerer bis kleiner Größe (max. 15 kg) akzeptiert.

Der Platz bietet eine große Auswahl an Einrichtungen, die speziell für Familien geschaffen wurden, die Entspannung und Sonne im Urlaub suchen.

Verpflegung

Auf dem Campingplatz finden die Urlauber ein Pizzarestaurant direkt am Rande der Schwimmbäder mit einer umfangreichen Speisekarte, die allen Bedürfnissen gerecht wird. Am Privatstrand des Campingplatzes befindet sich die Strandbar, in der Sie Erfrischungen erhalten und den Blick auf den See genießen können. Zum Platz gehört ebenfalls ein gut ausgestatteter Minimarkt, der jeden Morgen mit frischen Lebensmitteln und frisch gebackenem Gebäck beliefert wird.

Freizeit

Innerhalb der Anlage ist es möglich, verschiedene Sportarten auszuüben. Der Campingplatz verfügt über folgende Einrichtungen: zwei Swimmingpools, einen Tennisplatz, einen Basketball- und Volleyballplatz, ein Minifußballfeld und einen Tischtennisbereich. An Unterhaltung fehlt es hier nicht, denn viele Animationen und Aktivitäten garantieren Spaß für alle Altersgruppen. Sie können auf dem Platz Kanus, Tretboote, Mountainbikes und Citybikes mieten, um damit Franciacorta zu erkunden, eine Weinregion rund um die Campinganlage.

5.0

Wir sind aus Schweden und wollten den Iseo-See ausprobieren und es war eine wundervolle Erfahrung. Der Campingplatz war hervorragend. Wir hatten einen Stellplatz direkt am See. Es war unglaublich, jeden Morgen mit Blick auf den See aufzuwachen. Die beiden Toilettenhäuser hatten alles, was man braucht. Obwohl der Campingplatz voll war, war die Sauberkeit einwandfrei. Das Personal war herzlich und gab uns Tipps zu anderen Orten, lokaler Küche und Aktivitäten.

Gustav S.

Gustav S. hat Camping Del Sole mit seiner Familie im August 2020 besucht.

Schöner Strand direkt am See.

Relax mit Ausblick von dem See.

3.6 GUT
7 Bewertungen

Lage	4.7
Ruhe	4.2
Sanitäranlagen	3.6
Sauberkeit Ø	4.2
Freundlichkeit	4.7
Stellplatz	3.6
Verpflegung	3.9
Freizeit	4.0
Preis-Leistung	4.4
Mietunterkünfte	4.0

Geeignet für

- 4.8 Paare
- 4.4 Kinder b. 12 J.
- 4.4 Kinder b. 18 J.
- 4.3 Gäste mit Zelt
- 4.2 Kinder b. 6 J.
- 4.0 Senioren
- 2.5 Gäste mit Hund

Empfohlene Aktivitäten

Schwimmen · Kayak/Kanu · Motorboot · Mountainbiking

Mehr Infos

ORTSREGISTER

C

D

E

F

M

N

O

W

Y

Z

REGIONENVERZEICHNIS

FKK PLÄTZE

Region	Platz		Seite
Österreich	FKK & Textil Camping – Strandbad Pesenthein	FKK	136
	Stausee Camping	FKK	158
	Rutar Lido FKK-See-Camping	FKK *	162
	FKK-Camping Müllerhof	FKK	164
	FKK-Camping Turkwiese	FKK	166
Schweiz	Gelände "Die neue Zeit"	FKK	248
	Camping Pré Sous Ville	FKK	260

* Wintercamping FKK Textilfrei (ganz/teilweise) Ecocamping Award Onlinebuchung